刘福铸　孟建煌　彭文宇　主编

郑丽航　副主编

妈祖文化

研究论丛

（Ⅰ）

人民出版社

责任编辑:詹素娟

封面设计:徐　晖

责任校对:史　伟

图书在版编目(CIP)数据

妈祖文化研究论丛/彭文宇主编. －北京:人民出版社,2012.5
ISBN 978－7－01－010859－9

Ⅰ.①妈…　Ⅱ.①彭…　Ⅲ.①神－文化研究－中国　Ⅳ.①B933

中国版本图书馆 CIP 数据核字(2012)第 081125 号

妈祖文化研究论丛

MAZU WENHUA YANJIU LUNCONG

彭文宇　主编

人 民 出 版 社 出版发行

(100706　北京朝阳门内大街 166 号)

北京市文林印务有限公司印刷　新华书店经销

2012 年 5 月第 1 版　2012 年 5 月北京第 1 次印刷

开本:787 毫米×1092 毫米 1/16　印张:23.25

字数:520 千字

ISBN 978－7－01－010859－9　定价:48.00 元

邮购地址 100706　北京朝阳门内大街 166 号

人民东方图书销售中心　电话 (010)65250042　65289539

代　序

——为《第三届海峡论坛"保护世界遗产，弘扬妈祖文化"学术研讨会论文选集》作

汪毅夫

  2011 年 6 月，由福建莆田市人民政府主办、莆田学院等承办的"第三届海峡论坛'保护世界遗产，弘扬妈祖文化'学术研讨会"在妈祖故里莆田湄洲岛成功举行。

  本书乃是本次学术盛会的论文选集，由莆田学院组织学术力量进行遴选和编辑。

  蒙主、承办单位的热情邀约，本人躬逢其盛，并得预先阅读本书。

  "妈祖信俗"已经列入《人类非物质文化遗产代表名录》。福建莆田学院则已经成为妈祖文化研究的学术重镇，这是本次会议上人所共言、人所共见的事实。

  在本次会议结束后，在论文集即将出版之际，我想谈谈蒋维锬先生和林文豪先生，谈谈我对他们的了解和理解。

  蒋维锬先生于"妈祖信俗"列入《人类非物质文化遗产代表名录》前数十天的 2009 年 8 月 20 日逝世，林文豪先生则在本次会议召开前十数天的 2011 年 5 月 22 日逝世。

  蒋维锬先生、林文豪先生为弘扬妈祖文化不遗余力，其功甚伟。

  蒋维锬先生推崇"真正从科学研究态度出发而开创妈祖文献史料的搜集、整理和汇编"的"我国台湾留日学者李献璋先生"，并在妈祖文化研究领域力倡这种"科学研究态度"。1989 年，蒋先生完成了《妈祖文献资料》（福建人民出版社 1990 年 4 月版）一书的编写。该书具见其学养和严谨的"科学研究态度"。例如，坊间关于"《大清会典》记康熙二十三年（1684）加封天妃为天后"之说乃始于清人刘国光。《妈祖文献资料》第 191 页有蒋先生的按语，先对"本年（康熙二十三年）进封天后之说"予以存疑，谓"尚待进一步考证"。《妈祖文献资料》第 295 页又有蒋先生的按语，对清人刘国光据《大清会典》抄录"康熙二十三年（1684）加封天妃为天后"一事进行分析和判断，谓：

  以上十条是清光绪三年刘国光从《钦定大清会典事例》中抄出，附刊于《敕封天后志·国朝褒封》之后。……按《大清会典》创修于清康熙三十二年（1893），迭经雍正、乾隆、嘉庆、光绪诸朝增纂。最后之《光绪会典》成书于光绪二十五年（1899），而刘国光的跋是光绪三年（1877）写的，所据的可知是《嘉庆会典》。

  我至今珍藏着蒋先生当年签名赠我的《妈祖文献资料》，至今记得他对拙论《"船

仔妈"与闽台海上的水神信仰》(收入拙著《中国文化与闽台社会》,海峡文艺出版社1997年4月版)"凭史料立论"的肯定和对某些人不顾史实、以意为之的做法的批评,至今常以蒋先生为榜样自勉和勉励学生"真正从科学研究态度出发"。

林文豪先生生前以领导干部身份出任"湄洲妈祖祖庙名誉董事长",任劳任怨,令人感佩。拙论《"崇德报功"与妈祖信仰的双翼结构》(收入拙著《闽台历史社会与民俗文化》,鹭江出版社2000年8月版)具有为林先生此举辩护的倾向。谈到"现代的灵验传说与传统的美德故事",乃从林先生的《妈祖与中华文化》一文引言以证"湄洲妈祖庙董事会并不专以灵验传说为号召,而一再倡言妈祖的'传统美德'"。

妈祖短暂的一生虽未留下什么著作,也谈不上有什么思想体系,但她的热爱劳动、热爱人民、见义勇为、救危济困、无私奉献的高尚情操和英雄事迹却体现了中华民族的传统美德,并形成一股巨大的精神力量……妈祖精神无疑是中华民族的优秀文化遗产。

论及"纪念性的祭祀与诉求性的祭祀",则谓:对于妈祖的祭祀,显然兼有纪念性和诉求性。

举例言之。1997年农历九月初九日,福建莆田湄洲妈祖祖庙举行"纪念妈祖羽化1010年祭祀大典"。我躬逢其盛,并仔细观察祭典的整个过程和每一情节。当祖庙董事会名誉董事长林文豪、董事长林金榜等行礼之时,唱、赞、行、跪、进、退、迎、送,钟、鼓、乐、舞、香、烛、帛、爵,井井有条,气氛庄严而肃穆,凸显了祭祀大典的纪念性;当礼毕之时,在旁观礼的信民一拥而上,争先恐后地上香上供、祷告祈求,表演了诉求性的祭祀,表现了祭祀的诉求性。

在我看来,林先生身为领导干部,出于对妈祖美德的崇敬,参加对于妈祖的纪念性祭祀,乃是完全正当的。实际上,林先生心中亦有伟大诉求:弘扬妈祖文化,推动两岸和平发展。

在我看来,蒋维锬先生作为学者从学术的角度、林文豪先生以领导干部的身份在社会活动的层面倡导的乃是"弘扬妈祖文化"的健康方向。

本次学术盛会,这部论文选集,坚持了此一健康方向。

再次祝贺会议已取得的成功,并祝贺福建莆田学院学术研究和学术队伍建设的成就。

2012年2月25日凌晨
记于北京寓所

■ 目　录

第三届海峡论坛"保护世界遗产，弘扬妈祖文化"学术研讨会综述

彭文宇　　刘福铸

第三届海峡论坛"保护世界遗产，弘扬妈祖文化"学术研讨会在主办单位莆田市人民政府和协办单位的共同努力以及各位领导、专家学者的大力支持下，取得圆满成功。

本次论坛共收到海内外论文近 60 篇，因受论坛主题的限制，论文集最终汇编的是海峡两岸妈祖信俗研究者提交的论文 40 篇，又因受研讨会时间的限制，会议选择了其中 20 篇在研讨会上进行交流。

从来稿情况看，绝大部分论文都是为此次研讨会撰写的新稿，研究探讨的范围较广，有的论文提出了学术新观点，有的提供了文献新资料，有的对旧问题进行了新阐释。虽然征文时间较匆促，但不少论文还是具有观点鲜明和论据充分的优点。总体看学术含量较高，在一定程度上反映了当前海峡两岸妈祖文化研究的新成果和新动向。

从论文作者看，既有海峡两岸妈祖文化研究的资深专家和学者，也有不少后起的中青年学者。青年学者是妈祖文化的传承人和学术研究的接班人，应该加以特别的鼓励。现就研讨会参会论文做一简要梳理。我们认为就内容方面大致可分为以下六个方面。

一、妈祖信俗的保护以及妈祖文化的现代意义

2009 年 9 月 30 日，妈祖信俗列入了《人类非物质文化遗产代表名录》，成为中国首个信俗类人类非物质文化遗产。这标志着妈祖文化由原来区域性的、民族性的文化，提升到全人类共同遗产的层面上，成为人类共有的精神财富，同时也意味着妈祖信俗保护工作已经进入一个崭新阶段。此次提交的就有几篇这方面的论文。如徐业龙等的《非遗视野下妈祖文化遗产保护与开发》、翁卫平的《浅谈"妈祖信俗"申遗成功后的保护》，他们就"妈祖信俗"保护的意义与价值，保护的原则与途径以及适度开发等问题都进行了有益的探索。陈祖芬的《档案与文博机构在妈祖信俗非物质文化遗产工作中的合作——来自宁波实践的思考》，则从档案文博角度，以宁波庆安会馆在妈祖信俗非

物质文化遗产保护中取得的实践经验,提出"妈祖信俗非物质文化遗产工作需要档案机构和文博机构的合作"的观点。

关于妈祖信仰、妈祖文化的现代意义方面,有郑志明的《妈祖信仰的宗教形态与现代意义——以北港朝天宫为例》、林国平的《福建祖庙金身巡游台湾的文化现象探析——以湄洲妈祖金身巡游台湾、金门为例》。前者以北港朝天宫为例,依据前人的研究成果,综合学者实际参与的田野经验,关注人们在文化传承下所展现出来的妈祖信仰的宗教形态以及现代意义。后者以湄洲妈祖金身巡游台湾、金门为例,论述福建祖庙金身巡游台湾活动的兴起是闽台神缘缔结的一种新形式,而古代帝王巡狩四方是福建祖庙金身巡游台湾活动的文化原型,文章还探讨了福建祖庙金身巡游活动的动力机制、背后的政治、经济因素,最后提出:"未来两岸关系的发展,也许从福建祖庙金身巡游台湾热中可以得到某些有益的启示。……福建祖庙巡游台湾热还将升温,成为新的宗教民俗活动,继续在两岸关系中发挥重要作用。"文章把妈祖金身巡游台湾放到更为广阔的两岸交流大背景中,提升出有益的启示意义。

二、妈祖文化研究的新方法和新领域

汪毅夫的《妈祖信仰研究的几个问题——〈妈祖信仰在地化的人类学研究〉读后记》一文虽然只是一篇学术随笔,但提出了几个有益于研究的新概念和妈祖信仰研究中应注意的问题,例如妈祖信仰"本土化"与"在地化"的概念阐述。高致华的《妈祖研究取向论析》,提出了"各类学科交织的妈祖研究"思路,文章指出"可预知妈祖信仰的研究,仍将是今后的研究重点,而多学科、多层次、多角度的渗透研究,也是未来妈祖信仰研究的趋势与方向"。论文提供了许多表格数据,增加了论述的可信度。孙晓天等的《民间文化的标准化与再标准化——以辽宁省孤山镇妈祖信仰为例》,则是以辽宁省孤山镇妈祖信仰为例,把美国人类学家詹姆斯·沃森(James L. Watson)基于中国南方沿海地区妈祖信仰的研究提出的"神的标准化"(Standardizing the Gods)运用于辽宁孤山镇的妈祖信仰研究,不但证明该地区曾出现过"神的标准化"过程,而在当代,妈祖信仰继续着"神的再标准化"。李丽娟的《湄洲妈祖文化的语式再现评析》,则以西方语篇翻译理论,针对湄洲妈祖文献英译文本存在较典型的语式再现问题,分析了语式变量在语篇翻译中的制约作用,探讨了如何有效地避免由语式变量引起的误译现象。徐颖等的《湄洲岛妈祖文化英译质量的调查研究》更是一篇针对性很强的纠错文章,它将对提升湄洲岛妈祖文化英译质量,改善妈祖圣地对外文化形象起到直接的帮助作用。周丽妃的《试析信众信仰妈祖的原因——以湄洲岛的访谈资料为中心》尝试利用在湄洲岛进行的访谈和采访调研资料,分析妈祖信众的信仰心路历程,并总结出"中国弥散性的信仰与西方制度性的信仰存在的相同和差异之处"。

在拓展妈祖文化新领域方面,刘永祥的《论莆田"妈祖文化体育圈"建设中的滨海体育旅游业》一文,阐述了"妈祖文化体育圈"的概念,通过分析莆田滨海体育旅游业开发优势,提出了妈祖文化是推进莆田滨海体育旅游业发展的第一要素,莆田可开发妈祖朝圣观光与体育休闲为一体的综合旅游。杨正隆等的《武术活动与形态内容之流变研究——以 2001—2010 年大甲妈祖绕境为例》一文,以 2001 年以来由大甲妈祖节庆所衍生的武术活动及其内容形态为研究中心,讨论十年来因大甲妈祖绕境所产生的武术活动与形态,并对未来的形态提出建议,为以后有关大甲地区武术活动提供参考,也是一篇有关妈祖体育方面的研究文章。

三、妈祖文化交流与两岸关系发展方面的探讨

妈祖文化交流与两岸关系发展是历年妈祖文化研究的热门话题,也是本次海峡论坛的主题之一。探讨妈祖信仰对于发展两岸关系的作用,具有现实意义和历史价值。属于这个主题的论文有以下几篇。陈名实的《闽台妈祖信仰与政治认同》,列举历史史实,说明两岸的骨肉情缘,论证闽台妈祖信仰对民众政治认同的重要影响。蔡尚伟等的《促进海峡两岸妈祖文化产业合作发展的政策措施研究》,分析了两岸妈祖文化产业发展的政策机遇、政策环境、莆田市推动两岸妈祖文化产业发展的努力与现况等条件,提出了对推进两岸妈祖文化产业发展政策的有益思考与建议。陈龄慧等的《情系海峡的妈祖文化:由台南大天后宫历史谈起》,指出台湾妈祖文化的发展与台湾的开辟有关,近代台湾妈祖由中土大陆的庶民信仰,转变成为国族开疆辟土的信念、成为推动历史的力量;妈祖的信念,在台湾的发展具备了弹性灵活的特性,充分融合了儒释道三个信仰传统,成为开拓、开垦台湾的一股稳定力量;妈祖在台湾成为新的常民文化,由海神转型成为农业社会里的地方聚落组织。虽是以台南大天后宫的历史意义与发展渊源为例,但可看做是具有典型和普遍意义的个案探讨。施义修的《妈祖文化对两岸关系发展和华人世界观的影响及现实意义》,也主要以台湾妈祖信仰为例,说明妈祖信仰所影响而创造的正面文化,以及对两岸关系发展和华人世界观的影响的现实意义。

四、区域妈祖文化问题研究

妈祖文化已是一种全国性乃至于世界性的信仰文化,因此区域性妈祖文化传播历史、现状及其相关问题研究,是拓展妈祖文化研究范围的重要体现。此次也有多篇这方面的论文。张晓莹的《闯关东与妈祖信仰在辽南的兴盛》,在搜集大量历史文献并进行田野调查的基础上,通过对历史文献的梳理,详细分析了妈祖信仰在辽南的传播、分布和影响,并阐释妈祖信仰被传递的原因、过程和结果,是一篇研究东北妈祖文化的力作。我们还欣喜看到,一直沉寂的中原内地也开始出现妈祖文化学者和成果,张富春的《黄廷·闽营人·妈祖文化》就是一篇研究河南妈祖文化传播的专题论文。王元林的《明清时期琼雷的妈祖信仰地理新探》,通过考察明清时期琼雷地区妈祖庙分布及其

所反映的规律,探讨妈祖信仰在当地的兴盛原因,并述及妈祖信仰经由海南人传到海外的情况以及妈祖崇拜在东南亚海南华人崇拜中的地位,是一篇讨论琼州海峡两岸妈祖传播史的新论文。连心豪的《南靖县妈祖信仰田野调查报告——以梅林天后宫为例》,调查了闽西南南靖县梅林镇的山区"土楼天后宫"。文章以田野调查的碑记、族谱等资料为依据,探讨梅林这个闽南人和客家人杂居之地的妈祖信仰特色和宫庙价值。

周金琰的《近年象山、深圳、澎湖、湄洲祭拜妈祖大型活动调查》,从祭拜妈祖活动形式角度,对浙江象山开渔节、广东深圳的"辞沙"、台湾澎湖的海上绕境和福建湄洲的妈祖祭典等四种祭拜妈祖不同活动做了调查,说明妈祖祭拜在形式、内容方面所具有的地域性和民间性。李建纬的《台南大天后宫早期金属香炉年代与形制源流考》,通过大量实物图片资料,对台湾妈祖庙早期金属香炉形制进行讨论,提出了三个主要论点:妈祖庙中所见早期铜质香炉与商周青铜器在造型上具有传承关系,但这是透过明清以后流行宣德炉前提下所兴起的复古之风;铜质香炉与铁质香炉造型上的歧异,系导因于产地和模仿对象的不同;香炉的制作年代与宫庙的建庙或重修年代契合,香炉可作为庙宇沿革历史之物证。

龚显宗的《从传说到实录——鹿耳门天后宫和祀典大天后宫》,以鹿耳门天后宫和祀典大天后宫为讨论中心,从传说、野史、民间故事到方志、文稿、诗集以及田野调查等,说明鹿耳门天后宫和祀典大天后宫注重社会公益,重视文化活动、自然生态保护以及特别注意信徒谒祖与急难救助等方面的价值。林鼎盛的《神境的再现:以嘉义新港奉天宫为例》,作者以参与 2011 年绕境的田野资料作为基础,结合文献,诠释新港奉天宫绕境的意义。沈瑞源的《从台湾常民生活体现庙宇文化——影片〈天地人神之间〉的分享》,抒发了妈祖庙宇和庙宇文化在台湾民间信仰中的地位。

五、妈祖文化史料发掘和考证

妈祖文化史料的发掘和考证,是妈祖文化研究中的亮点和难点,通过史料发掘,史实考证,去伪存真,这对推动妈祖文化研究向纵深方向发展,提升妈祖文化成为妈祖学都是不可缺少的基础研究。此次有几篇论文属于这个方面。石奕龙的《厦门港朝宗宫乾隆皇帝御赐"恬澜贻贶"匾额之由来》,以小题目作大文章,以翔实史料和严密论证方法,论证厦门朝宗宫"恬澜贻贶"匾额的由来,纠正谬说,补充史实,很有说服力。王日根的《由〈类成堂集〉看清代湘潭闽商的联合》,通过仔细研读《湘潭闽馆类成堂集》古籍,考证闽商会馆"十闽堂"依托妈祖信仰勇于开拓,继而发展壮大,大量购买田地、房屋、店铺,举办节庆活动,祭祀神灵,制定规约,举办演戏等文娱活动的状况,从一个侧面反映出闽商在湘潭的发展历程。蔡相辉的《〈弘仁普济天后圣母经忏〉的内容及于妈祖信俗的意义》详细介绍了国内已罕见的《弘仁普济天后圣母经忏》一书,论文对全书的体例、版本以及善书的内容等问题都做了阐述,有裨于妈祖经典研究。刘福铸的《元明时代的天妃画像综考》介绍考证了元明时代寺院天妃圣母像三幅和安济夫人像一幅、明代天妃圣母碧霞元君像一幅,另有四种明刻古籍中的天妃版画插图的来历,说明天妃画像自元代以降,代有新作,未有中断。李祖基的《乾隆二年妈祖加封"天后"辨误》根据权威相关史料和严谨的考证,指出乾隆二年并无加封"天妃"为"天后"一事,所谓乾隆二年正式加封妈祖为"天后"的观点是错误的,天后之封,应在乾隆朝之前。谢重光等的《三圣妃信仰与三奶夫人信仰关系试析》一文通过对宋《仙溪志》、《临汀志》等文献有关记载及民间传说、祠祀庙宇的综合比较研究,以仙游、汀州、潮州为例,论述了宋代三(圣)妃信仰与"三奶(位)夫人"信仰的关系,得出了妈祖信仰与临水夫人信仰常常相伴相随、难分难解,两种神明的神功、神性常常交叉叠加的结论。萧登福的《从文献简论妈祖神格的宗教属性》通过历史文献的解读,提出妈祖虽与佛教有关,但妈祖的真正的宗教归属仍应该是道教的观点。林翠凤的《清代彰化戴潮春事件中的妈祖探析》以清代戴潮春事件为例,以相关传说、文物、史载等为证,说明妈祖在台湾人民心目中的救赎神能和崇高地位。李天锡的《一方宋代碑刻的妈祖神像——永宁鳌南天妃宫的调查与思考》据石狮鳌南天妃宫《碑志》,考证该宫可能"肇建于宋代",而石碑特殊的妈祖神像亦为研究早期妈祖信仰提供了新信息。

六、妈祖创意产业和现代传播

随着妈祖文化研究的深入开展,妈祖文化研究不但要注重社会效益,也要关注经济效益。因此,当前妈祖文化创意产业和妈祖文化现代传播研究已成为海峡两岸研究者关注的热门课题,也成为此次研讨会的论文重要组成部分。张珣的《民间信仰与地方产业:以台湾新港地区为例》,以嘉义县新港乡奉天宫为例,探讨该宫摆脱历史纠缠,在南台湾妈祖庙竞争中,通过转型,整合地方传统知识分子与新形态商人企业家的力量,描述了新港老镇再生的过程以及许多曲折的宗教与经济发展之间的微妙关系与机制,对于各地发展妈祖相关地方产业具有一定启示意义。张家麟等的《论台湾妈祖信仰的"扩张性"——2009年大甲妈祖绕境进香实证分析》,则是选择2009年大甲妈祖绕境进香活动作为调查和研究对象,通过数据资料,得出台湾妈祖庙中的大甲妈得以脱颖而出,与整体绕境变迁有关的结论,并初步对台湾地区"扩张型"庙宇进行类型学理论建构。蔡泰山的《台湾妈祖文化创意观光产业经济价值之研究》提出了以妈祖文化结合观光产业发展的创意主题,涉及创意妈祖观光庙结合产业发展的新体验,妈祖文化观光产业发展的必要性及经济效益评估和共筑两岸妈祖观光庙的发展模式等论点。文章认为:"妈祖文化观光产业的发展,是历史文化、观光休闲、经济效益的整合体,是一种全面性的发展,它必须有完整及延续性的政策流程,才能达到文化资产再利用的实质效益,未来宫庙朝这个目标发展必须有创新的理念、经营管理之建构、人力资源架构健全等政策机制的策动与配合,才能将宫庙观光的真正价值发展出来。"该论文理论性较强,对大陆正在起步的妈祖创意产业的研究也具有借鉴参考作用。袁书琪等的《妈祖文化创意与亚太市场开拓》、廖芮茵的《妈祖文化与产业发展》、孟建煌和颜珊珊的《论妈祖文化资源产业化开发的方向——以妈祖文化创意产业为例》、陈淑媛的《莆田妈祖文化旅游地产发展条件及思路研究》等论文,都是围绕妈祖创意产业这个主题展开讨论的学术文章,各具价值。

　　林庆扬的《网络传播学视野下的海峡两岸妈祖网站对比研究》,刘志的《促进妈祖网站发展,构建闽台文化交流平台》,就信息时代的妈祖文化传播新方式,如网站建立、维护等问题进行研究。樊洁今的《"妈祖"林默娘舞剧的创作感言》以妈祖题材的舞蹈创作实践为例,通过《妈祖林默娘》舞剧的创作和成功演出,受众的良好反映,说明现代舞蹈艺术形式,新的科技和创意,是让更多的群众走入妈祖精神世界,推动传播妈祖文化和阐扬妈祖精神的很好形式。程元郎的《封片卡上的人类非物质文化遗产——妈祖信俗》,是对封片卡邮品传播妈祖信俗现状和作用进行的探讨。曾伟等的《妈祖文化调适传播刍议》以跨文化传播的视角,分析妈祖文化传播与交流中显现的调适传播整合路径,提出基于这一路径的因应之策,属于妈祖文化传播宏观问题研究。帅志强的《妈祖文化品牌传播的现状与策略》就分析妈祖文化品牌传播现状和存在的问题,提出统一标志系统、积极开展公关活动、注重营造品牌关系、采取整合营销的妈祖文化品牌传播策略。马芳菲的《图像符号在妈祖文化传播中的优势及运用》从图像符号与文化传播的关系入手,分析图像符号传播的优势,讨论妈祖文化传播的新途径和新方法。

　　参加本次研讨会的海峡两岸的众多专家学者,本着对妈祖文化学术研究的挚爱之情,能围绕主题,认真撰写论文,讨论问题广泛,提供了不少新观点和新材料。诗云:"他山之石,可以攻玉。"研讨会参会论文的不同研究视角、不同方法以及新资料,必将对海峡两岸乃至于世界的妈祖文化研究和文化交流产生积极的推动作用。

作者:彭文宇,莆田学院妈祖文化研究中心主任,教授
　　　刘福铸,莆田学院妈祖文化研究中心副主任,教授

妈祖信仰研究的几个问题

——《妈祖信仰在地化的人类学研究》读后记

汪毅夫

2011 年初夏,张晓莹同学的博士学位论文《妈祖信仰在地化的人类学研究——以辽南为例》通过评审和答辩。作为指导教授,我乐观其成,颇感欣慰。

在研究和写作的过程里,张晓莹同学勤于思考和查考,善于发现和研究。

兹举例言之。

一、"本土化"与"在地化"

"本土"语近"本乡","在地"义同"当地"。

就妈祖信仰的传播而言,从传出地到传入地,"本土化"的义项之一是保持传出地的"本乡"基因,"在地化"的解释则是接受传入地的"当地"元素。

在《文化人类学词典》①里,"本土主义运动(Nativistic Movement)"乃指"一个社会对文化涵化压力的反应,表现为重新提倡和肯定本社会固有文化的运动"。

显然,"本土化"可以是同"在地化"对立并举的概念。

台湾学者的研究论著往往使用"在地"或"在地化"的概念,如谢国雄的《茶乡社会志》②使用了"在地范畴"。

张晓莹同学的博士学位论文以"在地化"入题,并在深入思考的基础上对"在地化"做了精当的阐释:

在地化是把外来文化实施了当地化的策略,使之成为地道的当地文化。在地化实际上是一种文化的协调、重构。

并谓:

所有的宗教信仰背后都有一定的社会依据,存在着民众的某种文化诉求,它使人

---

① 杭州,浙江人民出版社 1990 年版。
② 谢国雄:《茶乡社会志》,台北,"中央研究院"社会学研究所,2002 年。

的日常生活充满意义。妈祖信仰从东南沿海到辽南沿海,从闽地文化到关外文化,产生了不同的形态和内涵,构成了嬗变的关系。这一转变过程由民众集体参与,并受到了来自社会各方力量的制约。

二、从"天妃"到"天后"

对于论文涉及的人物、名物、事件及其他事项,作者应该有适度的了解,这是学术论文写作的基本要求。

关于"天妃"与"天后",知晓"明封'天妃',清封'天后'"就是"适度的了解"。

在我的协助下,张晓莹同学对此一问题有更深入的查考。

针对"清康熙二十三年进封天妃为天后"之说,宜从朝廷与地方(包括地方官和地方志)、分别朝代而言之。

康熙《钦定大清会典》并无"进封天妃为天后"的记载。1989年,蒋维锬先生在《妈祖文献资料》①一书指出:

> 按《敕封天后志》等书,皆谓康熙二十三年(1864)准施琅所奏,进封天妃为天后。今按施琅此疏、礼部议题与康熙帝御批,皆不提及进封天后事,又从未发现进封之制诰,故于本年进封天后之说,尚待进一步考证。

然而,康熙年间地方已有"进封天妃为天后"之说和"天后"之名。例如,康熙《漳浦县志》②卷二《方域志·下》记:

> 天后庙二。一在北门外,一在南门外。后本兴化人,明封天妃,国朝晋封天后,祠庙沿海皆有之。

又记:

> 天后宫,在南门外。
>
> 陆鳌天后宫,一在北门外,一在水门。

康熙《台湾府志》(北京,中华书局1985年5月《台湾府志三种》本,上册)所收巡台御史李中素的跋文里有"复于月朔望集文武吏士于天后宫宣扬圣谕"之语。

康熙朝以后,雍正《钦定大清会典》、乾隆《钦定大清会典》均无"康熙二十三年进封天妃为天后"的记载。

雍正《钦定大清会典》的一则记载恰可作为否定"康熙二十三年进封天妃为天后"之说的证明。

雍正《钦定大清会典》第四十册、第九十五卷、第3—4页记:

> 康熙十九年,平定台湾。海神天妃,涌潮济师。敕封为护国庇民妙灵昭应弘普济天妃。……六十年克复台湾,海神天妃,复涌潮济师。雍正三年,特追褒神

---

① 蒋维锬:《妈祖文献资料》,福州,福建人民出版社1990年版。
② 康熙《漳浦县志》,福建省漳浦县政协文史资料征集研究委员会2004年12月点校本。

功,御书匾额,分摹为三。一赐天妃原籍旧祠,一赐大门镇祠,一赐台湾府祠。

此一记载可以证实,时至雍正三年(1725),朝廷尚称妈祖为"天妃","康熙二十三年进封天妃为天后"属于不实之词也。

然而,同康熙朝的情形一样,雍正、乾隆年间地方官和地方志屡见"康熙二十三年进封天妃为天后"之说和"天后"之名。例如,乾隆《福州府志》①卷之十四《坛庙·一》于"天后宫"条下记:

> (康熙)二十三年,封天后。

又引福建巡抚潘思渠(乾隆十七年任)之"潘思渠记"云:

> 我朝德盛怀柔,神尤效灵。初平台湾,继歼寇乱。师捷而速,繄神之助。于是始加天后之鸿号。

嘉庆《钦定大清会典》②第一八八册、第三六二卷、第8页记:

> (康熙)二十三年,加封天妃为天后。

自此,"康熙二十三年进封天妃为天后"之说正式见于《钦定大清会典》。

以上查考所得,并未记于《妈祖信仰在地化的人类学研究》,因其与论题无干也。但是,可作为进一步研究之助。

三、妈祖诞辰之"因地制宜"

张晓莹同学在文献工作和田野调查时发现:

> 妈祖的生日是农历三月二十三日。山东民众为海神娘娘庆祝诞辰的时间各地不同,如烟台天后宫庙会每年农历正月十五日举行;蓬莱地区视农历正月十六日为海神娘娘生日,天后宫要在这天举行庙会;庙岛地区视海神娘娘生日为农历三月二十三日,忌日为九月初九日,但是在农历七月初七举办天后宫庙会。明、清时期辽南的妈祖庙都记载妈祖诞辰为三月二十三日,但是在辽南民间沿海地区把正月十三日视为海神娘娘的生日,在这一天放灯来庆祝。并且将辽南地区的正月十三日庆典作为妈祖信仰在辽南沿海"在地化"的事例之一予以论述。

二十余年前,学者杨振辉在其《明代妈祖信仰及其趋势》③一文里曾报告:

> 天妃的诞辰常常"因地制宜",根据各地的具体情况而有所变更。这在天津天妃西庙的碑记中早已指明:"天妃生于三月二十三日,得道于九月十五日,飞升于八月初六日,何居乎里人之酬神赐者,偏在正月、五月初一、二日也。甚哉,习俗之移人,可不畏哉!"正月、五月,或逢佳节,或值春暖(漕粮到达),正是庙会、贸易的好时机,如此更改天妃诞辰,纯属商品交换的需要。

---

① 乾隆《福州府志》,福州,海风出版社2001年版。
② 嘉庆《钦定大清会典》,嘉庆二十三年(1818)清会典馆刊本。
③ 杨振辉:《明代妈祖信仰及其趋势》,《海内外学人论妈祖》,北京,中国社会科学出版社1992年版。

张晓莹的报告和论述亦颇具价值。

四、妈祖信仰与佛教、道教

《妈祖信仰在地化的人类学研究》报告：辽宁南部供奉妈祖的场所有"海峰寺"，寺中有住持和僧人；另有"三元宫"，宫里有道长和道士。

从上记报告我们可以看到妈祖信仰与佛教、道教的关系，以及妈祖信仰亦僧亦道、非僧非道的特点。

台湾地区最有代表性的人类学家李亦园教授尝谓，对于民间信仰，"不能用'什么教'的分类范畴去说明它"[①]。

《妈祖信仰在地化的人类学研究》抄录的《庄河市石城岛海峰寺碑》乃勒石于"康德十二年古历二月十八日"，"康德"是伪满年号，"康德十二年"即1945年也。此亦田野调查中有价值的发现。

作为老年学者，最喜见青年学生健康成长。希望张晓莹同学继续努力！

作者：汪毅夫，台盟中央常务副主席、全国人大常委会委员、内务司法委员会副主任委员

---

① 李亦园：《文化的图像》下卷，台北，元晨文化实业股份有限公司1992年出版，第119页。

妈祖信仰的宗教形态与现代意义

——以北港朝天宫为例

郑志明

　　台湾妈祖神庙的林立与香火的旺盛,是民间最为热闹的信仰活动,其仪式与组织早与社会的文化网络紧密结合,引起海内外学界的重视与研究,肯定妈祖信仰是社会民众集体生活下的文化象征与诠释体系,有其完整的结构系统,包含社会结构、宗教结构、文化结构、生活结构等①,强调妈祖信仰与活动本身就是一种系统化的宗教。问题是由于对宗教的认知与诠释的不同,学者各有其关怀的面向,彼此间对宗教的界定也极为分歧,未必具有相似的共识。在多元论述下,妈祖信仰究竟是何种宗教形态,也是众说纷纭。

　　本文主要依据前人的研究成果,综合了学者实际参与的田野经验,关注人们在文化传承下所展现出来的宗教内容与实践形式,以北港朝天宫为例,来验证妈祖信仰的宗教形态,说明北港朝天宫如何在传统的文化氛围下展现其自身的宗教形式。

一、妈祖信仰具有作为宗教体系的层次结构

　　妈祖信仰具有作为宗教体系该有的层次结构主要有四个特色,这四个特色也是其他民间信仰所共同具有的。

　　第一,具有自成系统的观念信仰体系:或许妈祖的信仰在宗教观念上是杂糅的,是民间意识形态的集大成,但庞杂不意味着就不能自成系统。任何宗教都有一套体制将其信仰巩固下来,以便得到信众一致的追随与奉从,妈祖信仰是拥有这样的精神建构体系的,只是此一体系是民众长期自发性累积而成的文化活动,来自于对妈祖崇拜的神话思维,以神话或接近神话的观念诠释系统来表达集体对妈祖的信仰感情,建构出公众共有的精神体验与情绪感受。所谓自发性,同时也是群体性,是在集体的生活过程中表达了共同的文化愿望,展现出人类精神活动的自主性、主动性与创造性。神话

---

　　① 谢世忠:《汉人民间信仰研究的本质、体系与过程理论》,《文史哲学报》1995 年第 43 期。

思维或称为"灵感思维",意识到妈祖的超越存有,希望经由相应的动作与行为来与妈祖相通、相交与相感应。① 教义体系大约又可分为"成文"与"不成文"两大系统,相对制度化宗教来说,妈祖宗教大多以"不成文"的方式来表达民众潜在的宇宙观念与形而上学。所谓"不成文"不意味着其教义就必然是杂乱无章,成文有成文的理性,不成文也有不成文的理性。不成文的教义系统是观念意识的动态重组,是民众长期心灵作用的凝聚与固化,是集体文化意识的延续与流传,表达了民众共同生存的需要与对应的智慧。② 妈祖信仰在成文教义的经营上是比较贫乏的,除了大量的灵感交通的灵验神话外,大多依附于传统民间信仰的生态环境里,有取之不尽与用之不竭的观念系统,可以左右逢源不断地进行综合性的创造组合,可以说是社会文化集体智慧与心血长期灌溉与传播生发的信仰与教义系统。

第二,具有自悟其境的修行体系:妈祖信仰也相当重视宗教经验的交感与领悟,重视与精神世界的感通,来实现或圆满生命存在的具体利益。妈祖信仰就是一种以神人交通作为主体的宗教,肯定在宇宙中人与神有着互渗与交感的运行机制,人与神圣力量可以进行直觉式的体验与感受。宗教经验是人类社会生活的精神需求与心灵创造,意识到人的有限生命背后有着无限而永恒的超越依据,妈祖就是这种超越依据的整体象征,为众生搭建起有限与无限的沟通桥梁,所有的宗教形式与活动都指向于精神的信仰领域,指导了信众生命的目的追求与价值定向。任何宗教都必然有着与超自然权能相通的神圣体验,构造出各式各样与神感应和联系的方法,从古老的巫术到灵性的修持,人们渴望经由某些身体的具体实践,最终能实现其所追求的善果与境界。人类的神圣体验由来已久,进而成为宗教终极的理想世界,如悟道成佛、得道成仙等,人性与神性经由交通的管道合而为一。妈祖信仰虽然没有各种具体的修行法门,不如佛教、道教等庞大的修行体系,却是民间灵感经验的集大成者,以妈祖灵感神话的交感系统,人们以对妈祖灵异力量的交感期待,发展出神人互动的操作法则与感应模式。其方法较为直接,不必经由苦行等较为复杂的修行过程,直接经由心灵的特殊感受,交接了广大无边的妈祖神通,契入到无比灵验的显圣空间,而所谓显圣空间,是指信仰者肯定妈祖无所不应的交感能力,来协助众生消灾解厄与庇佑祈福。这种方式或许比较原始,却是较为直觉式的神人交往的境界体验,其目的还是为了获得人与神的合一。这种人神合一的渴望,是民间信仰共同的特色,也是其宗教活动的神圣性需求。

第三,具有自我统整的礼仪体系:妈祖的教义体系是不成文的,修行体系是不具象的,真正能彰显出妈祖人神交感的宗教作用,是节庆祭典的礼仪体系。妈祖庙是妈祖与信众交接的活动场所,除了平时的烧香膜拜外,也有固定集体动员的大型宗教活动,经由一定的礼仪形式,来传达与宣扬人与神交感的仪式经验。观念与体验大多是内在且抽象的意识活动,必须经由外在具体的身体动作与语言形式等行为的表现。任何宗

---

① 朱存明:《灵感思维与原始文化》,上海,学林出版社 1995 年版,第 91 页。
② 郑志明:《民间信仰"合缘共振"与"含混多义"的思维模式》,《第五届儒佛会通学术研讨会论文集》,华梵大学哲学系,2001 年,第 42 页。

教都有各式各样的宗教行为,这些行为在长期的传承与凝聚下,必然形成了程序化、规范化与制度化的礼仪系统。当代学者对妈祖的宗教形式最感兴趣的是礼仪体系,尤其是掬火刈香仪式,反映出妈祖与妈祖之间、妈祖与信徒之间、信徒与信徒之间等宗教活动的交际网络。① 礼仪体系是妈祖信仰的活动主体,经由象征性的仪式将人与神紧密地联系起来,人表达了对神明的祈求与依赖,神明传递了对众生的普度与救济,强化了彼此可以共感的宗教情绪,领受了妈祖如在左右的神圣氛围,寄望在礼仪程序的过程中得到神助或神启,增强生命存在的能量,来逢凶化吉与遇难呈祥。妈祖信仰的礼仪体系,是以香火的传承作为活动的核心,以人对神的仪式行为来获得神对人的庇佑与救助,神人之间是不断交感的活动体,神明的灵恩显赫,民众的答谢神恩,导致神庙的香火兴盛与神明的灵验远播,交织出热络的庙会景观②。这种以灵力交感作为主体的仪式,或许接近于古老的巫术,但绝对不是迷信,而是民众精神活动的再整合与再创造,是集结了传统灵感文化的精髓,经由仪式的奉行,发挥出团结社会群体的信仰功能。

第四,具有信仰结合的组织体系:民间宗教大多是信仰的结合,在组织上与一般制度化宗教大不相同,是采取较为松散的方式,不需严格的入教皈依仪式,民众都是其善男信女,欢迎自由进出各项的祭典活动。信众的凝聚与组合,是经由节庆祭祀来加以组织,这种组织较为随机性,祭典活动结束后又各归本位,宗教与信众之间不需直接的管辖关系,而是建立在共同的信仰感情上。妈祖庙与一般神庙相同,是公众祭祀的场所,庙务的组织大多因应祭祀的需求而产生,宗教与信众的关系,直接还原到人与神的直接交感上,群众是对等的主体,彼此互不统属,而祭祀组织的形成大多是自愿结合的,是为神服务的,同时也渴望经由服务获得神更多的庇护。妈祖庙虽设有管理委员会等行政组织,其主要目的不在于特意经营信徒组织,不是靠组织的运作来进行教义的宣扬,大多是提供祭祀场所来维系人神的互动关系,管理委员、炉主、道士、法师等同样是仪式的参与者而已,或许具有神圣诠释的能力,但没有世俗的权威,无所谓管理与被管理者,领导与被领导者,不需要有多层化的组织。在妈祖信仰下信众应该是平等的,善男信女没有等级的地位差别,不需要专业的领导人士,祭祀的神职人员主要还是外聘,只负责神人交感的仪式活动,参与者都是自愿地出钱出力,或者出钱出力较多者常被赋予头人的地方声望,但不是宗教的领导者,顶多是公众委托的代表者。居民基于信仰需求而来的祭典组织,大多是区域性,有浓厚的地缘色彩,但不局限于地缘群众,妈祖的灵感是跨越区域等一切有形组织,直接展现于香火仪式的热闹过程中,这种灵感力量是对全民开放的。

宗派意识是中国民间信仰共有的宗教意识,不单是妈祖信仰所独有的,但是妈祖神庙在发展的过程中更能彰显出传统"宗派意识"的文化特色,本文以北港朝天宫为

---

① 张珣:《妈祖信仰在两岸宗教交流中表现的特色》,《两岸宗教现况与展望》,台北,学生书局1992年版,第279页。

② 黄美英:《台湾妈祖的香火与仪式》,台北,自立晚报文化出版部,1994年,第101页。

例,说明北港朝天宫在历史的演变中始终保持着以"宗派意识"为主的宗教形态,与传统的信仰文化是互为表里的,其基本特色有三:

第一,北港朝天宫从创庙以来,是以佛教和尚来担任住持,进而以佛教自居:早期台湾妈祖庙大多是礼聘佛教禅师来担任住持,北港朝天宫到今天还是维持这样的形式,显示传统社会的佛教与民间信仰是长期混合的,没有明显的"教派意识",主要是保留着以"妈祖信仰"为核心的"宗派意识"。北港朝天宫除了坚定的妈祖信仰外,对任何的宗教形式是兼容并蓄,其与佛教的关系是有其特定的历史背景。依据《北港朝天宫志》的记载,在康熙三十三年(1694),佛教临济宗第34代禅师僧树璧奉湄洲天后宫神像来台,在笨港建立祠庙,传承了临济宗的法脉,当其他妈祖庙的法脉逐渐瓦解时,朝天宫的禅师法脉却能代代相传,其培养的禅师还被礼聘到其他地方公庙担任住持。直到朝天宫第16代顿超圆寂(1923),其弟子松林年幼,由管理委员会通知其父母领回,中断了朝天宫自身的禅师谱系,由管理委员会礼聘台南竹溪寺眼净法师为住持,后由其弟子继任为住持。北港朝天宫的宗教属性问题不大,定位为佛教,或定位为民间信仰,不影响妈祖信仰的社会传播,一般民众不太在意是由法师或道士来主持祭典科仪,重点在于能否继续妈祖的灵感威力,来庇佑众生。

第二,北港朝天宫每年的迎神绕境祭典,具有区域性宗教团体的整合作用:北港朝天宫是区域性大庙,每年的祭典绕境活动已成为北港镇的共祭活动,镇民组织了神明会来参与巡行绕境。这种神明会组织的目的,主要在于祭典时为神明抬轿,或出阵头、艺阁等来参与祭典。这些参与祭典的神明会,朝天宫都登记在案;新加入的神明会,朝天宫考核相当严格,考核未通过,不正式列入绕境的阵头行列。朝天宫的绕境与其他宫庙的绕境大不相同,一般宫庙的绕境大多由交陪庙友谊赞助阵头,或请职业阵头,朝天宫只允许其许可的神明会参与绕境,当然不反对临时插花的团体,但不列入正式团体。这些神明会依其性质可分为轿班会、铺会与阵头会①,这些神明会与朝天宫没有直接权利与义务的关系,完全是因祭典而结合,参与绕境的神明会都是在祭典中出钱出力的团体,而朝天宫虽有些补助,但大部分的经费还是靠会员捐输。最值得注意的是,北港镇的神团,对朝天宫的绕境祭典特别感兴趣,为了出阵头而组织神明会,如集圣轩神童团、诚心宫神童团、北港太子会、圣佛堂大圣会等,这些神明会大多是为了一年一度的绕境而组成的,北港朝天宫对这一类的宗教团体也一视同仁,采取观察与辅导的办法,优良阵头就纳入每年的阵头行列。

第三,北港朝天宫在祀神与祭典上是采取开放的方式,杂揉了民间相关信仰与仪式:北港朝天宫虽然以"妈祖信仰"为核心,但是其祀神不仅局限于妈祖,也广纳了其他民间的神明信仰,即其"宗派意识"是可以扩及到各种神明崇拜上的,其信仰的对象不是狭隘的,凡能与妈祖共同普照众生的神明,也纳入到庙里供奉,这也是台湾民间信仰的共有特色。朝天宫除了在圣母殿主祀天上圣母外,其中殿中室主祀观音菩萨,左厢主祀注生娘娘,右厢主祀境主公与土地公,另有三界公殿与五文昌夫子殿。在附属的

---

① 郑志明、孔健中:《北港朝天宫的神明会》,嘉义大林,南华管理学院,1998年,第19页。

神明会上,除了从祖妈会到六妈会外,还有主祀千里眼与顺风耳的庄仪团协会,主祀哪吒三太子的太子爷会,主祀虎爷的虎爷会,主祀笨港境主与福德正神的土地公会等。在祭典方面除了妈祖诞辰祭外,每年还有几个重要祭典,即上元祭、中元普渡、五文昌祭典、下元祭典,这些祭典大多由该宫住持僧来主持法会,但也保存着传统的祭献礼,庙庭提供民众自动上香祈拜,与一般神庙没有两样。这些都显示妈祖信仰的宗派意识与民间信仰是一致的,只是主神不同而已,就其心态来说,是采综合包容的方式,在"宗"的信仰上较少排他性,会通于神明的灵感力量上,只是妈祖特别神恩显赫。

二、妈祖神庙祭祀组织与管理组织

妈祖神庙最基本的单位,应该是"祭祀组织",而非"管理组织"。近年来,虽然管理组织的职权有逐渐扩充的趋势,但主要还是偏重于祭祀活动的推展工作上,负担了部分或全部祭祀组织的职责,将祭祀组织与管理组织合而为一,这种现象与其他民间神庙系统大致相同。

妈祖神庙是为了公众祭祀而设置的,基本上属于地方公庙性质,是由地方民众集资建造的,是众人朝拜的场所,且举行节庆祝典,来为民众祈福,求得合境平安。祭祀活动属于公众事务,由地方民众参与,祭祀组织是公开且集体经营的,只要是区域里的民众,都有权利与义务参与祭祀组织。一般妈祖神庙的公众范围比较大,从村庄、乡镇到跨乡镇,甚至发展成全台香火庙,是有地域层级的差别,由于群众的组合不同,其祭祀组织的形态与特性,也就各有所不同。①

妈祖神庙的祭祀活动,是由地方小区居民共同负责,卜举一位炉主与多位头家来总理一年各项祭祀事宜。炉主与头家取决于神意的安排,由地方居民轮流担任。村庄性质的妈祖庙,其居民是祭祀组织下的当然会员,有卜请炉主的资格以及参与祭祀的权利与义务。这种祭祀组织是社会地缘的人群组合,以在地主义的方式形成了祭祀共同体。比较大的妈祖庙,其地缘的群众不是单一的,祭祀范围内包括了数个角头或村庄;其祭祀组织较为庞大;其祭典的活动大多有两种形态,一种是各角头炉主们共同参与,彼此各自动员且相互支持,另一种则采取地缘炉主轮流举办祭祀活动。

城镇的人群组合模式比较复杂,地缘的区隔已不太明显,区域性质的祭祀组织逐渐没落,大型寺庙常附设了一些各自独立的祭祀组织,这些祭祀组织大多是由热心参与祭祀活动的群众志愿组成的团体,这种团体一般称为神明会,其成员有一定的规模,每年卜请炉主,举行过炉仪式,炉主负责动员会众参与妈祖庙所举行的祭祀活动。这种神明会除了信仰的志愿组合外,还有业缘的组合模式,由同业人士以祭祀组织的方式进行人群的组合,以同业的共同名义参与妈祖庙的祭祀活动,同业也可经由过炉的

①　林美容:《台湾区域性祭典组织的社会空间与文化意涵》,《人类学在台湾的发展:经验研究篇》,台北,1999年,第70页。

信仰活动,在妈祖的庇佑下建构出祭祀共同体,其对妈祖的虔诚不亚于地缘性的群众。也有为了参与妈祖祭典而组织神明会,如北港朝天宫的阵头神明会,这些阵头皆属于业余性质,由同好组织而成,为了能在庆典时派出阵头而组织了神明会,以信仰的热忱来进行同好的人群组合。①

民众与神庙之间有着各种神圣的交际网络,信众为了获得神明的护持,参与祭祀是其必然的义务,这种义务包含有出资盖庙修庙、负担祭祀费用、搭戏棚演戏、参与迎神绕境等,出钱出力都有份,这是本分,也是心甘情愿的,即有义务就有权利,可以享有当炉主与请神的资格,这是人神交感后的神圣利益,冀望特别获得神明的眷顾。除了神圣利益外,也可以获得附带而来的世俗利益,经由炉主的行政磨炼,培养出地缘性的小区头人,这些人可以经由祭祀活动的策划与参与,转而具有地方领导的权威,挤入地方的决策核心,成为小区头人之一。这是传统社会"绅权"与"神权"结合的组织运作模式,经由祭祀的行政经验,凭借"神权"来建立"绅权",树立起领导的威信。② 这是传统社会培养士绅的主要管道,而地方士绅也特别热衷于祭祀活动,在宗教事务上的积极参与,以广结善缘来厚植其地方人脉。炉主是一年一轮,且经由掷筊请神明来遴选,是有一定程度的公正与公开,由神明来做决定,也能避开某些人事的纠纷,更确立其"绅权"背后有"神权"来加以支撑。

当选炉主不只是一种荣誉而已,同时也负责主持往后一年的各项祭祀活动,其责任是相当重大,虽然一般也会遴选数个头家来协助,但真正的负责人还是炉主,故祭祀组织重视新旧炉主交接的过炉仪式。过炉仪式也代表了权力的转移,不得不慎重,过炉的时间一般大多是固定的,但也有由炉主掷筊选定过炉日。过炉仪式,除了向神明祝祷,主要目的是掷筊选炉主,大多会准备大张红色的"报条",上面书写宫名或神明会会名,主祀神神名以及"捷报某某年,万事皆如意"等吉祥话,下面将书写今年炉主与头家的名字。有的祭祀组织在过炉时举行献祭仪式,除有贡品牺牲外,还会演戏酬神。大多在过炉当天进行新旧炉主的神像交接,有的另择吉日,派阵头助阵来迎接神像,旧炉主须移交其所保存的相关财产,也要准备过炉所需要的祭品以及报条、糖塔等送给新炉主与头家,有的会重做一对纸糊的过炉宫灯给新炉主,表达祝贺之意,当晚旧炉主会举行吃会宴席。

炉主完全是义务的,为神服务,无条件地贡献心力,还经常要出钱出力,但民众还是很希望能担任炉主,象征特别获得神明的庇佑,能平安如意与财源滚滚。祭典即是神圣与世俗交接的象征性活动,经由仪式让世俗空间获得神圣的护佑,人们参与祭典是全心全意的,莫不使出浑身解数,卖力演出,主要目的还是祈求神恩的眷顾。炉主则是祭典活动的灵魂人物,从事前的筹备,到仪式的进行,皆需全力以赴,做到尽善尽美。到了近代,炉主大多是祭祀的新手,加上自身事业繁忙,已无法胜任这项神圣性的工

---

① 郑志明、孔健中:《北港朝天宫的神明会》,嘉义大林,南华管理学院,1998 年,第 21 页。

② 郑志明:《砂拉越华人社团与宗教的互动关系》,发表于 2001 年台湾的东南亚区域研究研讨会,南投埔里,暨南大学,2001 年。

作,在这样的情况下,大多由管理委员会来主持祭祀活动,有些神明会选举一位会长或理事长,由会长指派一组干部来负责会务,协助炉主举办祭典活动。神明会的会长大多采取任期制,也有无任期,其产生一般由会员公开推选,有的则仍采用在神前掷筊选出的方式。炉主虽然还是祭典的名义负责人,但实际的承担工作另有一组较为专业的工作人员。

近年来不少妈祖庙,炉主成为祭祀活动的代表,由庙方管理委员会另组祭祀组织来全盘统筹,导致祭祀组织与管理组织合而为一,不再由炉主专责祭祀活动,管理委员会职权的扩充,是目前的共同趋势。管理委员会是依社团组织方式而产生,是由该庙的信徒大会或信徒代表大会拟定组织章程而设置。但是信徒大会的产生庙的做法各自不同,有的认定很严格,有的认定较为宽松。根据内政部的办法,主要有四个管道:一是台湾光复后寺庙所置信徒名册经登记有案者。二是各寺庙过去沿惯例办理皈依者。三是对寺庙之修建曾捐助新台币五百元以上(以 1964 年为基准),或对寺庙祭典及香油经常捐助达一千元以上,有确切之证明者。四是经政府许可之宗教团体,授予宗教洗礼,并经寺庙管理人及住持书面同意者。①

妈祖神庙这样的民间信仰,实无所谓"信徒"的存在,所有的居民都是其善男信女,只要愿意前来参与祭典或到庙里祭拜的,都可视为妈祖的信众,要求妈祖神庙要组织信徒大会其实是一种荒谬的行为,问题是在当代的社团组织系统里,传统寺庙又必须组织信徒大会才能取得社团法人的地位。在这种情况下,信徒大会的组织方式在前面四项基本原则下,有许多不同的发挥,真可说是五花八门,各自有其对应的策略。最常见的方式,是将当初建庙时神明会的成员或主要捐款者,列为信徒大会的成员,采世袭制,父终子继,成为一群具有世代传承下来参与庙务的特权阶级,当然这一群人也要尽出钱出力的义务。问题是,随着社会结构的变迁、人口的大量外移及其子弟未必热心庙务,导致信徒大会的成员人数大量缩减。一般信徒大会成员大约控制在一、二百人左右,若出缺严重时,大多会推荐地方热心公益的头人,或对庙务热心的民众,登记为信徒。要登记为信徒者必须向管理委员会登记,经由审议通过后,报请主管机构核备。有的庙审核条件相当严格,外人几乎很难参与。有些庙表面上很开放,只要符合内政部颁布的信徒资格认定原则就可以登记为信徒,实际上民众主动参与者极为有限,大多信徒还是管理委员们依其人际交际网络动员而来。

依照各个神庙的组织章程来看,信徒大会或信徒代表大会是神庙的最高的权力机构,主要是选举、罢免管理委员、监事,审议组织章程修改案,审议年度预决算,议决财产之营运及处分事项等。但由于民众参与信徒大会的意愿不高,除了被动员来投票之外,大多形同虚设,由管理委员会全盘负责。管理委员大多具有地方头人的身份,虽然享有主持庙务的特权,但除了少数香火旺盛的大庙外,大多是吃力不讨好的角色,要具有出钱出力的实力,而且有强烈奉献牺牲的精神,因而大多要有钱有闲的人才能胜任。由于担任委员可在"神权"的庇佑下扩张其"绅权",成为地方乡绅领袖活动的主要场

① 林胜俊:《台湾寺庙的职权与功能之研究》,台北,文史哲出版社 1988 年版,第 67 页。

域,各方人马的介入,导致原本纯朴的祭祀组织与管理组织也随之泛政治化,神庙需要地方头人的赞助与支持,地方头人经由"神权"来笼络选民,厚植在地方上的政治趋势。①

妈祖庙成为地方政治人物的另一个战场,主要原因来自于妈祖庙的公众色彩,与佛教、道教等在性质上有很大的不同,缺乏神职人员的精神感召,没有师父与弟子的情分,更无宗教向外宣传的热忱,纯粹是社会大众为精神安顿的祭祀场所,是一个开放的公共空间,社会各种人士都可以自由进出,也欢迎热心公益的民众参与,基本上来者不拒。参与分子由于教育水平的不同,在观念上或作为上难免会意见分歧,就地方小庙来说,争议不大,利益不多,加上领导头人是需要出钱出力,其声望较能服众,易平息纷争,巩固地方乡绅的领导地位。比较有争议的是一些香火鼎盛的妈祖庙,有良好的经济条件,大多有庙产与香火钱的收入,累积了丰沛的社会资源,担任委员者具有分配的权力,更能培植其地方参与的政治势力,成为地方各种政治势力角逐的场所,尤其是大型的公众庙,其委员选举常与地方派系挂钩,也将世俗化的冲突对立带入到神圣的殿堂里。

北港朝天宫是台湾著名的香火庙,每天的进香客与进香团络绎不绝,为了维持庙的正常运作,在组织管理上就显得特别重要。朝天宫到了日据时代,住持禅师的管理权已逐渐丧失,比如朝天宫募款重建的主权,主持已难参与,转移到地方士绅的手中。1921 年 3 月北港区长蔡然标提出了《北港朝天宫管理规则》,获得北港郡郡守副岛寅三郎的核可,正式成立朝天宫管理委员会,在规则第十条第三款规定僧侣与职员相同,其聘、免等有关事项归庶务委员掌理。北港朝天宫管理委员会从公元 1921 运作到公元 1973 年共产生了 17 届管理委员会,1973 年配合政策,将管理委员会更改为财团法人,设立财团法人北港朝天宫董事会。当时台湾寺庙更改为财团法人的并不多,可谓首开风气之先,但是管理上的纷争,并不因财团法人的设立而消失。北港朝天宫所面临的组织困境主要有三:

第一,信徒认定的问题:北港朝天宫虽然改为财团法人董事会制,但仍保留着信徒代表大会,作为咨议机关,来负责选出董事会的董事成员。信徒代表如何产生呢? 朝天宫朝向于与地方行政体系结合,与其他寺庙不太一样,根据《财团法人北港朝天宫捐助章程》第六条规定,信徒代表为现任董监事与北港镇十五里的里长、邻长,以及辖内选出的现任中央级、省级、县级、镇级等民意代表为当然委员,另外参与妈祖祭典经朝天宫董事会审查通过的各音乐团、歌弦管、阵头、轿班、铺户等团体推选代表担任。从当然委员来看,几乎是地方政治势力大结合,难免也会受到地方派系的操纵与影响。比较可贵的是容许参与祭典的神明会派代表与会,这一批人可以说是真正虔诚的信徒,在妈祖祭典中出钱出力者,当然里长在祭典中也很重要,会号召里民出艺阁来参与祭典活动。虽然与地方势力相结合,但这样的安排还算合理,要完全排除人事纷争是不可能的,在现实环境里这种纷争几乎是无解的,除了政治人物自我节制外,很难设计

---

① 庄芳荣:《台湾地区寺庙发展之研究》,台湾文化大学史学研究所 1987 年博士论文,第 327 页。

出更好的制度,如北港朝天宫后来为了避免少数人垄断,改为全镇镇民普选的方式,这样的方式不仅没有化解地方势力的纷争,反而阻断了某些诚心为妈祖服务的地方公益人士的参与机会。

第二,管理权与祭祀权合一的问题:朝天宫的董事会将管理权与祭祀权合在一起,董事会除了管理财产与基金外,还负责办理祭典事项,各个神明会则在董事会的安排下参与祭典绕境活动。董事会与神明会之间没有直接统属的关系,神明会是独立于朝天宫之外,义务地为朝天宫的绕境祭典出钱出力,但有些神明会可以向朝天宫申请补助,如庄仪团购置会馆,朝天宫补助八十万;哨角震威团购置会馆,朝天宫补助五十万;金声顺古乐协会购置会馆,朝天宫补助五十万。对于参加绕境的神明会,朝天宫在经费也有补助,但是补助有限,根本不够开支,还需要神明会的会员赞助,共同为神明祭典出钱出力。朝天宫的董事会虽然掌握了祭祀权,但对配合祭典的神明会相当的礼遇,彼此间虽然没有统属的关系,但在祭典仪式的配合上相当顺畅,不仅没有让传统的祭祀组织瓦解,反而让各种神明会有新的活动舞台而兴盛,这些神明会除了保持传统的炉主制外,大多发展出会长制,由会长来主持会务,常设有庶务、会计、书记、祭祀等行政人员,有些神明会还向政府登记为正式的地方社团。朝天宫在各种祭祀活动的安排时,可以与各神明会保持密切的联谊,或者有些事务可交由神明会来负责。

第三,管理权的纷争问题:由于北港朝天宫是全省著名的香火庙,其庙产与香火收入颇丰,难免会引起政治势力的介入,导致派系的对立,造成董事长的难产,这实际上也是台湾香火庙的共同困境,这涉及神圣性与世俗性的冲突问题。妈祖信仰主要是以神圣性的灵感内容来满足世俗生存的需要,在本质上是以精神文化作为核心的一种意识形态,以信仰来支配或规范民众的生活行为,为民众的生存目的、行为与苦难找到理论上的依据,并以具体的仪式活动直接进行精神上的交感与安顿,神圣领域与世俗领域是混沌为一的,是以人神关系的和谐来重建生存的秩序。但是,现代化社会神圣化与世俗化逐渐脱离,随着世俗领域的增强,宗教的神圣领域随之而萎缩,人们的生存空间不再充满着神圣存在物与神圣力量,其来自于精神领域的宗教活动,变成了利益交换的场所,人们企图以金钱来买到神圣护持的保证,导致宗教的世俗化,环绕着神圣的边界建立起世俗的相互输送关系。朝天宫董事会应该积极地开拓妈祖信仰的神圣领域,特别重视精神上的教养,摆脱世俗领域的现实冲突,否则神圣性依附在世俗性之下,其内容不变质也难,这正是北港朝天宫在现代化过程中所必然面对的严厉挑战。

三、神圣交感与世俗利益

妈祖信仰最大的特色,是在当代世俗与神圣的鸿沟中,未剔除掉神圣世界,进入到纯世俗的世界,其仪式性的建构与操作,不断地扩充其圣显的神圣经验,展现出自身而成为宇宙的神圣性。即妈祖信仰是一种圣显宗教,经由仪式来进行与神圣的共融交往,妈祖每年的庙会活动,其各种香火仪式的运作,表达了参与者与神灵之间的对应关系,传达了彼此相交流的信息、理念与情感等,民众在仪式的沟通中,象征着从世俗空间过渡到神圣空间,人与妈祖得以形成了生命的共感,让人进入到天地运作的核心,与宇宙秩序混沌合一。同样地,在仪式的过程中,人们也能从世俗时间过渡到神圣时间,在节庆的欢乐时间里,人神交感的神圣经验再度地被书写与重现,显示出神圣时间可以无限地重复与循环,满足人们参与节庆后的心理需求,感受到神圣的临若与常在。

台湾妈祖的进香绕境仪式,即象征着从世俗空间转换成超时空的神圣空间。张珣曾对大甲妈祖的进香仪式空间进行分析,说明如何经由仪式与神话传说的引导,使每个进香客得以进入超越时空的神圣世界中,张珣认为此仪式神圣时空的建立有三个要素:一是以昔日的时空架构为基础,让香客有时空倒错感。二是有起马仪式的引导,让香客离开现实时空,进行结束时有落马仪式,让香客再回到现实时空。三是妈祖的显灵事迹,让香客处于一种与神灵同在的"非现实"时空中。① 不管是进香或绕境,妈祖的出巡,象征着一个异于日常世俗生活的神圣空间,是一个被妈祖神轿洗礼过后的空间,已脱离了原来世俗的情境,获得了神圣的净化,得以超越世俗。妈祖宗教的祭典活动,就是要建构出一个圣境重临的状态,以妈祖出游来莅临凡境,消除凡境中各种潜在的污秽力量,经由绕境的仪式操演,将生活的世俗空间转换成精神的神圣空间,将人的生存环境延伸到与妈祖同在的宇宙秩序之中,仪式的过程展现了一个"俗—圣—俗"的运动空间,最后的世俗世界是经由神圣的贞定而来,与一般的世俗世界在内容上已大异其趣,是一个有神圣护持的空间,象征了圣境的落实与安置,世俗的事物都能符合宇宙整体的运行秩序,获得形而上的安顿与满足。

神圣空间与神圣时间是不可切割的,妈祖庙的各项祭典活动,是在一年周期的时间运转下,依公式地如期举办各种神人交通仪式,是一种定型化的文化表演,但重点不在于表演的外在形式,在于表演过程中的文化书写与意识体现,在仪式的神圣时间中聚合着整个民族共有的信仰与情感。妈祖的进香仪式在时间的运用与安排上是极为讲究的,配合了传统卜日的择吉系统,各种活动的时辰选择,背后都有着神圣的象征作用。张珣曾对大甲妈祖的进香仪式时间进行分析,指出仪式的进展牵涉世俗时间与神圣时间的转换,其神圣时间的建立有三个面向。② 张珣的三个神圣时间面向补充说明了前一篇文章的三个时空要素说,其观念体系大致相同,显示仪式的神圣时间是紧扣着神圣空间而来的。对香客来说,进香的时间是一种"静止时间"或"封闭时间",八天七夜不是时间的流逝,而是旅程的完成,其体验的时间不是一般的流程时间,而是与妈祖交融的时间,直接进入到不朽的交感世界,形成了一个同时具足了过去、现在与未来的时间。

仪式活动可以说是妈祖信仰内容的整体展现,以仪式建构了妈祖神圣存在的具象模型,象征抛弃了凡人的世俗世界,将人们引进不朽的神圣之境。仪式的行为是集体

---

① 张珣:《大甲妈祖进香仪式空间的阶层性》,《空间、力与社会》,台北,1995 年,第 357 页。

② 张珣:《香客的时间经验与超越:以大甲妈祖进香为例》,《时间、历史与记忆》,台北,"中研院"民族学研究所,1999 年,第 105 页。

神圣记忆的再现,象征对宇宙原型的回归,泯除掉世俗时空,回到与妈祖神话相应的神圣时空。仪式即是民族集体的文化记忆,是一种连贯统一的体系,可以用来泯除已往的世俗时间,象征复原了远古之初的混沌,重现宇宙开辟的伟绩。妈祖信仰是这种神话性的宗教,所谓"宗派意识"的宗教就是要回到神话的本质上来,神话是人类灵感思维的语言,直接触及人神交感的文化意识,是一种带有想象性形象描述的叙事系统,以精神感受的方式来掌握与体验世界。神话是宗教的共同语言,以象征的方式进入到宗教的神圣领域。妈祖宗教有着丰富的妈祖显圣事迹神话,来彰显妈祖灵感的神恩,来带动参与仪式的热忱与信心,一切宗教的文化内容被浓缩到神人交感的求优模式上,追求的是人神互动与人神一体的神圣经验。

仪式与神话都是为着神圣的彰显与作用,"圣显"是妈祖宗教活动的主要内涵,以感通的神力,来促进神人间的各种互动交往的关系。民间信仰"圣显"的方式主要有三,即降神、占卜与祭祀,妈祖神庙则有意避开"降神"的宗教形式,选择了"占卜与祭祀",构成"圣事"的操作系统[①],以祈祷、许愿、消灾、解厄等仪式的交感作用,建构出人与妈祖灵交的神圣场域。即妈祖庙不用乩童来作为神人交通的媒介,人将祈求传达给神,神把信息传达给人,不必经过第三者,而是经由占卜与祭祀等仪式活动,就能建构出人与妈祖灵力相交的多重运作网络。就妈祖庙的传统来说,原本是没有灵媒的,避开了民间信仰萨满的文化传统,不必假借通灵巫术来进行人神间的灵性沟通。妈祖信仰是建立在人神直接灵交的方式上,省略了经由巫师来代神说话,"圣显"不是让神直接现身,而是经由精神性的交感与沟通,在仪式操作下,人以自身体验方式进入到妈祖的神圣领域之中,领受妈祖随祷随感的慈悲救渡。近年来,有些妈祖神庙也开始引进乩童,慢慢以降神巫师作为领导核心,巫师成为神的代言人,甚至成为神的化身,掌控了神庙的行政权与领导权,将信众当成入教弟子,抬高其自身的神圣地位。这种演变,说明了妈祖信仰还是会受到其他神明信仰的影响,在同一生态环境下信仰现象是会相互混合与交流。

妈祖的宗教本质是回到占卜与祭祀的仪式活动上,自成一套独特的"圣显"系统,没有乩童,没有巫师,人照样可以经由仪式的交通功能,投入到妈祖的灵感世界里,在系列的祭典活动中人意与神意得以不断地交会与融通,民众体会了妈祖护佑众生的神力与神通,以烧香膜拜与祈祷感应,表达了其消灾解厄与庇佑赐福的崇拜感情。就人类的精神活动来说,仪式的发展是一大突破,跳过对降神巫师的依赖,直接以人的身份通过一定的礼仪向神灵祭献祈求,仪式取代巫师成为人神交往的中介,不需要乩童来替神说话,人们都可以经由涉神的礼仪来与神灵交感,实现人的需要与愿望。仪式重建了人神的交感关系,相信在人们集体性的宗教行为中能让人与神的关系更为亲近,能借助神灵的权能,实现人们自力无法实现的生活欲求与理想追求。

仪式的这种人神沟通的联系,主要可以分成两个作用,一是人的圣化,二是神的俗化。所谓"人的圣化",是指人在仪式的过程中,以语言、动作等来表达对神的依赖与敬

---

① 郑志明:《神明的由来:中国篇》,嘉义大林,南华管理学院,1997年,第14页。

畏,在俯地叩拜、献牲上供等行为中,向神请示祈求,邀取神的恩宠,这是人接近于神的过程。所谓"神的俗化",是指神在接受了人的礼拜、献祭后,也对人的祈求表示自己的态度,作出反应与回报,这是神趋向与接近于人的过程。"人的圣化"与"神的俗化",即是人与神的圣俗转化,人更接近于神,而神也更接近于人,人要进行自我生命的突破,而神也要回过头来救济众生。妈祖以其无比灵验的显圣,经常亲临人间救护众生,帮助人民脱灾解厄。妈祖这种无边的慈悲大爱,成为民众生活的重要精神支柱。妈祖即是一种救济众生的信仰。

妈祖救济众生即是其对人的"圣事"服务,以妈祖灵验的超自然力来满足人们安身立命的存在需求。妈祖不是仅在庙堂上供人膜拜的,妈祖是要应验来解救世人,为众生服务,以显圣的事迹来慈悲济世,促进社会生活的整体和谐。所谓"圣事",是指各种神圣感通的仪式,比如各种祈祷、许愿、祭祀、普度、消灾、解厄、补运、斋醮、法会等活动,侧重在妈祖的灵力显现,为众生指点迷津,获得存在的具体利益,圆满生活的神圣需求。圣事服务最能唤起民众的宗教实践,在祭典仪式中出钱出力以换取妈祖的庇佑。[1] 香火仪式也算是一种圣事服务,由寺庙、神明、香火、灵力与信徒等交互构成神圣运作网络[2],彰显妈祖灵感与显圣能力。

北港朝天宫在神圣面的维持上是相当用心,以每年固定的祭典仪式,确立了其在北港镇的宗教领导地位,"北港迎妈祖"不只是北港镇的一大盛事,同时也是中南部重要庙会活动,透过各种动员的管道,北港朝天宫三月十九、二十两日的绕境,成为全体镇民共享的祭典活动,也不断地扩充人神交感的神圣经验,在轿班与阵头的热闹场景中,更加彰显妈祖灵感的救世情怀。在迎神祭典的过程中,每一个神明会几乎全力动员,义务地为神明抬轿,参与艺阁、阵头的踩街表演,吸引着众多的参与者,共同营造出盛大的嘉年华会,显示北港朝天宫仍维持着宗派意识下的神圣性格,始终仰赖妈祖的灵验神性,带动了人们与神圣交感的终极关怀,永远感受到妈祖临若人间的慈悲灵恩。北港朝天宫对弘扬妈祖的显圣大爱,在仪式活动上表现出其追求净化的神圣性格,其特色有三:

第一,圣事与俗事服务并重:北港朝天宫在圣事服务上,主要仍以妈祖的神圣灵感来协助民众克服生存的各种困境,依旧是神圣交感下的意义探寻,不完全只是现实的功利需求。北港朝天宫不只强调圣事服务,也重视"俗事"服务,如《财团法人北港朝天宫捐助章程》第三条云:"本宫之设立以宣扬圣母懿德,倡行尊圣孝道,兴办公益事业,促进社会福利为目的。"所谓"俗事",是圣事的延伸,从神圣面扩充到世俗面,更能彰显出妈祖济世爱民的俗化参与。人经由仪式而圣化,妈祖经由仪式而俗化,北港朝天宫强调要集众生的力量来为众生服务,以取之社会用之社会的服务精神,处理神庙经由

---

① 余光弘:《鹿港天后宫的影响范围》,《民间信仰与中国文化国际研讨会论文集》,台北,汉学研究中心,1994年,第461页。

② 黄美英:《香火与女人:妈祖信仰与仪式的性别意涵》,《寺庙与民间文化研讨会论文集》,台北,汉学研究中心,1995年,第536页。

信仰与仪式的实践所获得的社会资源,搏节俭用,移作公益慈善事业,如从事造桥、铺路、济贫、赈灾等福利工作,甚至可以与当代的社会福利政策结合,将妈祖慈悲救世的理念,转化而成为具有时代性意义的社会服务。① 朝天宫自 1936 年就设立了贫民诊疗所,聘请专业医师为民服务,凡是贫病民众一律免费施医,1977 年筹划创办妈祖医院,于 1985 年落成,与中国医药学院合作,在北港创设医学院。

第二,祭典时拒绝乩童与电子花车:北港朝天宫虽然强调妈祖的威灵显赫,以香火仪式来增进民众对妈祖的崇拜热忱,但是在祭典的过程中,也努力地企图跳脱出民间信仰的萨满式的宗教形态,建立出自成灵感的文化系统。北港朝天宫在这方面是相当坚持的,不仅自身没有乩童等灵媒形式,平时也不让各友堂的乩童拜庙,这一点在全省的妈祖庙中是相当突出的,连其绕境祭典时,各地来插花的灵媒团体都被拒绝在门外,最多只能在庙庭外逛一下,一般是不准参与绕境的。北港朝天宫虽然是宗派意识下的神庙,但是有权力选择传达神圣存有的表达方式,拒绝乩童的萨满交感形式,并未降低人神间的灵性交通,反而净化凸显出独特的灵感祭典文化,强化妈祖是不必经由灵媒作为媒介的灵感大神,直接可以应着民众的祈求与呼应而来。禁止电子花车也是其仪式净化的自我要求,在绕境的过程中,不准任何游行队伍有违背善良风俗的演出,虽然偶尔会有电子花车不请自来,庙方会加以劝导,请其离开游行队伍。在绕境时几乎看不到职业阵头,大多数的阵头是北港子弟业余组织而成,是由神明会的会员共同出钱出力的。

第三,重视与小区的互助合作:北港朝天宫是全省著名的香火大庙,也曾于 1987 年举行了"环岛弘法绕境祈安活动",展开二十六天的全台巡历行程,但是朝天宫真正能起作用的,是与北港镇民进行小区的互助合作。比如北港的行业大多组织了神明会参与妈祖的绕境活动,进而建立出同行间的联谊网络,可见行业的商机与朝天宫的香火兴盛有着密切的互动关系。朝天宫除了长期办理社会贫苦民众与急难事故的救助工作,遇到各地重大的天然灾害与临时的急难灾害,亦多能及时拨款救助。对北港镇的文教艺术与体育活动也积极参与,如每年元宵节举行一个月的本地花灯展览,1987 年筹组国乐团,聘请专家指导,已有相当的规模与水平;对于北港的传统民俗团队给予固定经费的赞助与鼓励,1986 年起举办台湾地区"妈祖杯"软式网球锦标赛;也经常配合各级学校办理各项文教活动,1989 年提供了新台币壹仟万之孳息期限二年及现金二百万作为"笨港妈祖文教基金会"的开办经费②。

四、结　论

妈祖信仰在形态上是自成系统,是民众群体信仰下的社会性组织,以仪式活动作

---

① 黄维宪:《变迁中台省寺庙的社会福利服务》,台北,五南图书公司,1990 年,第 174 页。
② 蔡相辉:《北港朝天宫志》,云林北港,财团法人北港朝天宫董事会,1995 年,第 285 页。

为主体,对于人与神的交感关系,起到了巩固与发展的作用。这种宗派意识下的宗教形态,在形式上是相当的开放,是一种群体组合的社会性存在,与整个外在的生态环境是紧密结合,转而成为一个完全不设防的空间,任何宗教的意识形态与利益团体都可以长驱而入。在现代化的过程中,民间信仰被迫面临着两种转型的危机,一是不得不向教派意识的宗教形态靠拢,强调宗教外在具体的形式架构,加强组织管理与运作模式,逐渐忽略内在神人交感的信仰精神。二是过分地激化宗派意识的神秘色彩,回到神人交通的降神巫术上,以获得超自然的权能或神通自豪,灵验追求成为宗教活动的核心,在功利需求下逐渐淡化其神圣的信仰内涵。北港朝天宫能坚持传统的宗教形式,保持原有"宗派意识"下的宗教形式,是相当难能可贵的。

　　这两种危机实际上来自于民众精神领域的萎缩,忽略了人类生命存在的超越依据,受到物质生活现实利益的制约,只图一时之快的短暂满足,不仅产生了精神空虚的病态环境,还有恶质性精神补偿的心理作用,不是随便依附于外在的形式,就是迫切想要获得世俗幸福的立即保障,宗教缺乏了长期精致文化的经营,反而成为快餐性的庸俗文化,企图以灵验的巫术来投合民众祈安求福的功利心态,转变成求利求财的金钱游戏,企图经由各种神秘仪式的操作,跳过神圣领域直接追求世俗性招财进宝与消灾除祸的福报。在这样的生存处境下,降低宗教自身理性的神圣性格,人们只想从神秘的仪式操作中获得现实的利益。那么,北港朝天宫在这方面的努力是值得借鉴的,一方面可以保存信仰的神圣魅力,一方面拒绝世俗的庸俗文化,当然朝天宫在避免世俗化的危机上还需要更多的努力。

作者:郑志明,台湾辅仁大学宗教学系教授

民间文化的标准化与再标准化

——以辽宁省孤山镇妈祖信仰为例

孙晓天　　李晓非

美国人类学家詹姆斯·沃森(James L. Watson)在上世纪八十年代基于华南沿海妈祖信仰的研究,提出了"神的标准化"(Standardizing the Gods)①概念。沃森所言的"神的标准化"包含两个层面的内涵:一是由于国家力量的"鼓励",导致许多地方神灵逐渐让位于国家所允准的神灵(如妈祖、关帝);二是在此历史过程中,在象征符号与仪式行为一致的表象下,不同的主体(国家、地方精英和普通民众)对该神灵信仰的不同理解和行为差异。

这个概念一经提出,就得到了海内外华南社会研究和宗教研究界的广泛关注,并引发持续的热烈回应和讨论②。国内一些研究者也借用该概念对民间信仰与国家力量之间的关系进行探讨,如邹春生的《神明标准化:民间信仰与国家关系的整合——从江西南康刘氏女的出凡入神看客家文化特质的形成》③、王芳辉的《标准化与地方化——宋元以来广东的妈祖信仰研究》④等。

沃森提出的这个概念对中国民间信仰在国家力量参与下的一些代表性现象具有强大的解析力。虽然一些讨论将"神的标准化"概念内涵所代表的事实不断地予以证实和证伪,但这些讨论并没有彻底解构沃森对"神的标准化"概念所圈定的内涵,而不

---

　　① 〔美〕詹姆斯·沃森著:《神的标准化:在中国南方沿海地区对崇拜天后的鼓励(960—1960 年)》,〔美〕韦思谛编、陈仲丹译《中国大众宗教》,南京,江苏人民出版社 2006 年版。

　　② 杜赞奇:《刻划标志:中国战神关帝的神话》,〔美〕韦思谛编、陈仲丹译《中国大众宗教》,南京,江苏人民出版社 2006 年版,第 93—115 页;宋怡明(Michael Szonyi)则以福州地区的五通神为例,对华琛的观点提出修正,指出正统化的神用到地方上面,不一定改变乡民对神的概念(Michael Szonyi, "The Illusion of Standardizing The Gods: the Cult of Five Emperors in Late Imperial China", *the Journal of Asian Studies*, Vol, 56, No. 1, Feb. 1997, p. 113-135);最近的讨论见英文《近代中国》(Modern China)2007 年第 33 卷第 1 期,以《中国的仪式、文化标准化与正统行为:沃森理念的再思考》为主题做了一个专号;以及科大卫、刘志伟的《标准化还是正统化:从民间信仰与礼仪看中国文化的大一统》,《历史人类学学刊》2008 年第 6 卷第 1、2 期合刊。

　　③ 邹春生:《神明标准化:民间信仰与国家关系的整合——从江西南康刘氏女的出凡入神看客家文化特质的形成》,周大鸣、何新亮主编《文化多样性与当代世界》,北京,民族出版社 2008 年版。

　　④ 王芳辉:《标准化与地方化——宋元以来广东的妈祖信仰研究》,《文化遗产》2008 年第 3 期。

过是在此基础上的深化、拓展以及跃升(如杜赞奇、科大卫和刘志伟),抑或只是误读。

本文无意介入有关"神的标准化"的概念争论之中,而是基于作者对中国最北海疆(辽宁省东港市孤山镇及周边地区)的妈祖信仰的调查,有感于当代中国以"文化保护"为名的国家力量深度进入民间文化空间、参与民间文化传承和构建的事实,借用沃森的"神的标准化"概念,提出"民间文化的标准化与再标准化"和"标准化的扩大化"的概念,提供一种解释当代中国民间文化保护工作的理论视角。

一、近代历史中孤山妈祖信仰的标准化

东港市位于中国海疆的最北端,紧邻鸭绿江出海口。孤山镇处于东港市中部,是近代史上辽东地区的主要海港之一。该镇作为海港始于唐代①,宋为辽金属地,元明时属中央政府,明末时期明将毛文龙与后金军队绞杀于此②。清代后随着移民的进入,并得益于其沟通东北和内地的海运枢纽地位,得到较大发展,成为辽东的繁华市镇。该镇大孤山上于1776—1885年间,陆续修建起规模巨大的庙宇群落,包含山腰处圣水宫、三霄娘娘殿、佛爷殿(罗汉殿)、龙王殿、玉皇殿、药王殿(当地统称为"上庙"),及山脚处天后宫、天王殿、地藏寺、大雄宝殿、文昌宫、财神殿、关帝殿、吕祖庙、戏楼(当地统称为"下庙")等宗教场所③。这批庙宇规划整齐,传承有序,香火鼎盛,再加上散布于大孤山周边的基督教堂、姑子庙、清真寺,大孤山因此成为远近闻名的宗教中心。

据圣水宫碑文记载,该庙宇群落中最早修建的是三霄娘娘殿,系乾隆十四年(1749)由山东崂山道士倪理休所建的三间草殿。继而修罗汉殿(1756)。1763年建天后宫。其余庙宇和建筑,皆为1802—1885年间修建④,形成今日所见蔚为壮观的上、下庙景观。

在大孤山庙宇群落这个诸教并存,多神共处的"神圣空间"里,历史上是否存在着沃森所言的"神的标准化"过程呢?由于孤山地区近代历史较为纷乱⑤,相关文献十分匮乏,笔者不能如沃森那样获取丰厚的参考资料来直接证实这个过程。但我们依然能够从历史的缝隙中窥探到些许"标准化"的痕迹。

① 据记载:唐代即在上庙建有望海寺,至今残存寺基⋯⋯史载唐代在重要港口皆建有望海寺。⋯⋯清代重修庙宇时,在上庙出土十六樽帖铸罗汉神像,系唐玄宗时期(712)所铸⋯⋯人工在望海寺两侧栽有两棵银杏树,至今仍苍劲挺拔,经专家测认,树龄至少有一千三百年。银杏树被唐代佛教誉为圣树,凡建庙必栽此树(参见《大孤山镇情叙略长篇(初稿)》卷一,第18页)。
② 该镇大鹿岛上至今存《毛文龙碑》。
③ 许敬文主编:《东沟县志》,沈阳,辽宁人民出版社1996年版,第1016页。
④ 孤山镇人民政府:《大孤山镇情叙略长篇(初稿)》卷一(手抄本),第123页。
⑤ 孤山地区近代中战乱频繁,除去移民纷乱、农民起义、海盗滋扰,中国近代史上的数次重大战争均与这里有着直接的关联:1894年甲午海战的主战场即在孤山海域,邓世昌即牺牲并葬于此,日军曾登陆大孤山;1904年日俄战争,日俄两军也在此绞杀;"九一八事变"后,这里为伪满洲国属地;解放战争中经历了两次解放,后又在抗美援朝战争中成为紧邻前线的重要军事基地。

笔者认为,妈祖(天后、海神娘娘)——一个被国家认可并被孤山民众逐渐接受的外来之神——在1756—1949年间逐渐"标准化"孤山地区诸神共存的"信仰空间",取代其他神灵,成为当地神圣空间中的主要神灵。根据有三:

(一)孤山天后宫在当地信仰空间中的重要地位

在大孤山清代庙宇建筑群中,曾经供奉着大小数百尊神像("文化大革命"期间被毁的泥塑、木雕、铜铸神像有四百多尊①),"殿、亭、楼、阁121楹,建筑面积5000余平方米,占地面积1万余平方米"②,其中天后宫建筑面积842平方米,占地面积1800平方米③,妈祖以一神独占上、下庙四百余神灵近五分之一的神圣空间。此外,大孤山庙宇群落有两座酬神戏楼,一座是全体神灵所共享的"神听和平"戏楼,另一座是天后宫专有的"娘娘殿戏楼"④。天后宫的规模和特权代表着地位。妈祖在大孤山神圣空间中的特殊地位不言自明。

或许天后宫的规模和特权只能证明妈祖信仰在孤山既存信仰空间的突出位置,并不能直接证明"神明标准化的历史过程",那么我们继续往下分析。

(二)娘娘混淆——海神娘娘与三霄娘娘

如前所述,大孤山清代庙宇群落最早修建的是"三霄娘娘殿"(1749)。十四年后的1763年,天后宫才在大孤山落成。三霄娘娘信仰系道教信仰神祇,在华北和东北地区,泰山娘娘(碧霞元君)信仰与三霄娘娘信仰曾广泛传播并影响巨大。遗存至今的华北和东北地区农历四月十八娘娘庙会,就因该日系泰山娘娘和三霄娘娘诞辰而起(为何两个娘娘崇拜系统共用一个生日,本文不做讨论)。据史载,孤山镇四月十八的三霄娘娘庙会,自清代以来一直是辽东地区规模较大的娘娘庙会之一。⑤ 以此可见,三霄娘娘信仰在孤山地区历史上,出现年代较早,仪式规模较大,影响较深远,曾经是孤山地区"神圣空间"中毋庸置疑的主神(或主神之一)。

但是在孤山清代庙宇群落中,三霄娘娘殿占地狭小——自1756年重建后就没有扩大过规模。其后修建的龙王殿、玉皇殿和药王殿等殿堂,将三霄娘娘殿的周边空地基本占用。由此可得知,在十九世纪大孤山各类庙宇建设高潮时期,历任道教主持无意将三霄娘娘的殿堂和附属设施扩大。这是一方面。

另一方面,孤山地区为纪念三霄娘娘诞辰而举行的农历四月十八娘娘庙会,虽然随着经济社会的发展,规模越来越大,但这个繁华庙会真正的祭拜对象(即所奉神主),却在历史长河中发生着微妙的变化——越来越多的孤山民众认为,娘娘庙会祭拜的是"海神娘娘"——也就是大孤山下庙里那个拥有宏大殿堂和独立戏台的天后宫的主神

① 孤山镇人民政府:《大孤山镇情叙略长篇(初稿)》卷一(手抄本),第142页。
② 许敬文主编:《东沟县志》,沈阳,辽宁人民出版社1996年版,第1016页。
③ 许敬文主编:《东沟县志》,沈阳,辽宁人民出版社1996年版,第1016页。
④ 许敬文主编:《东沟县志》,沈阳,辽宁人民出版社1996年版,第993页。
⑤ 孤山镇人民政府:《大孤山镇情叙略长篇(初稿)》卷一(手抄本),第131页。

妈祖,而非"三霄娘娘"。笔者在田野调查过程中,发现当地百姓已经很少分得清娘娘庙会到底是"哪个娘娘的庙会"——大多数人都会脱口而出"是海神娘娘庙会",且 20 世纪 80 年代撰写的孤山镇志书——《大孤山镇情叙略长篇(初稿)》亦采用此说法①。另一个能够反映当地"娘娘混淆"的证据,来自东港市妈祖文化交流协会出版的介绍孤山妈祖信仰的简介性书籍——《海角妈祖》。该书专辟一文《四月十八是大孤山海神娘娘庙会吗?》②,刻意澄清"此娘娘非彼娘娘",可见当地民间"娘娘混淆"之影响深远。

本文作者认为,孤山地区的三霄娘娘庙会逐渐被"误传"为海神娘娘的庙会,是清代中后期在孤山地区日益强大的妈祖信仰逐渐"标准化"当地神圣空间的一个表现。

(三)海神混淆——海神娘娘与海神禺强

孤山及周边辽东海疆地区,普遍存在每年农历正月十三祭拜海神娘娘的习俗。祭拜仪式十分隆重,含家祭、庙祭、海祭和放海灯等活动。当地民间普遍认为,正月十三是海神娘娘(天后、妈祖)的诞辰。但众所周知,妈祖诞辰是在农历三月二十三,这一点在中国南北的妈祖信仰的正史里都无所疑问。孤山天后宫的碑文和当地的其他史料也证实,妈祖诞辰是三月二十三,且孤山历史上隆重的海神娘娘祭典巡游仪式,均在三月二十三举行。可见并不是孤山地区对妈祖的"正统"生日有误识,而是当地同时祭拜妈祖的"两个生日"——正月十三和三月二十三。

妈祖作为人化神,生日不可能有两个,这是一个常识性的结论。那么问题出在哪里?

通过考察黄海北部渔民的祭祀民俗,笔者得知,该地区普遍存在祭海神的传统,但各地祭祀的海神有所不一,日期也并不一致。正月十三祭拜的海神,以龙王和妈祖较为普遍。如胶东半岛青岛、蓬莱地区,正月十三祭祀海神龙王③,而辽东半岛则祭祀海神妈祖,个别地区在这一天两者皆拜④。无论祭祀对象为何,祭拜的原因均言是海神(龙王或妈祖)过生日。

龙王信仰曾是中国沿海地区的主要海神。明清以后,在部分地区,其影响力逐渐为妈祖取代。⑤ 孤山地区历史上也有较为昌盛的龙王信仰⑥,但现存的龙王崇拜,已经

---

① 孤山镇人民政府:《大孤山镇情叙略长篇(初稿)》卷一(手抄本),第 131 页。

② 岳长贵、许敬文编著:《海角妈祖》,北京,群众文化出版社 2009 年版,第 141—142 页。

③ 山曼主编:《节庆》,济南,山东友谊出版社 2004 年版,第 167 页。中华人民共和国文化部办公厅、中国文化报社编:《中国新时期地方文化发展概览(上)》,北京,文化艺术出版社 2000 年版,第 824 页。

④ "渔灯节,流行于蓬莱市几个渔村,节期有的在正月十三,有的在正月十四。旧时这天傍晚,渔民手持灯盏和贡品去龙王庙、海神娘娘庙拜祭送灯,再往自家渔船送灯。"烟台市地方史志办公室、烟台市政府办公室年鉴编辑部编:《烟台纵览》,北京,华龄出版社 1999 年版,第 208 页。

⑤ "沿海各地所建天后宫、娘娘庙甚多,明清以来,香火日益旺盛,并在海事活动中逐渐取代了龙王的地位。"周鸣琦、李人凡主编:《中国各民族年节祭会大事典》,西安,陕西人民教育出版社 1995 年版,第 223 页。

⑥ 留存至今的地名"龙王庙",即在孤山附近;大孤山庙宇群落里,亦有龙王殿。

只有"祈雨"等内地龙王信仰内涵,而无海神意味①。经孤山当地学者考证,孤山地区民间正月十三祭海神的习俗早有流传,祭祀的神主原本为龙王——海神禺强②,但"广大渔民有个误区,视海神禺强为海神娘娘"③。所以,海神禺强的生日——正月十三,被说成是海神娘娘的生日。这样一来,海神娘娘在当地就有了"两个生日":一个传续正统说法的三月二十三,一个是原本海神禺强的生日正月十三。

分析至此,事实已经逐渐清晰:随着妈祖信仰在北部海疆的扩展,当地原有的海神信仰受到一定的侵蚀,原海神(龙王禺强)的祭祀仪式被新的海神(妈祖)所享有,甚至原海神的生日也被新海神占用。这与沃森文中的天后"吃掉"当地神的情节非常类似。

由于孤山地区信仰历史的史料较为匮乏,能够佐证上述观点的资料有限,笔者因此借用一个与此情节类似且研究资料充裕的个案——泰山娘娘与海神娘娘的混淆以及引发的争论——来考察"神的标准化"过程中的一些面相。

泰山娘娘(碧霞元君)曾经是中国北方地区的重要女神,与南方海神娘娘(妈祖)齐名,有"北泰山、南妈祖"之称④。但至清朝初年,出现了"碧霞元君即为妈祖"的说法。如当时南方杭州地区妈祖庙"悬幡累累皆大书'碧霞元君'"⑤,而在北方一些地方,碧霞元君已被直接附会于妈祖身上,如北京妙峰山所立康熙戊子(1708)《御制重修西顶碧霞元君碑》的记载:"元君初号天妃,宋宣和间始著灵异,厥后御灾捍患,奇迹屡彰,下迄元明,代加封号,成弘而后,祠观尤盛郊郭之间。"又如康熙四十八年赐进士出身光禄大夫文华殿大学士户部尚书张玉书在《丫髻山天仙庙碑记》中指出:"元君者,乃湄州林都检之女,渡海方游,于宋宣和间,以护佑路人功,始有庙祀。历元明,累功封天仙圣母碧霞元君徽号,六百余年至今不废。"⑥

碧霞元君与妈祖成为一体的说法如何会产生?历代学者考证后解释为"以说传说,不足为实"⑦。但问题在于,是什么力量促使中国南北皆把二者视为等同?乡野民

---

① 旧时,大孤山如遇大旱年,家家贴"龙王马"于门上,瓷花瓶插柳枝,挂门两旁。大人扎草龙游街求雨,小儿塑泥龙,向龙王祈雨。祈雨队伍从龙王庙(摆渡口上滑石山)出发,队伍前面是地方长官带领人民代表(大约100人),身体彩绘纹身,扮成鱼、鳖、虾、蟹状,光着脚丫,头戴柳枝编成的帽圈,手持柳枝蘸水向空中挥洒。接着是草扎龙,由4—10人用木棍擎着,后面则是两人扮旱魃,用绳索系在龙的颈部,牵行游街,再后面是8人抬轿,轿内是关老爷神像(《关于申报国家级历史文化名镇的请示》,孤政发[2009]号)。

② 岳长贵、许敬文编著:《海角妈祖》,北京,群众文化出版社2009年版,第139—140页。

③ 岳长贵、许敬文编著:《海角妈祖》,北京,群众文化出版社2009年版,第139—140页。

④ 彭慕兰:《泰山女神信仰中的权力、性别与多元文化》,〔美〕韦思谛编、陈仲丹译《中国大众宗教》,南京,江苏人民出版社2006年版,第115—116页。

⑤ 汪楫:《使琉球杂录·神异》,清康熙二十二年(1863)。

⑥ 北京市平谷区文化委员会编:《畿东泰岱——丫髻山》,北京,北京燕山出版社2008年版,第174—179页。

⑦ 《古今图书集成·方舆汇编·职方典·淮安府部纪事》:"明永乐间使臣甘泉、郑和有暹罗西洋之役,各上灵迹,命修祠宇,己丑加封'弘仁普济护国庇民天妃'。自是遣官致祭岁以为常。若淮上之祀起于宋,至明而崇奉显圣第址,宜称天妃,而不察者谬加以'碧霞元君'字号,此则泰山之神非漕运之灵济者矣。"近代学者容庚亦指出:"殆误会天妃为天仙,故有碧霞元君封号耳。康熙御制碑所云'元君初号天妃',亦误。或谓观世音千百亿化身在南为海神天后,封碧霞元君;在北为泰山玉女,亦封碧霞元君。此则歧之又歧矣。"

众把二位娘娘加以混淆或许可以说是"不明就里,以讹传讹",但为何专门祭祀二者的职业宗教人士(同时代的南北方僧侣、道士)也将二者视为同一? 显然,"以说传说"的解释是无力的,而"神的标准化"则是一种可能的解释视角。

明末清初,"北泰山、南妈祖"的南北两个娘娘信仰体系的均衡格局被逐渐打破,得到历代政府册封的南方妈祖信仰显示出越来越旺盛的生命力并日益北上,而未得到政府正式承认的北方碧霞元君泰山娘娘信仰则呈现出渐衰的趋势。① 在二者统一的宗教外壳(佛教或道教)下,生机勃勃的妈祖信仰和日显颓势的泰山娘娘信仰,二者互相借用彼此的资源(即妈祖的政府册封和泰山娘娘的强大传统势力)来壮大彼此自身的优势,是一个合适的选择。这种选择由操纵着二者宗教外壳的统一宗教系统(道教与佛教)和宗教人士所期许、认可并实施,最终导致二者在某种程度上的合流。因此,与其认为妈祖信仰与碧霞元君信仰互为一体的说法是"以说传说",不如认为该说法是一种"合谋"——"标准化之神"与"被标准化之神"的合谋——用人类学的话说,是结构性的集体无意识引发的集体意志所致。

所以,在民众的"以讹传讹"和精英的知识垄断的原因之外,类似"娘娘混淆"或者"海神混淆"现象的背后,有着更为强大和更为决定性的原因——新旧宗教力量的交替以及在交替过程中二者的合谋。

我们已经比较清楚地看到,在清代中晚期的孤山地区,多种神灵信仰共存的局面遭遇了一个明显的"标准化"过程。携国家力量以自重的海神娘娘的到来和不断发展,改变并一定程度的取代了当地原有的娘娘信仰体系和海神信仰体系。这只是"神的标准化"的一个层面。在另一个层面,我们将分析:国家、地方精英与普通民众对妈祖信仰的不同认识,以及这种不同认识得以共存的原因。

妈祖信仰得到国家力量的一再鼓励的原因,除了因其护佑海民的初始神力,还因为其"繁育子女、平定叛乱、安抚边民"等不断延伸的神力内涵。② 孤山地区作为帝国北部海疆和陆地边界的交汇处,在近代史上不断为流民、海盗、战争和起义所滋扰③(这与沃森所研究的饱受前政府余党和海盗滋扰的帝国南部海疆类似)。在这种能够引发国家统治者不安全感的地区,一个能够有着"平定叛乱、安抚和教化边民"功能的海神——妈祖,是一个前现代的国家政府能够接受并寄予厚望的宗教选择。

孤山地区的精英对妈祖的认识相对复杂。一方面,他们清楚地知道:在类似孤山这样的边地,地方人士只有赢得中央政府的信任,才能在当地长久的巩固自身地位和利益。而取得政府信任的最佳途径之一,就是坚决维护国家鼓励的信仰。因此他们对妈祖殿堂大量资助,举行隆重的妈祖巡游仪式,以这种间接而有效的方式宣告对中央政府的效忠。另一方面,他们又以自己对"知识体系"的掌握,不断强调在当地日益强

① 彭慕兰:《泰山女神信仰中的权力、性别与多元文化》,〔美〕韦思谛编、陈仲丹译:《中国大众宗教》,南京,江苏人民出版社2006年版。

② 〔美〕詹姆斯·沃森:《神的标准化:在中国南方沿海地区对崇拜天后的鼓励(960—1960年)》,〔美〕韦思谛编、陈仲丹译:《中国大众宗教》,南京,江苏人民出版社2006年版。

③ 散见东沟县志大事记、大孤山镇情叙略长篇(初稿)大事记。

大的海神娘娘信仰与其他神灵(如正月十三的海神禺强祭祀和四月十八的三霄娘娘庙会)的区别(尽管这种声音越来越弱,但始终存在)。精英们这看似矛盾的两种做法,但其目的完全统一:在国家和基层社会两个层面都凸显其特殊地位。所以,在日常的做法中,精英们的两种表现合二为一,互为促进:一边刻意维护国家认可的"正统"信仰,放任其对当地原有神灵的资源侵占,营造"正统"形象;一边建立知识的垄断,维护自身在当地的象征资本。

正是地方精英这种看似矛盾的做法,才导致孤山民众对一些基本事实的"误识",如把海神禺强的生日当做海神娘娘的生日,或者把三霄娘娘的庙会当做海神娘娘的庙会。与此同时,垄断的知识体系又保存了这些原有神灵的基本信息,造成今日孤山地区"此海神与彼海神"、"此娘娘与彼娘娘"的信息混淆传播模式。①

与国家力量和精英作用相比,在妈祖信仰标准化的过程中,孤山民众显然更多的处于被动接受的地位。当然,正如沃森指出的,"帝国没有力量或是资源把一个没有影响的神强加给大众"②。妈祖在孤山历史上也有诸多显灵的神迹故事③,妈祖神力范围的不断扩大也满足了那些被取代的神的功能(如海深禺强对海民的护佑和三霄娘娘对女性生育的保佑),这些都是孤山信众对妈祖信仰接受并笃信的基础。

不同的信众对妈祖的不同理解,是一个比较自然的事情。可以想见的规律是:不同的生计方式导致信众对妈祖的不同祈愿,进而导致不同人群对妈祖的不同理解。比如渔民对于妈祖的祈愿与理解会与陆上农民有很大不同(农民对妈祖的理解,缺少有关海洋的内涵);商人群体会更加独特——陆地上的商人与来往海上的商人,其对妈祖的祈愿和理解也不一样——陆商们会更多强调妈祖是"财神",而海商们会强调妈祖既是海神,也是财神。

综上所述,通过史料的分析以及在此基础上的合理推论,笔者从两个层面论证了近代史上妈祖信仰在孤山地区"标准化"的基本过程。这个过程直到今天仍在持续——妈祖信仰凭借其历史政治资本和当下政治内涵(促进两岸统一,繁荣地方经济),仍在继续"标准化"着当地信仰空间。

二、孤山地区妈祖信仰的"再标准化"

从前述的历史梳理与分析我们得知,孤山地区的妈祖信仰在清代中后期以来,有一个"标准化"当地信仰空间的历史过程。本节的内容将以作者在孤山镇的田野调查

---

① 在著名的"泰山娘娘与海神娘娘之争"中,起到关键作用的也是各类精英:制造出"娘娘混淆"的南北方宗教人士以及考证解释出此说法为"以说传说"的学者们,他们都是垄断知识的精英。

② 〔美〕詹姆斯·沃森:《神的标准化:在中国南方沿海地区对崇拜天后的鼓励(960—1960 年)》,〔美〕韦思谛编·陈仲丹译:《中国大众宗教》,南京,江苏人民出版社 2006 年版,第 82 页。

③ 许敬文主编:《东沟县志》,沈阳,辽宁人民出版社 1996 年版,第 1204 页。刘秀丽:《海角风情》,长春,吉林摄影出版社 2006 年版,第 1—14 页。

资料,分析孤山地区的妈祖信仰在当代得以"再标准化"的过程。

由于政治因素的影响,1949 年后,孤山地区的妈祖信仰与其他信仰一样,逐渐萎缩、衰落,甚至一度从民众的公共生活中消失。① 大孤山上包括天后宫在内的宗教殿堂群落在"文化大革命"期间受到极大冲击:所有神像被毁,匾额十不存一,碑刻被砸,殿堂也被县荣复军人疗养所(后改为县结核疗养所)占用。② 直到 1979 年后,随着文化宗教政策逐渐松动,孤山地区的妈祖信仰才与其他民间信仰一起,逐渐恢复。大孤山天后宫的神像得以重塑,信众逐渐恢复祭拜活动。

世纪之交以来,与世界结合日益紧密的中华大地,在西方世界遗产保护活动的推动下,在现代民族国家建设的要求下,在经济建设所带动的文化、社会建设的促进下,兴起了以"文化遗产保护"为代表的文化保护和开发热潮。孤山镇身处其中,亦不例外。

2008 年农历三月二十三日,孤山镇所属的东港市正式成立"东港市妈祖文化交流协会",确立宗旨为:"致力于妈祖传统文化的保护和妈祖文化资源的整合,以一种'抢救'的姿态搞好东港地区妈祖文化的挖掘整理工作,以协会为载体,广泛开展妈祖文化的联谊和交流活动","提高妈祖文化品位,发展妈祖文化事业"③。协会经费由各理事单位赞助。协会的成员来自于各级政府部门或与政府紧密相关的各种组织。

协会成立后,2008 年 5 月 10 日,协会理事、东港市广播电视局副局长与东港市文体局局长带队到福建湄洲妈祖祖庙,恭迎妈祖分灵金身。"5 月 14 日上午 9 时,市有关部门在大孤山山门前隆重举行了恭迎仪式。"④此后,孤山镇于 2008 年农历四月十八、2009 年农历三月二十三、2010 年农历三月二十三,分别举行了隆重的大孤山妈祖祭典巡游活动。据《海角妈祖》一书记载:"在市委、市政府的支持下,东港市妈祖文化交流协会恢复了中断长达半个世纪的妈祖祭典和巡游活动,参加祭典的信众多达 20 余万人⑤,真可谓万民空巷,天地动容。与此同时,协会还全力配合有关部门,进行了妈祖祭典申报省级非物质文化遗产的工作……"⑥

上述大规模的妈祖祭典,无论从人员构成、经费来源还是活动组织,处处都能看到地方政府的积极参与和强力干预。东港市政府与孤山镇政府对于恢复境内妈祖信仰活动的支持,前述的席卷全国的文化保护和开发热潮是基本背景,而直接的动因来自于当地政府追求地方经济、社会和文化发展的需要。

在沉寂了半个多世纪之后,孤山地区各种妈祖信仰活动在地方政府的极力推动

① 据访谈资料,渔民即使在"文化大革命"期间,也会在家中或渔船上不公开地祭祀海神娘娘。
② 孤山镇人民政府:《大孤山镇情叙略长篇(初稿)》卷一(手抄本),第 138—142 页。
③ 《大孤山海神娘娘(妈祖)祭祀巡游申请辽宁省非物质文化遗产名录项目申报书》第五项。
④ 岳长贵、许敬文编著:《海角妈祖》,北京,群众文化出版社 2009 年版,第 80 页。
⑤ 东港市全市人口只有 64 万人,而孤山镇城乡人口共计 48307 人(第五次人口普查数据),可见当地民众的参与程度之高。
⑥ 岳长贵、许敬文编著:《海角妈祖》,北京,群众文化出版社 2009 年版,第 115 页。

下,轰轰烈烈的重新开展起来。除了前述的由半官方的"妈祖文化交流协会"组织的隆重的妈祖公祭巡游以外,孤山各地的天后宫得以逐步重建或新建,民间祭祀的规模也越来越大。

与此同时,有两个必须要交代的背景因素:一是"湄洲妈祖祭典"于 2006 年 5 月被批准为首批国家级非物质文化遗产代表作;二是 2009 年 9 月 30 日,中国政府提名的"妈祖信俗"被列入联合国《人类非物质文化遗产代表作名录》,妈祖信俗成为我国首个信俗类世界文化遗产。这两个背景因素的意义在于——在中国封建皇帝最后一次对妈祖赐封(同治十一年,公元 1872 年)一百三十多年后,妈祖信仰再次得到了国家层面的正式承认。更进一步的是,在全球化时代的今天,妈祖信仰还以"信俗"的名义得到了更高实体的承认——联合国将其列入了一个意味着强有力的保护责任和巨大的可得利益的名单,即《人类非物质文化遗产代表作名录》。

恍若隔世,我们似乎又看到了历史上曾经在孤山地区信仰空间里上演过的一幕:得到国家力量鼓励(这一次又加上了联合国的力量)的妈祖信仰以"妈祖文化"和"妈祖信俗"的形式在孤山地区勃然复兴①,地方政府和地方精英对此显示出极大的热情,积极操办巨大规模的祭祀仪式(政府毫不掩饰的出钱出力,官员们甚至亲自为妈祖金身抬轿),而孤山百姓则蜂拥向天后宫和祭典现场,聆听政府官员们在祭典现场和宣传媒体里宣布赋予大孤山海神娘娘的全新封号——"辽宁省省级非物质文化遗产"。

笔者认为,在孤山历史上曾经借助国家力量"标准化"当地信仰空间的妈祖信仰,在现当代凭借更为强大的上层力量,再次对孤山地区的信仰空间进行了"标准化"的过程。同时,国家(以及联合国)、地方政府、地方精英、信众对此过程和结果有着明显不同的理解和认识。笔者把这一过程称为"神的再标准化"。

事实上,沃森所说的"神的标准化"是一个动态的过程。这个过程会有起伏,甚至数次反复、几多轮回。以此看来,"神的再标准化"的概念不过是对"神的标准化"的某种深度解释,是对历史上曾经有过的神的标准化过程在现当代表现的一种概括。

在"神的标准化"和"神的再标准化"两个概念的启发之下,同时也站在两个概念的基础上,笔者认为,在当下以"文化遗产保护"为名的民间文化保护工作中,存在着国家力量深入到民间文化最细微的角落,并对民间文化进行有选择、有侧重的保护现象,导致保护名单以外的(甚至较后列入名单的)民间文化被选择性的忽视,进而间接加速了某些民间文化的消亡。笔者把这个过程命名为"民间文化的标准化和再标准化"。

---

① 妈祖信仰在当代为何以"文化"和"信俗"的形式出现,请参考香港中文大学副研究员吴真博士的精彩论述。吴真:《从封建迷信到非物质文化遗产:民间信仰的合法化历程》,《中国宗教报告 2009》,北京,社会科学文献出版社 2009 年版,第 161—180 页。

三、民间文化的标准化与再标准化

进入新世纪后,在新一轮西方话语的影响下①,中国的民间文化保护逐渐有了新的名义和新的定位——文化遗产保护。比照"国际惯例",中国的世界级、国家级和省市级文化遗产的整理、申报和保护开发工作逐一展开。

具体的工作步骤大体如下:

首先是确认保护对象类别的范围。如《文物保护法》确认何为"文物",《国家级非物质文化遗产代表作申报评定暂行办法》确认何为"非物质文化遗产",《历史文化名城名镇名村保护条例》确认何为"名城名镇名村"。

其次是具体保护对象的申报与确认。申报单位为"文化所在地"的基层政府(县、市、省级政府),确认单位为该基层政府的上级政府(市、省、国家级政府)。经过该程序批准后,具体保护对象获得某具体称号,如"某某级文物保护单位","某某级非物质文化遗产"或"某某级历史文化名镇"。(值得一提的是,在同等类别同等级别的文化保护对象中,依据其被政府批准称号次序的先后,存在着某种微妙的不平等关系,如很多地方政府在其文化保护宣传手册上刻意强调"首批"某某级非物质文化遗产、"第一批公布"的文物保护单位等等。显然,在某种程度上,政府把文化保护对象批准和确认的时间先后,与该保护对象的文化价值高低联系了起来。)

然后就是各级政府依据该保护对象获得的称号,即其"合法的"保护级别,施以不同程度的保护。按照法律规定,如果地方政府不依法保护该对象,上级政府可以追究其领导人行政乃至刑事责任。

最后就是对被确认的文化保护对象的开发工作。②

可见,尽管我们能够轻易地找到一些民间力量积极参与其中的证据,但事实上国家力量主导着当代中国民间文化的保护工作。通过一系列符合国家意识形态的法律程序,国家力量渗透到民间文化保护的每个环节。

与历史上的国家不同,随着现代国家对社会控制力的不断加强,以及全球化时代现代国家的治理理念,现代国家力量在人类历史上第一次深入到民间文化的角角落落,深入到孕育社会文化"大传统"和"小传统"的基础和根基之中——在沃森所研究的"神的标准化"时代(明清时期),国家力量只会对诸如天后、关帝等民间文化有"标准化"的兴趣,而断不会理会诸如剪纸、绣花鞋垫等民间艺术。而在今天,国家力量不

---

① 中国近代历史上对待民间信仰等民间文化的态度,在西方话语的影响下有过两次大的变化。吴真:《从封建迷信到非物质文化遗产:民间信仰的合法化历程》,《中国宗教报告2009》,北京,社会科学文献出版社2009年版,第179页。

② 参考《文物保护法》、《国务院办公厅关于加强我国非物质文化遗产保护工作的意见》、《历史文化名城名镇名村保护条例》等。

仅保持着对天后、关帝的浓厚兴趣,对剪纸和刺绣也不再漏过①。在国家力量全方位扩张的条件下,"文化标准化"的层级越来越深,"文化标准化"的对象不断增多。笔者称之为"文化标准化的扩大化"。

得到国家力量确认的民间文化,除了获得相关称号及保护待遇,其由此衍生的"市场价值"在市场经济社会里得到彰显——利益相关者(各级政府及文化产业开发商)不断追寻着文化保护工作衍生利益的最大化,而市场化的经营手段和宣传手段又让这种效果和影响力一再放大。与此同时,一个越来越明显的趋势是:那些没有被国家承认的"民间文化"(包括暂时没有被承认和永远不会被承认的民间文化),甚至已被国家承认但无法被重视(如承认时间较晚或没有市场影响力)的民间文化,都将被那些国家已经承认并被市场化力量一再彰显的"强势的"民间文化所"标准化"——被妈祖信仰所淹没的孤山龙王崇拜和三霄娘娘崇拜,或者政府圈定的"传承人名单"之外的某个绣花鞋垫制作者,都是"标准化"的对象。

据此,笔者认为,当代中国对民间文化进行保护的工作过程,是对民间文化进行"标准化"和"再标准化"的过程——对那些在历史上曾经标准化过的文化事项,如天后或者关帝信仰,是"民间文化的再标准化";而对那些在历史上不曾有过标准化经历的文化事项,如剪纸和鞋垫,则是初次的"民间文化的标准化"。

在"民间文化的标准化和再标准化"的过程中,国家、地方政府、地方精英(包括"非遗保护名单"以内和以外的传承人)、广大民众各自扮演着不同角色,并对这个过程有着不同的认识和理解。国家对此的认识是前述的"联结民族情感的纽带、维系国家统一、维护我国文化身份和文化主权",以及"国家和民族发展的需要,国际社会文明对话和人类社会可持续发展的必然要求";地方政府也有些许"继承和发扬地方文化"的初衷,但更多是经济利益和政绩导向的驱动;地方精英在此过程中追寻自身的物质利益、社会声望和人生价值;而广大民众则基本处于顺势而行或者被动接受的状态。

"民间文化的标准化与再标准化"概念的意义在于,从一个新的视角揭示出当代文化保护工作中存在问题背后的力量和逻辑,以及在正视"民间文化标准化与再标准化"所导致的文化原真性和文化生态圈遭到破坏的基础上,更加坚定地探索民间文化的"整体性保护之路"。民间文化的"生产性保护"、"活态传承"以及更多文化生态区的建设②,都将是"有中国特色的"文化保护工作的未来努力方向。

作者:孙晓天,河北大学政法学院讲师,博士
　　　李晓非,北京大学社会学系博士后

---

① 在国家第一批非物质文化遗产名录中,剪纸和刺绣均榜上有名。
② 关于文化生态区建设方面的论文,可参见祁庆富以及宋希斌、吕品田、王文章等学者的相关论著。祁庆富:《存续"活态传承"是衡量非物质文化遗产保护方式合理性的基本准则》,《中南民族大学学报(人文社会科学版)》2009年第3期;《非物质文化遗产的真魂在于"活态传承"》,《重庆三峡学院学报》2009年第2期;《关于少数民族文化生态区保护的思考》,《中国非物质文化遗产》2007年第2期;《民间信仰:少数民族文化价值的集中体现》,《中国民族报》2008年3月21日第9版。

从文献简论妈祖神格的宗教属性

萧登福

一、由宋元史料论妈祖神格的宗教属性

宋元史料中,大都仅知道神姓林,为巫女,能知人祸福,死后乡人立庙。宋元所有的文献,大都在强调神的灵验事迹,不仅对神的名讳家世未提及,甚至对神的生卒年也未提及。宋代史料中较早期,且较具代表性的为南宋廖鹏飞、黄公度、丁伯桂及陈宓等人之载述。

宋代文献记载妈祖姓林,湄洲人,以巫祝为事,能预知人祸福,正直聪明,既殁,众人立庙于本屿,号通天神女,或说号通贤神女,或说龙女。且妈祖是和宋太祖赵匡胤同时奋起,为同时代人。又丁伯桂文中所说的圣墩,也称"圣堆",堆指较小的坟墓而言,吕子振《家庭大全》卷六:"筑堆曰墓,高垄曰坟,封邱曰冢,大阜曰陵。"圣墩庙在福建莆田涵江口畔的宁海,此即福建莆田圣墩祖庙。说明在北宋元祐年间,村人因梦神语,而为她立庙。除此外,宋代及元代人所撰的史料,大都载述她的灵验神迹,对妈祖的生平家世,并无新的说法出现。宋元这类的文献有:

宋楼钥《攻媿集》卷三十四《兴化军莆田县顺济庙灵惠昭应崇福善利夫人封灵惠妃制诰》①;徐松《宋会要辑稿》礼二十,《张天师祠》、《神女祠》、《顺济庙》②;李俊甫《莆阳比事·神女护使》③;刘克庄《风亭新建妃庙记》④;李丑父《灵惠妃庙记》⑤;洪迈《夷坚志·丙集·卷九·林夫人庙》⑥、《夷坚志·戊集·卷一·浮曦祀祠》⑦。

湄洲岛对岸的港里村,古代称为贤良港,是大陆通往湄洲的主要渡口。港里村建

---

① 《四库全书·集部·别集类》。
② 台北世界书局出版。
③ 《丛书集成》三编。
④ 《后村先生大全集》卷九十一。
⑤ 俞希鲁:《至顺镇江志·卷八·神庙·丹徒县天妃庙》。
⑥ 《钦定四库全书·子部·小说家类·异闻之属》。
⑦ 《钦定四库全书·子部·小说家类·异闻之属》。

有妈祖祖祠,祖祠东侧港里小学北面有一口石井,相传是妈祖少女时窥井得符之处,井旁有石碑,上刻"咸淳丙寅八月庚辰石匠游进"字样,咸淳丙寅即咸淳二年(1266),距南宋之亡(1279)仅十余年,故此井虽是宋井,却是南宋始凿,显然不应是明人所撰妈祖传记中北宋妈祖窥井得符之井。元代记载妈祖宫庙的碑记有黄四如《圣墩顺济祖庙新建蕃厘殿记》①、程端学《灵济庙事迹记》②、程端礼《重修灵慈庙记》③等。

自楼钥《攻媿集》以下的史料,大都强调妈祖的灵验事迹,香火鼎盛,神衣朱衣,飞行海上以济人,对神明的生平家世,无太多着墨,也无新的说法出现,此时所呈现的,是道教神祇的形貌,尚无佛教色彩掺杂其中。这种情形,一直到明初都仍是如此。如刘基《台州路重建天妃庙碑》云:

> 太极散为万汇,惟天为最大,故其神谓之帝;地次于天,其祇,后也。其次最大者,莫如海,而水又为阴类,故海之神降于后,曰妃,而加之以天,尊之也。天妃之名,古不见经传。国家建都于燕,始转粟江南,过黑水,越东莱之罘成山,秦始皇帝之所射鱼妖蜃之市,悉帖妥如平地,皆归功天妃,故薄海州郡,莫不有天妃庙,岁遣使致祭,祀礼极虔。④

刘基此文撰于元顺帝至正十三年(1353)台州路天妃庙重建完成时,刘基很想把天妃的身世作一番介绍,但却仅能泛祀天地水等神神格,并说"天妃之名,古不见经传"。可见妈祖姓名及家世等等,都是在刘基以后才出现。刘基曾辅助朱元璋取天下,为元末明初人。文中虽未能详述妈祖生平,但对妈祖神格,却以道教常用的帝、后、妃等封号来论述,直接把她当成道教的神祇。

妈祖以宋代史料看,生为巫祝,预知人吉凶,为神正直,死后被祀为神。宋代的这些论述,符合《礼记·祭法篇》有功于民者,供祀为神的条件,宋元帝王也都以道教神祇来看待妈祖,并予以封赠庙额及封号。直至明初的妈祖史料仍保存道教色彩,未有观音杂入其中。

二、由明清史料及小说论妈祖的修道方式

明代中叶以后,妈祖传记渐出,对妈祖的修道历程,也渐加入观音的角色,因而也就有妈祖是佛是道的争论。佛道修炼方式原有差别,不易致混。但自宋代起,援佛入道的情形,愈来愈严重。北宋张伯端《悟真篇》在谈及内丹之修性时,开始引用佛教明心悟性之说,此风一开,至南宋北方全真道王重阳及全真七子,更是直接援佛入道,造成道中有佛的普遍现象。但张伯端、王重阳等人虽援佛入道,后人并不会把他们划归

---

① 《黄四如集》卷一,《四部丛刊》三编集部。
② 《积斋集》卷四,收入《四明丛书》第一集。
③ 《畏斋集》卷五,收入《四明丛书》第一集。
④ 《诚意伯文集》卷九,《钦定四库全书·集部·别集类》。

佛教人物,同理,妈祖的神格属性,也不应有不同看法。

宋元文献中,妈祖归属于道教女神,受崇道的宋代帝王的封诰,元代帝王亦沿袭之。宋元有关妈祖的载述,大都集中在妈祖救民护国的神迹上,并无是佛是道之争。但《元史·祭祀志五·名山大川忠臣义士之祠》说:

> 南海女神灵惠夫人,至元中(1264—1294),以护海运有奇应,加封天妃神号,积至十字,庙曰灵慈。……祝文云:"维年月日,皇帝特遣某官等,致祭于护国庇民广济福惠明著天妃。"

由于元代皇帝遣使致祭妈祖的祭文中有"南海女神"的名称,于是明中叶后渐把她和南海观世音联想在一起。只是在明初,这样的联想,仍尚未形成。约撰成于成祖时的《太上老君说天妃救苦灵验经》①,对妈祖的成道事迹有详细叙述,说她是天上的妙行玉女降生人间,来救民疾苦。而在道经之后,载述妈祖生世最详且开始扯上佛教观世音的,当为《绘图三教源流搜神大全·天妃娘娘》②:

> 妃,林姓,旧在兴化路宁海镇,即莆田县治八十里滨海湄洲地也。母陈氏尝梦南海观音与以优钵花,吞之,已而孕十四月,始免身得妃;以唐天宝元年三月二十三日诞匕之日,异香闻里许,经旬不散。幼而颖异,甫周岁,在襁褓中,见诸神像,叉手作欲拜状;五岁能诵《观音经》,十一岁能婆娑按节乐神,如会稽吴望子、蒋子文事。然以衣冠族,不欲得此声于里闬间,即妃亦且韬迹用晦,栉沐自嗛而已……国初成祖文皇帝七年,中贵人郑和通西南夷,祷妃庙,征应如宋,归命遂敕封护国庇民妙灵昭应弘仁普济天妃,赐祠京师。尸祝者遍天下焉。……其造福于人,岂浅鲜哉! 余尝考之兴化郡诗,并采之费亳采碑记,因略为之传者如此。

按此书中说天妃母亲陈氏,并说陈氏因"尝梦南海观音与以优钵花,吞之,已而孕十四月,始免身得妃"。妈祖出生后,"异香闻里许,经旬不散。幼而颖异,甫周岁,在襁褓中,见诸神像,叉手作欲拜状;五岁能诵《观音经》,十一岁能婆娑按节乐神,如会稽吴望子、蒋子文事"。

又明张燮《东西洋考·祭祀》云:

> 天妃世居莆之湄洲屿,五代闽王时都巡检林愿之第六女也。母王氏。妃生于宋元祐八年,一云太平兴国四年三月二十三日,始生而地变紫,有祥光异香。幼时通悟秘法,预谈休咎,无不奇中,乡民以疾告,辄愈。长能坐席乱流而济,人呼神女,或曰龙女……

明南州散人撰《天妃林娘娘传》说天妃乃北天妙极星君之女,名玄真,受观音之命投胎莆田林家,后诵经修炼得道。

在明中叶后的妈祖传记中,影响后世最深远的当为《天妃显圣录》一书,此书前有明人林尧俞、林兰友、黄起有、林嵋等序。以林尧俞作序时所见《显圣录》来说,它所记载的妈祖神迹,应仅至神宗万历间事,但今《天妃显圣录》所载事迹,在历朝褒封方面,

---

① 收录于《正统道藏·洞神部·本文类·伤字号》。
② (清)叶德辉重刻明刊本,笔者所藏系影印本,无出版年月。

载至明宣宗，其后接着为清康熙朝事。而妈祖神迹中"妆楼谢过"载及明熹宗天启乙丑（1625）戊辰（1626）事；其后接着更载清朝康熙年间事，及至康熙二十二年施琅攻台，康熙派钦差册封琉球王。以林尧俞所见《显圣录》而言，自熹宗以下事，应是后人所增。

《天妃显圣录》一书影响甚大，清林清标《敕封天后志》中的妈祖事迹，皆是采自《天妃显圣录》之说，但文中将原来称妈祖为"妃"字，改为"后"字，此乃是乾隆时妈祖已受封为天后的缘故。

《天妃显圣录·天妃诞降本传》说妈祖的父母敬祀观音大士，母亲王氏夜梦大士予以丸药，服后得娠，出生后因至弥月皆不闻啼声，所以取名为"默"。

> 甫八岁，从塾师训读，悉解文义。十岁余，喜净几焚香，诵经礼仙，旦暮未尝少懈。婉娈季女，俨然窈窕仪型。十三岁时，有老道士玄通者来其家，妃乐舍之。道士曰：'若具仙性，应得渡入正果。'乃授妃《玄微秘法》，妃受之，悉悟诸要典。十六岁窥井得符，遂灵通变化，驱邪救世，屡显神异，常驾云飞渡大海，众号曰通贤灵女。越十三载，道成，别家人，到湄洲屿白日飞升。时宋雍熙四年丁亥秋九月重九日也。

又《天妃显圣录》在《天妃诞降本传》之后有窥井得符、机上救亲、化草救商等妈祖成道故事。

明万历以下的史料及小说，除说妈祖父母敬祀观音，或梦观音予以优钵花，或说予以药丸，吞后得孕，五岁能诵《观音经》外，其余自出生至得道，所行之事，如能预示吉凶，能以乐娱神，遇玄通道士，窥井得符以及得道后的示现灵迹等，皆属于道教。

宋元史料看不出妈祖与佛教的关系，《绘图三教源流搜神大全》及《天妃显圣录》所述天妃事，当是明世三教合一盛行下演化出来的。而妈祖和观音牵扯上关系，极可能是受元世称妈祖为"南海女神"的影响，由"南海"而联想到观音。妈祖神的属性，应是道教神，和佛教无涉。不论小乘的修四谛、十二因缘，成就阿罗汉果；或大乘修六度，成就菩萨、佛；甚至密教修三密相应，强调即身成佛，都和妈祖生为巫女，以符水渡化众生，护海巡航的神格属性相差甚远。且此观世音，以明人《西游记》《封神演义》等小说看来，又称为慈航手下属神，是道教化的神祇。《封神演义》更说观音是慈航真人，是道教元始天尊的十二门人之一。

三、厘清学者所说妈祖和佛教有关系的说法

明中叶以后，妈祖成道故事渗入观世音角色，有观世音入梦及妈祖父母敬祀观音等情节，再者台湾北港妈祖庙祭祀妈祖时常有僧人主其事，这些都容易造成妈祖是佛是道之争论。在台湾妈祖研讨会中，常会看到以佛教角度来论述妈祖和佛教关系的文章，这类文章大概分为三个层次。

(一)认为妈祖确受佛教影响,甚或以为妈祖是主张三教合一的人

认为妈祖和佛教有关系者,是根据明代中叶以后小说家言来论述的,妈祖小说中加入了观音情节,世人直接把观音等同于佛教,所以有是说。但如上文所论,观世音在明代是被道化的神祇,道教信众中直接把她当成道教神在膜拜。今日台湾道教庙宇中供观音的相当多,大都以观音为陪祀,甚至也有的道庙以观音为主神者。相对的,佛教庙宇供观音的却是很少。佛教庙宇中,最常见的是供三位如来,以释迦牟尼为中坐,右为阿弥陀佛,左为药师佛。其次是供释迦中坐,两旁为文殊、普贤,或释迦中坐,两旁为摩诃迦叶及阿难。观世音在佛教庙中最多只能当陪祀。观音在佛教中,南北朝至唐代所见的造型都是男身相,到密教经典中才出现女身的叙述。以女身的造型出现,如杨柳观音、水月观音等女观音的大量出现,则在宋后。观音被援入道教较晚,所以在道庙中,观音则一直以女性神的角色出现。由于明代小说已把观世音等同于道教神祇,所以道教女神的修炼,如妈祖和陈靖姑的成道故事,都常会看到观世音的影子,于是有人便认为是受到佛教影响。其实道教中的观世音,已是被道教所收编的道教神,称之为慈航真人,和佛教的观世音有别。

(二)以为妈祖所修行之法门,出自佛教者

近年有的学者直接认为妈祖所修的法门,出自佛教。这样的说法,是说妈祖所修的,是道教闾山派法门,而道教闾山派则是受佛教影响而来。这种说法应是误解叶明生之说引起的。叶明生的《妈祖信仰与道教文化——民间道坛之妈祖信仰相关科仪及文化形态考探》①说妈祖所从事的法事为民间最流行的道教闾山派之初期巫法,其《道教闾山派之研究·(一)闾山派的源流与形成》更说闾山法是以"闾山派在宋元间大量吸收了道教正一派的科仪、佛教瑜伽派的法术内容,而成为融合佛、道、巫于一炉的闾山派"②。叶文基本上是认为妈祖为道教女神,但因文章中谈到妈祖修炼法门是闾山法,而闾山法又是结合道教及佛教的瑜伽派所成,所以后来被研究者理解成妈祖所修持法门和佛教有密切关系,甚至说闾山法出自佛教,其实这是对叶文的扩大解释。

叶文说妈祖修闾山法,乃是受明代小说无根子《海游记》的影响而来。《海游记》说陈靖姑、李三娘、林九娘(妈祖)三人结拜前往闾山向闾山法主许九郎(许逊)学法。此说有待商榷,如以妈祖所处的年代在五代末宋初来看③,闾山派是否已形成,妈祖是否真的修行闾山法都是争议性很大的问题。其次叶文说闾山派吸收佛教世俗化的瑜伽教而成,主要的论据是南宋末白玉蟾《海琼真人语录》中言及秽迹金刚,此说争议性亦极大。

---

① 《福建师范大学学报(哲学社会科学版)》2009年第3期。

② 《道教学术信息网站》。http://www.ctcwri.idv.tw/INDEXA3/A302/A3122/A3040908.htm.

③ 一般据明代《天妃显圣录》说妈祖生于宋太祖建隆元年(960),但如以宋代刘克庄《风亭新建妃庙记》说建隆元年宋太祖和妈祖"同时奋兴",一即帝位,而妈祖"去而为神"看来,建隆元年是妈祖成道日,妈祖生于五代。

叶文说今日所见闾山道坛,和白玉蟾所描述的瑜伽教很接近,并说:"可见在宋代,闾山法已与瑜伽法有了整合的过程,并对闾山派的形成起到重要的作用。"①以白玉蟾所说瑜伽教情形,仅能证明南宋末民间社会现象,尚不能扩大来解释五代末北宋初妈祖修道情形,此其一。再者,佛教是否有瑜珈教? 更是值得探讨。其实瑜珈不能称教,最多只能说它是一种修行法门。佛教密教四部中有瑜珈部,秽迹金刚也是密教的神祇。瑜珈教并不是密教。所谓的密教,它是成立在公元八世纪唐玄宗朝。密教的特色是以大日如来等五方佛为中心,修身、口、意三密相应法,有坛场科仪。坛场科仪包括金刚藏和胎界藏两种曼荼罗,有息、增、怀、诛,或加入钩召等坛仪,有以火烧薪的护摩法。这些法门和田野调查中所见的瑜珈教法门,毫无相关。相反的,田调中所见瑜珈教或秽迹金刚法,都是道教术法,只是用了佛教名相,通常是施行道教术法,而改念佛教经典,如此而已。

妈祖在宋元所有的史料中,只说是生平为巫女,并没提到闾山法,今人用明代小说《海游记》来推溯妈祖修行闾山法门,并不妥切,至少宋元史料中没有一处提及妈祖修行闾山法。

(三)以为妈祖所得符是佛教秽迹金刚符者

妈祖和佛教的关系,大都仅在妈祖和观音间做文章,但其中也有极少数的人,认为妈祖的符是来自佛教秽迹金刚者。如释果滨、果忠合撰《北宋妈祖林默娘藉秽迹金刚咒修得神力》②,认为妈祖十六岁窥井得铜符,所得是秽迹金刚符。这种说法更是倒因为果。佛教密宗,形成于公元八世纪,约唐玄宗朝,密宗受中土道教影响甚深,笔者《道教与密宗》一书,从坛场科仪、星斗崇拜到符箓咒印等施行方式,论述密教受到道教影响③。此外,印度アジット・ムジケルジ一撰、日本松長有慶译《タントラ東洋の知惠》④该书第三章 P42、P43,言及印度 Tantric 之修行法中,有的是道教道士ボーガル(人名)和印度曼陀罗师ヴァシスタ(人名),二人传入印度者。在 Tantric 正规之 192种修行法中,即有 64 种是从中国传去,渗有道教所传式样。这些论述,可以印证道教确曾影响印度本土的佛教密宗。大陆学者黄心川《道教与密教》一文,更引述多位印度学者论述道教对密教的影响。⑤

《秽迹金刚禁百变法经》的符印是受道教影响而来的,妈祖窥井受符,绝对和佛教无关,也和密教塑造出来的秽迹金刚无关;相反的,秽迹金刚是援道入佛下所塑造出来的神。

① 叶明生:《道教闾山派之研究(一)闾山派的源流与形成》。
② www.ucchusma.idv.tw/article/ucchusma2.htm.
③ 新文丰出版社 1993 年版。
④ 日本新潮社刊印,昭和五十六年(1981)发行,平成四年五月十六刷。
⑤ 刊载于《中华佛学学报》1999 年第 12 期。

（四）妈祖神格的宗教归属，是道是佛的再论定

有关妈祖的史料，如以宋元资料所见妈祖的成道经过，生时为巫，预知吉凶，为民解决疑惑，死后被祀为神，又因所居地近海边，自然成为护持海运之女神。依其成神的方式看来，乃属于有功于民，死后继续护持百姓，符合道教成神的条件，也和《礼记·祭法篇》所载相合。她所修的是道教巫祝符咒之术，而不是佛教四谛、十二因缘、六度万行、三密相应的修行方式。

再者，道教神祇的封号，尊贵者如天尊，敬老者如丈人、老母，但最常见者，则为带有人间政治组织色彩的职称，如帝妃、王侯、元帅、护法、将军、使者等。男神封号常见者如：帝、王、君、真人、元帅；女神封号，常见者如：夫人、元君、母（老母、圣母）、妃、后等。举例而言，男神如玄天上帝、关圣帝君、广泽尊王、东岳上卿司命君（茅盈，见《真诰》）、紫阳真人（见《真诰》）、天蓬元帅。女神如：九华安真妃（《真诰》）、紫微王夫人（《真诰》）、南岳夫人魏华存（《真诰》）、南岳紫虚元君（《真诰》）、碧霞元君、骊山老母、西王母等等。

道教的这些神祇封号，大都由历代帝王来封赠，到了宋代，形成了一定的规则，首先由地方士绅及当地官员列述神迹，向皇帝奏请，皇帝允许后，命大臣拟稿，第一次先赐庙额，第二次再赐封号，封号先低阶后渐至高阶，如此神古已有封赠者，只能加封不能贬降。这套制度，在宋代已完全建立。《续资治通鉴长编》卷三百三十六北宋神宗元丰六年，第8页：

> 太常寺言："博士王古乞自今诸神祠加封，无爵号者锡庙额。已赐庙额者，加封爵。初封侯，再封公，次封王。生有爵位者，从其本。妇人之神，封夫人，再封妃。其封号者，初二字，再加四字。如此则锡命驭神，恩礼有序。凡古所言，皆当欲更增。神仙封号，初真人，次真君。"并从之。

上引所述道教神祇封赠名号，皆由卑而至尊，有一定的次序。其申请封赠的理由，大都是因为该神护民有功，于是由大臣及民众向皇帝上奏，请求封赠，经皇帝批准后施行。其后如该神又有神迹显现，护佑人民，甚至护卫国家打败敌军时，其封赠之官位职称，逐渐加增。其封赠由二字至四字至十余字、二十余字、三十余字的封号，都曾出现过。妈祖是道教的女神，自然历来也有她的封号。

历代妈祖的封号，散见于《四明续志》、《铸鼎余闻》、《天妃庙记》、《宋史》、《元史》、《明史》、《清史》等。由宋后帝王对妈祖的封号来看，其称呼完全合于道教神祇之称谓，和佛教之佛、菩萨、罗汉，或密教女性神之白度母、绿度母、佛母，及男性神之金刚、如来、诸天等称谓有别。

宋元史料甚至明初《太上老君说天妃救苦灵验经》，皆看不出妈祖与佛教的任何关系。《绘图三教源流搜神大全》所述天妃事，当是明世三教合一盛行下，所演化出来的。也可能受元世称妈祖为"南海女神"的影响，由"南海"而联想到观音。

从佛"寺"、道"庙"，祠堂外貌、神祇衣着、封号及祭祀用品、科仪上看妈祖神格属性。妈祖的祠所，称为"宫"或"庙"，是道教庙宇的称呼；其建筑形式，也是道教庙宇的风格。妈祖的神像造型,是中土后妃形貌,而不是印度佛教佛、菩萨、缘觉、罗汉、飞天等造型。妈祖庙供奉的供品为线香、纸钱、三牲、清酒、果品,庙中有给香客的平安符,庙与庙间有刈香(进香)互访、有绕境出巡、迎神赛会;这些都是道教的活动,和佛教无涉。

妈祖是护海有功被民所奉祀的神祇,合于道教祀神法则;妈祖的修炼法门,也是道教符术之说。而供妈祖之供品及科仪,如线香、纸钱、三牲、刈香(进香)、平安符、迎神赛会,无一属于佛教。妈祖的扮相也是道教神祇形貌。妈祖的修炼法门,也非佛教的四谛十二因缘、六度万行。不管从佛"寺"、道"庙",祠堂外貌、神祇衣着、封号及祭祀用品、科仪上看妈祖神格属性,都是道教神祇,今日台湾的和尚硬把妈祖说成是佛教神,认为跟随妈祖可以修行佛法,真不知如何修起。

妈祖的神格属性,由妈祖庙的称号、庙貌、神像、供祭物、科仪、平安符、祭神活动(刈香、绕境)等看来,全属道庙规制而非佛教。再由妈祖成道前的修行法门、显圣济民等等看来,妈祖也完全合于道教以修炼和济民为主的修行方式。我们以宗教本身的规范来检视妈祖,可以确定妈祖是道教神祇。《太上老君说天妃救苦灵验经》及《天妃显圣录》二书所说的妈祖将班来看,此将班计有:晏公大神、千里眼、顺风耳、黄蜂兵帅、白马将军、丁壬使者、柽香大圣、青衣童子、水部判官、高里鬼、嘉应、嘉佑等神将,也都属于道教神祇。

四、结　语

早期的史料,都是将妈祖划归入道教神祇中。妈祖被牵连上佛教的观世音,应是由《元史·祭祀志》称妈祖为"南海女神灵惠夫人"联想而来。由于称号中有"南海"二字,于是逐渐被牵连上和观音的关系。而妈祖故事被渗入佛教色彩,则是从明代中叶开始,也和长期来三教合一的现象有关。主张三教合一,并且援佛入道的现象,大概始自宋代。北宋张伯端《悟真篇》,开始援引佛教明心见性之说,以说解道教内丹修炼中的修性。北宋(辽)道士淡痴撰《玉历至宝抄》,也把佛教的地藏及观音拉入道教酆都大帝及地狱十王的冥神系统中。其后相沿成风,南宋时期盛行于北方金朝的全真道更是大量引用禅师公案来说明修性的制心猿拴意马;《正统道藏》全真七子诗文集中所见援佛入道的情形,甚为普遍。在此情形影响之下,再加上元代称妈祖为"南海女神",到了明代自然会把妈祖和观音联想在一起,并援佛入道以说明二者之关系。

自《绘图三教源流搜神大全》而后,后来以小说形式写成的天妃传,大都沿袭了妈祖与观音的关系。自明中叶起,妈祖虽然和观音扯上了关系,但此观世音,以明人《西游记》、《封神演义》等小说看来,又称为慈航道人,是被道教收编的佛教神祇,已和佛教的观世音有别;明中叶以后小说中所见的观世音,都是玉皇大帝的手下属神,是道教化的神祇。所以民间道庙供奉佛教神祇,成为常态,其中尤以观音为甚。由于观音是援佛入道的道教神,已不是佛教神,所以妈祖及陈靖姑的修道故事中,因为二人是女神,自然会和同为女神的道教神祇相结合,早期则托之西王母,明中叶后则托之观音,成为普遍现象。但观音既为道化的神,便不能因此而把它和佛教联结在一起,毕竟妈祖或顺天圣母陈靖姑中的修道方式及供祀法,都是道教而非佛教。

在台湾,道庙普遍供观音的一个重要原因,可能还和日人的统治有关。日本占领台湾期间,为消弭岛上汉人的民族意识,曾以废除"淫祠"为名,想要废除具有浓厚民族色彩的道教庙宇,因而有不少道庙在后殿供奉佛教的观世音,假托佛教寺庙而得予保存;有的则请和尚为住持,以减少日本人之纠葛。日本宫本延人的《日本统治时代台湾地区寺庙整理问题》[①]、1899 年 7 月台湾总督府令第 59 号《旧惯社寺庙宇等建立废合手续》以及日本昭和十六年至昭和二十年间在台发行的《民俗台湾》(东都书籍刊印)中所见在台学者之讨论皇民化及民俗问题等,都可以看出日本政府借行政以干涉宗教之一斑,也加深了道教被佛教所矮化,造成佛高于道的错觉。

综上所说,妈祖的被视为佛教徒或佛教属神,实是出自台湾地区的特殊现象。但此种现象,借由台湾佛教的发展,逐渐影响到东南亚。笔者在 2007 年 8 月到马来西亚讲学时,友人告知吉隆坡天后宫信徒中,也出现了妈祖属性归佛归道之争。然而我们既谈宗教,信众便须辨别自己宗教的所宗所教,因而必须依史料及修行法门,还妈祖一个真正的宗教归属。

作者:萧登福,台湾台中科技大学应用中文系教授

---

① 天理教道友社 1988 年出版。

闽台妈祖信仰与政治认同

陈名实

妈祖信仰自宋代在福建莆田产生以后，逐渐向各地传播，明清时期传到台湾。由于台湾孤悬海外，明朝后期以来长期处在政治斗争的漩涡之中，因此由福建移民传播的妈祖信仰也不可避免地影响民众的政治认同。

根据史籍记载，妈祖原名林默，莆田人，生于宋建隆元年（960）三月二十三日，8 岁从塾师读书，能解书中大意。稍长，好诵经礼佛，以巫为业，常为人治病，教人防疫避灾，又熟习水性，常救助遇难船只，乡人感颂不已。雍熙四年（987）九月初九日，在湄山之巅"升化"。里人以为神，遂立祠祀之，尊为神女。

宋太平兴国五年（980），泉州划德化县九座山一带归仙游县，设兴化军，领莆田、仙游、兴化三县，这时妈祖故乡莆田从行政隶属上脱离泉州。但兴泉历史渊源悠久，因此，妈祖信仰在很大程度上带有闽南民间信仰的色彩。

明代后期，闽南人在澎湖即建妈祖庙，在以后一段时间，虽然有移民进入台湾，但未有在台湾本岛建妈祖庙的记载。郑成功收复台湾以后，妈祖信仰随之传入台湾，随着妈祖信仰的发展，妈祖文化成为认同祖国大陆的重要纽带。

一、澎湖妈祖庙的建立与政治认同

台湾海峡中有澎湖列岛，其中以澎湖本岛面积最大、最重要。在澎湖本岛西面的澎湖湾，是大陆移民最早开发的地区，中国东南沿海渔民自宋代以来就在此定居。元代正式设置巡检司，隶属泉州同安。明洪武二十年（1387），为防海寇而实施海禁，除撤废巡检司外并迁返澎湖居民于泉、漳。后因感海防重要，乃于明万历二十五年（1597）再设游兵。这些往来海上的闽南兵民，祈求海上平安，妈祖信仰自然传到澎湖。

所谓澎湖湾即指澎湖本岛（大山屿）和白沙、西屿之间所形成的大海湾，南北长 12 公里，东西宽约 8 公里，水深 15—18 公尺。澎湖湾内又有一个较小的海湾，即马公湾，由马公半岛和风柜尾半岛合抱而成，东西长约 5 公里，南北宽约 2 公里。马公湾中又有案山岛突出，将马公湾分隔为南北二部。南湾较大，北湾较小。在澎湖湾东南侧的北湾内形成良港,现在称为马公港,是澎湖聚落的中心,台澎商旅、货物最重要出入口。自古以来,马公作为澎湖人口的最重要聚居地,主要因为拥有马公港的优良地理位置。

明清以来,马公港即是澎湖唯一吹南北风皆可泊船的地方,且是来澎或往来台、厦间之避风、候风必泊之地,王必昌的《重修台湾县志》载:"来台诸舟,必以澎湖为关津,由西屿头入泊妈宫等澳,然后出东吉,过小洋,抵鹿耳,其常也。"①日据时期的1937—1939年间,进行商港和渔港建筑,使马公更成为澎湖唯一对外的进出口贸易港。

在澎湖马公有一座妈祖宫,即天后宫,又名娘妈宫、妈娘宫、天妃宫、娘娘宫等,位于马公市中央里西侧,西临民族路,是台澎地区历史最悠久的妈祖庙,也是澎湖历史最悠久的古迹,创建于明万历二十年(1592),闽南建筑风格。由于澎湖位于大陆东南边缘,为闽南居民东迁必经之地,且此地为澎湖最优良的港湾,人民渡海时为求海上平安,有人在船中奉祀"妈祖"。在此地登陆后,建立妈祖宫庙,将妈祖奉祀于陆上。四百多年来,澎湖天后宫历经修整,仍基本上保持旧时庙貌。这是一座四进古庙,如同闽南传统的古庙一样,坐北朝南,正门三开间,门前有大石埕。正面望去,庙貌庄严古朴,好像闽南常见的"古厝"。是殿梁及壁间装饰石雕,以高浮雕技法雕出戏文人物、宫阙楼台、花草树木等等,无不栩栩如生,十分精细。由于大陆移民在澎湖的住所多是临时建筑,简陋矮小,因此妈祖宫成为中国对澎湖主权的标志性建筑之一。

现在的马公市的地方最初称为进屿或娘宫屿,明代天启年间成书的《皇明世法录》记载:"从西屿入,二十里之茶盘,又十里之进屿,即娘宫屿也。"②说明当地在妈祖庙建立前的地名是进屿,妈祖庙建立后就有人把进屿称为娘宫屿。因此,先是当地居民把进屿称为娘宫屿,后来逐渐取代进屿成为地名。明万历三十一年(1603),荷兰海军将领韦麻郎率舰侵入澎湖,在马公岛登陆,占领妈祖宫。当时福建金门守将沈有容率所部赶来,谕荷人退出。后来澎湖民众立《沈有容谕退红毛番韦麻郎等》石碑,表示澎湖是中国领土。荷兰人于天启二年(1622)再次侵入澎湖时,居民恐碑受损,乃将其埋于地下。天启四年(1624),俞咨皋驱逐荷兰军队后曾重建妈祖宫。1919年重修庙宇时,在地下掘得《沈有容谕退红毛番韦麻郎等》石碑,乃嵌于妈祖宫后殿右壁。光绪十一年(1885),台湾建省,澎湖设厅,妈宫社成为澎湖行政中心。光绪十五年,在妈宫社建妈宫城,又称澎湖城。

甲午战争以后,台湾被日本人占领。当时妈宫成为澎湖列岛最重要的地名,是当地民众认同祖国的标志性载体。然而日本人在台湾实行同化政策,企图消除民众对中国的政治认同,改变地名成为其手段之一。1920年7月26日,台湾总督府改革地方行政制度,废厅设州,废支厅改置郡市,废区、堡、里、澳,乡改设街、庄,并规定自9月1日起施行。澎湖厅并入高雄州,改称澎湖郡;同年9年8月10日,以府令第47号公布州厅的位置、管辖区域及郡市的名称位置、管辖区域;此次行政区域的大调整,使街庄级

① 王必昌:《重修台湾县志》,《台湾文献丛刊》第113种,台北,台湾银行,1961年,第58页。
② 陈仁锡:《皇明世法录》,台北,台湾学生书局1965年版,第1989页。

以上的地名发生一大改变,妈宫区被改为马公街。①

当时日本人宣布更改地名的三项原则:第一、二字规律化;第二、同音同义文字简化;第三、重新命名或复旧。可以看出,妈宫于1920年改称"马公",是根据第二项原则,用妈宫的同音异字"马公",以文字简化理由取代妈宫。

这显然是日本人出于长期占领台湾的目的,把台湾地名任意更改,故意抹杀台湾的中华文化传统,妈宫改称"马公",正是日本人企图消除民众对中国认同的铁证。另外,马公与妈宫同音异字只是在国语发音上相似,而闽南话发音马公与妈宫并不相同。长久以来至今,澎湖居民仍皆以闽南话发音称马公为"妈宫",这说明民众仍继续保持对祖国的政治认同。

二、清朝推崇妈祖信仰的政治目的

清朝初年,郑成功在东南沿海进行反清复明斗争,决心把被荷兰人侵占的台湾拓为新的基地,继续坚持抗清斗争,并且等待时机北伐中原,以恢复明室大业。清顺治十八年(1661)三月二十三日,郑成功率二万五千名将士,分乘四百只船,自金门料罗湾起航。次日便达澎湖。在郑成功军队的进攻下,荷兰殖民者被迫投降。双方经过谈判,第二年初荷兰殖民者终于同意放弃在台湾的殖民利益,签订投降条约,将台湾归还中国。

郑成功家族长期在海上进行军事、商业活动,十分需要海上保护神。虽然郑成功本人及许多部下都信仰妈祖,但郑成功最信仰的水神是玄天上帝,郑成功所部船上都插着玄天上帝的黑色七星旗,祈求得到玄天上帝的保佑。玄天上帝,即真武帝,或真武、北极真君。真武即北方之神玄武,宋时避讳改玄为真,称真武帝,宋朝道教的北方上帝,明朝永乐皇帝把玄天上帝作为天子的保护神,玄天上帝地位更加显赫。

郑成功选择玄天上帝作为海上保护神有其政治原因。第一,玄天上帝是明朝天子的保护神,郑成功被南明隆武帝赐姓朱,也属于皇族,因此首选玄天上帝为保护神。第二,玄天上帝是水神。在中国古代神话中,东西南北四方都有神兽镇守着。它们分别是青龙、白虎、朱雀、玄武。玄武是镇守北方的神。古人把北方七个星宿想象为龟蛇相缠的形象,称为玄武。玄武是五帝中的黑帝,在五行中主水,船只在海上航行时,晚上以北斗七星来辨别方向,因此玄天上帝是水上保护神。第三,玄天上帝是儒教祭祀五方帝之一,郑成功儒生出身,对儒学颇有造诣,对儒家的信仰自然推崇。因此,玄天上帝信仰在明郑时期大加崇奉,台湾现在有许多玄天上帝庙相传建于明郑时代。诸如:澎湖马公上帝庙及北极殿、嘉义北社尾玄隍宫、嘉义阿里山受镇宫、台南市北极殿及开基灵佑宫、高雄阿莲乡北极殿及屏东九如乡北极玄天上帝庙等等。

---

① 台湾师范大学地理学系:《台湾地名辞书》卷六《澎湖县》,台湾省文献委员会2000年编印,第29—30页。

当时与明郑政权对抗的清朝主要将领是施琅。施琅原是郑成功的部将,后来投降清朝,他对郑成功部队的情况非常熟悉,深知郑成功的部队士兵大都信仰妈祖,而郑成功推崇玄天上帝是一个重大失误。于是,为了消灭明郑政权,施琅用尽各种手段,推崇妈祖信仰来压制玄天上帝信仰、瓦解郑氏军心就是其中之一。

康熙四年(1665),清水师提督施琅率水师进攻台湾,因在清水洋遇风,无功而返。这次失败以后,为了增强清兵在海上的自信心,施琅在福建沿海大力推崇妈祖信仰,祈求妈祖的保佑。清福建政府把妈祖作为清军的水上保护神,在沿海各地修建妈祖庙。施琅编造在平海候风时妈祖赐泉的神话,为统一台湾做舆论准备。康熙十九年正月,清福建水师提督万正色率舟师进攻明郑政权在大陆的据点金门、厦门。郑经以右武卫林升督师抵御,刘国轩部亦自海澄来援,战皆不利,郑经率诸将回台湾。清军攻占金门、厦门后,万正色上报大捷是因为妈祖转风助战。闽浙总督姚启圣奏请加封,康熙封妈祖为天上圣母,遣官致祭。

康熙二十年(1681),郑经去世,明郑政权内部矛盾斗争,力量更加削弱。康熙二十二年,内阁学士李光地与闽督姚启圣等上疏保荐时任内大臣的施琅为福建水师提督,率兵攻台。施琅保举同安总兵吴英、平阳总兵朱天贵,以二人所部船队分任左、右翼进攻澎湖。此战役施琅统领战船600只进军,其中朱天贵所部战船300只,是全军的主力。对于清军的进攻,明郑政权积极备战,坚决抵抗。主将刘国轩已料到施琅攻台必先攻澎湖,为此做了充分的准备,率大军亲赴澎湖指挥作战。

清军于六月十四日早晨出发,于十五日下午抵达澎湖列岛的猫屿和花屿。第二天清晨,清军向澎湖发起攻击。刘国轩列战舰迎敌。双方从清晨一直战到了傍晚,清军因主帅负伤,不敢恋战,主动撤出战斗。在这次战斗中,刘国轩的部将丘辉在海面上与朱天贵相遇。因丘辉和林应为儿女亲家,而林应和朱天贵也是儿女亲家,又都为明郑的旧日同僚。有此关系,朱天贵站于坐船尾楼上高声大呼:"亲家!"丘辉切齿应道:"叛贼!背义之人,天所不容!"说罢,即令舵工转舵,发炮,朱天贵猝不及防,被一炮打中,穿肋而死于船中。

战后,清军泊于八罩岛,休整五天。这对清军来说是十分危险的。六月的台湾海峡,从没有过五天的平静。飓风一起,巨浪滔天,战船在大海中十分危险。然而,上苍再一次眷顾了大清,从施琅进军之日起一连十天,海不扬波,风平浪静,施琅水师得以从容调度。

二十一日傍晚,清军开始向澎湖主岛进攻,这时,天边升起一团乌云。按正常天象,黑云是飓风的前兆。飓风一刮,清军全都得葬身海底。突然,一个闷雷从天边响起,雷声响后风云散。二十二日上午,施琅大军向明郑军发起总攻,双方相遇,清军将士认为天佑其军,士气更加高昂,而明郑军却觉得天意不在他们这边,未战已怯了三分。战至下午,大潮来了,浅滩变成了深水,清军士气越发振奋。明郑军抵挡不住。刘国轩见大势已去,乘船先逃,明郑军顿时崩溃,清军占领了澎湖岛。这场恶仗,共消灭明郑军一万二千余人,主力部队已经瓦解。

清军攻占澎湖后,台湾明郑政权已无险可守,再加上敌众我寡,军事抵抗毫无胜算。施琅也清楚这一点,于是没有急于发兵,而是对澎湖岛上军民善意安抚,将800名伤残明郑士兵医治之后,释放回台,令他们宣示招抚之意。对于清朝的攻心战略,部分军民倾向投降。刘国轩等经再三斟酌,劝郑克塽接受了施琅的招抚,清朝完成统一台湾。

然而,清朝更为艰巨的任务是清除台湾民众的反清复明思想,其中包括明郑军民对玄天上帝的偏爱。于是施琅称在澎湖攻打明郑水师时艰难取胜,是受妈祖神明显灵保佑,将经过奏报朝廷,得到朝廷认可。在清代,妈祖的地位不断上升,封号越来越多。

这一时期,闽台的妈祖信仰在施琅的推崇下迅速发展。如:平海天后宫位于莆田县平海乡平海村。宋咸平二年(999)创建。清统一台湾后,靖海将军施琅扩建,大门内左壁嵌有施琅撰的《师泉井记》碑,右壁嵌有喀尔吉善《平海天后庙重修碑记》碑,师泉井即在大门外左侧。清康熙二十二年,湄洲祖庙进行大规模扩建,拥有正殿偏殿五大建筑群,16座殿堂楼阁,99间斋舍客房。墙壁上有"郑和下西洋化险为夷","施琅平海候风赐泉"等壁画。同时,施琅在台湾大力推崇妈祖信仰,几座著名的妈祖庙,如台南大天后宫、鹿港天后宫、北港朝天宫等都是在清朝统一台湾不久后建造的。台南大天后宫俗称台南妈祖庙,建于清康熙二十三年,原为明宁靖王府邸。清将施琅率军攻占台湾,将平定之功劳归于妈祖,于是在宁靖王府内供奉妈祖且改名为天后宫,扩建为巍峨宏大的妈祖庙。拜殿左右两边的墙上分别嵌有两块古石碑,其中施琅于康熙二十四年所立的"平台纪略碑"是现在台湾所保存的最早清碑,书写攻台之经过、安抚民心及善后处理的方法。雍正四年(1726),清世宗亲书"神昭海表"额,匾于湄洲祖庙和厦门、澎湖等处天后宫。由于清朝的大力提倡,妈祖逐渐成为台湾最普及的民间信仰之一。

康熙六十年,台湾爆发规模空前的朱一贵起义,具有反清复明的政治性质,后有传说妈祖帮助清军平定朱一贵造反。《天妃图》下册第二十四幅"平台匪敬答神庥",就是描述妈祖助清军镇压朱一贵的事迹。类似的传说还见于《敕封天后志》下卷"潮退加涨",也是助清军镇压朱一贵的事。由此可见,清朝推崇妈祖的重要目的之一,是要台湾民众放弃对明朝的认同,而改为认同清朝。

三、鸦片战争后台湾妈祖信仰的政治取向

鸦片战争爆发后,英军进攻中国沿海,中华民族同外国侵略者的矛盾逐渐成为社会的主要矛盾。在台湾军民抵抗英军的入侵斗争中,各族人民同仇敌忾,共同奋战,打退殖民者多次海上进攻。台湾军民在战争中仍然祈求妈祖保佑,道光二十三年(1843),闽浙总督怡良为台南大天后宫题匾"慈航福佑",表明妈祖信仰在政治上已由认同、保佑清朝转变为保佑中华民族反抗外来侵略。

光绪十年(1884),中法战争爆发,法军进攻台湾淡水,清军提督孙开华迎战前祈求妈祖保佑,后取得胜利。后来,福建台湾巡抚刘铭传将此事奏报朝廷,光绪帝赐匾"翌

天昭佑"。虽然这时的妈祖信仰已成为中华民族反抗外来侵略的保护神,但在中日甲午战争中,清朝还是惨败,将台湾割给日本。

日本占据台湾时期,绝大部分民众仍然认同中国,在宗教信仰受到日本严格控制的情况下,妈祖信仰在台湾更加普遍,因此也成为民众认同祖国文化的载体之一。日本人为了使百姓放弃妈祖信仰,改信日本的神,使用各种方法刁难妈祖信众。据民众回忆,当时在北港的一个地方,日本人为了不让老百姓拜妈祖,派兵把妈祖宫庙围起来,不让百姓祭拜。老百姓都出来与他们论理,日本人说:"你们看妈祖真的灵还是不灵。"就把妈祖像从神龛上拿下来,把门都用封条封起来。说:"三天以后妈祖如果能够回到神龛,说明妈祖灵;如果回不到神龛,说明妈祖不灵,这个妈祖庙要拆掉。"当时村子里有一个侏儒人,从下水道里钻进去,把妈祖像恢复到原处。过几天以后日本人来了,打开门一看,妈祖真的显灵了,只好让老百姓把妈祖庙保留下来。这一时期,台湾人民的妈祖信仰已经成为中华民族精神的一个组成部分。

为了抗拒日本殖民主义的奴化统治,妈祖信众以"拜妈祖,怀故国"为口号,每年农历三月二十三日妈祖诞辰日,各妈祖进香团要抬妈祖神像绕境联谊。有的还以"进香"为理由,有组织地绕道到大陆湄洲祖庙"谒祖进香"。如鹿港天后宫在日本占领台湾后仍组织进香团到莆田湄洲祖庙正殿谒祖,一直到1922年。这些当时保留下来的照片,成为两岸妈祖信仰交流的珍贵文物。后来由于日本殖民当局阻挠,1992年进香团未能成行。台湾妈祖信众在不能来大陆的时候,就以面海遥祭来表达他们对祖庙的尊崇和对祖国的认同。

四、当代妈祖成为两岸含有政治意味的"海上和平女神"

1949年以后,台湾人民又处于与大陆不同的社会制度之下,海峡两岸的民间交往受到了一定的影响。台湾妈祖信众在未能回大陆探亲访祖的情况下,只能通过面向大陆遥拜祭祀的方式来表达他们的思乡念亲情结。

台湾民众在妈祖信仰中倾注了对大陆家乡的思念,对两岸和平的渴望,对社会发展的追求。因此,妈祖信仰具备了弘扬爱国思想,促进祖国和平统一之功能。妈祖精神所具备的民族意识,融入中华民族精神之中,表现出超越政治的爱国热情。20世纪80年代,人们公认中华妈祖为"海上和平女神"。从天后到和平女神,妈祖被赋予了维护海峡两岸乃至世界和平的功能,在多数信众心中,她还表达了两岸和平统一的愿望。

1987年10月31日,湄洲祖庙举行"妈祖千年祭"庆典,台中大甲镇镇澜宫董事会护送开基妈祖回湄洲谒祖,恢复谒祖惯例。1989年5月6日,200余名台湾宜兰县苏澳南方澳南天宫妈祖信徒冲破台湾当局的禁令,乘船直抵湄洲朝拜妈祖祖庙,两岸海上直航实现历史性突破。

1990年,湄洲妈祖祖庙与北港朝天宫联合建造的大型妈祖石雕像矗立在湄洲岛妈祖祖庙山顶的最高处。这尊石雕像高14.35米,象征着湄洲岛14.35平方公里的面积,石雕像由三百六十五块石头组成,加上手捧的石如意,寓意着一年到头吉祥如意。这尊妈祖像面向东南,正对着台湾的北港。1992 年,一尊同样的石像运到了台湾北港朝天宫,面朝西北与祖庙的石雕像隔海遥遥相望,象征着妈祖期盼两岸能够早日统一。

1997 年,湄洲妈祖金身巡游台湾 102 天、19 个县市,大大促进了海峡两岸的民间文化交流。2001 年,台湾开放了金门小"三通",此后每年超过十万的香客跨海来湄洲朝拜祖庙。2005 年,来自台湾的连战和宋楚瑜分别为湄洲妈祖祖庙题词:"神昭海表"和"圣德配天",充分体现妈祖信仰对两岸民心的凝聚功能和政治影响力。2009 年 9 月 30 日,妈祖信俗被列入世界非物质文化遗产代表作名录,成为中国首个信俗类世界遗产。

如今,妈祖已成为海峡两岸通商、通航的和平象征,成为统一祖国,沟通两岸往来的和平女神,对祖国的和平统一将发挥越来越大的作用。

作者:陈名实,泉州师范学院编审

妈祖文化对两岸关系发展和
华人世界观的影响及现实意义

施义修

中国的宗教信仰原以道教为主,佛教之传入中国就以老庄或儒家理论为引申论述的依据,才得以传播开来。因此,自汉代以后逐渐展开并普及于全国的"民间信仰",就借着道教的根基借用道教的科仪而普及于全民的家庭里,最突出的例子便是关圣帝君和妈祖的信仰。他们都是由于人格品德的完美而被神格化,成为民间信仰的神祇。

一、妈祖信仰起源及发展

妈祖是中国沿海及台湾民间信仰最主要的神祇之一,其历史已有千年之久,从宋朝以后经元、明、清,累封为夫人、妃、天妃、天后等,民间则尊为"天上圣母"。其家世及生卒年有十余种说法,略谓妈祖姓林名默(娘),福建莆田人,宋太祖建隆元年(960)生,卒于宋太宗雍熙四年(987)。仙逝后迭显灵迹,护海运、救灾溺、保国卫民,护靖海域。清朝更提升为国家祀典,并命沿海沿江各省建祠崇祀。

台湾地区据统计有办理寺庙登记的妈祖庙,截至 2002 年共有 802 所,几乎每一乡镇都有庙。另美国、日本、巴西、菲律宾、马来西亚、越南、法国、南非、澳大利亚等国华人小区也都有妈祖庙,尤其每年农历正月至三月底,台湾、福建等地妈祖信徒都有朝拜、进香等活动,形成台湾民间信仰活动的最高潮,直接间接参与活动的人不可数计。因为这些宗教活动所衍生的观光旅游、礼品、特产采购等经济活动产值不下新台币百亿元,妈祖信仰对台湾的影响相当巨大。[①]

---

① 蔡相辉:《台湾民间信仰专题——妈祖》,台湾,空中大学 2006 年初版。

二、信徒认同妈祖的心态

从宋徽宗靖康元年（1126）金人南下掳走徽、钦二帝,高宗赵构逃到杭州重组政府,命大将韩世忠在福建募兵,莆田人李富号召妈祖信徒三千人应募,莆田人开始起而保卫国家。绍兴廿七年金兵练水师,拟由水路进攻临安,莆田人榜眼陈俊卿出任兵部侍郎,负责整顿水师,即在家乡白湖建立庇护海域的妈祖庙。绍兴三十年流寇刘巨兴抢掠莆田江口、海口等地,居民向妈祖虔诚祷告,居然狂风大作、神灵出现,流寇终为官军所破。翌年李宝率领水师北攻金国,又在胶西唐岛获得大胜,宋高宗因而诏封林默为灵惠昭应夫人。继而在开禧元年的抵御金兵南侵、嘉熙元年修筑钱塘江护堤的重大工程,都是妈祖信徒奉献心力完成。

总之,南宋时期的金兵南侵、海寇作乱、疾疫流行、水旱灾等虽由妈祖信徒奉献消弭,但其功绩信徒们都回向给妈祖显灵庇佑,政府则藉由累封林默为夫人、妃、修建妈祖庙彰显妈祖灵佑,以凝聚妈祖信徒对政府的向心力,共度国难,政府和人民之间就藉由宗教信仰构建了合作的关系。亦即政府把人民宗教信仰推向高峰,人民满足心灵信仰而为政府效命。

台湾地区的妈祖崇祀最早在明末传入澎湖,明郑时期因官方崇信另一海神玄天上帝,以致清军攻台时大力宣扬妈祖神迹。到了郑克塽降清,康熙十九年封"护国庇民妙灵昭应弘仁普济天妃",康熙廿三年施琅复台,康熙敕封天妃为天后。其后,施世标平定朱一贵、福康安戡平林爽文之乱等,官军都藉获得妈祖灵佑而制胜,致祭赐匾。雍正年间更将天后信仰成为国家祀典,掀起妈祖信仰的高潮,从此妈祖信仰深植于台湾社会。清廷利用人民对妈祖的信仰转而信赖政府的戡乱行动,安抚百姓对世局动乱的不安情绪。因此,不论妈祖神迹是否显赫,由于虔诚的信仰,构成安定民心的一股强烈洪流,政府善于运用民间信仰,也构成社会安定的民意力量,至今如是。

三、两岸妈祖信徒力量的汇聚

1974年大甲镇澜宫重修落成,刊行《大甲镇澜宫志》,开始提出新的创建年代及妈祖来自湄洲朝天阁的说法,谓:

> 清雍正八年岁次戊申年间,有福建省兴化府莆田县湄洲屿人士林永兴者携眷来台,途经大甲,定居谋生,且随身有湄洲朝天阁天上圣母神像一尊,安奉厅堂朝拜。大甲堡居民亦系闽省迁台之先民,闻知林氏厅堂供奉由湄洲所请来的天上圣母,无不纷纷前往朝拜,且有求必应,灵妙异常,神威显赫大甲堡附近每个角落,参拜者日盛,致使林氏门庭若市,香客不绝于途。地方缙绅见此盛况,即与林氏洽商建庙奉祀,征得林氏同意后,经聘请地理师择地于现址,在雍正十年岁次壬子良辰

吉旦兴建,当时仅系一宽约十五尺、深约二十三尺的小庙,建成后即将林氏从湄洲朝天阁请来的神像安奉在小庙内,以供众信徒朝拜。①

清雍正八年(1730)岁次为庚戌,非戊申(1728)。《大甲镇澜宫志》所述妈祖来自湄洲朝天阁,则与北港朝天宫妈祖来源相同,雍正八年则为朝天宫重建之年,虽将自家历史往前提,但依例每年往北港谒祖进香。《大甲镇澜宫志》妈祖来自湄洲朝天阁的说法,对自幼即参与进香的老一辈信徒并无影响,但新一代接班者难免产生疑惑。如果妈祖来自湄洲,为何要至北港谒祖进香? 而大陆开放两岸交流,促使镇澜宫往湄洲寻求认同。

1979 年 9 月 30 日,叶剑英提出国、共两党第三次合作及开放三通、四流促进祖国和平统一。改革开放后,湄洲岛人开始建庙私祀妈祖,1983 年完成一栋三十余平方公尺大小之单殿式建筑,初步满足了妈祖信仰者的需求,而居台闽籍妈祖信徒也纷纷前往朝拜,大陆因而将妈祖定位为"海峡两岸和平女神",重建湄洲妈祖祖庙,期以湄洲祖庙为核心,增进两岸民间文化及经济交流。

1987 年湄洲祖庙筹办"妈祖羽化升天一千年"祭典活动,广邀台湾妈祖庙参与。因当时台湾尚未开放民间交流,但镇澜宫董、监事决定前往参加,于是在 10 月经日本辗转抵达湄洲,事后邀回妈祖神像一尊、寿山石雕印一颗、香炉一个、神杯一副及天上圣母香火。镇澜宫从此以湄洲为祖庙。

镇澜宫此后连续三年至湄洲进香,1989 年 4 月更与湄洲祖庙结盟,约定双方在宗教文化及经济发展等方面的合作,成为湄洲天后宫在台湾的主要联络庙宇。

当台湾妈祖庙群雄并立,纷争不已时,大陆以湄洲妈祖庙为核心,与台湾妈祖庙建立上、下庙关系,数年即见成效。

从 20 世纪 80—90 年代初,台湾各大妈祖庙及信徒捐款大量涌进湄洲,协助祖庙重建工程。诸如:捐建钟鼓楼、仪门、圣旨牌楼、梳妆楼、朝天阁、和平女神妈祖石雕、升天楼、大牌坊、观音殿、香客大楼、慈佑山庄、山门、捐植林园,以上捐款少则百仟美金多则数十、百万人民币。湄洲祖庙快速成为世界上建筑最宏伟的妈祖庙宇。

四、导引正信的宗教思维

千年来妈祖的信仰,从来没有在形式上或内涵上有所改变,也就是说没有摆脱神迹崇拜。不管政府或信徒,依然反复的深信神迹,而继续依赖传颂的神迹来维系政府和信徒之间的相辅关系。政府和妈祖庙管理者是否应该在心灵信仰的角度上,去取得一个崇法或学习的模式,让信徒在崇敬之中,感悟效法妈祖救世的情操,进而去效法施行妈祖生前救人的实质行动。亦即是不应再鼓吹或传颂妈祖显灵神迹,而应该彰显她生前救人施药的慈悲心怀。引导信徒走向见贤思齐的正信大道,传播、鼓吹神格信仰,

① 《大甲镇澜宫志》,1974 年,镇澜宫。

使信徒能从心灵改造而匡正日常生活的行为模式。让群众了解恭敬的膜拜、躜轿底、兴宫庙、焚香烧纸无以保佑平安，而行正义、守公德、泛博爱、惜福缘，才能保平安、成福寿。因此，主事者应倡导民众向妈祖许愿、还愿时，应以本身要做多少善行来答谢妈祖的庇佑作为还愿条件，而不是妈祖达成你的愿望时，以打造几两金牌、制作几斤米龟、奉献龙柱、制作神衣、作为酬神还愿（当然捐款作为济世之用也无不可）。信众有了这样的认知，无形中符合了儒家主张的"仁恕"之道，道家的"无为率真"，妈祖教化人心的宗教目的才算达到，民间信仰的格义功能才算契合。

两岸民众熏陶的文化内涵相同，生活习俗相同，信仰相同，尤以对妈祖的崇信更是热烈，当事者如能巧思运用结合政府推手，则更是容易水到渠成，从而提升妈祖信仰的层次。

五、许愿、还愿的可行途径

前面论及应妥善应用热烈的妈祖信仰，达到信徒的心灵改造，再就论及物质回向妈祖的运用，以达造福两岸、甚至华人居住地信众的福利，同沐神庥。

前述提及 1980—1990 年间，台湾妈祖庙捐款涌进湄洲祖庙，不下百亿新台币，如果以少数增、修建宫庙，而累积多数金额作为慈善基金，从事多方位的经营，必能惠及多数百姓。

（一）建立多方位的行善机构

1. 成立行善团体

聚合地方信徒，出钱（提拨香油钱）出力从事地方小型公共工程，协助地方政府及弱势民众解决食、衣、住、行的困难。台湾嘉义有个"嘉邑行善团"即是最好的例子。至目前已兴建了 384 座桥梁，她们不藉神灵神迹，只强调善因善果，就已凝聚强大力量，十年内建造 384 座大小桥梁，造福地方不小。何况妈祖信徒拥有对妈祖强烈的向心力，必能事半功倍。

2. 组织观光导览团队

尤其湄洲祖庙聚集了许多宏伟建筑和休闲景观，需藉观光资源引导游客观赏，并解说景观典故意涵，将意涵结合妈祖济世慈悲心怀，让民众感受人饥己饥，人溺己溺的博爱情操，亦即是藉此提升宗教信仰的层次，同时也提供了就业机会。

3. 组建急难救助小组

地方上有亟须救急的困难民众，伸出援手给予协助，以便使其脱离困境。

4. 提供许愿者义工机会

许愿者可藉担当临时义工，作为答恩条件。即因神恩实现愿望时，可以担任几天各行善团队的义工，服务民众，延续神明济世楷模表达酬神作为。

（二）建立医疗团队

1. 设立医疗机构

可利用信徒捐献的款项和民众特别捐款（医疗机构专设的捐款账户），独设医院或与医学院设立合作医院，延续妈祖施药济世的宏愿。台湾的北港妈祖庙，有中国医药大学附设的妈祖医院，台南的开元寺有慈爱医院，慈济佛教团体在台湾各地建有慈济医院。以上庙宇的附属医院都很有成效。

2. 组建巡回医疗队

进行不定期或疾疫流行季节的巡回医疗和预防，为交通不便的偏远地区提供医疗服务。

（三）建立老幼的安抚机构

1. 设立老人赡养院

让年老长者无法依亲者，得到安身养老的处所，以补社会福利鞭长莫及之处。

2. 建立幼教所

现代工商发达社会，个人忙于商业事务又加以小家庭体制，小、幼儿乏人照顾教育，能有幼教场所，则社会生产者即可无后顾之忧的从事生产，家庭事业相辅相成，社会也必趋于安康。

（四）结合服务通路

可与其他宗教机构或慈善机构建立互相支持的机制，用以互通有无，包含人力、物力、信息、公益活动等等的企划推动与执行，结合成为社会广大而强力的服务网。使达到儒家"己立立人，己达达人"的理想，促进礼运大同篇里"故人不独亲其亲，不独子其子，使老有所终，壮有所用，幼有所长，鳏寡孤独废疾者皆有所养"的境界。而不是在每年举办妈祖遶境时，号召各庙宇共襄盛举，放鞭炮射烟火热闹一番，就算神威广被。

以上的构想是举其一、二，希望在妈祖信徒的范畴里，建立一个互助的小型社会，结构里有各种不同的生产和安置组织，凝聚信仰者力量，服务更多群众，达到妈祖信仰的现代意义。两岸的妈祖庙（不限于湄洲）都可依此模式扩展妈祖信徒，也可藉此机构建立互相观摩，交换经验，互通有无相互支持，而不必局限于进香、遶境、分灵等纯宗教式的活动，同时在环境保护的行动上也给了民众正确的示范。

六、结　语

妈祖庙宇华丽壮观、庙里香火鼎盛、饶境阵势庞大，都不能正确彰显妈祖神威，那些外在的形象是人们包裹神圣宗教的锦绣外衣，而宗教实质需要彰显的终极标的，是他的内涵和因神迹而影响人们外在行为的表现，而人们因宗教信仰所影响而创造的正面文化,也就丰富了人类生活的文明。

科技文明永远无法满足人类的物质生活,而精神文明也永远无法填满人类的精神生活。整个人类的生命旅程永远都留有缺憾,在生命的历程中,我们只能将缺憾尽其可能的缩小影响,努力的提升物质与精神文化的生活质量,使人生能达到近乎圆满的境界。

自古以来宗教信仰本就是教化人心、安抚人们情绪平静祥和的精神保姆,引导人们走向善道离弃恶行,构建和谐的人际关系,促进社会圆融进步为目的。然而由于近百年来科学昌明,打破了许多过去无法想象的迷思,古时的风火轮、千里眼、顺风耳、腾云驾雾、呼风唤雨、掐指妙算,现在一一呈现在我们日常生活里,致使我们要怀疑宗教给我们的匡正信息和抚慰是否真正存在于人间? 甚至将宗教教条抛诸脑后,一切事物都只求个人在文明物质上的满足,并且将与人互动与关怀置之个人基本行为模式之外,形成一个冷漠、疏离但极端重视个人利益的社会结构。

中国五千年文化孕育了广阔、深层的内涵,民间信仰是精神文明内涵的一项,是宗教信仰文化的一环,也是中华精神文化相较于其他民族所无者。民间信仰是从历史人物中汲取其完美的人格情操,转化成救赎人类苦难的神格,人们记录他们在世间的德性,记取他们给予人间的仁慈恩德,转而求取成神后的庇佑,这样的一个贴身而具体的神迹意义,更能感动每一个接触的人,而从感动的历程中去重复恩德的重现,换句话说是认同神恩的人,延续着神的使命去办理济世的公益事业,确切地实施扶助弱势民众,使他们在生活中不论物质或精神面所欠缺的,都能得到弥补。

作者:施义修,台湾空中大学推广课程教师

情系海峡的妈祖文化：
由"台南大天后宫"历史谈起

陈龄慧　魏光莒

一、具开疆辟土精神的神明

任何一个重大事件的出现，离不开当时的时代因素、社会条件及其历史人物。妈祖，始于北宋时期大陆东南沿海一带。早期，仅为粗具规模的一种地方海神崇拜。如今，妈祖不仅成为目前世界最知名的海神，并且已成为令世人同感惊异的一个宗教文化传统；各个地方庙宇分支体系庞大，香火仪式严谨完备，信众人口众多。这绝非偶然的事件。其背后，一定有着某些历史因素。

妈祖兴盛不绝，背后的历史因素甚多，但主要的至少有三个：一是在宋元时期以后，中国沿海的航海活动的兴盛，以及对外贸易的逐渐开展，促使了民众们对海神的崇拜与信仰。二是福建莆田一带，文风一向鼎盛。历代以来，莆田子弟入朝为官的进士人才（尤其是林姓士子）层出不穷，竟有"无林不成榜"的后世美谈。这些与林默娘有关的林氏族裔后代或地方乡亲，成为读书人的榜样、或成为社会领导人物，对妈祖传说的持续推广与祭祀信仰上的推动，发挥了重要的作用。比方说，明朝末年的林尧俞，乃是为《天妃显圣录》作序文并参与编辑的朝廷大员。《天妃显圣录》是第一部系统地纪录了天妃功绩和记载了朝廷褒封实况的专著；它在妈祖信仰的推展上有着重要意义。而林尧俞（约1560—1628）字咨伯，莆田"九牧林"长房苇公裔，明万历十七年（1589）进士，即是林默娘的后代族裔，并且曾受封为荣禄大夫、太子太保、礼部尚书兼翰林院学士。三是妈祖信仰常因缘际会，帮助了朝廷平定动乱或开疆辟土；妈祖的功绩，因此进入了国家的正史记载，渐渐成为清朝国族社稷所倚重的力量。这是一个历史上特殊的情况，亦是一个让妈祖于近代兴盛的重要因素。

本文所要探讨的，就是这第三个因素，尤其是在三百五十年之前，在"台湾开拓时期"的一段历史期间，妈祖文化如何扮演了一个关键的角色，这个海神信仰是如何由大陆沿海地区延伸出来，既促使了对海外疆域台湾的开疆辟土，又成为开垦台湾的安定力量。最后，又转而成为一种根深蒂固、流传久远的农业社会常民文化。

据传，北宋建隆元年（960），生于福建莆田的湄洲林氏女默娘，殁后经常显圣保护航海人民的安全，所以长久为乡里地方人士所崇祀供奉为海神。但在北宋时期，仅有供奉通灵神女的乡里小祠，如圣墩、枫亭之神女庙（《敕封天后志》）。时至南宋，在闽境白湖地区才有了重要的新发展。根据《敕封天后志》，白湖地区的妈祖是这样发迹的："宋高宗绍兴二十五年春，郡大疫。神降于白湖旁……忽清泉沸出，人竞取饮之，甘冷若醴，汲者络绎于路，朝饮夕愈。人皆腾跃拜谢。"此驱疫之功，首度获得了官府公开的认可。经奏报朝廷，遂于绍兴二十六年（公元 1156 年），诏令褒封通灵神女为"灵惠夫人"。

当时，出身莆田的丞相陈俊卿出面倡导，欲在白湖购地创建一座"夫人庙"。陈氏以宰辅之身份登高一呼，获得莆田士绅们的积极支持，即于绍兴二十九年（1159）顺利创建了"白湖顺济庙"。而且，此庙迅速成为当时妈祖的信仰中心。这一阶段，是妈祖信仰首度跨出莆田原乡，开始普及各地的重要发展阶段。（其实，"白湖顺济庙"中的"灵惠夫人"，这尊最早的"夫人妈"神尊，似乎与"台南大天后宫"有特别之缘分。①）

历经元、明两代的发展之后，妈祖已由一位沿海之地方神祇，渐渐成为中央政府开始注意的神明。元朝延续了对妈祖敬奉的传统，主要是因为官方漕运的改道。据估计，当时每年需由江南运粮约三百万石，北送燕京。而早期隋炀帝所开之运河，已不符使用，故漕运改走海道。运粮的官民船夫，有感航海之险怖，而敬奉妈祖，也将妈祖信仰带至沿海各主要港口。元世祖曾顺应民情，两度下诏褒封妈祖，而开始有了"天妃"的封号（《敕封天后志》）。

明代则因倭寇屡屡侵犯沿海居民，而严禁民间海运，故仅有官方的航海活动。其中最著名的，即是明成祖遣郑和下西洋宣扬国威，七次远洋皆顺利返航。相传郑和屡次有感妈祖相助，因此于长乐特立《天妃碑》以显神恩，碑文曰："和等统帅官教旗军数万人，乘巨舶百余艘，凡历三十余国，涉沧溟十万余里，尤赖天妃之神保护，佑之往之。"郑和因请朝廷明令褒扬，故而于明永乐七年（1409）特别敕封妈祖为"护国天妃"（全名为"护国庇民妙灵昭应弘仁普济天妃"）。从此之后，在福建的泉州与漳州等沿海各地，乃至于远到了澎湖，"天妃庙"皆逐渐兴盛。② 直到明末清初鼎革之际，历史际会了特殊的因缘，让"妈祖信仰"进入了一个全新的阶段：妈祖信仰，由大陆沿海地区拓展至了台湾，最后竟成为一个新的历史局面。

明末清初，郑成功在海上抗清，首先占领了厦门、金门，并以此为根据地，出师驱逐了占据台湾的荷兰人，在台湾延续了南明永历朝廷的名号。然而，郑成功来年（康熙元

---

① 2004 年 6 月 11 日，台南大天后宫"镇殿妈"神尊头部手部等处因故颓倾，惊动全台湾的妈祖信众。巧合的是，"白湖顺济庙"最早的一座"灵惠夫人"神尊（为至今已八百多年的木雕神明金尊，堪称举世稀有），即于次日（6 月 12 日）正好"依约"抵达台湾。随后，在随行的妈祖文物全台巡回展览结束之后，即进入台南大天后宫正殿驻跸，来此"履约"作客，展开宗教交流活动。

② 中国内地与澎湖的关系，发展得很早。宋朝时候，即有汉人定居澎湖（约在 12 世纪）。元朝时，澎湖正式成为元帝国的一部分领土。但是，与澎湖仅有一水之隔的台湾，却要到了晚近的清朝，才正式设立台湾府、纳入中国的版图。

年,公元1662年)病逝,由其子郑经继位。而当时的朝廷,内有鳌拜掌实权,且鳌拜认为台湾"海洋险远,风涛莫测",不宜进兵;外又有"三藩之乱"渐起。因此,郑经的南明朝廷,一直活跃到康熙二十年。期间,曾发兵攻下福建的漳州、泉州、潮州等地,甚至策应了吴三桂的起兵之事。但是,康熙二十年(1681),郑经过世,之后爆发了内部权斗。郑经死,康熙二十二年初(1683)侍卫近臣又袭杀经之继位长子,明郑内部已成分崩离析之势。

康熙二十一年,靖海大将军施琅,收复厦门,击退郑军。至康熙二十二年六月底,施琅请命攻台。在经过一番惊险苦战之后,首先攻克澎湖,大挫郑军水师主力。郑经的幼子克塽即自台湾示降,明郑亡。同年八月,施琅率清军由鹿耳门入台后,始以官方的力量将妈祖正式奉为主神。《清朝文献通考》(群祀考二),记载康熙十九年:"(施琅)师征台湾,神涌潮以济师,遂克厦门。"①连横的《台湾通史》亦记载:"二十有二年,清军伐台湾,靖海将军施琅奏言:澎湖之役,天妃效灵,即入鹿耳门,复见神兵引导,海潮骤涨,遂得倾岛投诚,其应如响。"②在《敕封天后志》的记载之中,历代有二十余项的妈祖重要事迹,是专门关于妈祖帮助官军渡海或征战的;其中的《井泉济师》、《引舟入澳》、《澎湖助战》、《海岸清泉》等篇章,即是讲康熙二十一、二年间,妈祖帮助靖海将军施琅收复厦门、征讨澎湖的部队,解决干旱缺水、渡海作战等事宜。③

施琅原为郑成功部将,在平复台湾之后,亦感念郑成功与明遗室驱逐荷人、开拓台湾之功绩,故将当时最具有朝代更迭意义之"明宁靖王府"改设为"妈祖庙"(即"台南大天后宫")。这可以说是,以崇敬神明之心,来转化及平复这一段历史的伤痛与无奈。据传,本宫当创设之时,施琅将军是将个人所尊奉、并护卫中军的一座妈祖"神尊"捐献出来,安置于本宫,自此开启了后世在台湾蓬勃发展的妈祖信仰。

明郑之前的台湾,冒险渡海来屯垦的汉人移民,多有私请妈祖香火作为随身护佑的习俗。郑成功的士卒渡海来台时,亦有人将手掌般大小的木雕妈祖神尊系缚于胸腹前(外披覆军服),以渡过险峻的"黑水沟"(台湾海峡)。然而,当时的台湾却没有供奉妈祖为主神的正式庙宇。这是因为,明朝各皇帝均尊奉"北极真武玄天上帝"为主神,而郑成功以延续明朝正朔为职志,自然以"玄天上帝"为正式守护神。因此,当施琅将军入台、在奏请获准后,所创设的"妈祖庙"应该是台湾第一座正式的妈祖庙,即为"台南大天后宫"。它自然也成为台湾最具有历史意义的妈祖庙,也是台湾发展妈祖信仰的根据地。至今仍立在"台南大天后宫"之前的《平台纪略碑记》,即是当时由施琅所立;上云:"澎湖一战,伪军全没,势逼请降。……以八月望日直进鹿耳门,赤崁泊舰,整旅登岸受降。市不易肆,鸡犬不惊。"而此块《平台纪略碑记》石碑,至今仍在本宫之前,仍鲜活地见证这段历史。

---

① 李露露:《华夏诸神》(妈祖卷),云龙出版社1995年版,第194页。
② 连雅堂:《台湾通史》,台北,黎明文化出版,第696页。
③ 《敕封天后志》一书,是以《天妃显圣录》为基础而编撰的。它的作者也是林家后裔,是当时在福建惠安县任儒学教谕的林清标所编的。林清标此举,则是受其长子林霈的请求而作的。林霈当时在台湾的凤山(今高雄)担任儒学教谕。

"台南大天后宫"创设时,奉旨名为"台湾府祠天妃宫"。而本宫之建筑,原为明郑时期台郡赤崁城南之"宁靖王府"。受郑氏封为明宁靖王的朱术桂,乃明太祖九世孙,时为明朝尚存之宗室遗脉。宁靖王抵台后,原任郑氏军的监军。郑克爽降清后,即于此宅邸内自缢殉国。朱术桂曾有一首"绝命词"流传后世。清朝人杨锺羲《雪桥诗话》曾记载:"明辽藩裔树桂,字天球,由辅国将军依唐藩闽中封宁靖郡王,崎岖兵间无成事,穷蹙窜海外。迨郑氏归命,无所之,遂自经死。临终书绝命词云云,闻者悲之。"① 本研究根据相关资料考察,朱术桂的绝命词共五言四句,谨录如下:"艰辛避海外,总为几茎发。于今事毕矣!不复采薇蕨。"②台湾民间相传,朱术桂在殉难前,曾许诺将此宅邸舍为庙寺。此事不知是否真确,然"台南大天后宫"现仍祀有早期神位一座,上刻"本庵舍宅檀越明宁靖王全节贞忠朱讳术桂神位"。《雪桥诗话》亦记载:朱术桂侍从妃仆共五人,亦随宁靖王殉国自尽。因此,"台南大天后宫"的附近,隔一条街,现亦设有"五妃庙"一座,此乃早期民众为了纪念这五位忠贞的女子而奉祀的,现已成一段佳话。

至康熙二十三年,即平定台湾的次年,大将军施琅感念神恩,上奏朝廷,将其所有战功皆归于妈祖的显圣。清朝即诏封妈祖为"护国天后"(全名为"护国庇民妙灵昭应仁慈天后"),一举将妈祖由"天妃"提升为女神之中最高位阶的"天后"。后来,到了康熙五十九年(1720)时,朝廷更有一件重要政令:清朝将"妈祖"列为朝廷正式的"祀典神祇",每年春秋两祭,皆须按朝廷规定之礼仪派遣官员来"台南大天后宫"致祭。从此之后,"台南大天后宫"一直是台湾"妈祖信仰"唯一的官方祀典庙,具有特殊的官方地位及象征意义。

清康熙二十二年(1683),满清朝廷正式攻占、收复台湾。但是,当时清廷大臣中不少人认为台湾是蛮荒之海外岛屿,无甚价值,因此主张放弃台湾,而将在台湾定居的汉人迁移回大陆。③ 晚清知识分子魏源所写的《圣武纪略》中就有提到,"方郑氏初平也,廷议以其孤悬海外,易薮贼,欲弃之,专守澎湖"。然而,施琅将军于康熙二十二年十二月紧急上疏康熙帝,强烈反对放弃台湾。施琅将军的疏文中,同时从三方面力陈开辟台湾的重要性;包括,在台湾的民众需要安定、台湾经济物产的丰富以及从国防战略而言的需要。康熙王朝,于康熙二十三年元月始作出决定:基于中国东南沿海之国防,将台湾正式纳入中国版图。④ 这背后的历史转折至关重大,应与施琅将军的个人信念密切相关,也与妈祖给他的种种帮助及启发可能有关联性。因此,妈祖在此关键时刻,可以说成了一个推动历史的力量。

后来,康熙五十九年所修《台湾县志》曾条列出了早期在台湾所建的三间妈祖庙,分别是:"大妈祖庙"(即"台南大天后宫"),水仔尾小妈祖庙,鹿耳门妈祖庙。其中,明确将"台南大天后宫"列为首位,并对本宫有较详细之内容记载。值得注意的是,它所

① 钱仲联主编:《清诗纪事》II《明遗民卷》,江苏古籍出版社1987年版,第1226页。
② 钱仲联主编:《清诗纪事》II《明遗民卷》,江苏古籍出版社1987年版,第1226页。
③ 根据资料,明郑时代渡海来台的汉人,累积达到了约十二万的人口。周婉窈:《台湾历史图说》(史前至1945年),台湾"中央研究院"台湾史研究所特刊,第66页。
④ 张胜彦、吴文星、温振华、戴宝春编著:《台湾开发史》,台湾空中大学印行,第101—102页。

记述的本宫,已由原称之"府祠天妃宫"简称为"大妈祖庙"。此即其中"西定坊大妈祖庙条"所记:"即宁靖王故居也。……此大妈祖庙位于赤崁楼南方,为施琅捐奉改建,实即为康熙二十五年福建通志所载台湾府之天妃宫。"另外,康熙年间,浙江仁和人郁永河的《裨海纪游》,对"台南大天后宫"亦有诗句曰:"妈祖宫前锣鼓闹,侏离唱出下南腔。"郁氏并说明,康熙年间,在台湾的文官武将们皆按朝廷律例或自行发愿来本宫致祭。郁文云:"天妃庙近赤崁城,海舶多于此演戏守愿,闽以泉漳为下南。清康熙时用兵台海,文官武将屡次到赤崁行宫奉旨祭林默,或自行祈报(春秋)两祭。"[①]

二、以开拓地域的方式发展

妈祖信仰,与中原大地上原有的"道教"或"佛教"类型相比,本来即有不小的区别。它以更贴近民众的生活方式,成为渗入民间甚深的一种日常文化。尤其是汉人在台湾这方新开拓的国土领地上,特别将"妈祖信仰"由海神崇拜发展成了一个深具地域开拓精神的文化传统。"台南大天后宫",就曾见证过这个新型式信仰传统在台湾的开创与发展。

妈祖信仰传统,本来就有着"兼容并蓄、弹性发展"的明显特色:它突破了传统佛、道、儒分立的形式框架,成为一种较符合民情需求、以生活实用为主的方式存在。在妈祖的传说中,湄洲林氏女本是观世音菩萨的化身之一,而她在十余岁时又曾获玄通道士授予济世助人的道家"玄微秘法",故而具备亦佛、亦道的身份。而在台湾的民间实践,以"儒"而言,妈祖信仰更巧妙实现了儒教所重视"家族亲情"的精神。妈祖,作为一种万民供奉的"神明",却不是高高在上的。妈祖的信徒们对待神明,尤似侍奉宗族中长老一般孝养感恩,也坦然接受其关爱。人们亦可以认妈祖为"义母",成为神明正式的义子义女。由此可知,此信仰的兼容并蓄、弹性自在,完全适应汉人的生活规范与文化特性。故而成了一种有利于在民间发展,可以深入各个地方、各个聚落的宗教形式。

明末皇帝,崇信道教。明庄烈帝(崇祯)即曾以典型的道教封号,敕封妈祖为"天仙圣母青灵普化碧霞元君"。这个封号,用了完全不同于先前"天妃"封号的方式来称呼妈祖,似是官方决定将妈祖定位为"道教神祇"的一次敕封。然而在明末之际,妈祖信仰在大陆沿海各地的发展,以庙宇所祀而言,已产生了佛道兼容的清楚倾向。这个信仰传统"兼容佛道"的宗教特质,之后似在台湾才获得了最深刻、最全面的实践。因为,当妈祖信仰重心转移到了台湾,在这种以移民垦荒为主的生活方式中,在这个新开拓的领土之上,此信仰才获得了一种自然简化而充分发挥的"地方形式"的发展。有趣的是,在此过程中,妈祖由一位出航必奉的"海神",转化而成了一位领导开辟地方、全方位型的聚落主神。对这种发展,"台南大天后宫"在其开创期的功能是:藉由官方的特殊身份推广妈祖信,有助佛教与道教两种信仰体系获得长期的"弹性融合"。让妈祖发

① 郁永河:《裨海纪游》,台湾省文献委员会,2004年。

展为一种综合性、全方位的信仰传统。这主要是因为，"台南大天后宫"早期之庙务住持，同时也总管着全台湾的佛教事务。

台湾纳入清领之初，施琅创设"天妃宫"，并且特别自福建泉州府"开元寺"聘请僧人胜修(恬)和尚来台出掌首任庙务住持。开元寺，为泉州首席佛寺，闻名遐迩，在佛教界的地位崇高。胜修和尚原为开元寺第七代僧(亦即临济宗第三十六代僧)，乃佛教界之传承人物(本宫亦长期敬祀胜修和尚来自开元寺的师承，上溯自第一代祖师戒法(标)和尚，一直到第六代的志旭(明)和尚皆有莲座牌位受奉)。而且，胜修和尚(及第二任住持奕如和尚)在担任本宫住持期间，除了负责本宫庙务，朝廷并授以台湾府"僧纲司"长官。这是一个正式的官职，总管全台的佛教事务。本宫的右侧厢厅(现为供奉佛陀的"三宝殿")，当时即是一个管理全台佛教的行政官厅。乾隆年间，台湾道行政长官蒋元枢曾主导过"台南大天后宫"一次重要的修建，他的《重修图说》记载："旧时庙制：中为大殿，供奉神像。其后正屋二进，杂祀诸神。庙之右畔，有屋三进，为官厅。"(《重修台郡天后宫图说》)透过创庙时如此慎重的作法与安排，使得本宫立即成为台湾最重要的妈祖暨佛教信仰的发展据点。台湾长期以来，兼容佛教与道教的特殊宗教发展形式，应是奠基于"台南大天后宫"。[①]

其实，对任何信仰传统的初期发展而言，来自官方行政力量的支持，其影响必然是强大而深远的。"台南大天后宫"早期所发挥的这种功能，使得在台湾的境域之内，长期是佛道不分家的。故而，许多信奉妈祖的台湾民众，终其一生皆自认他们所信奉的是"佛教"，至今仍是如此。(其实，在早期妈祖庙内，由出家僧人主持庙务，有自成体系的僧侣系统，有和尚法师来诵佛经、作法会，后殿又祀奉观世音菩萨、三宝佛等等，确实也具备着一些佛教的基本形式。)甚至，如清道光至咸丰年间的台湾总兵恒裕，亦曾颁献"台南大天后宫"一方著名的"真真活佛"匾额(至今仍高挂宫内)。真是可谓，"信佛者可见真佛，信道者可见真仙"。这样一种特殊的信仰形式，具备着今日宗教学者所言的"新兴宗教"的条件：它能撷取过去宗教传统中的重要元素，依照不同时空环境的需求，转化为一种适合在地生存形式的新兴信仰传统。这种兼容并蓄的宗教特质，确实让"妈祖信仰"出现了前所未见的蓬勃景象，使得台湾每一个地方角落，都有大小不一的妈祖庙及其信众。

三、对常民文化的深远影响

"台南大天后宫"，虽具高度官方的特性，长期也是台湾唯一的官方妈祖庙，但却依然是让"妈祖信仰"回归民间文化的主要推动者。其过程为何，将在本节之中简单探讨。换而言之，妈祖信仰在台湾的发展，曾经历过一次重要的"由官转民"的转型阶段。

清朝各个皇帝，给妈祖褒敕封号的次数颇多，共有十余次。在乾隆、嘉庆年间的封

---

① 曾吉连：《祀典台南大天后宫志》，台南，祀典台南大天后宫管理委员会，2001年。

谥,如"福佑群生"、"诚感咸孚"、"垂慈笃佑"等,确能反应朝廷对妈祖的真实推崇。但到了清朝中叶之后,褒封的用意似有所转变。随着国势积弱,朝廷似欲藉屡次加封,塑造出一个更能效力国家的"护国神明"。如仅在清文宗咸丰年间,就有五次加封,其中包括"靖洋锡祉"、"卫漕保泰"等封号。而咸丰帝最后一次褒封,又特加"震武绥疆"四字封号,其意已显。到了清同治十一年,朝廷又欲加封妈祖,但经过礼部的和议,特别上奏皇帝:天后封号已多达六十四字,再加字数,亦不足以昭郑重(最后只加封"嘉佑"①两字)。

由此可瞭知,朝廷当时对"妈祖"似另有某种期望。然而,若有如此沉重的官方色彩,对妈祖信仰的发展而言,未必是吉兆。所幸,妈祖信仰在台湾的发展,另有过一种转型,乃历时颇久的"由官转民"的一段重要历程。在这个历程里面,"台南大天后宫"也曾发挥过影响,得使"妈祖"由朝廷不断加封、地位崇隆的"护国神明",转型而成为纯属民间、深入人民生活、护土护乡的信仰。让"妈祖"由强烈的政治宗教象征,而真正转变成了庶民文化。

"台南大天后宫"早期兼具官方祀典庙以及佛教僧务官厅的性质,使得它的管理及发展方式,与台湾其他妈祖庙的形式不甚相同。官务的职责,让本宫一直是站在较为官方的立场,去协助推动其他各地妈祖庙的信仰活动,而不是直接去满足信众们在信仰生活上的需求。比如,一般庙宇所常见的神明会信众组织、绕境活动,庙宇之分香与乞火,或按照农村生活每年不断之各种敬神仪式等,"台南大天后宫"早期一向较少提供。但是,由本宫所主导及推动的外地妈祖信仰活动,却在台湾妈祖发展史上占有极重要的地位,也曾造就过一些庙宇的兴盛发展。其中最重要的案例,就是在清朝历史上"北港朝天宫"妈祖来台南府城绕境活动的安排。

大约由清朝中叶开始,一直到日治初期,"北港朝天宫"妈祖,几乎每年均至台南府城来。首先,是由府城信众们徒步至北港迎妈祖;"北港妈"迎来之后,即进入本宫正殿驻跸,接受府城信众奉祀,然后再热闹绕境府城内外各街道。这个传统,延续了约有一百多年。② 一直到大正四年(民国四年,公元1915年),受到日本殖民者政权的压力,才终于停止。清朝道光至咸丰年间的台湾道行政长官徐宗干,曾在个人文集《斯未信斋文集》中提及此事,留下了珍贵的一页记录。其文云:"壬子(咸丰元年,公元1851年),三月二十三日,为天后神诞。前期,台人循旧俗,迎嘉邑北港庙中神像至郡城供奉,并巡历城厢内外而回。焚香迎送者,日千万计。"(《斯未信斋文集》)文中述及,这是一个行之有年的旧俗,是在妈祖每年圣诞之前,来举行这个迎神活动。北港,当时则属"嘉邑城"(今嘉义市),而活动期间,每日有成千上万之信众迎送,盛景空前。

徐文中更记录了一项重要事实:北港妈祖,是否能来台南府城活动,完全视"台南大天后宫"的意向而定。也即是,当时是在"台南大天后宫"的主导办理之下,用掷筊请示本宫妈祖的方式,来决定每年北港妈的绕境活动是否举行。《斯未信斋文集》中,其

① 邱福海:《妈祖信仰探源》,台北,淑馨出版社1998年版,第190—191页。
② 蔡相辉:《北港朝天宫与台南大天后宫的分合》,《台湾文献》2000年第51卷第4期。

文云:"历年(北港妈)或来、或否。来,则年丰民安,贩贾亦藉此营生。前任(台府行政长官),或密嘱住持(和尚)卜筊,假作神话,以为不来。愚民亦皆信之。(若不来)省财、省力,地方不至生事,洵为善政。然(若)祈报出于至诚,藉以瞻小民之贸易者,亦未可弛而不张。且迎神期内,从未滋事,故听(任)之。"

台湾道行政长官徐宗干文中,涉及对妈祖活动的官方定位,亦透露一些有趣的官场文化。徐文指出其前任台道,曾为了省财省力之故,而密令本宫住持在掷筊时作假,以免除迎北港妈的活动。徐氏在此所言,其实是暗批他的前任怕事,而自诩他在任内则是"听任"迎妈祖活动的继续进行。他认为,若出于民众祈求之至诚,且有益于商贾贸易小民之营生,则不应阻挡。且向来在迎神期间内,民众亦从未滋事,理应顺从之。徐文所言,其实颇为正确。依照各方资料所示,事实上,当时迎北港妈赴台南府城的宗教活动,已经是民间最大型的信仰暨商贾活动了。实在不应刻意造假阻挡,即会断绝小民的生计。而当时主要是由"府城三郊"(台湾最早的"商会",成立于雍正年间)来协助幕后的组织工作。因此,官府的长官本来只需"听任"即可,无须费心费力筹办。

这种民间文化活动的空前盛大,当时留下来的诗文记录也不少。台湾早期诗人黄氏茂生,曾在一首《迎神杂咏》诗之中,描述了府城民众迎接北港妈祖来访的盛况。他以一个儒生的立场,惊叹这种"万人空巷,诸事皆休"的现场景观。当他见到连文衡帝君神尊,都跟着妈祖随驾出游去了,忍不住于诗中戏言"吾道(儒学)已穷"矣!其诗云:"满城神佛喜交欢,凉伞(即'华盖')头旗数百竿。吾道已穷堪浩叹,文衡圣帝也随驾。神农不管人间事,弹指光阴一万年。底事今朝跟妈祖,芒鞋踏波海东天。"[1]

在台湾民间历史上,这种迎接外地的妈祖到官府重镇的首善之区来绕境,这是具有高度的宗教象征意义之事(一般是由位阶较高的"祖庙",才去分灵庙所在地巡行绕境)。但当时由"台南大天后宫"主导推动之下,这种由较为偏远的"北港"竟然可以到"台南"(当时的台湾首府)进行绕境活动,并且长达百年以上,并将其办理成年度重大信仰活动。这种妈祖信仰传统里的合作方式与互相提携的作风,令人感动。一方面,这显示在推动妈祖信仰上施琅将军所设立的"台南大天后宫"所具备的份量及超然的立场。另一方面,还可以看出,"台南大天后宫"虽为妈祖官庙代表,但对于渐渐转入民间发展的妈祖信仰,是不断地给予鼓励与全力支持的。一切似以振兴妈祖信仰为宗旨,似乎已真正习得"妈祖"以顺应民意为依归的精神。这段民间文化历史,也间接印证了:妈祖信仰在台湾的发展,是经过各方庙宇及官方政府人士,一齐长期努力与合作完成的。终于,为后代树立了良好的典范,能够让妈祖在台湾成为一种有蓬勃生命力的常民文化传统。

作者:陈龄慧,台湾台南艺术大学动画艺术与影像美学研究所副教授

魏光莒,台湾南华大学环境与艺术研究所副教授

---

[1] 曾吉连编撰:《祀典台南大天后宫志》,台南,祀典台南大天后宫管理委员会,2001年。

妈祖研究取向论析

高致华

一、前　言

在全球化潮流下，"文化"从传统观念中作为一个认识国家、民族的角色，跃升为国家发展的重要方式之一。2009 年 9 月 30 日"妈祖信俗"获得联合国教科文组织认定，成功列入世界遗产。对妈祖的信仰和纪念，成为华人身份认同感的一个重要的文化纽带。① 黑格尔把道德灵魂作为中国文化的基本象征，提出"中国纯粹建筑在这一种道德的结合上，国家的特性便是客观的家庭孝敬"②。冯天瑜透过中西文化对比指出，"西方的文化为智性文化，而中国文化称之为德性文化"③。"妈祖信仰"作为中华文化体系重要部分，信仰内涵融合儒释道哲理与道德精神，跨越意识形态的阻隔，穿越政治和经济的界限，不但牵系华人社会，同时也推进华侨及华人相关研究。本文透过妈祖研究来呈现妈祖信仰无形却又深厚的力量。

二、各类学科交织的妈祖研究

中国改革开放后，海内外妈祖研究都进入高潮，研究内容涉及历史、训诂、宗教、民俗、人类、文化、社会、经济、政治等多种学科领域，本文对目前学术界的研究进行简略回顾，各学者或各学科间的对话尤其使得妈祖的相关研究越来越精彩。然因许多研究涉及跨学科的领域，加上笔者管见有限，未尽之处尚请各位先进不吝指正。

---

① 龚凡：《妈祖信俗申遗成功：妈祖是信俗的核心》，《海峡都市报》2009 年 10 月 1 日第 2 版。
② 黑格尔：《历史哲学》，上海，三联书店 1956 年版，第 65 页。
③ 冯天瑜：《中华文化史》，上海，上海人民出版社 1990 年版，第 232 页。

（一）历史学与训诂学

本范畴可大分为对妈祖以及对妈祖信仰的考证两个面向。徐晓望2007年的获奖著作《妈祖信仰史研究》①中已有翔实的整理，笔者再增补如下。

其一，对妈祖的考证，如蒋维锬的《"妈祖"名称的由来》将妈祖从"女巫"到"神女"、"灵女"、"娘妈"到"妈祖"的名称转变对照《圣墩祖庙重建顺济庙记》等古文献记载进行考证分析。② 郭志超的《"妈祖"名称的来源》藉由《台湾府志》等史籍，指出其实现在两岸惯称之"妈祖"的名称，乃是从台湾传往大陆的。③ 朱天顺的《妈祖信仰的起源及其在宋代的传播》透过对文献训诂学，对妈祖出生年代、出生地点、身份等进行考证。④ 李献璋的《妈祖信仰研究》是目前中日妈祖信仰研究重要的参引专书，历史训诂方面作者提出妈祖信仰起源于圣墩⑤。蔡相煇的《台湾的王爷与妈祖》是台湾早期研究妈祖的专书，透过史实分析，提出妈祖生前为女摩尼之说、妈祖葬在圣墩之说。⑥ 石万寿的《台湾庙宇文化大系（二）天上圣母卷》⑦、《台湾的妈祖信仰》⑧等书，否定妈祖信仰起源于圣墩说及妈祖生前是女摩尼的同时也否定了妈祖生前为女巫的观点。相对于此，徐晓望的《妈祖信仰史研究》则指出许多宋元史料都证明妈祖原为女巫。⑨古代文献资料的汇编整理中亦有对妈祖出生时间、地点、神迹传说等的考据与辨析，比较早期的《明著录》今已失传，南宋黄岩孙《顺济行祠》载："一在风亭市西，里人崇奉甚谨，庙貌甚壮。神父林愿，母王氏，庙号'祐德'。宝祐元年，王教授里请于朝，父封积庆侯，母封显庆夫人。妃之正庙在湄洲，而父母封爵自风亭始。"⑩蒋维锬在其后的《编者按》中，将《明著录》归之为元代之书，徐晓望的研究亦指出，"明著"是元代给天妃的封号之一，所以，该书命名《明著录》，说明它是元以后的文献。⑪ 从《顺济行祠》可以看出妈祖父母的褒封地点、称谓等等信息。蔡相煇的《〈天妃显圣录〉之编辑缘由及主要内容考订》一文指出：《天妃显圣录》的编辑主要参照《明著录》，是研究妈祖生平事迹、历代褒封等的第一部史书。⑫

其二，对妈祖信仰的训诂，如徐晓望与谭世宝对澳门妈阁庙石殿内碑刻的历史考

① 徐晓望：《妈祖信仰史研究》，福州，海风出版社2007年版，第1—14页。
② 蒋维锬：《"妈祖"名称的由来》，《福建学刊》1990年第3期。
③ 郭志超：《"妈祖"名称的来源》，《世界宗教文化》2003年第2期。
④ 朱天顺：《妈祖信仰的起源及其在宋代的传播》，《厦门大学学报》1986年第2期。
⑤ 李献璋著、郑彭年译本：《妈祖信仰研究》，东京，泰山文化出版社1978年版，澳门海事博物馆1995年。
⑥ 蔡相煇：《台湾的王爷与妈祖》，台北，台原出版社1989年版。
⑦ 石万寿：《台湾庙宇文化大系（二）天上圣母卷》，台北，自立晚报社文化出版部，1994年。
⑧ 石万寿：《台湾的妈祖信仰》，台北，台原出版社2000年版。
⑨ 徐晓望：《妈祖信仰史研究》，福州，海风出版社2007年版，第8页。
⑩ 黄岩孙：《顺济行祠》，《妈祖文献资料》，福州，福建人民出版社1990年版，第19页。
⑪ 徐晓望：《妈祖信仰史研究》，福州，海风出版社2007年版，第9—10页。
⑫ 蔡相煇：《〈天妃显圣录〉之编辑缘由及主要内容考订》，《莆田学院学报》2005年第1期。

据,针对"钦差总督广东珠池市舶税务兼管盐法太监李凤建"碑刻内容,先后有《福建人与澳门妈祖文化渊源——兼与谭世宝先生商榷》①、《对澳门妈祖阁、望厦村等一些传说的透视》②、《关于澳门妈祖阁的几个问题——与谭世宝先生再商榷》③三篇文章对澳门妈祖阁是福建人或是太监李凤创建等一系列问题的辩论研究。肖一平的《海神天后的东渡日本》,用中日历史文献资料考察妈祖传播日本后在琉球天后宫、琉球的三天妃宫、日本萨南片浦、长崎三唐寺创建信奉情况。④ 杨钦章《海神天妃故事在明代的西传》以日本正德三年(1713)编纂的《琉球国由来记》和东恩纳所著《南岛风土记》、冈萨里斯·德·门多萨编著的《中华大帝国史》〔意大利罗马,明万历十三年(1585)出版〕等分析西方人在南洋、南中国海所见的妈祖崇拜、妈祖故事西传及西传所取路线。⑤ 20世纪90年代蒋维锬的《妈祖文献资料》,将妈祖史料按照年代进行系统的汇编和考订。⑥ 2003年中国第一历史档案馆与湄洲妈祖祖庙董事会等合编的《清代妈祖档案史料汇编》一书,收编了清代康熙二十三年(1684)至光绪三十三年(1907)有关海神妈祖的档案史料146件。⑦ 徐晓望即透过前书,发表《道光年间地方官府祭拜天后的仪式》⑧、《光绪年间清廷对天后的敬奉》。⑨ 妈祖传记及文献史料的汇编,促进了妈祖信仰的学术研究,而训诂学的研究方法,也为妈祖历史真实性的考证提供了有效的途径。

(二)宗教学与民俗学

宗教学方面,多集中妈祖信仰属性探讨,如《妈祖信仰研究》⑩李献璋将妈祖信仰当作道教的产物,指出:"这些由观音的作为而生的故事,是重视释氏的《三教搜神大全》编纂者在书案上作成的。"⑪徐晓望则认为妈祖信仰与佛教的关系极深,其《妈祖信仰史研究》提出"早在宋末黄渊的文集中,人们就将妈祖当作观音的化身之一,而绝对不是《三教搜神大全》作者瞎编的"⑫。谭世宝的《略论妈祖信俗的性质及中国学术与

① 徐晓望:《福建人与澳门妈祖文化渊源——兼与谭世宝先生商榷》,《学术研究》1997年第7期。

② 谭世宝:《对澳门妈祖阁、望厦村等一些传说的透视——兼对徐晓望先生的商榷作一些响应》,此文初见于1998年11月澳门大学的一场学术会议上,后发表于《比较法研究》1999年第1期《澳门研究专号》。

③ 徐晓望:《关于澳门妈祖阁的几个问题——与谭世宝先生再商榷》,《澳门论学》第1辑,北京,法律出版社2001年版。

④ 肖一平、林云森、杨德金:《妈祖研究资料汇编》,福州,福建人民出版社1987年版,第139—149页。

⑤ 杨钦章:《海神天妃故事在明代的西传》,《海交史研究》1987年第1期。

⑥ 蒋维锬:《妈祖文献资料》,福州,福建人民出版社1990年版。

⑦ 中国第一历史档案馆、湄洲妈祖祖庙董事会:《清代妈祖档案史料汇编》,北京,中国档案出版社2003年版。

⑧ 徐晓望:《妈祖信仰史研究》,福州,海风出版社2007年版,第243—247页。

⑨ 徐晓望:《妈祖信仰史研究》,福州,海风出版社2007年版,第254—260页。

⑩ 李献璋著、郑彭年译本:《妈祖信仰研究》,东京,泰山文化出版社1978年版,澳门海事博物馆1995年。

⑪ 李献璋著、郑彭年译本:《妈祖信仰研究》,东京:泰山文化出版社1978年版,澳门海事博物馆1995年,第28页。

⑫ 徐晓望:《妈祖信仰史研究》,福州,海风出版社2007年版,第7页。

宗教的多元互化发展》，主张妈祖信俗起于民间、倡行于朝廷官府、主导于儒家礼祭，而分行于道佛以及其他民间宗教，因此认为在佛寺里的妈祖就是佛教的神、在道观里的妈祖就是道教的神。① 杨强的《天妃信仰之属性及其它》一文将历来对妈祖信仰属性的争论归之为神教说、神道说、佛道神三位一体说、道教说，并从妈祖的身世出发指出妈祖信仰具有民间属性。② 陈宠章、杨兆添的《试论妈祖信仰的宗教属性》认为妈祖信仰的初期传播是一种对自然神的崇拜，而在妈祖信仰的扩展期（元、明、清时期）则是民俗信仰的定型时期。③ 谢重光的《妈祖崇拜宗教类型之我见》认为妈祖崇拜的初期阶段，属于巫鬼迷信，后被改造为宗法性传统宗教。④ 石奕龙的《论闽粤内陆的妈祖信仰与航运业及林姓的关系》，注重对妈祖作为宗族神的研究，认为林姓移民建立祖庙，是妈祖信仰传播到闽粤内陆的重要原因之一。⑤ 国分直一的《关于萨南片浦的林家妈祖》一文，考察萨南对于妈祖信奉历史渊源的同时亦调查林氏对宗族神妈祖的敬奉现状。⑥ 刘序枫的《从华商泰益号文书来看近代长崎华侨的祭祀活动》以泰益号现存的一些祭祀文书为线索，介绍近代长崎福建华侨的宗教祭祀活动，其中有关妈祖的祭祀情况，留下了研究海外妈祖信仰的传承与流变的重要数据。⑦ 先进对妈祖信仰宗教属性的界定、宗族神等的探讨，加深了对妈祖信仰宗教性质的认识与研究，笔者更关注妈祖信仰在传播发展中，地方社会的影响和改造力，因此分区域与地方对妈祖信仰属性加以判定也是一个必要的研究方向。

民俗学方面，拙论《三月"疯妈祖"》藉由2007年台湾第九届大甲妈文化节的典礼仪式、民俗表演、妈祖过境奇闻轶事等表现妈祖信仰仪式与习俗在台湾的生活化，各种民俗活动将创新的形式纳入了传统，再把传统的内涵引入现代，呈现台湾妈祖信仰更丰富的面貌。⑧ 另一拙论《浅谈天津天后宫与其拴娃娃习俗》提出天津天后宫为中国北方妈祖信仰的传播中心，经过六百余年发展的天津妈祖信仰，不仅保持妈祖信仰传统且造就别具特色的妈祖信仰文化。妈祖文化在天津是一种历史与现实文化的结合，作为航海保护神的妈祖，演变成为天津的城市保护神，并陆续衍发马公、曹公等本地俗神；罕见的"拴娃娃"、"洗娃娃"等特殊民俗活动与天津天后宫产生联结，皆彰显天津妈祖信仰在世界妈祖文化中的重要性与独特性。⑨ 本人另文《特殊な妈祖祝典行

① 谭世宝：《略论妈祖信俗的性质及中国学术与宗教的多元互化发展》，《岭南文史》1996年第3期。
② 杨强：《天妃信仰之属性及其它》，《海交史研究》1987年第1期。
③ 陈宠章、杨兆添：《试论妈祖信仰的宗教属性》，《社会科学战线》1990年第4期。
④ 谢重光：《妈祖崇拜宗教类型之我见》，《福建论坛》1990年第4期。
⑤ 石奕龙：《论闽粤内陆的妈祖信仰与航运业及林姓的关系》，《莆田学院学报》2008年第1期。
⑥ 国分直一：《关于萨南片浦的林家妈祖》，《妈祖研究资料汇编》，福州，福建人民出版社1987年版，第155—160页。
⑦ 刘序枫：《从华商泰益号文书来看近代长崎华侨的祭祀活动》，《长崎华侨研究会年报》第6辑《长崎华商泰益号关系书简目录》，1990年，第17—24页。
⑧ 高致华：《三月疯妈祖——以台湾第九届大甲妈文化节为例》，《闽台文化交流》2007年第4期。
⑨ 高致华：《浅谈天津天后宫与其拴娃娃习俗》，《台湾宗教研究》第8卷第2期，台北，博扬文化，第113—141页。

事——天津天后宫の"皇会"について》再针对独有的"皇会"论述,彰显天津妈祖信仰在世界妈祖文化中的重要性与独特性。① 林美容的《妈祖信仰与汉人社会》将妈祖信仰的传承透过曲馆与武馆、地方小区与区域祭典等的考察,对区域民俗文化从社会史的意义,析论了曲馆、武馆之发展与城乡互动的关系,为民俗学的研究,提供了社会、文化、心理等各个方面的研究方向与借鉴意义;同书尚对妈祖谚语、故事、传说、风俗等的搜集与整理,展示民俗与地域社会生活的紧密相关性,亦丰富了妈祖民俗学研究的广度。② 陈国强的《东南文化中的妈祖信仰》一文整理了莆田民间保留的妈祖民俗与节日,对于文化传播与保存有其贡献③。然因时间的传承性与空间的扩展性,民俗学研究也需要多角度的切入视点,民俗学与社会学、人类学、历史学、文化学等之联结,无疑将成未来重要的研究取向。

(三)人类学与文化学

人类学方面,主要以田野调查方式研究妈祖信仰状况,这类考察亦结合了社会学视角,主要集中于台湾学者的相关研究。林美容的《妈祖信仰与台湾社会》,以典型人类学的方式研究台湾妈祖信仰,把妈祖信仰放在台湾汉人社会形成与发展的历史脉络当中,来解释台湾诸多的地方性与区域性的妈祖信仰,及其与聚落、村落、联庄组织、区域联盟的关系,提出妈祖信仰圈即为一个民间社会组织形式,这种社会组织具有整合民间社会的作用。④ 林美容另文《由祭祀圈到信仰圈》,探讨祭祀圈与信仰圈概念上的不同,并以实例来说明祭祀圈到信仰圈的发展过程中台湾民间社会发展的本质。⑤ 林美容在文化人类学、结构人类学、认知人类学、本土人类学等方面都有独到的见解和成就。透过数十年的田野调查,对遍布全台的妈祖信仰来源、基本概念、本质、发展等作了理论阐述,并提出"信仰圈"与"祭祀圈"概念,建立了本土人类学的实证研究与理论建构的基础。张珣以人类学与社会学相结合的方法研究进香仪式,《神圣空间的创造》以对台中市⑥大甲镇澜宫妈祖进香的田野材料来探讨仪式空间的特性。⑦ 张珣另文《女神信仰与妈祖崇拜》,藉由印度女神"回娘家"及欧洲女神"玛利亚化"的情形,论述台湾的女神妈祖,呈现世俗回娘家之习俗投射到宗教信仰上的深刻程度,指出妈祖可以有回娘家的比喻,观音或临水夫人等女神没有,系与妈祖的身世及其封号有关。⑧ 张

① 高致华:《特殊な妈祖祝典行事——天津天后宫の"皇会"について》,台北,《景女学报》2010年第10期。
② 林美容:《妈祖信仰与汉人社会》,南宁,广西民族出版社2001年版。
③ 陈国强:《东南文化中的妈祖信仰》,《东南文化》1990年第3期。
④ 林美容:《妈祖信仰与台湾社会》,台北,博扬文化,2006年。
⑤ 林美容:《妈祖信仰与台湾社会》,台北,博扬文化,2006年,第27—55页。
⑥ 台中县已于2010年与台中市合并,升格为直辖市,改称台中市。
⑦ 张珣:《神圣空间的创造——进香仪式的空间观》,《妈祖·信仰的追寻》,台北,博扬文化,2008年,第26页。
⑧ 张珣:《女神信仰与妈祖崇拜》,《文化妈祖》,台北,"中研院"民族学研究所,2003年,第210—229页。

珣的《神圣时间的识别》指出进香仪式提供香客一个渐次超越现实时间的氛围,进而升华现实生活之苦痛与不平等。① 徐晓望的《闽澳妈祖庙调查》应用人类学的基本方法解决历史学的问题。② 拙论《日本の妈祖信仰について》以对横滨妈祖庙的考察,提供了海外妈祖信仰状况的独特案例。③ 人类学方法将妈祖信仰研究视野投向普通民众的活动区域,田野调查发现新特点为妈祖信仰研究展现空间,从而描绘真实的社会景象。

文化学方面,张珣的《台湾妈祖研究的新思维》以"文化妈祖"一词来说明妈祖研究与文化研究之间的密切关系。④ 张珣的《香火传承》从对香的使用,香火、香灰与香炉的崇拜与文化意涵,香火与灵力的关系方面探讨了其背后的复杂象征意义。⑤ 20 世纪 80 年代学者开始对海洋文化进行探讨,徐晓望的《论妈祖与中国海洋文化精神》⑥将妈祖信仰视为东方海洋文化的代表,从文化哲学的角度分析妈祖文化与中国海洋文化精神。⑦ 徐晓望的《妈祖的子民——闽台海洋文化研究》亦从海洋文化的角度来审视妈祖文化。⑧ 笔者《论妈祖信俗之软实力》以宗教软实力来凸显妈祖信仰的文化力量。⑨ 近年来,妈祖信仰文化学方面研究受到越来越多的重视,妈祖信仰与儒家文化⑩、道家文化、海洋文化等的相关性探讨都是较为热门的研究,透过妈祖信仰对中西文化差异的审视也是文化研究的一个面向,妈祖信仰亦被赋予传统文化传承与传播的重要意义作用,妈祖信仰的文化学研究已成为未来一段时间的研究重点。

(四)社会学、政治学与经济学

社会学方面,朱天顺的《元明时期促进妈祖信仰传播的主要社会因素》认为元代是漕运这一主要社会条件促成了妈祖信仰向北方扩展的大势,而明代则由于对外交往增多,沿海工商业发展,海上治安多事等社会因素,促使妈祖信仰在南方进一步扩大,并使之突破国界传到琉球、日本和南洋。⑪ 李祖基的《清代台湾边疆移垦社会之特点与妈祖信仰》研究移居地环境的恶劣、社会动乱、贸易的发展、郊商的兴起对妈祖信仰在

---

① 张珣:《神圣时间的识别——进香仪式的时间观》,《妈祖·信仰的追寻》,台北,博扬文化,2008 年,第 91 页。

② 徐晓望:《闽澳妈祖庙调查》,澳门,澳门中华妈祖文化基金会,2004 年。

③ 高致华:《日本の妈祖信仰について——现代横滨妈祖庙を中心に》,台北,《景女学报》2010 年第 10 期。

④ 张珣:《台湾妈祖研究新思维》,《妈祖·信仰的追寻》,台北,博扬文化,2008 年,第 2 页。

⑤ 张珣:《香火传承——进香仪式的核心价值》,《妈祖·信仰的追寻》,台北,博扬文化,2008 年,第 152—183 页。

⑥ 徐晓望:《论妈祖与中国海洋文化精神》,《福建学刊》1997 年第 6 期。

⑦ 徐晓望:《妈祖信仰史研究》,福州,海风出版社 2007 年版,第 11 页。

⑧ 徐晓望:《妈祖的子民——闽台海洋文化研究》,上海,学林出版社 1999 年版。

⑨ 高致华:《论妈祖信俗之软实力》,王碧秀主编《五缘文化与两岸关系》,上海,同济大学出版社 2010 年版,第 33—50 页。

⑩ 高致华:《藉妈祖信仰论儒家精神的体现与传承》,基隆,《海洋文化学刊》第 8 期。

⑪ 朱天顺:《元明时期促进妈祖信仰传播的主要社会因素》,《厦门大学学报》1986 年第 4 期。

台湾的发展有深刻的影响。① 郑志明的《台湾妈祖祭典的现象分析》透过台湾妈祖祭典,分析包含其中的社会问题,透过妈祖神话的灵感功能,神人交感的求优功能,香火仪式的整合功能,得出的结论是仪式来自于人类生存的智能结晶、历史记忆与集体共识。② 侯杰、李净昉的《天后信仰与地方社会秩序的建构——以天津皇会为中心的考察》以天津皇会为考察对象,认为众多社会团体的共同参与不仅增强了皇会的社会影响力,也使之成为天津地方社会的缩影,而皇会的兴衰变迁也印证了近代天津城市的发展变迁过程。皇会的筹备、举办及出会程序的变化,在一定程度上反映出新兴力量对传统社会秩序的突破和调整。中央与地方的互动,社会上层与下层的互动都在皇会这一独特的社会文化现象中得到体现。③ 妈祖信仰的社会学方法,研究妈祖信仰与社会结构及其他社会因素的相互关系和相互作用,展现了信仰中所渗透的社会多元特点。透过社会学的视角,审视了社会的生活实态,为深入了解信仰的丰富性及复杂性提供广阔的社会面向。

政治学方面,林国平、庄婉婷的《闽台妈祖信仰交流对台湾当局的两岸政策的影响》认为妈祖信仰的背后拥有庞大的政治和经济实力,一定程度上加速"宗教直航"和两岸交流的步伐,凸显了民间信仰团体自主性的提升。④ 朱天顺的《清代以后妈祖信仰传播的主要历史条件》一文,认为从清代朝廷利用妈祖的情况可以看出妈祖为统治者镇压民众起义和"平乱"所用。⑤ 王见川的《施琅与清初台湾的妈祖信仰:兼谈"天上圣母"的由来》,发现施琅在攻台前夕,即已确立荣耀归于天子、神明的指导原则,而他所运用的神明就是妈祖,透过妈祖灵迹达到鼓舞将士,提升士气以至攻取台湾的政治目的。⑥ 朱天顺的《妈祖信仰应与当前社会相协调》,认为现今的妈祖信仰,应以国家现行的宗教政策来对待。⑦ 陈丽华的《妈祖与希腊海神波赛冬比较》⑧及徐晓望的《论妈祖与中国海洋文化精神》⑨二文皆表现妈祖和平女神⑩的特征以比较西方海洋文化

① 李祖基:《清代台湾边疆移垦社会之特点与妈祖信仰》,《台湾研究集刊》1990年第2、3期。
② 郑志明:《台湾妈祖祭典的现象分析》,《宗教哲学》1997年第1期。
③ 侯杰、李净昉:《信仰与地方社会秩序的建构——以天津皇会为中心的考察》,《历史教学》2005年第3期。
④ 林国平、庄婉婷:《闽台妈祖信仰交流对台湾当局的两岸政策的影响》,《妈祖文化与华侨华人文集》,北京,中国文史出版社2008年版,第325—336页。
⑤ 朱天顺:《清代以后妈祖信仰传播的主要历史条件》,《台湾研究集刊》1986年第2期。
⑥ 王见川:《施琅与清初台湾的妈祖信仰:兼谈"天上圣母"的由来》,《汉人宗教、民间信仰与预言书的探索》,台北,博扬文化,2008年,第78—96页。
⑦ 朱天顺:《妈祖信仰应与当前社会相协调》,《厦门大学学报》1990年第4期。
⑧ 陈丽华:《妈祖与希腊海神波赛冬比较》,《妈祖研究》,厦门,厦门大学出版社1999年版,第228—233页。
⑨ 徐晓望:《论妈祖与中国海洋文化精神》,《福建学刊》1997年第6期。
⑩ 20世纪80年代,联合国授予中国妈祖"和平女神"称号。新闻报道中经常以"和平女神"来形容妈祖形象,如东南新闻网《"和平女神"光耀千秋 妈祖文化两岸传承》(http://www.fjsen.com/zhuanti/2009—04/08/content_42270_2.htm),海峡之声网《两岸同谒海上和平女神 连战贺词"慈云永护、德泽群生"》(http://www.vos.com.cn/2008/11/02_125081.htm)。

的侵略性特点,有一定的政治意义。文刀的《妈祖——海峡两岸的和平女神》一文,回顾妈祖信仰的传播历程,以和平女神指称妈祖,强调妈祖对实现两岸和平统一的桥梁作用。① 其他如蔡泰山的《妈祖文化信仰对台湾选举政治价值之探讨》②、林剑秋的《妈祖信仰与政经社会意涵——以大甲妈祖为例》③等等,亦同样对妈祖信仰对台湾政治意涵做了深入阐发。妈祖信仰的政治学研究,一方面呈现了封建时代皇权和神权的冲突与融合过程,而对现代社会妈祖信仰的研究,则针对海峡两岸的和平对话及和平女神的意义。就两岸关系而言,宗教软实力成为塑造和平统一的有利条件。扩大两岸宗教交流或是举办各项宗教学术会议,皆有助于和平统一。中国近年来积极以宗教论坛为平台,确立自己在两岸三地的主导地位。

经济学方面,如李俊贤的《促销活动对经营绩效之影响兼论体验质量与社会资本之中介效应:以妈祖天后宫为例》指出宗教参与程度越高则活动绩效越好,且宗教参与会透过体验质量对活动绩效产生中介影响。④ 陈衍德的《澳门的商业经济与妈祖信仰》,认为妈祖作为商业守护神在澳门的渔商经济关系中扮演信用担保者的角色,妈祖信仰在澳门商业经济中已成为一种商业进取精神的代表。⑤ 徐晓望的《澳门妈祖阁碑记与清代泉州与澳门之间的贸易》讨论清代澳门与泉州之间的茶叶贸易与鸦片走私。⑥ 徐晓望的《华人的妈祖信仰与环南海经济圈》则针对环南海经济圈探讨华人的妈祖信仰。⑦ 范正义的《泉州天后宫对推动两岸交流的促进作用》透过台湾进香团在泉州留下的交通、食宿、祭典、旅游观光消费以及投资情况的具体数字统计,记录妈祖信仰交流对两岸经济的推动作用。⑧ 蔡泰山的《妈祖文化产业建构与经济效益之关系》探讨妈祖信仰中所蕴含的经济效益。⑨ 张桂林、罗庆四的《福建商人与妈祖信仰》一文研究福建商人对妈祖的信仰,对沟通福建商品经济与外地的交流在客观上起了促进作用,在经济史上有一定的影响。⑩ 除了经济学的研究以外,台湾大甲镇澜宫的企业化经营手法再加上善于运用媒体营销策略,也发展成庞大的经济利益。相信不久后,也将有更多硕博士论文针对妈祖信仰所造就的经济利益进行探讨。

---

① 文刀:《妈祖——海峡两岸的和平女神》,《中国道教》2001 年第 3 期。
② 蔡泰山:《妈祖文化信仰对台湾选举政治价值的探讨》,《妈祖文化学术论文集》,台北,立得出版社 2006 年版,第 1—14 页。
③ 林剑秋:《妈祖文化信仰对台湾选举政治价值的探讨》,《妈祖文化学术论文集》,台北,立得出版社 2006 年版,第 249—269 页。
④ 李俊贤:《促销活动对经营绩效之影响兼论体验质量与社会资本之中介效应:以妈祖天后宫为例》,大叶大学国际企业管理学系 2004 年硕士论文。
⑤ 陈衍德:《澳门的商业经济与妈祖信仰》,《世界宗教研究》1998 年第 1 期。
⑥ 徐晓望:《澳门妈祖阁碑记与清代泉州与澳门之间的贸易》,新加坡,《南洋学报》1995 年第 50 卷。
⑦ 徐晓望:《华人的妈祖信仰与环南海经济圈》,《"妈祖文化与 21 世纪东亚文明"国际研讨会论文集》,马来西亚,《妈祖研究学报》2004 第 1 辑。
⑧ 范正义:《泉州天后宫对推动两岸交流的促进作用》,《莆田学院学报》2010 年第 2 期。
⑨ 蔡泰山:《妈祖文化信仰对台湾选举政治价值的探讨》,《妈祖文化学术论文集》,台北,立得出版社 2006 年版,第 163—175 页。
⑩ 张桂林、罗庆四:《福建商人与妈祖信仰》,《福建师范大学学报》1992 年第 3 期。

三、结 语

透过妈祖信仰研究的方向与数量呈现①,1990 年之前的研究重点集中于历史与训诂学方面,其无疑与时代背景关联密切。1990—2000 年,在妈祖生平及史迹的历史考察形成基础性学说之后,西方人类学实地参与观察的方式藉由林美容等成果,亦使妈祖的民俗学研究也取得了极大突破。加上中国改革开放,妈祖信仰不再被认为是一种迷信;且海外人士进入大陆田调更为顺畅,妈祖信仰研究的主要阵地从海外转向大陆,并朝向人类学与文化学等不同学科结合的研究取向。2001—2011 年,妈祖信仰研究更进入繁盛时期,文化学研究成为主流,宗教软实力受到重视,妈祖学术研讨会议、相关宗教活动频繁。妈祖信仰与海西经济发展,旅游业、文化产业联结得到展现,政治方面则集中于闽台妈祖信仰的交流对两岸关系及政策的影响。妈祖信仰相关研究仍将是今后的关注重点,而多学科、多层次、多角度的渗透研究,也是未来妈祖信仰研究的趋势与方向。

作者:高致华,厦门大学国学院研究员

---

① 高致华:《妈祖研究的新思维》,《2011 年海峡论坛·妈祖信俗学术研讨会论文集》,莆田,妈祖文化研究中心,2011 年。

浅谈"妈祖信俗"申遗成功后的保护

翁卫平

2009 年 9 月 30 日,中国政府提名的"妈祖信俗"通过了联合国教科文组织召开的政府间保护非物质文化遗产委员会第四次会议审议表决,成功列入了《世界人类非物质文化遗产代表名录》。能够进入这个层级的代表作,是一个国家非物质文化中最优秀、最典型的项目,是民族的历史记忆和生命基因,是历史文化的"活化石"。"妈祖信俗""申遗"成功,标志着妈祖文化由原来区域性的、民族性的文化,提升到全人类共同遗产的层面,成为人类共有的精神财富。同时也意味着"妈祖信俗"保护工作已经进入一个崭新阶段。

一、充分认识"妈祖信俗"保护的意义与价值

申遗成功,绝非易事。截至 2010 年年底,中国只有 34 项文化遗产被列入联合国人类非物质文化遗产圈子,"妈祖信俗"是其中之一,而且是唯一的信俗类项目。"妈祖信俗"成功申遗,不仅是妈祖故里人的骄傲,也是全中国人民的骄傲,更是全世界 2 亿多妈祖信众的骄傲!保护好这份珍贵的文化遗产,对于中国的优秀文化传统"屹立于世界民族之林",具有重大的现实意义和深远的历史意义。

(一)向世界亮出东方之传奇

正如联合国教科文组织在关于"妈祖信俗"的决议中所指出:"作为中国最具影响力的航海保护神,妈祖是该信俗的核心。"妈祖是航海保护神,但她和西方的自由女神不同,妈祖是一位真实的人,是神女,以后才由普通的民间女子演化成女神。妈祖的一生以及她身后传说的形成,一直都与海洋结合在一起。当时的年代,正是我国造船技术日趋发达、海运事业颇为繁荣的宋元时期,妈祖与海洋间的故事,贯穿着宋代的远洋贸易,元代的漕粮海运,明代郑和下西洋,清代的郑成功收复台湾,康熙统一台湾等各朝代。妈祖传说的萌发及传播,只有一个拥有悠久历史的现实的海洋大国才会出现的。妈祖传奇向世界展示的是:中国是一个海洋大国,中国的海上交通很早就活跃于

太平洋和印度洋上;妈祖传说是一个海洋大国的神话,是一个海洋大国的骄傲;妈祖是中国最具影响力的航海保护神,也是世界和平女神,她是一位有别于西方自由女神的和平女神。

(二)给世界文化多样性锦上添花

联合国教科文组织在决议中指出:"妈祖信俗""包括口头传统、宗教仪式以及民间习俗"。简而言之,妈祖信俗包括"信仰"和"习俗"两个方面。妈祖信俗这朵文化遗产的奇葩,是世界各民族文化多样性百花园中很具特色的一朵。无论是妈祖传说、或是妈祖服饰、妈祖祭典、妈祖庙会、妈祖供品、妈祖巡安、妈祖回娘家等活动和习俗,都是在长期的社会生态环境下,经一千多年的传播长久积淀的社会产物。它延续之久,影响之深,传播之广,都是其他民间崇拜不能相比拟的。单就其中的"妈祖传说"来说,就带有着远古神话的基因遗传,含有原始先民宇宙观的思维成分,是文明时代神话发展与流变的产物。它与中国远古神话有着密不可分的渊源关系。这种传说代代相传,具有鲜明的非物质文化遗产的特征,该特征深深熔铸在信俗圈内团体印记中。妈祖信俗正由自己这种独有的文化特色,而区别于其他的文化形态,成为中华民族传统文化瑰宝,为世界文化多样性锦上添花。这朵在世界文化百花园中的奇葩,其价值正如联合国《保护和促进文化表现形式多样性公约》所指出:"文化多样性创造了一个多姿多彩的世界,它使人类有了更多的选择,得以提高自己的能力和形成价值观,并因此成为各社区、各民族、各国可持续发展的一股主要推动力。"

(三)为人类呈献宝贵的精神财富

"妈祖信俗"之所以能够入选世界人类非物质文化遗产代表名录,不仅仅在于这份文化遗产的历史悠久性,仪式的独特性,信众的广泛性,而更深刻的含义正如联合国教科文组织在决议中所指出那样:妈祖"成为了促进家庭和谐、社会融合以及该信俗的社会团体身份认同感的一个重要的文化纽带"。也就是说,她的精神价值远远超出了有形的仪式及其他的活动,超出了地域局限,从而具有一种全人类的普世价值。众所周知,妈祖是集"真、善、美"于一身的人和神,妈祖文化中既包含着胸怀天下、追求统一的爱国情怀,也体现着崇尚和谐、爱好和平的民族品格,扶正扬善、恪守信义的社会美德,刚健有为、奋发进取的自强精神。所有这些,都源于优秀的中华美德。集中到一点,妈祖是至善、厚德、大爱的典范。她为人类社会寻求一个超越物质独占,消弭由之而造成的人与人、社会与社会之间的纷争指明一个方向;她为人们祈求世界大同确立一个崇高的理想;她为人类追求和平、祈盼和顺、崇尚和美、创造和谐矗立一座航标。她在当今世界各种文明呈现出错综交织、相互激荡局势中,折射出中华传统优秀文化的熠熠光辉,展示出和谐、和平、博爱的永恒价值,为人类的精神和思想宝库增添一份珍贵的礼物。面对当今世界,在和平与发展成为时代主题大环境下,仍频频出现的环境破坏、战争动乱、贫富差距等不和谐因素,妈祖这位世界和平女神的地位确立与宣扬,无疑将具有重大的时代意义和世界性的意义。

二、"妈祖信俗"文化遗产保护的三原则

"妈祖信俗"申遗成功后的保护问题,最根本的还是要贯彻"保护为主、抢救第一、合理利用、传承发展"的非物质文化遗产保护工作方针。

(一)实行抢救性保护

"妈祖信俗"的遗产保护,要采取抢救性措施。一方面,非物质文化是以人为载体,以人的观念、人的知识、人的技能、人的行为作为其表现形态,它是一种"活态文化",人是非物质文化遗产能够绵延不绝的核心。而目前,维护妈祖信俗的人力普遍老化与不足,许多民族民间艺术往往因人而存,随着传承人的相继离世而人绝艺亡。另一方面,在妈祖文化的流播区,许多地方由于缺乏关注,任由妈祖信俗中许多具有一定历史、科学和艺术价值的文化遗产自生自灭,还有许多妈祖文化有形遗产正在以惊人的速度消失,或在修复、重建中造成极大的损害。一些妈祖传说、文献资料、摩崖石刻、影像资料、声音记录、历史档案、壁画、楹联、器皿等也因得不到有效保护而大量消失。更兼之有些人认识不到位,常常将非物质文化遗产与封建糟粕混为一谈,认识不到非物质文化遗产对于传承中华文脉、弘扬民族精神和促进社会和谐稳定的重要作用,致使一些资源的普查、抢救、保护工作迟迟不能开展。鉴于此,当前谈及"妈祖信俗"文化遗产的保护,首要原则当实行抢救性保护。

(二)重视整体性保护

我国妈祖信仰自发祥以来,由湄洲、莆田向华东、华南、华北、西南、中南,东北和港澳台以及国外流播。妈祖信仰在我国分布广泛,已遍布34个省市自治区,妈祖宫庙数以千计。而随着全球化、工业化、城镇化的进程,使得妈祖信俗非物质文化遗产面临着生存土壤、生态环境受到破坏和挑战的局面。因此,对这份珍贵遗产实行保护,要重视整体性原则。这种整体性,可分核心区和流播区两种,根据不同情况采取不同措施。就流播区来讲,许多地方的如"妈祖祭典"等习俗类项目可以积极申报省和(直辖市级)、地市级、县级的三级遗产名录保护系列;而以福建莆田为中心的妈祖文化传播核心区,对其实行整体性保护意义更加重大。当前,我国国内已经实行建立文化生态保护实验区制度。到2010年年底,文化部已批准设立11个文化生态保护实验区。这种文化生态保护实验区,是以保护非物质文化遗产为核心、对历史积淀丰厚,存续状态良好,具有特殊价值和鲜明特色的特定文化形态进行整体性保护。让"妈祖信俗"进入国家级文化生态保护实验区,很有必要。对"妈祖信俗"实行整体性保护,将有利于和谐社会的构建,有利于开展国内外妈祖文化的广泛交流,对于丰富并完善中华民族的精神家园,对于在世界范围内大力弘扬妈祖文化的普世精神,都具有不可取代的历史文化价值和全人类意义。因此,作为文化相关主管部门,应当给妈祖信俗世界文化遗产

实行整体性保护开绿灯,有效保护这份"活生态"文化。

(三)着眼生产性保护

生产性保护,本意指那些传统美术、传统技艺类的非物质文化遗产,可以通过生产性措施,让其重新焕发出生机和活力,提高民族品牌的影响力。具体到妈祖信俗文化遗产,仍然适用采取这种措施实行保护。比如妈祖贡品制作工艺是民间美术的一朵奇葩,在千百年的传承发展中,妈祖贡品制作以其精湛的工艺,形成一个包括13类近1000多种的食品造型艺术。无论从造型、配料、颜色、衬托等各方面都具有较高的艺术价值。这些都可以采用生产性措施加以保护。更重要的生产性保护,应当还有更宽阔的外延。妈祖文化最具魅力的地方就在于它的活态性,它是过程中的文化,它生命的活力就在于发展演进当中。就当前来说,妈祖信俗文化遗产生产性保护最有效的办法:一是认定代表性传承人,二是整理技艺资料,三是提供传习场所,四是资助传习活动,五是组织宣传与交流,六是征集代表性作品,七是建立档案、数据库。通过上述这些方法和措施进行传承,让妈祖信俗在今后的发展中历久弥新,长盛不衰,获得长久的生命。

三、"妈祖信俗"文化遗产保护的策略选择与现实途径

在认识"妈祖信俗"文化遗产保护的价值、意义和原则后,就要解决保护工作中的具体问题,以利于推动"非遗"保护进入一个更加健康、顺畅、良好的渠道。

(一)高扬"妈祖精神"旗帜

如前所述,妈祖文化中蕴含的思想和精神,是这份非物质文化遗产的核心,它蕴涵着深层次的中华民族优秀传统美德,包含着极其重要的意义和价值。妈祖文化中这些思想性的精华,我们简称为"妈祖精神",它体现了整个信仰群体长期以来形成的价值判断标准,共同心理结构、意识形态,是群体凝聚力的重要基础,也是中华民族共有精神具体体现之一。所以,保护这份世界非物质文化遗产的首要环节,就是要高举"妈祖精神"的旗帜,用妈祖文化提升人们的思想道德境界,培育友爱人生和建设和谐社会。让"妈祖精神"成为提升人民群众的生活幸福感、增强群体认同感和凝聚力、促进社会团结稳定和谐、提升文化软实力等的强大精神动力。

(二)创建信俗传承载体

在妈祖信俗核心区福建莆田,近年来已经在保护遗产方面下了工夫,比如重视基础设施建设,筹资5000多万元,对祖庙古建筑群进行修复和重建;投资近亿元建设祖庙新殿建筑群,树立了祖庙世界妈祖文化朝圣、交流中心的威仪;精心举办节庆活动,以"同谒妈祖,共享平安"为主题,形成湄洲妈祖文化旅游节(至今已举办十二届)、天

下妈祖回娘家、两岸(莆台)妈祖文化活动周、湄洲妈祖祖庙庙会等活动,创建"湄洲妈祖·海峡论坛"等,这些活动,都成为信俗传承的有效载体。而在妈祖信俗流播区,近年来泉州、天津、长岛、南京、澳门、台湾等地也都不断有新的举措。下一步,一方面要巩固这些固有的载体,另一方面,则需不断有新的创新。比如:积极筹建"妈祖信俗源流馆",争取将其列入国家级的文化项目;大力推进妈祖城文化产业园建设。依托湄洲岛和妈祖城两个中心,构筑以妈祖文化为主题的文化产业基地,作为海峡两岸文化产业园和文化产业合作中心,鼓励台商和其他外商投资建设妈祖文化产业园;争取申报设立妈祖文化生态保护实验区,推进纯金妈祖像、天妃故里、世界妈祖庙缩微景观公园等文化工程。又比如:建立妈祖文化史料库。努力收集、整理、编撰、出版一批妈祖文化精品,挖掘妈祖传奇故事及民俗风情,建立妈祖信俗非物质文化遗产数据库、图书馆,扩大妈祖文化影响力,推动妈祖文化产业的形成并转型升级。

(三)提升文化遗产保护层级

这个提升包含多个角度。首先,在思想认识上,对保护工作不仅要有民族的视角,还要有全人类的视角,要宽视野、大手笔、高档次打响妈祖文化的品牌,而绝不能停留在低水平。唯有如此,才能使我们的保护工作更广泛、更长久、更深刻。其次,在完善机制上,虽然目前在妈祖信俗核心区福建莆田,政府部门已经发挥主导作用,把保护非物质文化遗产作为义不容辞的职责。但仅此仍不够,在妈祖信俗流播区,许多地方对保护工作的重要性和紧迫性认识不足,有的地方在落实资金方面存在困难,有的地方保护思路不清。为此,下一步,既要在核心区、流播区继续完善保护机制,又要积极提升妈祖信俗之文化资产保护层级,特别是其中有许多单项项目要由地方层级提升至中央层级,多争取列入国家或省级重点扶持的文化发展项目,全面推进该文化资产的社会性和发展性。再次,精心打造品牌项目,以项目带动为抓手,培植一批妈祖文化活动品牌,着力创新传统习俗,使之成为具有丰富文化内涵和鲜明时代特征的神圣仪式。要将弘扬妈祖文化精神植入浓烈的民俗活动中,使妈祖精神在民俗活动中传承光大。同时,要通过各种学术研讨活动,对妈祖文化进行挖掘、研究和提炼。积极组织海内外专家学者参与,不断壮大研究队伍、拓展研究课题、提升研究水平。

(四)拓展宣传交流传播空间

非物质文化遗产的保护唯有在运动发展中才能获得长久的生命。为此,首先要加强宣传。通过宣传,使社会公众特别是各地干部群众,充分认识到"妈祖信俗"这个世界非物质文化遗产,不仅是一笔历史财富,更是开展各项建设不可或缺的重要资源,是文化软实力,是强大的精神动力之一。通过加大宣传教育力度,提高公众参与保护的意识和能力。其次要加强交流。要推动国际合作交流,加强与美国、新西兰、日本、新加坡、马来西亚、印尼、菲律宾、泰国、南非等国家间妈祖文化机构、妈祖信众之间的交流,通过走出去以及回祖庙、祖祠谒祖朝拜进香等,加深他们对妈祖文化博大精深的感悟与了解,坚定关于"天下信众是一家"的理念,增强妈祖文化的影响力和感召力;沟通妈祖文化机构和宫庙间联谊交流,促进会员单位、会员之间的相互了解与情谊、合作。不断扩大港澳台特别是两岸间的文化交流,为两岸政界、商界、学术界提供高层交流平台,加强莆台之间祖地文化、民间文化的交流,使之成为连接两岸同胞感情的文化纽带。再次要加强传播。继续编撰出版各种妈祖文化典籍,编撰出版妈祖文化学术研究工具书,扩大传播范围;争取创办"妈祖文化学院",推动"妈祖学"的形成;重视发挥宣传媒体的效应,创新宣传形式,着力发展影视、动漫、图书、演艺、工艺品等文化产业,不断推动妈祖文化内容形式、传播手段、发展载体的创新,拓宽妈祖文化传播渠道。

(五)扮靓妈祖信俗祖地景观

莆田是妈祖诞生地和妈祖信仰的发祥地,而湄洲祖庙是广大妈祖信众心中圣地。要大力加强世界妈祖文化中心的保护与建设,净化、美化湄洲祖庙区及周边环境,把湄洲岛全力构建成以绿色长廊、美丽海岸、宜人园地、旖旎夜色为特征的生态景观体系。以妈祖祖庙为核心,推进妈祖城、湄洲妈祖源流馆、世界妈祖信俗博物院、天妃故里遗址公园、妈祖文化体育公园等文化工程建设,努力构建妈祖文化大观园。积极打造传统与现代相结合的祭祀礼仪活动,丰富妈祖朝觐的内容与形式;借鉴"博鳌论坛"模式,争取国家有关部门支持,将湄洲岛作为两岸事务重要协商地,承接举办"世界和平论坛"、"海峡论坛"、"生态论坛"等,努力将湄洲岛建设成为海峡两岸文化交流合作示范区,促进海峡两岸和平发展和海峡经济区的尽快形成。

总之,"妈祖信俗"这个世界非物质文化遗产的保护工作,是一项功在当代、利在千秋的事业。保护这份珍贵文化遗产,守护好精神家园是我们每一个海内外妈祖文化工作者和信仰者应有的责任。

作者:翁卫平,莆田市政协学习宣传文史委调研员

非遗视野下妈祖文化遗产保护与开发

徐业龙 奚 敏

湄洲妈祖祭典形成于 11 世纪,清康熙五十九年(1720)列入国家祀典,2006 年 6 月,"妈祖祭典"被公布为第一批国家级非物质文化遗产。2009 年 9 月,"妈祖信俗"被联合国教科文组织正式列入世界人类非物质文化遗产代表作名录。自此,妈祖文化已不仅仅属于莆田,她属于整个中华民族,更是全世界共同拥有、保护的文化遗产。妈祖信俗进入"非遗名录",如何对以妈祖信俗为核心的妈祖文化进行保护与开发随之摆在我们面前。正确处理科学保护与开发利用的关系,既立足于对文化遗产整体性和原真性的科学保护,又服务于当代文化建设的更新拓展,是理论研究与发展实践面临的共同课题。

一、妈祖文化的遗产价值

(一)博大的人文内涵

妈祖信仰从北宋初期在莆田民间形成后,借助水上交通的辐射传播,由福建传遍全国,走向全球,尤其是华人世界,凡有水埠港口之地几乎都有妈祖庙。妈祖信仰在广泛传播过程中形成、积累起来各种形式的文化遗产。这些文化遗产上可追溯至宋元时期,下已流传到当今时代,并涉及社会与文化各个领域,是传承中华文化的重要载体,是中华民族优秀传统文化的重要组成部分。以妈祖信仰为核心,妈祖文化涉及神话学、民俗学、历史学、文化学、宗教学、海洋学、建筑学、考古学以及文学、艺术等诸多学科领域,同时在形成和发展过程中,又与道教、佛教、儒学等文化有机地结合,兼收并蓄,逐步形成独特的妈祖文化体系。可以说,没有任何一种民间信仰力量能达到这样的精神境界和社会空间,妈祖信俗衍生出来的文化形式和文化空间博大精深,无可比拟。妈祖文化所折射出来的生命观、道德观、礼仪观、哲学观、宗教观是民族文化的精粹,具有历史、地理、民俗、宗教、人文、社会、政治、经济等广泛的内涵。

(二)巨大的精神力量

妈祖信仰在诸多方面体现了人类对真、善、美的认同,这既是一种文化的传播,更是一种观念的教化。妈祖热爱劳动、热爱人民、见义勇为、扶危济困、无私奉献的高尚情操和英雄事迹,体现了中华民族的传统美德,并形成一股巨大的精神力量。"妈祖的忠义孝悌、关心民瘼、救民疾苦、普度众生、解民倒悬、死生不渝,表现了中华民族忘我利他的传统美德。"①在信众心目中,妈祖形象尽善尽美,百姓将母亲的大爱集于妈祖身上,各地民间的盛大庙会、生活习俗和神话传说,都是对妈祖精神的景仰和礼赞,对人类美好理想的不懈追求。人们在传播妈祖信仰的过程中按照自己的愿望和理想,进一步把她塑造成为一位慈悲博爱、护国庇民、可敬可亲的女神,其目的仍是为了化育子孙后代和弘扬民族精神。历代政治家、思想家都很重视妈祖的教化功能,希望妈祖精神成为促进国家昌盛、民族团结、民生富裕的推动力量。

(三)崇高的社会理想

妈祖精神包含着真善美的价值和道德内涵,较好地体现了乐善好施、拯危救困、惩恶劝善、助人为乐等中华民族的传统美德,因而世世代代获得人们对她的信仰和崇拜。妈祖的形象已经成为人们心目中善良、智慧、正义和希望的化身,人们把美好的愿望寄托在妈祖的身上,这反映了群众对女神的亲密感情和虔敬之心,也反映了人们对未来幸福的美好追求。信众信仰妈祖,意味着认同妈祖所代表的真善美价值观和道德观,努力使自己的思想和行为符合这样的价值取向和道德要求。② 关于妈祖一言一行的口传故事和神话描述,不论是救苦救难、乐善好施,还是斩妖除怪,都以拯救生命为最高宗旨,以追求生活幸福、社会和谐安宁为目标,体现了人们对妈祖的正义、勇敢、无私、孝悌、仁爱等高尚品德的颂扬和追求,反映了一种世界大同的崇高社会理想和深切的人文关怀,从而激励人们积极向善,涵养一种朴实而崇高的人性品质,对于弘扬社会正气,促进社会和谐具有重要的社会文化价值。

(四)特殊的文化纽带

妈祖文化经过一千多年的广泛传播,已经形成波及祖国大江南北、海峡两岸和五大洲华人社区几十万个城乡地方聚落的妈祖文化圈,根深叶茂,本固枝荣,形成了普及万方的中华妈祖文化版图,这是令世界惊叹和赞赏的独具中华民族特色的民间信仰文化圈。妈祖文化具有超越族群意识、区域界限、社会阶级的独特魅力,人们通过妈祖崇拜这样一条文化纽带来体现自己对中华文化的认同。对妈祖文化"根、祖、脉"的认同,连接着五洲四海两亿多妈祖信众,书写了中外交流史上的多彩篇章。现在,人们对妈祖的信仰已远远超出了消灾祈福的意义,寻根问祖、眷恋祖国的民族情感占据了主导地位,渴望祖国日益强大,民族繁荣富强,能成为他们坚强的后盾。在台湾,妈祖信仰是最具影响力的民间信仰,信众约占总人口的三分之二,成为民间第一大信仰。妈祖

---

① 王连弟:《论妈祖信仰与中国传统文化的渊源》,《闽江学院学报》2004 年第 6 期。
② 谢重光:《妈祖信仰:构建东亚共同体的重要精神资源》,〔马来西亚〕雪隆,《妈祖研究学报》第 1 辑,海南会馆天后宫妈祖文化研究中心,2004 年,第 76 页。

信仰成为海峡两岸和谐发展的桥梁和纽带,增进了海峡两岸的人员往来和经贸合作,随着海峡两岸文化交流及经济社会的不断发展,妈祖文化必将更加为世人瞩目。

(五)重要的战略资源

福建莆田是妈祖诞生地和妈祖文化发祥地,妈祖文化具有世界性影响,是莆田最具特色的优势文化资源。妈祖文化包括妈祖的献身精神,集中于妈祖身上的真善美道德、乐于助人的品格,以及有关妈祖的建筑艺术、雕塑、绘画、书法、诗文、楹联、文物、民俗文化、神话故事、民间传说、宗教信仰等,内涵丰富,外延深广。妈祖文化是莆田最重要、最具价值的传统文化资源,是海峡西岸经济区建设的优势资源,独具特色的妈祖文化拥有深厚的人文基础,无疑是莆田和海峡西岸经济区一张亮丽的名片。福建省在海峡西岸经济区中居主体地位,闽台关系源远流长,具有对台交往的独特优势。支持福建省加快海峡西岸经济区建设,是加强两岸交流合作,推进祖国和平统一的战略部署,具有重大的经济意义和政治意义。最近几年,两岸关系出现重大的积极变化,为海峡西岸经济区加快发展和开展与台湾地区合作提供了重要机遇。凭借独特的文化优势,妈祖文化从经济、政治、文化和社会建设等各个领域,对促进海峡两岸和平统一,繁荣海峡西岸经济区产生重大而深远的影响。

二、妈祖文化的科学保护

(一)保护文化空间

联合国教科文组织在致力于非物质文化遗产保护的时候提出了文化空间的概念。《保护非物质文化遗产公约》指出:"'非物质文化遗产'指被各群体、团体、有时为个人视为其文化遗产的各种实践、表演、表现形式、知识和技能及其有关的工具、实物、工艺品和文化场所。"这里的"文化场所"也译作"文化空间"。联合国教科文组织北京办事处文化官员爱德蒙·木卡拉对"文化空间"作如下解读:"文化空间指的是某个民间传统文化活动集中的地区,或某种特定的文化事件所选的时间。"①文化空间是演示非物质文化遗产的最为集中、最为典型、最为生动的形态和形式,也是我们保护非物质文化遗产所必须建立的学术理念。文化空间从其自然属性而言,必须是一个独立的文化场所,即具有一定的物理、地理空间或场所;从其文化属性看,则往往具有综合性、多样性、岁时性、周期性、季节性、神圣性、族群性、娱乐性等等。② 文化空间作为非物质文化遗产代表作的重要形式和举足轻重的保护对象,其存在的核心价值和理论依据在于它完整地、综合地、真实地、生活地呈现了非物质文化遗产。妈祖文化历史悠久、内涵丰富、根基深厚、枝繁叶茂,面对这样宝贵的非物质文化遗产,我们不能以对一个个具体

---

① 乌丙安:《非物质文化遗产保护理论与方法》,北京,文化艺术出版社2010年版,第15页。
② 向云驹:《文化空间的基本特征》,《浙江日报》2009年2月9日第11版。

的文化事项的保护来替代对文化遗产全局的关注和保护,应该在更大范围、更高层次上树立和提高对妈祖文化的整体保护意识,努力让妈祖文化遗产的传承成为广大民众的自觉行为。

(二)保护生态环境

非物质文化遗产尽管具有非物质形态,但其生存与发展离不开特定的文化土壤,没有生态环境就失去了非物质文化产生的源头活水。生态环境包括自然生态环境和文化生态环境,两者相辅相成、相得益彰。妈祖文化广泛地存在于崇奉妈祖的人们的生产生活当中,渗透在社会的方方面面,以鲜活的生产方式和流动的传承方式为基本特征,与城乡居民的生产、生活、文化交流活动相融合,为群众所适应,成为人们生活的重要组成部分。妈祖文化与地理、环境、生态密切关联,与周围的生态环境互相阐释、互为依存,完全依赖生态环境作为文化背景才能显现其文化特色。所以,保护妈祖文化,要高度关注和细心呵护妈祖文化赖以生存、赖以依托的自然生态环境与文化生态环境。不但要保护妈祖文化自身及其有形外现,更要注意它们所依赖、所因应的生存空间,不仅要重视遗产静态的成就,更要关注各种事象的存在方式、存在过程及其创造活力。"习俗(妈祖信俗)内容丰富多彩,融入到人们的生活当中,无时不有、无处不在,岁时年节尤为突出,著名的元宵节、春节、妈祖节庆,家家户户都在进行与妈祖相关的习俗活动。"①要特别注重妈祖文化内部的关联性,坚持族群整体保护与杰出传承人保护相结合,生态保护与人文保护相结合,让妈祖文化成为当代人文化生活的一个有机组成部分,在当代自然和文化环境中继续存活、传承和发展。

(三)保护文化传统

文化传统是在特定文化空间内周期性展现的民间传统文化活动,它不可捉摸却无所不在,产生于历代先人的平常生活,成长于人民群众的反复实践。妈祖文化在一千多年的发展中,形成了多样的深厚的优秀文化传统,与莆田的历史文化和社会生活血脉相连,呈现出鲜明的莆仙风格。从某种意义上说,妈祖文化贯穿了莆田的昨天、今天和明天,是存在于每一个莆田人血脉和记忆里的文化标志,其优秀的文化传统是人们认识、了解甚至是找到莆田这座城市的文化路标。"妈祖信俗的申遗成功是妈祖文化正式成为全人类共同文化遗产的标志,而妈祖祭典则是妈祖信俗的重要组成部分,它肩负着弘扬妈祖文化的特殊使命。"②妈祖文化保护的目标很明确,就是要保护祭祀仪式、民间习俗和故事传说,这些优秀的文化传统是妈祖文化的核心所在,支配着信众的行为、思想乃至灵魂。"非物质文化遗产保护工作的最终目的是要从非物质文化遗产中获得传统文化优秀的品质,获得可以让当代人领悟和鼓舞的人文精神,更重要的是

---

① 周丽妃:《浅谈妈祖信仰习俗》,《昆山妈祖文化学术论坛论文汇编》,2010年,第112—121页。
② 黄秀琳、黄新丰:《妈祖祭典文化元素的构成与再造——以湄洲妈祖祭典为例》,《莆田学院学报》2010年第4期。

在此项工作的开展中唤起全民对本民族优秀文化的自豪和认同感,唤起公众对我们伟大传统的热爱和尊重,认识到真正文化遗产的价值。"①经过千百年的发展,有关妈祖信仰各地都有一套固定的程式和习俗,如进香、打醮、绕境巡游等,特别是在妈祖文化核心区——湄洲岛更是发展成一套极为繁缛的仪式,如起驾、坐殿、祝寿、刈火、插香、回銮绕境、添火等,这些留存至今的非物质文化遗产本身同时也是一种文化典范,传统文化的一系列密码在这里埋藏得更加深邃、更加丰富、更加本真,保护妈祖文化的核心就是保护妈祖信俗等优秀文化传统。

(四)保护物质遗产

文化遗产包括物质文化遗产和非物质文化遗产。非物质文化遗产与物质文化遗产关系密切,不是孤立存在而能截然分开的,而是相互依存、互相作用构成一个有机的整体。"在谈到口头和非物质文化遗产的时候,不能不谈到物质文化遗产,从这个意义上说,没有单一的超物质的口头和非物质文化遗产,口头和非物质文化遗产依附于物质遗产上,它与物质文化遗产相依相存、相靠相生,甚至可以这样说,没有物质文化的层面就没有口头和非物质文化遗产,而没有口头和非物质文化的层面,物质层面也就失去了其应有的意义和价值。脱离了物质层面来谈口头和非物质文化遗产的保护是不科学的,不合乎实际的。"②非物质文化呈现流体的、不固定的活的形态,其展示需要的属于物质层面的文化空间也呈现出纷繁复杂的状况,《中华人民共和国非物质文化遗产法》指出:"非物质文化遗产是指各族人民世代相传并视为其文化遗产组成部分的各种传统文化表现形式,以及与传统文化表现形式相关的实物和场所。"将"与传统文化表现形式相关的实物和场所"纳入非物质文化遗产保护的范畴,这是非物质文化遗产保护理论与实践的一个重要进步。妈祖文化不仅蕴涵着丰富的非物质文化遗产,而且也蕴涵着丰富的物质文化遗产,物质文化催生了非物质文化,非物质文化涵养了物质文化。要坚持物质文化遗产保护与非物质文化遗产保护相结合,实施整体性、综合性保护,对文化空间中的动态文化、演示艺术、民俗行为等的保护与静态的器物、工具、建筑、碑刻、文本等实物保护相结合,着力形成综合有效的呈现和保护。

三、妈祖文化的开发利用

(一)繁荣妈祖文化

妈祖文化经过一千多年的积累衍变,已形成了涉及面很广的多领域文化综合体,"妈祖信仰这一独特的文化现象被政治、经济、军事、教育、科学、伦理、宗教等诸多学科

---

① 马知遥:《非遗保护的困惑与探索》,《民俗研究》2010 年第 4 期。
② 邢莉:《口头非物质文化遗产的物质层面——兼谈口头和非物质文化遗产的保护》,《中央民族大学学报》2006 年第 6 期。

所解读,已然成为一种超时空、跨地域的民间信仰"①。莆田是妈祖的诞生地,是妈祖文化的源头所在,历史积淀深厚,文化遗产丰富,文化潜能巨大,理应以彰显妈祖文化中心地位为己任,在保护传承妈祖文化方面走在世界的前头,为繁荣发展妈祖文化作出更大贡献。要加强湄洲岛世界妈祖文化中心的保护与建设,以妈祖祖庙为核心,推进世界妈祖信俗博物馆、湄洲妈祖源流馆、妈祖金像、妈祖碑林、世界妈祖微缩景观公园、天妃故里遗址公园、天妃歌舞剧院等文化工程建设,推进湄洲湾妈祖文化产业园、妈祖城等建设,努力构建妈祖文化大观园。整合以祭祀仪典为标志的朝圣文化,以渔村风情为代表的广场文化,以莆仙戏、车鼓队、十音八乐、人物造型踩街为重点的节日文化,以妈祖服饰、妈祖发型为特色的服饰文化,以妈祖面、妈祖糕等地方名小吃为龙头的饮食文化,以木雕、玉器、石刻等为主体的工艺品文化,以婚嫁、祝寿、送秋、办碗桌等为传统的民俗文化等相关文化资源,打造一批地域特色鲜明、展现海峡西岸风貌、在国内外有影响的文化品牌。充分发挥妈祖文化在国际上的广泛影响,尤其作为台湾地区民间第一信仰的资源优势,通过每年举办妈祖文化旅游节、湄洲祖庙庙会、妈祖文化活动周、妈祖文化赴台交流等活动,进一步加强对台、对外文化交流。充分发挥中华妈祖文化交流协会、中华妈祖文化研究院的作用,加强海峡两岸妈祖文化学术研讨活动,加大妈祖文化相关资料收集、整理力度,挖掘妈祖传奇故事及民俗文化,不断深化对妈祖文化内涵的研究,丰富妈祖朝觐、祭典的形式与内容。支持两岸合作、共同规划、开展妈祖文化研究项目,进一步健全莆田学院与台湾有关高等院校学术交流机制,大力弘扬妈祖精神,推动"妈祖学"的形成。

(二)发展文化产业

文化产业是市场经济条件下繁荣发展社会主义文化的重要载体,是满足人民群众多样化、多层次、多方面精神文化需求的重要途径,也是推动产业结构调整、转变经济发展方式的重要着力点。"文化的力量在于它的渗透性,其始终潜移默化地影响区域发展主体,并通过发展主体的组织整合功能,影响社会经济发展各环节,构成区域经济发展的底色和背景;通过区域发展主体的中介传导和渗透放大,赐予区域经济循环,成为区域经济持续发展的重要因素。随着社会的发展,文化对经济的影响日益强烈,经济文化一体化越来越引起人们的重视,尤其是区域文化风格对经济的影响更令人关注。从某种意义上说,文化是发展经济的精神支柱和智力保障。"②妈祖文化的点点滴滴,为发展文化产业提供了坚实的物质基础和有力的文化支撑。以弘扬妈祖文化为契机,挖掘丰厚的历史底蕴,展示灿烂的地域文明,在对历史文化的传承与创新过程中大力弘扬妈祖文化,推进文化产业发展,是加快海峡西岸经济区建设的必然选择。要高度重视区域的联合,充分利用闽台文化产业呈现对接步伐加快、质量结构优化、规模不断扩大的新态势,把海峡西岸经济区打造成重要的文化产业基地。要做好妈祖城与湄

---

① 薛三让:《瑰集鲜明中华民族特色的妈祖文化》,《统一论坛》2006 年第 4 期。

② 俞黎媛、彭文宇:《妈祖文化的精神内核和海峡西岸经济区建设》,《莆田学院学报》2007 年第 1 期。

洲岛的总体规划和功能分区规划的融合衔接,有计划地规划建置妈祖文化产业园,作为海峡两岸文化产业园和文化产业合作中心。加快文化产业项目建设,打造以妈祖文化为核心的文化产业矩阵,做大产业集群,做长产业链条,推动妈祖文化产业的形成与发展。要加速旅游产业化进程,精心策划推出系列祈福朝圣活动和大型文艺演出等活动,打造朝圣旅游和文化旅游新亮点。拓展湄洲岛国家级旅游度假区的规划范围,整合提升妈祖文化资源,巩固发展朝觐旅游和观光旅游,挖掘开发丰富的旅游资源,大力发展休闲度假旅游、生态旅游和特色旅游,努力构筑以妈祖文化为主题的海峡西岸滨海文化旅游度假胜地。

(三)塑造核心象征

卡尔·荣格指出:"当一个字或一个意象所隐含的东西超过明显的和直接的意义时,就具有了象征性。"[1]每一种文化现象均有其特征,渗透到人们精神生活和社会生活的各个层面,以其独特的象征性文化符号凝聚着传统文化的精神品质。妈祖是在中国传统文化的土地上产生和培育出来的真实女英雄,既是慈悲、救世、忘己利他的善的象征,也是睿智、飘逸、侠女柔肠的美的化身。妈祖祭典历经千年,其文化元素极其丰富,包含了建筑、哲学、宗教、艺术、礼仪等。在现代文化旅游不断升温的背景下,妈祖祭典文化元素还可以在品牌、语言、生态和教育文化元素方面进行再造和创新,以有助于祭典更好地传承与保护。[2] 妈祖信仰绵历千年,长盛不衰,这是因为妈祖以自身的行为和精神,为后人展现了智慧战胜愚顽、慈爱战胜冷酷、善良战胜邪恶、光明战胜黑暗的大智、大勇、大爱的光辉形象。巍然屹立的妈祖雕像,面朝大海,雍容慈祥,是一尊永恒的海神,和平的象征。湄洲岛千年氤氲、香火鼎盛,被海外盛誉为"东方麦加"。妈祖祖庙群是一道亮丽的景观,号称"海上布达拉宫"。"尤其重要的是号称'妈祖服'的特殊服饰还有一段顺口溜'帆船头,大海衫,红黑裤子保平安'。'妈祖面'以面条作为主要原料,象征着平安、吉祥、如意、长寿。'妈祖糕'是一种特制的年糕,赋予妈祖的名称就更有一种特殊的意含。"[3]妈祖信俗的申遗成功增强了其所标志的妈祖文化的吸引力,要充分利用这个难得的契机和平台,以塑造妈祖文化的核心象征为着力点,把一些具有象征意义的文化符号、文化元素融入到妈祖信众的民俗活动中去,诉诸于能够看得见、摸得着、体会得到的各种感性载体之上,使妈祖文化的象征符号在更加宽广的时空得以延伸发展,经过广泛的持续的传播,逐步转化成为具有核心象征意义的文化标志。

---

① 〔瑞〕卡尔·荣格等著,张举文、荣文库译:《人类及其象征》,沈阳,辽宁教育出版社1988年版,第2页。

② 黄秀琳、黄新丰:《妈祖祭典文化元素的构成与再造——以湄洲妈祖祭典为例》,《莆田学院学报》2010年第4期。

③ 周丽妃:《浅谈妈祖信仰习俗》,《昆山妈祖文化学术论坛论文汇编》,2010年,第113页。

（四）推动城市发展

文化遗产是千百年来人类文化创造的精华,其浓厚的不可再生的特定文化内涵有着无法替代的美学情趣和文化韵味,是现代城市中最能引人入胜的文化景观,因而是构建现代城市良好人文环境的重要基础。温家宝指出:"城市现代化建设与城市历史文化传统的继承和保护之间,不是相互割裂、更不是相互对立的,而是有机关联、相得益彰的。继承和保护城市的自然遗产和文化遗产,本身就是城市现代化建设的重要内容,也是城市现代文明进步的重要标志。"①海峡西岸经济区东与台湾地区一水相隔,北承长江三角洲,南接珠江三角洲,是我国沿海经济带的重要组成部分,在全国区域经济发展布局中处于重要位置。莆田扼闽中喉咙,北承福州、东牵台湾、南接泉州,在海西发展战略中地位举足轻重。要把握国家支持福建省加快建设海峡西岸经济区的重大历史机遇,进一步发挥文化资源优势,积极保护和利用历史文化遗产,有效促进城市现代化进程。要加快制定莆田中心城区建设规划,充分利用好莆田历史文化资源丰富、文物古迹众多的特点,优化城市功能的空间布局,实施历史文化名城核心保护区的修缮建设,充分体现历史文化底蕴、自然风貌特色,增强城市的综合功能和文化品位。要着眼于社会效益和文化效益,从改善城市布局、提高人民生活水平的角度出发,启动修复一些历史文化街区,使之成为非物质文化遗产保护的全新平台。要从实际出发,寻找适合莆田特点的城市发展道路,新开发建设的居民生活小区、文化特色街区要充分融入历史文化元素,彰显妈祖文化特色。要借鉴外地成功经验,坚持城市建设与文化资源开发相结合,充分挖掘这片土地的文化资源,创造"文化 + 旅游 + 人居 + 商业"的城市发展模式,以文化为推动力,以城市经营为手段,达成文化、商业、旅游的契合,形成自己独特的城市文化风格和城市经济模式。

（五）促进祖国统一

妈祖在海外华人社会中起着联系乡谊、敦睦亲情、寻根怀祖的重要作用。妈祖不仅仅是一种民间宗教信仰世界里的一员普通神祇,她已成为海外赤子寻根怀祖、文化认同的具体象征。这种寻根认祖情怀,成为融合民族情感,加强民族团结的凝聚力、向心力,而这种凝聚力、向心力正是华夏儿女共同努力实现祖国统一,共建强大祖国的情感基础,这也是妈祖文化和平博爱精神的核心所在。妈祖文化具有深邃的历史渊源、丰富的文化内涵和独特的人文魅力,具有重要的族际互动和地域认同的社会功能,时至今日,这样的吸引力和向心作用不是越来越弱,而是越来越强,已经形成坚不可摧的民族意识。妈祖文化在海峡两岸关系中发挥着独特的文化优势,成为增进两岸民族感情、增强两岸文化交流和促进两岸经济贸易往来的桥梁和纽带。妈祖已成为海峡两岸通商、通航的和平象征,成为统一祖国、沟通两岸往来的和平女神。要把握两岸关系和平发展的主题,抓住建设海峡西岸经济区的历史机遇,依托妈祖文化对台交流独特的

---

① 温家宝:《关于城市规划建设管理的几个问题》,《人民日报》2001 年 7 月 25 日。

资源优势,加强莆台之间祖地文化、民间文化的交流,进一步增强妈祖文化连接两岸同胞感情的文化纽带作用。以祖地文化为源头,以妈祖信俗等为主题,以莆仙戏等地方戏曲为载体,精心策划组织一批高质量、有影响、有声势的文化项目入岛交流。更好发挥民间组织的影响作用,加强与台湾各地莆仙同乡会及其他民间社团、商会、中介组织的联系,深入开展两岸文化对口交流活动,推进莆台宗亲文化和民间信仰的互动交流。积极争取国家有关部门支持,将湄洲岛作为两岸事务重要协商地,为海峡两岸各经济体合作的事务性磋商创造条件,为两岸政界、商界、学术界提供一个高层对话平台,促进海峡两岸和平发展和海峡经济区的尽快形成,努力将湄洲岛建设成为海峡两岸文化交流合作示范区。

流传千年的妈祖文化以热爱劳动、热爱人民、见义勇为、扶危济困、无私奉献为精髓,是中华民族优秀传统文化的重要组成部分,是团结海内外中华儿女、促进海峡两岸交流与合作的重要桥梁和纽带。妈祖文化内涵丰富,从政治、经济、文化、军事、外交、文学、艺术、历史、宗教、民俗等任一角度切入探讨,都具有独特魅力和现实意义。妈祖文化的保护与开发,不仅是一种专门的学问或知识,还是一种新的视野、新的方法论、新的价值观、新的道德观,这里面包含着尊重自然、尊重历史、尊重传统、尊重民间智慧、尊重地方文化等方面的含义。我们要与时代发展要求相适应,以妈祖信俗成功申遗为契机,顺应科学发展大势,打造好妈祖文化品牌,推动妈祖文化事业繁荣与发展,做大做强妈祖文化产业,让妈祖文化为促进祖国统一、构建和谐社会、服务经济发展发挥更大作用。

作者:徐业龙,江苏省淮安市淮阴区社科联副主席
奚敏,江苏财经职业技术学院副教授

广东妈祖信仰及其流变初探

李庆新　罗燚英

　　妈祖信仰本是福建东南沿海的地方神灵信仰,因海运而兴,经宋、元、明、清各代朝廷敕封,列入祀典,成为中国最重要的海神。粤闽山水相连,是妈祖信仰向外传播的最早影响地之一。自宋代始,妈祖信仰随闽人入粤,在粤地流播,濒海地区及海岛陆续兴建妈祖神祠,粤人敬奉妈祖之虔诚不亚于闽人,"广人事妃,无异于莆,盖妃之威灵远矣"(宋刘克庄《到任谒诸庙·谒圣妃庙》)。① 降至明清,粤地天后宫林立,妈祖信仰从"点"、"线"发展到"面",成为广东最富影响的民间诸神信仰之一。

　　广东作为妈祖信仰圈的重要组成部分,学界对此早有关注。② 不过,据现有研究成果看,广东妈祖信仰仍有广阔的研究空间。本文拟从人口迁移与文化融合角度,探讨闽人南迁与妈祖信仰入粤的关系,概述粤地各区妈祖宫庙的分布,呈现其作为外来信仰在流传中与本地文化的合流及其在粤地"被创造"的嬗变过程与特色,展示民间草根文化在基层社会信仰与文化发展中不可取代的重要力量。

一、闽人南迁与妈祖入粤

　　宋代,因战乱、人口膨胀、经商贸易等原因,国内经历多次大规模人口迁移,大批北方人士向南方迁移。东南沿海的福建一方面接受南迁的北人,另一方面又向邻近地区输出人口。宋代福建人多地少,闽人素有海外经商谋生传统。往南进入广东的闽人也不在少数,故而在广东沿海地区和海南形成操闽南方言的居民群体。

---

① 蒋维锬、郑丽航:《妈祖文献史料汇编·第一辑·散文卷》,北京,中国档案出版社 2007 年版,第 8 页。
② 陈忠烈:《明清以来广东民间"天后"女神崇拜与社会经济的发展》,《广东社会科学》1994 年第 5 期;陈衍德:《闽南粤东妈祖信仰与经济文化的互动:历史和现状的考察》,《中国社会经济史研究》1996 年第 2 期;陈春声:《信仰空间与社区历史的演变——以樟林神庙系统的研究为中心》,《清史研究》1999 年第 2 期、《村落历史与天后传说的演变——以樟林的四个天后宫为例》,《潮学研究》第 8 辑;薛世忠:《妈祖信仰在粤琼地区的传播及影响》,《莆田学院学报》2006 年第 4 期;邓格伟:《粤西的妈祖信仰渊源及现状》,《莆田学院学报》2007 年第 6 期等。

福建与广东地理相邻,复有海道相通,两地关系极为密切。与漳州地理上比邻、"风俗大同"的潮州是闽人入粤的第一站。不少福建人沿着海道继续南进,进入粤中珠江三角洲地区,远及粤西沿海和海南。史书记载,粤西化州"以典质为业者十户,而闽人居其九"①,雷州"海道可通闽、浙,故居民富实,市井居庐之盛甲于广右"②。由于从陆上赴琼州必由雷州海康或徐闻,故雷州实为闽人经陆路赴海南之中转站,况且其海道通闽浙,闽商航海往返于海南,又多经雷州,于是闽人在雷州客居至多。宋人周去非曾提及钦州民众有五种,其中"射耕人,本福建人,射地而耕也,子孙尽闽音"③。

宋代由海路进入海南的福建人,从事经商或农耕,不少深入黎地,与黎人杂居。宋人范成大指出:海南四郡黎地,"闽商值风水,荡去其赀,多入黎地,耕种不归";又谓:"熟黎贪狡,湖广、福建之奸民亡命杂焉,侵轶省界,常为四郡患。"④周去非称:"海南有黎母山,内为生黎,去州县远,不供赋役;外为熟黎,耕省地,供赋役,……熟黎多湖广、福建之奸民也。"⑤赵汝适亦谓海南黎地"去省地远者为生黎,近者为熟黎,各以所迩隶于四军州。……闽商值风飘荡,赀货陷没,多入黎地耕种之"⑥。除了海路之外,亦有不少福建移民经由陆路大庾岭道进入珠江水系,进而散布岭南各地。据《永乐大典》所录《南雄路志》记载,南宋宁宗时期,粤北韶州地区已有妈祖行祠数座。⑦ 这些妈祖行祠应是由陆路进入广东的福建移民所建。

明清时期福建与广东联系更加紧密。闽省缺粮,南北资于粤、浙,闽商入浙、粤贩米者也不少。明人曹履泰说:"闽地谷少人稠,专取资于粤,商人扬帆而来,倍获而去。"⑧闽商在广州、澳门等地经营贸易,势力强大,明末"聚食于粤,以澳为利者,亦不下数万人"⑨。明清在广州、澳门经营对外贸易的行商,不少来自福建。在粤西的一些新兴港埠,不仅形成闽人聚居的街区,而且建立福建会馆。隆、万年间兴起的海港高州梅菉墟,是粤西米运销福建的中心,号称"雷琼通衢"。漳州人在该地有大量的生意,至今仍有一条街名为"漳州街"。湛江市赤坎区也是闽人聚居之地,形成著名的福建街、福建村,当地原建有规模巨大的福建会馆。

闽人不断进入广东沿海城乡,也把方言习俗、民间信仰等带入粤地,影响最大的是妈祖信仰。明清时期,粤地妈祖祠庙纷纷兴建、重建,充分体现其在粤地影响之广,妈祖祠庙分布概况详见下文,此不赘述。值得注意的是,随着妈祖信仰在粤地的广泛传播,妈祖逐步"排挤"粤地原有海神。以伏波将军信仰为例。历史上的伏波将军有二,

① (宋)王象之著、李勇先点校:《舆地纪胜》,成都,四川大学出版社 2005 年版,第 3757 页。
② (宋)王象之著、李勇先点校:《舆地纪胜》,成都,四川大学出版社 2005 年版,第 3801 页。
③ (宋)周去非著、杨武泉校注:《岭外代答校注》,北京,中华书局 1999 年版,第 144—145 页。
④ (宋)范成大著、齐治平校补:《桂海虞衡志校补》,南宁,广西民族出版社 1984 年版,第 59—60 页。
⑤ (宋)周去非著、杨武泉校注:《岭外代答校注》,北京,中华书局 1999 年版,第 70 页。
⑥ (宋)赵汝适、杨博文校释:《诸蕃志校释》,北京,中华书局 2000 年版,第 220—221 页。
⑦ 马蓉、陈抗、钟文等点校:《永乐大典方志辑佚》,北京,中华书局 2004 年版,第 2481 页。
⑧ (明)曹履泰:《靖海纪略》,王云五《丛书集成初编》,上海,商务印书馆 1936 年版,第 18 页。
⑨ 中国第一历史档案馆、澳门基金会:《明清时期澳门问题档案文献汇编》,北京,人民出版社 1999 年版,第 17 页。

一为西汉路博德,一为东汉马援,二者皆因平息岭南叛乱而官拜伏波将军。粤人感其德,嘉其名,祀以为海神,两广及越南多有建祠祀之。古代雷州半岛、海南地区是伏波信仰的核心区之一,雷、廉、钦、琼诸州皆有伏波祠庙。越南河内视马援为"城隍神",并于白马庙供奉马援。妈祖入粤后,在粤西沿海及琼州广为传播,与粤地原海神伏波争夺信众,二者势力出现消长。清初屈大均《广东新语》尚言:"凡渡海自番禺者,率祀祝融、天妃,自徐闻者,祀二伏波。"①及至清中叶张渠《粤东闻见录》则称"今雷琼渡海者率祀天妃、龙王,而不及伏波"②。可见,清代妈祖与伏波神在雷琼地区出现了明显的势力消长。

二、粤地各区妈祖宫庙分布概况

(一)粤东地区

粤东地区紧邻福建,是广东主要闽南方言区,妈祖信仰当在宋元时便已传入,据明末成书的《东里志》载:"天后宫,一在大城东门内;一在柘林守备营后;一在深澳,宋时番舶建,时加修理一个,……皆祀天后圣母之神。凡航海者必谨事之。"③

目前,潮汕地区比较著名的天后宫多建于明清时期。位于汕头市光华埠的妈祖宫,明洪武二年(1369)建。位于汕头升平路头老妈宫,建于清嘉庆年间,光绪五年(1879)重修,是汕头开埠早期建筑,船商、行商于此聚集交易,故在海外汕籍华侨中颇有影响。浅澳妈祖宫,位于陆丰碣石镇浅澳村,康熙初年建,道光十三年(1833)重修。此乃明清时期碣石卫所在地,旁有碣石炮台,康熙五十六年(1717)两广总督杨琳督建粤东八炮台之一,道光年间移筑新炮台,于原炮台基址上重修妈祖宫,成为粤东唯一一座由军方主持集资建造的天后宫。据黄挺先生对海阳、潮阳、揭阳、饶平、惠来、澄海、南澳等县地方志记载的统计,该区妈祖庙(天后宫、天妃宫、娘妈庙)有35座,其中海阳1座,潮阳8座,揭阳2座,饶平2座,惠来1座,澄海8座,南澳13座。④

除去粤东沿海之地,粤东山区也有供奉妈祖的天后宫。据清光绪《嘉应州志·祠祀》记载,嘉应州(今梅州)城乡祠祀妈祖的天后宫(庙)共计11座,其中位于梅江与松源河交界之处的松口镇有一座天后宫,位于松市下街,创建于清乾隆二十年(1755)。松源河上游的松源堡(今松源镇)也有两座天后宫,一座位于怀仁市,另一座位于峡峰。粤东山区的妈祖信仰应是自潮汕地区沿韩江上行至梅江、松源河传布的。《永乐大典》所引《三阳志》对宋代潮州东、西、南三面的铺驿记载较为详尽,而称北面"北路山径崎岖,便于舟行,并无铺驿"⑤。元朝韩江交通得以进一步拓展,上引《三阳志》记载元代

---

① (清)屈大均:《广东新语》,北京,中华书局1985年版,第204页。
② (清)张渠著、程明校点:《粤东闻见录》,广州,广东高等教育出版社1990年版,第66页。
③ (明)陈天资:《东里志·卷一·祠庙》,汕头,汕头地方志办公室,1990年。
④ 黄挺:《潮商文化》,北京,华文出版社2008年版,第300—301页。
⑤ (明)解缙、姚广孝:《永乐大典》,北京,中华书局1986年版,第2458—2461页。

铺驿正好是沿韩江北上。明清时期，韩江更是成为粤东、闽西和赣南的交通大动脉。这都为妈祖信仰由粤东沿海传入山区提供了前提条件。宋代以后，妈祖在保护航运方面尤为灵验，其影响也从海运渗透到内河航运，进而在内河航路沿线建立祠庙，以满足船工、排工、商人等不同人群的需要。

(二)粤中地区

粤中珠江三角洲水乡地带是南海神祝融(洪圣公)、龙母信仰的中心，不过，妈祖也占有相当地位。宋代曾在广州当官的闽人刘克庄谓："广人事妃，无异于莆，盖妃之威灵远矣。"①清卢燮《福建天后元君庙碑记》载："惟吾天后圣母元君笃生于湄，济人利物，自宋元以来，凡薄海内外庆安澜歌而利涉者，无不托庇焉。故历朝褒封，普天享祀，而后固福人也。以福人而祀福神，尤为礼缘情尽。况岭南为域中一大都会，吾乡之仕宦及为商为贾，得享波平浪静而无惊者，莫不藉圣母之福祐。"②

定居广州的闽人固然崇拜天后，广府人亦认为广州毗邻福建，近水楼台先得天后庇佑。清嘉庆二十五年(1820)梁怀文《重修天后庙碑记》云："粤为海国，多祀天后者。"③同治五年(1866)冯廷熙所撰《重建城北天后古庙碑记》谓："夫神之德，无所不在。神之功，无刻不昭。矧穗城与闽越接壤，尤为灵爽，实式凭哉。洪惟我后覆帱无私，覃敷有象，护国则河清海晏，庇民则物阜财丰，胞于遍乎苍生，怀保深于赤子，无怪千秋俎豆，万户香烟，肸蚃攸隆，明禋用洁者矣。"④粤中地区的妈祖祠庙颇多，屡见记载。以南海一县为例，据同治《南海县志》记载，南海县有天后庙17座，宣统《南海县志》又增录天后庙8座。这25座天后庙多分布在乡里，可见妈祖信仰在粤中地区已渗透到乡村之中。

粤中地区比较著名的天后宫为新安县赤湾天后宫，据称建于宋代。明永乐八年(1410)，宦官张源出使暹罗，经珠江口的赤湾时，祭祀天妃庙，出使顺利归国，于是捐资再建殿宇，以感谢天妃的庇佑。此事亦见于天顺八年(1464)翰林院学士判广州府事黄谏所撰《新建赤湾天妃庙后殿记》："天妃行祠，海滨地皆有，而东莞则有二。一在县西百余里赤湾南山下。……永乐初，中贵张公源使暹罗国，先祀天妃，得吉兆，然后辞沙。天妃旧有庙，公复建殿宇于旧庙东南。"⑤其后历代重修扩建，使天妃庙越来越大，成为粤中地区最大的天后宫之一。前引清人梁怀文《重修天后庙碑记》便称："省垣而外，新安赤湾沙庙为最。"⑥由于赤湾地理位置重要，过往航船驶向外洋，朝廷使臣出使东南

① 蒋维锬、郑丽航：《妈祖文献史料汇编·第一辑·散文卷》，北京，中国档案出版社2007年版，第8页。
② 冼剑民、陈鸿钧：《广州碑刻集》，广州，广东高等教育出版社2006年版，第514页。
③ 冼剑民、陈鸿钧：《广州碑刻集》，广州，广东高等教育出版社2006年版，第471页。
④ 冼剑民、陈鸿钧：《广州碑刻集》，广州，广东高等教育出版社2006年版，第501页。
⑤ 蒋维锬、郑丽航：《妈祖文献史料汇编·第一辑·碑记卷》，北京，中国档案出版社2007年版，第52页。
⑥ 蒋维锬、郑丽航：《妈祖文献史料汇编·第一辑·碑记卷》，北京，中国档案出版社2007年版，第52页。

亚各国,出海前必定停船进香,称为"辞沙"。清人范端昂载曰:"新安赤湾沙上有天妃庙,背南山,面大洋,大小零丁数峰壁立为案,最显灵。凡渡海者必祷,谓之辞沙。"①赤湾天后诞是粤中地区最为重要的神诞之一,每年三月二十三日天后诞这天,香港九龙的水陆居民也前来贺诞。

(三)粤西地区

粤西沿海居民不少来自福建莆田、漳泉地区,妈祖信仰时代久远,而且十分普遍,不少祠庙得以保存,至今仍香火鼎盛。雷州天后宫,位于雷州市雷城镇南亭街,又名龙应宫。初建于南宋,明清两代重修。明代正统年间,郡人御史李璿撰《天妃庙记》载曰:"雷州密迩大海,旧有行祠,创于南亭,岁月深远,风雨飘零,往来谒使,弗称瞻仰。邑侯胡公文亮见庙倾废,发心而鼎建之,更名曰'雷阳福地'。"②可见妈祖庙创始于雷城南亭街时为"妈祖行祠",是闽人初迁雷州时随行供奉妈祖的祠宇。后此庙又迁建夏江,庙额"天后宫"。现有建筑为清道光年间重修,院落式布局,有门楼、前堂、拜亭、后殿和配殿,宫前有戏台。雷民多闽人,故门联云:"闽海恩波流粤土,雷阳德泽接莆田。"宫内有明清碑刻十余通。

又据邓格伟先生的调研和不完全统计,阳江、湛江、雷州等地见诸历史记载的天后宫有88座,其中湛江市6座,徐闻县19座,雷州9座,遂溪6座,廉江5座,吴川8座,电白5座,阳江30座(今存13座),不少天后宫至今仍香火鼎盛。③

(四)粤北地区

粤北地区是闽人陆路入粤第一站。南宋中期,妈祖行祠便出现在粤北韶州地区。《永乐大典》所辑《南雄路志》记载:"灵惠助顺显卫圣妃庙,在门外石桥南。本莆田人,死而为神,乾道间显灵。嘉定庚午(1210),郡守赵公善傀以江西峒寇累犯境内,遣官吏往韶州迎香火,新创行祠于此,以祈护佑。"④据此可知,南宋嘉定以前,韶州已有妈祖行祠。嘉定元年(1208)峒寇之乱起,并数次侵扰州境,赵善傀遂有迎香火于南雄新创行祠之举。南雄妈祖行祠的建立主要是护佑一方,抵御寇患。妈祖因此成为粤北地区的地方保护神,而非航海保护神。

妈祖的地方保护神形象在粤北地区一直延续至清代。曲江城北凤翅角天后宫所奉妈祖亦是曲江城的保护神。光绪《曲江县志》载:"咸丰四年洪匪窜扰,官绅诣庙,奉神行像于北门城楼。贼每见串楼中有神来往指挥,遂奔溃。事平,卜请回庙,不协,遂因城楼立龛以祀。"⑤又据同治《韶州府志》卷19《坛庙》所载,清代粤北地区的曲江县、

---

① (清)范端昂:《粤中见闻》,广州,广东高等教育出版社1988年版,第49页。
② 蒋维锬、郑丽航:《妈祖文献史料汇编·第一辑·碑记卷》,北京,中国档案出版社2007年版,第50页。
③ 邓格伟:《粤西妈祖信仰源流及其他》,《莆田学院学报》2007年第14期。
④ 马蓉、陈抗、钟文等点校:《永乐大典方志辑佚》,北京,中华书局2004年版,第2481页。
⑤ (清)张希京:《曲江县志》,台北,成文出版社1967年版,第89页。

乐昌县、仁化县、翁源县、英德县皆建有天后宫。

（五）海南及南海诸岛

海南人崇奉海洋神灵,名目甚多,包括海龙王、伏波将军、海神娘娘①、妈祖、水尾圣娘(又称南天夫人)、冼太夫人、木头公、兄弟公(又称 108 兄弟公、昭应公)等。由于海南民众不少来自福建,属闽南方言系统,对妈祖信仰情有独钟。海南渔民远航西沙、中沙和南沙群岛以及东南亚诸国,在起航前和归航后都要举行祭神仪式,祈求妈祖、兄弟公等神灵保佑。逢年过节,也有祭拜。据现有研究可知,明清海南岛上共有妈祖庙 47 座,除 4 座元朝所建外,其他 43 座均建于明清时期,主要分布在沿海地带或江河交汇处。② 足见海南岛信奉妈祖之盛。

1974—1975 年,广东省博物馆与海南行政区文化局在西沙群岛进行两次文物调查,考古人员踏遍群岛的绝大部分岛礁沙滩,发现我国渔民从秦汉到清代的居住遗址和遗物。在赵述岛、北岛、南岛、永兴岛、和五岛、琛航岛、广金岛、珊瑚岛和甘泉岛,就发现有 14 座渔民建造的供奉娘娘、"兄弟公"的神庙;在中岛、晋卿岛、金银岛等地,也有遗存。③ 其中供奉娘娘的神庙应包括供奉妈祖的神庙。这些历史遗物、遗迹不仅对研究南海交通有很高价值,而且证明自古以来南海岛屿就有中国人生活乃至短暂居留,妈祖信仰等海神信仰也被带到了这些岛屿之上。

三、广东妈祖信仰的流变及其地域特色

（一）广东妈祖信仰的流变

妈祖信仰经历了从民间神灵到国家正祀神明的历程,从宋代到明清,妈祖的地位不断上升,国家的褒封、佛道两教的附会和民间的崇信起到了重大的合力作用。宋元时期朝廷 22 次赐封,明代 2 次赐封,清代 55 次赐封,还有历代各地大小官吏的无数次褒扬,使妈祖迅速走出"民间淫祀"阴影,变成官方承认的国家正神,进入祀典,成为天下长久崇奉的海洋神明。明代道教把妈祖信仰与泰山碧霞元君信仰相结合,佛教与民间宗教也促使妈祖信仰与观音菩萨合流,进而推动了官民认同、多种神性相混合的妈祖信仰在中国南北乃至海外华人社会的传播。

沿海社会既是海洋信仰赖以成长的天然沃土,也蕴含着改造这些信仰的内在力量,妈祖信仰在沿海地区传播过程中,民间力量在"造神运动"中不断对崇拜对象加以改造,不断赋予新神通,把"妈祖"变化出许多与原来信仰不同的异象,因而妈祖信仰在民间流传过程中常表现为传承与变异并存,异乡必定殊俗,各地大大小小的妈祖信仰

---

① 海南海洋信仰中有些女性神灵互相混杂,难以辨认,民间以"娘娘"称之。
② 王元林、邓敏锐:《明清时期海南岛的妈祖信仰》,《海南大学学报》(人文社会科学版)2004 年第 4 期。
③ 何纪生:《谈西沙群岛古庙遗址》,《文物》1976 年第 9 期。

系统,往往表现出同中有异、异彩杂陈的地方特色。

广东沿海地区普遍存在佛、道、民间杂神多神并祀的现象。广东的妈祖祠庙除奉祀妈祖外,或将其他神灵安置在一起同受供奉,或在天后宫旁另建殿宇,奉祀其他神灵。例如番禺石楼镇胜洲村文武庙所存光绪十年(1884)《重建天后宫文武庙碑记》记载,清咸光间重修文武庙,并祀天后元君、文武二帝,观音菩萨。① 澳门天后庙有一乾隆二十八年(1763)万□炉铸造,杜亮海、萧协兴等供奉铜钟,上有铭文"沐恩众信弟子虔铸洪钟一口,重壹百余觔,敬在盐灶湾康公主帅、天后娘娘案前,永远供奉洪圣大王"。② 近年来,笔者多次前往粤西调研,在雷州附城乡发现清代所建天后宫,旁边另建有"镇南庙"。湛江市麻章区通明村乃明代白鸽水寨所在地,万历十四年(1586)建宣封庙,祀天妃,庙后建有关帝庙。雷州有"三婆"合敬的"天后宫",也有独尊妈祖的"天妃庙",还有妈祖与众神合一的"列圣宫"。

(二)粤地妈祖信仰的区域特色

粤地各区的妈祖信仰以粤西闽方言区最有特色。过着半农半渔生活的雷州半岛居民,大多来自福建莆田、漳泉地区,对妈祖的崇拜最为热烈。笔者在历次粤西调研中发现,粤西妈祖信仰在传播过程中受到民间力量的改造,不仅出现某些形象转换,而且信仰内涵也有所增添。高州沿海崇拜的妈祖与本地广受尊崇的另一位大神洗太夫人(诚敬夫人)混为一体而难分彼此。在雷州半岛及其附近濒海地区,妈祖还有两位义结金兰的妹妹:日月灵通招宝夫人、青惠夫人,雷州人合称这三位女神为"三婆",供奉"三婆"的天后宫称为"三婆庙"。

有关"三婆"的来历,雷州半岛的民间传说极富想象力。2009年2月4日晚,时值春节,笔者与澳门大学安乐博教授、湛江市博物馆陈志坚馆长在雷州市考察,在原天妃庙故址南亭街搭建的天后圣母祭台旁边,发现1995年夏江天后宫文物组、理事会制作的《青惠夫人简介》,大意为:"青惠夫人是沙皇俄国的一位文武双全的公主,名青青公主,约生于宋太宗元年丙子年农历七月廿一日。传说青青公主是九天玄女降世,天生聪颖,才智过人,心慈眼慧,善良惠泽,兼有神仙托化,玄法奥深,受命出使汴京,途中正值金兵犯宋,公主助宋攻金,自此宋金干戈平息数年。宋真宗皇赐封公主为青惠公主,传旨建青惠宫。公主流连忘返,一度三年,救助过无数朝野官民,华人号为'救国保民神仙'。宋真宗八年,青惠独自在高山上游玩,不慎跌落,为南海女神林默(天后圣母)、日月灵通招宝夫人所救,三人就地结为姐妹,林默为大姐,招宝二姐,青惠三妹。公主回国后,传闻数年悄然升天,宋皇得追封为青惠夫人,并立青惠庙。自此,后人常见三位女神在海上或陆地显圣,慈心救助黎民,各地续建三座宫,祈求保佑天下太平,国泰民安,后称为三座圣母。"这个民间传说其实是多个传说的结合,既有九天玄女传说的因素,又有妈祖传说的成分。尽管其中的相关史事存在明显的时空错乱,荒诞不经,然

---

① 冼剑民、陈鸿钧:《广州碑刻集》,广州,广东高等教育出版社2006年版,第512页。
② 谭棣华、曹腾腓、冼剑民:《广东碑刻集》,广州,广东高等教育出版社2001年版,第1033页。

而从中仍可探寻粤西妈祖信仰在流传过程中的变异痕迹。

事实上,妈祖传入粤西(包括今广西北部湾沿岸地区和海南)后,更多以"阿婆"、"三婆"形象在民间受到膜拜,甚至在越南会安古港等华人聚居区,粤籍华人也称妈祖(天后)为"阿婆",与闽籍华人直称"天后"有所不同。我们认为,经过粤西民间传说的塑造和传衍,"三婆"逐渐成为"妈祖"的代名词,深深扎根于社会基层而深具民间本色,比官府祭祀的高高在上、威仪万千的天后崇拜更具有亲和力,以至于粤西妈祖信仰可以隐约划分为既有重合又有区别的两大系统:民间系统的"三婆"和官方系统的"天后"。

值得注意的是,粤西海域盛产珍珠,自汉代以来,采珠便成为濒海居民以海为田的重要生计。妈祖信仰传入粤西后,妈祖因其神性而成为采珠人崇奉的神灵。明代涠洲岛海域有珠池八处,切近广东雷州、廉州二府。涠洲岛上便建有天妃祠。万历年间,官兵对来自新安、顺德、东莞等地的、在涠洲岛海域非法采珠、海上流劫的"奸徒"进行清剿,事后决定迁走全部岛民,涠洲岛妈祖神像移祀雷州夏江天后宫。具体见万历十五年(1587)邓宗龄《重修天妃龙应宫记》所载:

> 雷阳故有天妃祠(指夏江天后宫),去南渡可十里许。天妃于海神最灵,诸渡海者必走谒祠,问吉凶,或中流难起,则舟人葡匐叩神,望亦光荧荧,薄帆樯,则神来也。舟人无恐矣。以故滨海在在置祠,而涠洲有焉。涠洲孤岛,立起海中,沃壤而邻于珠池。亡命□□,辄掺大艇,阑入剽窃,则居民载牛酒、酏糈饷之,神恶其弗率也。时见梦于居民曰:"若不捕奸,而久以□□罪浮于奸,若不悛大瞒且至,吾不能为若庇矣。"涠洲民惴惴大恐。而监司少□王公、参军陈公廉得□□谓:"全粤何赖于撮土,而令之延蔓以种祸,宜罢之便。"乃以事白制府吴公,请□□涠洲税,而徙其民□□地。吴公报可,遂遣材官,具□□载之。材官以告神,神欣然从也。奉其像与□□子弟俱来,悉入郡祠□,而梵宇湫隘,且就颓圮,无以妥神灵。王公乃谋于郡守周公、郡丞赵公、郡倅傅公、司理郑公、□海康尹陈公,益拓故址,撤其旧而新之。议成,诸公捐金佐费,而以赵公董其役。方鸠之店,择辰举事,而大风猝至,海上波涛,人立大木千章,逐巨浪至,皆闽南杉材,孔良丰硕。诸公相顾动色,谓神力也。[1]

这次涠洲岛妈祖移祀,显然与明代粤西官私采珠矛盾有直接关联。尽管如此,妈祖信仰在涠洲岛并未就此终结。随着明末清初涠洲岛的民间垦殖的兴起,妈祖信仰也随之复兴[2],这个以渔民(采珠人、疍户)为祭祀主题的信仰传统延续至今。2010年1月笔者等前往涠洲岛考察,见到三婆庙坐落在一个经历波浪、海流、潮汐侵蚀而形成的巨大海蚀悬崖下面,最早供奉神像的地方是个岩穴,后来才移出岩穴外,靠近海边平地。庙前尚有嘉庆廿五年(1820)两广总督百龄所立示禁碑。庙内供奉三婆神像上方

---

① 谭棣华、曹腾騑、冼剑民:《广东碑刻集》,广州,广东高等教育出版社2001年版,第535—536页。

② 关于明代涠洲岛官私采珠业的矛盾冲突、利益纠葛以及涠洲妈祖信仰的研究,参见陈贤波《明清华南海岛的经营与开发——以北部湾涠洲岛为例》(台北,《明代研究》2010年第12卷)一文。

高悬"涠洲三婆,神光普照,平安大著"锦幛。而在涠洲岛民的解释中,涠洲三婆庙自清初重修后一直留存至今,并被赋予"护民"的神性。

不过,在妈祖信仰传入前,涠洲岛海域及其附近沿海地区是否存在海洋神灵?这片海域的主人——主要是以渔猎、采珠为生的疍民——是否像陆地的人们一样,拥有自己崇拜的神灵?答案是肯定的。晋人刘欣期《交州记》记载:"合浦围洲有石室。其里一石如鼓形,见榴木杖倚著石壁,采珠人常致祭焉。"[1]显然,当地珠民早就有崇拜石、木神灵的习惯,这个石室可能就是现在三婆庙的所在地。是否可认为,在妈祖信仰传入前,涠洲已有本地神灵,妈祖信仰传入后,两者被创造性地汇合一起,逐渐衍生出岛民习惯称呼的"三婆"?换言之,粤西三婆是否就是披着"妈祖"面纱的本地神灵?对于这个问题的解答,尚待进一步的调查研究。

粤西的三婆信仰还影响了澳门的三婆庙创建。清道光二十三年(1843),居住澳门的铁城郑上攀率众前往海南清剿盗匪,在雷州白沙港,赖清惠三婆保佑,歼灭匪徒,众人力求郑上攀将清惠三婆迎到澳门龙湾,建三婆庙永供祭祀;后来清惠三婆屡次显灵,帮助澳门民众渡过难关,详见咸丰九年(1859)澳门永安堂众渔商船值事立《重修三婆庙碑记》载[2]。关于澳门三婆庙创建始末,同治三年(1864)郭裕堂所立碑石《三婆庙碑记》也有叙及:

> 伏以神威显赫涠州,早著声灵。母德覃敷海角,咸瞻惠泽。此三婆之庙,商民渔户,各处捐资,立庙于前,而龙头环中客商渔蛋,复为择地创建,藉为保护,以供香火者也。[3]

直至今日,每年农历三月二十三日妈祖诞期,雷州半岛沿海乡村及海岛都会举行盛大的游神祀典。较为著名的有雷城夏江天后宫的"三月春"、津前天后宫的"大拜坡"、南兴"三月市"、井尾坡"阴阳市"、遂溪县江洪镇的妈祖诞"游坡"等,其余如乌石港、企水镇、遂溪县乐民城村、徐闻县东莞村、东海岛东头山岛村皆会举行祭祀、巡游活动。这些妈祖诞期的祀典和民俗活动呈现了流布雷州地区的妈祖信仰所形成的地方文化传统的现状。

(三)雷州半岛妈祖信仰的实地考查[4]

1. 雷城"三月春"

雷城夏江天后宫,每年妈祖诞期农历三月廿三日期间都举行盛大的祭祀活动仪式,称为"三月春",具体程序如下:

(1)封斋。三月十九日开始封斋,先请道士诵经文,赞颂妈祖功德无量,护国庇民,风调雨顺,四季平安,物阜年丰,士民感恩戴德,庆祝诞辰,沐浴封斋以诚答觋酬谢。祝毕宣布封斋,即日起不准吃鱼肉之类,洗净盘碗筷匙诸厨具,开始食素三天。

---

① (晋)刘欣期:《交州记》,《丛书集成新编》第97册,台北,新文丰出版公司,1986年,第476页。
② 谭棣华、曹腾腓、冼剑民:《广东碑刻集》,广州,广东高等教育出版社2001年版,第1015—1016页。
③ 谭棣华、曹腾腓、冼剑民:《广东碑刻集》,广州,广东高等教育出版社2001年版,第1017页。
④ 下文据湛江市博物馆陈志坚馆长提供的雷州半岛各地实地考察资料编写。

（2）巡游。妈祖巡游雷城的队伍约 1500 人，有彩旗队、舞龙队、舞狮队、六国封相旗队、八宝队、飘色队、十三音锣鼓班与妈祖三宝像神轿队。

二十日早上，道士诵经祝酬后宣布巡游，妈祖巡游队伍从天后宫出发，经南门到东门再到北门，回真武堂安坐过夜。

二十一日早上，妈祖巡游队伍从真武堂出发，经南门、东门、北门，再到西门回真武堂安坐过夜。

二十二日早上，妈祖巡游队伍从真武堂出发，经南门到雷祖祠拜午忏，下午 2—3 时回夏江天后宫，约 4 时作晚忏至夜 12 时贺寿，5 个道士念经祝颂平安祈祷安宁，约 1.5 小时。贺寿毕宣布开斋。

（3）贺表。二十三日早上 5 时至 6 时半拜忏，尔后，士绅民众贺表，每关理事会贺表①，道士宣读贺表颂妈祖隆恩德重，祈祷赐福永保平安，进财晋职富贵双临。

二十三日从早至晚士绅民众备牲品、香烛、纸宝敬祀妈祖，顶礼膜拜的信男善女摩肩接踵，约有 1 万多人参拜，场景热闹非凡。

晚忏道士诵经，宣读祝文，祈求妈祖永保社稷康泰，海疆靖安，人民富裕。祝毕，宣布妈祖诞辰庆祝活动结束。

2. 津前天后宫"三月坡"

津前天后宫始建于正德元年，原为天妃庙，采取福主供奉方式（即家庭敬祀）。选出 12 位福主；每一福主负责供奉一个月（第一位福主称缘首、福头），一年内由此 12 福主轮流供奉。每年农历三月廿三日妈祖诞期举行"大拜坡"，即"三月坡"，祭典程序如下：

（1）三月二十日下午 2 时 30 分接驾。从福主家请接银阁妈祖宝像回津前天后宫，道士诵经文，烧香宝钱，送妈祖到神轿，居民迎接香火队、八音锣鼓齐奏，彩旗队前引。送至宫庙前暂停，福主家人持香跪拜，请妈祖出轿进庙殿。设祭品敬酬妈祖，道士诵经颂祖，赞颂妈祖灵应安境庇民功德，以及贤老、元首、福主、庙内祀奉理事人员等一年来诚心恭敬之事，祈求永保安宁。

送迎妈祖回宫庙端坐完毕，即开始封斋（下午 5 时），吃素斋两天半（二十一至二十三日早上），二十日晚上做清厨忏，清厨忏即是封斋仪式。

（2）二十一日做早忏、午忏、晚忏。早忏五贡茶、酒、糖水、饭、菜，道士诵《天后圣母朝参经》等。午忏十贡香、花、烛、茶、酒、果、汤、宝、表、红，唱《入普供养》。晚忏五贡：茶、酒、糖水、饭、菜，唱《入五贡》等。二十一、二十二、二十三日忏相同。

（3）二十三日作忏。道士诵经，烧香、拜朝流、开印等，选出 12 位新福主，按顺序请妈祖到第一位福主（缘首）家供奉。八音锣鼓班在前，五彩旗队跟随，欢送金身妈祖到新福主（缘首）家，福主（缘首）家设香案祭品迎接，跪拜，深表敬诚。

---

① 旧时雷城基层社会组织分关、里、街，有东门关、东门内关、西门关、西门内关、北门关、北门内关、南门关、曲街关、调会关、关部关、南门市合关、伏波关、雷湖关、西湖关、上坡关、苏楼关、夏和里、灵山里、南亭街、瑞星池等；每关设理事会，年节神诞，理事会专司祭祀事务。

3. 南兴"三月市"

南兴"三月市"是南兴区域村境士民于三月二十二日举行妈祖诞辰庆祝活动的仪式。妈祖诞辰是三月二十三日,村境士民先于三月二十二日组织队伍抬着妈祖宝像神轿巡游南兴圩。巡游队伍有南兴圩天后宫、东市四境村天后宫、下田三境村天后宫等,有彩旗队、舞龙队、舞狮队、六国封相旗队、八宝队、十三音锣鼓班与妈祖三宝像神轿队,各显精彩,神乐人乐,此日圩内热闹,万人空巷。此民俗自明至今延续六百多年,俗称"三月市"。

4. 井尾"三月坡"

井尾是雷州市杨家镇的一个村庄。每年三月二十二日,这带村境士民在井尾村后的坡地举行妈祖诞辰庆祝活动仪式。妈祖诞辰前三天封斋,男女老少均食素斋。三月二十二日子时起,这带村境绅民组织队伍抬着妈祖宝像神轿汇集井尾坡巡游拜坡,雷州半岛城镇各村境几万群众聚会井尾坡参加庆典,他们半夜三更带着用竹编的畚箕、筛、筐、箕、笠等竹器生活用具出售,俗称"阴阳市"。拜坡活动仪式延至下午2时渐渐散场而结束,此日在井尾坡购买的竹器不会被虫蛀蚀,颇为奇异。井尾坡"阴阳市"乃雷州独一无二之民俗,影响深远。

5. 乌石、企水、东海等地的妈祖崇拜

乌石港于妈祖诞期,请道士讲公知(向神诉说原委)、八音锣鼓演奏、祭祀、赞灯、演雷剧与散口6项程序活动。

企水镇于妈祖诞期举行祭祀活动,巡游、舞龙、舞鹰、舞狮等,十分热闹。

东海岛东头山岛村天后宫于农历三月二十三日拜祭妈祖,全体村民出动举行大巡游。每单数年(1、3、5、7、9)的八月某日(择日而定),不超过九月,为妈祖彩新开光,做斋,隆重出游。村民不论居住何地,凡是建新宅入火或开业,都要请妈祖前往起居,住一夜,翌日回归本庙安座。其他港圩乡村的天后宫为妈祖彩新的时间无定期,有的几年,有的十几年,认为色彩旧了就得换新,请道士诵经告知妈祖,彩新后择日开光,大拜祭。

6. 雷州半岛其他地区的妈祖崇拜

遂溪县江洪镇于农历三月二十日妈祖诞期时举行"游坡",即巡游镇邻近村庄。三月二十二日游港,即巡游镇内北关、中关、南关3个关。巡游队伍由八音、飘色、彩旗、六国旗、舞龙、舞狮等组成。

遂溪县乐民城村于农历三月二十二日早夜,请天妃往关帝庙就座,道士诵经讲公知做功德,开始封斋。白天(二十二日)游乐民城及村境,晚夜道士讲公知做功德,后散场开斋,二十三日早上回天后宫端坐,受村民拜祭。

徐闻县东莞村妈祖诞期先请道士做平安忏,再拜祭,举行巡游、表演古藤牌功帮舞等民俗活动。村中有小孩出生,请神保佑,以红线串铜钱系之,谓之"绑贵";儿童长大成人,结婚时必须请妈祖,饮酒"解贵",即解除所系铜钱。①

---

① 关于雷州半岛妈祖信仰情况,多由陈志坚先生提供,特此致谢。

四、几点思考

作为民间信仰的妈祖从福建传播到广东(以及海外),是多方面因素综合作用的结果,官方的推崇、民间的支持、文化的重塑,使妈祖信仰在宋、元以后迅速向东南沿海传播,强势植入,成为粤地海洋信仰的大神。

宋、元以后东南沿海海洋社会经济发展,福建人的外迁及其海洋活动是最关键的因素。广东妈祖信仰沿着海岸带呈"点"、"线"、"面"传播与布局,与广东的闽人居区、闽方言区分布高度重叠。文化传播建立在社会经济基础之上,从妈祖信仰在粤地的传播及其流变,可以看到闽粤两地历史文化发展的关联性、共性与各自特性。

作为外来的民间信仰,植根粤地的妈祖信仰在各地传播过程中,出现不同程度的变异,"因时而异",更多是"因地而异"。在妈祖信仰造神运动中,官方的力量固然重要,民间力量更为重要,草根文化的创造力、生命力和魅力在粤地妈祖文化流变中发挥得淋漓尽致。

作为海洋文化及文化遗产的重要载体,妈祖信仰具有多方面的社会功效和价值,在新形势下以现代眼光与战略眼光理性审视,正视并充分发挥其正向功能,积极引导妈祖信仰及其他海洋信仰与濒海地区社会文化建设相协调,将海洋信仰纳入新时期沿海地区社会文化发展战略之中,使其转化为广东海洋经济开发可持续利用的文化资源,具有不可忽视的现实意义。

作者:李庆新,广东省社会科学院历史与孙中山研究所所长、
　　　广东海洋史研究中心主任、研究员
　　　罗燚英,广东省社会科学院历史与孙中山研究所助理
　　　研究员

闯关东与妈祖信仰在辽南的兴盛

张晓莹

辽南,史上泛指金、复、海、盖等地,在地域范围上大致相当于现在辽宁省南部辽东半岛一带,地处渤海、黄海之间,与山东半岛隔海相望,包括大连市、营口市和鞍山市的部分地区。

闯关东是近代华北汉民向东北移民的过程。辽南经过了"招民—封禁—开放"的过程,成为大量闯关东移民的居住地。妈祖信仰在辽南的发展与闯关东的山东移民密切相关。妈祖信仰的总体趋势是随移民的增多愈加繁盛并逐渐在地化,在民国初年时达到高潮。

一、山东移民对辽南妈祖信仰的促进

(一)山东水路移民对辽南的发展作用重大

早在隋唐五代时期,山东的登州、莱州一带的海港已经成为海运和海内外贸易的重要枢纽,是东部沿海最重要的海港。[1] 据考证,山东的蓬莱阁天妃庙创建于元代。[2] 辽、吉、黑三省自古泛称"东北",明代修筑的山海关使东北地区有了"关东"的新名称。关内汉人移民东北称为"闯关东"。闯关东"以华北人士居多,山东为最,河北、河南次之,此盖风俗、人情、语言、习尚之相近,以及交通便利之所致也"[3]。明末清初,长期的战乱和清廷迁都京师顺天府,东北地区地广人稀,生计凋敝,数百里无人迹。为了"充实根本"[4],清廷于顺治十年(1653)颁布《辽东招民开垦条例》,并于其后对招垦政策予以补充。闯关东移民以华北平原的汉民居多,其中山东人最多。这是因为"地理上之

---

① 李步青、王锡平:《登州港的变迁及其在历史上的作用》,《海交史研究》1988 年第 2 期;樊文礼:《登州与唐代的海上交通》,《海交史研究》1994 年第 2 期。

② 闫化川:《妈祖信仰的起源及其在山东地区传播史研究》,山东大学 2006 年博士论文,第 61 页。

③ 龚维航:《清代汉人拓殖东北述略》,《禹贡》1936 年第 34 期。

④ 《清圣祖实录》卷二。

形式者也"①。闯关东主要有两条路线。一条是陆路,从山海关出关,进入辽河流域,再向吉林、黑龙江等地扩散;一条是海路,移民多数渡海至辽南的金、复、海、盖等地,再向东北各处分散。对于辽南来说,由于"奉天南滨大海,金复盖与登莱对岸",地理上的优势使"各属者皆为山东人所据"②。

移民招垦的政策在康熙七年(1668)取消,清廷下令"辽东招民授官永着停止"③。但实际上,封禁政策由于许多因素并不能完全实行。人口压力大、自然灾害频发是使得民众闯关东的重要原因。清代山东旱灾 233 次,涝灾 245 次,黄、运洪灾 127 次,潮灾 45 次。④ 与山东的人口增长、民不聊生相比,东北人烟稀少、土地肥沃。对此,清廷在政策上加以调整,实际上对出关的贫民大量放行。

鸦片战争后,清政府因财政困难,于咸丰十年(1860),正式对东北解禁。一遇灾年,辽南的山东移民数量巨大:"山东避荒之人,至此地者纷至沓来,日难数计。前有一日,山东海舶进辽河者竟有三十七号之多,每船皆有难民二百余人,是一日之至牛庄者已有八千余名,其余之至他处码头者尚属日日源源不绝"⑤。移民热潮在清末民初达到高潮。尤其是 1903 年后大连至哈尔滨铁路的修建为移民向东北腹地扩散提供了巨大的便利。据统计,宣统三年(1911),东北人口共 1841 万人,"其中约 1000 万人是由山东、河北、河南省先后自发涌入的流民,而其中以山东为最,约占百分之七十至八十。由此推断,清代山东移往东北的流民约在七百至八百万人之间"⑥。

移民不仅仅是地理位置的移动、人口的迁移,更是文化的流动。由于人数上有绝对的优势,山东移民能够聚族而居,社会风俗、宗教信仰、语言文字都在相当大程度上保持了山东文化的特点。其中之一表现在,山东移民平移了固有的信仰文化。例如辽南的碧霞元君庙、天齐庙等在庙宇名称、奉祀神灵等方面与山东地区相同。另外,随着移民热潮,关内民众出关经商者日益增多。咸丰十年(1860)烟台、营口开埠,"每年去东省贸易之人有五千余人"⑦。清末,山东商人在东北各处商业中形成了巨大的力量。

(二)山东移民对辽南的妈祖信仰发展作用重大

妈祖信仰在山东的兴盛为向辽南传播起了推动作用。辽南盖州北马道偏东路北天妃庙、盖州海神庙、海城天后宫、金县天后宫,都是有山东商会组织兴建。⑧ 妈祖信仰被山东移民"复制"到辽南。山东沿海、沿河地区的民众广泛信奉妈祖。据统计,山东

---

① 吴希庸:《近代东北移民史略》,《东北集刊》1941 年第 2 期。
② 吴希庸:《近代东北移民史略》,《东北集刊》1941 年第 2 期。
③ (清)杨宾撰:《柳边纪略》卷一。
④ 山东省地方史志编纂委员会编:《山东史志资料》第 2 辑,济南,山东人民出版社 1984 年版,第 45 页。
⑤ 《论山东难民多往奉锦二府事》,《申报》光绪丙子八月二十四日。
⑥ 路遇:《清代和民国山东移民东北史略》,上海,上海社会科学院出版社 1987 年版,第 20 页。
⑦ 郝思:《满洲及其人民资源和历史》,华盛顿,1935 年,第 173 页,转引自牛淑萍《清代山东移民东北述论》,《烟台师范学院学报》2001 年第 3 期。
⑧ 李玉昆:《妈祖信仰在北方港的传播》,《海交史研究》1994 年第 2 期。

省先后建有 48 座妈祖庙。青州 1 座,登州 21 座,莱州 11 座,沂州 5 座,济南 4 座,兖州 3 座,东昌 1 座,曹州 2 座。① 妈祖信仰因大量山东移民移居辽南得到发展,重要市镇和港口建有天后宫,村落中有小型海神娘娘庙。

如庄河有天后宫。民国《庄河县志》记载,县内有三座天后宫,其一"在本城里下街,乾隆三十九年(1774)建,祀关壮缪、天后圣母。住持僧一,今中学校在焉";其二在"城东青堆子上街,道光四年(1824)建,住持僧一";其三"城东大孤山,光绪十四年(1888)建,祀海神娘娘,住持道士一。庙内有木质轮船多艘,系乙未年日军敬送悬挂"②。此处明确表明了天后被称为"海神娘娘"。这三处地点都是庄河繁华的商业地区,尤以大孤山为最;青堆镇在唐代即有人烟渐集而形成村落,明代晚期渐次发展成为滨海商业小镇,时为关内直鲁流民涌入东北地区中转地之一。

另外,《庄河县志》中记载有多处供奉天后圣母的庙宇,记载如下:"打拉腰子庙,在城南十里。内祀天后圣母、龙父。住持道士一。""夕阳宫,城东沈家屯西,距县四十里。明万历四年(1576)建。祀天后圣母。住持道士一。""圣水宫,城东大孤山,距城一百四十里。乾隆二十八年(1763)建。祀天后圣母、释迦、龙王、玉皇、药王、罗汉。住持道士一。""双阳寺,在城东区九十里地枣坡,乾隆十六年(1751)建。祀释迦、天后圣母。住持僧十。""青龙观,在小庙子,距城六十里。乾隆四十八年(1783)建。庙内神像系天后圣母、关壮缪。住持道士一。""朝凤寺,在城北七十里之瓦房街建。祀天后圣母。住持道士一。"③另有其他为"圣母庙"或"娘娘庙",或庙内祀"圣母"、"娘娘"者知之不详,无法考证。

庄河有以上众多供奉天后的庙宇,何时对天后进行祭祀? 县志记载,"庄属于三月二十三日天后诞辰祈无航海风波"④。庙宇中对天后的祭祀日期与天后在福建、山东地区相同。对天后的祭祀是国家正祀规定的内容:"庄境无厉傩之礼,惟旱干祈雨,田社报赛以及关帝、天后俱载祀典。"⑤如何祭祀天后,县志中未有记载,但是紧邻庄河的安东地区县志中记载了天后宫的祭祀:

> 按,神为宋初福建莆田人,都巡检林源第六女,幼而神异。兄商海上,遇暴风。女瞑目出神救之,年二十而卒,屡显灵于海上,渡海者皆祷祀之,始封霖惠夫人。元至正间,加封感应神妃。元统二年,加封辅国护圣庇民广济福惠明著天妃。清康熙十九年,敕封护国庇民妙灵照应宏仁普济天妃。二十三年加封天后。雍正十一年,定制直省地方官春秋致祭。乾隆二年,加福佑群生四字。二十二年,加诚感咸孚四字。五十三年,加灵圣赞顺四字。嘉庆五年,加垂慈笃祜四字。《会典》:直省御灾捍患诸神于民有功德者加封号立专祠,每岁春秋所在守土官具祝文、香帛、羊一、豕一、尊一、爵三,朝服行礼,均与祭关帝同。夏历三月一十三日,(按:应为

---

① 闫化川:《妈祖信仰的起源及其在山东地区传播史研究》,山东大学 2006 年博士论文,第 24 页。
② 《庄河县志》卷二《古迹·庙宇》。
③ 《庄河县志》卷二《古迹·庙宇》。
④ 《庄河县志》卷八《礼俗·祀事》。
⑤ 《庄河县志》卷八《礼俗·祀事》。

二十三日）为天后圣诞，安东艚船公会及各船户皆备香帛，诣天后宫致祭，自朝至午，络绎不绝，岁以为常。①

同时，《安东县志》中记载："安东设治较晚，人皆各于实业，而教学尊师之意，崇德报功之事，未之或遑然。商界之于财神，工界之于祖师，船户之于天后，莫不高庙崇宫，庄严宏丽，以为祼将。"②以此推之，不难判断出辽南对天后的崇敬程度。

在对天后进行祭祀时，往往伴有秧歌。秧歌的种类并不固定，高跷秧歌和地秧歌都有。庄河石城岛"北嘴屯93岁的老艺人张大安说：'石城岛的高跷最早是老苏家从山东传过来的。我老家山东黄县，清雍正八年（1730），从蚬子滩（今香炉礁）搬到石城岛定居。'""据75岁的老艺人苏永恩回忆：'听祖父说，石城'天津跷'是清乾隆二年（1737）兴办起来的，至今已有250年历史了。'"经查阅苏永恩家谱，苏家已上岛13代，清乾隆二年苏家第二代掌门人苏智文，为制止本族人赌博，在岛上办起"天津跷"，随后在岛上产生了"苏家帮"、"杨家帮"、"吴家帮"、"宋家帮"四家"天津跷"跷队。当时每值头屯北"天后宫"香火日和正月十五庙会，岛上的"天津跷"和其他歌舞形式都去赶会，各显绝技。③

辽南的长山群岛中曾建有数座庙宇供奉天后。长海县大长山岛天后宫建于明末清初，有正殿五间，中央殿供有天后圣母，屋梁上挂满大小木帆船模型。东侧一间为天后圣母卧房，再东侧供有关帝。天后西侧为佛殿，供有如来、弥勒、释迦牟尼、观音；最西侧一间为九圣祠，供有药王、龙王、虫王、财神、火神等。正殿两端各有附属建筑，称为东西公所。东公所供道场活动；西公所供云游道人居住。另外，大长山岛三元宫的前殿供奉三官大帝，后殿五间，中间三间是天后圣母、眼光娘娘、耳光娘娘。

二、妈祖信仰在辽南的在地化表现

妈祖信仰并非被简单的复制和再现。妈祖信仰在辽南港口、河岸兴盛，不仅是因为漂洋过海的山东民众登陆后到妈祖庙中还愿、答谢。当"山东汉民"成为"辽南汉民"时，融合了辽南地域特征，创造了有区域特色的妈祖信仰文化。辽南虽与山东省相邻，然而其信仰由于社会环境和自然环境的变迁，有关妈祖的民间传说、民间艺术形式、寺庙的修建都有所变化，与当地文化融合，在地化为有地域特色的妈祖信仰。

妈祖信仰在辽南的在地化主要表现在以下方面：

---

① 孙化龙校注：《安东县志》卷七《宗教·民俗》，民国十六年本。丹东市地方志办公室编：《辽宁旧方志·丹东卷》，沈阳，辽宁民族出版社2003年版，第401页。

② 孙化龙校注：《安东县志》卷七《宗教·民俗》，民国十六年本。丹东市地方志办公室编：《辽宁旧方志·丹东卷》，沈阳，辽宁民族出版社2003年版，第407页。

③ 李显达：《大连渔村的民间艺术》，大连市艺术研究所编《大连文化艺术史料》第5辑，1991年，第170页。

(一)祭祀节日习俗在地化

妈祖的生日是农历三月二十三日。山东民众为海神娘娘庆祝诞辰的时间各地不同，如烟台天后宫庙会每年农历正月十五日举行；蓬莱地区视农历正月十六日为海神娘娘生日，天后宫要在这天举行庙会①；庙岛地区视海神娘娘生日为农历三月二十三日，忌日为九月初九日，但是在农历七月初七举办天后宫庙会。② 明、清时期辽南的妈祖庙都记载妈祖诞辰为三月二十三日，但是在辽南民间沿海地区把正月十三日视为海神娘娘的生日，在这一天放灯来庆祝。另外，对海神娘娘的祭祀内容也有所不同。前文曾提及，辽南一些地区在祭祀海神娘娘时，有扭秧歌的习俗。其中一种称为"四大海"，俗称"闹海秧歌"，是地秧歌的一种，以小平岛为盛。清咸丰初年，小平岛是北方的贸易港口。据老艺人王健周介绍，幼时听祖父讲，清咸丰三年(1853)，小平岛除装卸货物外，还载运来往客商。每年十一月以后，外来渔船都进港避风，维修船只，装粮上水，大小船只以十艘编为一组，一直排至北河口西(今星海公园)。船靠岸后，首先由船主组织船工们抬着香纸蜡烛，手捧新鲜的鱼、龟、蛤、蟹等供品，敲锣打鼓上岛到海神娘娘庙前叩拜，祈祷出海平安，鱼虾丰收。后来，逐渐将活的鱼、龟、蛤、蟹改为用彩纸扎绘成的道具，以后又用人将道具带在头部，模拟水族动物的活动姿态，并伴奏锣鼓助兴，这是"四大海"的雏形。据老艺人董义高(1883—1957)讲，清光绪三十一年(1905)，他在大连西岗刘屯看过冀东来的天津"青海帮"请到岛上演出。那时《四大海》已是整体道具，除扮演蛤的演员能露出形体外，鱼、龟、蟹扮演者均在大道具内，模拟水族动物习性动作而舞蹈。董义高是心灵手巧的扎彩艺人，当时他边看边画，将道具模型绘了下来，从此小平岛就留下了《四大海》这个节目。后来又经著名扎彩老艺人王健周的父亲王延庆和董义高、董义旭、王克刚、邱善德、王恒福等艺人共同合作，在原《四大海》的基础上给予加工，增添了两个小龟，其寓意是祝愿全岛子孙后代长命百岁，人寿年丰，大吉大利。《四大海》借模拟水族动态来抒发渔民丰收后的喜悦。③

(二)传说、故事在地化

在辽南，海神娘娘口承叙事演变，体现了强烈的地域性。明朝山东就已流行"海神娘娘三姊妹"的传说，认为娘娘三姊妹，一在福州，一在山东庙岛，一在山东砣矶岛。④妈祖信仰传播至辽南后，这一传说被民众改编为娘娘三姊妹，一在福建，一在山东庙岛，一在辽南海洋岛。辽南流传的海神娘娘送灯救人的故事也层出不穷，在结构上、内

---

① 王景琳等主编：《中国民间信仰风俗辞典》，北京，中国文联出版社 1992 年版，第 135 页。

② 叶涛：《海神、海神信仰与祭祀仪式——山东沿海渔民的海神信仰与祭祀仪式调查》，《民俗研究》2002 年第 3 期。

③ 中国民族民间舞蹈集成辽宁卷编委会编：《中国民族民间舞蹈集成·辽宁卷》，北京，中国 ISBN 中心 1998 年版，第 591—592 页。

④ （明）王汝淳：《毛大将军海上情形》，转引自蒋维锬、郑丽航辑撰《妈祖文献史料汇编·第一辑·散文卷》，北京，中国档案出版社 2007 年版，第 68—69 页。

容上与山东相似,但是在地点等细节上有所变化,成为山东民众移民辽南后对生活体验与情感经历的集体记忆,在民众中代代传承。①

(三)神灵陪祀、称谓在地化

辽南的天后宫或为道观、或为佛寺,但是所祀神灵比较庞杂。天后的配祀通常有两种,一种为眼光娘娘、耳光娘娘,或者豆娘娘、花娘娘;一种为千里眼、顺风耳;天后宫内往往祀有关帝、释迦、观音、胡仙或者其他辽南民间常见的神灵。由此看来,妈祖信仰在辽南非佛亦非道,而是具有"弥散性特征"的民间信仰。

"天后"在清代后称为"妈祖";在辽南民众称之为"海神娘娘"、"海娘娘"或者"娘娘",以"海神娘娘"最为普遍。北方民众常常称女性神灵为"娘娘",天后也不例外。在天津地区,天后被称为"娘娘"或者"老娘娘"②;山东地区称为"海神娘娘"③。北京怀柔天妃宫原有清乾隆二十二年(1757)的天妃宫重造碑,碑文记载:

> ……吾郡娘娘宫,创自前朝,……地固因神而灵,而庙必得人为守护。本宫住持虔心起造,立愿重□□□。长□春雨,非一木之可成;无寝清□,赖十方之协力,因而□求本庄施主□□□□人,钱粮齐备,急命工人重整大殿,圣母之□□得所,复修两庑诸神之□托有依,前殿新两重门焕,围壁补而歌台建。……④

碑文证实了天后在北方地区被称为"娘娘"。辽南民众固定了当地对天后的称谓。

从清代以后,对于辽南民众而言,妈祖信仰的传播来源并非单一的,它既来自福建,又来自山东、江浙、天津等地区。但是,闯关东移民对辽南妈祖信仰的兴盛发挥了重要的作用。当辽南民众遇到妈祖信仰时,接受了这一信仰,并与原来的信仰传统发生整合,既保持了原有的文化特征,又吸收了妈祖信仰的因素,把内、外两种信仰因素融为一体。

首先,辽南与其他妈祖信仰流行的地区具有相似的自然环境和生计方式,因而能够普遍地、迅速地接受妈祖信仰。通常而言,一种文化现象从一个地区传播到另一个地区,传播的过程往往并非单向的,而是双向地。互相接触的两种文化的主体,会有选择地从对方身上吸取自身能够适应的特质,产生相互影响,导致变迁。但是,对于辽南而言,由于其地区大规模开发的时间较我国其他沿海地区晚近,关内人口向辽南移民较多,辽南所逐步形成妈祖信仰的特质不足以对妈祖信仰的其他传播地区产生强大的影响力。

其次,辽南民众选择性地借用了妈祖信仰。对于妈祖信仰、妈祖故事、妈祖祭祀仪式而言,辽南民众并没有完全接受。由于沿海环境、生计方式的相似,妈祖信仰具有明

---

① 请详见拙文《民间口头叙事的环境指向与意义建构——人类学视角下的辽南海神娘娘故事研究》,《东南学术》2011 年第 3 期。

② 尚洁:《皇会》,天津,百花文艺出版社 2006 年版,第 19 页。

③ 叶涛:《海神、海神信仰与祭祀仪式》,《民俗研究》2002 年第 3 期。

④ 蒋维锬、周金琰辑纂:《妈祖文献史料汇编·第一辑·档案卷》,北京,中国档案出版社 2007 年版,第 155—156 页。

显的功能性和文化意义,因而受到了民众的接纳。但是,一部分妈祖故事和祭祀仪式被改变。

另外,辽南民众对妈祖信仰进行了重新解释。妈祖信仰从多地被传递至辽南,在形式、功能、意义上都发生了改变,以适应当地文化的需要。妈祖信仰中,关于妈祖生平的部分的文化要素比较稳定,基本被保留了下来,而其他的要素都依赖当地的自然和社会文化环境进行了重新解释。

附图:

图1　明、清及民国时期辽南妈祖庙分布图

图2　庄河青堆子镇普化寺天后圣母
（笔者摄于2009年）

图3　四大海（明辉摄）

作者:张晓莹,博士,中华全国总工会信息中心

明清时期琼雷的妈祖信仰地理新探

王元林

　　雷州半岛是我国三大半岛最南的半岛,海南岛是我国的第二大岛,明清时期分别设置雷州府、琼州府,属广东省管辖。由于两者独特的地理位置,故在中外交流中起着十分重要的作用。而作为海上保护女神的妈祖,自宋时始,便在我国东南沿海地区形成了较广泛的民间崇拜,海南岛亦不例外。明清时期,雷州府、琼州府妈祖崇拜不仅庙宇林立,香火鼎盛,而且还随着海南人向海外发展以海南为中转站而传到了南洋各地。笔者曾在《海南大学学报》2004 年第 4 期发表《明清时期海南岛的妈祖信仰》一文,对明清海南的妈祖信仰提出了初步的看法,本文拟在原来研究的基础上,再对明清时期琼雷妈祖崇拜做一研究,除对妈祖庙分布的时空规律进行探讨,分析这一地区妈祖崇拜兴盛的原因外,主要还从国家祭祀与民间信仰关系入手,对明清琼州府天妃信仰的扩展提出新见解。不当之处,还请方家指正。

一、明清琼雷妈祖庙的分布及其规律

　　洪武元年(1368),明廷在海南岛置琼州府,以琼山为府治,以文昌等十三州县属之,清沿之。除定安县为内陆县外,其他各县均为沿海州县,其行政区划呈环状分布在海南岛周边的沿海地带。环岛近海可以说是琼州府行政建置的重要特点,而雷州府下辖海康、徐闻、遂溪三县,三面环海。两府各县多近海这一特点为妈祖庙的分布提供了重要依据,也是琼雷妈祖信仰的一个特点。"海滨之邦建天妃宫而崇奉者众,其显灵尝著海天。凡舟楫之经过,必旨祠而撝诚致祷。"[①]

　　据明、清琼州府州县方志记载,明、清琼州府十三州县均建有妈祖庙,其中琼山县(今琼山)有 3 座,分别在"海口所"(元建)、"郡城内总兵署前"(清嘉庆建)和"白沙

---

① (明)李璚:《天妃庙记》,嘉庆《海康县志》卷八《艺文》。

门"①;崖州(清末改为崖县,今崖县)有 1 座,在"州治西南海边"(元建)②;儋州(清末改为儋县,今儋县)有 4 座,分别在"城东门外大街尾"(朝天宫)、"销皮街福潮会馆"、"一在王五市"和"海头老市"③;万州(清末改为万县,今万宁县)有 5 座,其中 2 座在"朝阳街"、"城东迎恩街"(元建)、"东澳市"、"草子坡墟"④;会同县(今琼海县)有 7 座,分别一在县北门;一在会同县城东门外,后迁县治东;一在加积市南;一在镇安市;一在黄藤市;一在东新天妃庙,一在福建天妃庙⑤。乐会县(今属于琼海县)有 2 座,分别在乐会县县北门内石阶上,万历年间移立于朝阳市之东;另一在县城东门外,后改建向南⑥;文昌县(今文昌县)有 8 座,分别在"城外紫贝山麓新安桥南,成化知县移建桥北下市"、"邑北百里溪梅市"(该庙宇名为双龙庙,内祀有天妃)、"邑南白延市"、"邑南四十里龙朝村前"、"铺前市北"、"迈号市南西边街"、"清澜所陈家市海边"和"东北区清澜所马头埠"⑦;临高县(今临高县)有 1 座,"在县城之东郊,后迁于临江桥东"⑧;澄迈县(今澄迈县)有 2 座,一"初在城西下僚地(《琼州府志》称通潮阁右),天顺迁于通潮门外",另一则在"那托都道僚铺"⑨;感恩县(今东方县)有 2 座,分别在"县西"(元建)、"飞来天后庙"⑩;昌化县(今昌江县)有 1 座,在"城西小岭"⑪;陵水县(今陵水县)有 3 座,分别在"南城外"、"北门外"、"上灶村";定安县(今定安县)有 1 座,在"中街东向"⑫。

明清雷州妈祖庙大部分是明清修建。雷州城外南亭坊韩公桥之北天妃宫(南荣庙),建庙时间无从考证,明正统前称古庙;遂溪县通明港调蛮村天妃庙,万历十四年(1586)白鸽寨把总童龙建,万历三十七年(1609)重修;徐闻县海安所南门外渡头天妃庙,"各官往来皆具牲醴祭之"⑬;雷州南亭天妃宫外,海康还有迎恩坊天妃庙,嘉庆十五年重建;东湖村庙,宋建,康熙间巡抚陈璸重修;而城西关外葛布行、下岚仙村、下岚老村、头角村、大埔村港口、南兴墟北约、博怀渡头等也有天妃庙⑭。武郎社田头村也有天妃石婆庙⑮。海康县总计有庙 10 座,而遂溪县也有 7 座,除通明港调蛮村外,一在遂

① 万历《琼州府志》卷四《坛庙》、道光《琼州府志》卷八《建置·坛庙》。
② 正德《琼台志》卷二六《坛庙》、道光《琼州府志》卷八《建置·坛庙》。
③ 民国十七年《儋县志》卷四《建置·坛庙》、民国《儋县志》卷九《金石·碑记》。
④ 正德《琼台志·坛庙》、万历《琼州府志》卷四《坛庙》、道光《万州志》卷四《建置·坛庙》。
⑤ 正德《琼台志》卷二六《坛庙》、乾隆《会同县志》卷三《建置》、道光《琼州府志》卷八《建置·坛庙》。
⑥ 万历《琼州府志》卷四《坛庙》、康熙《乐会县志》卷二《秩祀》、宣统《乐会县志》卷三《坛庙》。
⑦ 正德《琼台志·坛庙》、万历《琼州府志》卷四《坛庙》、康熙《文昌县志》卷二《建置·坛庙》、道光《琼州府志》卷八《建置·坛庙》、咸丰《文昌县志》卷三《建置·坛庙》、民国《文昌县志》卷三《建置·坛庙》。
⑧ 光绪《临高县志》卷五《建置·坛庙》。
⑨ 光绪《澄迈县志》卷二《建置志·坛庙》。
⑩ 正德《琼台志》卷二六《坛庙》、民国《感恩县志》卷五《坛庙》。
⑪ 正德《琼台志》卷二六《坛庙》、康熙《昌化县志》卷一《祀典》。
⑫ 康熙《定安县志》卷一《祠庙》、光绪《定安县志》卷二《建置·坛庙》。
⑬ 万历《雷州府志》卷十一《秩祀志》。
⑭ 嘉庆《雷州府志》卷八《坛庙》、嘉庆《海康县志》卷二《坛庙》。
⑮ 民国《海康县志》卷四六《杂事志》。

溪县城南市;一在曾家渡头;一在南柳村;一在梧桐塘;一在城月墟;一在赤坎埠。城南市庙:乾隆知县建。梧桐塘庙:道光民众建。城月墟庙:道光民众建①。徐闻县也有3所,除海安所南门外渡头天妃庙外,一在锦囊城南门外;一在曲界市东②。这些妈祖庙的分布反映了以下的时空特点:

(一)从地理分布上看,妈祖庙数量多,分布范围广,主要分布在沿海地带或江河交汇处

明清海南岛琼州府共有妈祖庙40座,除了4座是元朝所建外,其他36座均建于明清时期。元所建的4座庙宇,分别在琼山县、万州、崖州和感恩县内,此四地均极靠近海岸,故妈祖庙首先在沿海一带出现。雷州有20座,以海康和遂溪为多,明清时期,妈祖庙遍布各个州县,且个别地方其数目还相当可观,最多的是文昌县,共出现过8座,其次是会同县7座,万州5座,而最低限度的至少亦有1座。与明清时期雷州的21座(海康11座,遂溪7座,徐闻3座)妈祖庙相较③,琼州府妈祖庙的数量是雷州府的两倍,雷州仅下辖3县,与海南下辖的13县还是有差距的。

由于妈祖为海上和水上保护神,故妈祖庙多建于临海要津之道或港口附近,以便海上或水上居民,尤其是商人祭祀之需。琼山海口的天妃庙居"琼郡环处滨海海门一区,犹郡治要津,通南北而便商民者也"④;雷州"以故滨海在在置祠"⑤。此外,文昌的清澜、会同的博鳌、万州的东澳市、崖州的西南海边、儋州的沿海、海康白鸽寨、徐闻海安港等地妈祖庙的修建也是如此。除了依"水"而建的妈祖庙外,其他多数则建于城邑、街道或墟市等商业繁荣地带,以近城市之要,上述各县城妈祖庙的修建大多如此,而儋州王五市,"距州成二十里,地虽僻壤而为西路咽喉,往来辐辏,商贾云集,中有天后宫"⑥。此外,连乡村或高山地带也绕缭着拜祭妈祖的袅袅香烟。文昌县城南四十里龙朝村前的天后庙及紫贝山的天妃庙,昌化县在城西小岭上的天后宫皆是如此,可见妈祖庙覆盖范围之广。

(二)从修建的次数来看,出现了新建和重修妈祖庙并举的繁荣局面,庙宇修(重)建多官方主导,商人积极参与

明清时期琼雷建立的妈祖庙共有40座,从数量上来看是相当可观的。此外,重修现象尤为多见,最突出的要数临高县在城东郊的天妃庙,明成化主薄建,嘉靖县丞迁于临江桥东,万历知县重建;顺治十八年,康熙九、三十一、四十四年知县、训导重修;乾隆

---

① 嘉庆《雷州府志》卷八《坛庙》、道光《遂溪县志》卷四《坛庙》。
② 宣统《徐闻县志》卷六《秩祀》。
③ 参见雷州各方志及附表一:沿海有关各府州有关海神及相关水神分布表。
④ 咸丰《琼山县志》卷二六《艺文志》。
⑤ 万历《雷州府志》卷十一《秩祀志》,引明邓宗龄《天妃庙记》。
⑥ (清)李奇蚪《重修儋州王五市天后会馆碑记》,民国《儋县志》卷九《金石志》。

六十年修;光绪十四年县令重修,改重建达 8 次之多①,澄迈县的天后庙明洪武知县创建于城西下潦地,永乐重修,天顺迁通潮门外,嘉靖置田,万历两次重修;康熙四十七年,乾隆四十六年,嘉庆九年、光绪重修,改重建也达 8 次②,而琼山县坐落在海口的天后庙,则有洪武间屡葺,正统十年知县重修,嘉靖道官重修,万历商人谭海清等增建,雍正七年监生等募建,乾隆十一年监生募建,以及咸丰十一年等 7 次③,此种复修重建之例,在上述庙宇中,均有出现。明洪武年间建庙 5 座,永乐就有 4 次重修或新建,以后以万历重修 7 次为多;而到了清朝,尤其在康熙、乾隆以及道光、咸丰、光绪年间,妈祖庙的重修或新建情况最多,共计康熙年间 12 次,乾隆年间 3 次,道光年间 4 次,咸丰年间 4 次,光绪年间 4 次。部分妈祖庙的规模还在重修过程中得到进一步的扩大。如海口天后庙,明洪武年间,商人谭海清等增建后寝三间,并塑有神像,到清雍正七年(1729)监生陈国安、生员杨凤翔等募建大门三间,而到乾隆十一年(1746),陈国安又于庙前募建铺屋十间,"岁收租银以供香火"④。今存白沙门天后庙有"重修天后宫□碑"和三块乾隆四十一年(1776)的"众商捐题碑"、"众商抽分碑",重修庙宇一定与商人有关。万州城东迎恩街的天后庙,初有"后庙三间,前堂三间",后增修"门楼五间"⑤;儋州城东门外大街尾的天后宫,"道光间城民增建头门,外戏台庙地,前后环水,最为清爽"⑥。戏台的增建,主要是为了在庆祝妈祖诞打醮、演戏酬神之用。至于对妈祖像的重塑或于庙中增添拜祭用具也是常见的现象。如在定安县中街的天后庙,乾隆四年(1739)就有广府商人铸铁鼎一个,"重千斤,高五尺,周围八尺,周身龙蛇花鸟山水人物"⑦。由上反映出当地人民对妈祖的崇敬程度是相当高的。

明清雷州南亭天妃宫,正统中十年知县重修,弘治八年太监增拓,嘉靖十六年知府重建,万历三年、十五年,知府皆重修;顺治十年、乾隆四年、二十四年、四十五(一作四十六)年、六十年、嘉庆十五年、道光二十八年等重修⑧。由于"一应祀典海渎神祇,若庙宇日久,即令有司修理。于是,重建栋梁一新,四周墙垣完固"⑨。太监陈贯弘治间重修天妃庙,虽然说是"发心"重建庙宇⑩,但实际上,希望天妃保佑其掌管的雷州海对乐珠池丰产,保证采珠的顺利。乾隆四年(1739),雷州知府倡修,椰行捐钱重修。⑪ 乾隆四十五年亦如此。⑫ 道光二十一年(1841),雷州修南亭路港,"欲并修之"天妃庙(龙

---

① 光绪《临高县志》卷五《建置略》。
② 光绪《澄迈县志》卷二《建置志》。
③ 咸丰《琼山县志》卷五《建置志》、民国《琼山县志》卷十四《金石》、(清)赖聚《重修天妃庙记》。
④ 咸丰《琼山县志》卷五《建置志》。
⑤ 道光《万州志》卷四《建置略》。
⑥ 民国《儋县志》卷四《建置志》。
⑦ 光绪《定安县志》卷十《杂志》。
⑧ 嘉庆《雷州府志》卷八《坛庙》、嘉庆《海康县志》卷二《坛庙》。
⑨ 民国《海康县志》卷六《坛庙》、(明)胡文亮《天妃宫祀田记》。
⑩ 民国《海康县志》卷六《坛庙》、(明)陈贯《施田记》。
⑪ 民国《海康县志》卷四二《金石》、(清)陈振桂《重修天后宫碑记》。
⑫ 民国《海康县志》卷四三《金石》、(清)林壮观《重修天妃龙应宫碑记》。

应宫),因捐项少未果;二十七年(1847),同庆社首事、社员以及郡守、内城训导、全郡绅商等共捐银重修,经费几经挫折,终完成修庙大事①。雷州西关外天后庙就是由葛布行及绅士商民共建的。② 遂溪县梧桐塘月墟天后庙,就是由怡兴当倡捐建设的。③

此外,参与妈祖庙修建的人员呈现多样化,其中政府官员和商人扮演着最重要的角色。上述庙宇中,参与修建琼州妈祖庙有确切姓名记载的近70人中,其中属政府官员的有52人,占总人数近80%,他们大多数是当地的知县、训导等,几乎每个州县妈祖庙的创建和修建都有当地政府官员的主导。琼山、文昌、乐会、昌化、澄迈、临高、会同等县,天妃(后)庙大都如此。而商人则近10人,约占总人数的15%,这些商人多为外来经商之人,如定安县在中街东向的天妃庙,于明万历年间由广府南(海)顺(德)新(会)三邑商民创建④;万州朝阳街之天后庙,一由五邑客建,另一则由潮邑客建⑤。此外,也有是官商合办的,如儋州之朝天宫,由吏目周行率商人创建⑥;陵水北门外天后庙,康熙三十六年重建,就是知县与商人林久洲等重建的⑦;海口天妃庙,万历增建也有商人谭海清等参与;文昌县新安桥天妃庙,商民建大殿⑧。可见,政府官员成为妈祖信仰在海南岛上发展的主体,而商人可以说是推动海南岛妈祖信仰另一支重要的力量。此外,一些当地的城绅、乡人、文人等也参与到妈祖庙的修建活动,其数量虽然不多,但却表明,妈祖信仰在海南岛上确是有广泛的群众基础。

雷州也多是地方官员、军事守将、太监等加入重修的队伍。上述雷州南亭天妃宫道光以前的几次修庙即是如此;清后期官方无法承担,乡绅、商人以及民众承担了重要经费来源,道光二十八年修龙应宫即使如此;咸丰十一年(1861),雷州南亭"天后福神,每年五月朔日造彩船一只,请天后三座圣像驾游内河潮溪,取名曰:'平风浪而赛神庥'",原来为南亭街槟榔店措办,后因槟榔店歇业,只好"由雷港商船收钱接办",大帆船一只捐钱四百文,小帆船一只捐钱一百文,沙开船一只每年收钱二百文,"交公收存登记,以备费用"⑨。

(三)妈祖庙已不仅是善男信女求神庇佑的场所,而且发展成商人联谊的场所,即会馆

妈祖信仰在海南岛上立足生根后,其信奉者渐次增多,除了渡海者之外,一般的官

① 民国《海康县志》卷六《坛庙》、(清)陈谟明《重修龙应宫记》。
② 嘉庆《雷州府志》卷八《坛庙》。
③ 道光《遂溪县志》卷四《坛庙》。
④ 光绪《定安县志》卷二《建置志》。
⑤ 道光《万州志》卷四《建置略》。
⑥ 道光《广东通志》卷一五一《建置略》。
⑦ 道光《琼州府志》卷八《建置·坛庙》。
⑧ 道光《琼州府志》卷八《建置·坛庙》。
⑨ 民国《海康县志》卷六《坛庙》,咸丰十一年《县贡生陈文锋等捐天后游河费款呈请知县刘准谕勒碑纪略》。

民也相当崇敬,"今渡海来往者,官必告庙行礼,四民必祭卜方行"①,故香火颇盛。妈祖祭祀的开支是备受关注的内容。咸丰《琼山县志》载:"知县鲍启泌详准在海口关税内支担规银四两四钱办春秋二祭"②;定安县位于中街的天后庙,置铺附六间,其收入为修饰妈祖神像和妈祖、观音祭诞之用③;临高县的妈祖庙则"生员符锡祚田四十八丘载税,米一石,以为关帝、天妃、观音、城隍四祀香火",此外还有邑侯聂缉庆"拨公项五千文交绅士发商,生息以为天后庙祭费"④。观音、关帝、城隍的崇拜起源较早,且几乎全国各地均有奉祀,妈祖和这些神灵享有同等地位的祭费来源,说明妈祖信仰越来越备受重视,海南的妈祖崇拜也不例外。

海南的妈祖信仰与会馆是有密切关系的,"不问何种会馆,何种公所,他们都要在春秋二季祭祀庙神,祭祀的庙叫天后庙,那是颇堪注意的"⑤。一方面,妈祖庙本身就是会馆,如儋州建于城东门外的天后庙,清初为广东会馆;建于销皮街的天后宫清初暂改为广府会馆,后又改为福潮会馆⑥。另一方面,会馆内设有妈祖神像以供拜祭,如陵水县的凤城会馆、顺德会馆、陵阳顺邑会馆、琼邑会馆等,内均塑有妈祖神像,奉妈祖为"万年香火"。会馆是商业经济繁荣发展的产物,它是商人聚集经商或乡人联谊的主要场所。妈祖庙与会馆的结合,恰恰说明了妈祖庙与当地的商业经济是密切联系的。

(四)香火和祭祀费用多由官府、商人和附近乡民承担

琼州海口天妃庙,明清就有铺舍、苗田以供香火,"岁入其税于庙,庙祝存为香灯烛醮品之资,乃值沿革不无变更"⑦。清雍正十二年,琼山知县允许每年在海口关税内支担天妃庙春秋祭品四两四钱,乾隆十一年,行商陈国安募建庙前铺屋十间,"岁收租银以供香火"⑧。雷州南亭天妃宫(龙应宫),不但是官方祭祀天妃场所,也是雷州"其庙最古,其神最灵"。正德十年,除官员重修庙宇外,还追查出原来的庙田两石的来源,"以为香灯之费",并"捐俸再买田三石,水一头,奠付庙祝刘赵宗掌管","另立天妃宫户籍,佃人承批纳米当差";弘治十年(1497)太监陈贯用十五两买庙西田大小十八坵、种仔四石,"永为常住香灯之费";乾隆三十年(1765),县绅陈腾泗等呈请,以港产席草归庙为香灯费;嘉庆十六年(1811)因潮使沿岸界线变化,王姓、何姓争战成讼,影响港漕交通,"准将该处官荒港漕归入天后神庙,以资香灯"⑨。诸多措施,保证了祭祀庙宇的经济来源,从根本上保障了庙宇的正常运作。

---

① 万历《琼州府志》卷四《建置志》。
② 咸丰《琼山县志》卷五《建置志》。
③ 光绪《定安县志》卷二《建置志》。
④ 光绪《临高县志》卷五《建置略》。
⑤ 〔日本〕小叶田淳:《海南岛史》,台北,学海出版社1979年版,第253页。
⑥ 民国《儋县志》卷四《建置志》。
⑦ (清)洪之杰:《重饬天妃庙田铺碑记》、康熙《琼山县志》卷十《艺文志》。
⑧ 咸丰《琼山县志》卷五《坛庙》。
⑨ 民国《海康县志》卷六《坛庙》,(明)胡文亮、陈贯,(清)乾隆、嘉庆等《记》。

二、明清琼雷妈祖信仰兴盛的原因

妈祖信仰在海南岛上落户并于明、清迅速发展,这与海南的地理位置、妈祖属性以及当时海南社会的进一步发展密切联系,下面试逐一论述之。

(一)琼雷特殊的地理位置以及琼雷多灾害,为妈祖信仰在此立足生根提供了客观条件

海南岛"地居海洲中"①,"外匝大海,接乌里苏密吉浪之州,南则占城,西则真腊、交趾,东则千里长沙,万里石塘,东北远接广东、闽浙,近至钦、廉、高、化"②。因此,自古以来,该处要与其他地方发生往来,多由水路、海路。海洋已经成为当地人民赖以生存的最主要的环境之一。正如史料所载:"自徐闻抵琼必渡海,然琼昔于四州陆路少通,多由海达","今混一以来,虽东西俱有驿铺,昼夜通行,然商贩安于便捷,未免由舟"③。另外,海南岛还"外接诸番"④,可见,海南岛不管是与内地还是与海外发生往来,乘船出行已成生活的必需。而海南岛"地居炎方,多热少寒","秋夏飓风"⑤,海潮险恶,"惟琼海两岸东西异流……同此一海,两岸异流,彼逆此顺"⑥。雷州同样如此。所以,从雷州来去海南,多为险途,人们自然希望借助神灵的保佑来与其竞争。妈祖作为海神,其庇护功能正迎合了航海经商人士和渔民的需要,无论是本地或是途经此地的航海者都会先拜过妈祖之后才会安心航行。

当然,琼雷风雷水旱瘟疫等严重威胁着人们的生命财产安全,祭祀和信仰妈祖,避祸祈福的心理较浓。这样恶劣的海洋环境不仅对航海者造成威胁,也给在岛内耕作的人民带来困扰。"盖琼田滨海洋者,苦风涛变为斥卤……唯居中一带稍膏腴,然春秋之间,黎水横溢,又往往以淡伤为苦,故岁中亩无半收,田皆下下,即上田也不过五斗。"⑦为了风调雨顺,他们自然也希望能藉由妈祖的神威,使安澜顺济,利于农事。其他瘟疫灾害等也有发生,妈祖也成为民众在这一方面的保护神。一定程度上,妈祖成为沿海一带的地域保护神。

(二)妈祖本身特殊的属性及不断的灵异是其在信仰空间得以扩展的重要内在因素

妈祖是公认的"海上保护神",雷琼是半岛和孤悬在海中的陆地,使得妈祖在琼雷

① 正德《琼台志》卷四《分野》。
② 正德《琼台志》卷二一《海道》。
③ 正德《琼台志》卷四《分野》。
④ 正德《琼台志》卷四《形胜》。
⑤ 正德《琼台志》卷四《气候》。
⑥ 道光《广东通志》卷一一二《山川略》。
⑦ 《广东新语》卷十四《食语》,北京,中华书局1997年版,第376页。

更易于被接受。明、清时期是妈祖神性不断发展、神格不断提高的重要时期,这种变化自然令妈祖从更大范围上满足各方人士的需要,获得更多的信徒。海口天妃庙,"灵爽迭著,舟行者必听命于神许而后济,事亦如之"①。临高县天后庙"人民舟楫之往来,无风涛险阻患,其食神之德若司土,然可不念哉!"②

宋、元时期,妈祖虽有敕封,但其职司和功能主要还是保护海上航行和海事活动的安全。明、清时期虽然实行海禁政策,一定程度上抑制了海外贸易的发展,但这一举动并没有实质地阻碍妈祖信仰的继续发展。明有郑和下西洋,清有平台湾之大事,传均得到妈祖的庇佑而获得成功,鉴于此,统治者对妈祖不断加以敕封,各地天后宫中的"万古流芳"、"海晏境安"等牌匾不绝于壁。明洪武五年(1372)、永乐七年(1409)朝廷加封妈祖的封号,此外还"遣官致祭,岁以为常"③。康熙二十三年(1684),由朝廷敕封,妈祖由原来的"天妃"上升为"天后",道光十九年(1839)更是封妈祖为"天上圣母"。"神周天下中外,辅国庇民,历朝加封,祀典昭然,迹其功德所流,实于海外多建奇功。"④

妈祖除了继续职司安澜助顺利济之外,还兼有其他诸如生育、发财、去病等各种功能,成为通神。此外,妈祖还吸收了观音菩萨的神性,又与道教神仙之说、民间龙王传说互相渗透融合,令妈祖的神性发展到广大无边,并具有很大的适应性,能够迎合各种不同人群的需求。

雍正十二年(1734),"令直省建庙,春秋致祭,(天后)神之灵迨遍于南北矣,况粤与闽连疆,为天后居近之乡,其呵护而佑庇之也"⑤。海南的地方官员也积极投入到修建妈祖庙,大倡妈祖信仰的行列中。琼山海口天后庙,春秋由官员行祭,乃至商民香火更盛。⑥ 而在道光二十四年(1844),文昌县就举行了一次大型的祭祀活动——全部军民到天后宫后殿崇祀"天后圣母"⑦。此外,每年还于春秋两季由官员举行祭祀活动,由知县备办祭品,由承祭官行礼祭祀。可见,统治者不断对妈祖的加封和推崇,以及地方官员的积极响应和配合促使妈祖信仰在琼雷迅速发展。

雷州"天妃于海神最灵,诸渡者必走谒祠,问凶吉;或中流难起,则舟人匍匐叩神,望赤光荧薄帆樯则神来也,舟人无恐已!"⑧硇洲岛邻珠池,"亡命啸聚,辄操大艇闯入剽窃",难于管理。万历十五年(1587),罢硇洲税并徙其民于内地。随迁硇洲岛上的妈祖庙,迁像于雷州南亭妈祖庙,官员主导重修,天妃神力偕风浪,"大木千章逐巨浪至",

① 民国《琼山县志》卷十八《金石》、(清)李向桐:《重修海口天妃庙记》。
② (清)樊庶:《重修天后宫记》,康熙《临高县志》卷十二《艺文志》。
③ (清)周煌:《琉球国志略》卷七《天后封号》,《台湾文献史料丛刊》第3辑(56),台北,大通书局2000年版,第168页。
④ 民国《海康县志》卷六《坛庙》,嘉庆十六年《县绅商等秉呈知县刘邦柄以港漕充天后庙香灯费奉批准立案记略》。
⑤ 光绪《化州志》卷三《坛庙》,光绪十四年(1888)刻本。
⑥ 民国《琼山县志》卷十四《金石》,(明)赖聚《重修天妃庙记》1917年刻本。
⑦ 咸丰《文昌县志》卷五《经政志》,清咸丰八年(1858)刻本。
⑧ 万历《雷州府志》卷一一《秩祀志》,引(明)邓宗龄《天妃庙记》。

庙得以顺利完工,题曰"龙应宫"①。雷州天妃"绥护边陲",也庇佑珠池,万历时,"厥有孽丑,迩窥禁池;神乃布之,一举散之;黟其渠魁,罔俾孑遗;肃清琼海,实神之施",朝廷令水师驻扎硇洲岛等地,希冀"神其保鉴,壮我虎豼",拱卫海防的阴佑作用凸显②。显灵之处无处不在。"我雷三面潮海,母之神灵随潮布化,吾侪之沾濡巨泽者尤深也。"南亭潮港前三十六溪曲合大潮溪,"唯母后之赫濯有享潮水漾洄,而潮水之漾洄益彰母后之赫濯也,则有港利应归母庙为荐献香烛之资"③。雷州沿海有庇佑海边潮地及港口职能。遂溪县通明社关帝天后庙,康熙间显圣佑助官军收灭海匪,大臣请旨加封,赐银用于每年春秋祭祀,每年官行礼,永为常例④。阴佑地方安定,应是天妃的神职之一。

雷州人还祀三婆婆神,把三婆婆认为是妈祖之姊。"按,雷俗亦多祀三婆婆神,云石天后之姊,以三月二十二日为诞辰。考刘世馨《粤屑》云,浔州天后庙有碑记叙述天后世系言自莆田庙中抄出者,称天后有第三姊,亦同修炼成仙。则三婆婆有来历,非子虚也。"⑤三婆婆信仰,当是妈祖信仰在雷州传播过程的变异。

另外,妈祖作为女神,具有特殊的母性。海南人奉祀妈祖亦神亦祖,各信众则自称为同堂兄弟。这样的情况在商人或异乡人士中尤其突出。"神之人,犹母也,人之事,亦犹子也。异地同堂,亲之爱之,兄弟也。"⑥海南岛是一个移民聚居之地,各移民来自不同的地域、民族和职业。妈祖的特殊属性便使之较容易成为不同移民的共同信仰而在海南岛得到长足发展。官府也恰恰看中了妈祖信仰所具有的这一凝聚作用,故特别重视妈祖庙的修建情况。可见,妈祖本身特殊的属性为其信仰在海南岛的兴盛发展奠定了基础,而朝廷和地方官员利用妈祖信仰加强其统治而给予的政治扶持,在客观上必然对妈祖信仰的传播起到推波助澜的作用。

(三)官方提倡,天妃阴佑地方安定,是天妃信仰扩展的重要原因

随着海外贸易的开展,海南经常受到过往海盗的侵扰。早在唐开元年间,鉴真东渡日本遭到飓风漂流到海南,接待他的冯若芳就是万安州(今海南陵水县、万宁县)的大海盗,此人"每年常劫取波斯船二三艘,取物为己货,掳人为奴婢"⑦。有明一代,海南岛上海盗活动从未中断。除了中国沿海的海寇外,倭寇、番寇也经常侵扰琼雷。他们进入琼雷,或劫掠财物,或掳掠杀戮民众,或烧毁民舍等,给琼雷地方社会带来巨大的灾难,并危害到居民的人身安全。⑧ 平寇成为明、清的重举,妈祖也因此被统治者加

---

① 万历《雷州府志》卷一一《秩祀志》,引(明)邓宗龄《天妃庙记》。
② 万历《雷州府志》卷一一《秩祀志》,引(明)吴文华《祭文》。
③ 民国《海康县志》卷六《坛庙》,《县绅商等秉呈知县刘邦柄以港漕充天后庙香灯费奉批准立案记略》。
④ 道光《遂溪县志》卷四《坛庙》。
⑤ 民国《海康县志》卷六《坛庙》。
⑥ (清)郑际泰:《鼎建凤城会馆碑记》,见谭棣华等编《广东碑刻集》,第961页。
⑦ 〔日本〕真人元开著、汪向荣校注:《唐大和上东征传》,北京,中华书局2000年版,第68页。
⑧ 卢苇:《明代海南的"海盗"、兵备和海防》,《暨南学报》(哲学社会科学版)1990年第4期。

以利用,在心理层面上来对付海寇。如万历九年(1581)钦差分守广东琼崖地方等处参将顾宗文,因平叛寇乱感谢"护国庇民英烈天妃之神",其《平寇祭文》里高颂妈祖阴佑,"仗神笃祐,刁斗不惊,扬波伏莽,靡有孑遗,七旬而克,肤功告成"①的神迹,借助妈祖的神圣性来达到平定海寇,加强统治的目的。至清代,海寇对海南的侵扰仍相当猖獗。海寇的大肆侵扰,令官民深受其害,因此,政府官员和民众都寄望神圣的妈祖来庇佑他们的生命财产。再加上一些妈祖"显灵"的奇迹,令人们更信赖无所不能的妈祖。据《重修海口天后庙记》载,道光二十九年(1849),在琼山海口,有海寇张十五常侵扰海口一带,"炮火轰击,弹子如雨",但"居民无一伤者",位于海口的妈祖庙也"巍然尚存",当地人都认为这是由于妈祖显灵所致。广潮高琼"五行商民捐修",花费白银八千余两,"襄其事者,五行绅商也"②。而定安县官民也有于妈祖诞辰之日大举"设庆醮,或请神像出游,谓之'保境'"的祭祀活动,以此来祈求妈祖的庇佑。③ 海盗除了通过暴力手段来抢劫财物外,也经商牟利,从事亦盗亦商的活动。④ 因此,他们本身也是信奉妈祖的一个群体,其性质跟现在有些黑帮社会供奉具有正义感的"关帝"类同。

今硇洲岛明清属于吴川县管辖,属于高州府。其津前天后庙,庙中天后坐轿,刻着楹联"像是莆田尼山吴祖,庙居津前正德元年",当是正德元年(1501)由硇洲吴姓的先祖从福建莆田带入修建的。硇洲津前天后庙,明万历三年(1575),雷州推官顾以锡为报天后显灵庇佑他在硇洲海面战胜海盗之恩,在今津前天后庙前建石牌坊一座,上刻"海不扬波"四字。清代,"海寇乌石二带匪艘百余艘,薄郡城,猖獗甚",兵勇难以抵抗,急呼"一妈",寇退民安。⑤ 雷州下岚老村天妃庙,嘉庆十五年(1810),总督百龄"剿贼立扁:'保障海隅'";下岚仙村天妃庙也有总督百龄、署府怀沅俱题匾,百龄题匾"慈荫瀛濡";头角村天妃庙,总督百龄、署府怀沅及参将德兴题匾,百龄题匾"胙飨通诚"⑥。可见,天妃神灵保佑,国家藉此以庇佑疆土和地域的稳定。

(四)闽地移民以及林姓,因妈祖的地缘、亲缘关系,加上明清商品经济的发展,商贾参与,广大民众积极加入,也是明清琼雷妈祖信仰地域进一步扩展的原因

第一,移民带来了妈祖信仰,其在琼雷的开发中则又为妈祖的长足发展创造了条件。关于海南岛的开发,有学者认为汉族移民实是开发海南的主力,而闽人又是主力中的骨干。⑦ 宋代,闽人得航运之便利,先入为主,移居海南岛的沿海,"闽商值风水荡

---

① 民国《琼山县志》卷十五《金石》,(明)顾宗文:《平寇祭文》。
② 民国《琼山县志》卷十八《金石》,(清)李向桐:《重修海口天妃庙记》。
③ 光绪《定安县志》卷十《岁时民俗》。
④ 郑广南:《中国海盗史》,华东理工大学出版社1998年版,第106页。
⑤ 民国《海康县志》卷六《坛庙》、(清)陈昌齐:《龙应宫天后神功颂》。
⑥ 嘉庆《海康县志》卷二《坛庙》。
⑦ 司徒尚纪:《海南岛历代民族迁移和人口分布探索》,《岭南史地论集》,广东地图出版社1993年版,第181页。

去其赀,多入黎地耕种不归"①。妈祖本为福建人的乡土之神,福建人到海南岛上经商,自是将这一神圣之极的信仰也带来,并在当地建起妈祖庙致以虔诚的拜祭。雷州也是如此。明清是汉族移民来琼雷的高峰期,他们主要来自两广、福建以及江南一带。这些人是信奉妈祖的主要群体,因此他们的到来就为妈祖信仰在海南进一步发展提供了更广泛的民众基础。

第二,琼雷社会的进一步发展为妈祖信仰的兴盛提供了广阔的空间。宋、元时期,由于海上交通的发达,商品经济活跃,海上贸易迅速发展起来。海南为南海航运要地,又有被中原视为珍品的丰富热带作物资源和各种海产品,吸引商贾为获利而进入琼雷,甚至深入黎峒,这就大大发展了琼雷的社会经济。明清时期则得到进一步的发展,从海南岛的商品经济和贸易情况来看,大大超过前代。② 海运经济的发展,令民众对妈祖更加信奉,其具体表现为对妈祖庙的大量修建。他们或是置买田地,或是捐资出钱。据陵水县《鼎建凤城会馆碑记》载,该馆之建立,得到多方的资助,单铺行就有 30 多家③;而顺德会馆的重修则得到 60 多家铺行的捐资④。商家大兴妈祖庙,利用该信仰来加强各贸易者之间的认同感,有利于促进和巩固双方的经济关系。妈祖庙和商人之间这种互动的发展关系,正是当时商业经济繁荣的具体表现。正如清康熙邓龙文的《敕封护国庇民英烈天后娘娘庙碑记》所云:"其神国利民者不一,而灵见于边海为多,迄今闽广船艘往来贸易,祈祷舟行,一遇风涛,震荡辄急,请命于神者,或闻异香,或见流火,即为神至之验,俄而风顺浪平,其提挈若慈母之于赤子,宜其崇祀遍东南也。"⑤

第三,广大民众的积极响应,是妈祖信仰的重要根基。在官方、士绅引导,商人出资,广大下层的民众积极响应,使天妃信仰扩展而长久不衰。雷州最大的天妃庙龙应宫,就是官方、商人(主要为椰商)、民众历代不断修建和筹划游神经费的。海康大埔村港口,也是乡民自发建庙来祭拜天妃的。⑥ 儋州王五市的天后庙,为琼州西路咽喉,"往来辐辏,商贾云集","昔客于市者尝建庙以祀神"⑦。商人参与,民众为信仰的主要群体。琼州最大的海口天妃庙,历来修理庙宇的除官员外,商人、监生等都参与其间。定安县中街的天妃庙,广府商人建庙,后买多间商铺供香火钱。⑧

总之,明、清琼雷社会经济文化的发展,移民的不断加入,使得琼雷在接受、融合妈祖信仰这一外来文化的活力得到进一步的增强。在这种背景下,再加上妈祖神格的提高和神性的扩大,官方与民众的共同努力,各种条件相辅相成,终于迎来了妈祖信仰在

---

① (元)马端临:《文献通考》卷三百三十一《四裔考八》,浙江古籍出版社 2000 年版,第 2599 页。

② 杨德春:《海南岛古代简史》,东北师范大学出版社 1988 年版,第 77 页。

③ (清)郑际泰:《鼎建凤城会馆碑记》,见谭棣华等编《广东碑刻集》,第 961 页。

④ (清)佚名《鼎建顺德会馆货资题名碑记》等三碑,见谭棣华等编《广东碑刻集》,第 966—985 页。

⑤ (清)邓龙文:《敕封护国庇民英烈天后娘娘庙碑记》,民国《儋县志》卷九《金石》。

⑥ 嘉庆《海康县志》卷二《坛庙》。

⑦ 民国《儋县志》卷九《金石》,(清)邓龙文:《敕封护国庇民英烈天后娘娘庙碑》、(清)李奇蚪:《重修儋州王五市天后会馆碑记》)。

⑧ 光绪《定安县志》卷二《建置·坛庙》。

琼雷兴盛发展的局面。

三、明清海南妈祖信仰在海外的发展

由于历史和地理的原因,海南人也多到海外经商或谋生,这样,妈祖信仰则以海南为中转站,随海南人的向外迁移又传播到了海外。这便在海外形成了独特的华侨信仰文化。

明清时期,海上贸易繁荣,促使海南岛上居民乘船出海谋生,他们当中有些人后来散居在南洋各地。出于信仰和联络同乡的需要,也为了给"新客"提供栖身之所,他们纷纷于所到之处创立天后宫,主要供奉妈祖,也有一并供奉"水尾圣娘"、及"昭烈一〇八兄弟"(后二者为海南岛土生土长的水神)的,这是海外海南人普遍信奉的神明。海外天后宫的建立,一般先筑简陋的"坛",进而扩建为砖瓦大庙。后来由于形势的需要,又扩大组织而蜕变成为会馆。所以,海外部分海南会馆与天后宫可说是"二位一体"的组织。琼籍人士虔敬"天上圣母",同乡会馆对妈祖的供奉及祭祀活动,成为联络同乡感情、增进友谊,促进同乡团结十分有效的一根纽带,是文化认同感的组成部分,所以他们每到一个地方都会创立会馆并兼设天后宫,尤其在新加坡和马来西亚,这种现象较为普遍。"在新加坡、马来西亚华人社会供奉天后妈祖不亚于福建籍人士者,便属于琼州籍人士了。"①琼籍人士南下新加坡,最早是在嘉庆二十四年(1819),但是初期这些同乡的人数并不多,且无组织,直到咸丰七年(1857),才由琼籍人士韩亚二(旺彝)和王志德等发起建立琼州会馆,他们邀请住在新加坡的同乡,向英国东印度公司购买小坡峇街6号相连屋宇三间,作为同乡聚会和住宿之所,此为最早的馆址。时会馆内并设天后宫,以崇祀天后圣母,南天水尾圣娘和昭烈一〇八兄弟诸水神。② 琼州会馆和天后宫同时创立,且地址相同,体现了二者的"二位一体"性,也反映了"天后宫"在新加坡已经不是纯粹的神庙,更突出的体现乃是其经济及联谊作用。后因"岁久倾圮,字向不合"③,于光绪五年(1879),由王永祥等人发起募资购置美芝律四十七号房屋,将其改建为天后宫宇,于次年落成。该天后宫的建筑材料均由海南岛用帆船运载而来,所有的技工也来自琼崖,他们仿照中古时代的宫庙样式,把天后宫建得美轮美奂,重修后立有碑记,该碑现仍存在宫内。④ 从碑文可以了解到,当时新加坡和海南之间频繁的贸易往来,如其文则是"货物辐辏,商旅云集";此外,文中还反映了海南人建立会馆的目的,乃是"岁时荐馨,敦崇乡谊……每当会集时,与亲旧余离阔,陈桑梓故事,以为抚掌之资,至足乐也"⑤。可见,新加坡琼州会馆的建立,更多的是为了同乡联谊的需要,

① 童家洲:《日本华侨的妈祖信仰与新加坡、马来西亚的比较研究》,《社会科学战线》1990年第4期。
② 〔新加坡〕吴华:《新加坡华族会馆志》(第一册),新加坡,南洋学会,1975年,第65—68页。
③ 陈荆和、陈育崧:《新加坡华文碑铭集录》,香港中文大学出版部,第206页。
④ 〔新加坡〕吴华:《新加坡华族会馆志》(第一册),第210页。
⑤ 陈荆和、陈育崧:《新加坡华文碑铭集录》,第207页。

而其对妈祖的供奉及祭祀活动,则成为他们联络感情的纽带之一。这种性质的会馆对于出海谋生的海南人来说是十分重要的,通过这样的组织,他们在经济事业上和生活上可以获得同乡人的帮助和扶持,在感情上则可得到更亲切的交流。琼籍天后宫在新加坡的设立及其扩建则反映了琼籍队伍的不断壮大。

除了在新加坡之外,海南人在马来西亚建立会馆奉祀妈祖的现象也相当普遍。同治八年(1869),由龙永传在马六甲建立了琼州会馆,尔后,其他琼籍人士也先后在太平(1869年建)、槟城(1870年建)、麻城(1882年建)、新山(1883年建)、吉隆坡(1889年建)、关丹(1891年建)、巴生(1894年建)、安顺(1895年建)、古晋(1898年建)、永平(1900年建)等地建立了琼州(琼崖)会馆①,馆内几乎都祀有妈祖,且大都另设有天后宫,如马六甲的琼州会馆、吉隆坡的雪兰莪琼州会馆、关丹琼州会馆等。有些会馆其前身乃是天后庙,而后由于形势发展之需才发展为会馆,如槟城琼州会馆和古晋琼州会馆。这些会馆除了供奉主神"天上圣母"之外,还奉有南天水尾圣娘以及一〇八兄弟诸神,香火都相当鼎盛。此外,在海外其他地方琼侨的神庙(或会馆),如泰国、越南等地也有供奉妈祖的,其香火的鼎盛虽然不如新加坡和马来西亚,但亦可反映海外海南人信奉妈祖的普遍性。如泰国,虽然大多数神庙乃是水尾圣娘庙,但庙内也有奉祀"天后圣母"的。

众多民间信仰当中,妈祖信仰随移民在海外落户,体现了妈祖信仰在海南人心目中所占的重要地位。另外,他们去到哪里,就在哪里设会馆建宫庙来祭祀妈祖,这样也在客观上进一步加快了妈祖信仰在海外的发展。海南人尤其膜拜妈祖,是因为妈祖自宋代起就已经是深得民心的航海保护神;此外,海南岛位于南海之中,常有飓风海潮之患,出海之人唯有祈求这位"安澜顺济"的神祇保佑。海南人于海外立会馆,奉妈祖的现象只是大多华人在海外活动的一个缩影。实际上除他们外,出外谋生的中国人到了海外几乎都会设立会馆并供奉妈祖,因此,有人指出,凡是华人所到的世界各地,如果设立了会馆,会馆中必然供奉妈祖。② 这无疑扩大了妈祖信仰在世界各地的辐射范围,而妈祖作为正义、善良、美好的化身,其精神力量已经得到世界的认同,成为世性的"航海保护女神"乃至"和平女神"。这多仰赖于海外华侨对妈祖的推崇,而当中,海南人也扮演了较重要的角色,他们在海外所建立的奉有妈祖的会馆,在当地社会至今仍起着非常重要且特殊的作用。

四、小 结

妈祖信仰在琼雷民间崇拜中占有比较重要的地位,明清时期更是呈现出兴盛发展的局面。政府官员、商人和当地民众积极参与妈祖庙的修建,出现了大量妈祖庙。此

---

① 林远辉、张应龙:《新加坡马来西亚华侨史》,广州,广东高等教育出版社1991年版,第253—256页。

② 肖一平:《海神天后与华侨南进》,《妈祖研究资料汇编》,福州,福建人民出版社1987年版,第174页。

外,随着当地社会经济的发展,妈祖庙不仅是祭祀求庇佑的场所,还发展为商人联谊、经商的商业色彩浓厚的组织。以上均反映出琼雷对于海神信仰(特别是妈祖)的极大需要;而岛上经济文化的进一步发展以及大批以闽粤为主的内陆移民的到来,促使妈祖信仰在琼雷拥有更广的发展空间;统治者对妈祖的不断加封和推崇,地方官员的积极配合,则对妈祖信仰在海南的迅速发展起到了推波助澜的作用。此外,妈祖信仰还随着海南人向海外发展而传到了海外各地,尤其在新加坡、马来西亚更是出现了较多奉祀妈祖并与天后宫"二位一体"的会馆组织,而这些组织团体至今仍在当地发挥着积极且特殊的作用。妈祖信仰作为琼雷俗文化的一个重要组成部分,只有正确认识其在琼雷民众社会生活中的作用,才可以更深刻地了解琼雷独特的海洋文化本质特征,为琼雷在加强其文化内涵的发展道路上提供有力的帮助。研究明清时期琼雷妈祖信仰的发展,对于了解当地的社会经济文化以及移民状况都有很大的帮助。

作者:王元林,暨南大学历史系教授

黄廷·闽营人·妈祖文化

张富春

经历明末清初连年兵燹,中原人口锐减,昔日良田多化作蓁莽之墟,成为清廷安置屯垦的重要地区。闽营人即是指康熙初年由原郑成功前提督黄廷率领从闽南移驻中原各地屯垦的明郑降清官兵。目前学术界研究移民多注重中原人南迁,对由其他地区移入中原的移民则关注不够。任崇岳的《中原移民简史》①第五章第二节《清代进入中原的移民》曾涉及中原闽营人,然过于简单;杜世伟的《河南邓州高山族"闽营"背景初探》②将闽营作为邓州高山族的历史背景予以初步研究。另外,涂征的《南阳地区闽营人》③对黄廷及邓州闽营人做了介绍;张振杰的《洛宁"闽营人"》④、《中原的"闽营人"》⑤则重在介绍洛宁闽营人的来历。郝时远的《河南〈邓州台湾土番垦屯陈氏家乘〉考辨》⑥论及黄廷降清、屯垦邓州等事,认为黄廷没有参与康熙二十二年(1683)施琅征台。本文拟对黄廷生平事功、南阳闽营人及相关问题做一考辨,期望有助于全面深入地研究中原移民,促进豫闽台文化交流。

一、黄廷生平及降清辨析

黄廷在南阳闽营人中具有"始祖"地位。廷字华明,乳名代河,福建泉州府同安县西十八里锦里村(今漳州龙海市角美镇锦宅村)人,生于明泰昌元年(1620)二月十一

① 任崇岳:《中原移民简史》,河南人民出版社 2006 年版。

② 杜世伟:《河南邓州高山族"闽营"背景初探》,《民族研究》2005 年第 5 期。

③ 涂征:《南阳地区闽营人》,《南阳志通讯》1984 年第 2 期。

④ 张振杰:《洛宁"闽营人"》,《中州统战》1999 年第 6 期。

⑤ 张振杰:《中原的"闽营人"》,《闽南日报》2010 年 3 月 25 日。

⑥ 郝时远:《河南〈邓州台湾土番垦屯陈氏家乘〉考辨》,《民族研究》2005 年第 5 期。

日,卒于康熙五十六年八月十六日(1717 年 9 月 20 日),享年九十七岁。① 光绪《同安县志》卷二十一《武功》载其字号则谓:"黄廷,字甫朝,号华明,积善锦里人。有大志,具韬略,貌魁梧。初在郑成功处挂伪将军印,留守厦门。及成功亡,投诚,国朝封慕义伯,驻扎河南南阳等处地方。"卷四《都图》云积善里"在县西七十至八十里、九十里",所统第十九都有锦堂堡。② 邓州人所谓"同安县西十八里"当为"八十里"之误。此锦堂堡即今龙海市角美镇锦宅村③,亦即锦里村。刘献廷《广阳杂记》卷三云:"黄庭,漳州人。善战持重,百战不败。赐姓之攻金陵,庭留守厦门。于康熙二年(1663)以五千铁甲投诚,封慕义伯;后令其开垦于邓州。"④黄庭即黄廷,乃同音而误。同安清时属泉州府,此云黄廷漳州人亦误,复误黄廷降清时间为康熙二年,详见下文。

黄廷体貌魁梧,胸怀大志,后从郑成功抗清,善战持重。同属编年体之彭孙贻撰、李延罡补《靖海志》和沈云撰、沈垚注《台湾郑氏始末》及杨英的《从征实录》⑤三书于黄廷降清前事功记述较详,略云:

顺治七年(1650)二月,援剿左镇黄廷改辖右先锋镇。郑成功于五卫亲军外置前、后、左、右、中五军,设总督一员总制五军戎政,每军设提督一员主征战机宜。军下设镇,援剿左镇所属五援镇(援剿前、后、左、右、中)即其中之一。九年(1652)三月明郑攻长泰县,清军全军覆没,成功照大敌升赏,黄廷以首功擢前提督。十年海澄大捷,黄廷复以首勋拟题伯爵。十二年(1655)四月成功驻思明州(厦门),剿抚伯周金汤、太监刘国柱至州,赍敕印颁发勋爵,黄廷晋封永安伯。

顺治十五年(1658)郑成功北伐,以黄廷总督防守思明州军机事务,与兵官忠振伯洪旭计议而行。十六年十二月成功驻思明州,议遣前提督黄廷、户官郑泰督率援剿前镇戴捷、仁武镇康邦彦往平台湾,安顿将领官兵家眷。次年正月二十六日(1660 年 3 月 1 日),调康邦彦出征台湾,抵达澎湖后因达素进攻厦门中止。⑥ 十八年(1661)郑成功进平台湾,以洪旭、黄廷居守思明州,郑泰居守金门。黄廷此次未随征复台甚明,然周文铎同治三年(1864)《皇清敕封骠骑将军从三品官衔台湾土番邓州垦兵籍迪摩达奥汉

---

① 参见邓州市文渠乡伯府宅村黄廷后人 2005 年新立、涂征撰写之《皇清勒封慕义伯收复台湾爱国将领中原闽营垦兵统帅始祖公黄讳廷字华明之墓》碑碑文。按:泰昌元年为明光宗朱常洛年号。"(万历四十八年)八月丙午朔(1620 年 8 月 28 日),即皇帝位。大赦天下,以明年为泰昌元年。……九月乙亥朔(9 月 26 日),崩于乾清宫,在位一月,年三十九。"(《明史》,中华书局 1974 年版,第 294 页)皇长子朱由校继位后诏改明年为天启元年,历史上遂以万历四十八年八月后为泰昌元年。此云泰昌元年二月十一日误,应为万历四十八年二月十一日,公历为 1620 年 3 月 14 日。

② 吴堂、刘光鼎纂修:《同安县志》卷二十一第六十九页、卷四第十一至十二页,中国国家图书馆藏光绪十二年(1886)刻本。

③ 孙英龙:《台胞捐建的锦宅村五恩宫》。http://www.chinataiwan.org/zppd/zpdt/200807/t20080701_684502.htm.

④ 刘献廷撰,汪北平、夏志和点校:《广阳杂记》,北京,中华书局 1957 年版,第 159 页。

⑤ 前二书均见《续修四库全书》第 390 册,上海,上海古籍出版社 2002 年版;杨英:《从征实录》,《台湾文献丛刊》第 32 种,台北,台湾银行经济研究室。

⑥ 黄盛璋:《有关郑成功收复台湾的几个问题新证》,《中国史研究》1981 年第 1 期。

名周殿卿传》则云"廷率军押运火药粮草策应于后";黄廷九世孙女黄永芝、十一世长孙黄宪闽新作《民族英雄"慕义伯"黄廷》亦详述郑军兵临台湾城下,久攻不破,成功召黄廷共商破敌之策。成功从廷言,大破荷军。甚或谓黄廷因此被郑成功以永历帝名义封永安侯。① 谛审之似非杜撰,当有其凭依——在闽营人族谱、碑刻等乡土文献中应存在类似记载。此或与闽营后裔塑造黄廷民族英雄的意图有关,显示出历史进入记忆与史实的某种背离。因为社会政治、经济、族群关系以及现实处境等太多因素影响着人们对自身历史的叙述。

康熙元年(1662)五月郑成功病卒,遗命其幼弟世袭护理大将军印。郑泰、洪旭、黄廷等不从,遂在思明州拥立郑经为嗣。郑经加周全斌为五军都督率以东征,次年正月挟世袭返回思明州。郑经即王位后以黄廷守铜山,七月以廷子而辉为思明州知州。十月,清总督李率泰、靖南王耿继茂与荷兰人揆一合攻思明、金门两岛,郑经退守铜山。三年三月,郑经弃铜山退守台湾,洪旭邀黄廷同行,廷所部兵众多不欲往。黄廷初议令其子而辉与婿中军将吴朝宰率众降清,已挈眷与旭赴台湾。适逢黄梧遣陈克竣来铜山招降,黄廷遂率而辉等眷属将士入漳州投降,令其子而道率部分将士入台。谢思祥嘉庆戊辰(1808)撰《台湾叔侄寻亲祭祖抵邓州记》云:"初,慕义伯铜山岛分兵投主,吾二世伯祖公讳瓦丹光前谢宗忠,携妻眷十有三口分居台湾云林坪口湖寮。"前揭周文铎《周殿卿传》亦云:"廷投诚之际,用分兵投主以保完全之策计,其子尔道率众漂台,分殿白公携妻追随之。"②

黄廷于康熙三年三月降清,六月受封慕义伯。《圣祖仁皇帝实录》卷一二康熙三年五月丙寅(初五日)靖南王耿继茂等疏报:"(三月)十四日(1664年4月9日)夜半,渡海进拔铜山,焚毁贼巢,斩首三千二百余级。伪永安侯黄廷、伪都督余宽等率伪官兵家属人等三万二千四百余名出降,所获船只、盔甲、器械无算。"又云:"(六月)庚戌(十九日),授福建投诚伪侯黄廷为慕义伯。"③此谓黄廷伪永安侯,或源自清福建总督李率泰。康熙元年九月九日(1662年10月20日)批《李率泰题为郑泰等派员议降事本》云:"又据伪建平侯郑泰、伪忠振伯洪旭、伪永安侯黄廷咨呈内称……今据伪建平侯郑泰、伪忠振伯洪旭、伪永安侯黄廷具咨投诚……"④李率泰或误永安伯为永安侯。黄廷后人称其为侯爷亦是渊源有自。

康熙四年黄廷随施琅攻台。"四月,施琅见船只已备,遂会藩、院,调诸投诚官兵郑鸣骏、黄廷、郑缵绪、何义、陈煇、杨来嘉、陈蟒、林顺、杨富等兵分配,飞题报出师日期,将大队舟师出铜山。十五日(1665年5月25日),开洋。"⑤三更时分遭遇飓风,施琅无功返回厦门。清廷与明郑战事暂告结束。六年(1667),湖广道御史萧震疏言投诚开荒

---

① 政协邓州市委员会《邓州与台湾》编辑组编:《邓州与台湾》,2005年内部资料,第49—50、90页。

② 分别见《邓州与台湾》,第91—92、99页。

③ 《清实录》,中华书局1985年版,第181页下、186页下。

④ 厦门大学台湾研究所、中国第一历史档案馆编辑部编:《郑成功档案史料选辑》,福州,福建人民出版社1985年版,第447—448页。

⑤ 江日升:《台湾外记》卷六,《台湾文献丛刊》第60种,第234页。

之策,为朝廷采纳。

二、屯垦河南南阳

郭习敬《重修邓县志》云:"清初,自郑延平故后,所遗思明义师无所依归。康熙三年,海澄公黄梧率以归清。既而梧殁,由慕义伯黄廷率领北上。时清廷恐其兵重,聚而生变,因命疏散屯垦。康熙七年,自芦沟桥南下以至邓,临县留兵屯垦,而在宛者分驻七县。"①此说颇多可疑处,试缕析之。

黄梧投清后便极力招降明郑将领:"梧疏言:'自海上归诚,十二年中,先后招抚文武吏二百余、兵数万人,有蒙赐封侯伯且世袭者。臣公爵未定何等及承袭次数,乞敕部覈议。'寻命定封一等公,世袭十二次。七年,兵部议裁汰诸行省兵额,梧标下额定官三十员、兵一千二百人,余移驻河南。"②黄廷等郑成功旧将经黄梧招抚先后降清,部分兵士归清后即由黄梧统领。《清圣祖实录》卷十三康熙三年冬十月甲戌(十六日)云:"拨投诚兵二千名隶海澄公黄梧下,合旧兵三千名,立中、左、右、前、后五营。"③或以此故,郭氏才有康熙三年黄梧率无所依归的思明义师降清含混之语。然其所谓既而梧殁则不妥。黄梧卒于黄廷率部北上后四年之康熙十三年。《靖海志》卷四云:"(康熙十三年)三月十五日(1674年4月20日),耿精忠据福建……耿精忠以黄梧为伪平和公。梧病疽,受印不数日,疽坏而死。"七年黄梧标下官兵多半被裁汰,其因当如郭氏所言恐其兵重聚而生变。因命疏散云云亦令人生疑。所裁人员当由黄廷率领随其他降清将士直接移驻河南,而不可能先北上至卢沟桥复南下邓州。同书卷三云康熙六年"部议分拨海上投诚兵移驻外省。先拨慕义伯黄廷驻河南邓州,随召承恩伯周全斌入京"④,江日升《台湾外记》卷六所言与之相类⑤。入京归旗与外省安插是清廷安置投诚官兵的重要措施,二者之依据在于投诚者其前之地位与影响力。郭氏或混入京与移驻邓州为一。谛审二书所言,实乃令周全斌、郑缵成、郑修典等本人入京归旗,其标下兵则分屯河南等省,而非令其率所部人马入京。

康熙七年抵达南阳后,黄廷带五营亲兵屯邓州,副将余伯益屯方城,都督金事涂孝臣屯唐河,左都督杨正及都督金事张旻屯新野,翁求屯南阳,陈显屯镇平。

黄廷在邓州城里设武衙门,府第则建于州城西十八里今文渠乡伯府宅村。其五营亲兵屯垦地在州城西北至冠军故城沿刁、湍二河间官道两侧。邓州闽营人分布在今文

---

① 《重修邓县志》为郭习敬纂修于民国三十一年(1942),宣纸线装,邓州市档案馆藏有抄本。此据杜世伟的《河南邓州高山族"闽营"背景初探》(《民族研究》2005年第5期)引文及河南师范大学文学院汉语言文学专业2008级邓州籍学生刘闪2009年2月11日于邓州档案馆录文。

② 《清史稿》卷二百六十一《黄梧传》,中华书局1976年版,第9880页。

③ 《清实录》第4册,第199页上。

④ 《续修四库全书》第390册,第512页下—513页上、第511页下。

⑤ 《台湾文献丛刊》第60种,第242页。

渠、张村、九龙等乡镇,其中来自台湾的高山族人主要聚集在张村镇上营、下营、张许等村。

余伯益定居裕州(今方城县)潘河沿岸。雍正十一年(1733)《镇国将军余公墓碑》云:"公讳添,字伯益,原籍福建漳州府漳蒲(浦)县铜山所(今东山县铜陵镇)人。由行伍受札副总。于康熙七年奉旨同慕义伯黄公带领官兵移驻河南南阳府裕州督垦。"①余伯益本人定居距县城二里的今券桥乡营坊村,附近大营、小营、沈营等村均为当初屯垦地,置增福里。乾隆《裕州志》卷三《赋役志·里甲》云:"增福里,系闽人奉旨安插垦荒者,户少无甲。"②

乾隆《唐县志》卷八《人物志下·流寓》云:"涂孝臣,福建漳霞人,明末因寇乱,聚乡勇立营寨以御摽掠。国朝定鼎,孝臣率众归命。康熙七年,移驻唐县(今唐河县),督所属士卒屯田。康熙二十四年(1685),奉调征罗义,有功,授两广督标右营都督佥事,旋升云南右路总兵官,卒于任。"③"罗义"为罗刹之误。漳霞即漳州市诏安县霞葛镇。随黄廷至南阳后,孝臣率参将六员、正兵二百四十名分屯唐河县昝岗乡闽营村,包括闽营西街、闽营老街、中营、前营、东小庄五村落。

总兵官左都督杨正率部屯垦新野。乾隆《新野县志》卷三《秩官·武胄》云:"杨正,总兵官,左都督,奉召带兵移驻,督垦新邑。后奉旨南征。张旻,都督佥事。张德,副将。张遴,左都督,世袭拖沙喇哈番,授浙江黄岩镇右营。"④今城郊乡芦庄村、孟营村委会闽营村(亦名北闽营)、五星镇闽营村委会南闽营村、王庄镇赵庙村委会江营村等为闽营人屯垦地。

清时南阳县设有闽营保。光绪《新修南阳县志》卷三《建置》云"东界淯水、包丰紫,循梅溪南抵城为保一十四",闽营保即其一。⑤陈卦原籍漳州府龙溪县城东关,弟兄三人,兄朴居原籍,卦及弟外随黄廷至南阳。陈卦与郭、苏、翁、许、马、黄、林、蔡诸姓至南阳府北八里今南阳卧龙区七里园乡大寨村一带屯垦,此处后设闽营保。陈外则到了今镇平县柳泉铺乡温岗村。⑥至镇平屯垦者还有原籍福建泉州同安县的总骑陈显、骑尉陈非。⑦

① 冯金生等:《从镇国将军墓碑看康熙年间清廷屯垦》,《方城春秋》1985 年第 1 期。按:"铜山所人"之"人"字当为衍文。
② 《中国方志丛书》华北地方第 482 号,第 165 页。
③ 《中国方志丛书》华北地方第 488 号,第 396 页。
④ 《中国方志丛书》华北地方第 479 号,第 275—276 页。
⑤ 《中国方志丛书》华北地方第 457 号,第 284 页。
⑥ 参见 20 世纪 90 年代大寨村重修陈氏家谱。南阳理工学院季艳茹 2009 年 12 月 10 日中午在南阳市卧龙区七里园乡大寨村陈书臻(1939—)家拍摄了此家谱部分内容。此据季艳茹所拍照片。
⑦ 王时晰:《建国前镇平粮食购销情况见闻录》,载中国人民政治协商会议镇平县委员会文史资料委员会编《镇平文史资料》第 11 辑,1993 年,第 53 页。

三、平台澎、剿罗刹

闽营人屯垦,初时仍属军籍,钱粮只纳正供,差徭尽皆蠲免。在南阳闽营人历经平台澎、剿罗刹等战事。乾隆《邓州志》卷十三《武胄·武功》述黄廷屯邓州后事功云:

> 黄廷,字华明,福建人,明末聚兵海上,唐王封为永安伯。投诚本朝,封慕义伯,屯长乐。康熙七年,迁廷于邓,带领本标兵丁垦荒因家焉。十三年,从征吴三桂。十五年,杨烈嘉掠杀城,征粮于邓,廷与战二狼冈,败之,邓以无恐。二十一年从平台湾,二十三年剿罗岔,具有功。九十七岁薨于邓州,葬文渠庙沟桥北。……四子而炳,康熙二十三年选善团牌者,而炳兴焉。御试瀛台,赐饮馔、缎匹。①

乾隆《信阳州志》卷八《人物志·武功》言闽营人从施琅征台澎事稍详,云:"许克济,福建泉州人,隶海澄黄公麾下为右营都督。康熙七年,移驻信阳开垦,入籍。阅数载,朝廷以台湾濒海,欲抚而有之。水师提督施闻海澄公推荐,提调克济赴闽从征。"②海澄黄公即黄梧,许克济曾为其右营都督,康熙七年被裁减后移驻信阳屯垦入籍。克济因黄梧推荐而为施琅所知,得以提调赴闽从征。乾隆《光州志》卷五十五《武功》云:"阮钦,字若昊,漳州南靖人,紫面长髯,善战知兵。康熙八年,以守备奉文辖兵屯垦上亚港荒田。二十一年调征台湾。"③光州即今信阳潢川县。清初沿袭明制,光州属汝宁府,领固始、光山、息县、商城四县。今潢川县仁和镇有亚港村。"又光州原安插垦荒守备阮钦……其原领札付已于康熙贰拾壹年肆月贰拾叁日奉文提赴福建航剿有功,蒙提督施琅咨送赴部候选将原札缴部。"④康熙二十一年四月二十三日,阮钦奉文赴闽从施琅复台。民国《洛宁县志》卷四《武略》云:"张梅,字开,原本福建漳州诏安县民籍,初官福建延平府副总兵。康熙八年,移驻永宁永安里张营村而屯田焉。历经调征台湾、云南、岳州、石阡、平远等处。"⑤康熙四年黄廷即从施琅征台,二十一年复从征亦属情理之中。

罗刹为俄罗斯在清初的旧译。《郎潜纪闻初笔》卷二云:"俄罗斯人来边境者,国初呼为罗刹,康熙二十四年踞雅克萨城,上命副都统公彭春往讨。"⑥闽营人从剿罗刹事可与佚名《平定罗刹方略》卷二"(康熙二十三年)十二月乙巳(十四日)命选择藤牌官兵"相参:"上谕兵部:征剿罗刹所需藤牌、官兵,应分遣司员至山东、河南、山西三省,于安插垦荒福建投诚官兵内,选择善用藤牌、愿行效力五百人,令地方大臣给银赡养其妻

---

① 《中国方志丛书》华北地方第 450 号,第 429 页。

② 张钺、万侯纂修:《信阳州志》卷八第 56 页,中国国家图书馆藏乾隆十四年(1749)刻本。

③ 高兆煌纂修:《光州志》卷五十五第 9 页,中国国家图书馆藏乾隆三十五年(1770)刻本。

④ 台湾"中央"研究院历史语言研究所:《明清史料己编》,中华书局 1987 年版,第 1314 页。

⑤ 《中国方志丛书》华北地方第 118 号,第 498 页。按:永宁县即今洛阳市洛宁县。

⑥ 陈康祺撰、晋石点校:《郎潜纪闻初笔二笔三笔》,中华书局 1984 年版,第 39 页。

子,兼为整装遣行。"①至于何以要在鲁豫晋三省屯垦之福建投诚官兵中选择,刘献廷《广阳杂记》卷二云:

> 甲子(1684)之冬,上在景山召见(建义侯林兴珠)……上大喜,问能用滚牌之人,何方可以召募,得人几何,可以成一旅? 曰:"多则一千,少或五百,可以用矣。惟臣乡漳泉之人,多善此者,须于闽募之。"上曰:"此去闽远,往还非数月不可。今直隶、山东、河南多台湾投诚垦种者,皆闽人,召用之,五百可得也。"侯曰:"诚如上谕。"遂召募教演,未几而成,亦未知上之将何用也。至乙丑(1685)春夏间,上命往征罗刹国阿克萨城。②

滚牌即藤牌,亦名团牌,形如大圆帽,用浸油山藤制作而成,坚韧光滑,刀枪难入。滚牌军本是郑成功训练的一支特种部队,作战时军士左手持盾牌,右手执利刀,以盾牌作掩护快速进攻,专砍敌方人马腿脚。黄廷与四子而炳、涂孝臣及鲁山县闽营人林建、朱冲、金得、林元成等因此技远征雅克萨,出发前康熙御试瀛台,赐饮馔、缎匹。嘉庆《鲁山县志》卷二十三《列传》云:"林建,字伯有,原职副总兵,康熙二十四年调征罗刹,以功授北直保定府参将。朱冲,字生万,原衔都督同知……厥后镇守古北口,征罗刹。……金得,副将职,以征罗刹功授四川威茂州参将,升湖广陨阳府副将。"卷二十四《列女传》亦云:"康熙二十四年,(林元)成随堂兄副将林建征罗扎,还溺黑河。"③

四、南阳妈祖文化

在陈政、陈元光父子率固始八十七姓万余名府兵将士及眷属开辟漳州一千年后,黄廷率大批闽南将士屯垦河南。在中原,闽营人不仅参与征台澎、剿罗刹等战事,而且还将源自中原又具闽南特色的妈祖文化带回河南。初至南阳,黄廷即于邓州城内修建武衙门和闽营家祠,祠堂内供奉乡土神妈祖。乾隆时还在家祠旁创建了规模宏大的天后宫。

闽营人居住地也曾建有妈祖庙。周庆选④说,1951 年进城时,邓州城里三初中对门也有一座妈祖庙,不过要小得多,就是一个小院,院里有一间房子,房子中间是一尊泥塑妈祖像,比普通人略大。听长辈说闽营人常去敬,妈祖生日时各家都去祭祀。张

---

①《续修四库全书》第 390 册,第 416 页。

② 刘献廷撰,汪北平、夏志和点校:《广阳杂记》,第 84—85 页。

③ 董作栋、武亿纂修:《鲁山县志》卷二十三《列传》第 9—10 页、卷二十四《列女传》第 14 页,中国国家图书馆藏嘉庆元年(1796)刻本。

④ 周庆选(1936—):男,退休干部,原籍张村镇上营村,现住邓州城里。访谈时间:2008 年 10 月 2日傍晚;地点:周庆选家。

永芳①说,在张许村和南边下营村中间,以前有一座妈祖庙,但早就毁掉了。陈相富②说,妈祖庙确实有,不过是在下营村南边,而不是在张许和下营之间。村南边有一个小院,院里上房三间,还有几间偏房,妈祖像就供在上房当中。林茂恩③说,听说庙沟村扒鱼河边有一座妈祖庙,与祖师爷庙隔河相对,但自记事以来就没了。涂征④也说,庙沟村河北边,依那思罗墓向南约三百米处,有一娘娘庙,规模不大,是一进独家小院。闽营人所在的南阳七县都有妈祖庙,但不一定在县城。涂征所言娘娘庙与林茂恩所言妈祖庙实则为一。

　　闽营人在南阳建的妈祖庙,至少也有二三十座。⑤ 今南阳卧龙区七里园乡大寨村以前即有一座供奉妈祖的庙宇。前揭大寨村重修陈氏家谱云陈卦在今大寨村东建庙一座,分前后殿,前殿供奉火星爷,后殿即其家庙供奉妈祖。

　　在不受重视甚至遭受歧视的时代,作为弱势亚群体的邓州闽营高山族人必须依附于闽营汉人,在大的闽营背景下求得各种物质资源(土地、房屋、通婚等)和感情的认同(包括信奉和祭祀妈祖),强调与闽营汉人的共同记忆。十一届三中全会后,新的民族政策和两岸交流政策唤醒了邓州高山族人的集体记忆,刺激了他们的亚族群意识。邓州闽营人的地方精英及关注高山族和闽营人的学者,借助族群口头记忆、碑刻、家谱等文化碎片重构了高山族和闽营人的历史。在此重构中,增添了想象和虚构的成分,附加了现实的意义,隐去了降清的尴尬。于是,闽营高山族、闽营汉人,建构起了二十一世纪豫闽台文化交流的新平台。打造中原闽营文化品牌,对于促进豫闽台文化交流无疑具有非常重要的意义。

作者:张富春,河南师范大学文学院教授

---

　　① 张永芳(1940—),男,邓州张村镇张许村人,农民。访谈时间:2008 年 10 月 1 日上午;地点:张许村张许家祠。
　　② 陈相富(1939—),男,邓州张村镇下营村人,农民。访谈时间:2008 年 10 月 1 日中午;地点:下营村陈相富家。
　　③ 林茂恩(1942—),男,邓州张村镇上营村人,退休前为小学教师。访谈时间:2008 年 10 月 1 日下午;地点:上营村林茂恩家。
　　④ 涂征(1948—),男,字凝公,邓州高集乡涂湾村人,曾以"凝公"之名与其子涂重航先后发表数篇文章介绍邓州高山族。访谈时间:2009 年 2 月 11 日下午;地点:邓州城里涂征家。
　　⑤ 肖华锟:《寻访南阳妈祖庙》,《大河报》2006 年 12 月 12 日第 B06 版"天下旅游"。

从传说到实录——鹿耳门天后宫
和祀典大天后宫

龚显宗

台南是宗教的博物馆,教派林立,佛道尤甚,庙宇之多,信徒之众,在台湾地区首屈一指,其中主祀妈祖的更遥遥领先。

台湾地区主祀妈祖的庙宇数以千计,金门县五乡镇即有 11 座①,马祖地区(连江县)四乡共 10 座②,台南超过百座③,为节省篇幅,本文论述仅以鹿耳门天后宫和祀典大天后宫为限。

一、鹿耳门天后宫

(一)传说与史实

台湾四面环海,西南滨海一带开发最早,奉安妈祖神像的自然最多,陆地早期有"天妃棚"或简陋的小祠,鹿耳门古有台湾门户之称,是台江主要航道,也是宗教之门。

传说永历十五年(1661)四月初一辰时,郑成功率军抵鹿耳门港道外,因水浅无法行船,水底多暗礁,荷兰人又沉舟堵塞,成功遂向上苍祷告:"今而移师东征,假此块地暂借安身,俾得重振甲兵,恢复中兴……望皇天垂怜,列祖默佑,助我潮水,俾鹢首所向,可直入无碍,庶三军从容登陆。"(江日升《台湾外记》)瞬间潮涨,忽高数尺,似有神助,船行无阻,安然进入台江,得以驱荷开台。为答谢妈祖,乃于北汕尾建庙,"妈祖宫仔"的地名由此而来。

陈文达的《台湾县志》云:"在鹿耳门妈祖庙,康熙五十八年各官捐俸同建。前殿祀妈祖,后殿祀观音,各覆以亭,两旁建僧舍六间。"④清楚记载官建的鹿耳门妈祖庙成于

① 杨天厚、林丽宽:《金门寺庙巡礼》,新北市永和,稻田,1998 年,第 318—319 页。

② 游桂香:《2008 年度连江县民俗即有关文物普查计划:信仰、生命礼俗》,连江县文化局,第 39 页。

③ 2000 年妈祖庙在台南地区已有 98 座。安平开台天后宫:《妈祖信仰神迹》,2001 年 12 月,第 260—261、279—283 页。

④ 陈文达:《台湾县志》,南投,台湾省文献委员会,1993 年,第 211 页。

康熙五十八年(1719),但沈光文的《题梁溪季蓉洲先生海外诗文序》说:"甲子,先生从梅溪令简调诸罗。仲冬八日,舟入鹿耳门,风涛大作,不克登岸,遣人假馆于天妃宫,时余寄宿僧房……第二日,……余投刺,先生即过我。"①甲子是康熙二十三年(1684),鹿耳门当时即有天后宫,僧房可供外人寄宿,官宦亦可暂住,若今之招待所,足见占地设备不会寒碜简陋,明郑时当地天后宫必不小,而规模较小的妈祖庙在郑成功登陆之前当已存在,因为新化奉祀大道公的大帝宫内一尊观音佛祖神像背部刻"明万历丙辰年,弟子蔡保祯造"12 字,丙辰即四十四年(1616)可见在此之前有些汉人已定居此。新化是山区,滨海的妈祖信仰必在上世纪已有信徒立庙,即 1599 年以前鹿耳门当有奉祀妈祖的祠宇。

这推测虽属合理,毕竟缺乏佐证,但沈光文的序却是实录,季麒光《题沈斯庵》云:"两人证合在蒲团,僧窗夜瞰沧波晓。"(《蓉洲诗稿》卷二)。其《海行杂诗》之三(再宿天妃宫)云:"未鼓乘风楫,重来旧梵宫……到岸身乃在,逢僧泪转空。"(《诗稿》卷三)。其四(再宿鹿耳门海口)写的都是天妃宫。《沈斯庵诗叙》云:"余自甲子冬月渡海,僦居僧舍,即晤斯庵先生。"(《蓉洲文稿》卷一)与光文为季氏所作相合。

沈、季二氏所叙的天妃宫庙结构虽不可知,陈文达之言却很具体,在经历王士勣督建下,前后殿都有拜亭,两旁建僧舍,《康熙台湾舆图》中的妈宫在北线尾北端,旁为鹿耳门汛和炮台。陈《志》图示庙在北线尾南,陈梦林《鹿耳门即事八首》之五云:"砂碛甘泉信有神,庙谟宏远古无伦。鲲身合战齐群力,西港分香仗虎臣。草寇顿消冰见晛,天兵到处雨清尘。等闲一月全台定,何似有苗格七旬。"②

作者字少林,号他斋先生,福建漳浦人,康熙五十五年应诸罗知县周钟瑄之聘,纂修《诸罗县志》。六十年夏,朱一贵变发,南澳总兵蓝廷珍聘为幕僚,乱平,婉拒出仕。康熙六十年六月十六日正午,西风大作,潮涨六、七尺,军舰得入鹿耳门,遂克安平。《鹿耳门即事八首》夹叙夹议,无异诗史,第五首写天妃宫的庙谟与神灵,彼时刚落成二载。

《乾隆台湾舆图》的妈祖宫在北线尾中县靠北处,文武馆位于庙北。乾隆二十九年(1764)余文仪《续修台湾府志》绘《鹿耳春潮图》,并以之为题,诗云:"鹿耳门雄万里城,暗沙沈铁鲸鲵惊。春风春雨波能立,潮落潮生气未平。海浪周遭天设险,飞骟屈曲地中行。从来利涉凭忠信,笑指群鸥久定盟。"③

余氏字宝岗,浙江诸暨人,乾隆二年进士。二十五年,调台湾知府,二十七年设海防同知。此诗描写鹿耳门形势雄险,是亲身目睹体验的感受。途中北汕尾北四座房舍,有堵墙者为妈祖庙。

嘉庆十二年(1807)谢金銮《续修台湾县志》,邑治八景中有《鹿耳连帆图》,未见其诗,但在他之前的钱琦、立柱各作一首云:"砂礁屈曲海门通,十幅蒲帆挂远空。擘絮乱

① 李祖基:《蓉洲诗文稿选集》,香港,人民出版社 2006 年版,第 1 页。
② 龚显宗:《鹿耳门诗选》,台南市,鹿耳门天后宫文教公益基金会,1999 年 3 月,第 24 页。
③ 龚显宗:《鹿耳门诗选》,台南市,鹿耳门天后宫文教公益基金会,1999 年 3 月,第 78—79 页。

云天上下，断行飞鹭浪西东。风搏喜近鲲鹏路，星落刚临牛女宫。画意诗情何处最？桃花春涨夕阳红。[①] 鹿耳连帆荡碧宫，鲲身集网水瀜瀜。鲫潭霁月风清丽，雁寒烟霏气郁葱。赤崁高凌夕照紫，金鸡遥映晓霞红。香洋春耨观成后，旗尾秋搜入望雄。"[②]

钱氏字湘如，浙江仁和人，乾隆二年进士，十六年二月，以御史巡视台湾。鹿耳门接鲲身，故云："喜近鲲鹏路。"台湾星分牛女，故云："刚临牛女宫。"春日落照，一片诗情画意。

立柱，满洲镶红旗人，官户科掌印给事中，乾隆十六年，来台任巡察御史。此诗首联由鹿耳连帆延及鲲身集网，扩至鲲潭霁月、雁门烟扉，再至府城、郊区，纯是写景。后来卢九围、谢家树所作，则强调重洋奇险，台疆天险。

图中妈祖宫在北线尾岛北倚海处，更北为文武两馆。

谢《志》谓妈祖宫曾经"总镇爱新泰重修"[③]，这位台湾镇总兵于嘉庆四年到任，十二年去职，任内重修天后宫。

同治十年(1871)七月，山洪暴涨，天后宫被冲毁，信徒将开基妈留座奉祀，其他神像寄奉于海安宫，并至水仙宫寄普，连横《雅言》说："因三郊商人素为海上贸易，悯其危，每年是日设水陆道场于水仙宫，以济幽魂，佛家谓之普度，故台南有'鹿耳门寄普'一语，即言其事。"

第二次世界大战后，庄民鸠资重建，1947 年春落成，恭迎鹿耳门妈回宫奉祀，组成董事会，推林天宋为管理人。1954 年首次寺庙登记。1976 年，第一届管理委员会成立。1995 年 1 月信徒普选，选出主任委员。1977 年 3 月 9 日，举行鹿耳门天后宫重建破土典礼，以新北市三峡区祖师庙为蓝图。

（二）建筑与分灵

天后宫是闽式建筑，具三川五门、三川殿(前殿)、正殿(大殿)、后殿，左右回廊贯通。正殿主祀鹿耳门妈、镇殿妈、从祀水仙尊王、四海龙王等，三川步口祀关圣帝君、延平郡王。后殿祀观音佛祖、三官大帝、南斗星君、北斗星君、福德正神、财神、月老公、临水夫人、注生娘娘、太岁星君、文昌帝君。

在内殿中央前面的开基妈，即鹿耳门妈，传系郑成功军舰迎接来台，用萱芝(紫檀)雕塑，材质坚韧，高 1.3 尺，九龙身，八狮座椅，以透雕法刻成，两耳为活榫装置。曾于 1961 年、1962 年、1984 年、1996 年、2006 年出巡，绥靖地方，联谊友庙。

镇殿妈为泥塑神像，座长 176 厘米，宽 110 厘米，高 388 厘米，龙骨以亚管围绕白铁线为骨架，外以二次土、一次纸捏造，经年余完成(1977)，三年后，笏版渐现龙纹。

在台湾，妈祖神格自天妃至天后，由海洋救难之神而成为健康、平安、生育、事业、考试、农业、各行各业的万能之神，庇佑众生，无所不在。日本群马县宫下东是妈祖信

---

① 龚显宗：《鹿耳门诗选》，台南市，鹿耳门天后宫文教公益基金会，1999 年 3 月，第 69 页。

② 龚显宗：《鹿耳门诗选》，台南市，鹿耳门天后宫文教公益基金会，1999 年 3 月，第 72 页。

③ 谢金銮：《续修台湾县志》卷二，南投，台湾省文献委员会，1993 年，第 65 页。

徒,至鹿耳门天后宫恭请妈祖分灵至日,1994年6月1日,他来台苦修49天,成为妈祖
乩童,回到群马县高崎市仓贺野町创大应慈天后宫,宣扬妈祖威灵。

建于康熙五十一年,主祀妈祖的西港庆安宫,系自鹿耳门天后宫分灵,故每届刈香
前,必先回祖庙。

"西港香"三年一科,融合刘香和王醮,是台湾第一香路,兼具传统与草根两种特
性。阵容庞大,信徒众多的香阵,自凌晨五时许起驾,经中洲寮保安宫、新寮镇安宫、十
二佃南天宫、本渊寮朝兴宫,路程近七十公里,浩浩荡荡,抵达本宫。

随行队伍除各庙执事人员、信徒外,各庄头参与的宋江阵、金狮阵、白鹤阵、车鼓
阵、斗牛阵、高跷阵、水族阵、鼓花阵、十二婆祖阵、牛犁歌、太平歌、八美图、纺车轿、大
鼓花、文武郎君、五虎平西、将帅爷团、天子斗生等百余阵头,盛况一年比一年热闹。

(三)祭典

1991年,妈祖诞辰1035周年纪念,本宫为追本溯源,祈求国泰民安,感念延平郡王
开台之功,特邀请百年以上联谊的西港庆安宫、茄菝天后宫、石仔濑天后宫、许中营顺
天宫、后堀潭媚婆宫,于农历三月二十一日在鹿耳门溪嘴口联合遥祭湄洲祖庙。

先由"妈祖船"出澳,安放于庙前献寿亭。设船长、大副、二副等职,在献寿亭掷筊
选任。祭坛长宽皆48米,高13余米,面积约七百坪,上为屏风、旗架,左右为鼓、钟架。
阶梯依锥形金字塔式,屏风仿紫禁城太和殿御座形式,上挂五彩金龙浮雕,祭礼过程具
舞台效果。

鹿耳门溪蚵架密布,为安全起见,于航行前两天撒网捞桩,清出宽20米、深1米的
2公里水路,插上红旗辨识。遥祭典礼于上午8时开始,11时30分,台南市长主祭。

遥祭祖庙之外,迎喜神祭典也非常隆重。1993年农历正月初四,本宫举办台湾前
所未有的"迎喜神"祭典。先在文化广场西南建九龙坛,作典礼祭祀之用,又于庙前南
方设接官亭,供祭官及外宾休憩。

九龙坛除当祭坛外,亦可做戏台、舞台用,坛下展示文物,设计采"三台式"①。

祭典主祭官由民政厅长担任,陪祭官有各级政界人士以及天后宫主委等。礼成
后,于12时30分踩街。

妈祖祭是本宫文化祭的重头戏,也是压轴好戏。1993年农历四月八日起举行祭前
三日礼,张灯结彩,巡境清道外,行焚香礼、净香礼、通明礼,先彩排,11日下午2时30
分开始,参与祭祀人员有正献官、陪献官、与献官、典仪官、典乐官、司乐官、监礼官、祝
文官、奉馔官、赞引官、仪卫统领,护驾仪卫以及司黄盖、号角、仪仗、排班和女执事等。

仪式以鸣炮始,继之严鼓②、备礼、驾前礼。启礼、上香、奠玉帛、献寿桃、乐奏献仙
桃、仙女仙童起舞,而后献馔、献颂、初献礼、进感恩舞、亚献礼、进春潮舞、圣恩舞、饮福

---

① 最上层为"天",主祭官在此层;中层为"地",百官陪祭;下层为"人",学问渊博者在此陪祭。
② 初严鼓由仪卫统领率队绥靖辖境,再严鼓呈送正献官陪献官衣冠礼服,三严鼓各单位有关人员就
位,仪卫、排班、执事者各司其事。

受胙、进妈祖船舞、撒馔之后,行望燎礼,过程庄严、繁复而隆重。

遥祭祖庙、迎喜神、妈祖祭外,较重要的尚有罗天大醮、跋四季筊、七月普度、五营信仰、封印大典、安太岁、过平安桥、点光明灯等祭仪。

(四)文物与展望

天后宫有二座古碑,一为《重建鹿耳门公馆碑记》,乾隆四十二年(1777)四月台湾知府蔡元枢所立,记载建鹿耳门公馆并重修炮台事,于1981年11月17日出土,碑长六尺,宽二尺八寸,厚四寸,额刻"皇清"二字,下半断裂不全,可辨者259字。另一为《重兴天后宫碑记》,记台澎渔阵邵连科、新任曾元福等9人及三郊富商20余人,捐银重修天后宫,时当咸同间(1860—1862),于1980年12月26日出土,长58厘米,宽122厘米缺落款年月。

二古碑固具历史价值,庙联亦颇可观,较佳者如:

天意人心整武兴文从此地开创新日月,后仪母德庇民爱物自古来保护旧山河。
(三川步口中港之一)

鹿逐驱荷神助郡王潮涨三篙登北线,耳闻后汉功昭天后恩重万世护南瀛。
(中港之二)

开拓南溟辟万古洪荒天护郡王登鹿耳,基兴北线历三朝史迹后麻汉族靖鲲身。
(小港大爿)

妈迹发湄洲助孤忠创遗民世界,祖灵昭台海驱异族建大汉江山。(廊柱之三)

各以"天后"、"鹿耳"、"开基"、"妈祖"嵌入。

正殿选录二联:

天悯孤臣妃助郑王潮三篙登鹿耳,后崇圣母法驱荷虏迹千载壮蓬瀛。(中港之二)

开继西瀛湄洲圣像资宫崇万古,基丕北汕宝岛母仪奠跸历三朝。(神龛中港)

还是以"天后"、"开基"作为上下联首字,第一联赞圣母助郡王,次联纯自妈祖开基立意。

后殿录一:

观察三千界法雨长施苏万类,音传四部洲慈航普度护群黎。(中港之三)

上下联各以"观"、"音"嵌入,赞颂佛祖。

山门外录一:

鹿渚靖鲸波天后开基灵昭北线,耳门登虎旅郡王设府迹振中原。

上联颂天后开基,下连述郡王开台。仔细吟味以上对联,思往事,知兴废,足发思古之幽情。

鹿耳门邻近的湿地有红树林、鹭鸶林、高跷鸻等,文化寻根之旅,兼顾知性与感性、广度与深度、软件与硬件,于1992年聘请60多位学者专家组成"文化季筹备委员会",于1991年建成鹿耳门公馆,具住宿、会议、表演、展示、教学多样性功能,此外还有郑成功文物室、传统建筑展示室。

文化季分礼俗文化、宗教信仰、渔村古风、农村怀旧、台江溯源、民艺广场、薪火相传七部分和儿童营、文学营、文化营，并出版书刊。这些活动都由文教公益基金会主办。

活动时社区全体动员，以庙宇、社区、鹿耳门溪、四草湖野生动物保护区为场地，将节目生活化、教育化、艺术化、学术化、趣味化，提升水平，扩大范围，朝建立"鹿耳门学"的目标迈进。

二、祀典大天后宫

（一）沿革

全台第一座官建官祀的妈祖庙就是大天后宫，是封天后的首庙，旧名台湾郡城妈祖庙，肇建于明末遗民开发台湾之初，原称东宁天妃宫，季麒光的《募修天妃宫疏》云：

> 东宁天妃宫者，经始于宁靖王之舍宅，而观成于吴总戎之鸠工也。……从来估商贩舶，走死趋利，以其身深试波涛，然往来无恐，虽曰人为，实由神护。固每当潜蛟啸风，骄鲸鼓浪之时，辄呼天妃神号，无不声闻感应，怒潮为柔，所不鱼鳖苦人者，神之功也。环海内外建立祠庙，皆敬神如天，而亲神如母。……住僧寄沤以临济横支，发大弘愿力，欲就宫旁余地，作左右廊舍三间，位置僧寮前；树山门一层，廓戏楼旧址而大之。庶几有门有殿，有廊有庑，有维摩室，有香积厨。①

郑成功时，台湾称东都，南明永历十八年（1664）八月，郑经"改东都为东宁"（连横《台湾通史卷之建国纪》）。季氏开头就说："东宁天妃宫"，可见明郑时原址已有妈祖庙。康熙三十五年高拱乾修《台湾府志卷九·外志·寺观》云："天后宫在府治镇北坊赤崁城南。康熙二十三年台湾底定，神有效灵，靖海将军侯施琅同诸镇捐俸鼎建。"康熙五十九年陈文达纂《台湾县志卷九·杂记志·寺庙》云："即宁靖王故居也。"与《蓉洲文稿》所言者同。季氏言"募修"而非"募建"，足见早有此庙，增修后的空间扩大很多。

乾隆四十三年，知府蒋元枢在重修大天后宫的《图说》中云："查郡城西定坊之天后宫，未入版图以前即已建造。"与季氏所言若合符节。

原来宁靖王于永历十八年来台，郑经为建府邸，前为正宅，后为寝宫，中堂左侧立宗人府，右侧监军府，有两座神明厅，今祀玄天上帝和关圣帝君。宁靖王殉难，舍府邸当佛寺，由僧人宗福主持，现大天后宫后殿犹奉"本庵舍宅檀越明宁靖王全节贞忠朱讳术桂神位"。施琅平台，翌年奏云："澎湖得捷，默叨神助。"诰封天妃，礼部派员来台助祭，加封"护国庇民妙灵昭应弘仁普济天后"，庙名"大天后宫"。

康熙二十四年正月，施琅立"平台纪略碑记"于拜殿左壁。三十二年春，乡耆铺户

---

① 李祖基：《蓉洲诗文稿选集》，香港，人民出版社2006年版，第127—128页。

捐资,拜亭右壁树"靖海将军侯施公功德碑记",藉显妈祖神威。四十七年至五十年,农谷歉收,米价高昂,知府周元文命经历张天铨于宫前平籴仓粟。各地庙宇纷来分香厝宇,大天后宫遂成全台信仰妈祖本山。此时台湾增建妈祖庙,谒祖进香,祈福献匾者接踵而至,香火鼎盛。

康熙五十九年,诏春秋二祭,编入祀典,此即"祀典大天后宫"得名由来。六十年,朱一贵起事,以之为王宫,后世称"皇帝殿"。

朱一贵于四月起事,六月朔,南澳总兵由厦门渡台,十六日黎明抵鹿耳门外,传说海灵助顺,潮水涨八尺,四百余艘得以连檣并进,夺取炮台,克服府城,故于雍正元年(1723)亲赴大天后宫献"神潮征异"匾。四年,御赐"神昭海表"匾,此后,初至台湾官员例必至大天后宫行展谒礼。十一年,总督郝玉麟奏请由督府与巡台御史春秋致祭,提升为国家祭典,照准,益赐"锡福安澜"匾。

乾隆二年(1737)敕封为"护国庇民妙灵昭应宏仁普济福佑群生天后庙"。四十年,知府蒋元枢捐俸、士绅集资重修,历三载而成。五十二年,褒封"天上圣母",赐"恬澜昭贶"匾。

嘉庆六年(1801),议准崇祀天后父母,敕封天后父"积庆公"、母"积庆夫人",辟"圣父母厅",春秋致祭。

其后续有维修扩建,兹不赘述。

季麒光《吊宁靖王》云:"漫余灯火暗僧寮,茫茫苍海千年痛。"于王府的汉民族正气延续为大天后宫的瑞气慈晖,深致悲慨,其《咏天妃宫》又云:"补天五色漫称祥,谁向岐阳祝瓣香。几见平成逾大海,自知感应绕重洋。遐方俎豆尊灵远,圣代丝纶礼数庄。是处歌恩欣此日,风声潮影共趋跄。"政权短暂,神灵恒远,信众感念的是慈恩永庇。

(二)建筑与文物

大天后宫庙埕、三川门、拜殿、正殿建筑四进庄严巍峨。拾阶而上三川步口,石狮、石鼓、石门枕,壁堵雕琢细致;祥龙、瑞狮、福鹿、吉祥、灵芝、仙草图案,装饰生动繁富。龙虎壁堵石刻异常精美,上方饰以蝙蝠五只,象征"五福临门";下方八匹骏马,富人才济济之意。三川门施用门钉,符合神格地位。壁画自三川殿延至后殿,多为潘春源、潘丽水、陈寿彝手笔,题材丰富,琳琅满目,美不胜收。木雕亦颇可观,窗棂金碧辉煌,榑架造型精工,雕饰水果,呈现台湾的特征。

过丹墀,有石刻螭壁,拜殿龙盘石柱,木刻人物作扛状,即"戆香扛大杉"。壁间嵌多石碑,较引人注目者为施琅所立"平台纪略碑记"、"靖海将军侯施公功德碑记","蒋元枢重修天后宫碑记"、"重兴大天后宫碑记"等。

正殿台基立面嵌螭首石刻,传说为一天子园亭遗物。龙柱上人物也是"戆香扛大杉"造型。妈祖神像戴冠持笏,婉约慈蔼;千里眼、顺风耳神采威武,是神像极品。两侧配祀五水仙与四海龙王,附祀注生娘娘、土地公。匾额当数咸丰御笔"德侔厚载"与光绪御笔"与天同功"最为珍贵。

后殿父母厅崇祀妈祖双亲,宁靖王神位供于案上。三进释迦佛祖和观音菩萨,二尊护法威武高耸,庙后古井活水汩汩,清凉去尘。

本宫历代赠联甚多,兹择较佳者数联如下:

1. 正殿

皇清赞顺澜安八百载神功广运历宋元明以翊,天后宏仁利济亿万祀圣德长昭统江河海咸尊。(道光二十年姚莹敬撰)

圣德配天亿万万年海国慈航普济,母仪称后千百世崁城法界常新。(1943年孙子明撰)

2. 拜殿

寰中慈母女中圣,海上福星天上神。(道光十三年闽浙总督程祖洛)

3. 观音殿

座上莲花占断西方三月景,瓶中杨柳分来南海一枝春。(1980年)

南海非遥转念慈航即渡,西方自在遐观法界皆春。(1980年)

殿本一元亭宁王阁存鼎湖浩气,灵昭三百载圣母宫仰湄屿慈恩。(1980年曾井泉撰书)

4. 三川门

天道本无私护海安澜宫殿巧雕双凤阙,后慈知有赖庇民为国舻棱雄对七鲲洋。(1980年朱玖莹补书)

至于祭器文物较珍贵者,正殿有康熙二十三年宝玺,玺文为"镇驻台郡大天后宫护国庇民天后之玺",年代最久。次为道光戊申年葭月的琉璃光灯,再次为咸丰六年香炉。

观音殿有道光元年的琉璃光灯,候补同知吴春禄于道光庚寅年孟冬敬献的顶下桌一付、咸丰八年观音佛祖炉。三宝殿有道光戊申年的顶下桌和道光年间的祀桌。圣母殿有道光十年顶下桌一付。拜殿有嘉庆二十二年和咸丰八年的大鼓大钟。其他尚有永历十八年郑经献的交趾烧,乾隆中木制谢篮、轿前锣架、铁香炉、三角鼎烛台,咸丰甲寅三郊苏万利、金永兴、李胜兴的花瓶,咸丰丙辰(六年)的水仙尊王炉、四海龙王炉、三官大帝炉、积庆公炉,道光庚戌年桐月的木制烛台、万年香火炉,大正三年的镇南妈神轿,十年的锦荣发字号雕郊布批庄版等。

(三)祭典与显灵

大天后宫为祀典官庙,每年二祭,日期在春秋仲月,雍正十一年,提升为国家祭典,正献官由巡台御史担任。日治时期,台南州知事亲临主祭,新丰郡守台南市尹请妈祖上轿。终战后,每逢迎妈祖入境,台南市长与祭,请神上轿。

本宫的常年祭典,有立春日的祠春牛、正月六日龙王祭、正月初九拜天公、三官大帝诞典和元宵、观音祭为二、六、九月十九日、妈祖圣诞祭、五月五日水仙祭、四月十六日圣父母诞、五月十六日镇南妈开光纪念日、七月二十四日中元普度、九月九日妈祖飞升成道纪念日。

大天后宫迎妈祖祭典最为热闹,郁永河的《台海竹枝词十二首之十一》云:"肩披鬖发耳垂珰,粉面朱唇似女郎。妈祖宫前锣鼓闹,侏离唱出下南腔。"他于康熙三十六年来台采硫,当时妈祖祭典已盛大举行。日据大正四年(1915),将迎延平郡王与迎妈祖合办,郡王头顶轿,镇南妈压轴,迎境内外五街及回城门内外。连横的《雅言》云:"绸缎商之以绸缎制旗者无论矣,而金银商亦以金银制旗,或以金银环缀合而成,光彩夺目。于是有五谷店、材木店、饼店、香店,各以其物作旗,五花十色,炫煌于道,真是无旗不有。"·"无旗不有"、"台南迎妈祖,百百旗"俗谚由此而来,"旗"谐音"奇",一音而意双关。当时阵鼓绣之繁富灿丽,可以想见。《雅堂文集卷二·杂记诗意》云:"绸缎商锦荣发主人石秀峰请余代庖,为装天孙织锦,以示绸缎商之意,博座、船头又置支机石一方,以表主人之姓,而山水楼台花木悉以绸缎造之,复以探照灯为月,月旁七星则以七色电灯为之。……台南每迎天后个商家则请余装阁,……如香铺之红袖焚香、茶铺之樵青煮茶、银店之唐宫铸凤、饼店之红绫赐宴,莫不发挥本色。"连氏就各行业艺阁赋予诗意,既有代表性,复典雅不俗,观者十数万,莫不啧啧称奇赞美。

当时已有比赛,品评等第,颁赏金牌,艺阁之精美冠于全台,为各地所仿效,所谓"台南迎妈祖,安平伏地虎"。当时迎妈祖绕境在三月十五、十六日,第一天上午本庙取斋,三炮后起行,沿抽签巷(新美街)、武馆街(民权路、永福路)至武庙街(永福路)返本庙。下午上车路港进士街、五帝庙,经开仙宫,打银街(忠义路),入七娘境界、公界内(中山路),出天公埕、温陵妈石坊脚(忠义路),至武庙街返本庙。第二天上午,经代书馆、粉店边(赤崁街)、出五全境(成功路),入台町、万福庵(民权路),经广慈庵(公园路),玉皇宫、县城隍(成功路)、关帝厅(中正路)内关帝港(西门路),入本庙。下午经明治町通、蕃薯签市(成功路),入圣君庙,出外关帝港,经水仙宫、保西宫、米街,安座大吉。

因为妈祖法力无边,所以常有显灵事迹,海上救难不计其数,例如:

穆宗同治元年(1862),海道截劫商船,盗首见一女将带白袍军自海岸来,知妈祖显圣,急忙撤退。

日治时期,大毁神庙,将妈祖神像聚于安顺庄役场仓库,准备焚毁,忽乌云密布,飞沙走石,雷雨交加,官吏大惊,赶忙停手;改期焚烧,仍雷雨交加,知妈祖显圣,不敢动手。

第二次世界大战末期,1945年农历三月一日,盟军轰炸中西区,大火连烧两昼夜,房屋焚毁者数以千计,伤亡众多,大天后宫竟屹然挺立,避入庙者平安无恙。

其他现当代传说尚多,如日殖末期,被征调到马尼拉的军夫甚多,妈祖屡显神威,常在盟机轰炸前降乩指示,拯救危难。1946年,新化大地震,本宫左侧墙外倾20厘米,经耆老掷杯,先迎妈祖绕境,而后修庙。迎妈祖前一天,外倾墙之裂缝竟恢复如初。

(四)分香
由于祀典大天后宫的崇高地位,所以各地妈祖庙自此分香者甚多。
1. 南路分香者
(1)乾隆十八年,原凤山县坤仔头天后庙迁建,改称双慈亭,自大天后宫分香奉祀。
(2)道光四年(1824),旗山天后宫亦由此分香,乡民称旗山妈为"二姑婆"。里港双慈宫分者则称"三姑婆"。

(3)乾隆二十年,新园新惠宫、屏东慈凤宫分香奉祀。

(4)冈山寿天宫分香建庙。

(5)旗津中洲广济宫分香。

(6)凤山相思林瑞安宫分香。

(7)屏东盐埔朝凤宫、乌龙龙圣宫分香。

(8)楠梓天后宫分香。

(9)乾隆二十一年,万丹天后宫分香。

(10)大正十四年,东港郡林边庄慈济宫分香。

(11)美浓天后宫分香。

(12)光绪中,恒春天后宫分香。

(13)光绪十五年(1889),台东天后宫分香。

2. 北路分香者

(1)朴子配天宫自大天后宫分香。

(2)新营通济宫分香奉祀。

(3)山上天后宫自大天后宫分香,嘉义天后宫、麻豆天后宫、社子天后宫、虎尾天后宫再从山上天后宫分香厝宇,一脉相承。

(4)东石港口宫分香。

(5)后壁泰安宫分香。

(6)归仁朝天宫(现称妈祖庙)分香。

(7)麻豆护济宫、大目降朝天宫分香。

(8)康熙六十年,台中万春宫分香。

(9)新竹市天后宫、长和宫分香。

(10)五间厝朝隆宫分香。

以上分香的妈祖庙每年都会赴大天后宫谒祖进香,三月成千上万信徒从各地潮涌而至。其他交香、舀火的庙宇尤多,日本奉祀妈祖的朝天宫也漂洋过海而来。为顺应时代潮流,以信仰妈祖为宗旨,兼办社会公益、急难救助业务,2001 年 9 月 9 日成立"全台妈祖功德会",创会委员即有百名,长期推动,永续经营。

三、结束语

以上所述,从传说、野史、民间故事到方志、文稿、诗集,甚至田野调查、实地考察、访谈、现场记录都加以运用,鹿耳门天后宫与祀典大天后宫于保存史料、文物,注重祭典、社会公益外,皆能关顾时代变迁,前者特重文化活动、自然生态保护,后者尤注意信徒谒祖与急难救助。

作者:龚显宗,台湾中山大学中文系教授

神境的再现：以嘉义新港奉天宫为例

林鼎盛

一、前　言

　　台湾中南部的嘉义县是狭长形，南北窄、东西长，介于云林县跟台南县之间。新港乡在嘉义县的中间偏北边，以北港溪跟云林县北港相邻。新港乡是以农业为主的乡镇，也有传统的食品工业、制香及交趾陶工业。供奉妈祖的奉天宫数百年来是新港的信仰中心，节庆时所带来的香客更是新港重要的经济来源。

　　奉天宫的妈祖"开台妈祖"是1622年来台的"船头妈"，于1700年为笨港居民合力建庙供奉。1750年笨港溪泛滥冲毁重建。1811年将文物迁移到东方的笨新南港重建庙宇，名为"奉天宫"。自此接受附近十八庄居民供奉，并护卫地方。

　　自2009年开始，新港奉天宫将号称传统十八庄祭祀圈的绕境，改成横跨嘉义、云林六个乡镇八天七夜，全程徒步绕境。2010年、2011年更将时间增加为九天八夜，范围扩大为嘉义县市绕境。这两年除了在嘉义市区全程徒步，其他都是村落跟村落之间车行，而村落内或车行而速度减缓、或徒步。

　　但是，相对于大甲镇澜宫①和白沙屯拱天宫②大量的随香客，新港奉天宫的绕境几乎是没有随香客。而且绝大多数的绕境队伍都在妈祖入庙安座之后返回新港，隔日再前往前一天驻驾的地点开始另一天的行程。这与镇澜宫、拱天宫的情形也不同。因此，这样的绕境究竟是什么样子？这是本文试图说明的。

　　笔者自2010年11月进驻新港，开始初步的田野调查，也观察了奉天宫为2011年"山海游香"绕境的部分准备过程，以及行前部分的礼仪。本文将参与2011年绕境的田野资料作为基础，配合部分文献，初步诠释奉天宫绕境的意义；惟限于时间和篇幅，

----

　　①　张珣：《大甲妈祖进香仪式空间的阶层性》，黄应贵主编《空间、力与社会》，台北，"中研院"民族学研究所，1995年，第351—390页；《仪式与社会：大甲妈祖辖区之扩张与变迁》，发表于"中研院"第三届国际汉学会议，"中研院"主办，2000年6月29日—7月1日。

　　②　吕玫缓：《社群建构与浮动的边界：以白沙屯妈祖进香为例》，《台湾人类学刊》2008年第6卷第1期。

仅简略及选择性地叙述。

二、从十八庄绕境到嘉义县市

奉天宫在组织章程说其基本信徒范围是"古笨港南保",亦即之后的"打猫西堡",包含十八庄。十八庄范围的认定自 1975 年以来,历经多次的变化,粗略地说,除了现今嘉义县的新港乡,包括嘉义县溪口乡部分聚落。

关于元宵节的十八庄的绕境在文献①及访谈中的说法,有的说自笨港天妃庙时期就有了。1862 年因戴潮春事件被清廷停止,日治时期也没有恢复,直到 1975 年由董事长林振邦发起,重新开始。② 另一说是笨港天妃庙因洪水冲毁而移到现址后,开台妈祖开始巡行所辖区域。③ 自 1975 年后的定制是,每次董监事改选后来年元宵举行十八庄绕境。自农历正月十四日上午出发,隔日晚上返回奉天宫入庙安座。

自 2003 年"妈祖慈光普照十八庄"之后,2006 年因故董监事延后改选,开台妈祖迟迟未绕行十八庄引来不少民怨;而且村民抱怨妈祖神轿放在车上绕境的速度太快,好不容易盼到妈祖来了,却转眼即逝。因此 2009 年改以徒步并扩大为八天九夜绕行 6 个乡镇 41 个村落。此次绕境并在有关人士的努力下,和北港会香,试图消弭百年正统之争。④

2010 年,在嘉义县市各宫庙的要求下,以九天八夜绕行嘉义县市。奉天宫配合此绕境,增加一些活动内容,而将整年的活动称为:"新港奉天宫 2010 国际妈祖文化节"。而绕经嘉义市的时间也配合在嘉义市举行的"嘉义灯会"。2011 年,奉天宫配合台湾的百年庆典活动而举行"山海游香迎妈祖"的绕境,此次是以九天八夜和 100 座宫庙会香,为台湾祈福。

然而,从耆老的访谈中,元宵节十八庄绕境清代被取消;但是元宵当天在新港街面(大约是现在奉天宫周边四个村,也就是近几年最后一天绕境的范围)的绕境并没有停止,而且都是在晚上。元宵晚上由各种职业同业公会、轿班神明会、私人,各自出资请的艺阁,配合元宵点着各式花灯绕境,到了第二次世界大战末期才改成白天绕境。⑤

1975 年从元宵新港街面四村的绕境,重新恢复十八庄绕境,所以本文以"再现"言之。近几年绕境范围,已经超越十八庄范围。因此,这些无法用"祭祀圈"的概念表述,所以用"神境"言之。本文先粗略叙述绕境过程,接着也将从绕境的组织架构、运作方式、阵头等呈现"神境"所"再现"的内涵。

---

① 颜新珠:《打开新港人的相簿》,台北,远流出版公司,1995 年。

② 颜新珠:《打开新港人的相簿》。而林群桓 2003 则认为所谓的"十八庄绕境"是 1975 年由林振邦开始,之前并无。

③ 奉天宫官方网站。

④ 效果不尽理想。

⑤ 这也涉及奉天宫各神明会、轿班组织的变迁以及受社会环境变迁的影响的问题,本文无法在此深究。

三、2011 年新港奉天宫"山海游香迎妈祖"绕境纪实

第一天:经过贴香条、悬挂"风雨免朝"令旗和为妈祖洗尘换衣服、犒军等等礼仪之后,于 2011 年 2 月 9 日开始绕境。

上午由北管舞凤轩和元极舞在奉天宫三川殿外开始表演,这是为了"响龙护台祈福"仪式;亦即在绕境的路线以汽车沿路放鞭炮,以求吉祥。九点,嘉义县县长、新港乡乡长、新港乡农会总干事、新港乡代会主席、新港文教基金会董事长、奉天宫董事长何达煌及所有董监事向妈祖上香后,将虎爷和三太子神像移到车上。县长跟奉天宫董事长何达煌分别致词,接着点燃铺排在庙前的鞭炮。顿时十几条鞭炮从奉天宫前齐爆,延伸了一百多公尺。同时间带着鞭炮的车辆在阵头车前导下分组绕境。然而,一辆鞭炮车在新港乡跟溪口乡交界处爆炸,车上的人二度灼伤。这件事使一些对花钱买鞭炮绕行全境有意见的声音浮现出来,但在当事人口中的说法却是幸好妈祖保佑,还能保住性命。

下午五点半点燃三发"起马炮",分别有:奉天宫董事长、嘉义县长及嘉义市长、大甲镇澜宫的颜清标、"立法委员"陈明文和泉州台资企业协会常务副会长。期间"立法院"长王金平来到奉天宫。

下午六点,妈祖起驾是董事长及官员们扶开台妈祖神轿出来。县长跟立委一直前导神轿走了大约五百公尺才离开。绕境阵头和神轿在乡代会主席的住处,和隔壁的何达煌招待所"277"前表演、停轿接受祭拜之后上车,转往北边的溪口乡。黑夜中绵延数公里的灯火队伍,相当壮观。

受古民村的强烈请求,车队未依照规划而往东绕入古民村。妈祖神轿被村民拦住,几乎是整村都来"钻轿脚"。因此比预期到溪口的时间延误了两个多小时。妈祖在北极殿入庙的时间则比预期的晚了三个多小时,大约是凌晨一点多。安座的祭仪溪口乡乡长和奉天宫跟北极殿的人员一起祭拜。

第二天:离开溪口北极殿往东边走,依据计划是到大林镇的朝传宫,所有队伍跟大林朝传宫、紫玄保宫、安霞宫等等,当天将停驾的宫庙前来接驾的阵头会合了,而妈祖神轿也下车了,神轿跟妈祖神轿前的号角威扬团却被叫折回。这些人徒步折回,原来是临时加入要求停驾的私人神坛,为此妈祖神轿必须再折返。回程,妈祖神轿的车子来接神轿,没人理会笔者,只好扛着摄影器材狂奔回去。这是很危险的,要穿过高速公路下方的交流道。

来接驾的队伍不只是宫庙,大林中学派出学生旗队、大林小学派出学生鼓号乐队也参与迎接新港妈祖。这两所学校的队伍导引所有宫庙的队伍到朝传宫,并在朝传宫前广场表演。

之后的行程流畅很多,基本上是在大林镇地区盘旋绕境;并在慈济大林医院附近的朝圣宫休息午餐。下午计划行程是经郊区折回市区。当晚曲折绕行市区后,进驻安

霞宫。

这一天下午最特别的是,新港妈祖和阵头进入大林镇公所停驻,接受乡长及乡公所人员的祭拜、钻轿脚,而大林镇公所也准备餐点接待所有参与的人员。但是这个停驻点并未出现在绕境的手册上。事后发现这不是孤例,有官方性质的停驻点,包括农会都没有出现在手册上。而之后新港妈所经的地方乡镇公所及嘉义市政府都有致祭,不再重述。

第三天:新港妈祖离开大林安霞宫,往南到民雄工业区内的爱之味公司和耐斯集团总公司"赐福"。

离开民雄工业区,队伍往东。北管舞凤轩和威扬团的车子跟妈祖神轿车脱离大车队,往北斗村绕境,再回路上跟等待的车队会合。由于各个点以及接驾都有拖延时间,到达竹崎乡,绕过市区到真武庙已经接近中午一点,也就是预定该离开的时间。神将阵头在庙前致敬时,有人起乩,场面几度混乱。离开真武庙,折往南方,白杞寮地区的代表以集体跪迎宣读疏文的方式迎接新港妈祖。整个白杞寮几乎动员所有男士,一个接一个的小锣鼓之类、狮阵的小型、简单的阵头,将新港妈祖迎到已经沦为佛寺的地区公庙的广场。在竹崎乡内埔的青岩宫停留,再绕内埔市区。当妈祖神轿要进入某民宅,新港香艺文化园区的负责人叫住。有四位中正大学教授想要等一下钻轿脚,请笔者帮忙协助,并帮他们照相。妈祖神轿一离开市区,跟威扬团去白杞寮炉主家绕一下。

车队往西进入嘉义县番路乡,前往嘉义市区,但是番路乡乡长和乡民沿路摆设香案,新港妈祖又不得不在番路乡小绕。这时骑机车的新港义工团朋友发现笔者,把笔者载到嘉义市。从番路乡跟嘉义市交界处,交通管制,路上布满鞭炮跟各类炮,直到妈祖晚餐停驾的"陈公馆"。

听说陈公馆主人是台湾中部以南最大的娱乐业主,也是新港妈祖的虔诚信徒。据说去年和今年他都花了两百万台币,在他家摆了豪华又精美的供品迎接妈祖。陈公馆不只招待妈祖,也招待随行的人员。当晚、隔天中午跟晚餐,陈公馆各招待四千的便当。这应该是新港之外参与阵头人数最多的。

新港妈祖离开陈公馆时,施放大约二十分钟的高空烟火。在抵达嘉义市区当晚参与阵头集合地点的嘉义市天后宫之前,新港妈祖又停留了两处私人神坛,这也是手册上没有的。嘉义市天后宫以跟新港几乎一模一样的礼数接待驻驾的新港妈祖,女生的礼生都穿旗袍高跟鞋,而且完全是该庙自己的人。这是九天八夜行程中唯一仅见,显示两座宫庙关系密切。

在嘉义市天后宫起驾前,行据说是古礼的施放三次起马炮,开始徒步嘉义市区绕境、各阵头加入原本的队伍,依序参庙表演。让笔者最惊讶的是,在嘉义市城隍庙前的吴凤南路的光彩街、兰井路之间,鞭炮碎屑未实时清理,以致几处火苗蹿起,燃烧整条路面,还动员数量消防车灌救。

第四天:整天在嘉义市区步行,是全程最辛苦的一天。新港妈祖在震安宫起驾,却又停在该宫民族路牌坊下,包含原本的阵头,加上当天新加入的阵头在民族路上表演、向新港妈祖致敬。当天加入的是嘉义市二十六个宫庙加上高雄内门紫竹寺的宋江阵,和屏东林园龙喉宫的三十六官将阵。这些阵头在绕境沿途的宫庙前、或当街即兴表演。

有些绕境沿途的宫庙为了避免队伍进入庙埕再出来浪费时间、或让神明更贴近新港妈祖，因而将神明请到外面马路边临时设立的神桌上。新港的义工团贴心地为每个前来助阵的阵头派出一两个义工，协助导引路线、准备餐点饮料。因为在市区受到红绿灯、或等待在庙前表演，队伍往往处于等待、被分隔成好几段，真需要有人协助引导。

中午十二点跟下午五点，各阵头在沿途的宫庙或公共空间就近就地休息用餐。听奉天宫义工团的人说，去年在嘉义市的便当有变酸的情况，今年好多了。此外奉天宫的饮料车沿途巡逻，随时提供。笔者曾看到一些阵头的人进入超商购买啤酒以及含酒精的提神饮料。

当晚新港妈祖停驻在"临时行宫"。这是在嘉义市桃城镇咸宫协助下，在嘉义市南边靠近水上乡的一处空地搭起的棚子。由棚内"桃城镇咸宫庆赞新港开台妈祖山海游香各界捐款赞助芳名"的公告上发现，镇咸宫的董事长是新港乡代会主席兄长，因此由镇咸宫协助是可以理解的。

第五天：新港妈祖由临时行宫起驾往南。在龙德村摆设香案祭拜的人大多也准备牧草，祭拜妈祖随行的兵将，这是行程中唯一仅见的。在水上机场附近的村落，村民为了让新港妈祖绕行的动线流畅，将该村义神庙旁一处长满矮树丛跟高大菅草的荒地临时开出一条路，让妈祖直接接上水上机场外的马路。这条临时通道被当地村民称为"新港妈祖路"。

接近中午，新港妈祖进入水上火车站附近的水上市区。在中午将停驻的璇宿上天宫，一位奉天宫的员工拉笔者到庙内，他发现庙内的三太子流出鼻涕状的液体。一时之间很多人过来看，璇宿上天宫说以前没有发生过这样。这件事被解读为三太子为了新港妈祖要来高兴得显神迹。休息期间，笔者得知元宵当天将有几位澳洲来嘉义县消防局访问的消防队员也将扛一下妈祖神轿。另一件有趣的则是摄影的朋友们喝起了含酒精的提神饮料跟啤酒，藉以提神；其实，大家都很累了。笔者前晚只睡了四十五分钟。

妈祖进驻璇宿上天宫时早就过了预定刚离开的时间，到了朴子大仓新兴宫绕境又耽误，以致原本新兴宫准备的点心变成了晚餐。在村子绕境时已经下小雨，这时候变成下大雨。笔者测试光线准备拍照食物时发现车队已经移动，狂奔追赶寻找收留笔者的北管舞凤轩的车子。追上了，车上的老先生第一句话是："有吃吗?"车子走走停停，奉天宫总干事机车载来一个没跟上车子的舞凤轩团员，并要舞凤轩这辆车子直接回新港，不用跟着绕后面的行程。车上的老先生们一阵欢呼，即兴演奏"百花春"。

隔日笔者向有绕完当日全程的朋友打探之后的情形。当晚之后的行程本来要步行的全部改成车行绕境，而预定会香的宫庙也只有威扬团跟妈祖神轿下去一下。而且过夜的停驻点也由嘉义县鹿草乡的中寮城隍庙，改到鹿草市区的开山宫，经过中寮城隍庙时简单致意而已。

第六天：下大雨，开山宫前工作人员为各神轿和阵头套上防雨设备，奉天宫朋友也给笔者轻便雨衣。在雨中绕行鹿草市区，再往西，到朴子市的配天宫，雨停了，也中午了。

午餐后折往西北方向，到东石乡笨港口港口宫，继续往西北到东石乡四股农场的农安宫。这个地点是此次绕境最西、最北的地点。靠近海边，风非常大，也非常冷。继续往南的几个靠海的村落，其中东石乡的鳌鼓寿天宫，村民以跪礼参拜来访的新港妈。在东石龙港庆福宫晚餐，正值夕阳。

在黑夜中南下绕了东港市区等处，当夜新港妈祖进驻嘉义布袋的嘉应庙。这是距离拉得相当长的一天。

第七天：由嘉应庙起驾，除了布袋的宫庙，新港妈在布袋也停驻警察局和农会，接受警察们和农会员工的参拜。当然这些地点并没有列在手册上。布袋市区将近绕了整个上午，在布袋东北边跟东石交界的建德宫午餐。

午餐后车队在某处停下，笔者直觉有异又暂别舞凤轩下车打探，跟着嘉义水上救生协会理事长边走边聊天，得知新港妈祖将进入某军事单位内绕境。果然，摄影朋友随后而至，大门前平常应该有的拒马已经移开，可以大刺刺地拍照。不久，号角团跟千里眼、顺风耳的神将导引妈祖神轿过来，进入。绕了营区之后停驻，接受部队最高首长率领上香祭拜，并念"恭迎奉天宫天上圣母疏文"，祈求庇佑单位"绩效卓著、诸事亨通、吉祥康泰"。

下午另一个特别之处是在朴子市双溪口的民宅"天兴居"停驻，新港妈祖和队伍使用点心。天兴居的主人是大厨师，他和家人为妈祖准备了百道精美食物，山珍海味。这是天兴居主人第二年为新港妈祖准备。仪式中，天兴居请了当地小学表演鼓阵，又请乐团表演古乐。这里的点心算是晚餐了，离开时将近天黑了。黑夜中继续绕境，驻驾在新港的溪北六兴宫。舞凤轩的老先生们非常高兴，说这里可以走回新港。

第八天：舞凤轩的车子才启动，就被导引离开溪北市区。车子往东走，停在往嘉义市的道路上，这一停差不多两个多小时。听说溪北六兴宫妈祖一起跟新港妈祖绕境，乡民都想钻两尊妈祖的神轿，所以时间一直拖；而到达广济宫时，在车上的舞凤轩老人们已经饿坏了。

在广济宫，笔者遇见第一天起驾时认识的朋友，是高雄教育大学的学生，他跟朋友开车来跟着拍照，笔者受邀跟他们同车先行。就这样，笔者告别舞凤轩可爱的老前辈，在队伍到达下一站之前先到达而队伍离开后再离开，超过队伍，到下一站等待。在新港三间厝，由新港文教基金会所协助建立的，以环保回收资源作为道具的环保乐团加入在村子的绕境和在村庙永兴宫前的表演。在中洋玄天宫前，品尝了中洋小区妈妈们准备的粽子，为此他们已经忙了两天了。

天全黑之后，笔者在队伍之前到达听说会停驻的"新港香艺文化园区"，再去为妈祖准备两百万台币，请了十几个阵头的"大山家具"，妈祖在回到新港之前特来祝福。

大约晚上十一点多，车队在新港的大牌坊前出现了，大约凌晨十二点半奉天宫董事长率领董监事祭拜在庙门外安营的妈祖。当所有工作处理完毕差不多两点了。

第九天：早上七点多，新港街道上已经非常热闹、喧哗。奉天宫前神轿以开台妈祖居中，其他的一字排开，六妈、五妈、三妈、二妈、四街祖妈，以及城隍爷、关圣帝君、神农帝君等诸位神尊陆续入轿。八点多陆续有参与的其他宫庙的阵头到达。大约九点半，在前导车的引导下，在奉天宫前表演，表演后各就绕境前的位置。那天来一起热闹的宫庙有埔里青天堂、台北金山慈护宫、台北松山慈佑宫、新港溪北六兴宫以及新港街面各宫庙。上午十点半，第一号起马炮，恭读起驾疏文。十点四十五，第二号炮，妈祖起驾科仪。第三号炮，妈祖起驾到香客大楼转角，举行"点戏"仪式。此时在香客大楼转角阳台上，歌戏团穿戏服手持香祭拜妈祖。以董事长领衔祭拜后，锣鼓响起，妈祖神轿回奉天宫前，新港街面绕境开始。新港街面的范围大致上：东到嘉民路、西到新中路西边补天宫前、南到公园路、北到新中街。就在这个区块内绕行。当晚妈祖入庙是凌晨一点半左右。

四、2011 年奉天宫绕境的组织架构

2011 年奉天宫是以董事长何达煌担任"大总理"。大总理下面有四位"副大总理"，分别是奉天宫董事黄能通、常务董事卢明森、嘉义市天后宫的董事长萧镇煌、新港乡代会主席洪鸿然。这里值得注意的是，洪鸿然是嘉义市人却在新港乡选上乡代会主席，他的住处是由何达煌借予，在何达煌招待所的隔壁。

其次，嘉义市天后宫的董事长在奉天宫的绕境中担任"副大总理"，这是因为奉天宫这两年在嘉义市绕境的宫庙得到嘉义市天后宫的协助，也显示奉天宫对嘉义市绕境的重视。

总理们下面是总干事李进兴，他是奉天宫的董事兼总干事，也是这几年绕境的实质负责人。李进兴下面有总指挥一人、副总指挥三人。他们在绕境中都是骑着机车前后巡视调度。另外有两批人员。一批是由奉天宫董事庄基钲负责的总务组，和董事李宗佑负责的膳食组。

总务组下面有：阵头组、文宣组、交通组、机动联络组和祭典组。在实际的运作上，奉天宫总务的林汝静、阮国峰和张芳华负起相当大的责任。阮国峰一直穿着义工团的制服在妈祖神轿旁导引协助扛轿的轿班"铁卫"，这些人在扛轿时穿着特别的"铁卫"制服。今年的"铁卫"都是义工，负责人是前任嘉义县水上救生协会理事长，由他统筹协调嘉义县市消防队、义消、警消以及海巡单位值勤；负责除了最后一天在新港街面绕境之外八天妈祖神轿的扛轿任务（虽然轿班归祭典组负责）。由消防队、义消或海巡的人扛轿可以避免一些无谓的抢轿等纷争。在林汝静的协助下，义工团的团员协助了祭典组所该负责的阵头编排管理以及威阳团的协调。这些原本不是归义工团该处理的事情。依据访谈得知，这些团员有一些人是为了这次的绕境请了半个月的长假来协助。

膳食组下面有：秩序安全组、医护组、受付组（负责给各宫庙油香钱以及在各宫庙收取油香钱）、祭祀组和医护组。祭祀组是奉天宫这次绕境中任务吃重而且重要的一组，由文物义工团负责。该组的任务是：准备妈祖停驾、驻驾祭祀供品及祭祀科仪、疏

文。犒赏兵马、并且负责妈祖神像的管理照顾。

绕境的阵头及参与人员：2011年奉天宫绕境的阵头虽在手册上有所注明，但跟实际情况有差异。例如，起驾当天的情况是：前导车、数辆大型艺阁，再接"报马仔"。艺阁是由太保市、新港乡和东石乡所提供的创意花车，朴子市、民雄乡、六脚乡以及五座私人捐助。

报马仔之后接"大总理车"跟两辆"副大总理车"。接着是：竹南后厝龙凤宫、布袋过沟建德宫、麦寮拱范宫、西螺福兴宫。之后是"上元灯"跟"銮驾旗"并列。接着，开路鼓、"开台妈祖头灯、帆旗、銮驾旗"、虎爷将军神轿、"金包里慈护宫神轿车"奉天宫五妈神轿。五妈神轿后是慧心馆辣妹蜈蚣阵、玄兴社醒狮阵、玄兴社巨龙阵、桃城雷震通天鼓、哪吒会馆电音三太子团。之后是头灯头旗、舞凤轩、进士牌、銮驾（放开台妈祖銮驾的拖板车）、威扬团、开台妈祖神轿。到晚上，开台妈祖神轿前后各有一辆灯光车照着妈祖神轿，而前面的灯光车前先是千里眼神偶，之后是顺风耳神偶。之后，扣除竹南后厝龙凤宫、布袋过沟建德宫、麦寮拱范宫、西螺福兴宫等这些起驾当天特别参与的，基本上就是车队的架构。每到一处，来迎接的阵头则在最前面，直到送驾离开。

绕境的运作模式：这两年的绕境方式奉天宫是：村落跟村落之间是以车辆运送；亦即从前一个村落或停驾的宫庙"送驾"之处，到下个村落或停驾的宫庙之间是车巡。停驾所属的村落之中则是徒步绕境，而在村落中绕多久、多远、哪些路线，是奉天宫与当地宫庙事先协商的结果，也往往有意外被当地宫庙导引而多绕的情况。这种情况跟大甲镇澜宫以及白沙屯拱天宫的情况不同。

其次，每晚妈祖入庙驻驾之后，除了文物义工团的人留在妈祖所驻驾的庙宇或临时行宫之外，其他的人都搭车返回新港，或是回家、或是住在香客大楼，隔天再搭车去前一晚驻驾的地点，继续行程。这种方式跟大甲镇澜宫以及白沙屯拱天宫也不一样。

负责晚上照顾妈祖神像的义工团的动线跟整个绕境队伍几乎是不同的。当妈祖起驾移，这些义工团的团员独自搭了小货车前往中午停驾、或晚上驻驾的宫庙准备停驾、驻驾供品及摆设。① 从另一个角度来说，妈祖停驾、驻驾的宫庙仅止于提供场地，并不负责驻驾、停驾之后所有的礼仪。这些礼仪都是由奉天宫负责、或主导。

一般在村落绕境的情况是，阵头逐一进入，艺阁和大型车辆（包括在车上演奏的北管舞凤轩、五妈车、虎爷车等）在路过的宫庙前直接离开。徒步的例如：慧心馆辣妹蜈蚣阵、玄兴社醒狮阵、玄兴社巨龙阵、桃城雷震通天鼓、哪吒会馆电音三太子团等等则在妈祖会停驾休息、或驻驾午餐、晚餐、过夜的宫庙前表演一番，休息一下再离开。休息期间可以享用宫庙及村落居民所提供的各式食物和饮料、餐点。

从上述对起驾简单的叙述，可以发现奉天宫的绕境虽然是宗教的仪式，却试图展现奉天宫在政治、商业和宫庙关系上的力道，特别是需要政治力的加持。

① 除了第三天（2月11日）晚上在嘉义市大雅路的陈公馆停驾晚餐以及第七天（2月15日）在朴子双溪口的天兴居停驾使用点心之外。

五、结　论

　　笔者曾询问不同的人这几年绕境的地点如何决定？得到的答案大致上是相似的。他们认为，都是经过事先反复地协调，有些是主动要求、有些是基于动线而询问。笔者曾在奉天宫的总务组办公室听到负责人打电话询问朴子配天宫。另外有些地区希望奉天宫去绕境，但排不进行程，只好另行安排，另如 2010 年 12 月底到嘉义中埔乡、大埔乡和曾文水库绕境。在这两年嘉义县市绕境中，有些地点有变动，这则是因为负责协调地点的负责人变动了。因此，神境的空间和路线是协商出来的。

　　其次，笔者曾询问十八庄绕境、新港街面绕境、九天八夜绕境跟大甲镇澜宫来新港有何不同。初步归纳出的答案是：十八庄绕境是古老而又恢复的，对新港街上的人比较没有感觉，就是每隔几年比较热闹一次，这也许也是笔者田野还局限在新港街面及少数地点如板头村①所致。新港街面是属于新港人自己的庆典；而大甲妈祖来新港的热闹是迎接客人的热闹，不是自己家里的热闹。而九天八夜，这是奉天宫的大事，对大部分的新港人并没有太大影响，新港人等待的还是最后一天元宵街面的热闹。由此可见，九天八夜所建构出来的神境仍只停留在奉天宫庙方，使新港街面的人消化为自己的节庆还需假以时日。

　　从绕境之前到过程中，奉天宫试图以各样名目的活动，邀请政治人物参与，并藉由各种传播媒体的报导，快速建立其声望。为此，对于媒体人，奉天宫无不小心对待，建立良好关系，以增加在媒体曝光的机会。其次，将 2010 年国际妈祖文化节的成果编制成书和光盘片四处寄发，并强调替绕境中的各宫庙宣传，互蒙其利。

　　由这两年绕境的例子②，以及田野中的访谈，奉天宫除了仍然积极跟各地宫庙建立友好关系，更重要的是已经转移跟北港争正统的兴趣，在自我认知将自己定位为嘉义县市的神圣中心，并努力以绕境仪式稳固之。在此基础下，逐渐往南扩张。这样的企图是否将因人事的更迭而改变，有待继续观察。此外，奉天宫绕境的停驾地点有许多私人企业或住宅，以及官署，而扛轿人员也借重部分带着官方的人，其意义和关系有待日后田野继续厘清。

　　总的来说，新港奉天宫从十八庄绕境到以嘉义县市的神圣中心自居，这避开了和北港的正统之争，在与其他宫庙的竞争的场域中试图建立自己的基本盘。除此，更积极以分灵或其他方式延伸自己的势力，例如分灵到永春的。方法上，倚赖个人的人脉和传播媒体的宣传，在某个程度上已经达到实质效果。虽此，奉天宫仍须面对自身内部各群体的冲突，并倚赖国家力量实质和象征地介入，以强化其正当性。

　　　　　　　　　　　　作者：林鼎盛，台湾私立朝阳科技大学社会工作学系讲师

---

①　板头村在地缘上接近北港，跟北港朝天宫的关系也比较亲密。这部分的问题且待日后另文讨论。
②　包括 2010 年 12 月到嘉义中埔大埔。

近年象山、深圳、澎湖、湄洲
祭拜妈祖大型活动调查①

周金琰

湄洲妈祖,自宋徽宗时代起,即从地方性神祇变为全国性的神祇,并自此统领四海龙王,确立海神地位。经过宋、元、明、清不断的演绎发展,经历代皇帝三十多次褒封,终于成为以护海为基础的多功能、高规格的神祇,可享受"宫玄之乐、太牢之祭、八佾之舞"。清代皇帝还颁诏各地"春秋谕祭",编入国家《祀典》。

妈祖祭拜一般都与海密切相关。近几年来,妈祖祭拜活动在各地得到重新恢复。祭拜妈祖有各种各样的形式,因地制宜、因时而异。本文就浙江象山的开渔节、广东深圳的"辞沙"、台湾澎湖海祭和湄洲妈祖祭典的祭拜活动的调查情况做一简述。

一、浙江象山的开渔节妈祖祭拜活动

浙江是著名的海洋大省,舟山渔场是我国主要的渔场之一,妈祖信仰底蕴丰厚。地处舟山渔场附近的象山石浦,过去因渔业发展使其繁华而闻名。象山开渔节历史悠久,内容与妈祖密切相关。其产生背景大体是:在多年前,象山石浦地方渔民,处于夏季休渔时节,按惯例因夏天有"白豆水"是捕鱼淡季,渔民们很少出海。有一天村中一位不时会"弄神"的人,突然到渔民中诉说,妈祖托梦,东海海上有大黄鱼,叫大家赶快出海会大发财。渔民都认为他在胡说八道,因为根据经验,此季节下海,一条鱼都捕不着,哪里会有大黄鱼。一连几天都没有人理睬。又一天,突然村中一位平时被人们认为是德高望重的船老大也出来告诉大家说:妈祖托梦说东海有大黄鱼,并还说明在海上的某某地方下网会捕满船舱。人们将信将疑,勉强出海,结果是捕了满舱大黄鱼,发了大财。人们把此归功于妈祖,为了答谢妈祖,渔民们举行大祭拜。后来,演绎成每每要出海捕鱼时,都祭拜妈祖,祈求平安和大丰收。尽管开渔节形成的历史与内容有多

① 鸣谢:本文在调查过程中得到了很多人的支持,感谢澎湖天后宫管委会、宁波庆安会馆黄浙苏馆长、深圳天后宫龙辉馆长等同仁提供大量的资料。

个版本,但主要内容大同小异,几年来当地政府把这一祭拜妈祖习俗经过策划、整理成一个国际性的活动品牌。

妈祖巡游和祭拜活动是浙江象山开渔节的重要组成部分。

妈祖出游时,港中渔船灯火通明,把整个渔港变成了"烟花灿烂、流光溢彩"的不夜港。仪式开始时,港中渔船汽笛发出长鸣。装扮各色的船队从港中经过,岸边的人们也欢呼起来,人们不时地向船上的人摇手高喊。一旁的渔民神情庄重地步入祭祀区,供奉祭品,焚香跪拜,场面至诚。

(一)祭拜场景布置

祭拜原本是渔民们在出海前去敬拜妈祖,祭奠大海,祈求平安、丰收。所以祭拜场景布置也都是以妈祖为主要内容。分述如下:

1. 从妈祖神像至城门,用黄色祭旗把整个场地勾勒出来。
2. 妈祖神像前栏杆用黄红双色彩带装饰。
3. 妈祖神像基座作适当包装。
4. 基座四角升放 4 只气球。
5. 妈祖神像左右侧分别安装灯笼架子。
6. 红地毯随台阶一直向上延伸。

祭拜前事先做了很多准备,祭拜时祭祀渔民高擎巨大的高香,一群渔家后生抬着满满当当几大筐由花生、核桃等组成的五色果实和稻米、小麦等五谷,鱼贯走到祭台上。八名赤膊的船老大抬了一头全猪和一只全羊郑重地放到妈祖神像前的供桌上。5名壮汉每人抱着一个大酒坛走上祭台,50 名渔家汉子双手托起一只大海碗,面对着广阔的大海,高声喊诵:"一敬酒:出入平安;二敬酒:波平浪静;三敬酒:鱼虾满仓。"

主祭人面对大海恭读祭文:"茫茫瀛海,生命之源……大海恩我,殷殷可鉴……"接着,祭乐响起,32 个舞者向大海献祭舞。

(二)祭拜仪程

1. 司仪身着传统服饰,出场宣布:祭拜开始。
2. 请主祭人、副祭人登台。
3. 请嘉宾敬献花篮。
4. 敬上高香。
5. 向妈祖鞠躬,向大海鞠躬,
6. 敬上供品:
(1)上五谷(礼仪,5 人)。
(2)上山珍(礼仪,5 人)。
(3)上三牲(渔民老大)。
7. 上美酒:
司仪:一敬酒,壮汉:出入平安。

司仪:二敬酒,壮汉:波平浪静。

司仪:三敬酒,壮汉:鱼虾满仓。

8. 恭读祭文。

9. 舞台祭。

10. 礼成。

二、广东深圳(东莞)辞沙妈祖祭拜活动

深圳(东莞)辞沙可以追溯到明代天顺八年(1464)翰林院学士判广州府事黄谏《新建赤湾天妃庙后殿记》:"凡使外国者,具太牢祭于海岸沙上,故谓'辞沙'。太牢去肉留皮,以草实之,祭毕沉于海。"辞沙是旧时东莞人出海打鱼、走船、外出海外谋生时,在赤湾沙滩举行祭拜妈祖,祈求妈祖保佑平安而辞别亲人的一种仪式。这座妈祖庙位于东莞辖境(今深圳南山区的沙滩上)。清初屈大均在《广东新语·神话》"海神条"中记有广东的天妃庙的位置,"其址在新安赤湾,背南山,面大洋,大小零丁数峰,壁立为案,海上一观也"。所以过去就把这种习俗叫东莞辞沙。

东莞辞沙后来演绎成一种基本定期的祭拜妈祖活动,主要是在农历三月二十三"天后诞"和出海前举行。辞沙的活动内容包括煮"大盆菜"、吃"大盆菜"、祭拜妈祖。祭拜妈祖活动是在妈祖像前举行燃香、行三跪九叩礼、读祝文、焚祝文、焚帛、送太牢、舞狮唱戏杂耍等一系列民俗活动。

近年来,大型的辞沙活动已多次举行。下面以2006年10月东莞塘厦人林伦章率1000多人来祭妈祖为例,活动日程和主要活动内容如下:

第一天,二百多人来到南山天后宫正殿,带着水果干粮等,首先在天后宫当中寻找能够过夜的地方,天后宫提供一些草席及简单的被子给客人。接着这些人在山门平台用竹片做搭一个人形架子,用纸张糊一个人形的"鬼王",这"鬼王"左手托"善恶分明"令牌,腰系大鼓,面目恐怖,同时还用纸糊了一县令和其所骑的小白马。晚上,他们在大殿举行一个简单的祭拜仪式。

第二天,来了八百多人,带着8位道士敲锣击鼓,吹奏唢呐,诵经念文,进行祭拜,他们这些人就地而寝,以求与妈祖娘娘心灵相通,祈求保佑。

第三天,晚上大家把4米高的"鬼王"抬到院内的广场上燃烧,在燃烧前,大家争先恐后去撕"鬼王"腰上挂着的纸鼓,据说带上这纸片可祛邪,瞬间,"鬼王"的鼓被大家"抢劫"一空。接着点燃"鬼王",嘴上喃喃念着咒语,大家把纸钱和大米撒向火海。

第四天,这一天是活动的高潮,上午8点整,举行盛大祭拜仪式,祭拜以道士建醮为主要内容。

最后一个程序是,将用红纸抄写的所有参加这次祭祀活动人员的名单,放在用纸糊的县令手上抱着,组织者林伦章在那里手舞足蹈,嘴上朗诵着一些吉利的话语。然后点燃县令和小白马,连同大家的名字一起化为灰烬,缥缈的香烟,把人们的芳名和愿

望一起带给天后娘娘,给天后娘娘传递一个信息,让她在遥远的神仙国度里知道她的信徒是如何的虔诚,如何地在传颂着她的美德!

三、台湾澎湖的海上绕境祭拜妈祖活动

澎湖天后宫是台澎地区最重要的妈祖庙之一,历史悠久,闻名遐迩。澎湖的首府马公就是因为"妈宫"(妈祖宫)而得名的。澎湖天后宫因社会历史原因历经兴衰。于1985年再度修葺完成,举行庆典。经充分协商,主要采取"妈祖海上巡安绕境"仪式来纪念。

1986年4月19日(农历3月21日),澎湖空前的妈祖海上巡安绕境开始了。

当日早上,陪同妈祖出巡海域的马公市庙宇神祠,包括合澎公庙的观音亭、城隍庙及俗称七保的甲头庙等。各单位旗班及工作人员先到天后宫报到,并请诸神入宫祀茶。在县长欧坚壮主祭,筹备委员会主委杨国夫兴掌政代表陪祭参拜后,请令起驾。圣母(二妈)神像乘坐銮轿,千里眼、顺风耳随侍两侧,在马公各庙守的主神以及本地城隍爷等陪同下,锣鼓喧天,鞭炮齐鸣,浩浩荡荡的由天后宫出发,游行马公市区后,到达第一商业码头,登船出海巡游。动员的渔船有30艘,船上张灯结彩,起航前及航行中,鞭炮声此起彼落,在码头送驾的善男信女及观赏热闹的民众多达四五千人。

因为是在海上巡安绕境,所以选择运载"主帅"妈祖的船只是一个非常重要和慎重的工作。经过再三酝酿和程序的挑选,终于让"金春成"这艘马力强、性能稳、吨位大、整洁大方的渔船成为旗舰。

天上圣母的"旗舰",由"金春成"号渔船荣任。在"一平"号和"满庆二"号两艘领航的渔船前导下,30艘渔船编队前进,仿佛是一训练有素、防卫海疆的"联合舰队"。

妈祖海上巡安绕境主要是要经过港口和附近海域。日程和活动内容如下:

第一天,出巡:由码头先向东绕游马公商港、第一、第二、第三渔港兴案山港,再经由马公商港向南直驶桶、虎井后,折返西兴的内垵、外垵,绕西岸一路北上,经过内垵北港、小池角、大池角、小门、合界等渔港,穿过跨海大桥的吼门水道,沿西至东岸一路南下,巡行横礁、竹篙湾、大果、赤马等港口。每到一处该地的大小渔船,都在港外列队迎驾。岸上渔民更是手持清香,敲锣打鼓,燃放鞭炮,虔诚地恭迎船队。

第一天巡安顺利完成,因为澎湖是列岛,大大小小岛屿60多个,各地纷纷要求绕境一定要绕到自己家门口。以示妈祖灵光与普照,住辖域境能平安吉祥、发达进步。

第二天,又开始绕境。

船队稍停之后,又依序到达尖山、林投、乌崁、锁港、山水、风等沿海各港口,所到之处也都受到信徒及民众热情的欢迎,尤其是山水里信众齐跪海边沙滩上,虔

诚之心表露无遗。这天的行程,由于巡行的港口比较多,路途比较远,还有各港口的热忱接送,使得行程因而延后二小时。到了近晚上六点半,船队才在烟火鞭炮声中进抵以忪港。①

经过两天的努力,澎湖妈祖海上绕境终于完成整个路程,又回到天后宫,之后还进行一系列的活动。

圣母及诸神圣登陆返回天后宫后,在宫前举行"过妈祖轿下"后,各单位代表随即参拜妈祖,到晚间七时半才结束这次盛大而空前的海上出巡活动。除了海上出巡外,天后宫天上圣母出巡绕境筹备委员会又在四月廿六、廿七日办理陆上巡狩。首日由天后宫起驾,分赴海灵殿、北辰宫、武圣殿(祀茶)、宸威殿,最后到威灵殿行一宿夜。次日由威灵殿行台出发,经灵光殿、城隍庙(祀茶)、北极殿,回到天后宫,又在宫前广场举办(过妈祖轿下),以庇佑信徒平安好运。同时,在天上圣母出巡期间及农历三月廿三日妈祖诞辰之夜,出巡绕境筹备委员会同时举办了各式各样的民俗活动,放烟火及电影等,以增添热闹气氛。②

自1986年,澎湖第一次海上巡安绕境之后,一发不可收,几乎过一段都选择适当时间举行一次。截止1999年,澎湖共举行海上巡安8次,成为轰动世界的"妈祖海上巡安绕境"盛事。

四、湄洲祖庙的大型妈祖祭典

湄洲祖庙大型祭拜妈祖仪式,近年已形成一套规范的祭典。其仪式肇端于宋代,经元、明、清历朝不断的充实和发展,如今成为天下妈祖宫庙祭拜妈祖最为隆重庄严的典范祀典。

早在宋光宗绍熙元年加封灵惠妃时,皇帝诏书中就有"古今崇祀岳渎,怀柔百神,礼所不废;至于有功国家,有裨民社者,报当异数。灵慈福利夫人林氏,灵著丕显"的记载。宋代的祭典是后代祭典的基础。元代皇帝更数次派"天使"赴湄洲祖庙主持祭典。明代,在《明会典》中记载有"每岁以正月十五日,三月二十三日遣南京太常寺官致祭"的妈祖官祭活动。明代的《金陵玄观志》中也记有"岁遇天妃诞辰(三月廿三)、羽化(九月初九)之日,太常寺卿上宫致祭"。《明史·礼志》中"永乐七年封护国庇民妙灵昭应弘仁普济天妃,以正月十五日、三月廿三,南京太常寺官祭……诸庙少牢猪一羊一……"。宋元时,官民对妈祖的祭拜活动,其规模应该还不大,规格也不高。到明代,祭拜妈祖的规模和规格才都发生重大变化,规格比以前高,主祭官由地方主要官员或钦差担任。自明成祖朱棣封妈祖为"护国庇民妙灵昭应弘仁普济天妃"之后,南京天妃宫的地位随之升格,祭祀活动更受官民重视,祭祀妈祖的活动也涉及官方和百姓。清

---

① 澎湖采风文化学会编:《开台澎湖天后宫志》,开台澎湖天后宫管理委员会印行,2006年。
② 澎湖采风文化学会编:《开台澎湖天后宫志》,开台澎湖天后宫管理委员会印行,2006年。

代,随着妈祖神格的提升,妈祖祭拜活动规格也相应提升。清康熙五十九年(1720)妈祖被列为"春秋谕祭"之神,编入国家祀典。至雍正帝,又下诏普天下行三跪九叩礼,使妈祖成为清代祀典中与"文圣孔子"、"武圣关公"齐名的"女圣天后"。清朝的妈祖祭典基本定型,以"太牢之祭、三献之礼、宫弘之乐、八佾之舞"为基调进行。后来不同时期也进行不同充实扩展,成为大型的祭典仪式。

1997 年,湄洲妈祖祖庙举行了新时期首次大型祭典。祭典主要活动内容如下:

祭器:果盒 1 个、馔盒 1 个、花斗 1 件、烛屏 1 对、桌灯 1 对、香炉 1 个、铜爵 3 只、硎 1 只、簋 2 只、笾 8 只、豆 8 只、帛 6 尺,等。

祭品:猪、羊、五果、六斋、面、花,等。

仪仗:清道旗 1 对、大锣 1 对、警跸牌 1 对、衔牌 1 对、升龙幡 4 对、长号角 4 对、凹凸杖各 1 对、封号旗 16 面、提灯 2 对、提炉 4 对,日月扇 1 对、九曲黄伞 1 把,还有金瓜、朝天镫、蟠龙棍、月牙铲、方天戟、大刀、抓印、日月牌,等。

乐舞:乐生 53 人、歌生 20 人、舞生 64 人。

乐章:迎神、初献、亚献、终献、送神。

乐器:鼓、吹、笛、笙、琴、瑟、弦、篪、筝,等。

乐种:金、石、丝、竹、匏、土、草、木八音。

歌曲:《海平》、《和平》、《咸平》。

执事:主祭 1 人,陪祭若干人,与祭若干人。

司礼生:诵经、司香、司盥、司樽、司盘、司帛、祝文等共 16 人。

妈祖祭拜两岸本同宗同源。台湾祭拜妈祖活动以建醮为主要内容。在大陆祭拜有大型、小型,一般祭拜活动都以祭与拜作为主要内容,其规模和内容也有简单和复杂之分。

2000 年 7 月,台湾省大甲镇澜宫组织 2000 多人的进香队伍,在湄洲妈祖祖庙举行了大型的祭典,其特点则是综合两岸各种条件,采用大陆、台湾的方法和内容相结合。

(一)采用湄洲妈祖大型祭典仪式仪程

1. 严鼓三通,共 108 声。
2. 鸣礼炮(四门铳 81 响)。
3. 仪仗队、仪卫队、乐生、歌生就位。
4. 司礼生引主祭人、陪祭人、与祭人和舞生就位。
5. 奏《迎神》曲典、上香。
6. 读祝文、奠帛。
7. 行初献礼。
8. 行亚献礼。
9. 行终献礼。
10. 各界代表进香。
11. 焚祝文、焚帛。

12. 奏《送神》典曲。

13. 礼成,退场。

（二）祭拜人主要为台湾的妈祖信众

设一位主祭人,其他为陪祭人。

（略）

（三）祭拜内容以湄洲大型祭典为基础,充实增加台湾习惯用的吟读诗句

在"迎神"仪程中,奏《迎神》曲。曲词:

神之来兮,驾龙螭兮。神故乡兮,水之湄兮。告洁虔兮,奉盟匜兮。神其恰兮,民受禧兮。

诗歌鼓乐齐奏,诗曰:

洋洋海域,灵爽昭洪。翩然驭气,祖庙祥风。凌云殿阁,金碧辉煌。祗迎圣驾,瑞满鼓钟。

在初献仪程中行初献礼,奏《海平之乐》,词曰:

维天无极,维海不测。天降我后,斗海之则。海天清晏,卿云五色。八海既宁,万方归德。钟鼓歌舞,俎豆清香。女神降上,赐我百祥。

诗歌鼓乐齐奏,诗曰:

懿哉后德,有宋泽施。后世熏沐,感而建庙。莫京巍焕,镇澜谒祖。告申进香,敬鉴誉兹。

在亚献仪式中行亚献礼,奏《和平之乐》,词曰:

皇哉女神,呼吸风雷。洪波立靖,造福消灾。泽施四海,庆谧九垓。南风薰兮,阜我民财。

诗歌鼓乐齐奏,诗曰:

既申初告,再叶箫笙。醴醇且洁,虔肃弥呈。心齐镇澜,熙洽景明。群情克表,神赐以宁。

在终献仪式中行终献礼,奏《咸平之乐》,词曰:

海天来航,湄庙无疆。春秋祀典,血食方羊。鼓钟歌舞,俎豆馨香。女神降止,赐我百祥。

诗歌鼓乐齐奏,诗曰:

浩歌三唱,允惬群怀。仰酬高厚,琳宇用恢。焕昭镇澜,益懋仙台。终献式礼,神庶叶谐。

最后奏《送神》曲。词曰:

礼既成兮,神其行兮。举驾旌兮,升玉京兮。海宇清兮,岛屿明兮。邀祥祯兮,永和平兮。

诗歌鼓乐齐奏,诗曰:

禅辉镇澜,冉冉飞鸾。齐鸣钟鼓,萧举羽干。青乡虽远,祷必赐安。复台名迹,永保大观。①

(四)祭拜中增加了各界代表行"上香礼"仪式

代表中分为:官员代表、宫庙代表、信众代表。

各地信众均协商出代表上香。

(略)

(五)清畅典雅的祝文

"法人财团台湾省大甲镇澜宫天上圣母庚辰年湄洲妈祖祖庙谒祖进香三献大典:

惟

二〇〇〇年岁次庚辰年六月十七日,主祭财团法人台湾省大甲镇澜宫董事长颜清标、副董事长郑铭坤暨全体董监事,信徒代表,逸境进香团全体人员,大甲镇、大安乡、外埔乡、后里乡及全国各地善男信女。今逢财团法人台湾省大甲镇澜宫天上圣母庚辰年谒祖进香,虔备清香、鲜花、敬品之义奉献。

伏祈:

福建省湄洲妈祖祖庙、台湾省大甲镇澜宫天上圣母:请神佛鉴纳! 曰:天恩浩荡神显赫,上下和睦国泰平。圣贤伟志远朝夕,母教遗训达九州。慈哉圣母,湄洲化身。钟灵嵩岳,瑞气氤氲。春风化雨,普济万民。护国庇民,显赫濯声。乘船海上,救苦慈仁。功德浩大,永配乾坤。巍峨母德,顺济沾恩。妙灵致显,体默静仙。

伏愿:

圣母施恩,老幼康健。益寿延年,家安宅吉。德泽宏施,四时无灾。富裕民生,祈会安宁。普润翠生,如意吉祥。财源广进,宝业兴隆。慈辉庆庇,国运昌隆。风调雨顺,国泰民安。所求如意,谨呈上献。虔祝以告,祈鉴洁庄。谨饰祝文,诸神佛来格!

法人财团台湾省大甲镇澜宫董事长颜清标、副董事长郑铭坤,全体董监事、信徒代表、谒祖进香团全体人员暨及全国各地善男信女再叩首。"

五、海神妈祖祭拜仪式的不断充实与发展

海神妈祖祭拜仪式是在发展过程中不断充实内容,提高规格的,其影响也不断扩大。近年的祭拜活动既继承了历史传统习俗,又不断充实新内容,改良了那些不合时宜的旧习俗,把非物质文化遗产"妈祖信俗"的"具有再创造价值"展现出来,使妈祖信俗成为一种具有生命力的不断发展的活态习俗。例如以上几处祭拜活动就各具发展特色:

---

① 这些曲词、赞诗参考台湾台中县立文化中心 1988 年印行的《大甲妈祖进香》中之《湄洲进香》有关章节。

一是浙江象山开渔节自创办以来,继承和发展了传统的历史文化,把祭拜妈祖内容从简单的喜庆丰收、感恩妈祖、祈求平安提升成为旅游活动的国际性品牌。活动中保存了妈祖巡游、海上祭拜妈祖等等相关元素,又增添了鱼类放生大海的内容,赋予了妈祖信俗现代保护环境、注重人与自然和谐相处的新理念。参加活动的众多人群中,则既有妈祖信众,又有表演者、旅游观光者。开渔节结合妈祖信俗活动,成为一个地方的重要品牌,获得了众多省级、国家级甚至国际级的荣誉。活动的内涵和意义已远远超出妈祖信仰活动本身。

二是深圳的"辞沙"祭拜妈祖活动首先是继承了传统的内容。当"辞沙"活动开始时,东莞、深圳附近四面八方的妈祖信众组织队伍,抬着妈祖神像涌向南山天后宫,把历史上单纯的"辞别沙滩"祈安活动演绎成一种祭拜妈祖的规模影响巨大的民俗活动。活动内容早已不只是"辞沙"的原来含义,而是对原习俗作了改良和发展。如在南山天后宫祭拜妈祖之后,除了传统的"丢太牢"内容之外,还增添了一些传统的具有代表性表演内容。宫中增加了休息的坐席,那些前来参加仪式的人就地依席而寝,让他们能够与妈祖进行近距离的心灵感应与沟通,满足了人们对美好事物的心理追求和愿望。

三是澎湖天后宫是湄洲妈祖分灵台湾的最早宫庙之一。近年,澎湖天后宫开展的海上绕境祭拜妈祖活动,内容不断丰富,规模一次比一次扩大,影响扩至整个台湾,堪与大甲镇澜宫"七天八夜"巡安绕境不相伯仲。海上绕境活动从1986年开始至今已举办了十多次。当初只是按传统,把妈祖銮驾及相关的队伍通过海上船只绕境到澎湖的各个宫庙、港口,各地信众组织队伍迎接,活动较简化。如今的活动,不但有队伍的精心组织,有从海上到陆上,又从陆上到海上的线路策划,而且注重活动的内容和质量的不断提升。海上绕境祭拜妈祖活动还成为宫庙之间的交流、联谊的桥梁和纽带。

四是湄洲祖庙祭拜妈祖的仪式,经专家完善和提升,成为湄洲妈祖祭典,于2005年成为了国家级非物质文化遗产。以湄洲妈祖祭典为基础的"妈祖信俗"更进一步于2009年9月成功申报世界人类非物质遗产代表作。湄洲妈祖祭典也是既继承传统主要内容,又添加了若干现代元素。当台湾大型进香团来湄洲祖庙谒祖进香时,他们也采用湄洲祖庙祭典仪式,其主要仪程和人员基本没变,但也添加了若干符合台湾习惯的活动内容。湄洲祖庙的祭典,已成为天下妈祖宫庙祭拜海神妈祖的最重要的经典仪式。

作者:周金琰,中华妈祖文化交流协会副秘书长

南靖县妈祖信仰田野调查报告

——以梅林天后官为例

连心豪

在闽西南南靖县西部的梅林镇,有座"土楼天后官"。从 2008 年至今,已经连续举办了 4 届"土楼妈祖文化节",声名远扬。关于闽西南南靖县山区的妈祖信仰,尚未见专论。本文主要根据田野调查资料,以梅林天后官为例,试作初步探讨。

一

梅林镇地处南靖县西北部,距县城 56 公里。东、南与奎洋镇、书洋镇接壤,西与永定县毗邻,北与龙岩市交界。梅林村因古时遍植梅树而得名,亦称梅垅。元、明、清时期,梅林属居仁里梅林总,长教属长窖总。民国初期分属三团区和长教区,长梅乡乡公所设在梅林墟。梅林村现辖梅林、积排、下坂、背垒、焦坑等五个自然村,为梅林镇政府所在地。

梅林天后官位于梅林村旧圩尾,面临梅林溪,坐东北向西南。整座宫庙由前后两座组成,中有天井,前有庙埕,风格独特。总占地面积约 1500 平方米,建筑面积 183 平方米。前座是关帝庙,俗称"武庙"。为单层砖木结构建筑,面阔三间,抬梁穿斗式木构梁架,青砖墙体。后座为双层砖木建筑,楼阁式单檐悬山顶,青砖墙体。底层面阔三间,进深一间,奉祀南海观音、注生娘娘和保生大帝、五显大帝。二层面阔三间,进深三间,抬梁穿斗式木构梁架,奉祀妈祖。在天井右侧开有边门,上书"天后官"门额。其实天后官只是后座的二层,并非"土楼"。1983 年 11 月,梅林天后官被列为第一批县级文物保护单位。2008 年,被批准为第七批省级文物保护单位。

关帝庙大门两旁有一对花岗岩石雕龙柱,庙内左右两壁镶嵌着清道光九年(1829)《捐题建造庙宇芳名》和光绪三十一年(1905)《重修武庙喜题芳名》、光绪三十二年《重修武庙兼油漆喜题芳(名)》三幅石碑。天后官内右壁镶嵌民国五年(1916)重建天后官碑记,左壁则用红油漆题书 1980 年 5 月重修天后官海外募捐芳名。庙埕有 2001 年 5 月梅林天后官文物保护领导小组所立天后官戏台捐资名录和 2008 年 5 月梅林镇首届土楼妈祖文化节筹委会所立捐资名录。

南靖县梅林天后宫号称"是内地供奉妈祖娘唯一的一座古建筑"。其实不然,远至湖南芷江、贵州镇远、四川泸州、河南南阳乃至山西太谷,近在闽西的汀州府城、永定西陂、连城朋口、闽北武夷山星村,浙南的铅山河口,都曾经建造过颇具规模的天后宫、妈祖庙。南靖县现存天后宫、妈祖庙不多,但梅林天后宫并不是唯一的。历史上,南靖县曾经有过若干座妈祖庙。

位于南靖县东部的龙山镇妈祖庙现存"巾帼完人"石匾,该石匾长110厘米,宽45厘米。并有两块60厘米见方的题名石,上面分别镌刻"闽浙总督部堂王德,福建巡抚部院李殿国,福建提督学院恩普,福建布政使司裘行简,福建按察使司韩封"和"护理汀漳龙兵备道、特授漳州府景敏,南靖县知县董蒸霖,南靖县教谕谢金銮,南靖县训导邓培风"①。这些石刻应当是石牌坊的构件。董蒸霖,广西南宁人,举人出身,生卒不详,清嘉庆五年至十年(1800—1805)知南靖县。南靖龙山妈祖庙始建应该早于嘉庆年间。

南靖县靖城城隍庙存有清乾隆二十六年(1761)仲春吉旦所立的《妈祖宫重修碑记》②。可知靖城原为南靖县县城,乾隆年间已经建有妈祖宫了。靖城《妈祖宫重修碑记》③:

　　　□□□□□□□惊涛骇浪之中,悉赖□□□□□□□□□□益者。滨海之人,处处庙祀,盖数百年如此矣。靖,漳南下邑也。濒溪为家,地势窪下。每值淋(霖)雨,河水涨溢,陆者为川,宁者为溉,耕者不粒食。□□□□□□□□□令成都彭公,于西门一带,筑沙坝以障溪流。乾隆十九年,镇远何公,详审水势,筑石堤,继土堤,自西而南,六百余丈,靖之民得藉以安。然□□□□□□□□□□因障蔽,而湍急更烈。偶然失备,全城鱼鳖。则靖虽不同于海,而时防水患,与万里梯航、朝夕舟处者无异。其尊崇□□□□□□□□□□□□□于南教场,神弗顾享,两次被水冲坏。嗣奉神位于阴阳馆,湫隘嚣尘,仅蔽风雨。

　　　予自己卯(乾隆二十四年,1759)仲春莅任兹土,即欲恢宏(弘)基址。而靖治得地甚难,□□□□□□□□□□□或息。是岁闰六月八日,雨水汇集,溪流骤涨。予与同事诸君子,露处盲风淫雨中,督率堵御,自辰至酉,幸而获全,愈思兴建。正在商议间,未□□□□□□□□□□往岁相符合。吁!此岂江潮之有信乎?何先后竟出一辙也?方河水之复涨也,予与诸君子督率益勤,堵御益力。而三肖堂、张仓社两处,竟遭冲□□□□□□□□□□涯,茫无畔岸。私心窃计,陆而川者凡几,宁而溉者凡几,耕者不粒食者而巢居,当不知凡几。身膺长民之任,民遭沉溺之惨,搔首吁天,抢救□□□□□□□□□□□□几,爰从城楼上兴集卜□□□□□□□祝设香,水中□□□□□折而东注,不崇朝□水已全个冲折

---

① 江清溪主编:《南靖石刻集》,海潮摄影艺术出版社2007年版,第370页。

② 江清溪主编:《南靖石刻集》,海潮摄影艺术出版社2007年版,第50—51页。

③ 江清溪主编:《南靖石刻集》,海潮摄影艺术出版社2007年版,第50—51页。惟其所录碑文及句读有误,兹据石刻校订。

者,上近堤十余家,余皆无恙□□。

后之垂庥于海者多,而福佑靖者亦不少也。阖邑绅士感神之灵异,呈改建新宫。予曰:"吾夙志也!"卜地于县治东北隅前□□道公馆旧址。嫌其隘,购小屋十余间而推拓之。建行宫三栋,栋各二楹。绅衿士庶,咸乐输将,共费朱提二千有奇。于庚辰腊月五日经始,辛巳中和六日落成。予喜神灵之默佑我民,庙貌维新。而又喜绅士踊跃劝功,不日告成。因勒始末及董事、乐捐之尤者姓名于石,以志厥美。而系以诗,俾我民咏歌以祀焉。其辞曰:悠悠南土兮漳之滨,双流弥漫兮浩荡无垠。转危为安兮我后之神。冯夷听命兮保护斯民。保护斯民兮何以报?构楹画栋兮修明禋。朝霭龙涎兮夕荐新,春秋匪懈兮福祉骈臻。欧山苍苍兮双水潾潾,千秋万岁兮若依慈亲。我民报德兮逾于海津,自今以始兮祀事永遵。

文林郎、知漳州府南靖县事,加三级、纪录四次,山阴李浚原熏沐顿首拜题并书。

董事:生员黄天华、监生石廷耀、监生王绍仁、监生王长培、生员王得安、卫千陈秀茂、监生吴宗盛、监生吴锐捐银三百大元,监生蔡时暖捐银一百大元。

乾隆二十六年仲春吉旦立。

南靖县多山,船场溪是境内最大的河流,主流发源于南坑乡高港村内舰山北麓。船场溪出源头后,上游由南朝北偏西流经南坑乡葛竹村。中下游至合溪口折向东南方向,流经船场镇下山村、书洋乡双峰村、田中村、书洋村、梅林乡璞山村、官洋村、梅林村、双溪村,进入奎洋乡上洋村、店美村、东楼村。在合溪口汇合永溪,直泻船场镇梧宅村、鼎寮村、船场村、集星村,南坑乡南高村、南坑村。再进入山城镇溪边村、三卞村、翠眉村、鸿坪村、岩前村,在龟仔寨与花山溪汇合后注入山城溪。在双溪口与琯溪汇合,至靖城与芗江汇合,直下漳州芗城,成为九龙江西溪干流。荆江原指靖城至船场河段,今双溪口河段以上至河源通称船场溪,双溪口以下至靖城仍名荆江。河流全长172公里,主河道长121公里,有象溪、永溪、河坑、西坑、科岭、亭仔角6条较大支流,流域面积1033平方公里。两岸高山峻岭,河流狭窄弯曲,河道遍布怪石。主河道比降8.5‰,天然落差1027米。

南靖县清代以来的妈祖信仰与其他地区的民间信仰一样,带有很强的功利性。"靖虽不同于海,而时防水患,与万里梯航、朝夕舟处者无异。"故"我民报德兮逾于海津"。靖城《妈祖宫重修碑记》反映的是,靖城妈祖宫的建造及其重修,主要目的在于防范山洪暴发之灾。

二

梅林村是个溪流水网纵横交错的山区水乡,书洋溪和曲江溪在梅林村交汇,是为梅林溪。"靖邑西属梅垅、施洋(即今书洋)等处总,与龙岩、永定、平和交界,山地辽阔,多产杉松杂木,商民拮措工本,买做火柴,从水运至山城转售,航运到县及漳郡南河发卖,以资民用,由来已久。"①梅林村民素有川航舟楫之利,信仰妈祖是非常自然的事情。梅林天后宫所存民国五年(1916)重建碑记载称②:

重建天后宫于清辛亥年(1911年)秋月,高低埠弟子乐捐千余元。至民国元年(1912年)壬子冬,本乡再捐,连工筑造,至癸丑暮春完竣。兹将前后捐题芳名胪列于左:

生源摆 五盾六,步紫公 一百盾,建湧 一百盾,景星 五十盾,初玉 四十盾零三,传宗 二十盾零五,溶成 十二盾,沃丰 十九盾,学贤 十五盾半,百镒 十四盾半,毯如 十二盾,□梁 十七盾半,肇活 十二盾,清源 十八盾,长峰 十三盾,振梁 十四盾半,清兰 十一盾,坤峰 三十二盾半,旺基 十一盾,潮湖 十一盾,三良 十七盾,菽如 十六盾半,福寿 十五盾三,选昌 二十三盾半,孟福 七盾,万必成号 十八盾,义成号 二十二盾八,宜和号 十八盾,荣和号 十八盾八,光辉 六盾半,镛溶 十一盾三,伯元 七盾半,友溪 四盾半,培枝 一盾半,东乾 一盾,丰登 二盾三,介寿 一盾,进漳 十七盾半,应和 十盾,振家 十九盾,允升 十六盾半,鸿宾 十七盾,书香 十七盾半,余香 十盾,伯南 十二盾,海乡 十八盾半,肇林 十七盾,士林 十盾,年寿 十六盾,宗德 十六盾,嵩振 十二盾半,□庆 十盾,流传 十七盾,清土 十三盾半,文翰 二十二盾半,庚福 二十一盾半,清松 二十二盾半,清连 十六盾半,承松 二十三盾半,彭寿 十三盾半,兴玉 十六盾半,明寿 十七盾半,益成号 十八盾半,厚重 六盾半,清明 七盾半,石泉 五盾,赐宝 五盾,清时 六盾,雁音 四盾半,登城 一盾,培雁 三盾,天星 二盾,肇兴 一盾,维榜 二盾半,实叻添寿廿四元,实叻正忠 十二元,鸿灏 十元,彩照 十二元,连玉 十元,报花 五元,为贵 五元,水木 四元,钧铭公 六元,潮东公 三元,振秀公 三元,□泰公 三元,德秀公 三元,昌禧公 三元,汉隆 十二元,燕恩 十二元,立富 五元,开益 十二元,秀英 十元,连荣 十二元,振安 五元,孙材 四元,秉藻公 五元,任贤 三元,锡畴 三元,清□ 三元,清婴会 十二元,振年 四元。

以下各捐银二大元:

浴澜公、祉千公、悦锦公、万佟、慎吾公、良九公、万经公、开和、文印公、文彬公、水粦、宜镇、□□、元湧、万锦、腾发、桂林、庆来、立渴、鸿创、辉光、清溪、清漳、桂松。

以下各捐银一大元:

逊士公、玉春公、肇祺公、坤享、莘隐公、俊华公、逢开、成公、有敬、瞻良、克昌、等□、仲虎、有□、仁丰、伯□、澹然、三克、攀结、询观、钜全、新建、庆润、肇逵、和

① 乾隆《南靖县志》卷二《坊里》。

② 该碑无题,由三方青石组成,长150厘米,宽50厘米。江清溪主编:《南靖石刻集》,海潮摄影艺术出版社2007年版,第216页。惟其所录碑文及句读有误,兹据石刻校订。

成、海门、河汉、步相、天经、同出、金燕、肇祥、华技、连拱、兴丰、迈志、俊元、舜福、止锦、秉光、朝全、致荣、廷镛、接嗣、庆泮、栋城、肇洪、大良、怀玉、福五、清焕、再添、湧顺、洪漳、初年、琼元、瑞益、捷元、培连、根印。

基岩公喜捐神龛一座。

董事：俊德、锡畴、文祯。

民国五年（1916年）丙辰岁冬月，魏姓众弟子立。

民初重建天后宫碑记，与道光《捐题建造庙宇芳名》及光绪《重修武庙喜题芳名》、《重修武庙兼油漆喜题芳（名）》一样，都是"魏姓（众弟子）仝立"。当时梅林村是魏氏单姓村，梅林魏氏发动举族之力，共有189人（含生源摆、万必成、益成、义成、宜和、兴和等商号和清婴会）捐款，合计1146.98盾，317元，外加神龛一座。值得注意的是，所捐款项不只是元（银圆、银两），还有"盾"。并有两名"实叻"①捐款人（添寿、正忠）。光绪卅二年《重修武庙兼油漆喜题芳（名）》碑记载，同知开第、同知玉书等52人，共喜题"和银"381.5盾。包括官居同知的开第、玉书等人所捐，是清一色的"和银"，即荷兰"盾"②。

南靖人早就对渡台湾，远航南洋，侨居荷属东印度群岛（Dutch East Indies）和"实叻"、缅甸仰光等地。清道光四年（1824），南靖籍华侨戴亮辉捐资在巴城③建南靖庙，并于庙内设立南靖公会，这是最早成立的南靖籍海外侨团。道光九年，旅居荷属东印度的侨胞简庄临捐资铺筑长教至船场石路。梅林魏氏也在"过番"荷属东印度之列，因此，光绪卅二年重修武庙和民初重建天后宫，"魏姓众弟子"才捐献了大量的荷兰"盾"。

梅林天后宫相传始建于清康熙十年（1671）。在2005年福建省涉台文物调查报告中，则称始建于明崇祯年间。不知二者有何根据。民国重建天后宫碑记只说"重建"，即此前已有天后宫，却未曾言及"始建"与"重修"。道光九年（1829）《捐题建造庙宇芳名》是整座庙宇中最早的碑刻，其中有："老庙众弟子喜助庙地一所，新庙众弟子喜助庙地一所。"及新庙众弟子捐款数目。可知道光之役是"建造"，而非"重修"。此前已有"老庙"和"新庙"。但碑文并未说明"老庙"是什么庙，"新庙"又是什么庙。该碑记载："岁进士金铨出石龙柱二大枝。"现在关帝庙大门两旁的石雕龙柱，是整座庙宇仅有的一对，应该就是道光建造庙宇所遗之物。虽然此碑镶嵌于关帝庙壁，但不像光绪重修武庙碑记那样明白了当确指"武庙"。因此，"老庙"、"新庙"未必专指关帝庙（武庙）。

《梅林魏氏族谱》载有《兆祥存会股登记（并田段山林）》④：

一、存绵福季　友洪公一股，每年做三次：正月初十日、二月初二日、十二月十五日。

---

① "实叻"源于马来语"selat"，即指马六甲海峡（新加坡）。

② 荷兰"盾"（Dutch Guilder, or Florin），15世纪开始流通。

③ 巴城，即巴达维亚（Batavia），或称噶喇巴，今印度尼西亚雅加达。

④ 《梅林魏氏族谱》甲本，光绪二十八年（1902）抄本，陈支平主编：《台湾文献汇刊》第3辑第18册，九州出版社、厦门大学出版社2004年版，第58页。

一、存绵福季　文经公一股，仝上。

一、存汝恂公光裕堂老花灯会一股，佳八月秋社祭分肉。

一、存汝恂公长潭河下早允载税二石。

一、存梦花、锡勋、炎卿合共置买溪柄浅坑山一片。

一、存兆祥临渊阁天上圣母会一股，三月廿三日饮福。

一、存梦花松竹楼天上圣母会一股，三月廿三日饮福。

一、存梦花花盘阁小心福会一股，三月分肉。

一、存梦花大年松竹楼接糕摆一股，三月廿三日大年饮福。

这是梅林魏氏汝恂房派成立的油香祭祀公业基金会。"十六世祖汝恂公，国学生，讳登云，乳（名）乡党。……生于嘉庆己未年十二月初五日亥时，卒于咸丰丙辰年正月廿八日未时（1800—1856 年）。"友洪乃汝恂次子，文经乃友洪长子，"十九世显考乳（名）梦花，字兆祥。……公乃文经公之长子，生于光绪四年戊寅十月初七日卯时"①。梅林魏氏以房派为单位，各自建造土楼，聚族而居。松竹楼坐落于背垅自然村，建于340 多年前，是一座高五层 21.4 米的长方形土楼，占地面积 1 228 平方米，建筑面积6345 平方米，有 130 个房间。光绪年间，魏梦花（兆祥）分别组织了临渊阁和松竹楼两个天上圣母会。每年三月廿三日妈祖神诞，举行两三次的"饮福"，即祭祀宴饮，俗称"吃尫公"。

笔者揣度，道光九年，梅林魏氏"建造庙宇"，在重建"老庙"（武庙）的同时，建造了后座的"新庙"（妈祖庙）。现在包括武庙和天后宫等前后整座庙宇的规模格局，应当奠定于道光九年。梅林天后宫（妈祖庙）应始建于清道光之前，具体年代尚待考。

建立梅林天后宫的目的，似不同于靖城妈祖宫主要防范山洪暴发之灾，而是兼顾川航舟楫之利，更有保佑魏氏族人远渡重洋之迫切需求。

三

1980 年，由魏友松、魏高林、魏煜香三人主持海外募捐，重修梅林天后宫：

> 重修天后（宫），安奉天上圣母娘娘、关圣帝君，升座开光，海外华侨善男信女慨解义囊，乐捐芳名列左：

> 江庆德喜捐一百万盾，张世贤喜捐五十万盾，张万基喜捐一十万盾，黄占德喜捐一十万盾，魏友松喜捐二十五万盾，魏高林喜捐一十万盾，魏权贵喜捐一十万盾，魏成金喜捐一十万盾，魏丕承喜捐一十万盾，魏启桐喜捐一十万盾，张舜强喜捐七万五千盾，魏明香喜捐七万五千盾，张德朗喜捐五万盾，魏定邦喜捐五万盾，魏祥初喜捐五万盾，魏春香喜捐五万盾，魏成美喜捐五万盾，魏庆贵喜捐五万盾，

---

① 《梅林魏氏族谱》甲本，光绪二十八年（1902）抄本，陈支平主编：《台湾文献汇刊》第 3 辑第 18 册，九州出版社、厦门大学出版社 2004 年版，第 33、40、51、52 页。

张丰泰喜捐五万盾,魏新香喜捐五万盾,魏云灿喜捐五万盾,张秀琴喜捐五万盾,南荣宝号喜捐五万盾,张松杜喜捐五万盾,魏才娘喜捐五万盾,魏富德喜捐五万盾,魏苏顺娘喜捐三万盾,魏煜香喜捐二万五千盾,魏庆福喜捐二万五千盾,江经安喜捐二万五千盾,魏成基喜捐二万五千盾,魏扬照喜捐一万盾,魏成河喜捐一万盾,张南发喜捐一万盾,魏庆林喜捐二万五千盾,魏华盛喜捐一万盾,江廷秀喜捐一万盾,魏美文喜捐一万盾,魏云龙喜捐一万盾,魏成国喜捐一万盾,魏碧木喜捐五千盾,林盛兴喜捐五千盾,李金舜喜捐五千盾,魏琼锦喜捐一十万盾,魏馨德喜捐二万五千盾,魏家福喜捐二万五千盾,魏永禄喜捐二万五千盾,魏显南喜捐二万五千盾,简伟福喜捐二万五千盾,魏荣吉喜捐一万盾,林璋德喜捐一万盾,魏庆明喜捐一万盾,魏显华喜捐一万盾,魏标香喜捐一万五千盾,魏□顺喜捐一万盾,魏□桂喜捐五千盾,张福圆喜捐五千盾,魏瑞傍喜捐金粉一公斤,魏友松喜捐一十万盾,魏润基喜捐五万盾,魏润业喜捐五万盾,简伟福喜捐五万盾,魏权桂喜捐三万盾,魏维新喜捐三万盾,魏清圆喜捐三万盾,魏瑞隆喜捐三万盾,魏偕娘喜捐二万盾,魏秀玉喜捐二万盾,魏秀祯喜捐二万盾,魏进庆喜捐二万盾,卢瑞英喜捐一万五千盾,黄仰芬喜捐一万盾,简国明喜捐一万盾,魏光宏喜捐五千盾,魏华盛喜捐五千盾,魏秀芳喜捐五千盾。

　　海外募捐主持人:魏友松、魏高林、魏煜香同立
　　1980 年 5 月　日
　　共有 76 人,合计捐款 426 万盾(印尼货币),外加 1 公斤金粉。其中,魏姓 53 人,江姓 3 人,张姓 9 人,简姓 3 人,黄姓 2 人,林姓 2 人,李姓 1 人,苏姓 1 人,卢姓 1 人,南荣宝号族属不清。魏姓捐款约占一半(207.5 万盾,外加 1 公斤金粉),仍然担任着主要角色。但捐款对象已经超出梅林村的籍贯界限,张姓是塔下的主要姓氏,简姓是长教的主要姓氏……至少扩大到现梅林镇的范围,南靖公会的影响力隐然可见。
　　2001 年,梅林天后宫建造戏台。以魏姓为主,共 51 人,合计捐资 11490 元。其中陈、苏、庄、赖、江、黄 6 姓 8 人,计捐资 970 元。
　　2008 年,举办首届土楼妈祖文化节,日程安排如下:
　　4 月 27 日(农历三月廿二日):
　　1. 开幕式(天后宫广场,9:00—9:30);
　　2. 妈祖巡航活动和过海仪式(土楼人家,9:30—15:30);
　　3. 科技文化“三下乡”活动(镇区,9:00—12:00);
　　4. 木偶戏表演(保和楼,14:00—16:30);
　　5. 海峡两岸土楼妈祖文化研讨会暨项目推介会(镇政府,15:00—17:00);
　　6. 土楼风光摄影、书画展(天后宫广场,全天);
　　7. 飘灯祈福(天后宫前河面,19:00—20:00);
　　8. 烟花晚会(天后宫广场,19:00—20:00);
　　9. 民间戏剧(天后宫广场,19:00 以后)。
　　4 月 28 日(农历三月廿三日):

1. 公祭活动(天后宫广场,9:30—10:30);
2. 民俗活动和民间戏剧(镇区,全天)。

据首届土楼妈祖文化节筹委会所立碑文,捐款单位包括南靖县各局、委、办和土楼管委会,山城、靖城、龙山、书洋、和溪、船场、金山、丰田、奎洋、南坑等镇,梅林镇各村,龙岩魏氏宗亲、永定湖坑镇和古竹黄竹烟村、龙海九湖小梅溪村,共计 1642882 元。个人捐款 108 人,共计 95986 元。可见首届土楼妈祖文化节属于政府行为。

每年农历三月廿三妈祖诞辰日,梅林镇都要举行隆重的庆典。其中,最具民俗传统的仪式是妈祖"巡境"与"走水"。

村民争先参加由梅林天后宫理事会组织的妈祖"巡境"、"巡村"活动。村里选出资格高的长者作为理事,主持仪式。他们身穿颇具传统特色的乡绅光面大马褂,严肃和庄重。从择时问杯开始,接着沐浴、祈福、起驾,巡游途中设点祭祀、走水、观戏、回驾。整个过程盛大而庄严。在队伍前面,有开道锣、警踔牌、彩旗、铳手、宫灯、鼓乐、八仙随神,其后紧跟着手持高香的信徒。队伍浩浩荡荡,长达两三千米。队伍从天后宫出发,成群结队周游保和楼、德兴楼、鼎和楼等各自然村的十多座生土楼,行程约十五公里。

最精彩的当数"妈祖过海",当地亦称"阿婆走水"。扶妈祖神像正襟危坐神辇,选精壮青年十数人抬到溪边,一边吆喝,一边迅跑,称之为"走水"。信众们抬着神辇涉溪渡水,象征妈祖绕过万重黑石礁,降伏妖魔鬼怪,历尽劫波,排除艰难险阻,为百姓领航,济世佑民。在小溪中央,数名村民装扮成虾兵蟹将、水怪的模样,在前头拦路,并且不断地用溪水泼神辇。抬辇的青壮则左冲右突,突破重重障碍,直奔天后宫,演绎着妈祖不畏风大浪高、救厄救难的伟大功绩。

当地人认为,"走水"后回宫妈祖所经之境,不但蛎产可望丰盈,而且人畜平安,于是妈祖走水后回宫途经岔路口,常引发争执,故各境均选有精壮青年,等候在妈祖回宫道中拦途抢轿,此谓之"抢水"。牡蛎只产于海滨咸水,南靖梅林山区淡水溪流何能产蛎? 可见纯属传说,此俗当是移植自沿海地区。

作者:连心豪,厦门大学历史系教授

清代彰化戴潮春事件中的妈祖探析

林翠凤

一、前　言

　　台湾妈祖信仰大致自明郑以来，随着汉人来台移垦的脚步而逐渐传扬到各地，至今已经成为台湾民众最主要的信仰之一。清代台湾风波动荡，妈祖屡屡在争战之中显现出助战护民的功能，更加深了官民对妈祖崇拜信仰的坚定。从初期协助施琅克台，乃至中后期帮助地方抚番、靖乱、平定械斗民变诸事，都让从宋代起始即具有助官克敌传说①的妈祖信仰，在与台湾本土历史发展和地区生命息息相关之中，积累出独特的台湾妈祖印象系谱，从长期紧密的勾连中深化了台湾妈祖的在地性。

　　如果说协助清廷收纳台湾，是妈祖促进两岸合和的一大事迹，那么，在历次民变中协助官兵平定起事，护持良民，则应该是妈祖力挺清廷，协助维持岛内治安的屡建奇功。妈祖由海神而战神，由女侠而母娘，展现出刚柔兼具的多方神能。推究妈祖在清代台湾地位的稳固与扩展，统治者的有心运作与许多武装冲突中的显圣传说，都产生过有力的影响。在单一重大事件中的妈祖事迹，也比较能集中反映妈祖强而有力的多元神能。以清代台湾三大民变——朱一贵、林爽文、戴潮春事件而言，有关妈祖助官平乱者便有林爽文、戴潮春两大民变，而这两次民变恰巧都发起于彰化县境内。林爽文事件的平定，被乾隆皇帝视为十大武功之一，声闻天下，对妈祖褒封有加，相关文献甚多。以此反观戴潮春事件，则相对较少注目。本文因此拟就清代彰化地区妈祖信仰与在戴潮春事件中的事迹进行汇整与观察。

二、清代彰化的妈祖信仰

　　今日彰化市原为巴布萨族（Babuza，又称猫雾揀族、猫雾族）半线社所在地。明郑

---

　　①　不着撰人：《天妃显圣录》中记载有温台剿寇、平大奚寇、紫金山助战等情节。《台湾文献丛刊》第77种，1960年3月。

时期隶属天兴县,曾有军队巡经,并驻军于二林。清治之后先属诸罗县,康熙末年朱一贵事件之后,随军征台的蓝鼎元强力建议诸罗以上新设一县,以便管理。雍正元年(1723)遂以虎尾溪为南界,大甲溪为北界,正式新设"彰化县"①。由于地理位置相近,彰化最主要的居民,是来自于福建、广东等沿海地区的大陆移民。随着移民脚步来到台湾的妈祖,逐渐地成为彰化住民重要的精神依靠。

(一)移民农垦,迎灵建庙

彰化地区的妈祖信仰,与施士榜(1761—1743)家族有极大的关联。施士榜是施琅从侄,于康熙六十一年(1722)朱一贵事件平定之后,随族兄施士骠来台,担任兵马司副指挥,在彰化、鹿港一带积极经营,并购得附近大量的土地,逐渐成为豪族大势。为了寻求稳定的水源,为了改善当时的看天田,以利于田地林园的开垦,于是致力于兴修水利,最著名的莫过于引进浊水溪流灌溉彰化平原的"八堡圳"工程。

《彰化县志》记载:"彰化水利,在筑陂、开圳,引水灌田,谓兆民赖。……八堡圳,言灌八堡之田也,亦曰施厝圳,言施家所开也,引浊水溪水而导之。"②由施士榜领军开凿的"八堡圳",耗费十年之久,于康熙五十八年(1719)正式完工,一圳而能灌溉当时彰化县全区十三堡中的八堡:东螺东堡、东螺西堡、武东堡、武西堡、燕雾上堡、燕雾下堡、马芝堡及线东堡等八堡,成为清代全台最大规模的水利工程。从此原本肥沃的彰化平原在农业发展上如虎添翼,农耕面积迅速扩大,农产量迅速倍增,吸引大批移民来彰垦殖,包括施氏家族从原乡福建晋江招募移民在内,都大量的投入土地耕作,连带让商务的交流热络,使得鹿港迅速进展为全台第二大港市,促进了彰化地区的繁荣。由鹿港施家建立的天妃宫(今鹿港旧祖宫),成为地区百姓的信仰重心。③《彰化县志》记载:"天母圣后庙,一在鹿港海墘,乾隆五十五年,大将军福康安倡建……一在鹿港北头,乾隆初,士民公建,岁往湄洲进香,庙内有御赐'神昭海表'匾额。……一在鹿港新兴街,闽安弁兵建。"④这段记载所提到的三座妈祖庙,在地人依序称作"新祖宫"、"旧祖宫"、"兴安宫"。新祖宫原称"天后宫",是台湾唯一的勅建妈祖宫,碑匾文物甚多,具有重要的史料价值;旧祖宫原称"圣母庙",今称天后宫,当年是由施琅从湄洲恭迎妈祖神像来台敬奉,后来广泛分灵至台湾各地,是全台妈祖信仰中地位崇高的妈祖庙。

(二)妈祖圣庙迅速纷立

源于福建湄洲的妈祖信仰,也随同闽籍移民的脚步来到彰化,逐渐成为地方上的

---

① 现今彰化县东以八卦山脉与南投县为界,西至台湾海峡,南临浊水溪与云林县相接,北迄大肚溪与台中市仳邻。

② 周玺:《彰化县志》,《台湾文献丛刊》第156种,台北,台湾银行经济研究室,1962年,第54—58页。

③ 蔡相辉:《台湾之妈祖崇祀》,《台湾省文献委员会庆祝成立四十周年论文专辑》,台中,台湾省文献委员会,1988年6月,第197—199页。

④ 周玺:《彰化县志·祀典志》,《台湾文献丛刊》第156种,台北,台湾银行经济研究室,1962年,第154页。

重要信仰。康熙五十六年(1716)周锺瑄主纂的《诸罗县志》中尚未见半线地区有奉祀天后的祠庙,至道光十六年(1836)周玺定稿的《彰化县志》则已见《祀典志》中录"天后圣母庙"一节,这也是现今所见最早记录彰化妈祖的方志文献。载曰:

> 天后圣母庙:一在鹿港海墘,乾隆五十五年,大将军福康安倡建,庙内有各官禄位;一在邑治北门内协镇署后,乾隆三年北路副将靳光瀚建;二十六年,副将张世英重修;一在邑治东门内城隍庙边,乾隆十三年,邑令陆广霖倡建;一在鹿港北头,乾隆初,士民公建,岁往湄洲进香,庙内有御赐"神昭海表"匾额;一在邑治南门外尾窑,乾隆中士民公建,岁往笨港进香,男女塞道,屡著灵应;一在王宫,嘉庆十七年邑令杨桂森倡建;一在沙连林圯埔,乾隆初,里人公建,庙后祀邑令胡公邦翰禄位;一在鹿港新兴街,闽安弁兵公建;一在犁头店街,一在西螺街,一在东螺街,一在大肚顶街,一在大肚下街,一在二林街,一在小埔心街,一在南投街,一在北投新街,一在大墩街,一在大里杙街,一在二八水街,一在葫芦墩街,一在悦兴街,一在旱溪庄。①

由上载可见,乾隆、嘉庆年间是彰化各地妈祖建庙的昌盛期;且至清代中期为止,彰化地区重要的聚落,几乎都已经建立了奉祀妈祖的祠庙,分布地区遍及今日台中、彰化、南投、云林,毫无疑问,妈祖早已是中台湾民众的重要信仰。上述所载计廿三座妈祖庙之现今所在及名称,依序列述如下:

1. 一在鹿港海墘:今彰化县鹿港镇天后宫(俗称新祖宫);
2. 一在邑治北门内协镇署后:今彰化市镇南宫;
3. 一在邑治东门内城隍庙边:今彰化市永乐街天后宫;
4. 一在鹿港北头:今彰化县鹿港镇天后宫(俗称旧祖宫);
5. 一在邑治南门外尾窑:今彰化市南瑶宫;
6. 一在王宫:今彰化县芳苑乡王功福海宫;
7. 一在沙连林圯埔:今南投县竹山镇连兴宫;
8. 一在鹿港新兴街:今彰化县鹿港镇兴安宫;
9. 一在犁头店街:今台中市南屯区万和宫;
10. 一在西螺街:今云林县西螺镇广福宫;
11. 一在东螺街:今彰化县北斗镇奠安宫;
12. 一在大肚顶街:今台中市大肚区万兴宫;
13. 一在大肚下街:今台中市大肚区永和宫;
14. 一在二林街:今彰化县二林镇仁和宫;
15. 一在小埔心街:今彰化县埤头乡合兴宫;
16. 一在南投街:今南投市配天宫;
17. 一在北投新街:今南投市草屯镇朝阳宫;

---

① 周玺:《彰化县志·祀典志》,《台湾文献丛刊》第156种,台北,台湾银行经济研究室,1962年,第154页。

18. 一在大墩街：今台中市中区万春宫；
19. 一在大里杙街：今台中市大里区福兴宫；
20. 一在二八水街：今彰化县二水乡安德宫；
21. 一在葫芦墩街：今台中市丰原区慈济宫；
22. 一在悦兴街：今彰化县田中镇干德宫；
23. 一在旱溪庄：今台中市东区乐成宫。

（三）天灾人祸，妈祖保境安民

台湾开垦初期，由于资源有限，建设不足，使得人力难抵天灾，生存冲突时起。旱涝风雷、番民冲突、分类械斗等情事，都威胁着百姓们的生活。当人们无助之时，信仰上的依靠便成为重要的后盾。妈祖在历史上总是慈悲救世，在民间流传祂的故事很多，大里杙八妈即是一例。相传清乾隆四十五年三月二十二日阿里史社被大里杙内新庄数百人围社焚烧，阿里史社的居民流离失所。天神禀奏玉皇大帝，因此有所谓"定时定日流新庄"的传说。玉帝当时下令东海龙王发大水驱走匪贼。新庄守护神新兴宫八妈因不忍心洪水淹庄，伤及无辜，便冒着触犯天条的罪行，率领千里眼和顺风耳，作法将大水分为二道，以避开内新庄，内新庄因此能逃过一劫。①

彰化原已是优良农业区，水圳开通后，农地迅速扩大，人口日益增多。于建县前的康熙末年为客家人居多②，建县后福建移民纷至，到乾隆末年时闽南人口已占优势。③在生存竞争中，清代彰化第一次的分类械斗，出现在乾隆四十年十二月的泉、漳分类④，尔后风波不断，甚至发生大型民变事件。每每在动荡的时刻，妈祖往往显灵暗助，增益朝野对妈祖的信赖景仰。最显著者，莫如林爽文事件。妈祖安澜助顺，灵应垂庥，功绩昭昭，乾隆皇帝不仅御赐龟碑表彰⑤，甚至因此敕建鹿港天后宫（俗称新祖宫）。⑥

清代三大民变中的林爽文、戴潮春事件都兴起于彰化县境内，前者于乾隆五十一年（1786）兴兵大里杙（今台中市大里区），后者于同治元年（1862）起事于四张犁（今台中市北屯区）。两次事件中都有许多妈祖助阵庇民的事迹，在事件中心的彰化地区都留有许多的传说与遗迹。

---

① 大里市内新新兴宫管理委员会：《大里市内新新兴宫（神尊介绍）》，台中大里，2001年，第1页。
② 蓝鼎元曾说："广东潮、惠人民，在台种地佣工，谓之客子，所居曰客庄。人数不下数十万，皆无妻孥，时闻强悍。然其志在力田谋生，不敢稍萌异念。往年渡禁稍宽，皆于岁终卖谷还粤，置产赡家，春初又赴之台，岁以为常。"蓝鼎元：《平台纪略》，《台湾文献丛刊》第14种，台北，台湾银行经济研究室，1958年。
③ 施添福：《清代在台汉人的祖籍分布和原乡生活方式》，《地理研究丛书》第15号，台北，台湾师范大学地理系，1987年，第9页。又道光年间，分巡台湾兵备道周凯曾云："台湾一郡四县五厅，……其民闽之泉、漳二郡，粤之近海者往焉。闽人占居濒海平广地，粤居近山，诱得番人地辟之。故粤富而狡，闽强而悍。"见周凯：《内自讼斋文选》，《台湾文献丛刊》第82种，台北，台湾银行经济研究室，1958年，第31页。
④ 周玺：《彰化县志·杂识志·兵燹》，《台湾文献丛刊》第156种，台北，台湾银行经济研究室，1962年，第363页。
⑤ 龟碑九通现存列台南赤崁楼前。
⑥ 谢宗荣、李秀娥编撰：《清乾隆帝敕建天后宫志》，鹿港，鹿港新祖宫管理委员会，2001年，第37页。

三、戴潮春事件中的妈祖事迹

戴潮春,字万生,彰化四张犁庄(在今台中市北屯区)人。戴氏家族于地方上成立天地会,以团练之名随官捕盗,使得豪强收敛,民众安乐,大获好评,甚至官府亦至为倚重。然而声势快速壮大的同时,会员驳杂,也动辄滋事。导致官兵围剿,党众冲杀,终究于同治元年(1862)爆发大规模抗官暴动。众人共推戴潮春为领袖,率众进攻县邑,致使彰化城沦陷。此后迅速蔓延各地,北达淡水,南抵嘉义,从而衍为惊扰全台、震动朝廷的民变事件。至同治二年(1863)戴潮春被斩于北斗溪畔,余众持续反政府行动,一直延宕至同治六年(1867)才被平息,成为台湾民变史上历时最久的事件。

作为事件中心地区的彰化县境内,至今仍然留有许多戴案事件的相关遗迹,其中一部分是与妈祖有密切关系者。透过汇整,一则可以辅助认识此一历史事件的内涵,也可以作为彰显妈祖信仰在台发展历史上的一项见证。兹分就主题汇述之。

(一)助军靖安

1. 鹿港天后宫:"妈祖显圣逼退戴潮春"

戴潮春起事攻陷彰化城次月,即攻进鹿港。原为商务重镇的鹿港,四周平坦,并无城郭守军,民众听闻戴党来到,都深感惶恐不安,不知如何抵御。然而翌日戴党却不战而退。有人询问其退兵理由,或谓:见有身着白袍骑白马之军队,由一女将率领直杀而来,使人以为官兵驰援,气势汹汹,因此将军队撤回。事后才知乃妈祖显灵,因此不敢侵扰鹿港。

2. 彰化知县王桢及水师守备郑荣同献六匾

戴潮春事件结束后,彰化知县王桢及水师守备郑荣于同治三年(1864)敬呈"慈芘兵戎"匾,分献通宵慈云寺、大甲镇澜宫、清水紫云严①,再献"德民生保"匾于大甲镇澜宫、梧栖浩天宫,又献"威昭瀛屿"匾于梧栖真武宫②,合计共有六块匾。其中的大甲镇澜宫与梧栖浩天宫皆主祀妈祖。

王桢,福建人,候补同知,彰化知县。平戴有功,赏戴花翎。郑荣,浙江山阴人,以捐纳升职。平戴有功,赏戴花翎都司衔,升澎湖水师协左营游击、水师守备。同治五年(1866)署艋胛营参军。戴案事平之后,于同治三年(1864)献匾感谢神恩。其献于妈祖者,着意感怀其助军佑民之德,如"德民生保"匾上款铭刻:"同治元年六月,统带淡勇防甲进攻梧栖海埔厝等庄,二年十一月,随同丁观察克复彰城,皆叨神佑。同治三年三月吉日,信官王桢、郑荣全叩谢。"

---

① 通宵慈云寺、清水紫云严皆主祀观音菩萨。
② 梧栖真武宫主祀玄天上帝,"威昭瀛屿"匾,上款:"同治元年陆月统带淡勇防甲进攻梧栖海埔厝等庄二年十一月随同　丁观察克复彰城皆叨",下款:"神佑同治三年三月吉日信官王桢、郑荣全叩谢"。

3. 名间乡朝圣宫:陈云龙敬献"恩周南北"匾额

陈云龙,南投堡大族义首,领军参战不遗余力。六堡举义,民军不幸溃败,戴军攻势猛烈,唯独陈云龙、陈捷三尚能据守牵制,恶战经旬,最后终使诸义庄得以不陷入戴党手中。戴案长期扰民,陈云龙奔走抵制,十分积极,后丁曰健《会奏妥筹善后折》即列名褒奖上奏,文曰:

> 尽先补用守备陈云龙……该员等于逆首严办、吕梓滋事案内①,两次带兵夹击攻破贼巢,擒斩首逆,并分路搜孥余匪,焚毁各逆庄,洵属出力。……陈云龙拟请以都司尽先升用,先换顶戴。②

陈云龙因此荣获上谕:"着以都司尽先升用,先换顶戴。"其后官至斗六都司。事平之后,著名间乡朝圣宫,敬献"恩周南北"匾额,感谢妈祖庇佑。

鹿港之役,是戴案初期的关键。鹿港人团结一致,抵御来犯,而妈祖是当地的信仰核心,在此历史时刻化身女官将带军吓敌于先,拯救百姓,化解鹿港之危。妈祖正乃是地方的守护神。

而站在平定戴党第一线的官兵义首们,面对着两军交锋的生命威胁,更能感受到危急时刻冥冥神力的暗助天成。彰化地区饱受战火的蹂躏摧残,地方官员必有切身之苦,戴案在戴潮春被捕之后稍事平定,彰化文武两官王桢与郑荣向妈祖献匾致敬,一则与民同庆动荡趋于平静,再则透过妈祖的形象,稳定饱受惊吓的民心,抚慰两年来奔走恐惧的百姓,三则藉由联合官神,展现政府与天同道的正义形象,以收拢民心,汇聚朝野民气,必有助于政治统治。与官兵站在同一阵线协助靖安的地方义民义首,感恩神庥的同时,也强化了武装卫队行动的正确性与崇高性。这些献予地方妈祖圣庙的匾额,既是戴潮春事件的重要相关文物,同时也是区域发展史上极为重要的史迹见证物。

(二)保庇良民

1. 鹿港天后宫"瓶中水消罪不竭"

戴潮春创立小刀会,入会者达数百余人,皆歃血为盟以禁止泄密。当时鹿港有入会者,深感后悔意欲退出,却因曾盟誓,惧遭天谴。此时妈祖慈悲显灵,为消除其罪业,乃在鹿港天后宫庙埕备清水一瓶,并化神符入于其中,告诸百姓谓:凡与贼盟誓者,只要掬水漱口,皆可消除罪业。消息传出,远近争相前来漱口消罪,而瓶中之水却始终不曾枯竭。

2. 北港朝天宫"黑旗巨人神兵"

同治元年显圣退贼事。先是,正月十五日居民迎神舆至庙廷,篝担忽飞起,直立神

---

① 严办、吕梓为戴潮春党羽。同治二年五月都司徐荣生、苏吉良率军搜缉各庄匪类,陈云龙亦带兵协击,致使吕梓乞降,严办破军,并擒斩贼魁无数,嘉义一带道路始通。事见吴德功、蔡青筠《戴案纪略》两作。唯丁曰健奏折中称"吕梓",吴、蔡《纪略》中却皆称"吕仔梓"此或为正名与俗称之别而已,非为二人。分见《台湾文献丛刊》第47、206 种,台北,台湾银行经济研究室。

② 丁曰健:《治台必告录》,《台湾文献丛刊》第 17 种,台北,台湾银行经济研究室,1962 年 8 月,第 524 页。

桌上,大书:"今夜子时速以黑布制旗二面,各长七尺二寸、阔三尺六寸,上书'金精、水精大将军'字样,立吾庙廷。左右居民见神示异,敬谨制备,然莫知何用也。及戴万生反,围嘉义,居民惶惶,聚议不决,乃相率祷于神;卜避不吉,卜战吉。于是增垒浚濠,聚民习战事。方集,而贼至,无所得旗,遂迎神命所立旗为前队崇御;贼不战退,我民亦不敢偪,恐有诈也。后贼焚新街,民激于义,争相赴援,救出被难男妇并贼二人;询以当日不战故,贼云:'是日见黑旗下人马甚众,长大异常,疑是神兵,故不敢战。'居民知神佑,相率诣庙叩谢,勇气百倍。"①

北港朝天宫至咸丰初年,每年已有数千人进香,香火早已十分鼎盛。自从妈祖显灵助战击退戴军之后,北港妈祖声名一时大噪,香火更加旺盛。

流言若风,对人心能产生熏染的效果,宗教信仰的力量尤其微妙。神异之说虽常有违常理,却能带给民众极大的心理慰藉。前述传说一则销罪于事后,一则庇民于战前,反映出妈祖宽怀慈悲,济世救民的伟大,一如母亲的包容爱护,勇于赴难,给予战乱时无助的人们最大的精神后盾。

(三)靖海安澜

戴潮春事件虽未有海战,但受命返台协助平定戴案的雾峰林文察,自大陆带了大批军队返台时,也曾奉请一尊妈祖神像,随船航渡黑水沟,祈求靖海安澜,保佑船只及军队平安回台。请回的妈祖,郑重地供奉在"宫保第"的最后一进,属于林家私人祭祀。这是妈祖的海神本色。

(四)义之所在

《戴案事略》记载:"贼以(白沙)福德神之灵显也,思奉之而不可得,乃异想天开,凡欲出战亦将南瑶宫之天上圣母装于神舆,抬之阵头,妄冀感佑;则其愚,诚有不可及者矣!"②这样的传说仿佛告示着:神明是有是非立场的,戴党显然违逆天理,妈祖并不支持;朝廷的镇压是符合天道正义,具有正当性,因此妈祖、神明便支持。这则记载与妈祖的协助官兵,恰好形成鲜明的对比。无上智慧的妈祖必然是对的,人们"多行不义必自毙",连慈悲的妈祖都不会苟同,戴党起事终究是不会成功的。百姓追随妈祖支持政府官兵,显得更具正当性。加以民众期望太平治安的心理,起事的一方并不容易获得认同。

---

① 倪赞元:《云林县采访册·附天后显灵事》,《台湾文献丛刊》第37种,台北,台湾银行经济研究室,1959年,第58页。

② 蔡青筠:《戴案事略》,《台湾文献丛刊》第206种,台北,台湾银行经济研究室,1964年11月,第29页。

四、结　语

　　自大陆福建随同移民者流传至台湾的妈祖崇拜,是台湾四百年来发展最显著、地位最重要的民间信仰。台湾南北各地遍布着供奉妈祖的大小庙宇,台湾历史以来的大小战役,有许多都可见及妈祖的相关事迹。妈祖与台湾人同甘共苦,不离不弃,妈祖在台湾人民心目中的地位格外崇高。妈祖与台湾汉人的移民拓垦历史,几乎可谓为同轨并进。以清代中期起事于彰化的戴潮春事件为例,民间百年来流传不止的生动传说、至今昭昭可鉴的多方匾额,乃至考诸实情的史笔载记等,都强调了妈祖不可思议的救赎神能,型塑着妈祖温柔而强大的一贯形象,也反映了地方百姓借着此一历史动荡,增益了对妈祖信仰的深刻。可以说,信仰的坚定,正来自于历史积累的必然性。时至信息时代的今日,台湾妈祖依旧受到百姓们最大的信任与仰赖。

作者:林翠凤,台中科技大学应用中文系教授

厦门港朝宗宫乾隆皇帝御赐
"恬澜贻贶"匾额之由来

石奕龙

一、朝宗宫应为主祀妈祖的天妃庙

在乾隆三十一年《鹭江志》、道光十九年《厦门志》、《民国厦门市志》(记载至1949年)等几本厦门的历代志书中,厦门港妈祖龙王宫的前身朝宗宫要不没有记载,如《鹭江志》,要不就是记载简略,如《厦门志》云:"朝宗宫,在玉沙坡。"①《民国厦门市志》则记:"朝宗宫,在玉沙坡(注:因筑电灯厂拆去)。"②看来,后者是抄录前者的,不过它做了个注,表明至少在1949年时,它因现代城市改造时修建电灯厂而拆除。从这两条记载看,我们知道现在的厦门港玉沙坡的沙坡头(玉沙坡的西部,东部称沙坡尾)的地方曾有一座名曰"朝宗宫"的庙宇,到了1949年时或更早些,因现代城市的建设,为了建造电灯厂的缘故而被拆除。

至于朝宗宫这座庙供奉什么神灵,从这两条简略的记载上看不出,从而造成今人对其认识上的偏差,如有的人认为"朝宗宫原来前殿供奉太上老君,后殿供奉龙王"③。有的人认为"妈祖龙王宫始于明朝,建于清朝年间。原址在沙坡头现电力招待所内。宫内供奉天上圣母、四海龙王、太上老君及风、雨、云、雷诸神明,是厦港广大渔民信众朝拜之所"④。

实际上,这两种说法都有偏差。根据《鹭江志》、《厦门志》、《民国厦门市志》等的记载,在玉沙坡的沙坡头除了朝宗宫外,还有其他庙宇,如《鹭江志》云:"风神庙,在厦港玉沙上,雍正年间建,祀风伯之神。"⑤《厦门志》载:"风神庙,在玉沙坡。雍正时敕

---

① 《厦门志》卷二《分域略》,鹭江出版社1996年版,第48页。
② 《民国厦门市志》,方志出版社1999年版,第104页。
③ 钟毅峰:《厦门港疍民生计方式及其民间信仰》,《中国社会经济史研究》2007年第1期。
④ 妈祖龙王宫:《妈祖龙王宫简介》。
⑤ 《鹭江志》,方志出版社1999年版,第34页。

建,祀风伯之神"、"龙神庙,在玉沙坡。地方官常到庙祈雨。"①由此看来,在清代道光十九年时,厦门港玉沙坡的沙坡头上至少有三座庙,即朝宗宫、风神庙与龙神庙。根据《厦门志》卷一"绘图"篇所记载的"乾隆五十三年御赐朝宗宫匾额:恬澜贻贶"②的情况看,朝宗宫的主祀神应是妈祖,因此,朝宗宫可俗称为妈祖庙、妈祖宫或天妃宫、天后宫等。因此,如果这类妈祖庙里当时也曾供奉有太上老君的话,按照汉人宗教实践的习惯,应该是正殿(或称大殿)内供奉妈祖,后殿里才可能供奉太上老君,而不可能在妈祖庙的正殿里供奉太上老君,后殿里供奉龙王。因为御赐匾"恬澜贻贶"的意思是指神灵赐予海浪平静,而这正是海神妈祖的主要职能,而且这座妈祖庙的旁边就有供奉龙王的龙神庙,没理由再在朝宗宫的后殿中供奉龙王。

既然当时厦门港的玉沙坡上存在朝宗宫、龙神庙、风神庙这三种庙宇,朝宗宫为妈祖庙,主祀神是妈祖林默娘,因而,龙神庙内供奉的主神自然是龙王,风神庙内供奉的应是风伯、雨师、雷公、电婆等,并且由于该庙以风神庙命名,其主祀神当然是风伯了。因此,当龙王与风神都各自有自己的宫庙时,朝宗宫内当时供奉的也只能是妈祖与太上老君了,而不可能在一个地方同时存在着三座庙宇时,人们会把龙王与风神等都集中供奉于朝宗宫一庙中,而让另两座庙空着。所以,在清代,朝宗宫只供奉妈祖与太上老君等,而不可能有龙王、风伯等。

从《厦门志》所载"风神庙,在玉沙坡。雍正时敕建,祀风伯之神"、"龙神庙,在玉沙坡。地方官常到庙祈雨"等情况看,风神庙是官方建的,而且还可能是在雍正皇帝的旨意下建的③,而龙神庙则是官方在天旱时祈雨的地方,再加上"乾隆二年御赐风神庙匾额:'惠应波恬'"④"乾隆五十三年御赐朝宗宫匾额:'恬澜贻贶'"等情况看,清代厦门港玉沙坡上由朝宗宫、风神庙、龙神庙组成的宫庙群应为官方祭祀的场所,是厦门港地方的公共庙宇,而非一个村落或角头或某一族群拥有的庙宇,在当时具有某种重要的地位。朝宗宫当时有三进,第一进为门厅,第二进为正殿,供奉妈祖,第三进为后殿,供奉太上老君。风神庙供奉风雨雷电,以风伯为主祀神。龙神庙则主祀龙王。

二、乾隆皇帝为何要赐"恬澜贻贶"匾给朝宗宫

从上述几本有关厦门的志书记载看,朝宗宫仅有寥寥几个字介绍,俨然是默默无闻的样子,而且仅据这些略载,人们也无法了解该宫庙供奉的是何神明,也无法知道其庙宇始建于何时,更无法知道该庙最初的规模大小和以后变化的情况等。然而,就是这么一个在厦门志书上极其略载的宫庙,在乾隆五十三年(1788)时,竟然悬挂起了乾

---

① 《厦门志》,鹭江出版社1996年版,第49页。

② 《厦门志》,鹭江出版社1996年版,第10页。

③ 根据《嘉庆重修一统志》卷四二八《泉州府·祠庙》载"风神庙在同安县厦门,本朝乾隆元年奉旨建"的情况看,此庙的始建年代有争议。

④ 《厦门志》,鹭江出版社1996年版,第10页。

隆御赐的"恬澜贻贶"匾额。换言之,厦门志书上记载简略的庙宇,却拥有皇帝赐匾的荣耀,这是一个多么大的反差! 由此就有些问题随之产生,如乾隆为何要赐御书匾额给厦门港港口处的朝宗宫? 其具体的赐匾历史过程是什么? 等等。

从有关厦门的方志中,上述的叙事均无法明确地找到,但从其他清代文献中,我们大体可以看到,乾隆赐匾给厦港的朝宗宫,是因为朝宗宫的神明——妈祖在清廷镇压台湾林爽文的起义中曾有过"护佑"、"助顺"①等功劳。

(一)镇压林爽文起义的过程

林爽文(1756—1788)是福建平和县坂仔人。乾隆三十八年(1733)随父渡台,居彰化大里杙庄(今台中县大里市),以耕田、赶车为业。三十九年,参加"天地会",不久成为台湾天地会的北路领袖。乾隆五十一年(1786)十一月因忍受不了台湾贪官污吏的无度压榨而发动台湾历史上规模最大、范围最广的农民起义,并建立起"顺天"政权,自号"盟主大元帅"。

起义军的迅猛发展,引起清廷的恐慌,立即调兵遣将前往镇压。乾隆五十二年正月,命闽浙总督常青为湖广总督驻扎泉州,负责台湾战事;命两广总督李侍尧为闽浙总督,驻扎厦门、蚶江②,主办"军储",主持赴台镇压行动的后勤保障工作③;派驻厦的福建水师提督黄仕简,率金门、铜山水军2000人从厦门渡海至台南府城,驻泉州的陆路提督任承恩,自请命率长福、兴化兵2000多人从蚶江渡海至鹿仔港,海坛总兵郝壮猷率海坛、烽火、闽安兵1800人从闽安口渡台湾北部八里岔,驰援台湾清军。④ 二月初,黄仕简、任承恩等率军至台湾后,由于他们"南北互相观望两月余,遂至与贼以暇,日以滋蔓"⑤,黄仕简、任承恩的镇压行动没有奏效,因而后被"革职拿问"。清廷为挽回军事颓势,二月底又命湖广总督常青前往台湾督师,四月下旬,诏抵台湾,改任常青为将军,并任命福州将军恒瑞和江南提督蓝元枚为参赞。五月,恒瑞与蓝元枚所率领的广东兵4千,浙江兵3千,驻防满兵1千人到达台湾。六月,又从大陆调派兵丁近万人增援。新到的清军在府城、诸罗等地同义军交战,虽"整顿兵威,屡挫贼锋,郡城得以无失"⑥,但因"常青究未经行阵",又遭遇江南提督蓝元枚忽以病亡于鹿港等变故,常青未能亲统大兵往救诸罗,只能固守郡城与义军对峙,并"请旨,另简重臣来闽"⑦而待援,对郡城外的义军束手无策。清廷鉴于常青师老无成,后来免了他的职。

六月二十日左右,乾隆"自甘省召福康安来热河,授以方略"。七月底,陕甘总督福

---

① 《御制剿灭台湾逆贼生擒林爽文纪事语》、《御制平定台湾告成热河文庙碑文》,《厦门志》,鹭江出版社1996年版,第2、4页。注:此为乾隆皇帝所书,故称林爽文为"贼",下同。

② 《平台纪事本末》,台湾省文献委员会,1997年,第15页。

③ 乾隆五十二年二月乙卯十七日,李侍尧到福建。见《平台纪事本末》。

④ 《平台纪事本末》。

⑤ 《御制剿灭台湾逆贼生擒林爽文纪事语》,《厦门志》,鹭江出版社1996年版,第1页。

⑥ 《御制剿灭台湾逆贼生擒林爽文纪事语》,《厦门志》,鹭江出版社1996年版,第1页。

⑦ 《御制平定台湾告成热河文庙碑文》,《厦门志》,鹭江出版社1996年版,第5页。

康安到达热河,乾隆即命其为钦差大臣、平台大将军,"于八月初二日同海兰察率巴图鲁、侍卫、章京百余人,驰赴闽省,并预调川、湖、黔、粤精兵近万人分路赴闽"①,而且要求各路人马应"水路并进,以待福康安至彼领剿"。十月底,福康安亲率广西兵 3 千、四川屯练兵 2 千,计 5 千人渡海,预调给福康安的湖南兵 2 千、贵州兵 2 千与福建兵 1 千也在后来顺利"陆续配渡"②至台湾,福康安手下的兵力达四五万,一说达十万人。十一月四日以后,在福康安的指挥下,清军先集中兵力打击北路义军,义军虽奋勇拼杀,但终不敌而败退,乾隆五十三年正月初四林爽文等被俘。北路义军被镇压后,清军南下镇压南路义军。庄大田最后退守琅峤,受重伤被俘,就地被处斩。故到乾隆五十三年二月五日,镇压义军的军事行动基本结束。"自乾隆丁未(1787)冬十一月四日始用兵,至戊申(1788)二月五日,凡三阅月而南北路荡平。"③林爽文后被解往北京,于乾隆五十三年三月十日凌迟处死。

(二)清廷镇压行动为何会如此费时才告罄

清廷镇压林爽文起义费了一年三个月的时间才告罄。为何会花这么多时间?

1. 某些清军将领不会用兵

如时任闽浙总督的李侍尧曾对福建水师提督黄仕简和陆路提督任承恩等领近 6 千福建兵入台后所展开的镇压行动有所判断与评估,他向乾隆报告说:"接副将丁朝雄等具报郝壮猷收复凤山之信,窃意南路自此廓清,可用全力向北路会剿巢穴。及接黄仕简抄录折稿,称尚需驻兵搜捕,未敢遽离府城。是黄仕简既坐守郡城,而郝壮猷亦不能撤兵往北路会剿。可知至北路之兵,虽据黄仕简奏,任承恩、普吉保、柴大纪及徐鼎士所带共有 7 千余名,查柴大纪收复诸罗后,以四旁尚多贼匪,仍驻诸罗,近又请兵协助;而徐鼎士在淡水北,又以艋舺等处民人恳求留驻,尚在禀商两提臣檄示;任承恩、普吉保在鹿仔港,虽据报屡有堵杀,而以贼尚鸱张,不敢轻进,又咨商黄仕简拨兵会攻。是该提、镇等各有牵制,不免坐费时日,殊无可恃。"换言之,李侍尧认为这些将领不会用兵,没有集中兵力合围,所以导致剿灭义军的行动无法成功。随常青之后入台驰援的 7 千军队也是如此。本希望"常青到彼,大加振作,方可制胜。常青临去时,其气甚壮,到台湾后,如遂能大胜一二次,使贼党溃散,即可不必增兵"④。但常青到台湾后,初"整顿兵威,屡挫贼锋,郡城得以无失"。但他却守在郡城,没有"亲统大兵往救诸罗",所以错失战机,导致对峙、拉锯局面的出现,所以乾隆认为常青,"究未经行阵,只能保守府城,不能奋加剿贼"⑤。

2. 镇压不力,也有调兵遣将困难和费时的问题

如李侍尧在乾隆五十二年三月给皇上的奏折中就说:"台湾额设戍兵,本有一万余

---

① 《御制剿灭台湾逆贼生擒林爽文纪事语》,《厦门志》,鹭江出版社 1996 年版,第 2 页。
② 《御制剿灭台湾逆贼生擒林爽文纪事语》,《厦门志》,鹭江出版社 1996 年版,第 2 页。
③ 谢金銮:《续修台湾县志》(嘉庆十二年),《台湾文献丛刊》第 140 种,大通书局,第 327 页。
④ 《钦定平定台湾纪略》卷十一。
⑤ 《御制平定台湾告成热河文庙碑文》,《厦门志》,鹭江出版社 1996 年版,第 5 页。

名,当林爽文猝起时,仅柴大纪带一千数百名在盐埕桥堵守。"也就是说,当林爽文起义时,台湾能作战的兵丁才不过近两千人,兵力不够,故需从大陆调兵过海。然而,大陆上离台湾近的省份的兵源也不多,他在"二月十九日即咨询黄仕简、柴大纪等,令其查明缺额,以便拨补。又屡次札催,至今尚未覆到",即台湾岛上已无可调动之兵源了,"现在所用只内地调往之一万一千余名。"而且福建也无兵可再调,因为这"内地调往之一万一千余名"士兵大都是福建兵,所以导致"闽兵除先后派调外,各营存留较少;且兵律久弛,增调亦不得用。"李侍尧在乾隆五十二年正月任闽浙总督前是两广总督,在任上时就"知潮州、碣石二镇兵尚属可用;且地近泉、厦,调遣亦便。"所以在他正月"接印后,恐将来有需接济之处,密札孙士毅预备兵数千,以待缓急。"到了三月,才"接孙士毅札,已密选4千,并称南澳镇陆廷柱情愿带领前往"①台湾作战。这表明他准备这4千军队就花了两个多月的时间。再如乾隆五十二年六月,乾隆就想派福康安赴台镇压义军,所以召他到避暑山庄面授机宜,福康安从甘肃赶到热河用了一个多月,八月初二授命出发,到九月底才赶到厦门。而乾隆在召见福康安的同时,就开始组织桂、川、黔、湘的军队往厦门、泉州集结,要求他们"水陆并进"。到十月下旬,四川屯练兵2千人和广西兵3千人才赶到泉州的蚶江港崇武澳,并于十月二十八日与福康安一同渡海赴台,而贵州兵则在十一月才赶到福建,并海渡到台湾,湖南兵就更晚了,故福康安统领的镇压行动所需的军队,花了至少两个月才大部分到达福建。由此看来,当时清廷能投入到台湾作战的士兵多需从远处调集,所以很花时间。第二,由三月二十一日李侍尧上奏时所说"臣现飞札常青察看,如果必须增兵,一面具奏,一面即飞咨孙士毅调遣起程,可不至稽缓"等言词看,李侍尧是建议如要增兵,应即向皇帝报告,又同时向各地发文,否则等皇帝同意,再向各地的调兵的话,时间就需拖得更长。因此,兵源紧张,调兵遣将需花时间的确是作战是否顺利和早日胜利的关键。

3. 清军渡海赴台作战也面临许多自然条件的困难

如清廷命福建水师提督黄仕简、陆路提督任承恩正月出兵,但因风信的关系,"黄仕简等带兵登舟开驾以后,屡被风信阻回"。后来,黄仕简的兵船于二月初三、初六等日,先后俱抵台湾。② 所以他们渡台的时间花了一个月。又如闽浙总督常青率军渡台时也同样,"常青于二月三十日申刻已经放洋,嗣因风汛不顺,屡出屡回。据厦防同知刘嘉会本月(三月)初五具报,尚在料罗暂泊"③。一直到三月初九日,他才赶到台湾府城去"督师"④,而根据《平台纪事本末》的记载,常青并非二月三十日出发,而是二月"丙寅(二十八日),常青发泉州,参将特克什布以兵五十人从。三月丁丑(初九日),湖广总督常青至"。所以,他渡海的时间差不多花了10—12天。福康安的军队出行也是如此,福康安九月底抵厦门,本想从厦门对渡台南,但后来朝廷命他从蚶江渡鹿仔港,

① 《钦定平定台湾纪略》卷十一。

② 《清高宗实录》卷一二七五。

③ 《钦定平定台湾纪略》卷十一。

④ 《御制剿灭台湾逆贼生擒林爽文纪事语》,《厦门志》,鹭江出版社1996年版,第1页。

"福康安到厦门于十月十一日自大担门开船,被风打回。十四日得风驶行半日,又以风遮至崇武澳停泊",廿八日"风亦适利"时,才在当日"申时放洋,至二十九日申时兵船齐抵鹿仔港"①。所以福康安到福建后花了至少一个月时间才到台湾。如果把清军这些待渡和实际航渡的时间加起来,约有两个多月的时间。由此看来,自然条件的因素也使台湾的林爽文义军可以多坚持两个多月。

(三)面对人力不能及的自然困境,清廷只能祈求妈祖护佑

部分清军将领不会作战或作战不力,朝廷可以用撤职法办、更换将领的方法来解决,赴台作战的兵力不足可以花时间从全国各地调集,但对风信、海流等大自然的障碍,在依靠风力为动力的帆船时代,则是其力所不能及的,即有力量也无计可施,故只能祈求神灵保佑了。所以,自从台湾林爽文起义后,当清廷从大陆调兵渡海去镇压义军开始,上到乾隆皇帝本人,下到受命执行镇压任务的总督、将军等都无时不祈求神灵护佑、老天帮忙,而且由于这次军事行动需渡海展开,"一切军粮、火药等项皆由海洋运送。其派往之将军大臣及随征将弁等远涉重洋,均须风色顺利方可扬帆径渡",因此特别对海神妈祖"尤必仰藉",如获"恬波效顺,自应特隆昭报"。如乾隆五十二年二月十六日,乾隆给李侍尧的谕旨中就谈到:"前据常青奏,黄仕简等带兵登舟开驾以后,屡被风信阻回,朕当即于次日清晨,斋心默祷,叩天虔告,以祈神佑。嗣据该提督等节次奏报,风水顺利,所带官兵船只于二月初三、初六等日,先后俱抵台湾,克期进剿。可见诚敬感孚,聿昭灵应,朕欣慰之余,益生寅凛。"换言之,乾隆在接到启奏黄仕简等率大军渡海时受阻报告的隔天清晨,就虔诚斋戒"叩天虔告",向海神天后祈祷,求她保佑大军能顺利渡台。后闻知在他向妈祖求助"以祈神佑"后,黄仕简他们终在二月初三、初六安抵台湾。因此乾隆认为这是他"诚敬"天后,妈祖有所"感孚"的结果,所以他特别"欣慰",并因此下旨,"着李侍尧即亲诣天后宫,克申报谢,以答神庥"②。此外,乾隆五十三年夏四月戊申的谕旨里,也表达了乾隆对天后的感恩之情,如该谕旨曰:"前此福康安自崇武澳放洋,前抵鹿仔港,千里洋面,一昼夜即已遄达,皆仰赖天后助顺,灵应垂庥,实深钦感。"③

乾隆五十二年八月被任命为钦差大臣、平台大将军的福康安和其参赞鄂辉也是如此,在他们镇压完林爽文起义后向乾隆上的《为钦奉恩谕恭折覆奏事》的奏折中说:"伏思自用兵以来,运送钱粮、铅药,失风者甚少。臣自崇武开驾,一昼夜间行驶千里,兵船百余只,同抵鹿仔港。渡洋时即闻各船传说灵异,犹以事属偶然,未敢形之奏牍。今凯旋,驻防兵丁船只遭风,危而获安,复著灵应,此皆仰赖我皇上诚敬感孚,天神默佑。臣等欢忭下怀,尤深顶感。兹复奉到恩谕,遵即札行带兵各员,传知兵丁等不必轻易涉险,务须仰体圣慈,俟风色顺利,互行开驾,以期全臻稳顺。该兵丁等顶戴皇仁,同深感

---

① 《御制剿灭台湾逆贼生擒林爽文纪事语》,《厦门志》,鹭江出版社 1996 年版,第 2 页。
② 《钦定平定台湾纪略》卷六。
③ 《清高宗实录》卷一三〇三。

颂。询据船户等,佥称三四月间,即连风暴日期,风力尚属平和。若得顺风,船更属十分稳妥等语。所有各起凯旋官兵,迟亦不过四月以前,全数可以撤竣。仰借圣主洪福,天后默佑,自必一帆径达,安稳渡洋,用副我皇上轸念勤劳,恩恤弁兵至意。"①也就是说,福康安等把这次渡台与内渡时发生的种种奇迹,如百艘战船一昼夜就安全渡海抵台;返程内渡时,一条载有 29 名兵丁的哨船在突如其来的风暴中,"随风飘至大洋"后获救;大队人马内渡时"途次虽遇风暴",但都"濒危获安"等,都归结于妈祖的默佑与灵应。

根据一些资料看,在这次林爽文事件中,福康安在台湾海峡的两边,都曾到沿海的一些妈祖庙中求助过。如据惠安崇武天后宫碑文的记述看,乾隆五十二年十一月福康安在崇武澳候风时,曾到过该庙向妈祖求助。因为崇武天后宫的《重修崇武天后宫序》碑文提到:"乾隆丁未岁(乾隆五十二年),公中堂福(康安),祷神默佑,平定东宁,舟师稳渡,凯音立至。"②即他曾在崇武天后宫中向妈祖祈求神助,以保佑他的"舟师稳渡"和能"平定东宁(即台湾)"。而他在厦门港候风时,也应该曾去厦门港天后宫向妈祖求助。而当他率军"径渡鹿仔港",由于"风帆恬利","一昼夜即以遄达,皆仰天后助顺"③,所以,福康安为答谢神恩,就在"鹿仔港宽敞处所,恭建天后庙宇"④。后来,在他的奏折中还认为,正是他虔诚地求助于妈祖,所以才有后来兵丁"在该处港口被风,遇危获安,迭征灵异"之状况出现。所以,当他一回到厦门港,"即至庙(厦门港朝宗宫)拈香瞻礼,敬谢神庥。"同时也向乾隆求赐御书匾,"在鹿仔港新建庙内敬谨悬挂"⑤。

乾隆五十二年正月在厦门、蚶江督办军储的闽浙总督李侍尧也同样,当乾隆得知他在宫中向妈祖祈祷有应时,为答谢神恩,曾"着李侍尧即亲诣天后宫,克申报谢,以荅神庥"⑥。而当他三月份在厦门等地负责"渡兵济饷"的后勤工作时,听说"常青于二月三十日申刻已经放洋;嗣因风汛不顺,屡出屡回",被迫"在料罗暂泊"而无法顺利渡海赴台时,他"不胜焦急,惟有敬诣天后宫行礼,祈求顺风,俾得速渡"⑦。当福康安渡台受阻时,他也为了"祈祷顺风,亦尝亲至拈香"⑧,向妈祖求助,希望妈祖能保佑福康安的船队顺利渡台。简言之,对皇帝和大臣而言,当时解决自然条件形成的海上障碍时,唯一的方式就是求海神妈祖保佑。

---

① 福康安、鄂辉:《为钦奉恩谕恭折覆奏事》,《明清史料戊编》第三本。
② 《崇武所城志》,《惠安政书》,福建人民出版社 1987 年版,第 125 页。
③ 《嘉庆大清会典·事例》卷三百六十二·礼部·群祀:五十三年谕。
④ 此庙即现在鹿港的妈祖"新祖宫"。
⑤ 福康安:《请将奉到御书匾额交徐嗣曾即在鹿仔港新建庙内敬谨悬挂奏折》,《钦定平定台湾纪略》卷六十二。
⑥ 《钦定平定台湾纪略》卷六。
⑦ 《钦定平定台湾纪略》卷十一。
⑧ 《军机处录闽浙总督李侍尧为天妃庙修缮及进呈匾对尺寸事奏折》,《清代妈祖档案史料汇编》,中国档案出版社 2003 年版,第 99 页。

（四）闽浙总督李侍尧与厦门港朝宗宫妈祖的关系

在所有参与镇压林爽文造反的清廷官员中，祈拜妈祖最勤与最多者，可能就是闽浙总督李侍尧了。因为其他在台湾参与镇压行动的将领，只有在他们赴台与完成任务返程渡海时，为了确保自己船队等的海上安全，他们会向海神求助，而在台湾作战时，他们可能更多向清代被封为"忠义神武关圣大帝"的关羽或其他军神求助，如乾隆五十三年五月，常青率6千人出发前，祭祀的神灵是"旗纛"神。"五月辛巳，将军常青、参赞恒瑞以总兵梁朝桂、魏大斌为前锋，副将谢廷选、蔡攀龙为左右翼，副将官福、贵林、参将特克什布为翼长，投诚贼目庄锡舍为向导，统领福州驻防协领、佐领、骁骑校、并福建、广东、浙江、绿营将弁四百三十七员，满汉征兵五千五百人，出大北门校场，登坛誓师"时，他们"杀贼目高番祭纛启行"①，然后，才率军前往府城南部进剿庄大田的义军。

李侍尧的情况就不同了。乾隆"诏总督李侍尧亲至厦门、蚶江照料军行"，让他当闽浙总督，就是要他在福建南部地区从事组织兵源调动、集结兵源、船只与军需供给等后勤工作，并用船海运至台湾，以保证镇压义军的行动有充分的兵源与物质保证。根据《平台纪事本末》记载，乾隆五十二至五十三年到台湾镇压林爽文起义的兵力，"初次调拨及续调官兵已有数万，嗣又于广东、浙江添调绿营及驻防兵万余人，并于福建本省派拨兵六千，既又添调四川降番，并于湖北、湖南、贵州等省挑备兵数万，陆续遄程前往。合计征调各兵不下十余万，所有应用军粮，已于浙江、江南、江西、湖广、四川省拨运米百余万石，军饷火药等亦已广为储备"②，并安全运送到台湾，保障了镇压林爽文起义的军事行动的最后完成。

但这些兵丁与军需并非一两次就全运抵台湾，而是陆陆续续地运送，如李侍尧在乾隆五十二年正月刚到任时，就"因官兵势分力弱"等缘故，赶紧未雨绸缪地调福建"督标、提标兵二千人，檄参将张万魁、游击田蓝玉领之驻厦门"，同时也"移会两广总督孙士毅"，要他"密挑健兵四千备征调。于是孙士毅调广东南澳、澄海、海门、平海水师兵二千名，选参将赵勇、廖光宇、都司麦瑞、殷佐良、守备林世春、千总、把总二十五员领之；调督标、提标香山、碣石、肇庆陆路兵二千名，选副将贵林、官福、谢廷选、游击双德、李文升、许廷进、都司王雄、萧应德、杭富、曾烨、刘振唐、守备卢振雄、杨拜飏、严文奎、虎彪来、成基、陈上高、千总、把总十六员领之。皆至潮州听命。"后来，当三月份驻扎台湾的"常青请兵信至"，李侍尧"即以所备广东兵檄陆廷柱管带径渡，又咨浙江巡抚琅玕、提督陈大用调温州、黄岩兵三千名，以符常青所请兵七千之数"③。然而，这7千兵丁也是分几次渡海的，如"五月乙亥，蓝元枚统领浙江兵二千名至鹿港"。

"六月乙卯，三等侍卫希明至台湾"，"福宁游击田蓝玉、海坛守备林士元、千总、把总、外委十四人，领兵千人至"台湾常青将军的大营"关帝厅"。

---

① 《平台纪事本末》，台湾省文献委员会，1997年，第35页。

② 《平台纪事本末》，台湾省文献委员会，1997年，第53页。

③ 《平台纪事本末》，台湾省文献委员会，1997年，第30页。

"七月庚午,广东惠州副将伍达色、督标守备卫觐光、肇庆协守备陈世泰、千总、把总、外委十人,广东督标兵千名,提标参将周世佐、增城守备马大雄、左翼游击林起凤、中营守备方淇、千总、把总十五人,提标左翼、镇标增城各营兵千人,至关帝厅。"

"八月辛丑,福建按察使李永祺至台湾。"相继抵台的还有"江宁将军永庆率协领爱隆阿、花沙布、清泰,佐领纠金保、五十八、纳海保宁、六十五、富昌,防御色成、费扬阿、成揆、伊克坦布、常甲保,骁骑校十五员,领催甲兵一千五百名;广州副都统博清额率协领伊清阿、玛什布、叶集凤,佐领札尔虎、敏太、王南炳、陈世俊,防御达春太、苏志仁、常恩、永安、松福、文明、王宗藩、萧永林、杨沛,骁骑校十四员,领催甲兵一千五百名"等。

(九月)"壬午,泉州城守营游击张无咎带兵五百人至台湾。癸巳,都司吴壮图带兵五百人至。"

调拨给福康安的部队,也是分批渡海的。"十月壬戌,自蚶江崇武澳放洋,一日夜齐至鹿仔港"的福康安,当时带领的部队只有川兵与桂兵5千人。据李侍尧十一月二十五日给乾隆的奏折,拨给福康安统领的"贵州总兵许世亨所带黔兵二千于(十一月)初三日起至初八日俱已到蚶江配渡,一得顺风即行开驾。昨又接前途来信,湖南兵于十月二十二日起程,本月初间入江西境。是兵行亦极迅速,计月内当可抵蚶江,所需船只已预行齐备,不致有误。至所调接济府城之本省兵一千名,日内亦可陆续到厦登舟"的报告看,调给福康安的部队有的需在十二月才能到台湾。而根据《平台纪事本末》"五十三年正月壬午湖南总兵尹德禧、副将伊常阿、参将张宜淑、游击王希章、都司王朝佐、守备尹尚荣、陈纶、田武、千总以下二十六人,兵千名,亦由鹿港登岸陆续至军"的记载看,到隔年正月湘兵才赶到台湾。

由此看来,几乎每个月都有兵丁或物质需渡海运送,但都无法保证正常与顺利运送,有的兵丁到了福建,却无法即刻渡海,需"一得风即行开驾"。有时海运物质也出事,如李侍尧曾向皇帝报告说:有次运军米过程中就遇上风暴,结果"运送军米船只,前后遭风失水者共十七号"①。这些风信的问题自然是属于老天爷管的事,当然只能求助海神妈祖了。所以,根据李侍尧搞后勤的工作特点,他需经常到天后宫去祈求妈祖保佑能顺风安澜。所以,他是这一场战事中最频繁与妈祖打交道的人。

李侍尧最常去的妈祖庙应该就是厦门港港口玉沙坡上的天后宫了。乾隆"诏总督李侍尧亲至厦门、蚶江照料军行",虽然他必须在厦门、泉州、蚶江等地走动,但他更多时间是驻扎在厦门,因为虽然乾隆四十九年把福宁海防通判厅移至蚶江,改为泉州海防厅,"专管挂验、巡防督催台运暨近辖词讼"等事,从此"蚶江为泉州总口,与台湾鹿仔港对渡"。但因镇压林爽文战事的突然兴起,蚶江海防厅官署的建造暂时停止,一直拖到嘉庆"丙寅(1806)夏六月续建,秋九月告成"②。因此,在乾隆五十二年时,其官衙及其配套设施可能是不太完全的,因此作为支持台湾战事的后勤基地就不太可能了。

厦门就不一样了,厦门港是很好的避风港,厦门港地区有军工战船厂、厦门海防同

---

① 《清高宗实录》卷一三〇一。
② 《新建蚶江海防官署碑记》。

知署、水师军营、文税与武税馆、配料馆、粮仓等机构与设施。如《鹭江志》载，"玉沙在厦港，环抱如带，长数百丈，上容百家税馆在焉"，玉沙坡亦称"海沙坡"是厦门港外的一条沙岗，厦门港的天然屏障，其内为天然的避风港，而且它上面的沙取之不尽，"风水淘汰，毫无所损，每商船出港，取数百石作重，终岁不竭"①。换言之，沙岗上的沙很多，商船等取沙做压舱物，再怎么取，都可以"终岁不竭"。在厦门港的港湾北部，据《厦门志》载，则有许多官建设施，如"厦防同知署，在城外厦门港保鸿山寺之东。康熙二十五年，移泉州海防同知驻厦门建"，其有完整的官衙府第。"石浔司巡检署，在城外厦门港保，碧山岩前，康熙十九年，由石浔移驻建。""前营守备署，在城外碧山岩前。""配料馆为台湾公馆，在厦港太平桥。"②"厦门恒裕仓，在厦港，计八十间"，"额谷共二十一万三千四百七十二石"。"泉防厅仓，在厦门港，去海防署数百武"，其粮食"存数十三万三百六十八石"③。

而在避风港的天然屏障的玉沙坡上，也有许多官建的设施，如"水操台，旧建在五老峰前，今移风神庙"④。"文汛口，在厦门城南玉沙坡"，"厦防同知司理。厦门为通台贩洋、南北贸易商船正口，厦防同知为司口专员。凡渡台及南北经商贩洋之船出入，挂验牌照、稽查舵水人等箕斗及搭客姓名籍贯，给照放行；盘收台运兵谷、兵米，传递台湾文书夹板，管理地方事务。其汛口俗呼文汛口"。"武汛口，在玉沙坡，与文汛口近，水师提标中营参将司理。商船出入，赴口挂验。""炮台汛口，在玉沙坡，与文、武汛口毗连。"⑤"厦门港炮台，在玉沙坡，临海。"⑥"军工厂，在厦门港玉沙坡。""军工战船厂，前在厦门水仙宫右，至妈祖宫后止，泉州府承修时所设。后改归汀漳道，遂废。""乾隆元年，复设于妈祖宫（即朝宗宫）之东。南临海，北临港，东西四十丈，南北十五丈。盖造官厅三间，护房六间，厂屋四间，厨房一间。左右前后围以篱笆。泉厂遂移设厦门。"⑦"厦门港小口，设海沙坡，离正口二里，派书役查验。海船进港，先赴验明放行，正口征税。稽查金门、烈屿、安海及吾屿、岛美各等渡货物。"⑧

此外，福建水师提督署亦在厦门，厦门水师提标五营战船"额设七十只"⑨。它们应停泊在厦门港内。除此外，由于"厦门对渡台湾鹿耳门"，其商船（横洋船）"向来千余号，配运兵谷、台厂木料、台营马匹、班兵、台饷、往来官员"⑩等。这些商船进入厦门后，也须停泊在厦门港内。除此外，厦门港内还常泊有不少贩南北洋的"贩艚船"和远海捕鱼的渔船等，较方便征用与租用。

---

① 《鹭江志》，鹭江出版社1999年版，第41页。
② 《厦门志》，鹭江出版社1996年版，第38—39页。
③ 《厦门志》，鹭江出版社1996年版，第43—44页。
④ 《厦门志》，鹭江出版社1996年版，第78页。
⑤ 《厦门志》，鹭江出版社1996年版，第84页。
⑥ 《厦门志》，鹭江出版社1996年版，第91页。
⑦ 《厦门志》，鹭江出版社1996年版，第120页。
⑧ 《厦门志》，鹭江出版社1996年版，第156页。
⑨ 《厦门志》，鹭江出版社1996年版，第118页。
⑩ 《厦门志》，鹭江出版社1996年版，第133页。

总之,相比之下,作为支持台湾战事的后勤基地,厦门的条件要优越于蚶江。另外,从李侍尧给乾隆皇帝的奏折中,他常提到厦防同知在为其效力,如"据厦防同知刘嘉会本月初五日具报"①,又如"随委通判朱慧昌会同厦防同知刘嘉会勘估"②,再如"据厦防同知刘嘉会禀称"③,等等。在《清高宗皇帝实录》中,虽有"李侍尧以现任闽浙总督驻扎泉州"的指示,但更多的是提到李侍尧在厦门的情况,如"李侍尧在厦门一带筹办照料,当以催兵速渡、接运军储粮饷济用为要"④。"李侍尧驻札厦门一带照料官兵配渡迅速"⑤,"李侍尧现在驻扎厦门","此事徐嗣曾既得该副将禀报,则李侍尧驻扎厦门,岂有不得信息之理"⑥,李侍尧"抵福建后,即驻扎厦门一带办理军需,调度一切无虞缺乏,诸凡妥协,而于地方事务亦能认真整饬"⑦等,所以,根据这些资料看,在这一年多对林爽文起义的战事期间,李侍尧应该是绝大多数时间驻扎在厦门,而且很可能就驻扎在厦防同知署中办公。因为在厦门港地区,那里的官署最大,而且各种后勤设施比较齐全。

由于长期驻扎在厦门港的厦防同知署内,每个月都必须运送军需或各地调集来的兵丁渡海赴台,所以他去天后宫"亲至拈香"祭祀妈祖的目的就是为了"祈求顺风",使军需、兵丁"俾得速渡"。而他要去祭拜妈祖,自然应选择去坐落在玉沙坡厦门港口处的天后宫——朝宗宫祭拜了,因为正如上面提到的,那座天后宫是官祀的场所,且其旁还有风神庙。这对希望能有顺风将兵丁或物质送抵台湾者而言,多向一种神灵祈求可能会多一层保险。正因为他常去厦门港的朝宗宫祭拜、求助,所以对该庙熟悉,而且因在该庙中向妈祖"祈求顺风",多有应验,如他听到厦防同知刘嘉会三月初五具报,说载送常青的船只二月三十日申刻放洋,但到三月初五时"尚在料罗暂泊",所以他心里"不胜焦急",只好"敬诣天后宫,行礼祈求顺风,俾得速渡"⑧,而在他去天后宫祈求天后助顺后,常青就于三月初九安全抵达台湾。所以他认为他所经常求助的厦门港天后宫的妈祖"尤为灵应"⑨。

(五)因厦门港朝宗宫妈祖在此战事中"尤为灵验",故乾隆才"特隆昭报"

正因为从镇压林爽文的军事行动开始以来,需"仰藉神庥",而且妈祖也有一系列"恬波效顺"的功劳,"自应特隆昭报",所以乾隆五十二年十月十五日(1787年11月24日)大学士和珅给李侍尧发去了"谕令",转告了乾隆皇帝的"上谕",其云:

① 《钦定平定台湾纪略》卷四十一。
② 《钦定平定台湾纪略》卷十一。
③ 《钦定平定台湾纪略》卷五十二。
④ 《清高宗实录》卷一二七九。
⑤ 《清高宗实录》卷一二八一。
⑥ 《清高宗实录》卷一二八五。
⑦ 《清高宗实录》卷一三一六。
⑧ 《钦定平定台湾纪略》卷十一。
⑨ 《钦定平定台湾纪略》卷四十六。

大学士和字寄闽浙总督李。乾隆五十二年十月十五日奉上谕,现在剿捕台湾逆匪,一切军粮、火药等项,皆由海洋运送,其派往之将军、大臣及随征将弁人等远涉重洋,均须风色顺利,方可扬帆径渡。因思该省向来崇祀天妃,最为灵应。此次剿除逆匪,官军配渡,尤必仰藉神麻,恬波效顺,自应特隆昭报,以祀助祐而达欵裡。着交李侍尧即查明附近海口向于何处建有庙宇最称显应之处,如稍有倾圯,即另行修葺完整,以肃观瞻,并将该处应用匾额、联对开明尺寸奏闻。候朕亲书,颁发悬挂,用昭虔敬,将此谕令知之,钦此。①

也就是说,乾隆要李侍尧调查哪些海口的妈祖庙"最称显应",如果庙况"稍有倾圯",则可以由官府出钱修缮,"以肃观瞻",而如果需要皇上敕赐亲笔书写的匾额、联对什么的,也请"开明尺寸"奏报上来,皇上一准赐予。

此外,乾隆在十月二十四日给福康安、李侍尧的谕旨中也非常强调妈祖的灵应,该谕旨说:"海洋风信顶阻,未能克期开驾,正是上苍默佑,天妃助灵,俾福康安得以等候新兵扬帆同渡,未始非极好机会。朕方转愁为慰,福康安惟当益加敬感,切勿因放渡稽迟稍存尤怨也。"②换言之,福康安、李侍尧向皇帝报告了福大帅无法按时渡台的情况,也向皇帝报告了调拨给福康安兵丁还未赶到,此外,可能也抱怨向妈祖求助而得不到顺风安澜的卦象等事,所以乾隆安慰福康安,认为这也是"天妃助灵"的一种表现,天后是要福康安等到其统领的士兵到后才一起"扬帆同渡",并劝福康安不要"稍存尤怨",而应该"益加敬感"。后来所发生的事,似乎为这一乾隆的谕旨做了注解。

根据《平台纪事本末》,按照乾隆最初的旨意"将军福康安至厦门,欲渡鹿耳门",也就是说,本来乾隆要福康安从厦门直接对渡到台湾府城去统领整个战局,所以福康安先到厦门准备渡台,然而"后上闻蓝元枚卒于鹿仔港,有旨谕令改渡蚶江",所以福康安才在十月十一日从厦门出大担门转到蚶江泉州海防厅管辖下的崇武澳等候风信,并从那里对渡到鹿仔港。在那里,他候风信,一等就是十多天,而在他候风期间,乾隆调派给他节制的四川屯练兵2千和广西兵3千,也在这期间赶到崇武澳,"诸路军毕集"。到二十八日,终于等到"风色大利,遂放洋",百余艘战船载着5、6千人马仅一昼夜就安抵鹿港。所以当后来乾隆看了李侍尧十一月十二日的奏折中"谕旨到闽甫经两日,将军福康安等即得顺风,一昼夜飞渡鹿港,仰见至诚昭格"的报告后,在这段奏折报告旁用硃笔批了"实有不可思议处!"此充分表现了乾隆对妈祖的至诚信仰与感孚之情。

李侍尧在十月二十六日接到这一上谕后,赶紧派厦防同治刘嘉会等做了一些调查,在乾隆五十二年十一月十二日(1787年12月20日)向乾隆皇帝上了一本"奏折",他报告说:

闽浙总督臣李侍尧跪奏,为遵旨查奏事。窃臣于前月二十六日,奉到廷寄上谕:"闽省向来崇祀天妃,最为灵应。此次剿除逆匪,官军配渡,尤必藉神祐,恬波

① 《著两广总督李侍尧查明天妃庙需修缮处及匾额、联对尺寸事上谕》,《清代妈祖档案史料汇编》,中国档案出版社2003年版,第96页。

② 《钦定平定台湾纪略》卷十一。

效顺,自应特隆昭报,以祈助祐而达歆裡。著交李侍尧查明附近海口向于何处建有庙宇最为显应之处,如稍有倾圮,即另行修葺完整,以肃观瞻,并将该处扁(匾)额、联对开明尺寸奏闻。候朕亲书,颁发悬挂,用照虔敬,钦此。"伏查:谕旨到闽甫经两日,将军福康安等即得顺风,一昼夜飞渡鹿港,仰见至诚昭格。(硃批:实有不可思议处。)神应潜孚奏凯,藏功早呈吉兆。臣查闽省各属县及海口俱有天妃庙,而厦门港口一庙尤为灵应。缘商舡出入俱由此港,是以祈求报赛,无不骈集牲牢,香火几无虚日。臣因祈祷顺风,亦尚亲至拈香,应即将此庙修理,恭请御书匾对张挂,以昭圣敬而迓神庥。随委通判朱慧昌会同厦防同知刘嘉会勘估去后,兹据查明,庙前即系厦门港,砌有石岸,上建戏台。大门内正殿三间,后殿三间,两旁廊屋二十余间,庙宇神像俱尚完善,惟分绘多有剥蚀,砖瓦木石因年久,亦有缺坏蛀腐者,应量为添换,共需费五百两,即可修葺一新等因,除择日兴工外,谨绘图并将匾对尺寸另开清单进呈。伏乞皇上睿鉴,谨奏。十一月十二日。[①]

李侍尧上奏的奏折中还附有需要修缮的"福建泉州府同安县厦门港天妃庙图",此即乾隆五十二年时的朝宗宫图[②]。

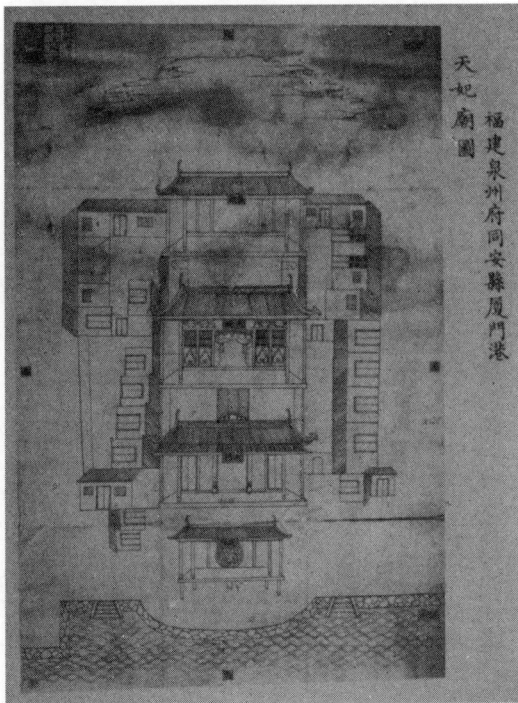

从这份奏折与所附的厦门港天妃庙宫(即朝宗宫)图可以看到,在乾隆五十二年时,厦门港的朝宗宫坐北朝南,面朝着避风港,它是一座有着三进厅堂并且两侧加有一系列护厝的宫庙建筑,即其有门厅、大殿与后殿三进,而且大门前还建有戏台,两侧均有护厝,因此该宫庙在当时占地蛮大的,以此图来估算,该庙至少应有近千平方米的规模。而且该年因庙宇内的"分绘多有剥蚀,砖瓦木石因年久,亦有缺坏蛀腐"等因,奉旨重修过,这一修缮的花费大约是"五百两"白银。根据李侍尧的奏折中所表述的"臣查闽省各属县及海口俱有天妃庙,而厦门港口一庙尤为灵应"的情况看,不仅是因为它为官祀的宗教场所,而且还因为其就建在厦门港的出海口处,并"缘商舡

---

① 《军机处录闽浙总督李侍尧为天妃庙修缮及进呈匾对尺寸事奏折》,《清代妈祖档案史料汇编》,中国档案出版社 2003 年版,第 97—99 页。

② 《福建泉州府同安县厦门港天妃庙图》,《清代妈祖档案史料汇编》,中国档案出版社 2003 年版,第113 页。

出入俱由此港,是以祈求报赛,无不骈集牲牢,香火几无虚日"。所以,这个在厦门地方志书上仅寥寥几笔记载的庙宇,在乾隆五十二年时,实是一座香火鼎盛的大庙,前来祭拜、求助的人很多,主要的应是商船的船主、船工、从事海外贸易的商人、负责海运的官员、准备渡台的官员、将弁、水师官兵等,他们到此祭拜的目的应该都是为了求海神妈祖助顺、平安速渡等。

三、赐"恬澜贻贶"匾额于厦门港朝宗宫的过程

乾隆皇帝在十一月二十五日看到李侍尧十一月十二日的奏折①,马上同意李侍尧的请求,并立即按李侍尧奏折附上的尺寸写了两个匾额和联对等,交给军机处,并要他们准备两份敕赐品,一并发下,"一分送天后本籍兴化庙内安奉",另"一分于厦门海口天后宫内敬谨悬挂,以昭妥佑"。

军机处在十一月二十六日备好所有御赐品后,马上发文知会福建等地的官员,其云:

> 蒙发下御书天后庙匾对各二分,供器、珠幡各二分,奉旨发交刘峨,自行派员赉送山东,交与长麟,递送江苏闵鹗元,递送浙江琅玕,接送福建交与徐嗣曾,将一分送天后本籍兴化庙内安奉,其一分于厦门海口天后宫内敬谨悬挂,以昭妥佑,钦此。专此布闻。除将匾额、供器交顺天府转寄外大人递行知会各处遵照办理,不必具折覆奏。并候近祉。不备。
>
> 御书匾对一分,掐丝法琅(珐琅)五供一分,掐丝珐琅八宝一分,漆桃杆座穿珠幡一对,各色香丁九匣,紫藏香九仔,黑藏香十仔。御书匾对一分,掐丝珐琅五供一分,掐丝珐琅嵌玉八宝一分,漆桃杆座穿珠幡一对,各色香丁九匣,紫藏香九仔,黄藏香十仔。②

根据此文件,这些皇上的敕赐品除了匾额、联对外,还有宫廷用的景泰蓝(珐琅)供器和御用的"藏香"。这些御赐品需经直隶、鲁、苏、浙等省的巡抚转递,交到福建巡抚徐嗣曾的手中去办理。但乾隆御书匾上写些什么内容,从这一军机处的文件中却看不出来。不过,这匾额上的内容在同一日乾隆给军机处的谕旨中则有明示,该谕旨先说御赐的原因为:"闽浙总督李侍尧奏,遵查闽省各府县及海口,俱系崇祀天妃庙,而厦门海口尤昭灵应,自宜量加修葺,恭请御书扁(匾)额,以昭圣敬而迓神庥。"其后则曰:"御书福建兴化府天后宫扁曰'翊灵绥佑',厦门天后宫扁曰'恬澜贻贶'。"③嘉庆年间穆彰阿等编撰的《嘉庆重修一统志》也提到了此事。该书的《兴化府·仙释》曰:"天

---

① 在该奏折的尾部有"乾隆五十二年十一月二十五日奉硃批:览。钦此"的硃批,表示乾隆二十五日看过李侍尧的奏折,并按李侍尧的请求做了批复等。

② 《军机处为发下御书天后宫匾额供器致福建官员知会》,《清代妈祖档案史料汇编》,中国档案出版社2003年版,第100—102页。

③ 《清高宗实录》卷一二九三。

后,世居莆之湄洲屿,……(乾隆)五十二年赐'翊灵绥祐'额"①,这里提到乾隆五十二年御赐的是"翊灵绥祐"匾。该书的《泉州府·祠庙》条也记载了乾隆御赐厦门海口天后宫的情况,其曰:"天后宫:……一在同安县厦门海口,本朝乾隆五十二年奉旨重修,御书扁(匾)额曰'恬澜贻贶'。"②由此可见,乾隆五十二年乾隆御赐给福建妈祖庙的匾有二,一为"翊灵绥祐",是专赐湄洲妈祖祖庙的,而另一为"恬澜贻贶",是专门赐予厦门港海口的天后宫。而根据《厦门志》"乾隆五十三年御赐朝宗宫匾额:恬澜贻贶"的记载看,这一"同安县厦门海口"的天后宫就是厦门港的朝宗宫。蒋维锬等编辑的《妈祖文献史料汇编》(第二辑)《匾联卷·匾额编》第34页处将该庙称之为"福建厦门同安海口天后宫"是一个错误,即他们把这座在厦门岛的厦门港口上的朝宗宫划到"同安海口",犯了地理方位上的错误。

此外,从军机处的文件,记录乾隆谕旨的《清高宗实录》以及《嘉庆重修一统志》等文献看,御赐"恬澜贻贶"匾额的时间都是"乾隆五十二年",然而,为何《厦门志》记载则为"乾隆五十三年"呢?这可能是上述三份文件记述的是乾隆亲笔写匾与御赐发下的时间,此应为乾隆五十二年十一月二十五日前后。而《厦门志》所记的时间是在庙中悬挂该匾的时刻。因为从京师将这些御赐品发下到最后落实到各庙中,即将匾额"悬挂"在湄洲祖庙与厦门港的朝宗宫中,需要有一定的时间。这一过程到底花了多少时间,我们大体可以从"护理福建巡抚觉罗伍拉纳"的一份向乾隆报告的奏折看到。乾隆五十三年二月底或三月初,护理福建巡抚印务的伍拉纳给乾隆皇帝的奏折说:

> 护理福建巡抚印务奴才觉罗伍拉纳跪奏,为遵旨张挂天妃庙匾对并安奉珠幡、供器仰祈睿鉴事。窃照兴化府莆田县湄洲天妃庙,仰荷皇上颁发御书匾对并珠幡、供器、藏香等项。奴才敬谨将匾对刊刻完竣,亲赍至兴化府,由贤良奥(澳)渡海,泛舟抵湄洲地方,择吉于二月二十四日,敬将御书匾对、珠幡等项于庙内张挂供奉,拈香行礼讫。伏查湄洲天妃庙宇建造有年,规模本属宏敞,今蒙皇上特颁宸翰,并发内府供器,光腾楹栋,色灿几筵,更足以肃观瞻而隆昭报。从兹灵祇协应,海不扬波,不特官军指日凯旋,重洋稳渡,即商旅舟弟(梯)航,亦得共被安澜之庆。士民等扶老携幼祈肃仰瞻,欢欣动地,无不仰帝泽之汪洋,沐神麻于无极矣。所有奴才遵旨前往湄洲张挂匾对、安奉供器、日期,理合恭折覆奏,伏祈 皇上睿鉴,谨奏。③

根据这份奏折,我们可知,乾隆五十二年十一月二十六日皇宫发出的这些御赐品,通过

---

① 穆彰阿等编撰:《嘉庆重修一统志二五》,《四部丛刊续编·史部》卷四二七《兴化府·仙释》,第41页。

② 穆彰阿等编撰:《嘉庆重修一统志二五》,《四部丛刊续编·史部》卷四二八《泉州府·祠庙》,第30页。

③ 《军机处录闽浙总督伍拉纳为张挂天妃庙匾对安奉珠幡供器事奏折》,《清代妈祖档案史料汇编》,中国档案出版社2003年版,第103—105页。根据该文件后面有"乾隆五十三年三月二十一日奉朱批:知道了。钦此"的朱批,可知此文件应在三月二十一日前抵达京师。所以伍拉纳这份奏折应是二月底、三月初上奏的。

直隶、鲁、苏、浙各省巡抚的传递,来到福建,并非交到文件上指名的福建巡抚徐嗣曾手中,而是交由"护理福建巡抚印务"的"觉罗伍拉纳"来经办。因为,当时台湾镇压林爽文起义的战事虽近尾声,但仍很激烈,"将军福康安既克斗六门,以台湾百姓甫经乱离,家屋焚毁,应发帑抚恤,咨会总督李侍尧于福建文员内自同知以下委令十二人赴军前差遣。又以荡平之后,凡抚恤百姓、筑立城垣,宜大臣督其事。于是奏请巡抚徐嗣曾渡台湾"来处理。乾隆因其请而下旨,要徐嗣曾前往台湾"督其事"。乾隆五十三年正月"己巳(初六日),福建巡抚徐嗣曾至军营"。徐嗣曾抵台湾时,正赶上林爽文"适就擒。将军福康安因以北路民事委之经理"①。所以,徐嗣曾赴台后,主要处理的是"抚恤难民、估计城工、清查叛产、搜拏贼属等事"。徐嗣曾调到台湾,不在福州处理福建的政务,而福建的事务也得有人办理,所以乾隆下旨将"所有巡抚印务,着伍拉纳暂行护理"②。因此,才有乾隆御赐给妈祖的御赐品辗转到达福建时,是由"护理福建巡抚印务"的觉罗伍拉纳来受理与实施此事,而非巡抚徐嗣曾来受理。这一调动事件也表明这些御赐品到达福州时,应该是在乾隆五十三年正月初六以后,因为那时徐嗣曾就已不在福州了。

伍拉纳接到圣旨和军机处发下的御赐品等,马上执行,他"敬谨将匾对刊刻完竣",也就是说,乾隆御书匾和联对的制作是在福州完成的,然后他带着御赐品"亲赍至兴化府",从贤良港那里渡海,送到湄洲妈祖庙。他选择的张挂吉日是乾隆五十三年"二月二十四日",并举行了隆重的仪式,"敬将御书匾、对、珠幡等项于庙内张挂供奉",完成了皇上交下的一桩褒奖妈祖的任务。遗憾的是,在伍拉纳的奏折中没提及在厦门港朝宗宫举行仪式张挂匾额的情况。因此,从该文件的字里行间,我们不知道是否是由伍拉纳亲自到厦门来张挂御赐的"恬澜贻贶"匾。也许他来了,但奏折中并没有明白的陈述。也许他没来,而是由当时还在厦门的闽浙总督李侍尧来办理此事。由于我们没有看见到李侍尧的奏折,所以具体由谁将御书匾额和其他御赐品送至朝宗宫目前还无法确知。但有一点是可以确定的,即这些御赐品是在乾隆五十三年正月才送到福州,伍拉纳派人将"翊灵绥佑"和"恬澜贻贶"匾制作好后,是于二月二十四日亲到湄洲祖庙去"张挂""翊灵绥佑"匾。而如果是他到厦门来张挂"恬澜贻贶"匾,其时间应在去湄洲之后。而如果他在接到发下的御赐品后,自己办理湄洲祖庙的事,而将厦门朝宗宫的一份转发到厦门来办理,那么,也许朝宗宫的张挂与伍拉纳在湄洲所举行仪式的时间将相差无几,而要办理此事者如果不是闽浙总督李侍尧的话,就应该是厦防同知刘嘉会了。所以,虽有些事不能确定,但朝宗宫张挂"恬澜贻贶"匾额的时间一定是在乾隆五十三年二三月间。因此,《厦门志》所记载的时间是张挂匾额的时间,而非御赐的时间。至于准确的张挂匾额的日子,由谁去执行朝宗宫的匾额张挂任务?则有待新资料的出现才能最后定夺。

综上,我们可以明确地知道:厦门港朝宗宫的这块乾隆御赐的"恬澜贻贶"匾是因

---

① 《平台纪事本末》,台湾文献委员会,1997 年,第 62 页。
② 《清高宗实录》卷一二九五。

为朝宗宫供奉的妈祖对清廷镇压台湾林爽文起义的战事多有"护佑"、"助顺"之功,屡著显应,所以乾隆"降旨交李侍尧等修葺"该庙和赐赠御书匾"于厦门、兴化两处悬挂,以昭灵贶",以感谢神恩,"以昭圣敬而迓神庥"。所以乾隆五十二年皇帝对妈祖的褒奖,起因是厦门港朝宗宫的妈祖有诸多"灵感",因此也使妈祖的湄洲祖庙获得了乾隆的御赐。而向乾隆"恭请御书匾额"等以报答厦门港朝宗宫的妈祖神庥的,是当时"驻扎厦门一带办理军需,调度一切"的闽浙总督李侍尧。其恭请与御赐的过程大体为:李侍尧于乾隆五十二年十一月十二日上奏,请求皇上敕修与恩赐厦门港朝宗宫,十一月二十五日,皇上批准,并写好匾额稿本,二十六日由军机处发下诸御赐品。乾隆五十三年正月初,谕旨、御赐物等转到福州,由当时的"护理福建巡抚印务伍拉纳"制作匾额等,并在二月下旬左右张挂于湄洲祖庙和厦门港朝宗宫中。去湄洲祖庙张挂"翊灵绥佑"匾的是觉罗伍拉纳本人,而最可能在厦门张挂"恬澜贻贶"匾的是闽浙总督李侍尧,因为乾隆曾"降旨交李侍尧等修葺天后庙宇",因此,厦门港朝宗宫的修葺是李侍尧负责的,而且在乾隆五十三年二三月期间,李侍尧还驻扎在厦门,还在那里处理镇压林爽文战事告馨后的一些扫尾工作,所以由他在庙宇修葺后去张挂该御赐匾额是顺理成章之事。由此看来,给厦门港朝宗宫的御赐并非在乾隆五十三年,而是乾隆五十二年,而御赐匾挂到朝宗宫则在乾隆五十三年,应该是由闽浙总督李侍尧亲自去办理的。

作者:石奕龙,厦门大学人类学研究中心主任、教授

由《类成堂集》看清代湘潭闽商的联合

王日根

清代前期,湖南湘潭成为中南地区乃至全国的一个重要贸易枢纽,"长沙水步不利泊船,故皆辏湘潭,自前明移县治以来,杨梅洲至水东门岸,帆樯蚁集,连二十里,廛市日增,蔚为都会,天下第一壮县也"①。"县毓富浩穰,磁货氓庶皆在城外,沿湘以上十余里,自前明号为小南京。"②湘江流域传统的区域经济中心在湘潭,各地客商在湘潭汇聚,形成了一个个商帮集团。《湘潭闽馆类成堂集》记载:"潭有客帮,称为六省者,旧立福善局,本潭、江西、江苏、北省、江南、福建是也。新立谦吉堂,江西、江苏、江南、北省、广东、福建是也,故凡科派置业济众等情,本馆无不在列。"③形成团体的力量,往往通过各种途径显示自己的存在,投入于公共事业或公益事业是最传统也最能产生成效的途径。类成堂(类编堂、成言堂,合称类成堂,原名建福宫)是在湘潭的闽商共同的组织,形成了全闽各地商人的联合,树立了在外闽商的整体形象。

一、妈祖是闽商走出闽地的保护神

妈祖信仰对闽商走出闽地产生了积极的护佑作用。他们认为:

天后阴精毓秀,水德储灵,所司者海也。海之中噏唏百川,风涛万状,而霾瞢潜消,天日晴霁,倏而阴风怒号,浊浪沸腾,彼贡献之扬帆而渡者,岂无倾樯裂楫之危乎?艨艟之鼓棹而出者,岂无飞沫怒涛之险乎?贾人渔子之解缆而往者,岂无屑没于鼋鼍之穴,流转于蛟鳄之窟乎?乃当颠连危急之际,拜祷天后,恍若自天而降,神光焜耀,异香氤氲,遂使溟渤之飞变为安澜,海之狂飙化为熏风,则是江淮河海中藉神之庇护,岂浅鲜哉?虽然天后之英灵,非独著于江淮河海已也。上而国

---

① 光绪《湘潭县志》卷十一《货殖》。

② 光绪《湘潭县志》卷十一《货殖》。

③ (清)何宇恕纂辑:《类成堂集》,道光十五年刊本,第387页。见张智、张健主编《中国道教志丛刊续编》,广陵书社2004年影印版。

家之大事,下而草野之细故,凡竭诚致敬而祷者,如影之随形,音之随声,靡不从其愿而锡之福,其或不为神所佑者,必其元恶而自绝于天也,必其大憝而自殒其生也。否则必神体好生之心,以保佑之矣。故于降灾降祥之中,寓彰善瘅恶之意。历七百余载,代弥远而功弥著。世愈久而德愈彰,是功德不在一方而在天下,不在一时而在万世,岂非能福善祸淫、御灾捍患,变化而不可测,煊赫而不可掩者乎?余一日登湄山揖友而进之曰:"天后之异绩,彰彰如是,曷不汇集成帙,以传于世?"友曰:"唯昔大宗伯林公手授一编,将博采见闻以补其未备,愿与同志者成之。"余于是先为之序,以为劝世之一助云尔。

林兰友在他的这篇序文中表明了自己作为一个知识人,应该承担起劝世责任的心情。

本来这本书叫《显圣录》,为粤人所收藏,且"神灵昭应不爽"。当闽商得阅这一书后,自然倍感珍惜,刊刻出来,定名为《昭应录》。

有关妈祖显圣的实例均加以排列,包括"窥井得符"、"机上救亲"、"化草救商"、"菜甲天成"、"挂席泛槎"、"铁马渡江"、"祷雨济民"、"灵符回生"、"伏高丽鬼"、"降伏二神"、"龙王来朝"、"奉旨锁龙"、"断桥观风"、"收伏晏公"(嘉应、嘉祐)、"湄洲飞升"、"显梦辟地"、"祷神起椗"、"枯楂显圣"、"铜炉溯流"、"朱衣著灵"、"圣泉救疫"、"托梦建庙"、"温台剿寇"、"救旱进爵"、"瓯闽救潦"、"平大奚寇"、"一家荣封"、"紫金山助战"、"擒周六四"、"钱塘助堤"、"拯兴泉饥"、"火烧陈长五"、"怒涛济溺"、"神助漕运"、"拥浪济舟"、"药救吕德"、"广州救郑和"、"旧港戮寇"、"梦示陈指挥"、"助战破蛮"、"东海护卫张源"、"梦告柴山"、"庇杨洪入番"、"托梦除奸"、"妆楼谢过"、"助顺加封"、"起盖钟鼓楼"、"大辟宫殿"(附梦护舟)、"祈祷疏文"、"涌泉给师(附师泉记)"、"灯光引护"、"澎湖助捷"、"阴护册使"、"两请封赠"、"异鸟翔集"、"议准崇祀"、"祀典要用"等将妈祖的神威彰显到无上的地位。

书中记录,康熙二十三年册封琉球正使汪楫等题为圣德与神庥等事。

二十二年六月二十日谕祭海神天妃于怡山院,是时东风正猛,群言夏汛已过,未易开洋,乃行礼甫毕,风声忽转,舵楼旌旗尽皆北向。臣等知属天妃示异,决计放舟。二十三日辰刻,遂出五虎门,过东沙山,一望茫茫,更无山影,日则双鱼引道,夜则万鸟回翔,助顺效灵,不可殚述。以海道考之,二十四日当过小琉球、花瓶屿、鸡笼、淡水诸山,而是日辰刻已过彭佳山,酉刻已过钓鱼屿,不知诸山何时飞越。二十五日应见黄尾屿,不知何以遂逾赤屿。二十六日夜见姑米山,又不知何以遂至马齿山,此时琉球接封之陪臣,唯恐突如入境,国中无所措手,再拜恳求暂泊澳中,容其驰报,乃落蓬而蓬不得下,抛椗而椗不可留。瞬息已入琉球之那霸港,直达迎恩亭前矣。时方辰刻,距开洋三昼夜耳。臣等未经蹈险,视等寻常,而彼国臣民莫不相看咋舌,群言:自古迄今,未有神速如此者,共称圣人在上,海不扬波,然则圣人在上,海可飞渡,远人骇叹如此,臣不敢不据实奏闻。至于贫瘠小邦,常苦风旱,乃者典礼既竣,甘雨如倾,飓风不作,群欣足食,凡此天泽之应,何非圣德之感,洵足流光史册,焜耀千秋者也。臣等洁己励众,幸免愆尤,冬汛归舟,还思利涉,而其时御笔昭敕,尽留海邦,百神呵护,不可复冀,风涛震撼,浪与天高,掀簸无已,人皆颠覆。臣等当百死一生之际,惟有忠诚,自信必无他虞。烟灶尽委逝波,无由得窥彼岸,于是肃将简命,共吁天妃,谓神既受封圣朝,自应佑臣返节,如其获济,当为神乞春秋祀典,永戴皇恩。虔祷方终,神应如响,于时束桅之铁箍已断十三而桅不散,系篷之顶绳一断不可复续而篷不堕,桅前之金拴裂逾尺而船不坏,有此三异,可叹神功。

靖海将军施琅题奏文本,亦表达了对妈祖的无上虔信。当他于康熙二十一年十月奉命征剿台湾驻扎于平海澳时,看到天妃庙因为迁界遭到毁弃,便"稍为整扫,以妥神庙",左有一井,距离海仅数步,当时亦"芜秽不治",经浚治,井水纷涌,施琅感恩备至,题写"师泉"二字,且率各镇营弁捐俸重建庙宇,结果在康熙二十二年六月十六、二十一等日澎湖之战中均得到天妃的护佑。[1] 只在海边数步用手扒开尺许,就有淡水涌出,供给士兵。施琅的题本无疑能提供给人们很大的精神支撑。

康熙十九年佐助前提督万正色克复金厦两岛,二十二年佑相靖海将军施琅奏捷澎台,种种灵应,护国庇民,俱蒙圣祖仁皇帝览奏,敕封天后徽号。

后来又有康熙六十年台匪倡乱,施世骠率师,时值酷暑退潮之际,但得妈祖佑护,"海水骤涨数尺,舟师直进,克复全台",士兵于海滨便得到淡水解渴。[2]

人们得到皇帝对妈祖的奉赠,所要达到的目标是"鲸鲵永遁,海宇共庆升平,波浪常恬,商渔咸歌乐业矣"[3]。

乾隆五十三年四月二十七日,福康安率官兵在鹿仔港更换大船时,特起风暴,船漂至大洋,传说遇到妈祖护佑,漂泊两天,安然无恙。[4]

"从来有功德于民,能御大灾能捍大患者俱列祀典。"[5]妈祖祭祀从民祀转为官祀,且级别越来越高,这是与官员们的进言分不开的。有了官员的进言,皇帝的不断加封,不仅给予妈祖,同时也给予妈祖父母加赐封号,这样便将妈祖的崇拜推向了至高无上的地位。

二、湘潭建福宫成为全闽各地商人的聚集中心

福建是个多神灵的地区,各地神灵诞辰日、仙逝日均有祭祀、演戏等活动,这些仪式成为凝聚众力的较好时机。譬如妈祖瑞诞为三月廿三日、九月初九日,上元天官大帝正月十五日瑞诞,中元地官大帝七月十五日瑞诞,下元水官大帝十月十五日瑞诞,祝融火官大帝四月十五日瑞诞,正一财神菩萨三月十五日瑞诞,五显灵官大帝九月二十八日瑞诞,福德土地菩萨六月初六日瑞诞。其次有诸佛,像南海观世音菩萨二月十九

---

① 《类成堂集》,第 54 页。
② 《类成堂集》,第 61—62 页。
③ 《类成堂集》,第 69 页。
④ 《类成堂集》,第 77 页。
⑤ 《类成堂集》,第 82 页。

日、六月十九日、九月十九日瑞诞、韦陀菩萨六月初四日瑞诞、地藏王菩萨七月二十九瑞诞、三宝菩萨四月初八日瑞诞、释迦佛祖腊月初八日瑞诞、定光古佛正月初六日、九月十三日瑞诞、惠宽大佛十月十三日瑞诞。再者有关帝崇拜、天后崇拜等。

福建来湘潭商人的凝聚中心最初就是以宫的形式出现的。宫的别号为馆，有人区分宫是对神而称，而馆则以人而言。各业的汇集之所则被称为堂。

顺治十八年辛丑，闽人龙处契买徽人程君选等所卖潭十八总庵场地基一所，程即协僧临济（系南岳让一派先有和尚，即此而去）迁居指南庵（风筝街新安公馆），任吾闽人创建宾馆，聚族于斯，诚可谓善作善始者也。康熙廿年辛酉，吾闽又买欧阳曙东所卖地基一所，同处合建，于是宾馆告成，谨事天后圣母元君，为福主，故名宫曰建福。康熙廿八年己巳，合闽众姓契买虾公塘白洋堂田照契四十亩（佃约四十七亩七分），同日又买下杉冲田照契廿亩（佃约孔树塘壹十九亩三分），康熙卅一年壬申，合闽众买下铁家坝何必山田，照契卅四亩四分（佃约三十五亩）。乾隆六年辛酉，四府汀兴漳邵合买虾公塘田照契廿三亩（佃约二十六亩），系上十七都九六甲所属，照契百一十七亩四分，志载一百三十亩，当照佃约一百二十八亩，方合历年收租数。以供福主香灯，名曰灯田堂，堂有张彩，出家为僧，易名净鉴，引曹洞赞闻入馆（青原思一派后之和尚即此来）代供香火，致将堂内契约寄存。讵僧四慧（净鉴之后）盗卖所寄契田一百二十八亩（此时灯田堂有名无业矣）。众或莫有知者（犹曰吾有灯田堂），即知亦莫敢言（此时不逐，僧实侥幸）。

查阅乾隆八年癸亥追刊灯田堂碑记（有田三处，无亩数多少，有年月无坐落地名），并核复契（原契二张，书众姓等买，系康熙时印红契，另契二张，书杨廖等买，系乾隆时印红契），概可知矣。乾隆四十五年庚子，华光斗等实觉其事，与之讼胜，倍价赎回原契田一百二十八亩，皆出十闽所输，故更名曰"十闽堂"。嘉庆十九年甲戌，赖邦富等将抽众厘头银契买细屋冲田廿五亩（在上十七都六甲，与佃约同），并将康熙辛丑、辛酉所置余地建馆左右铺面及金家围屋（每年收租而为十闽，以供祀典者，即此堂也）志载汀漳两府共置祀田一百三十亩（即佃约一百二十八亩），各亦附和其说，盖谓首士彩五杨公，漳人也，瑞章廖公光斗华公与邦富赖公，皆汀人也，孰知四公肯为神人出力，不肯为神人要功，察契所书众姓等字即足以白四公之心矣。是以乾隆五十四年己酉仍举华光斗等将众所抽之厘契买下五都九甲仙峰岭田，照契五十五亩（佃约并开荒计田共六十七亩）。嘉庆十八年癸酉，明德堂买十八总正街河岸河街老岸房屋照契七间，名曰厘头堂业。（每年收租而为本馆岁修者即此堂也）两堂另有无租之业如置镶本馆屋基与细屋冲属十闽，仙降岭属厘头等（山林塘屋及昔买茶山烟山营盘岭义山契详录后）嘉庆廿一年丙子，赖又荣邦富杨经典林跃云等易馆旧制，更建维新，并改建福寺曰建福宫，盖谓本馆虽奉本省定光（泉州人氏）、惠宽（汀州人氏）两佛，当遵天后元君（兴化人氏）为福主，额名不可不正也。（谨按汉明帝时白马驼经，并立白马寺于雍门外，后人遂以寺属佛，汉武帝以仙好楼居筑蜚廉挂观，后人遂以观属仙，秦始定为至尊者居宫。凡有功德于民者居祠庙，天后之所居者，雍正四年曰神祠，乾隆五十三年曰神庙，至嘉庆六年曰神宫,故今皆遵额之。)①

其时捐赀四万六千有奇,志之石曰:

此乃同人慷慨之力,不肯居功,然用犹不足敷,不能立碑,因故而内自讼,详下记事录。遂塞厘头之路致馆,历年屡空,诚足叹也。爰起两堂,聊续于后,一日类编,系道光八年戊子公举汀府何命行等将馆各类等因编付梓,石一日成言,仍举何命行等于道光十一年辛卯代刊捐修之碑,丙子兴修至辛卯,既十五年矣。皆另有记便览。道光十三年癸巳,公举汀府值事陈梅英何命行等清理上年数目,补刊济公碑记,同公立定馆规,转换霸欠租佃,或讼或评,妥然后止。余因有所感焉。方其时之盛也,曾几其人,以一念之诚,欣欣穰穰,能输重资建馆立堂,而为后世之源本,及其微也,现契莫管,现数莫问,任用任垫,处而为盈售业邀捐,详于碑注。尚不能缝其阙当其复也,馆虽朽而能新业,既去而犹复二难,竟并百废具与此,或时事之推移,其理有固然耶,抑其人力志所致也。②

本碑记记录了建福宫建成的过程。指出各地闽商在湘潭凝聚成一个整体,号称"十闽堂",共同供奉天后元君,维持了很长时间的兴盛局面。

看其建筑设置:"山门内,有二庙(关圣、天后)、二坪(两戏台),左关圣殿后佛堂奉立三宝、财神、定光、惠宽、韦驮宝座。右面天后宫后有明德堂,楼上为大士阁,嘉庆丙子(嘉庆二十一年,1816年)改建戏台,归一坪内高建朝楼列事天地阴阳四官:财神、开圣、五显、土地诸神。馆之中央特建天后圣母正殿,后为明德堂,堂左为东厅,厅左为闲舍,舍后长生亭堂,右为西厅,厅前为船房,房左为花园亭阁。明德堂后为佛殿,左为大士岩,右为闽中享堂,此乃添买基地,始有如此之铺式也。"③

天后供奉:"嘉庆二十二年,乡人于漳府敬谨塑就迎来,其时一路天旱,圣母所过之处,河道为之顺遂,客舟随行沾恩者不知胜数。嘉庆二十四年九月初一日恭迎圣母神驾出案升座,叠显灵异,莫可名言。"

另有关圣供奉、三宝菩萨、土地菩萨,其祠原在宫二门外,因恐无知亵慢,故于道光九年请移朝楼上座谨事。④

"天后宫旧名建福寺,在下十八总正街庙宇园地义冢烟山茶山,皆闽商公置,汀漳两府置祀田一百三十亩,乾隆五十一年公置田五十五亩,嘉庆十八年公买十八总河正两街铺屋四栋,又买田二十五亩,由司事掌管,自住持僧赞闻流传,迄今十代。"⑤

本馆抽厘头数:嘉庆廿三年,共收厘头银一千八百七十八两。嘉庆廿四年共收厘头银一千七百零八两正,嘉庆廿五年共收厘头银一千五百七十七两,道光元年共收厘头银一千七百零五两,道光二年共收厘头银二千零三十六两。道光三年共收厘头银一千六百廿七两。道光四年共收厘头银一千九百八十二两。道光五年共收厘头银一千

---

① 《类成堂集》,第260页。
② 《类成堂集》,第261页。
③ 《类成堂集》,第359页。
④ 《类成堂集》,第357页。
⑤ 《类成堂集》,第365页。

七百五十九两。道光六年共收厘头银一千一百四十五两。

对于厘头捐献，管理者赖又荣（邦富）可以说是至公无私，但是因为有人心怀嫉妒，妄控官府，致使赖流泪以病告辞，将厘随交林某收管，众心不服，合省止厘。

少了厘头之后，本馆的开支便出现了亏空，记录表明：道光六年兴府值年馆内亏空370.6两，道光七年，汀永值年，亏空银177.6两，道光八年，兴府值年，馆内亏空银250.9两，道光九年，漳府值年，馆内亏空银98.2两，道光十年，汀杭值年，馆内亏空银240.8两，道光十一年，兴府值年，馆内亏空银670.9两，道光十二年，漳府值年，馆内亏空银298.6两，道光十三年，汀永值年，馆内长余银16.4两。①

会馆内的开支包括官员的送往迎来，如道光二年，陈望坡来宫谒神等。"道光九年记，花园内囊来有大葡萄树二株，荫浓可爱，珠子胜常时，有人来采览，赖某恶而伐之，诚为可惜。又有杨某私将仙峰岭义山借与本地陈某瘗葬，众知莫使起插，尤为可叹。

道光十年与十一年，各堂各号行店共捐银二百五十二两正，仅付养济院银二百两正。

道光十一年各堂共捐银叁百七十一两八钱，庆祝万寿。道光十二年各堂各号行店共捐银二百廿二两八钱，捡盖明德堂与东西厅瓦漏。

道光十二年乡宦某者求暂寄棺于馆，其时棺至馆门，众各阻住，方由后门抬入，众议于理不合，其保荐人遵罚演戏一台。②

道光十二年，师克猺匪，路经潭邑，其时周宪在任，本馆各馆各堂捐银二百两帮差，令人疑议。

道光十二年腊月，某乘堂内司事外出，私将正殿神龛拆下金漆，用去类编堂钱捌拾千文。"③

会馆遇到事情不顺时，还会考虑到风水问题，譬如，"道光十三年三月十三日巳刻，陡起飓风吹破正殿后檐鳌头瓷器瓦堆，概怨本馆开坏西门，遂将西门塞住，连年于花池内溺死沙弥，且馆兴讼不已，虽说无干煞碍，神龛亦宜选吉，议修后殿檐瓦为妥"④。

会馆与地方官之间也存在着密切的互动关系。如"道光十三年，有世袭守备赖某进京，稽扰多端，灵宪莫奈，九月九日复入本馆，闹祭不成，遂以被殴控各司事，幸逢叶宪莅任，片言折赖逾限，例应扣除，势扰地方，法所不恕，姑限五日，不走定行详究，赖服即遁，本馆讼息"。

书中交代了叶宪的简历："叶宪，枚生，浙江处州人氏，原任兴宁县正堂，冬月调知湘潭事，才莅数月，恩遍乡城（宿案尽结，贼盗远遁），未满半年，泽及邻邑（上湘绅士来湘挂匾）咸歌何来暮也。忽闻叶宪患病，四民为之请祷者莫可胜数。相传先年卫宪际可亦有善政，无以过之，道光十四年五月大水，十七八日船通正街，叶宪雇艇祭江救生，

---

① 《类成堂集》，第368页。
② 《类成堂集》，第372页。
③ 《类成堂集》，第373页。
④ 《类成堂集》，第374页。

一面给送难民钱米,及水退日,仍自捐廉赈济,各省为之感动,六月初旬,本馆捐米三十石(内计汀府十三石,兴府十二石,延建邵府共四石,漳岩捐一石),是秋大有,皆言叶宪德感所致。"①官员对会馆的建设、文化取向均产生积极的影响。

三、清朝前期是建福宫获得巨大发展的时期

会馆的收支状况在《类成堂集》中均有详细生动的记载。从建福宫的兴盛史中,我们能很明显地看到,买田行为众多。兹举数例如下:

康熙廿八年己巳三月初八日,建福寺众姓买吴桥清所卖白洋塘田四十亩,并山骑岭分水为界,以及屋基园林皆入建福寺为万年灯田,原粮贰石六斗,系康熙年间朱印红契。

康熙廿八年三月初八日,建福寺众姓契买卢乔浦所卖下杉冲田二十亩,子谷壹石四斗壹升六合,内有屋塘山照分水单约为界,皆入建福寺为万年灯田,系康熙年间朱印红契。

康熙卅一年壬申三月十六日福建杨彩五等契买张书山所卖下铁家坝荷必山荒熟田,共叁十四亩四分,并山骑岭分水为界以及茅屋塘园皆入建福寺为万年灯田,老额粮一石五斗,熟原荒粮七斗七升五合。

乾隆六年辛酉十二月初三日建福宫四府等买潘旭升所卖上十七都九甲虾公塘田廿三亩并山骑岭分水为界以及塘园屋基,皆入建福宫,永远管业,饷银肆钱三分三厘。

嘉庆十九年甲戌八月廿五日建福宫向前承买冯光明所卖上十七都六甲细屋冲田二十五亩,大小水塘四口,俱系独管独注,茅屋一栋,屋后松山果树及上首荒山骑岭分水为界,一概俱全,皆入建福宫,永远管业。②

建福宫(十闽堂)还购买了山岭、树木等,譬如:

乾隆廿六年辛巳九月初三日福建首士吴中砥等契买朱万咸所卖营盘岭山地一大所,前抵江义冢郑宅田塘为界,后抵壕基为界,左抵江西义冢为界,右抵福建义山为界。

嘉庆十二年丁卯六月十三日建福宫首士等契买谭家祠堂所卖上十七都细屋冲山地一所,树木俱全,上抵陈张两姓山,骑岭分水为界,下抵冯人塘边为界,左抵陈坟下田,以挖塍为界,右抵白洋树套冯山古坑为界,一批白洋树套陈姓童坟一冢,只有挂扫,并无进葬。③ 山地买来一般均用于建坟,便于同乡死者安葬。

十闽堂还买了一些屋宇基地,顺治十八年辛丑六月二十六日福建首士龙处契买程

---

① 《类成堂集》,第376—377页。
② 《类成堂集》,第282页。
③ 《类成堂集》,第287—288页。

君选等所卖十八总正街大屋地基一所,四至载明契内,为闽创建宾馆。

康熙二十年辛酉十一月十五日福建首士龙处契买欧阳曙东所卖十八总建福寺后门首地基一所,四至载明契内,而为建馆后屋。

乾隆四十八年癸卯六月初四日福建公馆契买张植三所卖方家园屋地基一所,四至载明契内,为馆造观音阁处。

嘉庆三年戊午六月廿四日,福建公馆契买罗廷槐所卖方家围菜地屋基一所,四至载明契内,而为宾馆所建佛殿。

嘉庆二十一年丙子七月十八日建福宫首士等契买许金榜所卖十八总后街瓦屋九间,四至载明契内,为馆建享堂等屋。

道光五年乙酉五月初四日建福宫契买金紫荣所卖十八总后街瓦屋五间,四至载明契内,为馆造长生亭,前后并金家围等屋。①

十闽堂内之屋俱系买来,建馆之余,另造铺屋,而为每年收租。

十闽堂下,又分为许多堂,如厘头堂,每一堂下又有自己的田、山、屋等。所属堂有:永盛堂、鄞江堂、恭圣堂、享圣堂、兴安堂、咸吉堂、兴圣堂、开源堂、连株堂、福圣堂、正一堂、龙丰堂、仁盛堂、龙丰堂、福庆堂等,它们于乾隆至道光年间均购置田产、房屋,得到了壮大发展。

十闽堂中悬挂着众多的匾额。如乾隆十四年赐进士出身、钦命湖南布政司布政事许嵩吉悬匾"群生慈母"。通政使司通政使翰林院侍讲学士元一统志纂修里人雷鋐悬匾"碧海荣光"。乾隆五十八年赐进士出身、诰授光禄大夫经筵讲官文华殿大学士吏部尚书晋加太子太师漳浦蔡新悬匾"海国风恬"。乾隆五十二年癸巳,赐进士出身、通政大夫特简黔南督学使者前奉旨册封琉球赐蟒玉正一品服莆阳林麟焻题悬匾额曰"天生仁孝"。乾隆五十二年,赐进士出身、中宪大夫分守陕西西乾鄜等处地方兼管水利驿传事务督粮道翁趫悬匾"得一以灵"。其他还有"后德配天"、"泽国慈航"、"湄云远荫"、"播液发灵"、"湄月印湘"、"泽流湘浦"、"福荫闽湘"等等,这些均把妈祖的形象提升到了一个极高的境界,增强了其文化渗透力。

十闽堂制定了《公议馆规》,具体内容有:

一、祀有常典,本宾馆遵奉钦颁礼制仪注,陈设牺牲品物均有确守,历来省牲之后,备办庆寿酒戏用项,酌照存蓄时宜,诘朝在任文武各宪及乡帮绅士诣馆行礼,分别款待,务期精洁隆重,其分班各衙及乡帮福胙,悉照旧额,其有新捐入公,一体派给,所以均神惠崇礼仪也。

二、规有定额,十闽堂内所有租谷租银额为每年供给祀典戏酒杂用等赀,如果丰俭得宜,又能照额用剩,载明总簿,照数归公。如任意奢华,所入不敷所出,虽经垫用,实属违规,公上断无还补,其老厘头堂内所有租谷租银,原存以备岁修,毋得羼入垫用,更不以两堂公业售典弥空,致断租息,设有义不容辞之事,需银至三十两以上者邀集各堂公议,是否可行,别为筹划,所以厚积储也。

---

① 《类成堂集》,第289—290页。

三、用有应否如另置业，或在本业开垦筑塘修屋及为公事应酬，虽出祀典之外，悉在应用之列，其用公项固宜至各私自相与馈送厚薄，混称为馆来往，此皆不应用者，不得牵动公银，所以杜虚靡也。

四、事有责成，馆内租谷租银统由值年总理执管，他人不得搀入冒名亲收，所有兑换银钱不得轻重出入，混称时价暗里侵公，所以征诚实也。

五、本馆值年总理每年各府公择殷实诚愿之人，交接之日公同检查田屋山地新老各契字约，倘有违失互混及数重复漏载等情，公同彻底跟查，果有情弊，赔后加罚，所以昭慎重也。

六、本馆田屋如遇各佃私顶私赁，藉端踞庄霸耕等因，理宜禀究押追。倘有私受贿嘱，武断公项弊给，一经查出，照数赔罚，所以防侵冒也。

七、本馆旧章，凡有乡谊荣登仕版，现任各省府县，因公经过诣馆行礼，值年致敬迎送，以敦乡情。如非现任绅官，又无同乡认识，即系来历不明，不得任其居停馆内，所以重桑梓杜冒诈也。

八、本馆义山凡同乡觅地安葬者，务同帮认识之人，先为值年领票，照票注定丈尺安厝，每逢春秋祭扫，值年偏视岗原，一有崩塌，立即饬佃修筑，所以安旅亲也。

九、本馆供奉龛前香烛，务宜昼夜不熄，殿前正门不得擅开，遇演戏日，不许拦殿门踞坐嬉笑触犯，一切淫邪秽粗，不许点演，所以昭诚敬也。

以上规定贯彻了俭约、规范、崇正等原则，本身便具有教化意义。

十闽堂中注重仪式的庄严性，管理亦很严格。凡馆内财产不得借出，馆内田地得招佃耕种，按时按质交租。规定十闽堂每年纳粮饷壹拾两，厘头堂每年拿粮饷银陆两二三钱。规定"每年司事定于三月初一日交盘，凡我同人齐至馆内，将所存契字约点交分明，各府轮流值管，公举总理一人帮理七人，各县照派，无得推诿，每逢三月十月总理现行约期，邀集同事公祭义山，一切照旧给仙峰佃户酒钱共二百文。馆内雇佣僧人代供香火，恪守清规，每月茶油五十斤，每朔望蜡烛二斤，每年谷五十三石，端节元银六两正，中秋元银六两正，年底元银八两正"，数量均有定额，可见其规定之细致。馆内对每次活动由谁负责也很明确，正月里初五日祝圣堂演戏，初六日明德堂演戏，初八日永盛堂演戏，初九日定福堂演戏，十三日咸吉堂演戏，十四日兴安堂演戏，十五日十闽堂演戏，十六日永盛堂演戏。二月十九日明德堂演戏，二十日恭圣堂演戏，廿三日灯田堂演戏，三月初二日鄞江堂演戏，初三日连庆堂演戏，初七日福田堂演戏，初八日兴圣堂演戏，十二日源忠堂演戏，十三日西川堂演戏，十四日仁圣堂演戏，十五日十闽堂演戏，十五日永源堂演戏，十六日庆福堂演戏，十七日连株堂演戏，十七日咸吉堂演戏省牲，十八日咸吉堂演戏致祭，十九日恭圣堂演戏，二十夜永盛堂省牲演戏，廿一日永盛堂演戏致祭，廿一日天圣堂演戏，廿一夜上祝堂省牲演戏，廿二日享圣堂致祭演戏，廿二日兴安堂演戏，廿二夜十闽堂省牲演戏，廿三日明德堂演戏致祭，廿三夜永盛堂省牲演戏，廿四日龙丰堂致祭演戏，廿五日普庆堂演戏，廿六日宝树堂演戏，廿七日永盛堂演戏，廿九日祝圣堂演戏。四月初一日开源堂演戏，初六日灯田堂演戏。五月初十日咸吉堂演戏,十一日永盛堂演戏,十二日兴安堂演戏,十三日明德堂致祭演戏,十四日恭圣堂演戏,十七日十闽堂演戏。六月十七日十闽堂演戏,十九日灯田堂演戏。七月十五日明德堂演戏,廿五日十闽堂演戏。九月初一日开源堂演戏,初三日连株堂演戏,初四日十闽堂演戏,初五日祝圣堂演戏,初六日兴安堂演戏,初七日仁圣堂演戏,初七夜上祝堂省牲演戏,初八日享圣堂致祭演戏,初八日恭圣堂演戏,初八夜十闽堂省牲演戏,初九日明德堂致祭演戏,初九夜永盛堂省牲演戏,初十日永盛堂致祭演戏,十一日龙丰堂致祭演戏,十一夜咸吉堂省牲演戏,十二日咸吉堂致祭演戏,十三日十闽堂演戏,十三日兴圣堂演戏,十九日明德堂演戏,廿八日十闽堂演戏。十月十五日明德堂演戏,逢吉日类编堂宴庆演戏,逢吉日成言堂宴庆演戏。① 以上是有确定日期的活动,"凡各行店字号演戏庆祝,原未定期,故不悉录",就是说还有很多的类似活动,如此密集的演戏、庆典等活动势必将福建人在湘潭的影响力加以扩大。

"类成两堂之银系各乐捐,虽曰合闽之堂,非若厘头,合闽诸公无不捐抽,所以不得紊入十闽堂内。"这表明尽管宣称"全闽",实际上仍然以某些地区某些堂派为主,全闽的整合还需待以时日。

作者:王日根,厦门大学历史系主任教授

---

① 《类成堂集》,第353—354页。

台南大天后宫早期金属香炉年代与形制源流考

李建纬

一、妈祖信俗中的物质文化研究

（一）研究动机

目前,关于妈祖的研究大多是从生平考证、信仰的形成与传播、神话传说、宗教活动以及社会凝聚等非物质文化层面切入,然而从物质的角度切入妈祖文化之研究却较欠缺。有鉴于此,本文主要透过妈祖宫庙中常见到的"香炉"为题,试图从物质文化层面的讨论,发掘出妈祖文化中的多元面向。

虽然台湾汉人遗留下来的早期金属香炉为数众多,然实际上却很少被研究。根据台湾文化建设委员会于 2005 年所颁布的文资法,文化资产有七大类①,其中,香炉常被归属于"古物"或"传统艺术"一类。然而,不论是"古物"或"传统艺术",它们大多被抽离并零星地发表在地方政府所办理的民俗文物相关展览图录中——既未标明来源与陈设地点,而且尺寸与材质亦往往语焉不详。这些香炉的特征,使用材质、工艺与制作地点为何,仍然说不清楚。因此,本研究将透过专题讨论,以收藏有大量早期金属香炉的台南大天后宫为对象②,透过陈设地点、诸元、使用状况与形制,与台湾其他妈祖庙所见之早期金属香炉比对分析,以作为日后进一步研究之基础资料。③ 在时间范围上,由于清代金属香炉数量较少,而日治时代之制品仍保有清代工艺特征,因此将以公元1945 年以前为研究范畴。

---

① 此七类为:一、古迹、历史建筑、聚落;二、遗址;三、文化景观;四、传统艺术;五、民俗及有关文物;六、古物;七、自然地景。

② 本研究中有关大天后宫金属香炉之成果出自黄翠梅(计划主持人)、李建纬、林素幸、黄猷钦(协同主持人),《台南市(第一级)宗教性古迹内古物普查计划结案报告》,台南,台南市立文化资产管理处,台南艺术大学艺术史学系执行,2011 年 7 月,第 68—76 页。

③ 本文中有关香炉研究回顾、台湾地区其他妈祖庙中金属香炉调查以及结论部分,系李建纬助理教授国科会计划"台湾中南部清代金属香炉调查与研究——以鹿港和台南为中心"(NSC 100－2410－H－035－001)之研究成果。

（二）香炉研究回顾

坊间杂志或书籍已有不少关于香炉之介绍①，这些文章大致上是以单件或某种材质之炉具为对象，撰文分辨真伪与审美价值。在这当中，透过考证、形制追溯与探讨功能之研究相当少见，其研究对象亦多以大陆地区藏品为主，专以台湾本地宗教用香炉为研究对象者，实属凤毛麟角。整体而言，目前有关香炉的专著方面，或有以铜、瓷材质为专书者，或见以台湾地区特定庙宇中的香炉形制与社会性功能之专文。

关于铜质香炉的研究，张光远的《大明宣德炉》（1985）为较早一篇注意到明清金属香炉之专文。在该文中，他以台北故宫传世藏品与《宣德彝器图谱》为材料，考证了宣德炉之年代、原料、器形来源、铸造工艺、皮色、铭款、用途与分布。② 随后，Rose Keer 在她的《晚期中国青铜器》（Later Chinese Bronze，1990）一书指出，明清香炉经常是成套使用的——通常中间为香炉，而其两旁则各为烛台和花瓶一对。这种祭器不只是宗教场所，在一般家庭也有上述成套祭器，如文震亨在《长物志》中就提到佛室的陈设安排有此套祭器。③ 同时，Keer 指出明代彝器如鼎和簋，已非其原始功能，而被拿来作为熏香之器。在此书中的两个论点甚具价值：其一，明清许多铜香炉的设计来自漆木器的影响，这在台湾金属香炉造型中亦发现有向其他材质借鉴的现象；其二，宣德炉主要成分是黄铜，即铜与锌合金。过去中国虽已有制作黄铜的能力，但宣德炉的高锌成分不是红铜与锌化物的结果，而是直接使用金属锌。但中国提炼锌的时间不早于 16 世纪，因此宣德炉应是明晚期至清早期之作品。这种将宣德炉年代往后调整之说，近来也得到学界的呼应。④

以台湾本地香炉为研究对象者，有李复田所著之《云嘉地区香炉形制调查研究》⑤（2006）、何佩真的《台湾传统庙宇香炉之研究——以清及日治时代台中、彰化地区为例》⑥（2010）以及笔者的《炉香袅袅——鹿港地区庙宇内早期香炉形制与功能初探》⑦（2011），这些文章皆以台湾特定区域中所见的早期香炉为题，并未专以金属香炉为研

① 希睿、钟丹、蒋小兰：《论宋代陶瓷熏香炉的审美特征》，《陶瓷研究》2009 年第 4 期；牛宏成：《新发现的唐府香炉》，《东南文化》2006 年第 2 期；马鸿彬：《越南阮朝维新时代三足铜香炉》，《收藏界》2008 年第 2 期；林小娟：《博山炉考》，《四川文物》2008 年第 3 期；陈克非：《"家藏珍宝"铜香炉赏析》，《收藏界》2009 年第 10 期；刘煜辉：《说不尽的明宣德炉》，《中国经贸》2009 年第 2 期；宋康年：《鼎鬲式香炉溯源及其鉴定》，《收藏界》2005 年第 11 期；王向阳：《烟气氤氲人神共享漫话瓷香炉》《收藏家》2008 年第 10 期；陈庆鸿：《大明宣德炉总论》，台南，巨光出版社 1996 年版。

② 张光远：《大明宣德炉》，《故宫文物月刊》1985 年第 32 期。

③ Rose Kerr, Sources for the Study of Chinese Bronzes, in *Later Chinese Bronzes*, London：Victoria & Albert Museum, 1990, p.30—49.

④ 陆鹏亮：《宣炉辨疑》，《文物》2008 年第 7 期。

⑤ 李复田：《云嘉地区香炉形制调查研究》，云林科技大学文化资产维护学系，2006 年。

⑥ 何佩真：《台湾传统庙宇香炉之研究——以清及日治时代台中、彰化地区为例》，台北大学民俗艺术研究所 2010 年硕士论文。

⑦ 李建纬：《炉香袅袅——鹿港地区庙宇内早期香炉形制与功能初探》，《2011 年彰化研究学术研讨会：彰化文化资产与在地研究论文集》，彰化市，彰化县文化局，2011 年 9 月，第 13—46 页。

究对象。

陈芳妹以主祀定光古佛的淡水鄞山寺所藏一件八卦文铁香炉为题,撰有《物质文化与族群势别关系问题——以鄞山寺八卦文铁香炉为例》(2007)一文。该文认为该寺所藏铁香炉之风格(造型与八卦纹饰)明显有别于同时代台湾其他的石或木质方形香炉,却与更早的宋元瓷香炉风格相近,这种复古现象,与庙中楹联不断强调宋代的思想互相呼应。进一步来说,铁香炉上的八卦文的巽卦重复,震卦从缺,显示这种复古在历史发展中又产生失误,表达出十九世纪的赞助者汀人对于族群过去"历史记忆"的追寻,也尚未对台湾本土完全认同。[①] 实际上,这类炉具不仅在台湾清代寺庙中是颇为流行的形制,另一方面,八卦文亦为清代台湾宗教文物中常见的一种母题。因此,鄞山寺的八卦文铁香炉中的"复古"或许不只是汀州人的特定历史记忆,更是一种时代风气。

上述研究对于我们认识香炉自有其贡献,然本文关注的乃是作为台湾信仰中心的妈祖庙当中所见的早期金属香炉形制是否能归纳出某些规律,以及其间具代表性的大天后宫金属香炉的特色为何? 其次,香炉在其所处的庙宇脉络中与信徒和神明间的关系为何,亦是本文讨论的重点。

传统关于宗教文物的研究,因研究对象涉及历史脉络与宗教信仰,因此大多是透过史料以及图像方法分析之,以解读并诠释作品的图像内涵;然而,艺术史研究中的风格分析更在意的是作品形式的审美要素,亦即作品形式发展逻辑。[②] 若我们沿此思路检视香炉造型,或许有助于厘清其形式脉络。西方艺术史学者贡布里希(Ernest Gombrich,1909—2001)则认为,艺术作品之所以有一部历史,并非艺术的自律性,而是来自人的因素——这个因素是生理上与心理上的问题,即习惯势力(force of habit)与构框(schema)的问题。[③] 也就是说,在某一段特定时空中的艺术品间之所以会有某些形式上的共通性,是因为人群之心理与视觉习惯倾向以及艺术家们在创作时所学习到一套创作语汇的框架,使得作品呈现出某种"风格"。有鉴于上述概念,本文将透过形式分析,检视大天后宫所见金属香炉的形式发展脉络。

(三)香炉类型概述

虽然香炉形制多样,但从祭祀对象来看,大抵上可分成祭祀神佛与祖先两大类。

---

① 陈芳妹:《物质文化与族群势别关系问题——以鄞山寺八卦文铁香炉为例》,《台湾大学美术史研究集刊》2007 年第 22 期。

② 德国风格分析学者沃夫林(Heinrich Wölfflin, 1864 - 1945)相信,观看正如同知识一般,有其普遍性的意义,并据此形成了他的"观看的普遍形式概念"。他在 1932 年出版的《艺术史的基本概念》(Fundamental Concepts of Art History)一书中,针对文艺复兴到巴洛克的发展提出了著名的"风格发展五组原则"。其学生巴哈佛(Ludwig Bachhofer, 1894 -1976)与巴哈佛的学生罗越(Max Loehr, 1903 -1988)则将这种原则的对象转向了中国上古宗教仪式中担纲重角的青铜器,亦得出相似的结论。他们相信,历史如同一条向前的线,只要掌握正确的科学方法,在艺术作品发展排序中亦可像科学一样,找到一条具普遍意义的通则与规律,并透过这条规律帮助我们理解艺术作品,协助我们厘清艺术发展。而作品形式便在这条时间之轴上按其自律逻辑而进展。

③ Ernest Gombrich, *Art and Illusion*, N. Y. :Phantheon Book Inc. , 1960.

祭祀祖先的香炉又称"公妈炉",通常位于汉人厅堂祖先牌位前,其形式与材质与神明炉相似,多作四足方形带耳之造型。至于祭祀神佛之香炉则使用于寺庙为主,还可分成三类:一类是"天公炉",体形巨大,通常卧于寺庙门口;第二类是"神明炉",置于供桌上,形体较小;第三类是"熏炉",通常在神明炉之前,形体更小。

透过功能与形制的分类(表1),有助于我们厘清香炉形制发展的来源。普遍来说,圆炉大抵是以三足圆鼎为造型,而方炉则通常以方鼎或方盒为形,至于熏炉则多以簋或鬲之形制为大宗,尤其以宣德炉造型为主。以其所燃之香种来看,今日台湾民间的天公炉、神明炉与公妈炉多半使用线香,而熏炉则以檀香或香环为主。

表1 台湾地区香炉形制分类表

使用地点	祭祀对象	使用香种	种类	形制	大天后宫所见金属香炉
祠庙	玉皇大帝	线香	第 I 型天公炉	a. 三足(圆炉)	
				b. 四足(方炉)	●
				c. 圈足或平底(圆炉)	
				d. 多足(多棱造型)	
	神佛	线香	第 II 型神明炉	a. 三足(圆炉)	●
				b. 四足(方炉)	●
				c. 圈足或平底(圆炉)	
				d. 多足(多棱造型)	
		熏香	第 III 型熏炉	a. 三足(圆炉)	
				b. 四足(方炉)	
				c. 圈足或平底(圆炉)	●
				d. 多足(多棱造型)	
祖先厅堂	祖先	线香	第 IV 型公妈炉	a. 三足(圆炉)	
				b. 四足(方炉)	
				c. 圈足或平底(圆炉)	

在上述香炉类型中,大天后宫所见有四足天公炉、三足神明炉、四足神明炉以及圈足熏炉。因本宫属祀庙性质,故未见上表中的公妈炉。其中早于日治时代以前的香炉全是金属制作,明显地异于台湾其他妈祖庙早期香炉以石质为主之现象。

二、对大天后宫的认识:关于历史与祭祀

(一)文献中的大天后宫

台南祀典大天后宫之地址为今台南市中西区永福路2段227巷18号,现存之宫在

历代皆有多次整修。此宫庙原是明郑宁靖王朱术桂(1617—1683)之府邸,朱术桂系明太祖朱元璋第十五皇子辽王朱植后代,永历十七年(1663)时郑经迎朱术桂至台,并于次年(1664)在承天府府署旁之西定坊建宁靖王府邸,为此宫之初建年代。① 康熙二十二年施琅打败明郑政权后,于康熙二十三年将此邸改为天妃宫。康熙五十九年(1720)时康熙皇帝因追念神恩,下诏台南天后宫春秋二季举行祭祀,并编入祀典,每月朔望且有官祭活动,此即"祀典大天后宫"名称之由。

石万寿指出,妈祖信仰在台澎地区以澎湖为先,之后进入府城,并以府城为中心分别向南、北扩展。② 在台湾所有妈祖庙中,大甲镇澜宫、北港朝天宫、彰化南瑶宫以及台南大天后宫是清代台湾妈祖信仰之四大中心。③ 其中大天后宫因其官祀性质,故地位崇高,因此以官方名义所赐之木匾与石碑,或商贾信徒等所捐献之供器、香炉等宗教文物,相当可观。关于台南府城妈祖庙总数,有 17 座④与 22 座⑤之说。而目前台南市政府每年农历 3 月份所举办的"妈祖文化节",所参加的台南妈祖宫庙则有 16 座⑥。在这些宫庙中,属官祀性质者有安平开台天后宫(传郑成功所建)、大天后宫(施琅所建)、海安宫(福康安所建)、银同祖庙(福建同安人陈青山倡,陈邦英、高兴邦所建)。⑦其中,大天后宫不论是在历史、文化、宗教、建筑与文物艺术方面的重要性皆不可忽视,亦是上述府城妈祖庙中唯一属第一级古迹之庙宇。

关于大天后宫记载最早见于康熙二十四年蒋毓英撰《台湾府志》卷六《天妃宫》:"天妃宫二所。一在府治镇北坊赤崁城南,康熙二十三年,台湾底定,将军施侯同诸镇以神有效顺功,各捐俸鼎建,庙址即宁靖王故宅也,内庭有御敕龙匾"辉煌海澨"。一在凤山县治安平镇渡口。"⑧而高拱乾之《台湾府志》(康熙三十三年)亦载有"天妃宫在府治镇北坊,赤崁城南,康熙二十三年台湾底定,神有效灵。靖海将军侯施琅同诸镇捐俸鼎建。栋宇尤为壮丽,后有禅室,付住持僧奉祀"⑨。

成书于康熙二十四年以后的《康熙台湾舆图》中,台南府城并未出现台湾府志中所载的"天妃宫"一名,但在红毛楼(即赤崁楼)右下方,却标示有"娘妈宫"之名称,研究者认为该名即为今日之二级古迹"开基天后宫"。⑩ 然而,若该地所示为开基天后宫,一则位置与今日实际不符,但却符合大天后宫位置;此外,大天后宫当时已由施琅呈禀康熙挪作"天妃宫"之用,身为官方祀庙,不应在官方地图上缺席,故"娘妈宫"所指为

① (清)蒋毓英:《台湾府志》卷之六,南投,台湾文献馆,2002 年(再版),第 70 页。
② 石万寿:《台湾妈祖信仰概说》,《天上圣母》,台北,自立晚报社文化出版部,1994 年,第 10—31 页。
③ 蔡相煇:《清廷与台湾妈祖信仰的开展》,《台湾的王爷与妈祖》,台北,台原出版社 1992 年第 1 版第 4 刷,第 168 页。
④ 徐明福、徐福全:《台南市妈祖庙之变迁》,台南市,台南市政府,1997 年。
⑤ 林素梅:《台南市妈祖信仰之研究》,台南大学台湾文化研究所 2004 年硕士论文。
⑥ 见"台南市政府文化观光处"网页。http://culture.tncg.gov.tw/news_detail.php? id = 695.
⑦ 徐明福、徐福全:《台南市妈祖庙之变迁》,第 17—18 页。
⑧ (清)蒋毓英:《台湾府志》卷之六。
⑨ (清)高拱乾:《台湾府志》卷九。
⑩ 洪英圣编著:《画说康熙台湾舆图》,台北,联经出版社 2002 年版,第 30、173 页。

大天后宫的可能性更高。

康熙五十四年时,吴桭臣在《闽游偶记》中指出,在台湾妈祖庙中大天后宫香火最鼎盛:"妈祖庙在宁南坊。有住持僧字圣知者,广东人;自幼居台,颇好文墨,尝与宁靖王交最厚,王殉难时许以所居改庙,即此也。天妃庙甚多,惟此为盛。"①至康熙五十九年陈文达与张士箱编纂之《台湾县志》杂记志卷九"大妈祖庙,即宁靖王故居也。康熙二十三年靖海将军侯施琅捐俸改建,祀妈祖焉",已见"妈祖庙"一词。

至乾隆年间,余文仪的《续修台湾府志》(乾隆二十九年)更指出"天后宫……雍正四年,御赐匾曰"神昭海表"。乾隆二年,敕封护国庇民庙灵昭应弘仁普济福佑群生"。乾隆四十二年(1777)蒋元枢所著之《重修台郡各建筑图说》中,则见"天后宫"之名,从相对位置来看,位于红毛城与武庙下方,应是大天后宫无误。在《重修台郡建筑图说》中详备了建筑平面与规模制度,并认定大天后宫未入清之版图以前即已建造,郡垣庙宇此为最久。同年,蒋氏立有"重修天后宫碑记",现存于拜殿左壁。

(二)关于大天后宫的妈祖祭祀仪式

目前有关台湾地区妈祖祭祀之内容,见于《道光晋江县志》②、《噶玛兰厅志》③、《安平县杂记》④与《重修台湾县志》⑤等,其内容主要是关于妈祖祭祀典礼中的用器数量与礼制等级。至于目前台南大天后宫的妈祖大型祭祀活动分春秋二季。春季为妈祖3月23日诞生日,称为"妈祖圣诞祭",此时全台各大天后宫分香之妈祖庙回宫进行,称为"香期",并举行三日的寿桃平安法会;秋季则为9月9日的妈祖飞升成道日,举行三天礼斗祈安法会。⑥ 但和《噶玛兰厅志》所示的采少牢礼不同,在祭祀等级上已

---

① 吴桭臣:《闽游偶记》,《台湾舆地汇钞》,《台湾文献丛刊》第216种,第19页。

② (清)道光:《晋江县志·祀典志》有载:"康熙五十九年奉习始入祀典,每岁颁习祭费银四两二钱,于春秋仲月吉日致祭。帛一、白色;白瓷爵三、铏一、簠二、簋二、笾四、豆四、羊一、豕一。"转引自廖财聪主编《万和宫志》,台中市万和宫印行,2004年,第244页。

③ 噶玛兰仰山书院山长陈淑均著之《噶玛兰厅志》[道光十一年(1831)9月始修,咸丰二年(1852)刊行)]中指出:"直省滨海州、县天后庙,岁以春秋仲月致祭。是日守土官具祝版、备器、陈羊一、豕一、簠簋各二、笾豆各十、炉、镫具。殿中少南设案,供祝版;北设一案、陈帛一、香盘一、尊一、爵一,设乐于南阶上,设洗于东阶下之北。"与刘良璧的《重修福建台湾府志》(乾隆五年,1740年)卷九《典礼·先师礼》中所记载孔子祭祀礼器组合"登一、铏二、笾十、豆十、簠二、簋二、白瓷爵三、酒尊一"比较,天后宫的笾、豆、簠、簋之数量与地方级孔子庙之先师神位相同,但未备酒尊与爵,且属少牢礼,故牲礼中未见牺牛。

④ 光绪二十三年(1897)刊行的《安平县杂记》载有"天后宫也,中祀也……祭品陈设,每位用制帛一端,酒尊香烛诸物,若登、铏、簠、簋、笾、豆,视上祀、中祀、下祀,有差等焉,礼均用三献"。其中,祭品有枣、栗、菱、芡、榛、脯、盐、鱼、饼、糗、黍、稷、稻、粱为必备之物。在祭器方面,一如《噶玛兰厅志》,除了不使用爵、牺尊、象尊与山罍之外,其他基本礼器种类一致。而祭祀使用的三献礼亦与文武庙同,皆有初献、亚献与终献礼。见戴文锋《第二届府城妈祖行脚》,第37页。

⑤ 王必昌《重修台湾县志》卷七《礼仪志》指出:"天后庙仪注如关帝庙,……祭祀当日,正献官由巡台御史担任,祭器遵礼如仪,陈设制帛一、羊一、豕一、酒粢庶品。"转引自廖财聪主编《万和宫志》,第245页。

⑥ 曾吉连编撰:《祀典台南大天后宫志》,台南市,祀典台南大天后宫管理委员会,2001年,第130—139页。

采与台南孔庙相当之规格，以太牢礼行之，但并未使用殉牲，而是以面粉制作之素牛羊猪代替之。

在上述祭祀仪式中，神像与香炉皆占有最重要的地位。其中，妈祖神像是整场仪式的中心，不仅作为受祭对象接受膜拜，也是所有信徒的视觉焦点；至于香炉则是祀神仪式中信徒对妈祖表达虔诚之心的宗教用具。清王必昌《重修台湾县志》卷七《礼仪志》中有关天上圣母祀典部分，其中与香炉相关之记载有："通赞生唱：'迎神。'司香生捧香盒跪于炉左，赞引生引承祭官至香案前，立。赞：'上香。'承祭官上柱香于炉内，又三上瓣香，毕。"[1]透过焚香或燃祝文，袅袅上升的熏烟象征信徒的愿望随着弥漫的烟雾上达天听，故香炉为整场仪式中不可或缺的角色。而在《噶玛兰厅志》中也述及妈祖祭祀过程中需准备"炉"。

三、大天后宫金属香炉现况调查

（一）大天后宫金属香炉研究回顾

关于大天后宫文物之研究，最早见林衡道教授载于《台湾胜迹采访册》第1辑中的《大天后宫》[2]（1978）一文。该文主要是林衡道教授对大天后宫进行的实地勘查简报，内容分成历史背景、重要匾额与庙宇图片三部分。其中，文物则是一面倒地集中在记载匾额的内容与数量，图片亦以庙宇建筑石刻为主。关于香炉的报导，仅见第340页下载有"咸丰年间所置之香炉"之照片。在此图中，蒋元枢于乾隆四十一年捐造的方鼎亦同被定为"咸丰年间"，可见当时对香炉年代并不特别注意。

此后关于大天后宫文物的研究仍以建筑、匾额与楹联为主。[3] 由赵工杜教授所执行的《第一级古迹祀典大天后宫（宁靖王府邸）文物研究丛刊》（1996），系较早全面针对大天后宫文物进行登录与研究之专书。此书的贡献在于匾额、碑碣立石与神像种类记录与尺寸之调查。[4] 何培夫教授的《台湾古迹与文物》（1999）中关于大天后宫的部分，也多针对建筑本体、石碑、神像、匾额介绍，并未提及香炉。[5] 之后，《祀典台南大天后宫志》（2001）之第四部分《文物》一章，文物方面的收录更广，包括有木器如供桌、符

① 廖财聪主编：《万和宫志》，第245页。

② 林衡道：《大天后宫》，《台湾胜迹采访册》第一辑，台北，台湾省文献委员会编，1984年再版（1971年初版），第331—340页。

③ 蔡相辉：《台湾的王爷与妈祖》第二部分第五节《妈祖信仰的实地考察》，台北，台原出版社1989年版，第180—189页；何培夫：《精致典雅的大天后宫》，《台湾的古迹与文物》，台中，台湾省政府新闻处，1999年，第179—187页。

④ 赵工杜（计划主持人）：《第一级古迹祀典大天后宫（宁靖王府邸）文物研究丛刊》，台南大天后宫管理委员会，1996年。

⑤ 何培夫：《精致典雅的大天后宫》，《台湾古迹与文物》，台北，台湾省政府新闻处，1999年，第179—187页。

或签版、匾额、赠联与玺印;金属器如灯具、香炉与银奉板;石质文物如石碑与玉雕①,可惜的是,仅部器物附有图片,而所有文物之尺寸阙如。特别是香炉的尺寸、形制与文化意涵上的探讨,仍较欠缺。

(二)大天后宫所见之早期金属香炉

根据笔者所参与的"台南市(第一级)宗教性古迹内古物普查计划",调查所得大天后宫日治时代以前的金属香炉共12件。② 使用中之香炉9件,从三川殿往内依序可见之香炉分别为:①位于蠄庭供桌上为昭和时代铜熏炉;②正殿前方下供桌为大天后宫铁香炉;③正殿妈祖上供桌为蒋元枢捐造之铜方鼎;④水仙尊王神像前为水仙尊王铁香炉;⑤四海龙王神像前为四海龙王铁香炉;⑥正殿正后方三官大帝神像前为三官大帝铁香炉;⑦圣父母厅前为圣父母厅铁香炉;⑧观音厅前为观音佛祖铁香炉;⑨台郡大天后宫香炉则位于圣父母厅后方、近年所盖之太岁殿供桌前。另有2件藏于文物陈列室,1件则置于梳妆楼,合计共12件。以下按铜、铁材质分述之。

1. 铜质香炉

大天后宫之日治以前者之铜质香炉有3件。其中一件系目前作为神明炉使用、形制与孔庙礼器库所藏方鼎完全相同的青铜方鼎(全高66.3厘米),器身有"乾隆四十一年台湾知府蒋元枢捐造贡生蒋得皋监制"纪年铭文,可知其铸造年代为乾隆四十一年(1776)。此扁足方鼎于乾隆四十三年(1778)蒋元枢著《重修台郡各建筑图说》一书中的"孔庙礼器图说"页上可见其图像。而在更早的明代吕震所著之《宣德彝器图谱》一书中的"周文王鼎",已作方鼎扁足造型。③ 由于台湾现存蒋元枢捐造之青铜方鼎仅有3件④,此件方鼎自成器至今已有二百三十余年历史,是台湾少数重要的青铜礼器。

另一件收藏于大天后宫旁之梳妆楼的鼎式香炉(全高40.7厘米),器作圆鼎造型,外翻之方唇口缘、鼓腹、朝冠耳,颈部饰以雷纹。其下三足,作兽首衔蹄之造型,其下有一台座。炉口缘处有"大天后宫"四字。此鼎炉虽未见年款,但一是造型古朴,具清代中晚期铜香炉的特征,与孔庙所藏之乾隆四十一年蒋元枢捐造香炉相似;另外则是《祀典台南大天后宫志》亦提及此炉年代为清咸丰八年(1858)造,故推测其合理年代为清代。

铜质熏炉(全高12厘米)则位于拜殿供桌上,炉作鼓腹之篑形,双耳位于炉身对称两侧,此类器耳称为"蚰龙耳",系"宣德炉"常见之形制。⑤ 唯因使用中无法移动器底,故无从得知是否具"宣德年款"。透过器身阴刻之"马沙沟庄谢"、"昭和三年夏"字样,可知为公元1928年之制品。故此熏炉为台南将军乡马沙沟于日治时代捐给大天后宫

① 《祀典台南大天后宫志》,第172—229页。
② 黄翠梅:《台南市(第一级)宗教性古迹内古物普查计划结案报告》,第34—40页。
③ (明)吕震:《宣德彝器图谱》,北京,中国书店2006年版。
④ 黄翠梅:《台南市(第一级)宗教性古迹内古物普查计划结案报告》,第35页。
⑤ 陈庆鸿:《大明宣德炉总论》,台南,巨光出版社1996年版,第43页。

之制品。①

2. 铁质香炉

铁质香炉共9件,全属神明炉,皆作方形。分别是"台郡大天后宫"香炉、"大天后宫"香炉、"水仙尊王"香炉、"四海龙王"香炉、"三官大帝"香炉(2件)、"圣父母厅"香炉、"积庆公"香炉与"观音佛祖"香炉。从形制来看可分两类,一类是两侧焊接有把手者,如"圣父母厅"香炉、"观音佛祖"香炉与"三官大帝"香炉与"大天后宫"香炉;另一类则无把手,如太岁殿内之"大天后宫"香炉、"四海龙王"香炉、"水仙尊王"香炉与"台郡大天后宫"香炉。

道光年间香炉有3件,分别是"圣父母厅"香炉(通高32厘米、全宽46.2厘米)、"观音佛祖"香炉(通高36.4厘米、炉口宽27.2厘米)与"三官大帝"香炉(通高33厘米、炉口宽27.5厘米)。3件形制相似,器身皆呈上宽下窄之梯形,其两侧有上翘之展角双耳。器底为木几座式,作四兽爪之足。而炉口与各面之边缘皆饰以勾连雷纹。

关于此3件炉之年代,圣父母厅香炉正面有阳纹之"圣父母厅",炉正面右侧有"丁未年蒲月"之字体,正面左侧有"信徒敬献"。此类香炉与宜兰昭应宫嘉庆年之木香炉、西螺福兴宫嘉庆年之石方炉、彰化南瑶宫道光年之方石炉造型相似,故"丁未"年以道光二十七年(1847)较为合理。至于观音佛祖香炉与三官大帝香炉的炉身正面,见有阳纹之"观音佛祖"与"三官大帝",炉之右侧有"信徒敬献"之字体,虽无年款,但其形制与书写方式与"圣父母厅"香炉相同,故判断为同时期之制品。

从工艺来看,此类香炉的器身与器足系以范铸法一体成形,但把手部位系各以二颗六角螺丝栓上。这类金属香炉在府城寺庙颇为流行,如台南市西门路上之代天府保西宫、祀典武庙、台南市西门路上元和宫等皆可见到。以元和宫铁方炉为例,器身有昭和十年之年款,惟炉身装饰更加繁复。可见这类香炉的制作年代较长,大约从清代中期至日治时代皆有制作。

至于咸丰年间香炉形制更为一致。炉身本体皆为上宽下窄之梯形,四足部作几何形。这批香炉大多置于各厅神明供桌上使用,至于三官大帝方炉(通高25.5厘米)与积庆公方炉(通高26厘米)与则典藏于文物陈列室中。这批香炉四面皆有上宽下窄之"亚"字开光——其中的水仙尊王(通高全高22.5厘米)、四海龙王(通高22.5厘米)、三官大帝与积庆公炉之器身正面皆有祭祀神明名称,器身一侧有"咸丰丙辰年"之阳文,而三官大帝与积庆公炉另一侧则见有花瓶插梅图像。

"大天后宫"香炉之炉身外观虽与水仙尊王等香炉相似,惟两侧焊接以类似人耳之炉耳,则显出更为气派。从尺寸来看,其体积可谓是大天后宫金属香炉中最大一件。

---

① 马沙沟为台南县将军乡长沙村与平沙村境内,北邻北沙沟渔港。康熙三十三年(1694)的《台湾府志》记载:"马沙沟与北门屿斜对,沙线水浅,止可取汲,南隔青鲲鯓六里。"当地居民主要从福建同安县迁来。日治时代昭和十三—十八年间,日人曾于中寮、顶山与马沙沟增建盐场,称为七股南盐区,当时马沙沟有多数渔埕被征收。目前居民以近海渔捞与沿岸捕捞为主要生业。此香炉是日治时代马沙沟庄居民捐献给大天后宫之物。洪丽雯:《马沙沟》,《台湾大百科全书》网络版2010年11月11日点阅。http://taiwanpedia. culture. tw/web/content? ID = 20442.

由于长年使用,外观被熏黑并氧化的情形颇为严重。根据《祀典台南大天后宫志》可知,水仙尊王、四海龙王、三官大帝与积庆公炉为北港、新港、盐水港、阿猴街信徒捐赠,其余咸丰年香炉为大天后宫自制。①

位于太岁殿中有一件尺寸较大之神明炉。全高 45.5 厘米、炉口长 63 厘米、宽 44 厘米,属 II 型 b 类香炉。除了炉身正面有"台郡大天后宫"之阳刻金字,左侧有阳文之"咸丰八年岁次戊午荔月吉日"。值得注意的是,台南市二级古迹开元寺内亦见有一件与"台郡大天后宫"香炉文字与形制相同之香炉,炉身正面书有"大天后宫",器身亦有咸丰八年之款,故原属于大天后宫之香炉,惟外观生锈相当严重。

(三)制作地点

关于这批金属香炉的制作方式,按铁质或铜质的不同,产地便存在差异。以铁质香炉来说,其实台湾在距今 2000 年前,就开始使用铁器。以十三行文化为例,考古出土铁渣达 2 公吨,说明铁器是自行冶炼制作,也并发现有铁器达 400 件以上,亦显示十三行遗址曾聚集许多铁匠。② 自此开启了台湾自行生产铁器的时代。

汉人迁台初期,虽然铁质农具、铁锅系从大陆地区进口,但清中期以后便有了制造能力。③ 连横在《台湾通史》《铸造》中称台湾清代的金属工艺为"台湾铸造铁器,前由地方官举充,藩司给照。通台有二十有七家,谓之'铸户'"④,其所铸之器有锅、鼎(香炉)之容器类,以及犁与锄等农具,禁止铸造兵器。从文中可知,清代中期以后台湾已有铸铁匠,故这批清中叶以后的铁香炉可能是在台湾本地订制、铸造。就香炉本身工艺观察,器耳部分系以焊接或螺丝固定,而炉身本体应是范铸法制成。

反观铜质炉具的生产地点,则可从蒋元枢的《重修台郡各建筑图说》找到线索。此书提及孔庙礼器系"元枢谨按阙里制度,自吴选匠设局,构铜鼓铸,备造礼乐各器,计用铜万余斤,运载台,敬神于朝,以昭明备而彰巨典"。据此,大天后宫中的铜鼎与台南孔庙内所藏乾隆年款之青铜器系蒋元枢委托吴地工匠所制作。

自唐以后,吴地在金属工艺方面就非常发达,明清以后,吴地的苏州仿古铜器更出名,特别是以善铸铜香炉闻名,被称为"苏铸"。甚至时人王士性在《广志绎》表示"鼎彝之冶淬,能令人真赝不辨"。名手备出,如蔡文甫仿宣德炉,还有胡四、徐守素等仿高古铜器皆是名家。在清乾隆以后,仿古之风更盛。⑤ 吴地仿古铜器的制作工艺分成合模法与失蜡法两种:合模法是将铜器翻成两片,之后焊接成形,此法制作门槛低,故艺术价值不高;失蜡法则相当复杂,工序有八道:刻样板、捏坯型、贴蜡、敷泥型、浇铸、修

① 曾吉连:《祀典台南大天后宫志》,第 178—179 页。
② 陈光祖等:《铁——黑暗中的烈焰》,台北,十三行博物馆,2006 年,第 36 页。
③ 陈光祖等:《铁——黑暗中的烈焰》,第 45 页。
④ 连横:《工艺志》,高贤治主编《台湾方志集成 40·台湾通史》下,宗青图书出版有限公司,1995 年,第 693 页。
⑤ 李涵:《吴地工艺美术》,苏州,古吴轩出版社 2007 年版,第 95 页。

整、接色、包装完成,与《天工开物》载之程序大抵相同。① 观察蒋元枢所铸的青铜方鼎铸造方式,应属于青铜工艺中的分范铸接工艺,即是合模法。

此外,台湾清代金属工艺中,有打铁师、打锡师、打银师,但无打铜师之称呼。由此可推测台湾铸铜工艺在清代并未发展起来。因此大天后宫的铜炉很可能是在大陆地区所铸造生产。

四、台湾妈祖庙所见金属香炉形制来源

(一)金属香炉造型中的"复古"现象

从形态上来说,大天后宫中部份所见金属香炉之原型,最早追溯至商周青铜器中的鼎、鬲或簋,但它们却是透过宋代以后金石著录来认识到商周彝器。

若仔细观察则可发现这批金属香炉的造型,与商周彝器仍有所出入。由于在宋皇室的提倡下所带起的复古之风,后世遂陆续出版各类金石图录,但却也因图录的普及造成后世"望图铸器"。然而,宋以后金石图录中所载之彝器不少是后人为谋利而伪托是商周彝器,因此在不断传抄、反复铸造的过程中,明清以后多数具有青铜器形制之金属炉具并非是直接模仿商周青铜器而制作之器,却是藉由对金石著录如《考古图》、《宣和博古图》等著作的模仿制作下之新产物。② 其中明清以后开始流行的金属香炉的形制,与记录各类"宣德炉"造型的《宣德彝器图谱》有密不可分的关系。

所谓的宣德炉,即是明宣德三年宣德皇帝命令吕震利用暹罗国王刺迦霭进贡的数万斤红铜(风磨铜)开炉,大约23吨铜,并和金银等数十种贵金属一同铸造,制作彝器,按《宣德鼎彝谱》统计有3365件。由于这些彝器中炉具最多,故称宣德炉,此后未再生产。③ 其特点是外观金属皮色千变万化,在黝黑外表中隐透出闪亮光芒。在造型上,宣德炉自《考工图》和《宣和博古图录》中选出88种铜器,并在宋官窑汝、官、哥、均、定窑中选出样式典雅者29种,相关图像收录于明代吕震所著之《宣德彝器图谱》④一书。

坊间因其外形优美,遂大量仿造宣德炉,并铸有宣德年款之年号。因此自宣德以后直到民国时期皆有大量仿品,近年并出版有宣德炉民间藏品图录。⑤ 反观真正的宣德炉若非因时代更替而散佚,就是被大量销毁,故目前很难列出宣德炉之原貌。以假为真,或误真为假,鱼目混珠现象屡见。自宣德炉问世后,后代金属香炉比例大幅增加,而香炉外形取自铜彝器中鼎、鬲、簋的情形则愈见频繁。⑥ 从功能上来看,宣德炉外形虽遥追商周古彝,但它既非用以祭祀祖先,亦非担纲着政权道统的国家重器。以《宣

---

① 李涵:《吴地工艺美术》,第96页。
② 黄翠梅:《台南市(第一级)宗教性古迹内古物普查计划结案报告》,第112—113页。
③ 贾文忠:《宣德彝器图谱》之序言,北京,中国书店2006年版,第3页。
④ (明)吕震:《宣德彝器图谱》,北京,中国书店2006年版。
⑤ 陈庆鸿:《大明宣炉总论》。
⑥ 宋康年:《鼎鬲式香炉溯源及其鉴定》,《收藏界》2005年第11期。

德彝器图谱》中的"仿古周文王鼎"来说，系以"十二炼精铜铸成，周身仿古青绿朱斑色，金银丝片商嵌，羊脂白玉九龙顶陈香盖座"，说明已作为陈香之用的熏炉功能。

明、清以后宣德炉的复古与鉴古之风，可藉由巫鸿在《中国艺术和视觉文化中的"复古"模式》一文得到解释：中国从三代的祖先崇拜中就已建立了复古的模式，如周代庙制、器物与图像不断向祖先回归，特别是器物中"反古复始"的实践，透过礼仪、表演与回忆，通过将古典的形式重塑为当代的艺术形式。经翻新再生的古典风格，被重新定义为"仿古"，并在它们改头换面后，出现在新的视觉环境中，与其他类型的当代风格器物形成对照。① 因此，宣德炉重复出现的高古铜器造型，除了因这些承载着三代青铜礼容器的外形所具有的"历史记忆"，它已是在一种新的收藏语境中被重新赋形，具有一种可亲近的"师古"之下的复兴，不再是高不可攀的神秘彝器。如《宣德彝器图谱》所云："皇明一朝伟器，且鼎彝虽小，所费甚巨，几于金玉同价，金玉恒有，而宣铜彝器传世颇稀。"②可见宣德炉造型虽取自商周宗庙礼器，但在明代已被视为价值等同金玉之珍贵品，是一种可被量化的收藏珍玩。商周彝器原本器面上具神秘性质的兽面纹或动物纹，在宣德炉上则被一种带有"仿古铜锈"实则暖暖内含金银光泽的新审美观所取代。

反观在台湾庙宇中所见、多半取形自宣德炉的金属香炉，与络绎不绝前往庙中祈愿的信徒日常信仰活动更紧密结合。在每次焚香燃金纸的过程中，信徒目光所见尽是已根植于当地的金属香炉，而这些香炉皮色并非信徒所关注的。其造型虽来自曾承载着高度政治性与宗教性的商周青铜器，但后者早已成为遥远而褪色的模糊记忆，甚至是不复记忆。对台湾百姓来说，取形自宣德炉的金属炉具所代表的与其说是对往昔历史性的追忆，是否可解释为一种透过物质文化来联系与汉族原乡的意图？

（二）大天后宫金属香炉造型的两种脉络

和台湾其他妈祖庙相较，大天后宫早期金属香炉数量可谓数一数二。由于金属的取得与制作门槛皆较石质要高，因此金属香炉的数量也代表着庙方信徒的财力，由此可知大天后宫赞助者的经济条件更好。

在香炉形制上，大天后宫金属香炉造型分成两大类。第一类是铜质香炉，如蒋元枢方鼎、咸丰八年圆炉与昭和年铜熏炉，其造型皆可在《宣德彝器图谱》中找到原型，而台湾早期多数铜器皆委托大陆地区生产，故其生产地点应是中国内地。

第二类则是铁质香炉，其外观具有一致性，而上宽下窄的器口设计能更轻易承接掉落的香灰。此类设计与其说是受到传统青铜器形制之影响，倒不如说是出于实用性的考虑——其实台南府城在乾隆时期的石质香炉已出现此类造型。如前所述，这批铁质香炉的铸造地点应在台湾，而对台湾的铁匠来说，石质香炉或木质香炉更可能是他

---

① 巫鸿：《中国艺术和视觉文化中的"复古"模式》，《时空中的美术》，北京，三联书店2009年版，第9页。

② （明）吕震：《宣德彝器图谱》，第4页。

们所熟悉并模仿的对象,故其形制与来自内地的铜香炉便有着不同的脉络。

(三)香炉作为庙宇重修年代的物质证据

在大天后宫金属香炉年代研究中,可以发现这批香炉的制作年代与大天后宫的重修年代契合。如大天后宫在咸丰六年有同知洪毓琛、淡水厅丁日建、三郊郑川泽发起兴修,因此有大量信徒所捐赠的咸丰六年款铁质神明香炉;另咸丰八年亦有台湾兵备道兼提督学政裕、笨北港厦郊金正顺、泉郊金合顺、糖郊金兴顺以及大天后宫董事郑川泽、住持僧达源缘募造大天后宫铜钟,故亦见数件香炉属于该年。

大天后宫中的匾额数量众多,其主要功能系呈现人或群体的关系互动与事件,并作为一种政治或社会意义的象征符号;书法楹联则具有文人意味。反观香炉的捐献者身份多是百姓或商人,或为庙方自制者。在经济基础许可的前提下,信徒捐炉以积功德,而其奉献时机通常是庙宇增建或重修各殿之际,因此,香炉可作为庙宇沿革历史之物证。

附图 1:台南市大天后宫所藏日治时代以前香炉

蒋元枢捐造铜方鼎
乾隆四十一年
全高 66.3 厘米

三官大帝香炉
全高 33 厘米

观音佛祖香炉
道光年间
全高 36.4 厘米

圣父母厅香炉
道光二十七年
丁未年蒲月
全高 32 厘米

大天后宫香炉
咸丰六年
全高 44.3 厘米

四海龙王香炉
咸丰六年
高 22.5cm

四海龙王香炉
咸丰六年
高 22.5 厘米

三官大帝香炉
咸丰六年
高 25.5 厘米
宽 38 厘米

积庆公香炉
咸丰六年
高 26 厘米
宽 38.1 厘米

台郡大天后宫铁香炉
咸丰八年
全高 45.5 厘米

鼎式铜香炉
咸丰八年
全高 40.7 厘米

簋式铜熏炉
昭和三年(1928)
高 12 厘米

附图2:台南市大天后宫各香炉现存位置图

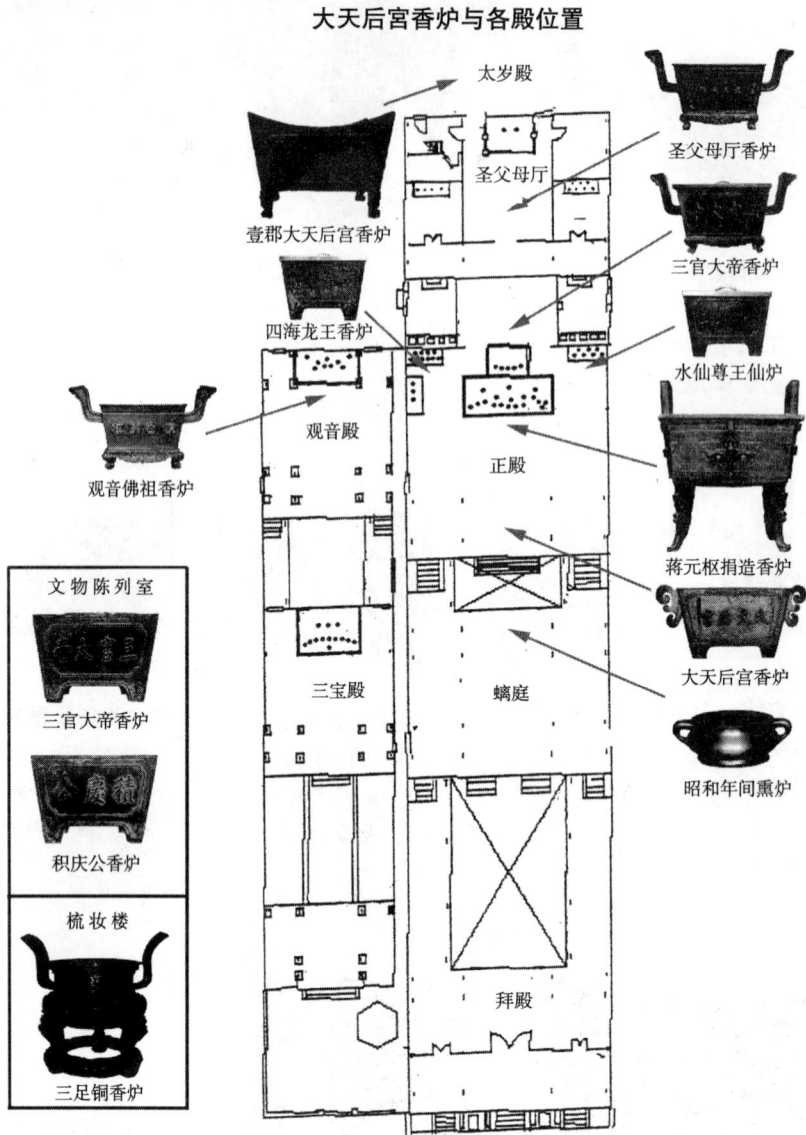

大天后宫香炉与各殿位置

太岁殿

圣父母厅

壹郡大天后宫香炉

圣父母厅香炉

四海龙王香炉

三官大帝香炉

观音殿

正殿

水仙尊王仙炉

观音佛祖香炉

蒋元枢捐造香炉

文物陈列室

三官大帝香炉

三宝殿

螭庭

大天后宫香炉

积庆公香炉

昭和年间熏炉

梳妆楼

拜殿

三足铜香炉

作者:李建纬,台湾逢甲大学历史与文物研究所助理教授

元明时代的天妃画像综考

刘福铸

以海神天妃妈祖为题材的绘画是妈祖文化中常见的一种美术形式,现存清代成套妈祖神迹画册就有多种,海峡两岸许多天后宫也绘有妈祖故事壁画。但是现存妈祖相关绘画作品多是清代以来的作品。已发现现存最早的一幅妈祖壁画为元至正二年(1342)所绘。德国慕尼黑大学汉学家鲁克思博士曾在《绘画和木版画中的海上保护神妈祖》一文中说:"最早的描写妈祖的画是在河北省石家庄附近的毗卢寺,已断定是1342年的作品。这是一个非常个别的情况。因为就我所知,所有的妈祖美术作品至少都要晚400年,它们最早才出现在乾隆年间。"①那么,元代出现毗卢寺天妃像壁画以后,妈祖美术作品是否真的中断了400年,直到清乾隆年间才又出现呢?笔者经考索,发现元代后的明代,妈祖信仰总体上看虽比较衰微,但明代不但继续出现天妃壁画,更有单幅设色画作以及书籍中天妃插图版画出现。鲁克思的"所有的妈祖美术作品至少都要晚400年,它们最早才出现在乾隆年间"之说是不符合史实的。

一、元明时代佛寺中的天妃画像

(一)元代毗卢寺壁画天妃圣母像

毗卢寺位于河北石家庄市西北郊15公里的杜北乡上京村东北,始建于唐代天宝年间(742—755),后世屡有重修。该寺因其正殿毗卢殿内保存有儒道释内容的精美宗教壁画而闻名,据考证壁画为元至正二年(1342)重修时绘制。

至建国时,毗卢寺已仅存前后两殿。前殿为释迦殿,殿内有佛教故事壁画,画面多已漫漶不清。后殿为毗卢殿,殿中有毗卢佛和香花菩萨塑像,四壁上下分三排绘满壁画。内容涵盖佛道儒故事。绘画分为122组,共绘508个人物。在每一小群组的人物旁,均有名号题榜。"天妃圣母"被绘于东壁,与道教之五方五帝神众、南极长生大帝、扶桑大帝、

① 鲁克思:《绘画和木版画中的海上保护神妈祖》,澳门,澳门海事博物馆、澳门文化研究会《1995澳门妈祖信俗历史文化研讨会论文集》,1998年,第230页。

玄天上帝等神祇在一起,显示作者把天妃归类为道教天神系统的用意。在天妃神像边有"天妃圣母等众"名号题榜,这说明元代天妃的地位在同类神祇中地位是较高的。

壁画中的天妃圣母画像线条活而多变,出色地继承了唐宋以来线描的优秀传统。天妃面庞丰腴,细眉小口,手指纤细,目视前方,加上祥云缭绕的烘托,使之既富圣妃雍容华贵之姿,又显天神威严端庄之相。壁画采用传统的重彩勾填手法,以石绿和朱红为地,在强烈的色彩对比中取得调和。此外,使用沥粉贴金,使画面更加富丽堂皇,神像光彩耀目。

该壁画展示了绚丽多彩的古代人物工笔重彩画卷,亦为妈祖美术史留下了一幅最早的天妃圣母像。由画中标注文字尚可知妈祖"圣母"之称,元代民间即已盛行,后代的天后圣母、天上圣母等"圣母"称号乃是天妃圣母称呼的继承。

(二)明代公主寺壁画天妃圣母像

公主寺坐落于今山西繁峙县城东南15公里杏园乡公主村。原址在今公主村南五公里的峪内山寺村,明代迁今址重建。清《山西通志》载:"公主寺在县南二十里公主山,后魏诚信公主出家建。"①可见寺名来源于北魏拓跋氏文成帝第四女诚信公主出家于此。该寺大殿四壁以保存有明代大型水陆画而著名。其西壁上方正中所绘为佛教南无弥勒佛、下方绘一比丘面向弥勒礼拜。左右则是道教神祇,左为"后土圣母",右为"天妃圣母"。画面上的天妃圣母头饰簪花、身穿衣袖宽大的后妃服,示人以尊贵庄严帝后形象,身后配有两位戴黑色翘角幞头侍者,高执两把雉扇护卫。天妃慈颜丰腴,目视前方,表情庄重,而衣褶流畅而飘动,似正在款款步行,气度高贵而安详。侍者身后和顶上均有祥云缭绕,以示天界仙境。在造型方面,则与毗卢寺天妃像颇有相像之处。在画面中的"天妃圣母"牌记下尚有"信士男善人王儒"捐资人留名。中国古称天神、地神为"皇天后土",此幅壁画中"后土圣母"就是主管大地的女神。因此作者似乎是把"天妃圣母"理解成皇天之妃的。

按寺的脊梁垫板下留的"时大明国弘治十六年五月初九日吉时上梁"等题记、殿内南壁门西有墨题"万历十三年六月初七日"可知,壁画绘于1503—1585年之间。

(三)明代西来寺水陆画天妃圣母像

西来寺位于青海省乐都县碾伯镇东关街,据山墙上墨书《佛门弟子杨养创建佛寺始末根缘记》记载始创于明万历三十四(1606),是一座禅宗寺院。该寺保存有明代遗留下来的24幅水陆道场用卷轴绢画。1983年,这组水陆画由四川省博物馆重新装裱,1996年被定为国家一级文物,现收藏于乐都县文物管理所。

该组水陆画内容庞杂,有佛教诸佛、菩萨、尊者等,道教三官大帝、风雨雷电等,还有人间帝王后妃、将士烈女各色人等以及现实社会生活的饥荒饿殍、别妻离子等各种灾厄场景。

---

① (清)觉罗山石麟、储大文:《山西通志》卷一百七十一,雍正十二年(1734)刊本。

天妃圣母像与四空、三禅天众等绘于同一轴上画。全图分为三层。上层绘八天天众,中层有"一身着王妃装者,穿大袖长袍,头戴冠,饰飘带,双手执笏。又后一身着水红色长袍者,双手掌幡,幡上书'天妃圣母'四字"①。中层除天妃外,尚有一位与天妃装束相似的女神以及一位戴幞头侍者、一位掌幡侍女和两位执扇侍者。因幡上书有"天妃圣母"四字,可明确天妃所在位置,而另一位王妃,参考明代公主寺水陆画神祇地位,她应该就是"后土圣母"。该画神像造型、衣饰纹褶等风格显示出明代风格,学者或认为是明中期画作。西来寺水陆画目前只见黑白照片刊布,未见原图彩照公布。天妃本为海神,但她却出现于遥远的西部青海寺院水陆画中,颇为耐人寻味。

(四)明代宝宁寺水陆画安济夫人画像

宝宁寺位于山西右玉县旧城关镇内,始建于明成化年间,清康熙间重修。寺院今存大雄宝殿和过殿。该寺除殿宇木构为明代建筑艺术实物外,所保存的水陆画一堂,亦为明代绘画宝库精品。其水陆画原名《敕赐镇边水陆神帧》,据考为明英宗所赐②。全部画作 136 幅,大部分画面清晰,今藏山西省博物馆。

吴连成认为这些画应是明代作品,"甚至有一部分应是元代的遗作,或者是明初人根据元代的粉本绘画的"③。李德仁则认为"此水陆画是一套基本完整而系统的元代水陆画作品"④。

这套水陆画内容也是涉及道释神祇和世俗人物,广泛反映三教九流生活场景。画幅中"右第二十八"图题记为"顺济龙王安济夫人诸龙神众",说明图中所画是水神顺济龙王、安济夫人和诸位龙神。其中安济夫人是女神,实即南宋安徽小孤山女神小姑。小姑神后代与天妃合二为一,因此当地人就把安济夫人说成是天妃。如《安徽旅游》"江上奇秀小孤山"条云:"山腰有惠济寺,俗称小姑庙。据《安庆府志》记载,庙始建于宋朝,后废圮,明改建后命为'天妃庙'。庙供奉'安济夫人'。安济夫人又称天妃,福建莆田县人,宋代都巡检林院的女儿,幼而事佛,死后立庙祭祀。"⑤蒋维锬据明初刘基《题上孤山诗》认为:"至迟在元末已把牧羊亭改建成'蓬莱玉女'即天妃的妆亭了,推而知之,天妃与小姑娘娘合而为一身亦当始于此时。"⑥

观察画幅人物形象,作者可能确已把安济夫人与天妃混同为一。但今人有的文章直接把此图安济夫人称为"天后圣母"则不当,因为清康熙朝之前,妈祖尚无"天后"封号。对于此画艺术特色,今人评云:"画面总体风格雄伟大度,气势恢宏……画中妇女形象皆面型体形圆胖丰满,略似唐人画风。"⑦

① 白万荣:《青海乐都西来寺明水陆画析》,《文物》1993 年第 10 期。
② 吴承山:《右玉宝宁寺水陆画初探》,《文物世界》2010 年第 6 期。
③ 吴连成:《山西右玉宝宁寺水陆画》,《文物》1962 年第 4—5 期。
④ 李德仁:《山西右玉宝宁寺元代水陆画论略》,《美术观察》2000 年第 8 期。
⑤ 安徽省旅游局:《安徽旅游》,合肥,黄山书社 1985 年第 2 版,第 116 页。
⑥ 蒋维锬:《天妃启秀小孤山》,《中华妈祖》2008 年第 5 期。
⑦ 李德仁:《山西右玉宝宁寺元代水陆画论略》,《美术观察》2000 年第 8 期。

二、明代其他天妃画像

（一）慈圣太后绘造《天妃圣母碧霞元君像》

《天妃圣母碧霞元君像》为明代设色绢本画像，首都博物馆收藏。图的左上方有"大明万历己酉年，慈圣皇太后绘造"双行款识，并骑钤有九叠篆朱文玺印一方。印文为"慈圣宣文明肃贞寿端献恭喜皇太后宝"。此图把妈祖和碧霞元君合绘于一图，也属于水陆画。按：碧霞元君，俗称泰山娘娘，传说是东岳大帝之女，民间认为是保佑生育的女神。本图中共有八位人物，除四位头戴幞头侍者外，尚有四位女神。最前排的两位女神即天妃与碧霞元君。她们头戴通天冠，身着霞帔，手持圭璋，容貌秀美，其一回眸欲语。身后有二女官，持笏板垂目而立。四位侍者则分别以双手捧印玺、掌羽扇、执如意、端香炉，侍立其后。此图画面右上榜题为"天妃圣母碧霞元君众"。

"绘造"者标明为"慈圣皇太后"，显然这是奉慈圣皇太后懿旨所造，而不是作者为慈圣皇太后。考慈圣皇太后是明朝万历皇帝朱翊钧的生母，姓李，漷县（今北京通州漷县镇）人，生于嘉靖二十四年（1545），其出身卑微，后来偶得裕王宠幸，生下儿子，遂母以子贵，至隆庆元年（1567）三月被册封为贵妃。此后，李氏累加尊号，称为"慈圣宣文明肃贞寿端献恭喜皇太后"。本图所绘时间为万历三十七年（1609），《明神宗实录》载本年十一月"丙申为圣母慈圣定文明肃贞寿端献熹皇太后万寿圣节"，即李太后65岁生辰，在此前一月，"慈圣皇太后赐龙华寺帑金一千两，鼎建大藏经阁"①，看来慈圣太后是颇为信奉神佛的。本图亦为水陆法会所施造。明代一般水陆画是把天妃圣母与后土圣母合绘一起，而此图则把天妃圣母与碧霞元君绘在一起，已显示出北方把天妃和碧霞元君二女神合二为一的倾向。至清初正式出现"天妃就是碧霞君"（清蓬蒿子编《顺治过江全传》）说法。

（二）《太上说天妃救苦灵验经》卷首天妃像

据《太上说天妃救苦灵验经》跋语载，永乐十五年（1417），郑和第五次下西洋时，僧胜慧法师随行西洋公干。胜慧在临行前曾发愿说：天妃"要保人船无事，发心告许《天妃灵验妙经》一藏，用作匡扶，祈求平善"。不意胜慧法师于永乐十七年归国后，未及刊经即圆寂归西。然他遗言要用其所留资财，印造天妃经，爰有永乐十八年（1420）刊印《太上说天妃救苦灵验经》之举。经末之"永乐十八年四月初八日"，即公元1420年5月20日。

此经首为插图，由六个折页相连组成，所绘为天妃助郑和下西洋故事。图上部为天妃与其扈从诸神，下为船队。第1—2面上部自右起描绘的是天妃宫内的景象。天

---

① 林峰、张青华、马学强：《千年龙华：上海西南一个区域的变迁》，上海，学林出版社2006年版，第247页。

妃头戴王冠,手捧圭璧,端坐于庙堂之上,殿上祥云缭绕,显示出海神的威仪。天妃身后有二侍者执雉扇护卫,文武侍卫则立于阶前,阶下则是海涛汹涌,舳舻相接。第3—5面,右边上部所绘内容为天妃率诸神在云端巡行大海,脚下是波涛起伏,五列宝船依次摆开,正是航行大海之像,而左上方前排还绘有端立云间的观音形象,后面尚有三身菩萨罗汉形象,这可能既表示天妃乃是观音弟子,又寓意施资刊经者胜慧法师修成正果,正随观音、天妃仍护卫着船队远航西洋。全图表示天妃和观音都正在云头护佑郑和下西洋的船队。本插图是迄今发现最早的郑和下西洋船队的图像资料,也是郑和海事活动图像中的唯一天妃形象。

(三)《三教搜神大全》中的天妃像

《三教搜神大全》全称《绘图三教源流搜神大全》,撰人不详。书的前后有清人叶德辉序和跋各一篇。跋中称"此书明人以元板画像《搜神广记》增益翻刻……而诸僧记载悉本永乐御制神僧传一书,文句都无所改窜"。此书卷四"天妃娘娘"条文中云:"我国初成祖文皇帝七年,中贵人郑和通西南夷,祷妃庙,征应如宋。归命,遂敕封护国庇民妙灵昭应弘仁普济天妃。"书中提及"成祖文皇帝七年",则其书之成必在永乐七年(1409)之后。考元版之《搜神广记》与此书实有巨大差别,按元版《搜神广记》全称为《新编连相搜神广记》,作者为元人秦子晋,全书只有58题,较明版内容少74题。书中未收录天妃内容。明版《三教搜神大全》共立132题,收儒释道诸神画像127幅,各配以文字说明。海神"天妃娘娘"画像及神迹收录于卷四。画像中天妃头戴梁冠,双手执笏,目光前视,足下和身后饰有祥云,身后侍立一位侍者,头戴翘角幞头,身着圆领官府,手举障扇护卫。此幅天妃形象,与前举各种资料不同,亦与后来的《增补搜神记》中的天妃形象有别,可作为研究妈祖形象演变历史的参考。另外,此图所配文字中提及永乐七年郑和下西洋故事,为天妃图像的绘作年代断定提供了可靠参考。

(四)《增补搜神记》中的天妃像

《增补搜神记》全称《新刻出像增补搜神记》,今存明万历元年(1573)唐富春刻插图本,收入2002年版《续修四库全书》①。书题"金陵三山对溪唐富春校梓",全书图文对照,首有"登之甫罗懋登书"《引搜神记首》一篇。明代一般称小说戏曲刊本整页插图为"出像",本书即属于出像本。据学者研究,"《新刻出像增补搜神记》刻于万历元年富春堂,是现存最早的金陵派小说版画"②。此书卷六的条目只称"天妃",文字也甚简略,在《天妃》下注"三月二十三日生",接下文字是略记天妃生平事迹。书中的天妃插图为全书第134幅,整体形象是贵妇装束,头挽朝天高髻,与其他梳着垂云髻的女神湘君、马大仙、巢湖太老等女神头饰明显有别。天妃端坐于长案后的太师椅上,案上中有香炉一个,两头置烛台一对,案前立一侍女,头挽双环髻,微作躬身,似向天妃禀告什么,又

---

① (明)佚名:《新刻出像增补搜神记》,《续修四库全书》第1264册,上海,上海古籍出版社2001年版。
② 汪燕岗:《古代小说插图方式之演变及意义》,《学术研究》2007年第10期。

似是在收拾案上之物。右侧墙上绘有《太阴》、《太阳》二图。右边《太阴》图中尚有海涛、船只形象,左边则是太阳及云彩装饰。右上角有"天妃"题记。此图与《三教源流搜神大全》中的"天妃娘娘"形象迥然不同,作者绘作此图蕴含之意,值得进一步探讨。

(五)《天妃娘妈传》中的天妃像

《天妃娘妈传》封面题《锲天妃娘妈传》,版心作《出像天妃出身传》,这是现存最古的一部章回体妈祖神话小说,为胡从经先生1986年在东京访问研究与讲学时发现。[1]现在海峡两岸已有许多翻印本。2007年程国赋考证出该书作者"南州散人吴还初"是明万历间江西南昌人吴迁(字还初),系闽北建阳书坊文人群中一员,后来客死福建。[2]

这部小说标示"出像",但不是整页插图,而是上图下文形式。书中共有插图308幅,加上封面《锲天妃娘妈传》上的一幅,则是309幅。这些插图中,出现天妃形象的共有75幅。因小说从天妃下凡写起,故天妃至少有两个阶段形象,前一阶段基本是仕女形象,还难以看出贵妃形象;后一阶段则是王妃贵妇形象。因通俗小说插图画幅小,画图数量多,人物线条描绘简单,总体上这些版画不够精细。其实,通俗小说插图的作用主要是有助于读者加深对作品文字与情节的理解,更为直观地展示小说所描写的各种背景,起到一种导读功用,同时亦可增加审美趣味以及小说篇幅。因而,小说版画插图与明代水陆画中崇拜天妃和搜神记中的介绍天妃画作目的是不同的。尽管此书版画线条不够细腻,天妃形象不够威严,但毕竟为后人留下了明代通俗小说插图艺人心目中的天妃形象,代表的是草根阶层心目中的天妃形象。

三、结　语

通过以上元明时代天妃绘画的例析,可知起码自元代开始,绘画就已成为妈祖文化传播的一种常见形式,至清代,许多天后录书和天后宫更出现大量的妈祖故事绘画,它们使元明时代的天妃画像得到了进一步的发展和普及。在元明时代,我们看到的海神天妃,大抵有两种形象,一种是贵妇或贵妃形象,另一种则是民女形象,这与天妃故事情节和彼时的天妃神格是相一致的。至清康熙以后,随着妈祖被封为天后的神格提高,妈祖才有了头戴冕旒的帝王装束。这也给后人提供了一个妈祖神像的断代依据,即如果是头戴冕旒的妈祖神像,我们则可以肯定她不是元明时代的妈祖形象或文物,而只能是清代康熙以后之物。

作者:刘福铸,莆田学院妈祖文化研究中心教授

① 胡从经:《明版通俗小说〈天妃娘妈传〉初揆》,《1995澳门妈祖信俗历史文化研讨会论文集》,澳门,澳门海事博物馆、澳门文化研究会,1998年。

② 程国赋:《明代小说作家吴还初生平与籍贯新考》,《文学遗产》2007年第4期。

《弘仁普济天后圣母经忏》的
内容及于妈祖信仰的意义

蔡相煇

一、前　言

宗教活动较隆重者均会举办法会。法会中,除了诵念经典外,还有更深一层的礼忏仪式,信徒一则向神宣誓遵守教规,对过失行为表示忏悔,并请神宽宥。在天后妈祖信仰中,因历朝政府的封诰赐祭,天后的官方威仪特别见重于官民,宗教仪轨反而被忽略了,直至康熙六十年(1721)吴兴方行慎①、尹珩②二人编印《天后经忏》。该书传承到清代中叶,道光九年(1829)吴县人潘良材聘请李存默重新整理,于道光十八年(1838)刊行,易名《弘仁普济天后圣母经忏》③,由当地九如堂刊行。

数年前笔者前往莆田考察妈祖史迹,承莆田文史专家林祖良先生影赠《弘仁普济天后圣母经忏》一份,经查各图书馆典藏目录均未见收录,这一本将妈祖信俗导入宗教层次的书,就妈祖信俗而言,特别具有历史价值。

本文分成:前言、《弘仁普济天后圣母经忏》的版本与纲目、《弘仁普济天后圣母经忏》的内容、《弘仁普济天后圣母经忏》体例与问题、结语五个小节来讨论。

二、《弘仁普济天后圣母经忏》的版本与纲目

《弘仁普济天后圣母经忏》是木刻本,左上角封面书题为"弘仁普济天后圣母经忏",紧接书题下方为较小字体"圣迹图附"四字,封面右下方有一典藏签,因影件不清,

---

① 方行慎:康雍年间(1663—1735)吴兴人,乐好修道之学,本书之外尚著有《地理金丹》二卷(雍正九年1731出版)、《阳宅要览》不分卷,为清代著名堪舆家。

② 尹珩:查无个人资料,应是方行慎的同乡及同好,始会共同创作《天后经忏》。

③ 据林祖良先生告知,本书原藏法国,由其友人某影印赠送,彼再转赠予,谨此致谢。

仅约略可见"CL804_—6"等字。内页每页分成左右二面,每面隔为七栏,每栏十八字,二面间,由上至下依序为"天后经忏"四字、鱼尾及页码。首页正中题"海天活佛"明体四大字,右上题"道光戊戌仲冬"(道光18年,公元1838年),左下题"九如堂敬刊"。这本书在台湾各图书馆均未见典藏,也未曾见中国学者介绍或引用,可见本书流传不广。据林祖良先生谓本书为法国汉学家某氏影印赠彼,似为清末民初外国传教士或汉学家来华时收购携回法国。

本书纲目,共分三部分,第一部分为序,共十三页,内分:《天后经忏序》(1—7页)与《天后圣化序》(8—13页)两部分。其次为正文,共四十七页,内分:《天后圣化本誓真经》(1—12页)、《天后坛下誓法忏卷上》(13—24页)、《天后坛下戒持忏卷中》(25—32页)、《天后坛下感应忏卷下》(33—40页)、《天后坛下三忏法卷终》(41—47页)。第三部分共六页,内分:《天后经忏跋》(1—4页)、《小序》(5—6页)二单元及参阅页(1—2页)。全书共六十八页。

三、《弘仁普济天后圣母经忏》的内容

(一)《天后经忏序》

天后经忏并未署名作者及撰文年代,唯文中有"请正于无为子,无为子曰:……"等字,可知序文作者为无为子,"无为子"据书末李存默所撰《小序》,谓:"吴县潘君良材谓其卷帙繁杂,恐无当于圣心,意欲稍为增损再付枣梨,遂于道光辛卯岁……嘱默为执事。"[1]撰序者无为子即吴县潘良材。潘良材吴县人,号无为子,乐修道,居于太湖中的洞庭东山。潘氏为当地大家族,潘良材曾于道光二十四年(1844)纂修《潘氏宗谱》四卷印行。

《天后经忏》从康熙六十年(1721)方行慎、尹玠二人编印后,一直在吴县地区流传,《天后经忏》的印行,可以反映出吴县地区百姓对天后妈祖的信仰相当热烈。

查乾隆十年(1745)姜顺蛟、叶长扬修,施兼纂的《吴县志》[2],其卷八十二祠庙即有:位于胥江西岸夏驾桥南万历四十一年(1613)闽商建的天后宫(三山会馆)、十一都二十二图小日晖桥清康熙年间漳州仕商建的天后行宫、十一都二十八图雁宕桥清康熙年间泉州众商公建的天后行宫(温陵会馆)、二十二图南门濠新巷北的邵武天后宫、二十二图南濠姚家街内兴化仕商公建的兴化天后宫、二十八都五图上津桥上塘街福建汀州众商公建的鄞江天后宫及十一都二十三图南濠王家巷宁波众商公建的浙宁天后宫等记载,可见吴县因其商业繁兴,商人群聚,从明末至清初,福建、浙江省各地来吴县的海商纷纷在此建立会馆,同时把他们信仰的天后妈祖带入吴县,吴县成为妈祖信仰荟萃的中心。闽、浙商人各有方言,祭拜天后的仪式可能也不同,方行慎、尹玠二人编印

---

① 见《弘仁普济天后圣母经忏》,《小序》,第1页。
② 《吴县志》一百二十卷,卷首一卷,清乾隆十年(1745)姜顺蛟、叶长扬修,施兼纂。

《天后经忏》的动机,可能就是要整合出一套可让各天后庙宇共同遵行的科仪。

(二)《天后圣化序》

《天后圣化序》目录共有七十六化,每一化有一名称,附有七言诗或四至六句的短歌补充说明。七十六化及其典故依据为:

> 第一世德化:九牧声名自昔传,翩翩林氏集群仙。
> 　　　　　　作求世德诚堪羡,福禄绵绵锡自天。
> 第二阴行化:阴行阴骘本无私,天道昭昭自可知。
> 　　　　　　欲问后嗣昌又炽,一轮明月映心时。
> 第三皈佛化:一心长念佛菩提,念彻灵台听晓鸡。
> 　　　　　　金影当轩红日丽,莲花莲叶共朝西。

一至三则序文,都根据《天妃显圣录》《天妃诞降本传》故事铺衍,写出林默累世积阴德,最后以佛为皈依的背景。

> 第四帝锡化:如来演说法华经,八部龙王绕洞庭。
> 　　　　　　大士循声来赐兆,九华仙子下云屏。
> 第五诞降化:沉沉四海泣冤魂,魂魄悠悠诉帝廷。
> 　　　　　　帝简元君司六一,澄清海甸救生灵。
> 第六参静化:元之又元道本元,元元奥旨又何言。①
> 　　　　　　七情最易流真性,喜怒无心众妙门。

四至六则序文,也是根据《天妃诞降本传》大士赐丸药的故事铺衍写出,将林默的宗教渊源追溯到《法华经》,而林默则是九华仙子被上帝简派下凡救四海冤魂。从宗教渊源看,林默已兼具佛、道二种背景。

> 第七颖悟化:诗书礼乐习遗编,先圣曾闻孔氏传。
> 　　　　　　忆得大罗聆玉旨,人王法界此真筌。
> 第八课经化:楞严礼罢又华严,佛说观音众妙兼。
> 　　　　　　扫去魔军皈大士,银河淡淡驾银蟾。
> 第九授法化:道自虚无生万象,法从万象统虚无。
> 　　　　　　风雷云雨非奇事,方寸莹莹即赤符。

七至九则序文,也是根据《天妃诞降本传》故事铺衍写出林默的学习过程,从儒家经书入门,再研《楞严》《华严》等佛学精义,接着学习道门的灵通变化诸术,林默已兼具儒、佛、道三教之精义。

> 第十井符化:铜符铁券铸灵文,仙子纷纷驾采云。
> 　　　　　　我是玉皇仪卫使,朱霞琼佩奉元君。

第十则序文,是根据《天妃显圣录》《窥井得符》故事写出林默学得三教精华后,获上帝授予铜符,可以自行执行法事,并有仪卫使保护。

---

① "元"字原为"玄",避康熙玄烨名讳,改用元字。

十一救亲化:乾坤巨浪起天门,北冥鲲鲸肆虎吞。
力挽前生冤业界,昊天罔极报深恩。

十二呪草化:欲普慈悲渡世心,忽惊风雨海云深。
聊投佛国生生草,救此茫茫一寸铁。

十三播菜化:于于游戏水云乡,一片荒凉实可伤。
菜子还从菜油来,谁将此理细推详。

十四片帆化:片帆飞渡海潮平,指点山厓万里行。
一苇航之无恙也,可知神鬼送云程。

十五铁马化:檐前铁马角嘶鸣,借尔微躯逐海鲸。
撒手行空如履地,何殊控鹤上瑶京。

十六济民化:山焦水涸实堪哀,红日当空忽迅雷。
暂借天公三尺水,民苏民乐颂神哉。

十七伏神化:金精水耀萃成妖,驱浪乘风鼓怒潮。
降伏二神调海政,达聪明目辅天曹。

十八受朝化:百神参谒礼无讹,海若先驱卷白波。
拟向蓬莱寻妙药,风风雨雨驾鼋鼍。

十九收晏化:风风雨雨驾鼋鼍,万顷琉璃一棹歌。
瞥见奇峰如电扫,神威雷震即投戈。

二十回生化:五瘟使者奉时行,疟疠氛祲似战争。
鉴尔仁慈驱尔疫,丁壬甲癸布神兵。

二一镇鬼化:小鬼揶揄桑梓忧,灵符飞处暗生愁。
清除业障皈真果,任尔逍遥远海陬。

二二锁龙化:白虬奔跃海潮冲,又见青黄涌二龙。
一瓣心香闻上帝,生民苏困慰三农。

二三观风化:厉气镕成二孛精,晦冥风雨祟乡人。
断桥演出神王咒,远逐妖魔鲸海滨。

二四收魔化:迷魂摄魄术偏强,伏艇沈舟害善良。
三逐魔王三演法,皈心皈命渡慈航。

二五正果化:时在雍熙四年秋,九月九日湄峰游。
黄云横岫白云绕,仙鹤缥缈上琼楼。

第十一则至二十五则序文,是根据《天妃显圣录》《机上救亲》《化草救商》《菜甲天成》《挂席泛槎》《铁马渡江》《祷雨济民》《降伏二神》《龙王来朝》《收伏晏公》《灵符回生》《伏高里鬼》《奉旨锁龙》《断桥观风》《收伏嘉应嘉佑》《湄洲飞升》等故事写出林默成学后,收服三界各种精灵为部属下并驱邪救世的事迹。因为有累积许多灵迹,最后始能白日升天为神,长享人间禋火奉祀。

二六梦感化:爰究爰度,维神之宅。爰净爰清,维神之庭。

二七三树化:心香蓺,波涛息。三树森森,四海同春。

二八圣墩化：浮海楂，起云霞。锡尔福，宜尔家。

二九溯流化：枫亭之滨，湄屿之神。铜炉遡流而游白苹之津。

三十显圣化：天数厄，波涛急。神赫赫，八舟佑其一。

三一圣泉化：圣泉之水，太乙之精。化瘟解疫，福我苍生。

三二水市化：日之夕，水市舶。妥神灵，安神宅。

三三昭应化：狂风震，波浪惊。逐暴客，神之灵。昭昭应兮佑群生。

三四崇善化：昭昭应兮佑群生。温台贼，倒戈奔。卫生灵，普宏恩。

三五灵惠化：为君民，驱旱魃。甲子辰，雨斯集，灵之惠兮灵之德。

三六助顺化：灵之惠兮灵之德。止霖雨，扶红日。岁有秋，农功毕。

三七阴佑化：藉神力，扫妖氛。慰天子，救万民。雾沉沉兮风冥冥。

三八具庆化：天花缭缭，天雨缤纷。霓裳一曲，玉宇千春。

三九显卫化：威灵震，风云寒。卫生民，保弹丸。

四十护国化：哨聚寇，遁逃生。阻于水，神实使。护皇国兮千载祀。

四一神堤化：江水涌，波涛涌。万民恐，百神悚。堤之障兮，神之贶兮。

四二慈济化：民之悴兮，神之至兮。民之哀兮，神之来兮。慈兮慈兮，权以济时兮。

四三显济化：彼狡童，恃群雄。风火从，奸究穷。神灵灵兮来下，神赫赫兮云中。

第二十六则至四十三则序文，援用《天妃显圣录》《显梦辟地》、《祷神起碇》、《枯槎显圣》、《铜炉溯流》、《朱衣著灵》、《圣泉救疫》、《托梦建庙》、《温台剿寇》、《救旱晋爵》、《瓯闽救潦》、《平大奚寇》、《紫金山助阵》、《助擒周六四》、《钱塘助堤》、《拯兴泉饥》、《火焚陈长五》等故事写出林默成神后，在宋代显灵护国庇民的事迹，但是如果未详细比对《天妃显圣录》的故事，一般读者不可能了解这些序文的真正内容。而《天妃显圣录》原载有《一家荣封》，记载宋朝政府追封林默父母的故事，并未被编入。

四四辅圣化：日惨淡，月窈黑。波涛翼，死生判一息。神恻恻。拯生民兮辅王国。

四五灵慈化：水鸣籁，风激濑。吁元君，云霭霭。灵之慈兮，繄万民是赖。

第四十四、四十五二则序文，是根据《天妃显圣录》、《怒涛济溺》、《神助漕运》林默在元代显灵保护海运漕粮的故事写出。

四六天妃化：拜神贶，启神灵。洞云门，辟广廷。楂如星，天妃赫赫渡沧溟。

四七应梦化：慈悲普度，吉人是护。西天甘露，二竖失步。

四八驱浪化：内使称天使，名器不复惜。天警匹夫之骚扰，神悯百人之呼吸。

四九歼贼化：海陬贼，数当灭。神殄凶，万民悦。

五十梦示化：如电如虹，歼厥巨雄。海波安澜，维神之功。

五一防海化：灵之在兮，军之恃兮。障南海兮，千亿载兮。

五二返飓化：内使出，狂风急。请民命，回天心。赤斾遥临，溟海深深。

五三神灯化：云阴霾，浪如雷。拯水厄，解水灾。

五四神矶化：陟彼小矶，薄言采之。携此小筐，示我周行。

五五神蝶化：神蝶神蝶，翩翩来集。菩提菩提，解灾释厄。

五六扶正化：干国之纪，犯国之纲。王曰执之，神启贤良。

五七雀使化：鱼荡舟，雀集舟。念光明，拜光明，知汝长生。

五八燕使化：燕燕于飞，一苇航之。神之格思，云何不夷。

五九灯雀化：神之格兮，不可度思。神之惠兮，不可方思。

六十威贼化：威灵奕奕，飓风飙飙。吁天悔罪，歼厥巨枭。

六一神鸟化：灵之凭兮，百神卫兮。天风厉兮，慈航济兮。

六二神雁化：雷震震，火荧荧。天妃使，护生灵。

第四十六则至五十四则序文，是根据《天妃显圣录》《拥浪济舟》、《药救吕德》、《广州救太监郑和》、《旧港戮寇》、《梦示陈指挥全胜》、《助战破蛮》、《东海护内使张源》、《琉球救太监柴山》、《庇太监杨洪使诸番八国》等故事写出林默在明代显灵保护海上官兵及出使外国使节的事迹，五十六则扶正化应是参照《天妃显圣录》《托梦锄奸》故事写出。五十五则《神蝶化》及五十七《雀使化》至六十二《神雁化》，其依据为明册封琉球使节陈侃(嘉靖十三年)、郭汝霖(嘉靖四十年)、萧崇业(万历七年)、夏子扬(万历三十年)及清朝张学礼(康熙二年)等奉使琉球林默显应事迹撰成，由此可知《弘仁普济天后圣母经忏》，除了《天妃显圣录》(含其后各种增修订版)之外，另有史料来源。

六三佐风化：王于兴师，北风其凉。至于海邦，莫不来享。

六四涌泉化：泉之惠兮，三军济兮。明明在上，亿万载兮。

六五护军化：天风苍苍，海水茫茫。陟降在兹，长发其祥。

六六鉴诚化：昭昭赫赫，诚无不格。神之听之，好是正直。

第六十三则至六十六则序文，是参照《天妃显圣录》《清朝助顺加封》、《涌泉给师》、《灯光引护舟人》等故事撰成。

六七神威化：天风飒飒海潮嚣，凛凛神威佐圣朝。
荡扫百年妖逆贼，宫袍玉带上层霄。

六八卫正化：一瓣心香驾海东，琉球使者泣途穷。
神功默运回天力，稳渡洪涛万顷中。

六九降灵化：随征使者抚台湾，风浪俄惊人鬼关。
稽首慈悲垂救护，分明午夜示神颜。

七十佑顺化：七星山下吁天妃[1]，涛涌风飘迅若飞。
天佑圣朝神助顺，倾危倏忽变平夷。

七一福佑化：鼋鼍怒吼浪如雷，雾合云迷风又回。
大圣大仁垂福佑，光明普照日华开。

七二神舟化：神舟神火逐云奔，指点俄传大旦门。[2]
自是神功扶圣世，待编青史耀乾坤。

---

[1] 七星山位于琉球航道，事见《册使显应记九则》康熙五十八年册使海宝、徐葆光使琉球。

[2] 大旦门位于厦门口，事见《莆田令显应记二则》，记福康安平定台湾林爽文事件返程事。

七三普度化：汪洋万顷鼓洪涛，桅损篷飞风怒号。

不藉神功旋造化，定将鹅鹳逐鲸鳌。

七四赞顺化：天心默与圣心符，逐浪鲸鱼逐浪扶。

黑水湾湾神赫赫，八埏四海静无虞。

七五平海化：纷纭海盗逞枭雄，卷浪乘涛驾碧空。

佐我圣朝夷丑类，万年奠定颂神功。

七六安澜化：万年奠定颂神功，溟海安澜利运功。

赫赫威灵宏圣化，心灯长烛梵王宫。

六十七化神威化应是描述清康熙二十二年平台湾，六十八化为同年汪楫使琉球事，六十九化似指清军平定朱一贵事件，七十化指康熙五十八年海宝使琉球，七十一化不知所指，七十二化指乾隆五十二年平定朱一贵事件，七十三至七十五化并无具体对应神迹，或与嘉庆年间平定海贼蔡牵、朱濆有关，七十六化则为总结对林默的歌颂。《天后圣化》原附有"圣迹图"[1]，可惜被撰序的"无为子"删除，致无法比对其故事来源。

（三）《天后圣化本誓真经》

民间宗教经长期发展，形成一套请神降临仪式，并营建一个神圣空间，供信徒礼忏。本节《天后圣化本誓真经》即为迎请天后降临的前导仪规，内含《净心神咒》、《净口神咒》、《净身神咒》、《安土地咒》、《金光神咒》、《发炉咒》、《奉礼咒》、《迎圣歌》、《启请咒》、《赞》、《解厄符》、《解厄咒》等小节。

礼忏者在坛场集合后，须先经过诵读《净心神咒》、《净口神咒》、《净身神咒》净化个人的身心口，达到身心清静的状况，接着诵念《安土地咒》，藉由元始天尊普告山、川、五岳、土地等众神灵各安方位，并护卫神坛。礼忏者接着诵念层级更高的《金光神咒》，祈请藉由道教至尊无上的神通让金光覆映，让外人看不见礼忏者，另由光明三界护卫礼忏者不受伤害。接着诵念《发炉咒》，点燃炉香，让香烟上传通达九天，诵念《奉礼咒》，遍礼上清道祖及诸神，诵念《迎圣歌》赞扬天后德行，而《启请咒》是启请天后同意诵《天后圣化本誓真经》的词句，内容也是歌颂天后威德，并回顾太上老君命敕封妙行玉女为无极辅斗助政宣化圣后（即天后）下凡救世及天后誓愿护国庇民的十五誓词。《赞》也是对天后的赞词。《解厄符》则与明朝永乐版《道藏》《太上老君说天妃救苦灵验经》所见《天妃救苦灵符》相同，《解厄咒》是使用《解厄符》时所念的咒。

上述仪式是迎请天后神灵降临的序曲，完成之后，接着才进行法忏的仪式。

（四）《天后坛下誓法忏卷上》

《天后坛下誓法忏卷上》所述内容已经进入誓法忏的实质程序，包含《香启》、《步虚词》、《颂圣咒》、《供养》、《斋坛清净赞》、《至诚立誓》、《至心朝礼》七部分。

---

[1] 《天后圣化》纲目原注"事详圣迹图，诗歌附"等字。

为祈请天后降临首先念《香启》,接着是天后从仙班下凡的《步虚词》,再诵《颂圣咒》赞颂天后,并献上香、花、灯、水、果等物供养。众班诵《斋坛清净赞》,磬持杨枝净水洒斋坛,接着为《至诚立誓》十誓,其首条条文云:"志心朝礼弘仁普济天后圣母元君,若犯逆亲背本极恶者,誓堕水族",以下九誓为:欺君妄上、乱法害民、蔑伦紊常、采生堕胎、谋财陷害、煽惑愚民、流布淫书、阴刁险贼、恃强凌弱。接着为转折恳请对过往行为请宥赦,其词云:"臣等恭敬稽首皈身皈命皈神,天后坛下既立誓于将来,必悔罪于已往,愿宥臣愚昧,谅臣昏蒙,力改宿愆,一心奉法,臣诚惶诚恐,无任恳祷之至",其祷词为:"大圣天后圣母大天尊,若犯腹诽色违一切不养不敬者,祈开恩赦罪。"其后接着请求宥赦的条目有:"上谄下渎一切不诚不信者、徇名贪利一切不公不明者、狎游邪视一切不庄不敬者、戕生害物一切非时烹宰者、患得患失一切妄取妄求者、僻见固执一切非圣诬神者、绮辞丽语一切歌谣谑浪者、谤毁污蔑患得患失一切讦人徼人者、忧愁烦恼一切浮思妄想者。"九条。后诵念"南无救苦救难普惠佛"一百零八遍。最后为《志心朝礼》,含:圣父积庆侯、圣母显庆夫人、圣兄灵应仙官、圣姐慈惠夫人、水阙仙班十八圣众,最后志心皈命"大慈大悲救苦救难敕封护国庇民明著妙灵昭应弘仁普济天后圣母元君"及"黄蜂兵帅、白马将军、丁壬使者、桂香大圣、晏公大神、千里察奸、顺风报事、青衣童子、水部判官、佐助威灵显扬正化一切神灵"。

(五)《天后坛下戒持忏卷中》

《天后坛下戒持忏卷中》内容仍包含《香启》、《步虚》、《颂圣咒》、《至心朝礼》等部分,但内容有异有同,《香启》、《步虚词》文辞内容不同,《颂圣咒》则与《天后坛下誓法忏卷上》文辞相同,《至心朝礼》则列出十大戒条,其第一条条文云:"志心朝礼弘仁普济天后圣母元君一凡兄弟不和、家庭不睦者,当知罪守戒。"其第二条至第九条依序为:"妒才忌能任情嘱托者、喜怒偏僻情性乖张者、酗酒妄为淫欲过度者、凌虐奴婢恣意饕餮者、临财苟得临难苟免者、不信正道妄事邪神者、评论闺阃肆谈秽亵者、巧言簧舌变乱是非者、淫心贼念怨恨忿悌者。"

(六)《天后坛下感应忏卷下》

《天后坛下感应忏卷下》内容仍包含《香启》、《步虚》、《颂圣咒》、《至心朝礼》等部分,除了《颂圣咒》与前二卷文辞相同外,《香启》、《步虚词》内容均不同,《至心朝礼》则列出十大感应,其第一条条文云:"志心朝礼弘仁普济天后圣母元君,若有生尽孝养死尽孝思者,上感慈悲得福佑。"其第二条至第九条依序为:"鞠躬尽瘁洁身报主者、惠保小民不求逸乐者、和亲和族睦友睦邻者、敬老怜幼矜孤恤寡者、捐赀成美首创善事者、驱除邪党解民惑乱者、阐发圣教善世觉民者、力戒口业殷勤劝人者、扫除尘障一心清净者"。其后接着为《至心皈命礼》十条,其第一条云:"至心皈命礼,大圣天后圣母大天尊,愿我父母长安康。"其第二条至第九条祈愿依序为:"君王得贤良、四方无灾祲、九族咸雍和、子孙尽孝弟、人民守恒业、智慧日开明、圣经得妙解、友朋多善人、修行得胜果。"

最后为志心皈命"大慈大悲救苦救难敕封护国庇民明著妙灵昭应弘仁普济天后圣

母元君"及"黄蜂兵帅、白马将军、晏公大神、千里察奸、顺风报事"等佐神,内容与前二卷相同。

(七)《天后坛下三忏法卷终》

经过发誓、守戒、感应三个过程,进入仪式最后的阶段。本卷内容包含《圆忏赞》、《皈身》、《皈命》、《皈神》、《赞》等部分,《圆忏赞》是赞礼忏圆满,《皈身》共十条,是信徒虔请天后解除一切人身的灾厄,首条云:"皈身天后圣母大天尊愿解一切水火厄。"其第二条至第九条愿解文依序为:愿解一切"刀兵厄、瘟疫厄、冤雠厄、聋瞽损伤厄、牵连延害厄、虎狼毒虫厄、鬼煞恶魔厄及愿皈无上道解脱四生六道轮回厄、愿皈大罗天解脱普天率土民物厄",最后诵念"南无慈悲普济佛"八十一遍。

《皈命》也是十条,首条云:"皈命天后圣母大天尊,解臣一切忧愁悲哀魔得成无上道。"其第二条至第九条愿解文依序为:解臣一切"嬉笑狂妄魔、嗔忿怨恨魔、惊恐忧疑魔、妒嫉忌剧魔、懦弱畏难魔、淫逸贪欲魔、惛迷暗昧魔、耳目口腹魔、荣华富贵魔",最后诵念"南无金光大明佛"八十一遍。

《皈神》也是十条,首条云:"皈神天后圣母大天尊,一祈父母常清净,尽入大罗天。"其第二条至第九条祈文依序为:一祈"宗祖超幽冥、兄弟诚爱敬、子孙传世德、九族乐仁善、友朋皈圣道、万民变时雍、九幽悉悔罪、四生皆正觉、六道勤修行",最后诵念"南无圆明正觉佛"八十一遍。

三皈后为《赞》,赞诵天后法忏不可思议功德。

(八)《天后经忏跋》

《天后经忏跋》署名"吴兴弟子方行慎、尹珩稽首恭跋",内文除了引述《天妃显圣录》林尧俞、林兰友赞天妃神灵应事迹外,再度强调《天后经忏》所提神灵福善祸淫观念。

(九)《小序》

为描述《弘仁普济天后圣母经忏》编撰过程的记录,略谓书为吴兴方行慎、尹珩于康熙六十年(1721)纂辑,宛陵汪永敬为之重刊,吴县潘良材以卷帙繁杂,于道光十一年(1831)请吴兴方君陈文瑞先后校订,未成稿,最后由李存默修订完成,于道光十八年(1838)由九如堂梓行。

四、《弘仁普济天后圣母经忏》体例与问题

从《弘仁普济天后圣母经忏》全书来看,体例并不完整一致,以《天后圣化序》为例,每一化均有一对应故事,如《第一世德化》词文为"九牧声名自昔传,翩翩林氏集群仙,作求世德诚堪羡,福禄绵绵锡自天",是描述天后妈祖家世累代积德,至《二五正果化》描述妈祖升天,文均用七言绝句。自《二六梦感化》文体一变为"爰究爰度,维神之

宅,爱净爱清,维神之庭"之古诗体,至《二七三树化》文体又变为"心香爇,波涛息。三树森森,四海同春"的散文体,直至《六六鉴诚化》,文体均不一致。但至《六七神威化》至《七六安澜化》,文体又回复到最初的七言绝句,可以印证李存默《小序》所说是以康熙本改编而来,但改编者的素质并不佳。

《天后圣化序》引据故事内容,前三分之一以《天妃显圣录》的《天妃诞降本传》故事为依据,品质也较佳,但增述历朝诰封故事已显凌乱,自《五二返飓化》至《六二神雁化》故事则出自陈侃《使琉球录》内的蝶、鸟、雀、燕、雁、灯等吉祥物显现救援的故事,这些故事,与《天上圣母源流因果》所录《册使显应记九则》雷同,可见李存默还参考了其他史料,但这些蝶、鸟、雀、燕、雁、灯等吉祥物显现救援的故事,并不如历朝诰封故事都有具体重大事迹可稽,故整个气势无法连贯,且施琅攻台的故事,似有部分重复出现。仅从《天后圣化序》的体例及内容来看,即可说《弘仁普济天后圣母经忏》的质量仍不如《天妃显圣录》。

五、结　语

妈祖信仰背后原有白衣大士的《六度经》①为信仰宗旨,至南宋林默因缘际会被推升为政府祀典神以后,历朝政府封诰致祭,让天妃妈祖享尽人间祀典裡火,信徒看到的是天后的富贵尊荣,而不知其背后尚有信仰宗教应恪守的道德规范,《天妃显圣录》以降,各种有关妈祖的志书都不曾提到信徒个人应遵守的道德规范,即可知信徒对妈祖的信仰都停留在祈求灵验及神的回报上。《弘仁普济天后圣母经忏》是第一部跳脱传统思维,把立誓行善、遵守戒条、感应回报列入信徒生活行为规范所编出来的经书,让妈祖信仰提升至宗教悔过向善的实行层次,非常具有价值。

基督宗教学者常以中国民间信仰无教义、无仪规批评为迷信,妈祖信俗已被联合国教科文组织列为世界信俗文化遗产,如何把妈祖信俗代表的中国文化核心价值整合,便值得深思。其法,一为回复妈祖与白衣大士的宗教传承,也就是外儒内佛,即外面表象仍维持儒家的祀典形态,内在则由佛教僧侣住持布教。其二,则如江苏吴兴信徒编撰《弘仁普济天后圣母经忏》,自行发展出一套基本信条及行为仪规,供早晚课及法会使用。《弘仁普济天后圣母经忏》的历史意义即在于斯。

作者:蔡相辉,台湾空中大学人文学系副教授兼图书馆馆长

---

① 六度之人:第一,孝顺父母敬重三宝;第二,不杀众生;第三,不饮酒食肉;第四,平等好心不为偷盗;第五,头陀苦行,好修桥梁并诸功德;第六,怜贫念病,布施衣食,极济穷无。

三圣妃信仰与三奶夫人信仰关系试析

谢重光　蓝　青

历史上,由于水系之故,闽西与同一流域的粤东在经济、文化上的交流,影响的深广度要远甚于福建其他地域。妈祖信仰与临水夫人信仰都产生于福建近(沿)海地区,而它早期传入闽西的途径却与粤东潮州密切相关。它在闽西、粤东的呈现方式丰富多彩,彼此互相嫁接甚至混淆,表现出浓郁的本土化特色。本文拟对妈祖信仰与陈靖姑信仰在闽西、粤东地区的前述情况进行描述与辨析,对核心圈之外地域妈祖信仰与陈靖姑信仰的相互关系做一次厘清。

一、宋代汀州"三圣妃宫"与仙溪"三妃宫"

在陈靖姑信仰研究的文献系统中,其最早者人们总是论及元末明初福建古田县进士张以宁(1301—1370)的《顺懿庙记》,此文开头曰:

> 古田东,去邑卅里,其地曰临川,庙曰顺懿。其神陈氏,肇基于唐,赐敕额于宋,封顺懿夫人,英灵著于八闽,施及于朔南。事始末,具宋知县洪天锡所树碑。①

文中的临川即今古田县大桥乡临水村,《顺懿庙记》保存在张以宁的《翠屏集》和明万历《古田县志》中,但洪天锡(1202—1267,泉州人)所树碑记已无存,故《顺懿庙记》往往被人视为有关陈靖姑信仰现存最早的文献。

其实,尚有比此更早的文献已被发现,它们就是分别成书于南宋末宝祐五年(1257)的《仙溪志》(仙溪即今福建仙游县)、开庆元年(1259)的《临汀志》。

《仙溪志》卷三"祠庙"载:

> 三妃庙,在县东北二百步。一顺济庙,……,……,……沿海郡县皆立祠焉。一昭惠庙,本兴化县有女巫,自尤溪来,善禁咒术,殁为立祠,淳熙七年赐庙额,绍兴二年封顺应夫人。一慈感庙,即县西庙神也。三神灵迹各异,惟此邑合而祠之,

---

① （元)张以宁:《顺懿庙记》,中共古田县委宣传部、古田临水宫管委会编《第三届闽台陈靖姑文化学术研讨会论文集》,2004年,第110页。

有巫自言神降,欲合三庙为一,邑人信之,多捐金乐施,殿宇之盛为诸庙冠,俗名"三宫"。①

同卷又载:

> 慈感庙,在县西一里,神姓陈氏,本汾阳人,生为女巫,殁而人祠之,妇人妊娠者必祷焉,神功尤验。端平乙未赐庙额,嘉熙戊戌封灵应夫人,寻加封仁惠显淑广济夫人,宝祐间封灵惠懿德妃。

> 顺济行祠一,在枫亭市西,里人崇奉甚谨,庙貌甚壮,神父林愿,母王氏,庙号佑德,宝祐元年,王教授里请于朝,父封积庆侯,母封显庆夫人,妃之正庙在湄洲,而父母封爵自枫亭。

"三妃"究竟是何女神?我们先来关注慈感庙所祀女神,从"神姓陈氏"、"妇人妊娠者必祷焉"及"灵惠懿德妃"之"懿"字等字句,可判断她应是被世人认为具有"救产扶胎、保赤护幼"功能的顺懿夫人陈靖姑。而顺济庙所祀女神则是妈祖。

《仙溪志》谓慈感庙所祀女神"本汾阳人",汾阳即今仙游县城西郊的大济乡汾阳村。明《八闽通志》卷十九《地理·桥梁》之《兴化府·仙游县》条载:

> 环碧桥,在汾阳大勋山下。宋绍兴二十一年,里人李仲举建,上覆以亭。②

杨榕《莆仙地区陈靖姑信仰及其神话剧初探》一文也引明周华《游洋志》(又称《福建兴化县志》)之记载,证明宋仙溪县汾阳慈感庙所祀女神即陈靖姑,不过《游洋志》认为陈是福州侯官人而非汾阳人,汾阳不过是仙溪县最早为其立庙的地方。《游洋志》曰:

> 广福娘庙,在县西兴泰里,姓陈氏,福州侯官人,世以巫显。旧志云:闽人疫疠凡经其咒治者,悉皆痊活。殁后里人德之,家奉香火。绍兴中,灵显益振,本邑汾阳之人始立为庙,前乡贡郑必豫作记。……里人称曰"广福娘",盖母事之。传五季未尝赐"广福"之号,今人遂称为"夫人"。③

《仙溪志》谓女神"本汾阳人",则是陈靖姑信仰早在宋代就已被仙溪县邑民本土化了的反映。

仙游县至今尚存三妃宫,留晖的《三妃宫历史价值》一文载:

> 古老三妃宫位处仙游县城金石山麓,背靠大蜚山,面向木兰溪,与仙游一中相邻,可谓天时、地利、人和尽得,已列为县级文物保护单位,历史价值不可小觑。

三妃宫历史悠久,始创于宋代。据时人黄岩孙《仙溪志》记载:"三妃庙,在县城东北二百步。"它原为三座庙,其中顺济庙祀天妃妈祖,昭惠庙祀圣泉妈,慈感庙祀陈仙姑。后来,邑人得神启示,集资捐款,"合三庙为一",称之"三宫"。从此香火鼎盛,"为诸庙冠"。④

---

① (宋)黄岩孙:《仙溪志》,仙游县文史学会点校,福建人民出版社1989年版。
② (明)黄仲昭:《八闽通志》,福建省地方志编委会主编,福建人民出版社1990年版。
③ (明)周华:《游洋志》,《第三届闽台陈靖姑文化学术研讨会论文集》,第117页。
④ 《湄洲日报》2010年1月21日B4版。

关于慈感庙所祀女神即陈靖姑,还可从《临汀志》之记载得到印证。

《临汀志》卷十三"祠庙"之"长汀县"条载:

> 三圣妃宫,在长汀县南富文坊。及潮州祖庙。灵惠惠助顺显卫英烈侯博极妃,昭贶协助灵应慧佑妃,昭惠协济灵顺惠助妃。嘉熙间创,今州县吏运盐纲必祷焉。①

本文作者之一谢重光《闽西客家地区的妈祖信仰》一文指出:

> 比较长汀的"三圣妃宫"和仙溪(即今仙游县)的"三妃庙"(或称宫),相同之点是很多的:所祀都是三位女神,都称妃,都是合祀,都可称宫;三妃中的第一位,封号中都有"灵惠、助顺、显卫、英烈"等字样,只是次序有些不同,且《临汀志》所载衍出几个字而已;关于另外两位女神,《仙溪志》中的"昭惠庙"可与《临汀志》中的"昭惠协济灵顺惠助妃"对应起来,"慈感庙"女神"嘉熙戊戌封灵应夫人"一语,又可与"昭贶协助灵应惠佑妃"对应起来。据此可以断言,长汀"三圣妃宫"与仙溪"三妃庙"奉祀的对象是完全相同的。

而仙溪"三妃庙"的第一庙为顺济庙,正是宣和五年(1123)宋廷赐给妈祖庙的庙额,"灵惠、助顺、显卫、英烈"四个封号,是绍兴二十六年(1156)、庆元四年(1189)、开禧元年(1205)、嘉定元年(1208)宋廷先后加给妈祖的封号。因此又进而可以断言,长汀"三圣妃"和仙溪"三妃庙"都是以崇奉妈祖为中心的祠庙。②

妈祖是福建民间信仰系统中影响最大的一位女性,有关她的研究文章可谓汗牛充栋。近年来,人们在研究福建旧汀州属地的妈祖信仰时,常引用《临汀志》"三圣妃宫"条之记载,研究者一般指出了三妃之一是妈祖,但对其他二妃所祀女神为何人却语焉不详。通过前文所述,我们又可推断出长汀三圣妃宫"昭贶协助灵应惠佑妃"与仙溪慈感庙"灵应夫人"一样,即是陈靖姑。

那么,最后一妃又会是何人呢?《仙溪志》独独没有记载她的姓氏,但我们推测她就是后世所谓的"李夫人",换言之,宋代仙溪三妃庙和长汀三圣妃宫所祀女神,就是后世所称的"陈、林、李三奶(位)夫人"(闽西称"三位夫人")。其中林夫人后世称呼颇多,一般称林九娘,但我们认为她和妈祖林默娘者实为同一人。原因在于同一原型派生出来的林林总总故事、五花八门称呼,不过都是各地本土化的结果,并非完全是历史的真实。同理,三奶夫人中的李夫人与仙游所在福建莆田所祀奉的许氏妈(即前引留晖文所称"圣泉妈"),两者可能也是同为一人,李、许之别应是音讹所致。

杨彦杰《长汀城关妈祖信仰的变迁》一文,亦可资证明妈祖信仰与三奶(位)夫人信仰的关系,他指出以前长汀人信奉妈祖有一种习俗:凡是小孩体弱多病较难带养的,都会过契给妈祖请她庇佑。③

---

① (宋)胡太初修、赵与沐纂:《临汀志》,长汀县地方志编委会整理,福建人民出版社1990年版,第64页。

② 《世界宗教研究》1994年第3期。

③ 汀州天后宫文物古迹修复协会第三届理事会编:《汀州天后宫文萃》,2003年,第35页。

其文注释补充说:"也有把孩子过契给陈、林、李三位夫人中的林夫人,当地人认为林夫人即妈祖。这是年已七旬的(汀州天后宫修复协会)现任会长梁先生告诉笔者的。他说:老辈人都这么讲。可见把妈祖混同于林夫人由来已久,这是闽西妈祖信仰混入原有陈靖姑信仰的一个例证,也是当地妈祖信仰经过改造变异后的显著特色。"①

不过,谓"混入",应不尽准确,因为如前所述,妈祖信仰本来就和陈靖姑信仰难分难解。

闽西地区宋代就传入了陈靖姑信仰,这种信仰是以崇拜"三圣妃"的形式呈现的,换言之,宋代闽西地区就流行"三圣妃"亦即"三奶(位)夫人"信仰了。"三妃"信仰产生于闽东、闽南沿(近)海地区,从汀州三圣妃宫和仙溪三妃庙所奉女神的一致,可推断宋代闽西地区的"三圣妃"信仰源自宋兴化军(今莆田市)一带的沿海地区。

民国《上杭县志》卷二十二《古迹志》载:

> 夫人宫:(在)昭阳门,其神有三。旧志有伍吉甫家祀之,祷辄应,遂盖庵于此。明永乐十三年,林参等拓为宫,雀不敢巢。景泰间,以筑城废。成化二年,孔文昌等重建。一在所东北,呼"临水仙宫"②。

这则记载反映了明代上杭县"三奶(位)夫人"信仰的情况,表明早在明初永乐十三年(1415)之前,上杭县就已传入了"三奶(位)夫人"信仰了。

二、宋代汀州"三圣妃宫"与潮州"三妃宫"

宋代闽西地区的"三圣妃"信仰源自宋兴化军所在的沿海地区,而过渡的桥梁则是毗邻福建、与福建族群、文化渊源关系都十分密切的潮州。

本文作者之一谢重光《闽西客家地区的妈祖信仰》一文指出:"然则宋代长汀的妈祖信仰是怎么传来的呢? 记载中'及潮州祖庙'和'今州县吏运盐纲必祷焉'两句话给我们提供了重要线索,那就是长汀最早的妈祖信仰必然与潮州、与盐运有关。"

按:汀州的食盐供应原先来自福州,即先自福州溯流至南剑州,再转陆运至汀州。由于路途遥远,陆运艰难,关卡繁多,费时费力,盐价昂贵,民甚苦之,所以汀州及相邻的江西虔州(今赣州)人民往往成群结队至广南盗贩私盐。南宋理宗绍定年间,著名法医学家宋慈出任长汀县令,经过调查研究并取得郡守李华的支持,决定改道从潮州沿韩江、汀江运盐,直抵长汀。新的运盐路线缩短了路程,又把原来的水陆联运全部改为水运,节时省力,降低了盐价,公私称便。自此汀江、韩江间的商业航道正式打通,汀州与潮州的经济、文化联系大大加强。

记载称长汀"三圣妃宫"乃"嘉熙间创",嘉熙间(1237—1240)恰在宋慈从长汀县令任上调离的端平年(1234—1236)之后,上距汀州盐运改道的绍定间(1228—1233)也

---

① 汀州天后宫文物古迹修复协会第三届理事会编:《汀州天后宫文萃》,2003年,第33页。
② 丘复总纂:《上杭县志》,上杭地方志编委会重印,2004年,第637页。

不过几年至十几年时间。再联系到"今州县吏运盐纲必祷焉"和"及潮州祖庙"之语,可证长汀"三圣妃宫"的创置与盐运的改道有着密切的关系。不难想象,汀州盐运改道潮州之后,负责运盐的州县吏和船工们经常由汀江、韩江往来于汀州、潮州之间。他们在潮州了解到妈祖作为海上航运保护神有祷必应的传说,结合自己在运盐中经常要遇到急流险滩、风波不测的情况,很自然地接受了妈祖信仰,并且产生了依照潮州的某座妈祖庙在长汀自建一庙以求得妈祖庇护的愿望。于是乎长汀的妈祖庙建起来了。大概他们当时在潮州接触较多的是合祀三妃的"三圣妃庙",所以在汀州仿造的庙宇仍取三妃合祀的形式,称为"三圣妃宫";汀州新庙建成时还可能从作为模仿对象的潮州某座三妃庙分香或分灵至新庙奉祀,故而潮州的这座三妃庙便成为长汀三妃宫的祖庙。

根据以上的考证,可知长汀三圣妃宫应是汀州最早的妈祖庙,它是经由汀江至韩江航运路线的沟通,由潮州传至汀州的。这座庙的建立,是汀、潮两州经济、文化交流的产物,同时又是两州经济、文化联系进入一个新阶段的标志。

大体说来,汀州最早一座妈祖庙的创建时间,也可以视作妈祖信仰最初传入汀州的时间。不过,如果考虑到建庙之前应有一段酝酿、准备时期,在此时期应已有一部分常常往来于汀、潮二州之间的官吏、船工、商人在船上、家中安放小型妈祖塑像加以奉祀;更进而考虑到作为促进妈祖信仰传入汀州的潮州盐运路线的打通是在绍定年间,而且在绍定年之前既已有私盐贩活跃于潮、梅(州)与汀州之间,则妈祖信仰最初传入汀州的时间还应从嘉熙年间往上推,推至绍定年间,甚至更早一些。①

由于陈靖姑信仰和妈祖信仰难分难解的关系,上述谢重光有关妈祖信仰从福建向潮州传播,再从潮州溯韩江、汀江向汀州传播的原因、年代、路线等,亦适合于汀州陈靖姑信仰传入的情况。

潮州地区的三妃宫,李汉庭《潮汕的女神》一文记载说:

> 潮州城的三妃宫在东平路尾,澄海的三妃宫在城北,今已不存。三妃宫祀天后娘娘、泰山娘娘与曹娥娘娘。天后即妈祖,潮汕人有称她为"姑母"或"姑妈",这当然以林姓为主,也有一些外姓人称呼。这并非乱攀亲,莆田是大多数潮汕人的祖居地,一似南雄珠玑巷之于广府然,故说事出有因。泰山娘娘指泰山女神,秦始皇、汉武帝等曾登泰山封禅,泰山诸神均受封。一说泰山女神实是西王母。潮汕人独祀泰山女神,也很特别。另一位是东汉孝女曹娥,她是浙东上虞人,父曹盱溺死于江,不见尸首。当时曹娥仅14岁,沿江号哭十余天,投江而死。五日后,娥抱父尸浮出水面。曹娥墓在绍兴市。孝女惨烈殉父,换来一条"曹娥江"之名而垂后世,被目为水神。但即使在从前,像潮汕这样祀奉曹娥的恐怕不多。②

文中认为潮州"三妃宫"所祀女神是"天后娘娘、泰山娘娘与曹娥娘娘",如果潮州这座三妃宫所祀女神,与《临汀志》所载宋汀州三圣妃宫分香所自的潮州祖庙一致的话,如前所论,我们认为另二妃至少本有一神即为陈靖姑,而称她为"泰山娘娘"或"曹

① 《世界宗教研究》1994年第3期。
② 转自"潮汕之窗"网。www.chaoshang.net/cswin/index.php.

娥娘娘",其中一个重要原因即可能是"三奶(位)夫人"信仰在潮州的本地化和变异。

三、三圣妃信仰、三位夫人信仰在闽西、粤东的呈现方式

三圣妃信仰、三位夫人信仰在闽西、粤东相当盛行,其呈现方式丰富多彩。

(一)祠祀方面

闽西三圣妃信仰、三位夫人信仰最直观、普遍的呈现方式就是独祀或合祀的"夫人宫"等庙宇的广泛分布,方志中记载了相当一批此类庙宇。如:

清康熙《永定县志》卷三《营建志》载:"夫人宫:在金丰古竹村。"①

清道光《永定县志》卷十四《祠庙志》载:"三圣宫:在丰田横磜下。嘉庆年间,乡人重修。"②

民国《上杭县志》卷二十二《古迹志》,除上引县城昭阳门夫人宫外,还载:"三圣宫:潭头。今废,碑记尚存。夫人宫:与(官田)回澜宫对岸北向,昔时六月十一日最为热闹。夫人宫:南蛇渡东岸。夫人宫:(砂埔水口)回龙宫左。夫人宫:湖坑。"③

民国《武平县志》卷二十《古迹志》载:"三圣宫:鱼溪乡。"④

另外,刘大可《女性与闽台社会》一书"女性与民间信仰·临水夫人"一节载:

> 在田野调查过程中,我们在武平县万安乡的下圳村、民主乡溪头墟的小溪旁都曾发现有夫人庙,听报告人说县城旧时也有夫人庙。此外,在连城、长汀、永定、宁化、清流等县也都见有夫人庙。⑤

刘文为此段附注说:

> 民国《连城县志》卷十九《祠祀》记有"夫人庙,《徐志》:神林姓,五代时林愿女,雍熙四年升化,常衣朱衣飞翔海上,宣和赐庙号顺济……",将其(临水夫人)与妈祖混为一谈。……关于宁化县、清流县的临水夫人庙,参见杨彦杰主编《闽西的城乡庙会与村落文化》第4—5、358页。⑥

附带一提,上引刘文中"武平县万安乡下圳村",即为本文作者之一谢重光的故乡,他还记得儿时在村里小溪旁有一小庙,名为三位夫人庙。村民虔信三位夫人,作者的大伯乳名夫人保,寓有托庇夫人的保佑平安成长之意。

清代武平县举人林宝树《年初一》(又名《一年使用杂字》)的记载,生动地勾勒了旧时闽西地区人们前往夫人宫祈愿、并对"三位夫人"无愿不从、有求必应的膜拜情形,

① 转自"永定县情网·永定地方志"栏。www.ydxq.cn.
② 丘复总纂:《上杭县志》,上杭地方志编委会重印,2004年,第639、643、644、645、646页。
③ 丘复总纂:《上杭县志》,上杭地方志编委会重印,2004年,第637页。
④ 丘复主纂,林绂庭、谢伯镕协纂:《武平县志》,武平县志编委会整理出版,1986年,第457页。
⑤ 刘大可:《闽台地域人群与民间信仰研究》,海风出版社2008年版,第155—156页。
⑥ (清)林宝树:《一年使用杂志》,转自刘大可《闽台地域人群与民间信仰研究》,第155页。

他说:

> 有行香火提傀儡,赛还良愿香山戏。华光菩萨并观音,三位夫人随人许。

前引刘大可一文还记载说:

> (上杭夫人宫)宫外有一口水井,被称为"夫人井",井之北在汀江岸边还有行宫一座。据当地报告人说,旧时年岁较大的老年妇女为求得三位夫人的荫佑,经常去夫人宫朝拜。每年正月十六日是陈靖姑的诞辰日,巨商富贾都会参与操办节日活动,六年一次的小当和十二年一次的大当年则更是隆重。①

当然,由于各种原因,我们尚不能简单断定上述三圣宫所祀一定为"三奶(位)夫人",但夫人宫、夫人庙所祀应为"三奶(位)夫人",因为妈祖庙宇有其专称"天后宫"。

(二)宗教方面

闽西地区的道教属闾山派,其所含"夫人教"之重要科仪是"夫人科",俗称"跳海清"、"装夫人教",表演陈海清、陈靖姑兄弟及陈靖姑结拜的姊妹林九娘、李三姐四人前往闾山学法除妖的故事。

叶明生《福建道教女神陈靖姑信仰文化研究——"夫人教"在中国南方的流播及影响》一文对"夫人教"介绍说:

> "夫人教"也在广东地区流行,主要流行地区为接近闽南地区的潮州、与闽西、赣南接壤的梅州,以及赣湘交界处的韶关等地。潮州地区的"闾山三奶派"与闽南漳州之道坛相同。梅州地区的闾山派,一是以客家夫人教为主流,教派情况大体与闽西的上杭、永定等地闾山夫人教基本一致;一是闽西畲族与梅州之闾山派的交流。韶关的闾山派也是客家系统的巫道传承,其中还保留许多客家夫人教原生形态的东西。②

(三)民俗方面

前引民国《上杭县志》卷二十二《古迹志》"夫人宫:(在)昭阳门,其神有三。旧志有伍吉甫家祀之,祷辄应,遂盖庵于此"之载,即是陈靖姑信仰在闽西家居信仰民俗上的反映。据叶明生介绍,福建许多地方在陈靖姑信仰上有"临子求神"之俗。本文作者之一蓝青,其母年近七旬,至今仍居长汀县乡村,她报告说,在她长媳临产之时,她曾长时间低声轻唤"陈靖姑"之名,并向"陈靖姑"祷告许愿,以祈长媳生产顺利。

此外,据一位居住在长汀县羊牯乡白头村的女性报告人,向本文作者之一蓝青报告说,她村中一位老妪因心肠极好、乐于助人,自年轻以来就一直被村人唤为"陈靖姑",由此亦可窥陈靖姑信仰在闽西的深入人心。

---

① 刘大可:《闽台地域人群与民间信仰研究》,海风出版社 2008 年版,第 155 页。
② 叶明生:《福建道教女神陈靖姑信仰文化研究——"夫人教"在中国南方的流播及影响》,《第三届闽台陈靖姑文化学术研讨会论文集》,第 149 页。

(四)戏剧方面

在闽西,妈祖信仰在庙宇、诞辰纪念等方面的数量、规模要超过陈靖姑信仰,但信众对妈祖生前身后事或传说知之甚少,而由于《夫人戏》的长期演出,一般老者对戏剧化了的陈靖姑可谓耳熟能详。近十年来,傀儡戏在闽西基本偃旗息鼓不再演出,但本文作者之一蓝青,其父年逾七旬,一直村居,据他报告说,他对早年演出的傀儡戏《夫人传》情节记忆犹新。不过,他将戏中古田陈靖姑之"古田",误认为邻近的上杭县古田镇了。

作者:谢重光,福建师范大学社会历史学院教授、博士生导师
蓝青,龙岩市政协文史委干部、区域史研究者

妈祖鞋——守护物的演化与文化意涵

洪锦淳

一、前　言

　　人类渴望在混乱不安的环境中,寻找安全、安定与和谐的力量,当人类的力量有所不能时,人类企图通过向不可知的神灵祈求,以获取现世的安定与和谐,于是神祇、信仰、宗教在此需求之中诞生、演化。① 神学家田立克(Paul Tillich,1866—1965)即以为人类宗教行为的产生,无非在找寻现世安全的利益,而且个体愿意长久投注于信仰行为,积极参与活动,其背后往往有深一层具宗教结构性意义的存在。田立克为人类宗教信仰,下一核心的定义是"终极的关怀"(ultimate concern)。② 民间信仰③,虽然欠缺宗教信仰系统化的定义、内涵、架构,但在其信仰行为的发生历程、结果之中,则一如所有宗教的最基本需求——追寻现世的安全与利益。任何原始信仰行为的生发,若乏此最基本安全与利益的满足,则无法有后续的发展,当然不可能展衍而为大众化的民间信仰。在信仰与宗教行为的诞生历程中,人类是相当重视现实感的,是以利益取向为前提的。诚如詹·乔·佛雷泽(Jinzhi Jingyao,1859—1941)的《金枝》所述,其第五章《巫术控制天气》论人们通过交感巫术却不能达成所期时,人们会愤怒地抛弃原先使用的巫术,甚至改用恫吓、咒骂、袭击的方式去对超自然神物,以强索所需。其第六章《巫师兼国王》也论及如果国王巫师不能达成人们所期,则会被罢黜、或者杀死。④ 即如台

---

① 孙尚扬:《宗教社会学·社会学视野中的宗教仪式定义与本质》,北京大学出版社 2001 年版,第40—48 页。文中论及宗教的构成要素为:宗教信仰、宗教仪式、宗教经验、宗教群体与组织四项。

② 〔德〕保罗·田立克(Paul Tillich),*The Dynamics of Faith*,New York:Harper&Row,1957,1ff,采取董芳苑的翻译、解释。

③ 董芳苑:《台湾民间信仰·就台湾民间信仰之认识论基督教宣教的场合化》,台北,长青文化事业股份有限公司 1983 年 7 月增定版,第 282 页。董芳苑推论"民间信仰"(folk bliefs)的特征是:没有特定的创始人(教主),没有权威的经典,没有系统的教义,没有进教的手续,更没有宣教的运动。其实民间信仰是民族性传统宗教,因为与风俗习惯密不可分,所以是一种生活模式,一种文化现象。

④ 〔英〕詹·乔·佛雷泽(Jinzhi Jingyao)著、刘魁立编:《金枝精要——巫术与宗教之研究》,上海文艺出版社 2001 年版,第 53—75 页。

湾民众因为大家乐等赌博行为而诞生的各路小神祇,当祂无法满足信众的需求时,也会被断然抛弃,无法发展为信仰。因此推求各地民间信仰的存在,无非是其能够满足其信众的需求。

其次,所有的宗教行为,其表征信仰之实质的种种活动,并非一成不变的,因此,没有所谓绝对"稳定状态"的存在,每种饱含宗教意义的信仰行为,都有其生成及异化的历程,在其生发过程之中被保留、升华的信仰行为,必然对个体、群体之生命状态可以产生调节性的功能,经信仰行为调整之后,其生命状态必然更稳定、安全、和谐、满足;甚至个体若将一己精力集中于信仰,并为宗教热情所激励,那他必将以完全确定的方式,与自己先前的世俗自我分道扬镳。①

台湾最大族群的民间信仰,不外是妈祖与王爷的信仰,观察其信仰的基础,也实是源自于安全的需求,前者立基于航海的安全需求,后者则是在去除瘟疫的神祇信仰。两大信仰之所以在台湾获得广大信众的支持,与其守护庶民安全的故实(神迹),在民间不断的累积、宣扬密切关联,甚至有地方士绅的强力护持,也有历代官方的加封赐爵,终于将其神祇推向民间信仰的高峰,而成为民间信仰的显学。

无论任何神祇的信仰,在其故实(神迹)的累积层叠过程中,定有部分转化为跨越地域性的信仰基石,成为此一神祇的共通信仰行为;有些则因其结合强烈的地方色彩,而成为地域性的信仰行为;或者有某部分因为其太过独特性、仅在小众间流行,则仅仅只是某个宫庙的特殊信仰行为。但是,无论其信仰行为在哪一时空,呈现什么相状的存在:沉寂的、热闹的、肃穆的、轻松的,追根究底无非是人类心灵需求的表现;即便是透过某一阶段,时代性人物的刻意宣扬,致使其结果或超越地域、或限制地域之中,或限制一小宫庙中,全然都是与其所属信众的心理需求相应相符。

二、守护物的象征、作用

人类渴求安定、和谐,一如前说。然而混乱不安的世界,让个体时时感受到生存的压迫;所谓安定、和谐,实在是奢侈难求的境遇。于是追寻绝对安定、超俗的神圣世界,成为宗教信仰行为的终极追寻。各宗教、民间信仰都试图通过某些特定经典的宣说、特定仪式的操作、特定物品的使用,以脱离混沌不安的俗世,而达到神圣的世界,以享受永远安定、和谐的状态。至于人的一生之中,存在着许许多多混沌不安的时刻,其中以各重大阶段的转换:出生、成年、结婚、死亡,是生存状态中最为暧昧不明、最为混沌不安的尖峰时刻。而上四者之中,则又以生死时空的转换,至为重大、混沌,也最令人恐惧不安的,因此正是所有宗教最关注的焦点;换言之,处理生死问题,是各宗教终极关怀的核心所在,其重要经典、仪式都与此环节相联结。

---

① 〔美〕威廉·詹姆斯(William James)著、尚新建译:《宗教经验种种》(*The Varieties of Religious Experience*),华夏出版社2005年版,第161页。

民间信仰对神圣世界的描述,则不如一般宗教信仰的清晰、定向、定量。例如基督教信仰中的天堂,佛教信仰的诸佛净土,或者汉传佛教最熟悉的极乐世界,都是神圣空间的具体呈现,其神圣空间超越世俗的内涵实质,既详载于其经典之中,又于经典中揭露其可以抵达神圣空间的途径、方法。一般民间信仰,对于神圣空间,或其修行途径,比较缺乏如此清晰、定向、定量的描述。但是民间信仰之所以有广大信众,则是在于其信仰的行为,往往充塞于生活的每个环节之中。如在汉文化圈中,"气"感意识深植于民心,只要个体"感觉"自己身不安、心不宁,个体内在小宇宙失序,就会寻找快速脱离不安不宁的方法;避邪进而求祥的守护之物,在此需求之下产生,其理则是以"非常物"制"非常境",使个体所处世界快速恢复秩序,个体迅速恢复身安、心宁。① 民间信仰即是在日常中通过某些特定的仪式、或者充满象征意义的物品,善巧方便地处理信众生活中大大小小的混乱,使其迅速地脱离暧昧、混乱、不安,以得到身心的小安定、小和谐。进而累积点点滴滴的小安定、小和谐,而达成人一生的大安定、大和谐。例如民间信仰以焚烧王船的方式,扫除瘟疫,即是以特定信仰行为的仪式,让人类脱离疾病、死亡的威胁与混乱。又例如,台湾民间信仰,时常以"八卦牌"作为民宅守护神的象征,其目的即是期望通过"八卦牌"的守护功用,让合家人丁家畜平安、财产事业丰盛;其行为即是以特定物品的功用,令悬挂者的家族脱离种种犯冲的威胁与灾难,进而获取平安。② 这种祈求者或者信仰者,不必通过长时间的隔离及修行,却能够通过短暂地、专注地进行祈求与许愿等等宗教活动,即能获得神祇及时性守护的信仰行为,是民间信仰普及化的主因之一。

另外,台湾民间信仰,往往也以镌印各宫庙名的香火袋③,作为信徒随身的守护物;从另一角度观察,此信仰行为,即是以香火袋作为信徒与神祇之间的誓约信状。换言之,镌印各宫庙名的香火袋,一方面是信徒与此宫庙神祇的契约信状,一方面则是契约成立之后,此宫庙神祇守护信徒的象征物。亦即此象征物在人、神签立契约之后,俨然成为神祇灵力的载体,足以成为信徒的守护物,信徒佩戴此守护象征物的同时,即可获取神祇的庇护;凡是信徒,都如是虔诚信仰着。至于信徒与神祇之间的签立契约,也仅仅是仪式的象征意义,而非文字的具体存在,信徒以:祷告、祈求、许愿、抽签、掷筊、过香火、配戴香火袋等等的宗教行为之历程,以宣告契约的成立。仪式进行的当下,人神是在不可见的时空中,彼此交感,因此仪式的本身即具足象征契约存在的意义。在此宗教行为的历程中,信徒必须十分专注、虔诚,其过程愈是专注、诚敬,愈能获得神祇灵力的庇佑。有时佩戴者未必是祈求者,若其佩戴的当下无所分别,自心底真诚地相信此守护物是神祇的分身、分灵,其守护的功能则愈显著、愈强大。真实相信香火袋是神

---

① 李丰楙:《避邪、安镇与吉祥》,台北,《传统艺术》2004 年第 5 期。

② 董芳苑:《台湾民宅门楣八卦牌守护功用的研究》,台北,稻香出版社 1996 年版,第 101—103 页。

③ 各宫庙的香火袋外形大致一样,一寸见方的布袋子,中有其宫庙神祇的符咒,或红色、或黄色,表面镌印各宫庙名,以棉绳穿过,让信众佩戴。有的则是祈请之后,悬挂在车上,以保行车平安。近来,各宫庙另有特制的香火袋,则是在特殊条件下,予以信众,特别精美;外表除其宫庙名之外,另有神祇像或者法轮像,其内容物,除符咒之外,另有铜钱,以表财富。

灵的分身、神力的载体,有其守护的功能,因此随身佩戴,以求平安的信仰行为,在各神灵的信仰圈中,普遍存在。因此,镌印各宫庙名字的香火袋,成为台湾民间信仰最普遍、最简易的随身守护物。

三、守护物"妈祖鞋"的诞生与演化

台湾的妈祖庙香火鼎盛,日日香烟缭绕,日久,庙中的墙壁、妈祖的身上,都有着浓郁的香烟,信徒为了长保妈祖神像上衣物的整洁[1],每隔一段时间,会为妈祖圣像进行衣物的更新。各寺庙更换衣物的时间规则不一,或一年 2 次,或 1 年,或 2 年,或 3 年,也有祖庙是由分香的庙负责更换衣物,时间不定。其更换时间大抵是在妈祖圣诞日——农历 3 月 23 日;或者年底送神——农历 12 月 24 日,各宫庙有其定则。其所以更衣时间有 1、2、3 年的差异,或取决于财力,或视其香火状况,或诉求于环保,而重新调整更换的时间。更换衣物后的妈祖神像,经过一番打理,新妆、新容,看来更为庄严、可亲。至于更替换下的妈祖旧衣物该如何处理,各宫庙则有不同的处理方式,台湾几所规模宏大、历史悠久的妈祖庙,各有自己的历史法则。尽管更替下的旧衣物已经油烟满尘,因为是神祇所穿着过的衣物,且经过一段时日的香烟熏染,也自然具有神圣的象征意义,所以各宫庙总是相当谨慎地处理:有的宫庙留取特别精致的衣物在橱柜中,以为纪念;有的则由当时发心供养衣物的信徒,祈请回去;有的则是保存几年,积存一段时日之后一起火化之;有的则视为秘密,不愿意说明其去处。总之,既然是神祇的衣物,不可能视同凡人的旧衣,任意丢弃,而是以谨慎、恭敬的态度处理妈祖的神圣衣物,如此态度在各宫庙都是常规常态。

台湾各妈祖宫庙是以焚烧的方式处理圣衣物的居多,其所以如此,耆老们都说是源自于古礼,以为如此处理,才是恭敬神祇的行为;至于其根据、由来,耆老们以为发始年代久远已经无从考察,就如老人家常挂在口头的"自盘古开天以来就是如此",他们是依循着"新例未设,古例未灭"的原则在行礼如仪。此一仪式的精神,当然在于恭敬神祇。火在初民的信仰中本来即具有净化一切的功能[2]:当事物经火焚烧之后,一切便要重新来过。至于在汉文化圈中,若要推求其载于经典的根源,或可推自周朝,《礼记·曲礼上》有"临祭不惰。祭服敝则焚之,祭器敝则埋之,龟筮敝则埋之,牲死则埋之"[3]之说。孔颖达(574—648)注疏以为祭服、祭器、祭品无论是焚之或埋之,其本义在于不愿意此等神圣之物,受人亵玩;假若此等圣物遭受亵玩,则是不敬鬼神,如此其

---

① 〔美〕威廉·詹姆斯(William James)、尚新建译:《宗教经验种种》(*The Varieties of Religious Experience*),第 115 页。所谓"信徒",一定有其特有的入教仪式及其在日常生活中实践其宗教信仰的仪式。民间信仰虽然不等同于宗教信仰,没有其严格的入教仪式,但是成为某个神祇的信仰者,也可以称是此神祇广义的信徒。

② 〔英〕詹·乔·佛雷泽(Jinzhi Jingyao)著、刘魁立编:《金枝精要——巫术与宗教之研究》,第 575 页。

③ 《礼记·曲礼上》卷一,(清)阮元校勘、用文选楼藏本校定,台北,艺文印书馆 1955 初版,第 57 页。

祭祀则得不到鬼神的共鸣,当然也无法获取福荫。因此,祭服等因为年久败坏时,不焚之或不埋之,而任由他人有机会拿来使用,则是亵慢鬼神之物,其罪过也等同于亵慢鬼神。至于祭服等等,祭祀时所用之品物,所以有或焚与或埋的差异,在于祭服乃是祭祀者(人)的礼服,礼服败坏时,则焚毁以示永不再使用;其他的礼器、礼品、牺牲等等,则是鬼神所享用的物品,凡人眼所见虽然已经败坏,但是凡人实在无从理解鬼神还用不用,因此应该埋藏之,而请鬼神自己决定其用途。从《礼记》上的意思推求:"临祭不惰"已说明清楚祭祀旨在祈福,则一切必然以恭敬为第一要务;其恭敬的内涵则包含对于祭服、祭器、祭品等等的处理态度。凡是具有神圣意义的衣物、祭器、祭品等等,当其败坏时,则应该将其隔离于一般俗世的空间之外,以显示其神圣的绝对性。因此后代的各种祭祀、酬神的礼仪,也沿袭此一焚毁或埋藏的仪式,以表示其恭敬的精神。虽然《礼记》上的祭服,乃是指祭祀者的祭祀礼服,并非指神祇身上的衣物,但是后世据此恭敬的精神以加以延伸,以为神祇的衣物,既然已经败坏,不堪再使用,则应焚毁之,以示崇敬神祇之意。因此,绝大多数的宫庙,都采取焚烧的方式,以处理烟尘满布的神圣衣物。

　　然而焚烧妈祖所更替下的神圣衣物,以示敬神内涵的做法,随着时代的更迭,渐有转变。有着三百多年历史的凤山双慈亭①,在几十年前,就有信徒宣称妈祖示梦②,可以将其所更下的衣物带回去,以保平安。然而,个人所宣说的梦境圣谕,无从证明其信实度,当时敏慧的执事者,也不敢断然否定其信众所言,于是将其裁夺权还予妈祖,请信徒在妈祖神像前跪求妈祖应允、守护,如果得到连续 3 杯神圣杯筊的,即是获得妈祖的圣谕,可以如其所请,将其所祈求的圣衣物带回去。而后双慈亭妈祖所更替下的衣物,逐渐成为其信仰圈信徒的守护物。其中,最受欢迎的有:妈祖缠绕在头上的头巾③,老人家祈请回去,缝制成为长条型的背巾,让媳妇背着孙儿女;如此,背巾是圣物的制品,即有了神灵的守护,宝宝特别容易摇饲。但是近年来,已经没有人会使用传统背巾,因此祈请妈祖头巾的人少了。还有,小巧可爱的妈祖鞋,因为方便携带,也成为小娃娃的随身守护物。据说小娃娃身上佩戴着妈祖鞋,也变成安安稳稳的好宝宝,好照顾、睡得甜稳、长得壮实。至于妈祖整件的圣衣,因为不容易携带,反倒是最少人祈请的;会祈请整件圣衣的往往是渔船的船长,船长专程来祈请圣衣,在出海时,一定带着妈祖的圣像,并将妈祖的圣衣挂在船头上,以表示他们启请妈祖一道行船,如此一来,可以保证行船一路平安,又有大收获。据庙中的耆老说,最近几年,祈请妈祖圣衣的渔船,已不如从前之多。倒是有老人家特地来祈请妈祖身上的披肩,信徒说明是要将妈

---

　　① 《高雄市政府观光局》。http://tourism. kcg. gov. tw/home. aspx? iseng = 0. 2011/6/5. 双慈亭位于凤山市三民路 287 号(凤山市三民路与双慈街口),其官方网站述建于清康熙年间,但最早数据又显示增建前殿于乾隆十八(1753)年。

　　② 郑志明:《从灵感思维谈台湾妈祖的宗教祭典》,《妈祖信仰国际学术研讨会论文集》,云林,北港朝天宫董事会、台湾省文献委员会,1997 年 9 月,第 315 页。文中指出近世神话传说减少,增加祈祷、托梦的显灵事迹。

　　③ 妈祖神像戴冕之前,需要以头巾缠绕在头部,方能固定其冠冕。

祖的圣衣披放在自己盖的被子上;老人家说是得到妈祖的启示,这样晚上睡得比较安稳。另有七十几岁的老人家说他走路没气力,所以也来祈请妈祖鞋,让他戴在身上,会走得比较有力气。近年来,双慈亭为了响应环保,不再是年年为妈祖更替新衣,改为两年一换;庙中执事特地为神像制作玻璃框,以维护神祇衣物的整洁。祈请圣衣物的信徒,竟也与更替的频率相应——衣物少了,祈请的信徒也少了。一如耆老们惯常挂在口头的:"有缘的人,妈祖就会给他啦。""都是很巧的啦,换下多少,就会有多少的人来。"①庙中执事以为善男信女,凡是虔敬祈请,妈祖总是会满其所愿的。

林林总总妈祖神圣衣物的再利用,在凤山双慈亭已经行之有年,庙中的耆老们也说不清是从哪一年开始,只能说很久很久了。耆老说这些再利用都不是庙中的委员、志工发明、创造的,都是一个个信徒,各自从妈祖指示而来的。庙中的执事们,了解信徒祈求神祇衣物的功用时,没有谁可以决定给或不给,或者究竟要将圣衣物给什么人,执事们(通常主委作主)都是循着旧例,请妈祖自己作决定。其祈请的仪式是:信徒将其所欲祈请的神圣衣物、用途,告知执事,并跪在妈祖圣像前恳切祈求妈祖指示:先以三支香敬拜妈祖、左右护法,接着跪在妈祖神像前,禀告妈祖自己是何许人、此圣衣物的用途、许愿,然后以掷筊的方式,获知妈祖允诺与否,如果能获得连续3圣杯的,信徒辄可以将他所乞求的神圣衣物带回去。②

这种个体私密性的信仰活动(private worship),在双慈亭不需透过任何他者(乩童)作为媒介,完全是信徒个人与妈祖神灵之间的直接沟通③、直接订定契约;其契约的内容及履行,也不必书写在任何信状上,仅仅是通过这种求取守护物、佩戴守护物、还愿的过程,确立信状的内涵与实质——妈祖以其超自然之力,作为济世的能源,神灵通过其守护物,守护或者化解信徒现实的苦难;信徒在其苦难解除之后,以其所许之物、之事,在妈祖宫中完成还愿的仪式。此一混杂着宗教仪式与交感巫术的信仰活动,在双慈亭中,没有任何窒碍地在妈祖鞋的创发使用上展现。信众向妈祖神灵的祈求、许愿、还愿,是一种宗教仪式的活动。妈祖鞋具有妈祖的神灵能量,则是交感巫术中的接触巫术:妈祖穿戴过的鞋子,与妈祖一样具有神秘的力量,可以远距离的相互作用;换言之,事物一旦互相接触过,它们之间将一直保留着某种联系,即使他们已经相互远离,其神祇的力量依然存在。④ 因此,凡祈求妈祖鞋的信众,只要佩戴着,即使远在他处、他乡,同样受到妈祖的庇护。

有别于一般妈祖宫时常以香火袋作为守护物⑤,妈祖鞋是凤山双慈亭特有的守护

---

① 凤山双慈亭总务陈小姐口述、洪锦淳电话采访,2011 年 5 月 23 日。

② 双慈亭的妈祖鞋都是三寸金莲,做工精细。鞋上的动物图腾是龟与鹿,龟表长寿,鹿谐音禄,以表征福禄双全;植物则是梅花,以表其不畏寒冷、不畏艰苦。

③ 郑志明:《从灵感思维谈台湾妈祖的宗教祭典》,《妈祖信仰国际学术研讨会论文集》,第 313—316 页。

④ 〔英〕詹·乔·佛雷泽(Jinzhi Jingyao)著、刘魁立编:《金枝精要——巫术与宗教之研究》,第 16—39 页。

⑤ 双慈亭的守护物,有一般宫庙结缘的香火袋,也有特别供养祈请的香火袋。而妈祖鞋,则是属于特殊性质的守护物。

物。当信徒获得妈祖 3 圣杯应允之后,再将妈祖鞋 3 旋绕过妈祖的香炉,过完香火的仪式之后,妈祖鞋即具有特别的神灵之力。妈祖鞋成为凤山双慈亭妈祖圣灵的载体,也是妈祖的象征,或者说,妈祖鞋即是妈祖的某种分身、分灵。其信仰圈的某些信徒们,相信佩戴妈祖鞋可以让宝宝安安稳稳地睡觉、安安稳稳地长大。民间信仰灵验与集体性的关系也在此彰显:越多人拜越灵验,越灵验则越多人拜;深信妈祖鞋予以幼儿守护的人愈多,其守护功能则愈来愈强。口耳相传,于是祈请妈祖鞋的人愈来愈多。双慈亭在几十年前,为了让更多的信徒能满其所愿,于是信徒们就有了"祈请一双妈祖鞋,来年必须要奉还两双"的不明文规定①;其目的是期望更多的信徒,通过妈祖圣物的灵力,以获取神祇的庇佑。一年仅换下的两套旧衣物②,如果祈求者超过两人时,宫庙里的执事,会请信徒留下通讯的方式,在下一次更新衣物时,优先请等待的信徒前来礼请。如此的做法,还是将一切的决定权还予妈祖神祇,减少许多不必要的纠纷。

但是,妈祖年年更换的衣物毕竟有限,祈求的人众多,无法人人满愿,尤其是需要妈祖鞋保护的幼儿,日日在长大,怎么能够再等待一年? 于是,妈祖鞋,不再是专程做给妈祖神像穿了。不知从什么时候开始,信徒将制好的妈祖鞋摆在神案上,于妈祖神像前,喃喃地禀告自己的姓氏、邻里、祈愿,一番番地礼拜、祈请、许愿、掷筊,等候神祇指示,再欢喜地携回属于自己的妈祖鞋。如此情况之下的妈祖鞋,从繁复刺绣的短靴,转而为更简单、象征三寸金莲的尖尖鞋,愈做愈小巧,越小巧越容易随身携带、垂挂。

于是守护幼儿的妈祖鞋,有段时间,在凤山双慈亭呈现双线并行的样貌:一者是依照其殿上二妈、三妈尺寸订制,并且是妈祖穿戴过的妈祖鞋;一者是仅仅具有守护作用,象征的、缩小版的妈祖鞋。探究其原因,是信徒在其所求不能得到即刻满足时,会更加恳切的祈求,妈祖都会有所指示,令其找到可以守护他的神圣用品。部分信徒,以精巧的妈祖鞋作为幼儿的守护物,成为凤山双慈亭的特色。而代工者,则是一生不曾离开过楠梓地区的妈祖信徒——庄招治。凤山双慈亭的人事几经更替,妈祖鞋的守护功能的传说与祈请的事实,至今仍在。其中有所变化的是,今天的双慈亭,仅仅单线在传述、祈请二妈、三妈所穿戴的妈祖鞋③;至于缩小、复刻版的妈祖鞋,却成为楠梓天后宫(楠和宫)部分信徒的守护物。

其中的原委,竟是 27 年前的故事。27 年前,一位年轻的母亲,在双慈亭祈求妈祖鞋,到处询问,却找不到会做精巧妈祖鞋的人。他们夫妇俩只得祈请妈祖指示,于是找到高雄市楠梓区的庄招治④,他们对庄招治说:"囝仔歹饲(闽南语:难养),妈祖婆讲,请妳做细双鞋仔,乎囝仔挂胸前,保平安哩。"并声明是凤山双慈亭的妈祖指示他们

---

① 双慈亭主委、总务陈小姐一再强调,他们没有规定信徒一定要还,一切都是信徒自发性的信仰行为。宫中卖香、金纸的女士,则明说其鞋做工精细、难得主委应允,应该要多多供养妈祖。

② 双慈亭的镇殿大妈为硬质的身躯,不更换鞋子;二妈、三妈都是软质身躯,可以拆卸,全身更换衣物。

③ 双慈亭主委口述、洪锦淳采访,2011 年 6 月 21 日。采访者问为什么是这个数字,主委说他们只肯做 168 双,另有注生娘娘的 100 双。

④ 庄招治口述、洪锦淳采访(庄招治现年 90 岁),2011 年 5 月 14 日。

前来的。庄招治知道这是妈祖的旨意,立刻应允①,她仔细研究他们所带来的"见本"(范本),而后诚敬制作,以应来者所需。

一位虔诚的妈祖信徒,因为妈祖的旨意,而成为妈祖守护物的制作者;二十几年来,庄招治恭敬虔诚地、克勤克俭地一双双缝制着精工小巧的妈祖鞋。她利用缝制娃娃鞋的中间剩余布料作为妈祖鞋鞋底,如此鞋子就有厚实的鞋底,不必再另外糊上一层层的鞋底,接着再利用其他剪裁剩余的布料缝制鞋身;她又特别用心改造鞋身结构——利用包扣,做出了鞋跟,让鞋子看来更精致,也在鞋背上做了一个小环,方便红线的穿绕。二十几年前,六十多岁的庄招治眼疾手快,一天可做几件衣服、娃娃鞋,还将剩余布料,做成寸半的妈祖鞋,不曾怠慢交货,凡是来者,有求必应。

四、守护物及创作者的价值

凤山双慈亭的妈祖,为什么选择庄招治作为另类妈祖鞋的制作者? 庄招治一生不曾远离楠梓,从出生到婚嫁到寡居,楠梓是她此生的唯一所在地;而她所虔诚信奉礼拜的,也是楠梓天后宫(楠和宫)的妈祖。②

日据末期,因为日本掀起太平洋战争,因此台岛居民也身系战端,美国军机时时盘旋在上空,惶恐的居民,躲在防空洞中,能不能从中出来、能不能再见到亲人,都不可预知,只得虔诚地祈求自己所信仰的神祇,庇佑一家大小平安。庄招治每天和她的寡母,在天亮时就携带着敬拜妈祖的果品,去楠和宫的妈祖殿前礼拜、祈求。终战后,这种礼敬妈祖的神圣仪式,不曾中断;庄招治一家成为妈祖的忠实信徒。庄招治一家大大小小的行事,都在请示妈祖之后再做决定。她虔诚地相信,凡是妈祖应允的,都会是好结果;如果妈祖不应允的,都是为了保护她,而不让她当时能遂心如意的,如果硬要按着己意去做,一定会遭殃。③ 而庄招治一家也成为楠和宫的大护法,每每在楠和宫有所兴革时,都尽其所能地护持着妈祖的庄严与神圣。

1957年,楠和宫妈祖多年不曾回祖庙进香④,信徒们一再祈请,天后宫董事们不敢直下承担,破烂的神轿,让信徒觉得无颜回祖庙,于是庄招治与其姊、其母,慨然答应承担,愿意支应3顶妈祖神轿的新台币7000元。怎知回祖庙还是不顺利,回祖庙的日期

---

① 洪定宏:《9旬嬷做妈祖鞋 保庇团仔"好饫饲"》,《自由时报·大社会》2011年3月6日B3版。感谢洪定宏先生特别引介,方能因为通过萧素梅里长,采访庄招治女士。

② 《高雄市文化局·打狗文化资产》。http://heritage. khcc. gov. tw/home01. aspx? ID = 2,2011/6/5. 楠梓天后宫(楠和宫)位于高雄市楠梓区楠梓路1号,目前为高雄市第廿二个古迹,创建年代其官方网站为1713年,但据资料所示,已是乾隆年间(乾隆元年,1736),则不可能这么早。

③ 庄招治口述,洪锦淳采访,2011年5月14日。庄招治细诉其一生几件大事,坚信此信念。

④ 《旗津天后宫官方网站》,2011年6月5日。http://www. chijinmazu. org. tw/html/aboutus_1. asp. 楠梓天后宫之祖庙是旗津天后宫。旗津天后宫建于明永历廿七年,即清康熙十二年(1673)。其将茅竹架构改建为石壁小庙,则迟至清乾隆三十(1765)年。

愈来愈近,信众发现神轿还没更新。信徒们质疑其中必有不实,却又不敢发声。临出发之前,三妈的神轿突然轰然爆炸,三妈几乎尸骨无存,当时所有在场的信徒都十分恐惧,立刻跪下祈求三妈示意;祈求许久,三妈示下神旨,以为兹事体大,祂无法做主专断,还是要启请大妈回来。信众们跪在地上祈求,大妈迟迟不覆,庄招治一家更是恳切祈求,大妈终于示下神意、降下鸾文,说:"楠和天上一般神,众信烧香事没应,诸圣无灵帝看轻,无言可答上大人。"并要立契约人刘有德、刘成己等等进到殿上说明。曲曲折折的周旋一番,最后大众一起捐款、修建庙宇,并立碑作记。① 庄招治以为楠和宫的财务运作,直到林皆胜作为主委之后,渐渐上轨道,才有了存款。②

林皆胜主委一做二十几年,因为信徒捐赠的金牌去向不明,而与楠和宫的会计兴讼,最后证实其人清白。然而往常主委将信徒献金收藏在家的做法,再也无法获得信徒的信任,在市府介入调停之后,楠和宫委员会将黄金以信托的方式保管,解决不必要的纠纷。③ 时代风潮,无人能够抵挡。革新派的信徒以为,楠和宫理监事委员会应该是要重新组合的时候了,所以事端才会爆开,这一切都是妈祖的神圣意旨,否则事件不会如此发展。革新派的信徒以为宫庙中的委员(含主任)任期应该有所限制,让委员会重组,新的委员才能放心大胆的从事创新的服务。他们主张,委员会处理庙里的资产,不应仅仅是保管财产,而不做任何处置;不做处置,锁在柜中,对信众没有利益的钱是死钱。庙中的资产,应该多多从事慈善事业,方能彰显妈祖的慈悲胸怀。④

楠和宫新一代革新派信徒的手上握着一张王牌——庄招治——妈祖神圣守护物"妈祖鞋"的创制者。革新派的信徒长年关怀庄招治,更将庄招治推为国宝级的人物。在《9旬嬷做妈祖鞋 保庇团仔"好饮饲"》的新闻公开之后,"妈祖鞋"的神圣功用重新被唤起,一时索求者众,但是除非原来的旧识,否则陌生人无从接触庄招治;庄招治被革新派的信徒,善意地守护着。⑤

庄招治,是楠和宫的耆老,一生守护着楠和宫,无论穷通,不曾对妈祖失信,竭其所能地在拥护着楠和宫,今年90岁,仍旧天天上楠和宫去礼拜妈祖。制作小巧的妈祖鞋,仅仅是她的传奇之一。革新派的信徒,更爱传述的是:庄招治从年轻时,如果打算出远门,必定会有着大风大雨阻挡她,让她出不了高雄。⑥ 如是行迹,是市井小民传述

① 关于此事件之发展,采访在前,找到捐赠碑记在后。受访者庄招治,虽然年事已高,却是记忆清楚,口齿清晰,当时降乩之鸾文,不待思索,随口诵出,可见其记忆力,丝毫不受年龄摧残。求证于记者洪定宏,也说事件应如庄招治所说。

② 庄招治口述、洪锦淳采访,2011年5月14日。对于林皆胜做主委,庄招治毫无微词,与叙述前主委刘有德之口吻差异颇大。

③ 侯承旭、洪定宏:《楠梓天后宫信徒质疑A庙产 主委亮金库自清》,《自由时报·大社会》2011年5月10日B3版。

④ 楠和宫信徒口述,洪锦淳采访,2011年5月14日。

⑤ 庄招治口述、洪锦淳采访,2011年5月14日。庄招治耿直、善良,毫无防卫之心,什么事都侃侃而谈。

⑥ 洪定宏:《9旬嬷做妈祖鞋 保庇团仔"好饮饲"》新闻之后,电视业者期望庄招治去台北,接受电视台专题访问,里长萧素梅为庄招治抵挡电视采访,是以庄招治年纪老大,不堪舟车劳顿,且若要出远门,必定引来大风雨为理由。

的妈祖重要神迹征相:"大道公风,妈祖婆雨"的延续,此是庄招治更具传奇特色的事迹。里长萧素梅还特别指出庄招治额头中心上的痣,说这痣即是"佛祖痣",唯有特别因缘、特别来历的人才会具有。如此,庄招治一再被强调的"特殊性",都是楠和宫革新派的信徒赖以强化——"庄招治是妈祖所拣选的人间代言者"的叙述。革新派的信徒通过此叙述,以强化他们抉择的正确性:如果妈祖的代言者,是站在他们的这一方,那么他们就该朝此方向努力。也难怪革新派的信徒会以庄招治为国宝级的老人。

妈祖为什么拣选庄招治作为代言人? 庄招治作为跨世纪的女子,有所有传统汉民族女性的美德——她孝顺:寡母无子,她的大姊招赘,她在守寡之后,却以手艺奉养寡母;她贞节:为了守贞,寡居终身;她慈爱:独立抚育孤女,为其择婿,共同养育孙儿女;她勤俭:极尽所能运用所有物,不曾浪费寸物;她慈善:到今天仍做环保回收,以捐赠善款;她手艺精巧:在穷困的年代,以手艺养家、又以巧手制作寸半的妈祖鞋;她巧口:随口说出四句联祝福、劝勉他人;她素食:与妈祖在俗世时一般,不食荤腥;她善记:几十年来发生的事,细节都记得清清楚楚……也一一符应妈祖作为湄洲奇女子林默娘的种种德行。此外,更有趣的是,当访谈者顺着里长所指出的"佛祖痣",并加以赞叹,因而询问老人家"阿嬷,啊妳是妈祖喔?"老人家竟然是笑而不答。再次的询问,老人家依然是神秘的笑容,仿佛老人家也默认此事,不做任何辩解。①

"妈祖鞋"作为妈祖信徒的守护物,来自一个有着妈祖美德的奇女子手上,其神圣的守护能力,必然是信实可靠的,信徒们如是相信,如是祈求。当《9 句嬷做妈祖鞋 保庇团仔"好饫饲"》新闻信息传开之后,曾经欺枉庄招治的人,也来求她教导做妈祖鞋的功夫。然而,他人制作的妈祖鞋,是否能如庄招治所制的一般精致,一眼即可判断;是否具有如此神圣的守护能力,恐怕就要等候妈祖的神圣意旨了。庄招治年事已高,什么人能够习得其技巧? 什么人能够有如庄招治的美德? 什么人有资格成为妈祖的代言者? 都是开放的答案。此刻,萧里长为了不让老人家过分劳累,所有来祈求妈祖鞋的人,都从里长那里排序,让老人家一日做 2 双即可,到底多少人排序,则不让老人家知道,不给老人家压力,以免老人家为了赶件,过分劳累。毕竟在革新派的信徒看来,庄招治是他们邻里中国宝级的老人,必得要好好保护,方能让妈祖鞋的神圣守护功能,因为老人家的存在,更加绵延流传;让妈祖信仰的文化内涵,因为老人家的存在,更加丰富深刻。

妈祖鞋,作为信徒守护物的故事,还会传述一段时日,至少在楠梓楠和宫与凤山双慈亭里。虽然他们各自佩戴不同的靴或鞋,但是其功用是一致的,当信徒深信其所佩戴的妈祖鞋,是妈祖所应允的,其鞋自然具有此神圣的守护功能。

---

① 庄招治口述、洪锦淳采访,2011 年 5 月 14 日。

五、结　语

当神祇的神圣衣物可以不被焚化,可以作为贴身的守护物时,神灵的象征与载体,从一般的香火袋转成妈祖鞋。妈祖鞋之所以在神圣衣物中获得最多的喜爱,与它精巧可爱的造型有关,妈祖鞋比一般香火袋漂亮多了,佩戴在身上,颇能吸引人的眼光;他人好奇、好美的眼光,予以佩戴者友善的感觉,守护物的守护功能立即达成。如同装饰品一般的守护物,在非信徒的眼中,不再是迷信的象征,反而是创意美感的征象,不仅减除了鄙夷的眼色,或许获得欣羡的眼神①;其守护的功能,不言而喻。妈祖鞋,作为妈祖神灵的载体,是凤山双慈亭的特色之一。

凤山双慈亭的信徒,来自四面八方,老少都有、新旧并陈,个人的喜爱有别,于是:有人随手领取一般的香火袋,挂在身上;有人特别捐献,以获得精美的香火袋;有人手持珠珠小狗,恭敬地摆在妈祖像前,祈求、绕香,而后垂挂在房车上;有人拿着幼儿喜爱的玩具,供在妈祖前虔诚地礼拜、祈求,后带回家给幼儿佩戴或玩耍;有人拿着新购的手机吊饰,供在桌前,细细陈述、祈求妈祖守护……他们各在自己的需求上,创造出符合自己所乐意佩戴的守护物。这种充满创意的守物护的开展,是某些著名大宫庙少见的。双慈亭的创发,或许与其宫庙妈祖神圣衣物,信徒都可以祈求相关;神圣衣物开放式的流向,让信徒自由发挥神灵神圣载体的可能,他们各在自己的日常中找寻贴身之物,并至宫庙中与妈祖签立神圣的契约,让守护物发生真实的功能。

21世纪台湾妈祖各大宫庙,竞相创制妈祖的公仔,以妈祖公仔作为守护物的信众,也大有人在。其中以可爱的造型娃娃销售率居冠。② 各大宫庙在营销妈祖公仔的当下,不外宣扬有妈祖公仔,至香炉前过过香火,诚恳祈求,即能获得妈祖的庇护。然而,购买的人到底是以什么样的心态在进行此一消费的行为? 至于被视为"吉祥物"的妈祖公仔,是否能如妈祖鞋(妈祖已穿戴过的、庄招治阿妈特制的)一般具有守护的功能?传统民间的吉祥物,有的仅仅是吉祥的象征,未必具有守护的功能,如"八仙彩"③、百合④、牡丹等等⑤;有的吉祥物则兼有避邪的守护功能⑥,如吉祥辟邪兽⑦;安镇的吉祥牌等等⑧。到底妈祖公仔,是吉祥物,抑或同时兼具守护物的功能,唯有佩戴者自己可以给予答案。然而作为观察者、研究者,所应探寻的是:"守护物"是否具有妈祖的形

① 采访当日,信徒们看到访谈者手上的妈祖鞋,都要求看看、摸摸,并询问如何可以获得。
② 李新桦:《台湾妈祖文化之吉祥物创作研究》,台北,台湾师范大学美术研究所硕士论文,第59页。
③ 黄秀春:《八仙彩——台湾民间的吉祥物》,台北,《历史博物馆馆刊》2010年第4期。
④ 黄怀庆:《百合——吉祥和睦的象征》,台北,《明通医药》2008年第2期。
⑤ 黄崇铁:《牡丹的吉祥图意与其象征意义》,台北,《历史博物馆馆刊》2006年第4期。
⑥ 汉声:《虎是人民的吉祥物与保护神》,台北,《汉声杂志》1998年第2期。
⑦ 李秀娥:《民间信仰中的吉祥辟邪兽》,台北,《心镜宗教季刊》2009年第4期。
⑧ 李丰懋:《避邪、安镇与吉祥》,台北,《传统艺术》2004年第5期。

体,即能承载妈祖的神灵? 是否有着妈祖名字的公仔,即能表彰妈祖的德行? 这一切神祇灵力、功能,究竟是由妈祖公仔的创制者决定,或者是祈请者(购买者、信仰者)决定? 或者,信徒们、宫庙的主事者,都在等候着妈祖神灵再次示下旨意?

只要人类追寻终极安顿的心在,信仰必然存在,守护物的需求,也必然存在于群众之中。神灵载体的守护物,既然可以从远古的一颗石头,不断地嬗变①,在民间信仰转为香火袋,为什么不可以转为妈祖鞋? 任何守护物神圣功能的生发,往往在人对神的信任与否,即使是被科学斥为迷信的原始信仰行为,其必然对某部分的人们发生作用,其信仰行为才得以延续。然而,在妈祖鞋之后呢?"妈祖公仔"是台湾妈祖宫庙具体实存、标准化的守护物吗? 全宫庙一致化的公仔,到底是向宫庙认同,或是向神祇靠拢? 没有一致化、商业化妈祖公仔的双慈亭,信众们创造属于个体守护物的空间则更丰富。台湾妈祖宫庙的守护物将以什么样状展演,生生不息的妈祖传说与故实,充满待开发的创作与研究空间。

作者:洪锦淳,台中科技大学通识教育中心助理教授,
中兴大学中国文学系博士

---

① 江亚玉:《避邪与祈福——中国狮文化的渊源及演变》,《兴大人文学报》2010 年第 6 期。

一方宋代碑刻的妈祖神像

——永宁鳌南天妃宫的调查与思考

李天锡

  永宁位于福建省石狮市永宁镇东南海滨,唐称"高亭",宋初称"凉恩亭"。南宋乾道淳熙(1165—1189)年间,朝廷在此建置水寨以防海盗,取"永保安宁"之意,故名"永宁";但民间俗称"水澳"或"水湾"。① 同时,因该地形似鳌鱼卧滩,故又雅称"鳌城"。其地突出海表,为半圆形小岛。它不仅是我国东南海防重地,而且也是南来北往船只必经的停泊处。由是,妈祖信仰就成为早期永宁民众比较盛行的信仰之一。据称,明代,天妃宫与东庵(即泰山夫人宫,俗称"释仔妈宫")、西庵(即莺山妈宫)、武圣殿、文祠,被合称为永宁"五大庙"。②

  天妃宫在永宁南门城隍庙偏西南隅,故又称"鳌南天妃宫"。该宫为1994年重建,占地面积450厘米×770厘米;前有一拜亭,面积450厘米×490厘米。门额书"天后宫",右上角标明该宫的重建时间;门边楹联曰:"覃恩浩荡常流海;后渥巍峨独配天。"拜亭两副楹联为:"沾濡圣化三千界;瞻仰母仪十二洲"、"英风遥届江天外;坤仪长垂泽国中"。进入宫门,扑入眼帘的是三面神帐,其左、中、右三神帐的横额分别书:"天上圣母"、"天上圣母"与"福德正神"。神帐挂在一堵水泥墙上。神帐前下方为两块相连的正方形神桌,前桌的桌裙上方横书一行"金玉满堂"四字,左右两行竖书"荣华""富贵"四字。水泥墙左右两边为空门。进入空门,只见一座连接左右墙壁的水泥构筑的神台。神台左边靠壁处堆放着一些小神龛等神具;右边排列着12尊大小不等的土地神,据云,除原来本宫所供奉的一尊外,余者均为附近村民由于各种原因而把原来奉祀于家中的土地神送来此处供奉;正中为三尊坐状天妃,中间一尊略大,左右两尊较小;另外,再外边还有两小尊千里眼与顺风耳供奉于左右。除此之外,三尊天妃后面正中偏右还倚壁摆放着一块阳雕着一尊妈祖神像的石碑,该碑厚13厘米;面积91厘米×41厘米;四周有一长方形粗线框,框内面积59厘米×31厘米;框中妈祖神像为53厘米×

---

  ① 郑天应:《永宁历史沿革》,《永宁乡土资料汇编》,石狮市永宁镇永宁乡土资料编委会,1995年3月,第5页。

  ② 郑天应、李显扬:《鳌城古迹琐谈》,《永宁乡土资料汇编》,第71页。

30厘米,头部宽处为15厘米×12厘米;长方形线框下面有一面积为20厘米×12厘米的莲花。此方石碑妈祖神像的不同寻常之处,是该妈祖不如现在通常所见的为一戴冕梳的帝后相、或头发梳成螺髻状的妇女形象,而是身着古时平民百姓的一般服饰,头戴披肩头巾,略偏左边地端坐着,虽然现在已经面目不清,但从整体看来仍显得雍容大度。据悉,20世纪60年代前期,原天妃宫已经倒塌,仅存三面断垣残壁,该石碑尚嵌在正中的墙壁上。"文化大革命"结束后不久,附近群众曾自发依旧墙壁搭建起一座小庙宇,仍供奉此墙壁上的妈祖神像。至1994年才拆除这一小庙,建造起现在的天后宫。

据有关人士介绍,新中国成立之前,该地还可见有石柱屹立,估计该宫规模很大。粗略估算,面积当有1200厘米×3000厘米,仅正殿即约为现在面积的三倍。其为三开间,主神即为现存此一石碑妈祖神像,但陪祀何神明则未知。正殿前为一天井,天井中有一口水井(此井目前尚存,为现在该地建房的一住户的家中食用水井),左右两旁为回廊。宫前有一个池塘,俗称"宫口池",目前尚存,但面积已比前缩小很多。宫口池不远处是"永进商号"经营的杉行(俗称"永进行"或"下杉行")。"永进行"前有一条大水沟,海水涨潮时,船可泊进沟中。据目前观测,现永宁鳌南天妃宫离梅林海边约2—3公里,因长年地理变迁,估计早时可能更近些。

天后宫内左边墙壁上嵌有一《永宁鳌南天妃宫重建碑志》(简称《碑志》)。现把主要部分摘抄如下:

> 永宁鳌南天妃宫,始建于明代期间,卫城古宫之一。历史悠久,经多岁月失修,早年倒塌。诸善男信女,为叩答神恩,倡举重建。于岁次甲戌年阳月(按:1994年农历十月)奠基,同年葭月(按:农历十一月)开工。历经六个月,业于乙亥年桐月(按:1995年农历三月)竣工。承海内外热心人士,慷慨解囊,踊跃捐献,以成义举,诚所钦敬。兹特将芳名列左,以垂令誉。
>
> 张子明书
>
> (按:下为捐款者姓名与捐款数目,略)
>
> 永宁鳌南天妃宫建委会立
> 乙亥年桐月

据《碑志》载,永宁鳌南天妃宫"始建于明代期间"。然而,有关人士认为不是这样,而应该是肇建于宋代。因为20世纪80年代初期,曾有考古学者前往该宫考察,认为该雕刻妈祖神像的石碑为宋代石刻。2008—2010年进行第三次全国文物普查时,泉州海交馆有关人员前往考察调研,同样认定其为宋代石刻。笔者以为,这是完全可能的。据《晋江市交通志》载:"在晋江县城通往沿海的大路口,多处立有'通东京大路'的勒石路标。北宋沿称汴梁(今河南开封市)为东京,史书均有记载(近代有些学者认为,这些路标所指的'东京',应是北宋的京都汴梁)。当时,泉州是粤东和闽南进京驿道的中心站,从泉州进京,不论走剑州路或福州路,都要逾越数百里的险峻山岭。此时,泉州海上交通已相当发达,有些任满回京的官员、赴京入都的士子,以及北贩江淮的商人,为避陆路崇山峻岭的艰险,改从海路坐船至江淮,再转途北上到东京(汴梁),

路标所指应是往东京的古渡口。"①20 世纪 70 年代初期,笔者在永宁镇(时称"永宁公社")文化站工作时,曾看到永宁南门街一古大厝后面的路边立有一"往东京大路"(按:"路"字没有显现,被埋在地下)的石碑。粗略估计,从该石碑处至鳌南天妃宫约200 米左右。由上述引文不难明白,"通东京大路"的碑刻是指引到"古渡口"的路标,果然此一"往东京大路"石碑也是在距梅林港不远处。众所周知,莆田湄洲屿人们在林默逝世后不久就建造了第一座妈祖庙,揭开了妈祖信仰的序幕。经过一二百年的民间传播以后,泉州于宋庆元二年(1196)建造了供奉妈祖的顺济庙。此后,妈祖信仰就开始向晋江沿海一带传播,永宁鳌南天妃宫应该是于这一时期所创建。虽然其时南宋朝廷的京城已不在汴梁,而是南迁并定都于临安(今浙江杭州市),然而由于永宁港地理位置的重要,朝廷在这一时期的乾道淳熙(1165—1189)年间于此设置水寨以防海盗而始有"永宁"之称;同时,长期以来永宁人们的生计与大海密切相关,或出海捕捞,或浮海贸易,或出洋谋生,因而民众在这一"往东京大路"石碑附近处建造妈祖宫,让妈祖庇佑习惯于由此出海民众的安全,自然是顺理成章的。那么,既然天妃宫始建于宋代,因而宫中供奉的这一方碑刻妈祖神像为宋代石刻,当然也是毫无疑问的。然而,有一点必须说明的是,宋代建造的小庙不可能称"鳌南天妃宫",因为宋代朝廷对妈祖的 15 次褒封,除第一次赐庙额"顺济"外,余者均仅限于"夫人"与"妃",直至元世祖至元十八年(1281)方晋封为"护国明著天妃"②。因此,宋代该庙初建时应另有其他名称(遗憾的是现在我们已无从知悉),至元或明、清修建(或改建)时因妈祖已被敕封为"天妃",故改名为"鳌南天妃宫"。

那么,既然鳌南天妃宫肇建于宋代,为什么上述《碑志》会认为"始建于明代期间"呢?据云,这应该与"永进行"有关。有关人士估计,宋代所建造的天妃宫不可能有上述那样的规模,而是因为"永进行"位于该宫不远处,其通过虔诚奉祀妈祖以后,业务不断发展,日益昌隆,故对天妃宫进行改建,才形成上述规模,因而也才有"始建于明代期间"的说法。然而,据悉"永进行"为永宁高氏永进祧所经营。查《霁江高氏·永宁永进祧宗谱》"三房六支二元鲍公派下后巷永进祧(从十世至十六世)宗谱叙禄"载:"十世本祧永进祖,际笃公三子,字植,号德惠,晋江县府聘授乡饮大宾。生康熙癸未年(按:公元 1703 年)三月廿五日戌时,卒乾隆丁亥年(按:公元 1767 年)七月初十日申时。寿享六十五龄。按:公开创永进商号,为乾隆时泉南一带富商巨贾,船队航行贸易中国南北商埠。晋江县尹聘授公乡饮大宾。"我们不难理解,此处所云之"永进商号"即为其所经营的"永进行"(也即下杉行)。由是,笔者以为,既然德惠为永进祧的开基祖,又是"永进商号"的创始人,而他又是出生于清康熙癸未年,那么,"永进行"之设立最早也当为康熙末年,甚至可能是雍正、乾隆年间事。这即是说,如果永宁鳌南天妃宫当真为"永进行"所改建,也应该是清康熙末年或此后之事,不可能"始建于明代期

① 晋江市交通局编:《晋江市交通志》,上海社会科学院出版社 1996 年版,第 123 页。
② 黄国华:《关于历代妈祖褒封的几个问题——梳理褒封时间、次数、封号字数以及事由》,《中华妈祖》2007 年第 4 期。

间"。

永宁鳌南天妃宫,历宋、元、明、清、民国而至于今日,虽然其间遭受不少挫折,但目前仍受到人们的虔诚崇拜,尤其在历史上曾产生过很大的影响。英国伦敦大英图书馆印度和东方写本部阅览室保存着一套清代闽南海澄、漳浦的民间道教科仪书,其中《安船酌献科》记载沿途所经各海口、岛屿必须祭拜的宫庙及海神,并附有清代闽南民船往"西洋"、"东洋"、"下南"、"上北"的航行路线。其中从海澄北行至浙江、江苏、天津的"上北"航线,到晋江沿海必须祭拜"围头妈祖、永宁天妃、松系土地、大队(坠)妈祖"①。在该书所列的四尊受"上北"航线船民祭拜的神明中即有一"永宁天妃",其影响之大不难想见。然而,笔者以为,可能不仅如此,即永宁天妃不仅在清代有如此影响,可能在更早时期即有这样的影响。因为宋代赵汝适在《诸蕃志》"毗舍耶"条中写道:"淳熙间,(毗舍耶)国之酋豪常率数百辈猝至泉之水澳、围头等村,恣行凶暴,戕人无数,淫其妇女,已而杀之。"②笔者在前文已经指出,"水澳"即永宁。赵汝适此处所记是宋代淳熙(1174—1189)年间的情况,其把永宁与围头并列,可见两地其时在海外的影响。有趣的是,在《安船酌献科》中,写到受"上北"航线船民祭拜的妈祖时,最先列出的两尊同样是围头妈祖与永宁天妃,故此种情况是否大概也是宋淳熙前后的情况呢?笔者于此仅仅是根据《诸蕃志》记述所作出的一点猜想,没有其他根据,但也不妨书以备考。然而,从上述记载中,有一点是可以肯定的,即其时水澳(永宁)的海外交通是非常发达的。否则,毗舍耶国之酋豪如何能经常前来骚扰呢?既然如此,那么,此时水澳既已建有天妃宫也就是完全可能的了。另外,还有一点值得注意的是,在《安船酌献科》所载受祭拜的三尊妈祖中,围头与大坠均书"妈祖",而永宁独书"天妃"。是否有其他寓意呢?似乎值得进一步深入探讨。

最后,笔者想指出的是,永宁鳌南天妃宫中妈祖神像的形象既然与目前所见的妈祖形象不一样,而她又是宋代碑刻,是否为我们进一步深入研究早期妈祖信仰又提供了一条新的思路呢?愿以此与学界同仁共勉!③

作者:李天锡,华侨大学公共管理学院教授

---

① 连心豪、郑志明主编:《闽南民间信仰》,福建人民出版社2008年版,第22—23页。

② (宋)赵汝适著、杨博文校释:《诸蕃志校释》,中华书局1996年版,第149页。

③ 在笔者进行永宁鳌南天妃宫调研考察过程中,承蒙好友郑天应、李显扬二位先生率领陪同、沟通交流,谨此致以亲切谢意!

民间信仰与地方产业：以台湾新港地区为例

张　珣

　　台湾嘉义县新港乡奉天宫妈祖庙，在现任董事长何达煌积极经营之下，摆脱 20 世纪 60 年代以来，与北港朝天宫互争孰为"笨港天妃宫"水患之后，遗留下来的正统身份的长期纠缠，脱胎换骨。当前，奉天宫在南台湾众多老大妈祖庙竞争中，已经崭露头角，后势强劲，有新霸声势。由脱离早期帝制正统观念，悲情的历史遗产之争，到今日夹带地方产业与地方环保新形象的新港老镇，奉天宫是如何转型的？又如何整合地方传统知识分子与新形态商人企业家，共同努力，上下一条心地朝"社区总体营造"方向前进？如此不但让传统行业再生，更让外移的游子纷纷回乡创业？本文拟以初步田野调查资料为主，试图描述新港老镇再生的过程与契机。然其中许多曲折的宗教与经济发展之间的微妙关系与机制，则尚待他日做更深层的分析。

一、转型背景与理论架构

　　新港乡位于台湾南部的嘉义县北端，全乡 66 平方公里，有 23 个村，人口 34266 人（2011 年 3 月）。地方上有限的资源多被宗教单位或寺庙吸走。在新港文教基金会成立之前，地方文教资源缺乏。地方文史工作者认识到要让志愿性社团、农会、学校、寺庙通力合作，才能提高民众知识与对外界的认识。[①] 他们便利用乡民对奉天宫的信仰来联结这些公私团体，以此来进行再造社区、活化社区。

　　明末颜思齐、郑芝龙率先入笨港溪建立笨港十寨，1731 年笨港设立县丞署。龙溪移民林维朝秀才是地方上头人[②]，日据时期担任新港区街长。旧有的结社与团体有舞凤轩、北管、宋江阵、文昌祠、登云书院[③]等。新的结社与团体有新港文教基金会、馨园社念歌会、NGO 等。新旧结社差异在于前者是朋友之间吟诗作对的小圈圈；后者具有

---

　　① 蔡宗勋：《说庄头》，嘉义，嘉义县新港乡新港文教基金会，1997 年。
　　② 林维朝于 1887 年中秀才，为云门舞集创办人林怀民的曾祖父。
　　③ 登云书院为王得禄于 1822 年建立，于 1904 年、1906 年被两次地震夷为平地。

环保意识,以向政府作抗争、或向文建会争取经费、或做公益认养新港公园、或发展新港乡产业为目的。①

新港旧的经济产业有酱油、麻油、花生糖(新港饴)、八仙饼、交趾陶、制香业等等,新的产业有香艺园区、交趾陶工艺园区、天观珍花生糖等等。新旧产业差异在于包装与配套消费,还有利用网络营销,餐厅与民宿观光与产业配套等方面。这样的转变背景是台湾社会20世纪80年代施行的"文化下乡"与"社区总体营造"的文化政策、世界新自由经济主义、媒体与货物全球化流动、源自欧洲英德的"文化创意产业"观念输入后。另外,20世纪90年代以来,台湾开放世界各项农产品入台,台湾的农产品销售量一落千丈,无法抵挡,农村萧条,外移人口加速,引来种种问题。这些都是直接间接促成产业转型的背景。

当文化成为产品可以营销、可以消费的时候,就已经不只是文化,而更是商品了。线香、交趾陶可以开发成文化商品,贴上"香艺"或"工艺"的标签,这需要一道转换诠释的手续,将当地人眼光转换成从外地人眼光来诠释。当地产业界者尝试从外地人眼光来重新塑造当地土产,提供外地人、都市人、世界人一个可以观光、可以休闲的"异文化"。线香、交趾陶就不再只是物质或传统日常用品,而是一个"概念",一个可以连接传统与现代的管道,让观光客与消费者仿佛进入扭曲的时空,品尝多重与多元的消费趣味。过去对于新港的研究大多数是对新港文教基金会的研究,且多偏重在环保或乡土社区再造方面。本计划则尝试从宗教与民间信仰传统的权力观在现代国家政策下的转变视角,来探讨此一过程对新港文教基金会产生何种制约,以及基金会扶植与带动出来的人物与组织,还原新港乡民间信仰原有的特质。

20世纪80年代文建会推行的"社区总体营造"进入各乡镇地方之后,乡镇不同阶层的人士因应该政策所集结的团体有先后顺序不同,造成不同团体之间有不同作业方式或不同人际纽带。由于彼此目标与理念不同,在权力操作上有所竞争,也就影响了社区发展的方向与步调。

从外来者立场来说,来自台湾都市的观光客,在消费"新港"的过程中,在观光、旅行、想象不同乡镇之间,如何描绘出台湾的城乡关系与南部北部发展的不同样貌?当地企业家如何在营销当地商品中,建立出当地的品味的特殊性?外来者对"新港风味"的追寻与强调,一方面反应了近年来政治变化下对本土的日渐看重;一方面也来自经济社会变迁中产生的怀旧心理,以及地方追求发展的渴望。为了因应全球化的冲击,文化和地方性成为市场中的商品,新港与乡土也因而进入了消费的脉络,消费"新港"便如同消费其他商品一般。

这些新观念改造了传统的城乡,所谓的"市镇改造"、"造街行动"其实并非易事。许多企图改善杂乱市场与混乱商店街头摊贩的造街行动,遭当地商店与摊贩反对或抗议,因为导致客源减少,没生意或被抢走生意;而都市来的大学教授与城乡改造专家则被批评为不懂当地人疾苦,只为了外表美化都市。现今的新港乡成功转型是奠基于先

---

① 廖嘉展:《老镇新生》,台北,远流出版社1995年版。

前多次失败经验而获得的。在一连串的社区活化与新生的要求与尝试中,奉天宫一直是当地人士的精神支柱,各种企业或产品都可与奉天宫产生连带,新旧观念的转型或衔接也都要透过奉天宫来疏通。奉天宫是当地最醒目的地标,却也最被理所当然地忽略。

二、田野资料叙述

台湾几个老大的妈祖庙如关渡妈祖庙、鹿港天后宫、北港朝天宫、新港奉天宫、鹿耳门天后宫、台南大天后宫等,近几年都处于新旧转型过程当中,仅靠原有的老信徒不足以支撑庙宇所需经费;而开发新信徒却囿限于现代年轻人对宗教的轻视。因此,借由观光与旅游是这些老庙能够尝试,而且能快速得到成果的新途径。因此,个个庙宇遂竞相开发不同卖点,例如台北县淡水镇的关渡妈祖庙增辟北海岸与洞窟景点,台南市大天后宫标榜清代代表台湾的官方天后地位。新港乡由于台湾铁路、高速铁路和高速公路都不经过,相对于北港朝天宫或大甲镇澜宫来说,街面商店古老传统很多,保存了许多旧式农村建筑,传统产业与民风也很草根,与鹿港镇比较类似。由新港乡的旅游地图可以看到,奉天宫与庙宇相关产业(交趾陶、剪黏、制香、新港饴、礼饼),全省最大庙宇佛具店,手工艺制造业等等,都具有重要的地方特色。

然而,一味地迎合外地观光客或背包客,便会失去本地民众。这些转型中的老庙其所面临的最大挑战便是如何拿捏分寸,既要迎新却又不失原味。尤其是宗教观光既不能过于世俗化,失去信仰的灵验性,却也不能固守当年的神话权威,不容许宗教对话。其次老庙的转型不能仅靠庙中董、监事的才能或人脉,如果能有地方精英的配合,则更可收事半功倍之效益。因此,将地方精英与产业界专家纳入董、监事会中,将地方产品纳入庙方销售与馈赠的网络之中,便是最便捷的合作之道。

这里先挑选出三位重要人物与其集团(产业)来说明上述理论目标,三项均围绕在新港乡的中心庙宇奉天宫而发展出来。在说明地方产业之前,先说明奉天宫在当地之历史与转型。

从明郑时代至清初(1624—1717),笨港是台湾西海岸一大商港,约一百年间一直是往来大陆的重要港口。清康熙至乾隆间,笨港因地盘隆起,入注河川的沙石使鸟湖淤塞,港口衰落。其与大陆间的贸易,改以猴树港、马沙沟至鹿耳门转接。笨港时期(1700)所建的天妃宫,向来为漳泉人共拜。1750 年,洪水分笨港为南北两街,泉州人避处北街,漳州人聚居南街。1782 年,漳泉发生大规模械斗,彼此势不两立。1797 年,再来一次的洪水终于冲走早已倾颓的天妃庙。嘉庆十六年(1811),得王得禄将军之助奉天宫建立。自此北港朝天宫与奉天宫隔着北港溪,互相较劲。朝天宫在日据时期得到总督府青睐,也举办多次商会商展活动;加上北港糖厂的轻便火车道经过,带来全省进香客,让朝天宫风光远远胜过新港奉天宫。

奉天宫每年过旧历年时,向街面四村的店家收三官大帝会钱,妈祖圣诞日则收妈祖会钱,以店号为单位收钱,交钱者有权掷杯选炉主。绕境范围原在街面四村,董、监事成员也都平实保守地经营庙务。仅有壁面上笨港天妃宫的记载提醒观光客关于奉天宫昔日的光环。进入21世纪,回首当年暗淡无光的新港却得以保存农村风光至今,反而成为目前最夯的文化观光地区。

其转型可以追溯到1988年3月大甲镇澜宫进香团与北港朝天宫争执,不愿再以"前往北港谒祖进香"名义去北港进香。箭在弦上,妈祖圣诞即临,遂转往邻近号称"开台妈祖"的新港奉天宫进香。① 至今二十多年下来,时髦花样多的大甲董监事团体教导新港奉天宫不少新奇观念,年年造访的全台香客也给新港人带来不少商机与银钱。拥有新加坡和上海、广州、苏州等地的跨国企业,总部设在台北市,经营空调系统有成的何达煌先生,从他担任常务董事开始,即积极推动奉天宫参与乡内各项事务,与大甲维持友好关系;也学习与台湾学界、国际学界交往,一步一步地领导保守的董监事团体,打开奉天宫格局。他的干劲与新观念让他更上一层楼,当选奉天宫董事长。

2006年奉天宫去湄洲谒祖进香,2007年何达煌又以抚慰台胞绕境之名去了纽约联合国大厦所在地。奉天宫以往每年上元节祈安绕境四庄。2009年以"迎妈祖宗教文化活动"为标题,开始在以新港乡及溪口乡为主的十八庄绕境。2010年以"国际妈祖文化节"为标题,扩大举办一连串活动,包括元月初六开始,举行九天八夜绕境嘉义县12个乡镇市以及台南盐水地区。3月至5月举办"妈祖文献与影像数据展",5月举办"世界妈祖文化研究暨文献中心"揭幕典礼及"妈祖与华人民间信仰国际研讨会"。来自德国、法国、日本、美国、英国以及中国内地与台湾学者进行为期两天的研究探讨,也让嘉义地区庙宇工作人员见识学术研究氛围,提升庙宇工作人员学术水平。何董事长表示以前仅绕境新港街上四村,现在想每年绕境,且扩大范围到南部。例如2010年12月18—19日受邀到嘉义中埔和大埔绕境,并到曾文水库"运湖"(绕湖)祈福。

奉天宫将贩卖部授权给"鈊光国际营销公司",所贩卖商品必须得到奉天宫同意,商品有奉天宫专属的妈祖形象公仔、庙景,还有其他妈祖相关产品,甚至还有酒。奉天宫也善于跟媒体建立良好关系以营销自己,如每年中秋和农历新年之前宴请媒体。又如2010年12月8日,金曲奖最佳闽南语专辑得主严咏能为奉天宫谱曲的《虎爷歌》发表,嘉义县长到场观赏并领唱,引起媒体注目。

奉天宫有"文物义工团",招募学历较高的年轻人帮忙庙务。要加入义工团必须在义工团的妈祖神像前掷杯,妈祖同意才能加入。但文物义工团的成员不限于新港或十八庄的范围。如有祭祀组重要成员住在嘉义太保市,一对新婚团员住高雄,也有住嘉义市而在成功大学念书的学生,此外甚至有住彰化市跟彰化南瑶宫关系密切的人。另外,有传统一般性质的义工,则是任何信徒均可前来服务,这些人以成人居多,也有在学生或是全家参与的。庙内服务台一位女员工是安徽人,嫁给新港人,先担任奉天宫义工,后来成为正式员工。她强调妈祖对家庭的协助很大,并说明何董事长上任后,对于员工福利改善不少。在奉天宫由义工而成为员工的例子不少,现在总务组几位员

---

① 张珣:《文化妈祖》,台北,"中研院"民族所,2003年。

工都是。在"妈祖文献中心"前摆摊位卖金银纸钱的老太太与其从板桥市回到新港的儿子也接受了我们访问，儿子表示这几年家乡发展不错，因此返乡工作，同时可以陪伴母亲。又有一个例子是家族从事传统制香的义工团团员谢博全，他退伍后几番思考，仍回乡继承制香家业。像谢博全这样并非孤例，最著名的是下文将论及的陈文忠、陈忠正和谢东哲。

以下三个项目可说明社区发展与产业转型。

（一）陈锦煌与新港文教基金会

陈锦煌医师早年毕业于台大医学院，因年老父母的呼唤，1981年回到小镇行医。1987年6月林怀民回老家新港公演①，称呼陈锦煌为叔叔。当年台湾赌风盛行，两人很想为家乡做事，保留纯朴民风。适值同年7月台湾解除戒严，民间团体可以自由登记成立，两人便于10月成立"新港文教基金会"，先做一些督导年轻学生读书和在新港乡四周打扫维持环境整洁的义工工作。

1988年将近十万香客涌入新港，纯朴的新港乡顿时瘫痪，香客离去之后留下成堆垃圾，陈锦煌号召基金会成员出来做净港活动。此举随同大甲进香团的全台电视转播，成为全台知名度最高的地方基金会。医师在台湾历史上素拥社会声望，此后陈锦煌几乎成为新港社区改造的权威代表人士，也是新港对外权威人士、新港地方精英代表、新港的良心或人们咨询对象。②

逐渐受到感召回乡的地方精英，加上不同阶层人士的加入，新港文教基金会为了保持成员素质，于2004年成立读书会，成员包括基金会会员、邱晋煌乡长、陈锦煌医师、新港文教基金会董事长张瑞隆、农会总干事林毅山、前乡长郑友信、企业家何海、交趾陶专家谢东哲等人。每个月由不同人带领阅读一本书，例如我们参加了新港艺术高中苏渊源老师导读的一次月会。某上柜公司的黄先生与82岁的退休林姓企业家都专程从台北回去参加。会后聚餐，一些教育、警察、消防等人士出现，既使只是去敬酒一下就离开，也都会去现身一下，以示大家的团结。

1994年，鉴于传统北管音乐逐渐衰微，奉天宫庙会相形失色不少，基金会申请文建会补助，奉天宫支持传习北管，舞风轩断层35年之后重新开馆，招收第6代子弟，聘请台南高龄北管师傅每周前来教授。第二任董事长邱晋煌任内基金会并向政府申请计划，取得300万元，成立"新港产业策略联盟"，提供激发创意、营销、包装等课程，并参观访问到过日本。其成果是2004年、2005年左右，相继成立板陶窑、顶菜园文化观光产业区。基金会目前设有史迹组，有青少年读物3万多册；还有苗圃绿化，与农会合作生产"自然米"在基金会的餐厅贩卖，小包装贩卖，精美素朴，强调有机自然生产过程。基金会提出的五大目标是：推广图书、艺文展演、环保绿美化、社区关怀和国际交流。希望让新港脱离文化贫瘠地区，不靠政府而靠乡亲自己力量。

---

① 林怀民于1973年成立云门舞集，是台湾知名现代舞团，曾到世界各地公演，享誉国际。
② 林秀幸：《重建乡村社群：新港文教基金会的成立背景与组织探讨》，《思与言》1997年第3期。

（二）陈文忠与新港香艺园区

接受我们访问的陈文忠在家中排行老大，当兵退伍后到高雄小港地区学做香，不到一年就自行出来开店。陈文忠刻苦经营，小有成就。在陈锦煌建议下，以社区营造观念加上原有的手艺，成立香园区。他于2009年竞选乡长落选，2010年改由妻子蔡美娟代夫出征，竞选乡民代表。他的乡长选举政见是"替大家营造一个社区经济园区，让大家有一个优良、环保而又有钱赚的环境"，把人找回来，在地参与自然资源管理，例如太鲁阁公园，但是此一政见不被认同，让他很失望。我们问他，听说香艺园区这块地承租花下两亿元？他说没有啦！大约一亿元。家族弟兄本来不赞成，又是民宿，又是餐厅，又是制香现场展示，又有教学坊DIY，又有世界香艺展品展示区，又上网推销，扩展太快，担心血本亏空。但是去年做下来，有少许成果，弟弟们也同意了。陈文忠胞妹秀桃强调资金来自几位兄长，共同合资。策划香艺园区时，与后来的诸多理念与参加嘉义县政府文化局的"诸罗学堂"有关。至于"新港文化休闲产业协会"，陈文忠在会员的激发下颇有收获，并运用于香艺园区。此外，陈文忠到大学在职硕士班进修，修习文创产销相关课程。陈文忠目前与学界合作制造新成分旧技法的香，开创新产品，例如以檀香香粉制成的三牲，以奉天宫香灰加入香粉制成"平安香饼"，依据奉天宫虎爷设计出特别的8种香造型等等。

陈秀桃2008年来民族所访问我，是源于我写的一篇《香》的文章。她表示她本人是生物科技硕士毕业，但是家族企业要在家乡成立香的展示中心，她负责研发与展出设计，因为非本科、非人文专业，所以一切要从头来。我对她的认真与本土草根性印象深刻，一直与她电子信件来往，提供她一些有关香的书籍或网络信息。她也持续告诉我家乡展示中心的成立与开幕，并且邀请我出席等等。我工作忙碌，一直无法成行。2010年我居住地台北县新庄市中和里举办一日旅游活动，竟然是参观新港香艺文化园区，每人费用300元。让我惊讶于秀桃家族企业发展触角之快与有效，那里已成为北部里民旅游活动地点了。

那里标称是"第一座以香为主题的文化园区：吃香玩香品香与深度体验"，由文建会、嘉义县文化局和观光旅游局指导，分为：①新港香艺文化馆（下分文化香展示区、生活香、艺品香、原味香、情境香、新港香、手做香、香水香型等展示区）；②香料香草生态园区（种植檀香木、沉香木、肉桂木、扁柏、肖楠、大业香楠、七里香、树兰等等制香原木料）；③八卦祈福园圃（种植西方香草、玫瑰、迷迭香、薰衣草等等）；④香艺庭园餐厅，提供精致装潢用餐空间，高档食材，搭配天然植物香辛烹调的气味；⑤名香夜宿（分成乳香、龙蜒香、迷迭香、枫香、桂花香、檀香、丁香、茴香等不同主题宿房）。

陈氏兄妹受访说明，新港香艺文化馆装潢时间约三四个月，但是之前与设计师沟通很长时间，每一步骤均是自己找数据并与设计师讨论设计而成。在DIY区，有数名小孩由年轻父母亲陪同，在现场制作香土捏陶，有两名馆内工作人员教导。香艺庭园餐厅，现在为新港乡最高级餐厅，取代之前"乡味"餐厅成为婚礼宴会场所。数对新婚夫妻正在园区内拍摄结婚照外景，餐厅也布置成婚礼现场，让人仿佛置身于台北都会区婚礼现场,这对于新港农村带来何种生活冲击呢?

香品贩卖部分分为:线香、贡末(香粉)、束柴、香塔、香环、卧香、香氛精油、盘香,价钱从数十元到数千元均有。外面还有贩卖小香树,可带回自行种植。有两位中年男性香工正在制香。数位贩卖小姐均穿制服。秀桃向我说明今年她上网办理征文活动,"2010 年第一届记忆中的气味征文活动"分成国中组、高中组、社会组,两百字以内短文,投稿者可上网投稿收件。奖品是金石堂图书礼券 1 000 元,奖状一张。此活动指导单位是文建会和嘉义县政府,协办单位是诸罗学堂。至于大批的制造生产则是伍莲香业开发公司。

陈文忠身为新港乡民代表会副主席,现任奉天宫董事,经营传统产业制造、新形态餐厅、文创产业、社区营造,多角经营家族企业,转型的台湾中小企业,此一案例相当成功。

(三)陈忠正板陶窑工艺园区与谢东哲古笨港陶华园

新港乡传统交趾陶艺可以溯源到 1904 年、1906 年嘉义两次大地震,奉天宫受创严重。1910 年,奉天宫聘请人称"尪仔福"的泉州庙宇名师洪坤福承做庙顶屋脊的剪黏与交趾陶。完工后,洪坤福即留下来在新港授徒,其徒弟继续在新港以交趾陶手工艺闻名。[①] 陈忠正出生于新港乡板头村,初中毕业后到宜兰跟随姨丈林再兴学习庙宇修建装饰艺术,1987 年,在母舅的邀请下,回乡设立"艺昌陶艺厂",生产剪黏交趾陶等庙宇装饰艺术。1999 年 9 月 21 日,台湾中南部发生大地震,新港奉天宫再度受创。2002 年艺昌陶艺厂首次开放参观,板陶窑的构想亦逐渐萌芽。2005 年,陈忠正与师父林再兴连手整建奉天宫,承做正殿庙顶剪黏与交趾陶。2007 年,板陶窑落成,以交趾陶与剪黏为主内涵,成为发展新港地方特色的休闲园区。园区内不只贩卖剪黏与交趾陶商品,并提供园林绿地与餐厅供民众休闲游憩。为了让庙宇上的剪黏与交趾陶可以精致化、个人化,而研发出许多新式商品与文化创意商品,例如桌上摆饰、手机吊饰和墙上壁画等等,适合大人小孩购买收藏。多数主题不出民间信仰的神明公仔可爱造型、祈福吉祥图案或花草鸟禽鲜活造型。创新知识的来源除了自学勤练、持续地画作外,也得到云林科技大学设计系聂教授的协助,显示外地高级专业人士的参与是成功关键,透过文建会等官方机构拉线,可以有效促成此种产官学合作。

另一方面,陈忠正热心村落的营造。在他和地方的努力下,在板头村许多住家和公共设施的外墙和小空地上,出现了许多有趣的交趾陶和马赛克的壁画、座椅和牛像;并在北港溪河堤上分别以剪黏制作《原乡四季·苦楝树》和以交趾陶制作《三醉芙蓉》两幅大壁画。后者完成时,县长、乡长、云科大教授及新港艺术高中校长等都参与剪彩,当天社区发展协会并动员村民提供餐点及农产品展售,非常热闹。这两面壁画和百年糖铁铁桥"复兴铁桥"以及马赛克艺术装饰形成了独特的观光景点,透过网络的传

---

① 刘玲慧:《嘉义新港剪黏业的发展》,《第十届研究生传统艺术研讨会论文集》,台北,艺术大学传统艺术研究所,2003 年,第 1—22 页。

播吸引许多人慕名而来,提升了板头村的知名度。这些人以散客和社区参访的人居多。陈忠正自信地说,板头村以前是新港最穷困的地方,现在成为新港最有特色的村落,他将进而使板头村成为艺术村。

为了保存并推广传统交趾陶工艺,陈忠正的板陶窑园区内最特殊的是工艺馆,展示交趾陶与剪黏工艺的特色、源流、制作、工序、方法、材料发展演进史,图文并茂兼及影片导览解说,并提供体验工坊,让参观者可以亲手制作属于自己的剪黏马赛克拼图、陶偶彩绘、陶盘彩绘、创意捏陶等等。在网络、嘉义县文化局或经济部观光局推荐的旅游行程中,会提供观光客参观奉天宫、板陶窑工艺之旅、百年历史台糖复兴铁桥等,让参观者同时体验民间信仰庙宇与工艺之美。

谢东哲与香艺园区的陈文忠是同学,二姐是陈忠正的妻子。谢东哲国中毕业后,出外当交趾陶与剪黏学徒。他28岁时受到新港文教基金会的精神感动,返乡创业,完成高中、大学自修。从牧童到寺庙工地建筑工,蜕变成工艺文化园区的总监,完成全台最大交趾陶壁堵,参与古迹抢救,并在大学兼课。谢东哲相当自豪于自己在传承与传授交趾陶方面的贡献,能跳脱传统寺庙交趾陶主题,勇于创新,自谓结合儒释道文化核心知识与优质美感,他对于创新看法是庙宇的交趾陶艺术必须在传统的脉络下和当地特殊环境结合,融入地方性的特色或象征物品。

2005年谢东哲成立台湾第一座以交趾陶为主题的文化园区"古笨港陶华园",集合文化产业与创意运用,将生产线与展览融合成一气,参观者同时看到师傅生产时的专注神情以及展品。对比板陶窑走的大众路线、承接寺庙订单兼顾零星散客贩卖,陶华园强调创作与展示,其所接订单也偏向大型工艺作品。如其承接交趾陶装饰工程壁堵设计制作、公共艺术陶板、马赛克瓷砖拼贴设计和材料贩卖、寺庙庙顶剪黏材料与规划设计、交趾陶修护、陶瓷文化创意产品开发设计、生活陶制作等等。另外,板陶窑兼顾交趾陶与剪黏,陶华园偏重交趾陶。陶华园有参观的动线,让参观客人亲手制作等,走精美组合文化观光路线。

谢东哲积极与奉天宫信徒和香客建立关系。由于与陈文忠两人是姻亲,来往密切,举凡奉天宫活动均到场致意,在扩展人脉上不言而喻。事实上,同样发展交趾陶工艺的想法并非仅有一两人,谢东哲与陈忠正显然处于良性竞争当中,另外尚有板头村的黄水水是北港来的,因为与北港的NGO不合,看上新港有发展空间。板头村社区发展协会总干事和副总干事都是跟板陶窑关系密切的人,副总干事是板陶窑的员工。此外,还有善于以媒体营销和接政府案子顶菜园庄乡土馆的陈明惠,虽然他的乡土馆位于共和村,却试图把他的乡土馆与整个板头村连连成一个整体。

三、结 论

新港人对乡土的认同与推销比北港人更积极,更有活力。我们访问邱晋煌乡长,他表示想让乡公所成为全乡网络商店的入口。未来想变更都市计划成立宗教文化专区,请奉天宫来负责。邱晋煌由经商,参加基金会、农会,任理事、董事长、理事长及两任乡长,一路走来,有基金会培育与会员共同的脑力激荡,有基金会作后盾,新港乡与嘉义市政府、文建会等是直通车,由于网络与电视媒体发达,学习新知快速,对于新港乡未来的规划也可以放在全台湾乡镇竞争的位置来考虑。

这几年台湾非常热衷于发展观光业,从上到下无不打出地方特色,招揽游客。社区最常见的组织若不是地方政府单位,便是最能集合人力达成使命的社区公庙。初期观光推销的是通俗的小吃或人工装扮出的景点。久而久之,观光客不满于千篇一律的人工制品,逐渐要求原汁原味的"异文化"观光。当媒体网络可以吸引全球人士前来消费的时候,能够让消费者感动的不是人工添加物或化学调味料,而是未受商业污染的人情风味,能够让外地人体会前人传承下来的文化底蕴,古老的生活方式,坚持的工序手法。

如果说妈祖进香是台湾最底层最普遍的文化观光,走一趟进香路程可以约略了解台湾底层乡土文化,那么,现在香艺园区或交趾陶工艺园区走的则是再上一级的文化观光。打着文化的概念,一个从摸索中逐渐成熟的概念,新港乡土越来越有自信,知道所谓的文化便是先民的生活方式,无论是贫瘠或穷困,对于大自然无言的接受而发展出的生活方式。只有保有在地人真实的生活方式,才是真正的文化观光。无论是基金会或香艺园区,在奉天宫温床的牵引下,新港人开发出多角经营,跨业经营。新港这几位创业有成的人士,也为妈祖信仰与文化产业创新方面,提供了真实的个案。

作者:张珣,台湾"中研院"民族学研究所研究员

台湾妈祖文化创意观光产业经济价值之研究

蔡泰山

一、绪　论

(一)研究背景与动机

观光(travel)产业目前是世界上最大的经济活动之一,随着国际化的休闲时代来临,全球对于生活形态和休闲都有很大的期盼,世界旅游理事会(WTTC)也指出,全球观光旅游服务业对全球 GDP 的贡献值将在未来的十年上升到 10.7%,占总工作量的8.3%。工商业的社会民众大都承受着很大的工作压力,若能利用文化信仰的关系来结合观光产业发展,就可以解除工作压力带来的心灵空虚状态,也可达到旅游休闲的目的。民众透过此一转换心境,是具有深度的意境层面。

妈祖文化拥有丰富的文化资源,从文化产业发展的角度来看,基本上可以建构成为文化创意的观光产业,若以新经济形态的发展模式来予以规划,它是一项重要且特殊的文化产业。[①] 本论文提出妈祖文化结合观光产业发展的创意理论基轴最主要是针对香火鼎盛的宫庙应该结合创意人、产业界和政府旅游业,共同以高质量的民间信仰服务和文化服务来获得创意产业的附加价值,触动宫庙民间的经济活动,提升其经济价值。

昔日妈祖宫庙只是信众祈求平安的场域,尤其是以海为生[②]的渔民最大的信仰中心。在交通不甚发达,加上经济不宽裕的情况下,妈祖文化对外宣传的机能缺乏,若欲藉其文化特色开展观光产业的前瞻性,谈何容易。然而这些年来,因为民众对妈祖文化的炒热以及政府配合地方文化的整体推动,妈祖宫庙遂成为另一种文化与观光产业结合的新指标,改变了地区的发展性。每个地区的妈祖宫庙将附近的天然景观、民俗

---

① 蔡泰山:《昆山妈祖文化学术论坛论文汇编》,中华妈祖文化交流协会、上海社会科学院,2010 年 9 月,第 3 页。

② 陈国荣:《海洋交通文化视角下的海峡两岸妈祖信仰》,《昆山妈祖文化学术论坛论文汇编》,2010年 9 月,第 43 页。有海水的地方就有华人,有华人的地方就有妈祖信仰,妈祖信仰作为中华民族文化的组成部分,其产生和传播与中国海洋交通活动的拓展历史密不可分,现妈祖信仰已扩及世界五大洲。

文化、民宿、休闲旅游、小吃、商店街等相关产业结合,形成了产业群聚的现象①。朝着地区观光的目标迈进,为当地的观光带来了美丽的愿景。妈祖文化结合观光发展对当地经济价值是否有一定的效益,可以从民众的认同感及其消费来得到证实,因此我们必须掌握妈祖文化与地方政治、经济发展、历史脉络以及个人心理等文化思想层面其多元体命脉的重要关系来予以评估。

本研究认为妈祖文化隐含经济发展的潜质。文化力量是一个自强大迈向伟大之关键因素,由于文化创意发展的激化,历史文化(妈祖文化)可以结合产业、文化产品的现象发展文化观光创意产业。妈祖文化创意观光产业是否能呈现经济效益,可以透过民众的满意度和消费情况得知。只要民众在知觉价值上对于产品或服务获得肯定,民众对妈祖文化观光产业的价值观将会更加提高,当然,其衍生的经济价值性亦会提升。

因此本研究背景与动机有两个方面:

第一,精神文化的价值面:一是文化艺术及美学价值;二是历史及文化教育传承价值;三是产业文化认同价值。

第二,经济效益价值面:一是文化观光产业经济价值;二是文化观光产品收益经济价值。

(二)观念架构与研究流程

本研究之主要观念架构建立在投入、过程产出(I. P. O)之推论逻辑架构上(见图1)。

本研究流程主要探讨民众对妈祖文化需求价值、文化结合产业,文化经济效益产业群众概念之关系及影响程度。本研究首先界定研究的主题及目标经相关之文献搜集,拟定架构与推论逻辑,进行整理并且熔铸实证案例,予以论述、分析,最后将其结果作为结论与建议之依据。

二、民众对妈祖文化价值信仰之论述

据统计,目前全世界有规模的妈祖庙有五千多座,妈祖信众超过二亿人,妈祖的出生地福建全省有50%的市县有天后宫,覆盖面积达85%左右(《福建通志·坛庙志》);据粗略统计,台湾已建一千间以上,信众约1400万人②,妈祖的信仰价值在现代社会朝

---

① 产业群聚概念代表一种思考国家和区域经济的新方法。Porter(1990)、Joseph(1992)&Anderson(1994)等学者认为产业群聚是在某个特定领域中,一群以地理的接近性为必要条件,彼此相依赖与互动的关系,各地区的妈祖宫庙有些坐落在市中心或靠近景点,都能与当地观光产业结合聚集成各种相关产业,发展成既有历史文化,又附带休闲的观光休闲产业。

② 蔡泰山:《妈祖文化与两岸关系发展》,台北,立得出版社2004年版,第63—64页。台湾的妈祖庙在1993年地区宗教团体普查报告显示,1995年7月,妈祖宫庙已有一千多间左右,台湾较著名的妈祖庙有北港朝天宫、大甲镇澜宫、台南大天后宫、鹿港天后宫等。

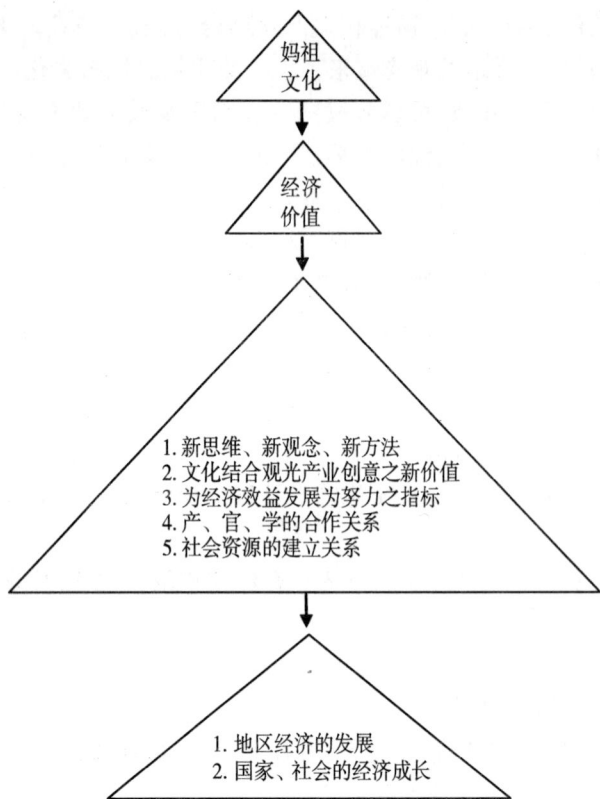

图1 妈祖文创产业示意架构

向多元化的方向发展,人类对心灵寄托的精神价值突显了它的重要性。妈祖信仰的价值,是来自于精神满足需求的驱动,而精神追求是人类生活的重要特征,人类生活不仅需要食、衣、住、行等生理层面的物质需求,而且要有人身安全、人的归属等心理层面的需求,还要有人的理想信念、人生价值等精神层面的需求。妈祖文化属于人类精神生活的范畴,是一种对精神生活定位的需求。在21世纪人类社会已发展成为一个所谓信息社会之际,人类文化在其物质层面和结构层面上出现了接近和共融,经济合作、社会关系已达成了不少共识,取得了显著成果,但精神层面,人们却仍在突出或强调其区别和不同。就是因为不解或误解,以致在不同的社会文化和宗教之间总存有各种各样的裂缝和相互防范及戒心,从而强化了当代社会的张势,影响到人类的理想共存。为了当代的和谐共存精神文化的提升,顿时成为民众的一种价值观,本研究特以此信仰价值观来深化妈祖文化的精神面。

(一)从信仰的视角看民众的需求性

妈祖信仰真正的目的,就是人与社会的结合,一方面满足了安身立命的需求,一方面追求社会永续发展的和谐。民众崇拜信仰妈祖是为了求取保佑,藉其文化内容(善、道德性的)与文化艺术的各种形成——神话、传说、祭典、建庙、雕塑、文物的熔铸,使抽象的观念变为形象的事物,使玄妙深奥晦涩的宗教哲理变为人的内心精神生活指标。妈祖文献所记载的妈祖种种对民众济颠扶危事迹的阐述,也说明了其文化精髓在于内心的完善,这种具有传统文化的元素(elements),乃是当前社会之所需。① 从台湾妈祖寻根谒祖活动来观察,因为民众有所需求,福建湄洲岛——妈祖的故乡,就成为民众最热门的朝圣之地。

笔者实地参加的2010年9月昆山慧聚寺(天后宫)妈祖文化活动,天津天后宫两年一度的妈祖文化旅游节,2009年11月第五届湄洲妈祖文化节,台湾大甲镇澜宫的绕境活动,均发现民众对妈祖信仰的需求有一定重要性及普遍性。妈祖文化活动有助于凝聚当地信众的一致性,也促进妈祖信仰的传承效果,而信众透过妈祖文化的传承力量,孕育了人与社会的互动关系,也反应信众对乡土的关怀与认同。

(二)从文化经济的角度看其需求性

在新的体验经济中,生活方式、价值信仰、社会情境、历史文物、自然景观的意境层面若予以系统化和产值化,皆能创造其经济价值。妈祖文化是一种价值信仰,从民众对妈祖文化信仰的角度来看,妈祖文化已成为信众生活方式的一部分,它的点点滴滴都可以成为服务管理、品牌经营的新兴产业。在全球化的浪潮下,若能以妈祖文化经济思维的构想切入,不但能将妈祖文化弘扬于国际,甚至能带动经济的发展,有双重效益的意义。②

妈祖文化可以成为一种文化产业的经营形态呈现。全球文化产业的产值有2.2兆美金,以妈祖文化作为产业发展,在现阶段的场景来看,都是宫庙与周边商店的共生现象。当然宫庙的另一经济来源香油钱,由于长时期的宫庙发展文化,一些宫庙显然已将文化和产业结合而形成文化经济的形态。③

就世界潮流而言,文化资源的开展是经济的源头。目前,世界各国推行的无论是文化产业还是文化创意产业,在其背景或是预期的目标中,都透过商业、文化艺术、科技的结合,创造新的经济价值,创造就业市场及提升民众生活质量,而妈祖文化结构性的内容有文化艺术、民俗、文物、信仰、建筑、商圈的融合,经过人为的催化,符合历史文化

① 蔡泰山:《妈祖文化与两岸关系发展》,台北,立得出版社2004年版,第81—82页。妈祖文化臻于善是至高道德的信仰,它具有玄妙深奥哲理,强调人类内心精神生活以及达到至极目的所有变化的民间信仰,说明其发展的最终目的是内心的完善,这是民众生活优质目标。

② 2007年台中大甲镇澜宫所举办的妈祖国际观光旅游节,带动了超过500万的观光人次,2010年绕境九天八夜,据庙方估计参加起驾的人数就达70万人次,2008年北港朝天宫,据董事苏荣泉口述,其经济效益(包括商店街及周边商圈)一年产值保守估计可达100亿台币以上。

③ 天津天后宫二年一度的妈祖文化国际旅游节,推动了妈祖文化的传播及相关文化产业的兴起。2004年开始,由天津古文化街海河楼开发有限公司开发为占地30万平方米的文化商贸园区,分古文街、古玩街文化小城二大区域,其设计商铺约一百家。北港朝天宫庙大排长龙的商店街,里边所卖的东西包罗万象,它们有一个共同的特色,就是与附近产业的结合,蕴含着妈祖文化的元素,充分利用文化与产业结合的机能,创造经济效益。但有些宫庙位处偏僻,地理位置不佳,就很难达到这种效益,因此宫庙的地理位置和人为的运作,成为如何使宫庙文化和产业结合的重要因素。

传承与经济发展的条件。

近代社会的转型及多元文化发展的趋势,使民众对妈祖信仰的期待已不是伫留在传统文化的舒展上,而是含带创意作为的另外一种尝试,这种试金石更触动了妈祖文化与民众的关系。

三、妈祖文化与观光产业结合的新体验

本研究为了解妈祖文化结合观光产业的动机、动向、消费情形、观感,进而研拟妈祖观光庙宣传与营销策略,以提升观光庙服务品质与国际旅游竞争力,特评估观光庙参观之人次,以作为概略式之分析。

本研究采用主观抽样法,主观判断选取可以代表总体的个体作为样本,这种样本的代表性取决于对总体的了解和判断力。目前,因为台湾扩大旅游休闲的领域,尤其开放中国内地民众赴台旅游,因此作者以台湾主要宫庙(北港朝天宫和彰化南瑶宫)的观光人次做实质性的访问,进一步作为妈祖文化与产业结合的动线产业参考。

表1　1997至1999年来北港朝天宫观光旅游市场相关标准值

指标	1997 年	1998 年	1999 年
来庙观光人次	600 万人次	650 万人次	660 万人次
观光收入	100 亿	116 亿	120 亿
观光客平均每人每次消费	480 元	485 元	500 元
观光客对庙整体的满意度	80%	82%	85%
观光客来庙的重游率	80%	81%	83%
观光目的比率(信仰)	85%	85%	90%

分析:

第一,北港朝天宫是历史悠久的私庙,香火旺盛,每年观光人次都有增加的趋势。据苏董事所说,来庙观光人次会因为经济、活动加上人为炒作而增加,历年来北港朝天宫的庙会活动都盛况空前。

第二,北港朝天宫的香油钱约一亿四千万,但和周边的产业产值合计的话,每年应有一百到一百二十亿的文化产值。

第三,满意度取决于庙方人员的服务态度,在这方面私庙会比公庙做得还好,因此满意度比例会提高。

第四,满意度的比率高和观光客的重游率是成正比的,朝天宫优质的服务态度和庙方软硬件的架构机制都是重游率高的因素。

第五,这份数据显示来朝天宫观光以信仰为最大的诱因。

第六,以上数据是由朝天宫苏荣泉董事口述提供,苏董事从事庙方工作二十年以上。

表 2 1997 年至 1999 年彰化南瑶宫观光旅游市场相关标准值

指标	1997 年	1998 年	1999 年
来庙观光人次	60 万人次	82 万人次	140 万人次
观光收入	2000 万	2700 万	5000 万
观光客平均每人每次消费	300 元	320 元	350 元
观光客对庙整体的满意度	72%	74%	75%
观光客来庙的重游率	48%	48%	50%
观光目的比率(信仰)	70%	73%	75%

分析:

第一,本调查资料由中华妈祖联合会许来发会长提供。南瑶宫为公庙,属县政府管辖,观光客对宫庙的满意度取决于宫庙人员的服务态度。一般公庙因为属于政府的,缺乏服务态度,因此在观光人次上比较少,但 1998、1999 年由于人为的大力运作,人次上有显著的提升。

第二,一般观光旅游者因为认定公庙是属于政府的,因此对香油钱比较节俭,南瑶宫的一年收入就没有朝天宫的丰富。这份资料在观光收入部分,并没有涵括周边产业的文化产值。

第三,公庙的服务质量较差,因此观光客对公庙的满意度就没有私庙高。

第四,满意度影响重游率,南瑶宫的重游率提升较少。

第五,一般而言,信仰为观光客最大目的,从朝天宫和南瑶宫观光目的比率上来看,信仰都是最大的诱因。

第六,以上数据都是由中华妈祖联合会许会长口述提供,他住彰化,参与南瑶宫事务几十年,同时也是好几十所宫庙的主事,对妈祖文化的推动具有相当的经验及影响力。

(一)妈祖文化观光产业的评估模式建构

其核心主轴从发展主体妈祖文化产业和观光客互动关系着手,以妈祖文化观光产业为建置主轴,以宫庙及发展产业为运作媒介,以社会企业代为制约(unconditional)手段,作为在产业形态下的文化生产和文化经营,兼顾到文化张显与经济效益(economic efficiency),即维持其社会、民众服务的功能。

本研究所探讨的妈祖文化观光产业发展策略这部分,是评估妈祖文化发展的热络性,已经触动文化市场的前瞻性,连接政府对推动文化产业积极性的价值观,所建立的发展模式其因子为:

一是妈祖信仰多元化,不再局限于信仰层面,创意往往带来更多的观光人潮,使宫庙成为观光形态的宫庙。

二是妈祖文化可以成为文化品牌,也是华人妈祖的文化品牌,可以遍及全世界。

三是妈祖文化是一种艺术与生活经验特殊的累积(accumulation),以文化结合产业,提升民众生活质量,深化民众对文化知识的了解。

四是现代科学技术使传统的文化产业发生改变,其展现方式为向消费者市场逐渐扩展。很多国家无不利用历史文化这一新的纽带,发展观光产业,如法国、中国、英国……这股热潮与观光客生活有极密切的关系。

五是近代社会的转型及多元化的发展趋势,使妈祖文化成为广大信众及国际崇仰者注目的焦点,因此妈祖这个民间信仰的海洋文化,成为发展观光产业的一新契机。

近几年来,历史文化可以结合观光、文化产品、文化产业,形成产业链,受政府文化创意产业的观念激化,妈祖文化观光产业是否能够展现成果,可以透过民众对文化的热衷度来验证,因此妈祖文化产业市场化营销为关键。这种另类开发属于精神层面的美感与心灵净化之价值。

(二)妈祖文化产业竞争力与经济效益评估

一项调查显示,观光便利性、观光环境国际化及环境安全性是决定观光产业发展的诱因。根据资料,2008 年台湾观光客达 385 万人次,观光外汇收入 59.36 亿美元,平均每人每次消费 1.544 美元。在调查中我们发现,有 52% 观光客是透过宣传广告或旅游报导而来观光的,其中吸引旅客来台观光因素有菜肴(每百人次有 58 人次)、风光景色(每百人次有 57 人次)、历史文物(每百人次有 25 人次)、台湾民情风俗和文化(每百人次有 23 人次),从历史文物、台湾民情风俗和文化之观光项目与宫庙做一连接,宫庙发展成它的文化特色,朝便利性、国际性、安全性的发展目标改善与建置,未来观光庙宇将具有深度的观光潜力。政府推动文化产业发展也要做产业的领航者,才能有效地成为一个最终的决策者与执行者。像韩国就是个很好的例子,利用韩剧成功地营销韩国,不只是观光产业,也带动韩国产业发展,更创造了可观的经济价值。

从传统信仰衍生而成的新产业,将宫庙文化转型为一种观光文化,透过新做法展现宫庙文化的活力,以观光产业的理念出发,让妈祖文化呈现生命力,类似这样的创意生活产业,不论是哪种形态或是规模大小,都具备独特性的生活主张及核心经营知识,透过各种文化、美学、创意、体验元素的注入,使其呈现独特的宫庙文化特色,吸引观光客完整感受创意生活产业的魅力,进而带动地方经济的发展。

总之,伴随着体验经济兴起及消费形态改变,生活信仰已蔚为潮流,加上世界各地致力于生活风格与态度的追求,观光宫庙必须试图创造在地生活风格特色、创意生活产业的新动线,其所强调的核心知识深度体验与高质风格因素,创造出符合观光客所需求的质量及服务。并且特别观察多数创意生活产业案例,将产品服务如庙会活动、民俗文物、古迹、商店街……通过媒介传达给观光客,产生共鸣和认同。事实上,在传达生活主张的过程中,除了产品与服务外,更需有感性的层面,导入文化和生活内涵成为设计元素,营造生活想象的氛围,才能引起观光客感动,在体验经济下,除了观光客满意度 CS(customer satisfaction)外,更重视惊喜(surprise),此即是带给观光客感动和美好的回忆。因此,体验经济除有市场占有率(market share),更追求心灵占有率(mind share),强调从生活角度给观光客价值认同,当观光客认同民间信仰能够回响心灵净化目标,自然地观光庙建构价值就有其市场机能。

四、共筑两岸妈祖观光庙发展

妈祖文化既然是民俗文化,其发生的历史就是民俗化的历史,生活化的历史。两岸对妈祖文化的弘扬不遗余力,尤其中国内地近年来对妈祖文化已摆脱神格化的思维,认为妈祖文化是历史传承,香火的延续,在中国内地,如江苏昆山旧址、福建漳浦旧址等处耗资庞大重建的妈祖庙,以弘扬妈祖文化为主标,已有观光庙的架势,其意涵是以促进交流为目的,开展活动为动线,成为推动妈祖文化遗产保护、资产整合、联谊交流、慈善活动的重要平台。目前,两岸民众的交流已展开多时,不管是来自妈祖的故乡——福建的民众,或者是内地妈祖的信众,抑或是台湾信徒到中国内地妈祖庙进行双向交流,都是观光庙发展的契机,借着两岸民间妈祖文化的发展、交流,让民众能够实际参与并且成为发展、交流的主体,从而促进两岸妈祖文化交流多功能、永续性的发展。

21世纪企业经营管理最重要的一个课题,就是如何将民众心理需求纳入整体企业经营环境中。观光庙的发展当然必须遵循这个企业理论,才能够撼动它的发展关系。在新的环境当中两岸观光庙的形塑,应该寻求感性的诉求,将迷信的思维渐渐消除,以感性的思维来取代,也就是历史文化传承、香火延续的精神层面,带动两岸观光产业的发展途径。妈祖文化具有建筑、美学、历史、纪录性、考古学、经济、社会甚至政治和精神或象征性价值,可视为使用价值极具潜力之未来价值,显现于观光之收益。

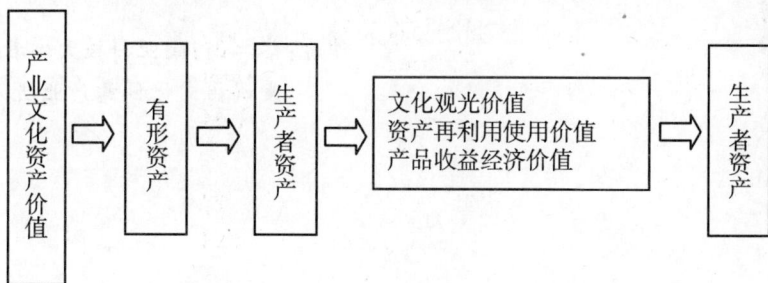

图2　产业文化资源价值示构图

文化观光庙之价值在于对文化资产之保护再利用。妈祖文化起源于福建莆田,由于早期移民的关系,妈祖信仰传到台湾,在台湾发扬光大,两岸目前共同启开妈祖文化发展的门户,共筑观光庙的发展蓝图,从广度和深度上进一步交流,市场潜力无穷。两岸观光庙规划的要务,在于充分利用其文化特色,展现其历史风貌、主体价值(subject values)及其符合时代需求的内涵,透过有效的运作管理,以创造出资源的展延性。观光庙发展不同于一般事业发展,除了增加实质的经济效益外,对于社会参与、文化学习或历史传承,均需纳入发展的考虑元素,在创设的过程中,以创意为核心操作方式,调适地方特色、历史与认同感,藉此提供观光庙发展的价值观,促进永续发展的可能性。

五、结论与建议

本研究提出妈祖文化观光庙的发展课题,应了解宫庙自身的发展优势,着重在市场区隔及独特性质的展现,以永续性作为未来发展的利益,并提出以下参考:

一是宫庙文化资产的保存与创意思维。对文化资产本质的认知及创意思维的导入,可以见证宫庙历史资产的发展历程,保存原有的历史文化记忆,与创意设计联结,充实宫庙文化的内容,成为最重要的创新价值特色,这是观光庙吸引观光客最好的利器。

二是配合文化创意产业发展政策。文化创意产业已成为六大新兴产业之一,观光庙的创意化旨在带动宫庙发展的动机,增加观光产业的高附加价值,创造新形态与休闲及商业部门结合,强化其共同经济效益。

三是宫庙自主力量的推动。以宫庙力量推动的机制,不但能达到目标市场清楚定位,亦能让自发性的地方力量成为永续发展的重要动能。

综合上述,妈祖文化观光产业的发展,是历史文化、观光休闲、经济效益的整合体,是一种全面性的发展,它必须有完整及延续性的政策流程,才能达到文化资产再利用的实质效益。未来宫庙朝这个目标发展,必须有创新的理念、经营管理之建构、人力资源架构健全等政策机制的策动与配合,才能将宫庙观光的真正价值发展出来。

作者:蔡泰山,南亚科技大学教授、副校长
兼妈祖文化创意产业研究中心主任

促进海峡两岸妈祖文化产业合作
发展的政策措施研究①

蔡尚伟　王沈辰

　　近年来,随着两岸经济、政治等各方面的交流合作日益加强,两岸文化产业的合作也向着更开放、更积极、更高层次的方向发展。妈祖文化作为两岸共同共通的我国首个信俗类世界非物质文化遗产,其产业发展更是成为两岸文化产业合作发展之重中之重。两岸妈祖文化产业合作发展之政策措施研究,对当下及未来两岸经济、文化等各层面的沟通与合作都具有十分重要的意义。

一、两岸妈祖文化产业合作历史及现状

(一)两岸文化产业合作历史及现状

　　在两岸文化产业合作中,闽台合作是走在前列的。

　　一是在会展产业方面,2007 年海交会中初次设置了海峡两岸创意产业展区。2008年 11 月 27 日,为期四天的首届海峡两岸文化产业博览交易会在厦门登场,这是两岸首次共同举办唯一冠名"海峡两岸"的综合性文化产业盛会②。

　　二是在旅游产业方面,如 2005 年闽台双方签订了武夷山与阿里山、大金湖与日月潭旅游合作协议。

　　三是两岸在文化产业论坛方面。2009 年 7 月举行了两岸经贸合作论坛,通过了"两岸经贸文化论坛共同建议",其中涉及两岸文化产业合作相关建议"深化两岸文化产业合作,增强两岸文化产业的国际竞争力"③。

　　2010 年 9 月,文化部部长蔡武访台,台湾文化总会秘书长杨渡认为:蔡武一行可以

---

　　①　本文系国家社科基金重点项目"我国文化产业政策研究"(09AZD032)的研究成果之一。

②　《台海观澜:两岸文化产业合作路越走越宽》。http://news.163.com/08/1128/02/4RQ8CNAN000120
GU.html.

③　《两岸经贸文化论坛共同建议摘要》,《晶报》2009 年 7 月 13 日 A15 版。

与台湾有关方面交换意见,大陆可再视状况开放文创产业项目。① 两岸的文创产业交流与合作日渐热络。

(二)两岸妈祖文化产业合作历史及现状

妈祖文化作为两岸共同共通的文化,其产业合作也在两岸悄然兴起。

一是以会展为平台的妈祖文化产业合作。2005 年国家旅游局和福建省人民政府联合主办了首届海峡旅游博览会,开幕当晚就上演了大型舞蹈诗剧《妈祖》专场演出,到第六届妈祖发源地莆田参展项目 20 多个,第七届达到 32 个。莆田从 2005 年开始举办海峡妈祖旅游工艺品展销会,首届就有 55 家海峡两岸的旅游区、旅游协会和工艺品生产厂家报名参展,其中确定参展的台湾旅游工艺品企业有 10 家,到第三届时,台湾的参展展位已经达到近 100 个。

二是两岸以妈祖文化为纽带的旅游文化产业的合作,如 2006 年妈祖文化旅游对接与合作意向书在湄洲岛签订。2007 年 11 月 1 日在湄洲岛举行了海峡妈祖文化旅游合作联谊会,共同建议:打造环海峡妈祖文化旅游带;开辟朝圣旅游航线。

三是两岸传媒产业的合作,如 2007 年台湾中华卡通公司与北京电影集团联合影视公司合作出品的《海之传说——妈祖》动画 DVD,与电视台合作的《妈祖之光》大型综艺晚会。

四是两岸举办的妈祖文化(产业)的相关论坛;组织学术平台,如举办"湄洲妈祖·海峡论坛",吸引各界人士积极参加。

目前,两岸妈祖文化产业的合作基本处于发展的初级阶段,合作项目少、领域小。根据 2011 年"十一黄金周"期间莆田市旅游局的旅游工作情况播报,"游客客源地以粤、浙、苏及莆田周边城市的传统客源地游客继续为我市最大客源",两岸妈祖文化产业合作依然缓慢,还未形成妈祖文化产业产业链及产业群,还未有知名品牌产生。

二、两岸妈祖文化产业合作不畅之原因

(一)两岸妈祖文化产业合作不畅之政治因素

一方面,两岸在文化产业方面工作方式存在差异。台湾文化创意产业起步较早,完整性较好;内地的文化产业刚刚兴起,近几年才加大发展力度。台湾方面在文化创意产业发展上采取低度管理高度辅导的原则;内地采取的是政府主导原则。同时,内地在发展文化产业上地域性较强,各地区的文化产业概念内涵和发展政策存在差异化现象。

另一方面,两岸文创产业合作政策不明晰。在两岸文化产业合作政策方面,"目前两岸文化交流现况是,除了两岸电影交流频繁有其准则外,台湾出版业、媒体、广告等

① 乐天:《蔡武访台掀起文化旋风(台湾在线)》,《人民日报(海外版)》2010 年 9 月 6 日第 3 版。

都还没能进入大陆市场"①。

(二)两岸妈祖文化产业合作不畅之经济因素

一方面,两岸妈祖文化产业合作不畅之经济因素在于两岸经济环境与产业结构存在诸多差异。台湾文创产业发展起步较早,其文化创意产业发展目前正走向"知识经济体"的转型期,台湾已从过去 OEM(代工生产)主体的产业结构,转变为以 ODM(原始设计制造商)为主体的发展方向,科技化、信息化、创新化、产业化已经是主要特征。内地方面的文化产业发展还处于初级阶段,未来两岸妈祖文化产业势必要面临产业对接的种种困难。

另一方面,两岸妈祖文化产业市场方面的差异也是合作不畅之原因。台湾妈祖文创产业市场比较成熟,如台湾举办的"大甲妈祖绕境进香活动"逐年扩大,并结合了媒体、企业、地方宫庙、地方政府等资源整合,同时搭配妈祖相关创意商品与市场的结合。但内地方面的妈祖文化产业市场体系不完善,如莆田在妈祖旅游与工艺美术两者的产业比例较重,在与台湾合作方面,市场体例与发展着力点不同,两岸妈祖文化产业在合作时也存在一定困难。

(三)两岸妈祖文化产业合作不畅之社会因素

1. 两岸知识产权保护制度化、规范化的差异

文化产业是知识经济密集型的新兴产业,两岸知识产权保护与规范化也存在着对接差异。台湾的知识产权体系较完善,同时将知识产权作为"财产"来经营等理念较成熟。引用北京市高级人民法院知识产权庭副庭长的总结,"总体上讲,所考察访问的台湾地区企业对知识产权的产生、实施、保护有明确的指导思想和完整的保护措施"②。

但在内地方面,以莆田市为例,在《莆田市人民政府办公室印发关于贯彻落实国家知识产权战略纲要实施意见任务分工的通知》中得知,对台资企业知识产权服务机构尚处于成立初期,并对台资企业知识产权工作机制也未确实组织流程制度化。

2. 两岸妈祖文化产业人才需求无法满足

妈祖文化产业是多学科和多文化的交叉融合,这种融合性强于其他产业。目前,精通妈祖文化的人才普遍缺乏产业化意识和行动,而懂得产业化的人才对两岸妈祖文化的情况却缺乏了解和资源整合能力。目前妈祖文化产业主要依赖旅游产业是不够的,相比台湾已从过去代加工的主体产业结构,转变为原始设计制造商为主体的发展方向,两岸妈祖文化创意产业要进行对接,大陆地区的高新技术人才,具有产业发展能力的妈祖文化人才等将是发展妈祖文化产业不可或缺的关键元素。

---

① 乐天:《蔡武访台掀起文化旋风(台湾在线)》,《人民日报(海外版)》2010 年 9 月 6 日第 3 版。
② 程永顺:《知识产权在台湾》,《人民法院报》2002 年 3 月 21 日。

三、两岸妈祖文化产业发展的政策机遇

(一)两岸妈祖文化产业发展的政策环境机遇

党的十七届五中全会提出了"推动文化产业成为国民经济支柱性产业"的战略目标,"十二五"规划纲要中明确提出"加快文化产业发展",十七届六中全会探讨的社会主义文化大繁荣大发展议题等,都为两岸文化产业合作发展提供了有益的政策基础。台湾方面目前是一个文化产业已经发展成熟的地区。2009年5月14日台湾"行政院"核定创意台湾文化创意产业发展方案,由国发基金以200亿元新台币投资成立文化创投基金,计划四年内投入300余亿元,让台湾成为亚太文化产业汇流中心。

2006年1月12日至16日,胡锦涛在福建考察时强调,妈祖信仰等深深地扎根在台湾民众精神生活当中,福建要运用这些丰富资源,在促进两岸交流中更好地发挥作用。① 随着ECFA的签订,台湾也将迎来"黄金十年",大陆在ECFA第一波早收清单中,也已放宽台湾影片进口配额限制,未来在两岸文化产业合作方面将迎来更利于两岸交流合作的政策机遇。

(二)两岸妈祖文化产业发展的具体政策机遇分析

根据邓恩政策分析模式,在以问题为中心,不断的因素分析中,发现问题的本质原因,通过描述现行问题相关的已有政策,再提出相应对策。综合《莆田市城市总体规划(2008—2030年)》《莆田市旅游发展专项规划》《莆田市贯彻落实国务院和省委省政府加快建设海峡西岸经济区战略部署的实施意见》《海峡西岸经济区发展规划》四项文件,对妈祖文化或是有助妈祖文化产业发展的相关政策作出疏理,并与台湾地区2010年通过的《文化创意产业发展法》交互了解后,就双边文化产业发展政策的疏理,作出莆田市与台湾妈祖文化产业发展政策的分析。

1. 在两岸妈祖文化产业发展规划方面

内地政策强调:建设成为世界妈祖文化中心、两岸妈祖文化交流基地主轴;以海峡西岸滨海文化旅游度假胜地目标联结两岸;拓展湄洲岛国家级旅游度假区范围,整合提升妈祖文化资源,朝旅游和观光发展,挖掘丰富旅游资源,以两岸妈祖旅游为方向,积极推动双边旅游的市场规模;深入开展两岸文化、艺术、广播影视、新闻出版等方面交流互动,推动宗亲文化、宗教、民间信仰的交流,并以筹建妈祖城,进而推动妈祖文化成为一项综合性的文化产业,这对妈祖文化走向市场化、产业化将起到很好的促进作用。

在台湾方面,台湾妈祖文化产业发展大多是由地方政府、宫庙产业、创作者、企业间相互合作,通过节庆仪式、文化活动的串联,从地方扩至台湾全岛共同协力协办,形

---

① 陈赵阳:《妈祖文化:海峡西岸经济区建设的优势资源》,《福州党校学报》2007年第2期。

成台湾特有的妈祖文化。从台湾文化创意产业发展法的立定目标来看,是为建构具有丰富文化与创意内涵之社会环境,运用科技与创新研发,健全人才培育,并积极开发国内外市场,对妈祖文化产业的发展并无特定的政策出台,而主要是由地方政府依当地妈祖宫庙产业在推动"宗教进香、政治操作、媒体行销、异业结盟"的模式重构,以宫庙产业的竞合来推动文化观光产业。

2. 在两岸妈祖文化资源整合与利用方面

就莆田市而言,妈祖庙已超过百座,光湄洲岛本岛就有近二十座宫庙。继两岸合作完成"妈祖信俗"世界文化遗产的申报通过,莆田市以湄洲妈祖祖庙为核心,积极对现存文物进行挖掘、保护修缮,并对两岸合作研究妈祖文化与推动妈祖文化产业发展提供良好的资源环境。

在台湾方面,台湾妈祖庙数量几近千座,北、中、南、离岛区为四大区域,经由妈祖文化资源整合而形成宫庙产业。文化产业化的发展造就了台湾妈祖文化产业的主要文化资源基础,通过妈祖文化节庆活动,以全台或是四大区域宫庙团体的结合,发展出台湾妈祖文化产业的普遍化与集中化。

3. 在两岸妈祖文化产业发展方面

莆田市以湄洲岛为发展核心,推动"湄洲湾北岸经济技术开发区"为弘扬妈祖文化的基地平台,为闽台特色产业对接的集中区;发展"湄洲湾妈祖文化产业园",包括湄洲岛和妈祖城及周边区域,以妈祖为主题,承接台湾及国内外先进的旅游业、创意产业、文化产业和新兴服务业的转移。其中以拓展湄洲岛国家级旅游度假区范围,整合提升妈祖文化资源,朝旅游和观光发展,挖掘丰富旅游资源,进而建构以妈祖文化为主题的海西滨海文化旅游胜地。

台湾方面在发展妈祖文化产业上一直存在市场规模过小的问题,但就妈祖文化节庆为主题发展文创产业却具有相当大的潜力,如台湾台中县政府自 1999 年起开办至今的"大甲妈祖国际观光文化节",已获得世界三大宗教盛事的封号之外,也发现过去地方政府从"旁观、参与"的角色,转变为"主事者"。进而结合文化观光产业,以"大甲妈祖"为名推进到"进香文化产业链"的发展,形成全台各地以"妈祖文化节"为名的特殊文化产业模式。

四、镜鉴:粤港、粤澳文化产业合作政策

(一)镜鉴粤港澳的合作政策细化

2009 年 2 月 20 日,粤港澳共同签订了《粤港澳文化交流合作发展规划 2009—2013》。

一方面抓住了 2009 年 1 月大陆颁布的《珠江三角洲地区改革发展规划纲要》的政策机遇,扩大了三地合作,另一方面规划深化了三地在文化交流上的领域,提升了三地的合作层次。并且由于政策导向明确,更有利于三地文化产业园区在内容上的建设以

及三地文化产业企业的合作。

其中很多条合作项目都值得两岸妈祖文化产业合作项目镜鉴,包括:设立共同创作演艺项目、培育对外文化经营机构、完善港澳资讯网建设等等。

(二)镜鉴:粤港澳合作促进会文化委员会的建立

2011 年 4 月,广东省粤港澳合作促进会文化专业委员会成立,委员会的主要工作"一是为粤港澳三地政府提供粤港澳文化产业合作的决策咨询;二是开展粤港澳岭南文化发掘、研究的交流与合作,丰富岭南文化内涵;三是协助推进文化产业与金融的对接工作,引进并提升港澳金融机构及金融配套服务对广东文化强省建设的参与与扶持;四是协助完善民营文化企业专业服务平台,拓宽民营文化企业直接融资渠道,推动优秀民营文化企业赴香港上市融资"①。两岸在妈祖文化产业合作方面,还未有一个相关机构的建设负责整体的统筹和规划,镜鉴粤港澳合作的范本,建立相关机构,完善机构在两岸妈祖文化产业合作中履行的相关职能,促进两岸妈祖文化产业更加顺利发展。

(三)镜鉴粤澳合作新模式

一方面镜鉴《粤澳合作框架协议》中粤港澳共同参与开发横琴新模式:"探索粤港澳合作新模式示范区。加快推进横琴开发,探索合作新模式……对接跨境基础设施。""珠海发挥横琴开发主体作用……联合澳门开展招商引资……建立粤澳合作开发横琴协调机制,对横琴开发重大问题提出政策建议,支持横琴新区就具体合作项目与澳门特区政府有关部门直接沟通。"两岸选择妈祖文化产业发展基地,两岸出资、出人,以大陆为主体联合建设。

另一方面借鉴粤澳合作中"推动区域要素便捷流动,加强社会公共服务体系衔接和服务资源共享,……加强与澳门在社会管理与公共服务等方面对接,研究制定澳门居民跨境就业、生活的相关政策",解决台湾地区来内地的人才与内地去台湾人才的跨区域就业与生活福利等方面政策的研究与实施。

五、推进两岸妈祖文化产业发展政策措施的思考与建议

面对两岸更加紧密的交流与合作,如何切实推进两岸妈祖文化产业发展,依据现阶段的问题及发展目标,提出政策措施的思考与建议如下。

---

① 吴哲:《粤港澳文化专业委员会成立,推动优秀民营文化企业赴港上市》,《南方日报》2011 年 4 月 12 日。

(一)增加两岸文化交流频率,搭建公共信息平台

要完成两岸文化产业对接,需要两岸形成共同的文化需求,以达成形成共同的文化市场。首先需增加两岸文化交流的频率,形成官方外的民间文化多层级交流,精英阶层交流——各大学、机构、组织交流——民间团体/旅行交流——民间个人交流。闽台文化产业要实现多层次的对接,在强化应用既有的会展平台、媒体平台和学术平台外,应增加技术平台或者网络平台的应用。

(二)落实细化有关政策意向,如土地、税收、金融、人才等方面

ECFA 的签订将带来台湾发展的“黄金十年”,也将是两岸合作的机遇期。根据台湾两岸共同市场基金会董事长詹火生在第六届两岸产业共同市场研讨会期间的介绍,根据 ECFA,未来 2 年两岸将在 20 个服务领域实行相互开放,其中涉及文化与创意的就有 12 项之多,但是两岸在相关方面还未签署细化条款,下一步如何合作与发展也是有待政策导向的问题。同时还应看到在《莆田“十二五”建设世界妈祖文化中心及妈祖文化产业园重点专项规划》中,虽然明确提出了“莆田世界妈祖文化中心的硬体部分建设固定资产累计投入达 80 亿元,软体部分建设累计投入 10 亿元”,政府及相关部门应继续落实后续相关细则等。

(三)引导文化产业与第一、二产业融合,承载妈祖文化产业发展

2009 年,国务院出台的文件中对福建的发展提到了“大力发展现代农业”、“建设海峡西岸先进制造业基地”的筹划。妈祖文化产业不仅仅是狭义的文化产业概念。而文化创意产业是在经济文化化、文化社会化、社会当代化的背景下发展起来的以个体或集体的创意为先导条件和核心价值,具有鲜明的文化特征、精神属性的产业形态。它既包括提供纯粹的精神产品和服务的产业形态,也包含系统化的文化创意与第一、第二、第三产业广泛交叉、结合而产生的新的产业形态。妈祖文化产业应与第一、二产业全面对接。如发展印有“妈祖”印记的水果,发展妈祖的制造业,如雕像等。

(四)重视妈祖文化产业、知识产权及高科技等方面人才建设

莆田市于 2010 年出台了引进高层次创业创新人才、建设产业人才高地、实施海西创业英才培养三个政策性文件,并于 2011 年市政府又安排 1000 万元作为引进人才专项经费。莆田在人才建设方面走出了第一步。除人才专项经费(基金)外,面对妈祖文化产业发展的现时及未来需求上,文化产业、知识产权及高科技人才将是重要的引进、培训方向。

从人才引进方面看,设立人才评价体系,在两岸妈祖文化产业的各项平台上,如博览会、交流会、洽谈会等发掘人才并设专门的人才政策给予扶植。面向全国、全世界,建立妈祖文化产业优秀人才资源库,以培养带发展,以引进带创新。

（五）依托海西经济区总体规划，可以大胆尝试在福建某地（厦门、福州等地）建立以妈祖文化为主体的闽南文化大交流大发展的"文化特区"

笔者早在多年前就提出了建立"文化特区"的创想，由于当时条件的不成熟而仅止于理论的探讨。而今在国家综合实力更为强大、改革开放更为深入、文化发展更为重要的有利形势下，建立"文化特区"已不再是异想天开了。福建省作为最早一批改革开放的沿海强省，不仅拥有强大的经济实力，还拥有客家传统文化、红色革命文化、商业文化等诸多文化资源，与多元文化异彩纷呈的台湾仅一峡之隔，并与之有着割不断的亲缘、地缘关系，与海外的联系亦紧密深远，沐开放之风既久，开拓创新之心必强，而在经济改革持续、全面地铺开，政治改革缓慢谨慎进行的情况下，唯有勇于展开文化改革、建立"文化特区"的地方，才能占据下一个 30 年中国发展的战略先机，才能成为新时代的弄潮儿。笔者以为福建已经具备了建立"文化特区"的政治、经济、文化等多方面的条件，故而大胆提出并鼓励在闽南大地建立"文化特区"，希望有识之士共襄盛举！

作者：蔡尚伟，四川大学文化产业研究中心主任、教授、博士生导师
王沈辰，四川大学文化产业研究中心硕士生

论台湾妈祖信仰的"扩张性":
2009 年大甲妈祖绕境进香实证分析

张家麟　曲兆祥

一、前　言

大甲镇澜宫每年的妈祖绕境活动,是台湾民间宗教的"盛会",也是人类非物质文化的重要资产。① 为何在台将近千间的妈祖庙中,大甲镇澜宫既非历史最悠久,也非庙宇硬件规模最宏伟,而它却能够脱颖而出,每年恭迎妈祖銮驾绕境进香,跨越原有大甲五十三庄,横跨台中、彰化、云林及嘉义四个县市,走 329.9 公里,沿途受到广大虔诚的信众热烈欢迎。

本文对大甲镇澜宫这种"小庙",却每年演出绕境进香的宗教"大惊奇"活动相当好奇。配合全国意向顾问股份有限公司于 2009 年接受大甲镇澜宫委托,在妈祖绕境期间所作的调查,本文进一步分析这份资料,理解大甲妈年年演出"大惊奇"的内容意涵与原因。

这也是学界首次运用量化调查方法,探索与解析大甲镇澜宫绕境的"真实"样貌。希望理解大甲妈祖的信众有多少? 他们的分布状况为何? 此宗教意义为何? 信众参与绕境的虔诚度有多少? 有多少信众走完八天七夜的绕境? 他们抱着什么样的心情参与这个盛会? 台湾人崇拜神祇的基本心态为"功利"性格,希望神祇给予庇佑,信众对大甲妈的期待是什么? 在人神互动时,台湾人为感激妈祖经常奉献金钱给神明,在绕境期间,信众捐多少香油钱给妈祖? 妈祖带给大甲镇澜宫重大的利益,也创造其周边的产值,这些直接或间接的利益到底有多少? 这些过去无法精确回答的问题,将在本文逐一探索与分析。

---

① 每年八天七夜的绕境活动,被台湾媒体报导为世界宗教盛会之一,媲美伊斯兰及基督教到麦加圣城朝圣、天主教徒到梵蒂冈朝圣。此绕境活动联合福建湄洲妈祖庙,于 2009 年得到联合国的认可,成为"人类非物质文化遗产"。然而这两年(2010—2011)镇澜宫将绕境活动改为九天八夜,大甲妈的銮驾在彰化多停留一天。

二、大甲妈祖信众跨出五十三庄

台湾妈祖庙密度为华人地区之最,几乎全台皆有妈祖庙的踪迹。妈祖是台湾人民的守护神,赢得台湾人的爱戴。[①]

尽管台湾人热爱妈祖,但是妈祖庙大多以"庄头庙"的形式,散见于各村落,由各村落的乡绅阶级,运用传统的炉主头家制度,向村民收取丁口钱、缘金[②],或建构神明会,由信众自发性地组织,当神明圣诞时,承担部分祭祀活动[③];或建立"角头轮祀"制度,由屯垦区的各角头,轮流祭拜神明,为神明祝寿。[④] 这种以庄头区域为范围的"宗教组织",至今仍然在全台各地生存,也是各种民间信仰神祇的宗教活动得以存在的世俗财务基础。由此可知,大部分的庄头庙信仰组织与人口,很少会跨越自己的庄头,神明圣诞时绕境的活动,也以巡视自己的庄头为主,象征保护庄头以内的子民。

不过,大甲妈的绕境进香,从清朝至今,早就不以巡视五十三个庄为范围,而是建立到北港朝天宫,或回湄洲祖庙的进香传统。在 1987 年,庙方为了正名其非北港朝天宫的分香子庙,要求北港朝天宫出面说明被拒后,乃前往湄洲祖庙。此项破冰之举,既重启两岸宗教交流之门,也争取其为湄洲祖庙在台代言的领头羊地位,声望与人气从而骤升。[⑤] 大甲妈从 1988 年起就停止前往北港,此时嘉义新港奉天宫乃向其招手,两宫一拍即合结为"姊妹宫",进香路线选在与北港一溪之隔的新港奉天宫,距离仍旧维持传统 329.9 公里。

跟随妈祖銮驾,年复一年走八天七夜的香客,是大甲妈最重要的"宗教文化资产",虔诚的信仰者到底有多少,过去始终只是约略概算。2009 年估计,发现近 93 万 4 千名参与绕境,信众年龄层涵盖老、中、青、少四代,来自全省二十三个县市。

排名前十名的县市分别为:彰化县 29.3 万人、台中县 24.5 万人、云林县 7.1 万人、嘉义县(市)7 万人、台中市 3.9 万人、台北市 3.7 万人、台北县 3.6 万人、南投县 3.2 万人、高雄市 2.7 万人、其他各县市合计约有 8.3 万人(见图 1)。从这些数据可以看出:

---

① 根据台湾地区宗教调查,2005 年台湾人为神立庙,前十名依序为土地公、王爷、妈祖、观世音、释迦牟尼佛、玄天上帝、关帝、西王母、中坛元帅、吴真人(《台闽地区寺庙、教会(堂)概况调查总报告书》,台北,2005 年,第 43 页)。

② 祭祀圈理论即是用来描述传统庄头庙的信仰、财务基础(许嘉明:《祭祀圈之于居台汉人社会的独特性》,《中华文化复兴月刊》1978 年第 11 卷第 6 期;林美蓉:《由祭祀圈来看草屯镇的地方组织》,《"中研院"民族所集刊》1986 年第 62 期)。

③ 神明会的组织在农业社会时甚多(王世庆《民间信仰在不同祖籍移民的乡村之历史》,《台湾文献》1972 年第 23 卷第 3 期),现在仍然在部分地区保留(2011 年 3 月社会调查资料)。

④ 轮祀制度至今仍然保留于淡水八庄大道公、芦洲保和宫的保生大帝庆典。

⑤ 张珣:《文化妈祖——台湾妈祖信仰研究论文集》,"中研院"民族学研究所,2003 年,第 22—23 页;张家麟:《台湾宗教仪式与社会变迁》,台北,兰台出版社 2008 年版,第 78 页;黄宝瑛:《两岸宗教交流模式之研究(1987—2008)——以政教关系论述》,台湾师范大学政治学研究所 2010 年博士论文。

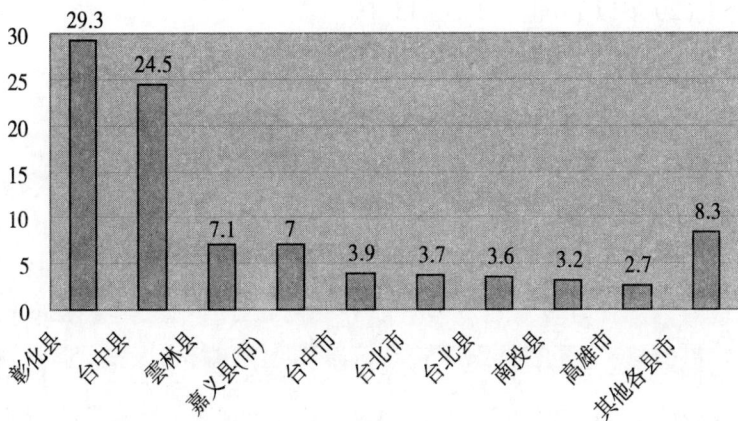

图 1　全台各县市参与大甲妈祖绕境人数

（一）大甲妈已是全省的妈祖

大甲妈的信众来自台湾各地，而非局限在五十三个庄头。大甲妈早就超越"庄头庙"的神祇，祂是全省各地的信众崇拜的大神。不少家乡有妈祖庙的信众，也会在大甲妈绕境进香时，投入大甲妈的膜拜行列，这是因为信众心目中对大甲妈具有高度的"宗教灵验"感受，使祂的信众散布宽广，表现出大甲妈的"扩张性格"。

（二）全台信众参与人数最多的盛会

将近百万的信众投入台中大甲妈的八天七夜活动，几乎是台湾人口的 1/25。也就是说，每 25 人就有一人参与此项年度盛会，应验台湾俚语中的"南部三月疯妈祖"的传说，也被本地媒体报导为世界宗教的三大盛会之一。①

（三）中南部信众占大宗

就地缘来看，妈祖銮驾经过的彰化、台中县市、云林、嘉义县市是信众参与最多的县市，共计约有 71 万 8 千人，约占参与绕境总人数的 76.98%；其余地理位置较远的县市，也有 23% 的信众投入大甲妈的绕境。

（四）各年龄信众皆投入

就参与信众的年龄层百分比来看，散布相当平均，分别为 20 岁以下的年轻人占 13.1%；21—30 岁占 14.5%；31—40 岁占 12%；41—50 岁占 18%；51—60 岁占 20.3%；61—70 占 9.9%；71 岁以上占 12.3%（见图 2）。以 20 岁为一代，中年人（41—60 岁）最多，占 38.3%；其次为青年人（21—40 岁）；老年人（61 岁以上）第三，占

---

① 世界宗教三大盛会分别为：天主教徒到梵蒂冈朝圣、穆斯林到麦加朝圣及台湾妈祖信徒参与大甲妈绕境。

22.2%；年轻人(20岁以下)也不少,占13.1%。

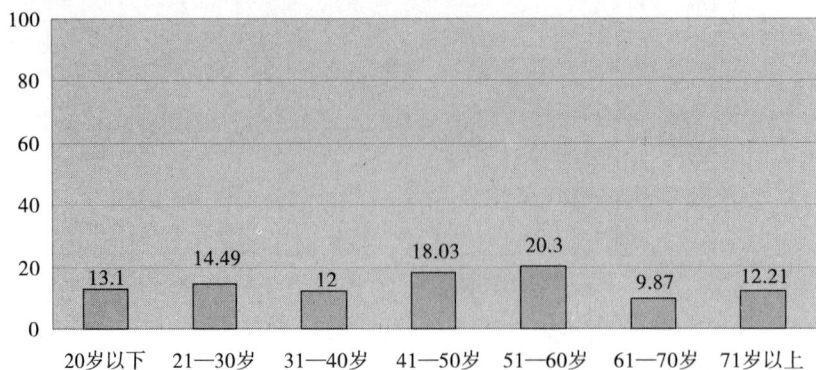

图2　信众参与大甲妈绕境年龄层分布图

从此信众年龄层散布相当均匀的现象来看,妈祖绕境具有以下几点意义:

1. 老、中、青、少四代信众参与

投入大甲妈绕境的信众并非只是老人家的专利,打破过去民间宗教信众"年龄老化"的传统印象。[①] 妈祖绕境在老、中、青、少四代,几乎每一世代皆有相当比例的信众投入此盛会,固然老人家占22.2%,中年人占38.3%;但是,青年人及少年合计也占39.6%,约占信仰人口数的四成。

2. 中、老年人走完八天七夜

大甲妈绕境能走完八天七夜的大部分是中、老年人,而年轻人一般是抱持着参与嘉年华的心情,参加其中的一或二天的行程。

3. 宗教传统的延续

各年龄的信众投入大甲妈绕境,象征此宗教传统不会随便出现"断层",大甲妈绕境也将代代相传,成为在台地区信众的共同记忆。

三、人神互动

(一)信众参与绕境具多元动机

台湾民间宗教信仰者的性格为"功利"与"品德"两类,前者强调人神互动过程中,人用供品献祭拜神,而神必须对信众有所回报,呈现神对人"有求必应"的人神关系;后者则指人神互动过程中,得要求信众本身的积德行善,实践品德,当信众品性良好,才能求神,神也才会给予庇佑。[②]

参与大甲妈的信众其内心对妈祖有何期待? 这些期待是"功利型"或是"品德

[①] 张家麟:《台湾宗教融合与在地化》,台北,兰台出版社2010年版,第285页。

[②] 李亦园:《田野图像:我的人类学研究生涯》,山东画报出版社1999年版。

型"? 经由调查后发现,对妈祖有所"祈愿"而来的信众占 36.0% ;只是把此活动当做嘉年华会,具有观光文化性质者占 39.6% ;希望在参与过程中,追求宗教信仰者的内心超脱世俗,而进入"平静者"占 11.3% ;对妈祖无所求,只是觉得此为信众必须参与的活动者占 8.5% ,其他占 4.6% (见图 3)。从图 3 数据可以看出:

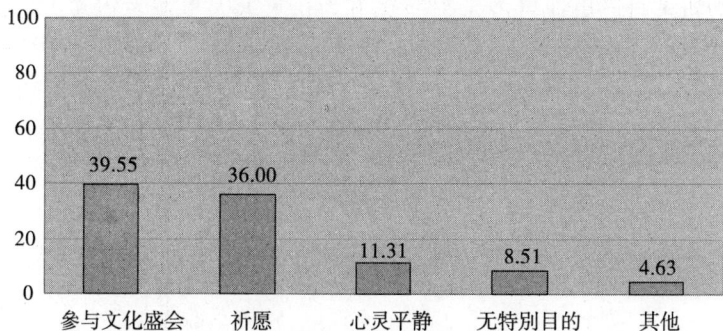

图 3 信众参与大甲妈祖绕境动机

1. 约三分之一的信众对妈祖祈求而来

妈祖信众对妈祖有所祈求,希望妈祖庇佑者,约占 1/3 之多,象征此传统台湾人民对神期待的"功利"性格,仍然相当普遍地存在信众心中。

2. 约四成信众以参加嘉年华会的心情而来

有 39.55% 信众抱着参与嘉年华会的心情,来参加绕境,他们对妈祖的宗教情感不像前者那么强烈,他们心里可能对此项盛会相当好奇,而若不来参与,内心会有遗憾的感受。这也象征大甲妈的绕境已经超越宗教"神圣性",而进入欢乐"世俗性"的文化响宴。

3. 约十分之一强的信众希望在绕境中得到心灵平静

在妈祖的信众中,仍有 11.3% 的人,希望经由此活动升华自己的宗教情操,追求永恒的"安静",长途跋涉,而不在乎体力的付出,这种人比较接近绕境即是一种"修德"的体验。他们享受参与过程中内心的"宁静"快乐感觉,而不求妈祖的回报。

4. 约十分之一弱的信众只是来看热闹

有完全无求于妈祖而来者,占 8.5% 。他们只在意参与。既非求妈祖而来,也无嘉年华会的心情,更没有要提升自己的宗教道德。这些人可能是与同侪团体共同参与,以"看热闹"的性质居多。

5. 极少数信众不明原因而来

还有 4.6% 的参与者填答"其他"的动机,"其他"隐含参与者为了"还愿"、"朝圣"、"救赎"等宗教因素而来,也有可能是"与亲友相偕"、"凑巧"等非宗教因素而来。

(二)信众向妈祖的祈求与效果

如果信众是为了祈求妈祖带来庇护,信众的恳求是什么?是希望妈祖保护"出海"者平安,扮演海神的角色;抑或是求助妈祖于海上以外的庇佑?

　　根据调查显示,信众对大甲妈的恳求早已超越传统妈祖海上显灵的功能。可分为祈求大甲妈能够庇佑信众的事业、财富、健康、学业、婚姻五项祈求,这五项中又可分为庇护家人或自己两类。信众祈求大甲妈祖保护的类别顺序如下:庇护家人健康者占43%,排名最多;第二为祈求妈祖保佑自己健康者占9.6%;第三为祈求自己学业者占6.7%;第四为祈求自己事业者占5.8%;第五为祈求家人事业者占4.1%;第六为祈求家人学业者占2%;第七为祈求家人财富者占1.8%;第八为祈求自己情感(婚姻)者占1.4%;第九为祈求自己财富者占1.34%;最后为祈求家人情感婚姻者占0.5%。另外,皆无所求者占12.9%,其他则者占11%(见图4)。从这些数据可以看出下列端倪:

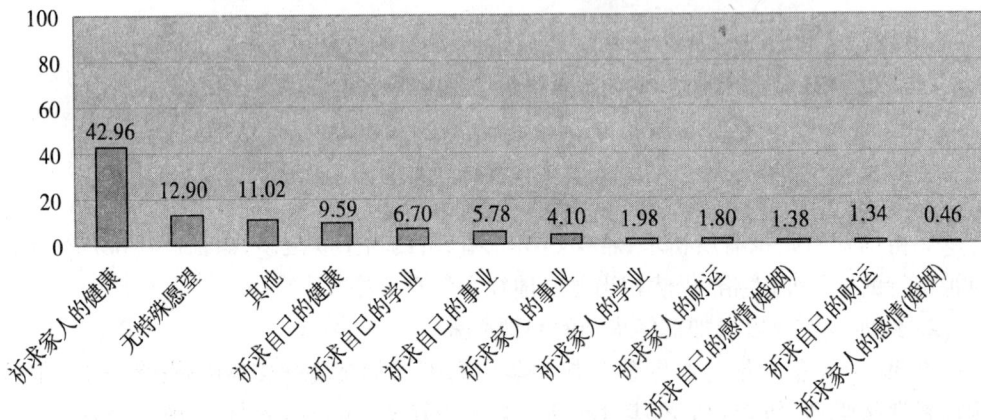

图4　信众参与大甲妈绕境祈求愿望

　　1. 为家人向妈祖祈福者占多数
　　参与绕境者为家人祈求妈祖占51.4%,为自己求妈祖只占24.8%。这象征台湾信众对妈祖的恳求是属于"利他型"的信众居多,远超过"利己型"的信众。而"利他型"是指祈求妈祖有利"家人",而非一般陌生人或亲戚、朋友。由于台湾人非常重视家庭生活,这反应在妈祖绕境参与者的信仰观中,参与者祈求妈祖保护家人的比例,超过一半以上的人数。
　　2. 妈祖从海上神祇庇佑信众出海平安,变成庇佑信众在陆地的健康
　　信众对"海上女神"妈祖的恳求,转为"陆地女神"。信众对妈祖期待不是保佑信众出海平安健康,更希望祂随时可以保护信众未出海时的健康。钻妈祖銮轿,可以庇佑身体健康的信仰,已经变成台湾信众的"迷思"。每逢妈祖绕境过程,皆可看到信众大排长龙,跪趴在地恭候銮驾从信众身上跨越,甚至有病入膏肓的信众,也会在家人搀扶下,等候妈祖銮驾经过,希望未来出现神迹。
　　3. 多功能的妈祖
　　传统妈祖的功能为保护信众航海平安。现在妈祖功能变得更为宽广,祂既保佑信众平安,也能够庇护他们学业顺利,财源滚滚,事业宏图大展,感情(婚姻)美满。妈祖

在信众心目中变成拥有"北斗星"、"文昌神"①、"五路财神"②及"月下老人"等神"综合性"功能。其中,信众祈求妈祖以健康与事业两项为主,妈祖庇佑信众健康平安,为传统的功能;庇佑信众事业、财源滚滚、学业顺利及感情(婚姻)美满,则是妈祖的新功能。

如果信众片面祈求妈祖,而祂未给予"保佑",则妈祖就不具"灵验性"。大甲妈会得到全台众多信众的膜拜,另一项原因在于祂的灵验性"颇强"。根据调查,89.1%的受访信众内心相信妈祖会帮助他们达成愿望。而且 92.1%的信众认为参与绕境进香,妈祖会进一步地庇佑。因此,每年大甲妈出巡,就有百万民众投入,沿途顶礼膜拜妈祖神轿,甚至"五体投地"跪趴在地上,象征信众对妈祖的高度崇敬。

(三)信众对妈祖的奉献

1974 年以前,大甲妈绕境的财务基础为"丁口钱"与"缘金",其中缘金的收入远超过整个仪式的支出,而这些节余款项中饱私囊。过去的"头人"③出来担任炉主、头家,本来是为神服务,奉献金钱。当丁口钱与缘金无法支付整个仪式的开销,其余金额就由头人支出。然而,大甲妈的绕境已蔚为风气,随着全台经济成长,大甲妈的灵验事迹频传,再加上大众传媒大肆报导此具"本土化"特色的活动等因素,让大甲妈的"缘金"(香油钱)水涨船高,变成重大的"宗教奉献利益"。当年庙方领袖认为,与其让炉主、头家中饱私囊,不如拿回仪式主导权,让仪式成为庙方发展的利器。双方角力的结果,炉主、头家退出,庙方得最后胜利。

据估计,2009 年八天七夜中信众奉献的"香油钱"约 5.6 亿。而当宗教捐献利益归庙方所有时,大甲妈变成地方派系领袖的竞逐场域,庙方领袖就有兴趣投入绕境与大甲妈的经营,而镇澜宫也是在此背景下逐渐发展的。

四、大甲妈祖信仰扩张性的内在因素

(一)绕境传统

大甲妈的銮驾每年被镇澜宫信众抬出宫外,走向人群,经历台湾中南部台中、彰化、云林到嘉义四个县市,来回长达 329.9 公里,历经八天七夜的长途跋涉,才又回到镇澜宫。④

---

① 文昌神为庇佑学业、功名的神祇,包含文昌帝君、文魁、文衡圣帝(关公)、朱衣神(朱熹)及孚佑帝君等神祇。

② 五路财神为庇佑信众财运的神祇,包括赵公明、比干、端木赐、关公与土地公。

③ 头人大部分是指农业社会的乡绅阶级。一般大众在宗教活动中缴交些微的丁口钱,或自由乐捐缘金,至于宗教活动的大部分款项则由头人承担。

④ 黄俊嘉:《文化庆典之文化涵构与商品链互动关系研究——以大甲妈祖绕境进香活动为例》,朝阳科技大学建筑及都市设计研究所,2005 年,第 116、149 页。

这项绕境的宗教传统是大甲镇澜宫宝贵的"宗教人文资产",在全台近千间的妈祖庙中,它是个特殊的个案。也因为镇澜宫从清朝以来,就有带领信众回福建湄洲岛主庙"谒祖进香"①,或到云林北港朝天宫"绕境进香"的习俗,从来没有因为改朝换代而停止妈祖出巡。1988 年大甲镇澜宫的董、监事决定到与北港朝天宫一水之隔的新港奉天宫进香,大甲妈的信众仍然跟随着妈祖銮驾绕境,信众没有因为人为的操作而中断参与妈祖进香的神圣传统。

调查得知,参与进香的信众高达 93 万 4 千人;走 7 到 8 天有 2 万 8 千人,走完 3 到 6 天有 7 万 1 千人,走完 2 天有 17 万 6 千人,跟随銮驾走 1 天有 65 万 8 千人。虔诚信众是大甲镇澜宫异于其他妈祖庙的"宗教人文资产",其他宫庙如白沙屯妈祖庙、彰化妈祖庙、北港朝天宫等固然有妈祖出巡活动,但是都无法像大甲妈信众,簇拥妈祖銮驾走完八天七夜(见图5)。

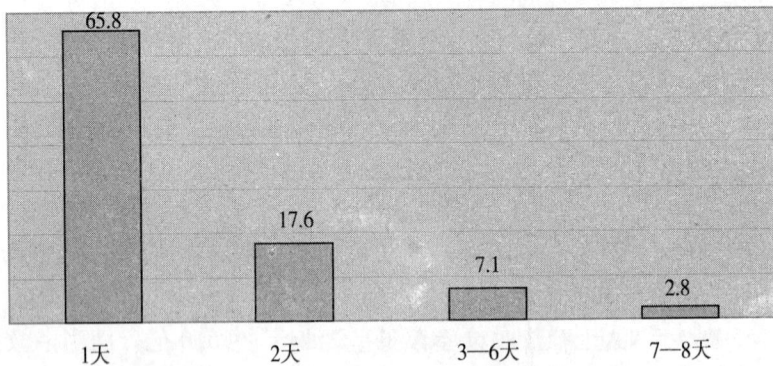

图5　信众参与大甲妈绕境天数

当然,大甲妈的信众并非人人走完八天七夜。根据调查,约 2.8 万随妈祖銮驾辛苦走完全程的信众,传承清朝以来的传统,也象征台湾人对妈祖的高度尊敬。放眼全台妈祖庙,甚至全球华人地区的妈祖庙,唯独大甲镇澜宫拥有此项绕境传统,而且这项传统不容易被其他妈祖庙所复制。

(二)妈祖灵验程度高

同样为妈祖的子民,但是他们心目中对全台各地的妈祖庙的灵验程度会有高、低之别。信众心目中的主观判定,会造成妈祖庙的香火鼎盛或萧条。大甲妈那么多的跟随信众,自己家乡可能也都有妈祖庙,但是他们却不远千里而来,以家乡妈祖庙的组织或以个人名义,投入大甲妈绕境进香的行列。如果要理解这种作为,大甲妈的灵验程度是很好的解释变项之一。调查发现,参与绕境进香的信众约 9 成 2 认为妈祖会保佑他们(见图6),8 成 9 则相信妈祖会满足他们的祈求(见图7)。

① 日治时代大甲妈仍有回湄洲祖庙的记录,1949 年两岸阻隔后,才中断此传统。黄美英:《台湾妈祖的香火与仪式》,台北,自立晚报,1994 年。

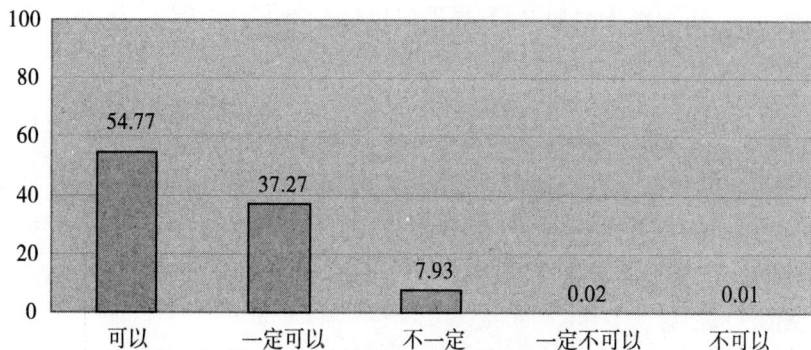

图 6　信众相信大甲妈庇佑程度

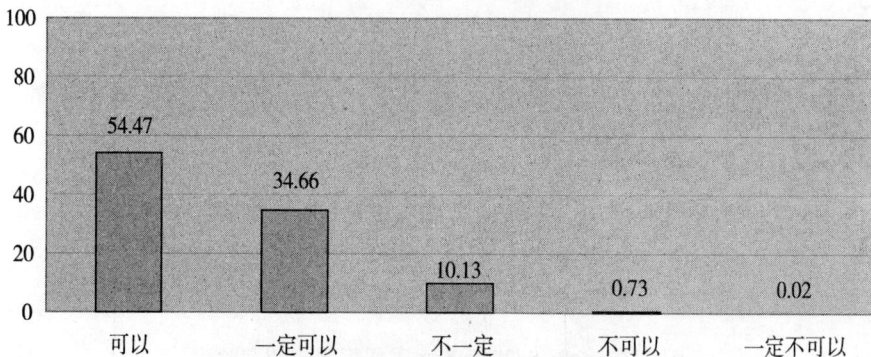

图 7　信众相信大甲妈帮忙达成愿望

　　如果将妈祖的灵验程度当解释变项,来年参与大甲妈祖的绕境活动当作被解释变项,研究发现两者程度高度"线性相关"。妈祖的灵验程度越高,越会吸引信众来年投入大甲妈的绕境进香活动,前者对后者的解释能力高达约 1 成 9(见图 8)。

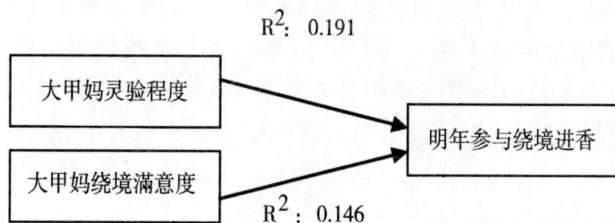

图 8　线性关系

　　为何全台妈祖子民会投入大甲妈的绕境进香,应该和大甲妈拥有来自湄洲祖庙的香火有关,一般信者认为来自祖庙的香火远比非祖庙的香火具灵验度。自 1987 年大甲镇澜宫董、监事冒着被台湾政府逮捕的危险,从湄洲祖庙取回象征性的信物,抢得祖庙在台代言的头香以来,本来已经拥有的绕境进香传统,在取回祖庙信物后与绕境进香的习俗结合,在全省绕境,宣示大甲妈不再是北港妈的子庙,而是直接从祖庙来。大甲镇澜宫的作为,再次炒作新闻题材,让大甲妈的声望更上一层楼,变成全台妈祖庙的"重镇"。

(三)绕境仪式满意度高

大甲妈每年的绕境活动会赢得众多的妈祖子民的爱戴,到底参与者对庙方办理仪式的满意程度如何,过去只能想象。调查显示:40.80%的信众非常满意八天七夜的绕境活动,50.19%的信众满意此项活动;简言之,有91.2%的信众对妈祖绕境的整体印象良好(见图9)。

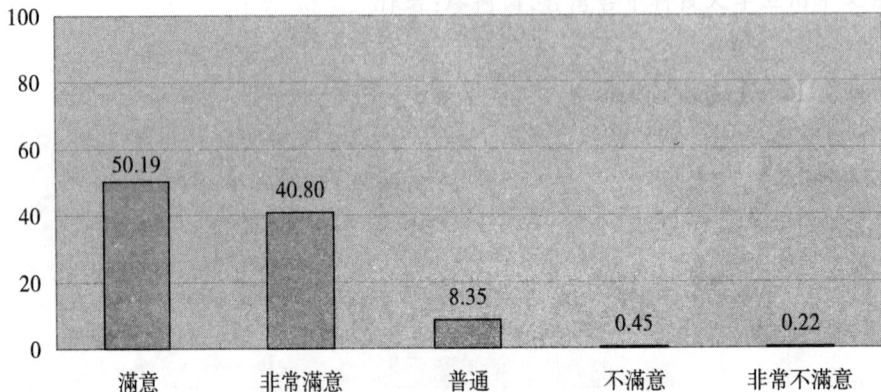

图9 信众参与2009年大甲妈祖绕境的满意度

当妈祖子民投入大甲妈的绕境进香仪式活动,内心主观感受非常良好,他就有可能来年再投入此项仪式。根据调查,约有82.9%的信众表示愿意来年再来参加妈祖绕境。这些数据表现出大甲镇澜宫庙方每年举办的绕境活动被信众高度肯定,而且信众正向的认同也是让未来大甲妈持续绕境的主要原因之一(见图10)。

既然信众对大甲镇澜宫所主办的妈祖绕境仪式持满意的程度,笔者就非常好奇这项满意程度是否能解释信众来年再参与大甲妈的绕境。我们将信众参与的满意程度当解释变项,来年再来参与妈祖绕境当作被解释变项,让这两者进入平均值的回归分析,发现两者呈现高度的正相关,前者为后者的解释能力约有1成46(见图8)。

(四)宗教领袖经营能力

大甲妈走出五十三庄,成为全台最具代表性的进香活动典范,除了无意间形塑出来绕境的宗教传统外,也与大甲镇澜宫庙方领袖经营能力有密切关联。①

大甲镇澜宫并没有专业的神职人员,而是由乡绅担任宗教领袖,他们是属于"宗教经营型领袖",他们的本业可能从政或经商,是虔诚的妈祖信仰者,经常把庙当做"事业体"经营,宗教仪式当做"宗教商品"营销,大甲妈的八天七夜绕境营销是成功的个案。

---

① 张家麟:《台湾宗教仪式与社会变迁》,台北,兰台出版社2008年版,第131—160页。

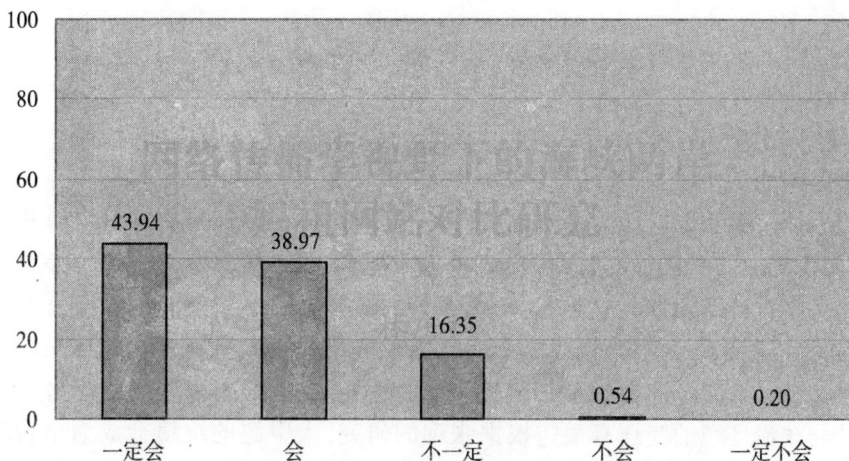

图10　信众来年再参与大甲妈绕境

镇澜宫的绕境活动变成全台知名的宗教仪式，最主要是镇澜宫庙方领袖将宗教绕境传统不断传承且发扬，他们从湄洲祖庙取回香火，去除北港朝天宫为其祖庙的"污名"，提升妈祖的灵力，提升庙宇声望。为扩大绕境阵头，培养基本绕境团队，也让旅外的大甲子弟及有兴趣参与绕境活动的田野工作者、学生、教授投入绕境。为了让绕境阵头多元化与活泼化，庙方采取异业结盟的方式，不用花钱养阵头，让各种神将团、电音三太子、弥勒团等阵头加入绕境行列，分享信众捐赠的香油钱，而使得妈祖阵头场面宏伟。

为了让大甲妈顺利出巡，庙方领袖采取与其他妈祖庙结为平等宫庙的策略，包括与大陆湄洲岛妈祖祖庙结为"至亲庙"，与全台各地妈祖庙都结为"姐妹庙"，使他们愿意参与大甲妈绕境活动，分享大甲妈带来的利益与声望，也化解妈祖庙间地位高低的问题。

为了宣传大甲妈绕境活动，这种异业结盟近年来不断扩张，包括与政界、大众媒体结盟，让各党派政治人物前来为妈祖抬轿，既抬高了妈祖声望，也让政治人物对信众营销他们自己的理念；主动提供绕境的各种新闻性话题给媒体，让媒体SNG车为大甲妈做全程的报导。庙方领袖再与其他商品业者结盟，开发与妈祖有关的周边商品，如妈祖福袋、首饰、潮T、手表、信用卡、公仔、手机、化妆品、妈祖米、妈祖饼、金妈祖神像等，吸引年轻族群接触这些商品而认识妈祖。

庙方领袖运用大甲妈既有的声望，与相关产业进行异业结盟，达成双赢的效果，提升大甲妈的营销能力，也带给产业利益。根据我们的调查发现，八天七夜直接的经济产值高达18亿元，间接的经济产值更高，有54.6亿元。庙方将大甲妈的利益共同分享的策略，使大甲妈的声势越来越壮大。

五、大甲妈祖信仰扩张性的外在因素

(一)本土化

调查发现,用宗教仪式满意度、宗教灵验程度这两项因素来解释信众每年愿意投入八天七夜绕境的活动,分别具有1成46及1成91的解释能力,尚有约6成5的其他因素,有待学者提出诠释。

除了上述所提的大甲妈长期以来的绕境进香传统及大甲庙方宗教领袖的经营能力这两项变因外,应该还有宗教以外的"外在因素"。笔者大胆揣测此与台湾整体社会、经济与政治环境的变迁有关。根据张珣的研究,大甲妈的绕境会成为全台瞩目的宗教盛会在于"社会变迁",她从文化结构的角度去解读大甲镇澜宫的绕境进香活动,包括台湾社会的转变、交通便利、庙方管理委员会组织的转型及大甲移民到全台各地经商成功后,感恩妈祖而返乡参与妈祖绕境活动,这些因素造成大甲镇澜宫绕境进香的盛会。①

这项"文化妈祖"理论重新解释了过去传统庄头庙的宗教活动,取代过去"祭祀圈"庄头庙活动的理论解释,然而文化妈祖固然有其理论的优越性,但是从台湾整体社会变迁的"巨视"角度来看,仍有不足之处。

大甲妈的绕境活动传承已久。当台湾社会面临外交与政治上的困境时,台湾的知识界及文化界掀起传统化与现代化的论争,希望从传统与现代中走出另外一条路。此时,代表"本土"象征的大甲妈的绕境活动,变成媒体报道的宠儿。当大家追求本土化之际,用本土化的文化因子来让台湾人民有共同追求的目标便成为趋势;大甲妈每年的绕境进香活动,在媒体报导下,变成台湾民众耳熟能详的本土象征。②

妈祖来自湄洲岛,1987年妈祖升天一千年时,在政府的支持下,湄洲岛妈祖祖庙对台妈祖庙发出邀请函,积极邀请台湾民间宗教团体回到祖庙参访,打破台湾政府的"三不"政策。期待以两岸妈祖的共同信仰为桥梁,让台湾人民进而认同内地与台湾是不可分割的宗教文化体。当台湾妈祖庙领袖回到大陆祖庙寻根时,也发现了两岸妈祖庙的重大歧异,更容易让台湾妈祖庙领袖反躬自省,应该珍惜台湾妈祖庙的本土化特质,保留台湾既有的妈祖绕境进香的各项宗教传统。③ 由于大甲妈的八天七夜绕境进香是台湾引以为自豪的本土象征,也变成20世纪70年代至今大众媒体争相报道的议题。

---

① 张珣:《仪式与社会:大甲妈祖祭祀圈的扩展与变迁》,发表于"中研院"第三届国际汉学会议,"中研院"主办,2000年,第1页。

② 陈景威:《传神:大甲妈祖绕境新闻的产制分析》,嘉义,中正大学电讯传播研究所,2006年,第54页。

③ 根据受访的妈祖领袖表示,常态性的前往湄洲岛谒祖进香,将台湾妈祖祭拜科仪带回大陆,现在已经变成湄洲祖庙妈祖圣诞时的庆典。这种将台湾宗教传统经验重新在大陆体现,是台湾妈祖对大陆妈祖的正向影响,也使两岸妈祖圣诞庆典恢复传统祭拜的科仪。张家麟:《大陆宗教团体历年从事两岸交流之研究计划》,陆委会委托研究,2009年。

(二)民主化

台湾地区神祇绕境活动相当普遍,唯独大甲妈祖绕境成为政治人物热衷参与的活动。其中的关键因素在于大甲庙方领袖"善于"运用政治手腕,邀请不同党派的政治领袖为大甲妈抬轿。

大甲镇澜宫庙方领袖在 2000 年之后由颜清标掌舵,他以娴熟的政治手腕,为妈祖八天七夜的绕境活动热身,邀请不同党派领袖前来为妈祖站台。当台湾地区领导人候选人级的政治领袖来为妈祖抬轿时,就可能吸引大量的大众传媒前来报导,此时新闻媒体画面就会出现政治领袖抬神轿的影像,也会出现颜清标与妈祖的身影。政治领袖与大甲妈绕境重叠事件的话题,非常容易变成媒体的头条新闻,创造了政治领袖营销自己,提升庙方领袖成为全国知名的政治人物的地位及哄抬妈祖绕境的良好形象,达到三赢的效果。

如果台湾没有民主化的需求,大甲妈的八天七夜绕境也就少有政治领袖前来抬轿。台湾民主化变成强化与营销大甲妈绕境进香活动的外在条件,而其中的关键在于大甲庙方的运作与妈祖诞辰为大选前夕的时间因素。当这些因素凑合在一起时,使大甲妈在媒体不断地被报道,媒体便成推波助澜大甲妈的推手,也使大甲妈的绕境活动变成全台民众每年关注的宗教盛会。

(三)经济成长

过去庄头庙的宗教仪式、修庙事宜,都是靠庄头信众的丁口钱与缘金来供应,大甲镇澜宫在 1974 年前就采取这项模式,来办理绕境进香科仪。由于台湾经济起飞,再加上社会人口快数流动,传统五十三庄的人口外移甚多,移入的新住民也不少,使得传统炉主、头家征收的丁口钱短缺,但是却涌入大量的"香油钱"。大甲庙方眼看炉主、头家拥有大量的香油钱,却无助于庙方的发展时,乃思考将管理委员会改组,拿回大甲妈绕境进香的主办权,也从中丰富了庙方的财务基础。

台湾的经济发展使台湾各庙宇的香油钱普遍地增多,大甲妈的绕境活动也在此背景下得到信众诸多的供养。八天七夜的绕境可以获得 5.6 亿的收入,让大甲庙方领袖乐于投资此项活动。

香油钱除了由信众自由乐捐外,大甲旅外子弟祭拜妈祖而事业有成后,也会返乡参与"抢香"。镇澜宫领袖设计抢香活动,让外县市的宗教团体前来抢香,捐款最多者为头香,次多者为二香,再来为三香,低于三香为赞香一或赞香二。这项抢香活动让旅外的大甲子弟得以返乡参与绕境盛会,也丰富了香油钱的来源。

从 1960 年到 1980 年,台湾逐年的经济成长带来台湾"经济奇迹",在整体经济优质环境下,既可使信众拥有丰沛的经济能力赞助神,也提供大甲子弟在外经商的良好条件。再加上大甲子弟从小敬拜妈祖,他们将经商有成的成果返乡回馈妈祖,既可对妈祖表达回馈感恩,也有衣锦荣归的感受,将平时组织的妈祖庙团体返乡和母庙镇澜宫联谊,在参与进香、抢香情境下,实现了传统乡绅阶级赢得社会声望的成就感。

六、结 论

原本先人渡海来台,在自己的庄头、联合数个庄头或数十个庄头供养妈祖。刚开始可能只有神像由庄头轮祀,也可能为祂立庙膜拜。很少有妈祖庙会跨出自己的庄头,成为"全台"信众景仰的对象。然而,大甲妈是这少数具代表性的"跨庄头"庙座中的一座,它具有相当强烈的"扩张性"。

本文证实了大甲妈这种扩张性的妈祖信仰现象,信众来自全台各地,涵盖老、中、青、少四代,也预告祂的信仰群众不至断层。信众参与大甲妈的动机,隐含传统的"祈求神庇护"、"不求回报的追寻心里安静"及现代年轻人喜欢的"嘉年华会"。另外,希望祂能带给信众及其家人的"事业"、"学业"、"健康"、"财富"及"感情"的庇佑,大甲妈变成多功能的大神。由于信众喜欢妈祖,也捐献大量香油钱给祂,造成庙方领袖争回绕境进香的主导权。

至于形成大甲妈信仰扩张性的因素相当多元,其中信众从清朝至今未曾稍歇的绕境进香,是其最具关键性的"宗教人文资产"因素。在长期的形塑妈祖绕境进香过程中,传唱诸多妈祖的灵验事迹,使信众"高度相信"大甲妈祖会带给他们庇佑。而且,参与绕境进香仪式,让信众深感满意,许多信众乐于常态性地参与此盛会。大甲妈的高度灵验性及参与仪式的高度满意度,分别对来年参与此仪式具有1成9及1成46的解释力。然而,大甲妈的灵验程度,绕境进香仪式的满意度,应该与宗教领袖经营能力有密切关联。

在台众多妈祖庙中,大甲妈得以脱颖而出,与台湾整体绕境变迁有关。包含追求具台湾本土化的绕境仪式,民主化之后政治领袖热衷参与大甲妈的绕境及经济发展带来的信众捐献、大甲子弟返乡"抢香"等。这些现实的外在"时势"条件,给了大甲庙方领袖操作经营绕境进香仪式的机会。在庙方领袖优质的"经营能力"下,善用这两项内外因素,让大甲妈变成全台妈祖庙的"鳌头"。

作者:张家麟,真理大学宗教文化组织管理学系教授
    曲兆祥,台湾师范大学政治学研究所教授

妈祖文化与产业发展

廖芮茵

妈祖原是福建莆田湄洲岛上渔村之女。根据宋、明文献资料,妈祖为巫祝,具有能言吉凶休咎的异能。关于她的生平事迹,《天后志》及《天妃显圣录》载有多则传说。由于她慈爱无私、利人的精神感动人民,因而受到百姓虔诚的敬仰,在她羽化飞升后,显灵的传说更层出不穷,除了消解旱情、瘟疫外,职能更扩大到建庙修堤、保护使节、救援海难、庇佑漕运、弭平海寇、济助海战等神迹。

妈祖神格化后满足广大善信的生活需求和精神寄托,由民间自发式的对妈祖崇敬膜拜,在湄洲形成一股坚固的宗教信仰,而且随着福建海商船户沿着海岸线迅速向外界传播发展。从北宋徽宗宣和五年敕封"顺济"庙额始,历代帝王出于政治教化和海运、漕运、救灾、抗敌等经济需要,屡次对妈祖进行册封褒赐,封号从夫人、天妃至天后,可见妈祖慈爱众生、禳灾祈福的宗教信仰,充满航海保护神的精神性格,在统治者的心目中具有强大的社会功能与政治教化目的。妈祖信仰从北宋在湄洲形成后,历经元、明、清的海权扩充和大量华人不断海外移民,把早期原是福建渔民的区域守护神,传播普及得范围更加深广,妈祖已成为世界性的和平海神。

一、台湾妈祖职能的扩大与转化

历代王朝对妈祖的封号,虽然从"夫人",到"妃"、"天妃"乃至"天后"不断晋升,但在民间,妈祖则被称为"妈祖婆"或尊称为"天上圣母",信众以此表达他们对神明崇高的虔敬心意与诚挚的期待——尤其是从中国闽粤渡海移民到台湾的信众。

明末清初,因连年的饥荒与战乱,汉人大规模从大陆沿海移民到台湾拓垦避难。为了能平安横渡波涛汹涌的黑水沟,于是常有护佑海上安全神迹的妈祖,成为离乡背井、渡海移民心灵的最主要依靠。先民们将妈祖神像和香火供奉在船舱中,祈求航海平安,当成坚强的精神支柱。而骤到此陌生环境,在筚路蓝缕、艰辛开垦时所遇到的困难险阻,台湾的信众们咸认为慈悲仁爱的妈祖,会庇佑他们平安,让善信化险为夷。

随着汉人移居到台湾所处自然地理环境的特色,也逐渐衍生出妈祖特殊的宗教神格与复杂繁多的神务职能。除了原来护卫渔民、止风歇浪、收妖驱邪、除瘟医病、降雨救旱等等的基本任务之外,台湾地区还增加许多妈祖显灵的神迹。例如:协助郑成功驱除荷兰人、助官兵海战、巡防海岸、平暴民作乱;当汉人开垦遇原住民出草或治安败坏不良时,妈祖护民防番、抵御盗匪,甚至在第二次世界大战或台海战争时,妈祖奋力救军夫、接炸弹、保平安。而台湾因地处菲律宾与欧亚大陆板块交界处,经常有地壳排挤发生地震,传说妈祖能预告地震、海啸等灾难,警示民众远离灾厄;此外还能弭平水患、消灭病虫害以利农业生产,而最令人啧啧称奇的,还有能让死儿复生的神迹。

诸多法力无边的神迹展现,都是百姓在最无助、彷徨时感受到的灵验,于是妈祖不可胜数的神迹被民众口耳相传,台湾妈祖的信仰日益普及。虽经过长久的时间递嬗,台湾已从早期的农渔经济,转变为以工商业为主的社会,但台湾信众对妈祖的崇拜与依赖,却不因社会形态的变迁而稍减,对妈祖庇佑百姓、救苦救难的信仰,更信之弥坚。

现今的信徒也不再局限于特定族群,举凡士、农、工、商,遇到任何困难都可以向妈祖祈求解决,妈祖成为全能的神祇,她护佑的项目可扩及个人的健康平安、学业前途、事业升迁、婚姻子嗣、求财置产等等,而职务范围则更涵盖国防政治、社会治安、经济民生等多重面向,台湾妈祖已被广大信徒赋予新的功能与使命,迥异于当初仅是护卫移民渡海来台的航海之神。

二、台湾强烈妈祖信仰的宗教文化特色

信仰是对神的信服和尊崇,反映了民众尊敬、感恩、平安的内心祈愿以及对于现世生活的期望;而宗教是能满足人们精神需求、心灵寄托的信仰。妈祖的灵验神迹都是在人们生活密切相关的需求下产生,再经过时间的长久累积,更逐渐增加其庄严性与神圣性,因为人民希冀受到神灵的超能力保护,而衍生出精神心灵的虔敬宗教信仰。这种文化是一种历史不断累积而形成的社会价值与社群认同。

台湾信众对妈祖信仰力量的凝聚,已渐成为民间宗教信仰的轴线,举凡士、农、工、商的各种精神依托,多以妈祖为主。民众对妈祖神恩感念,纷纷建庙膜拜。在台湾的妈祖庙有资料可稽者超过 500 多座,其中有 20 多座被列为文物古迹,可见妈祖信仰已内化为台湾本土的文化之一而牢不可破。台湾妈祖信众除了妈祖节庆活动时志愿地出钱出力外,对妈祖庙宇的整修、兴建、神像金身的雕塑等,更是殚精竭虑地精益求精,以表达对妈祖庇佑的感谢。例如 2009 年澎湖马港的天后宫,就全部用花岗岩打造一尊高达 28.8 尺妈祖巨石像,被列入世界第一高的吉尼斯世界纪录。

探究台湾妈祖信仰的宗教文化特色,约有如下数项:

(一)香火分灵的信俗,使妈祖信仰开枝散叶,透过绕境进香,强化信仰深度

台湾早期移民为寻求经济生机,纷纷从大陆将妈祖神像或香火携带渡台开垦。其中主要分灵地点,有朝天阁的"湄洲妈"、泉州地区的"温州妈"、同安地区的"银同妈"、

长汀地区的"汀洲妈"及兴化地区的"兴化妈"等;这些从大陆分灵的妈祖来台后,由于灵验的神迹被信众传诵不绝,因此建庙虔心膜拜,成为地方保护神,也有在地化的名称,如"关渡妈"、"大甲妈"、"大肚妈"、"彰化妈"、"笨港妈"等等,甚至一尊妈祖神像还无法满足众多百姓对妈祖有求必应、庇佑平安的信赖与殷切期盼,于是又有"大妈"、"二妈"、"三妈"、"四妈"等等的分身。

台湾的宗教观念是:神明越灵,就越多人膜拜;而越多人膜拜,神明就越灵验。"人气"与"神明的香火"间有循环和相互支持的关系。而且神明的香火是可以分割、延续的,神明的灵力会经由分灵、分香,更延续到外地的其他庙宇,使妈祖的信仰扩大地域范围开枝散叶,让更多的人广沾浩荡神恩。

神明的香火代表信仰的扩大与传承。台湾信俗认为经由分灵、分身出来的妈祖,若重回祖庙进香,就能继续保持灵力不衰。就缘于信众对神祇香火起源地的重视与强调,从大陆分灵出来的台湾妈祖曾回祖庙进香,但其后因交通阻绝或政治形势的阻隔而中断,俟后新建庙宇就到历史悠久或香火较兴盛的妈祖庙,再请妈祖的分身,接受人们的供奉膜拜。台湾社会的妈祖就这样层层分灵、分香出去,形成一个具有位阶层级谱系的信仰系统,而透过热闹的绕境进香仪式,强化妈祖信仰的深度。

台湾岛内妈祖庙的进香、刈香活动,多在妈祖圣诞的农历三月举行,从历史悠久或香火鼎盛的妈祖庙分灵出去的其他分香子庙之妈祖,信徒们会组织轿班会或进香团,在农历三月二十三日前夕到母庙谒祖进香,整个参加活动的人数经常动辄数万至数百万之多。例如大甲镇澜宫妈祖绕境进香活动已有百年历史,人们基于对妈祖虔诚的信仰,每年到新港奉天宫绕境进香,信众们或跟随着妈祖銮轿徒步行走八天七夜,或以脚踏车、机车、游览车等等不同的交通工具随同进香,整个行程贯穿台中、彰化、云林、嘉义四县,来回约372公里、21乡、80余座庙宇,其他邻近妈祖庙前来交香、请迎妈祖一起巡绕辖境等,而参加这项宗教活动的人数有百万人之多,建构成绵密的妈祖信仰网络,强化了信仰的深度与广度。近年来,台中县政府大力推广,同时正式命名'大甲妈祖国际观光文化节'之后,更让现今的妈祖绕境活动成为世界三大宗教活动之一,让这原本属于地方的宗教活动,成为举世闻名的国际宗教大事。2009年10月,联合国教科文组织更将妈祖的庆典列入"人类非物质文化遗产代表作名录",获得跃上世界舞台的殊荣。

(二)妈祖共祭团体凝聚信仰力量,壮大庆典活动声势

台湾妈祖宗教信仰之所以能够展现如此浩大的声势,原因之一是凝聚了共祭团体的力量。神明信仰的具体行为是"祭祀",台湾有许多庄庙、角头庙、宗族庙、联庄庙,都以妈祖为主要祭祀的神祇,因此发展出许多妈祖祭典组织。在台湾乡镇性的大庙中,很容易就形成区域性妈祖信仰中心。

例如:位于屏东县东港镇的朝隆宫,主祀天上圣母妈祖娘娘,为东港当地下中街之角头庙,也与东港东隆宫、东港福安宫并称东港三大公庙之一,更与北港朝天宫、中港慈裕宫并称"台湾三妈祖"。

又如：因妈祖姓林的缘故，台湾各地林姓都喜称妈祖为姑婆祖、祖姑，藉以拉近妈祖和林姓的亲密关系，林姓也常自称为妈祖的裔孙、族孙，甚至组织大规模的共祭团体。如台北地区以林姓为主的七角头正龙社天上圣母神明会，台湾中部有和美、彰化、草屯等林姓聚落组成的二十四庄林祖姑天上圣母会，这是一种联庄的姓氏族群崇拜。

联庄性的妈祖庙宇，如台中乌日、雾峰、大里、太平有"东保十八庄"迎妈祖；龙井、大肚则有"西保二十四庄"；大甲妈、大庄妈、大肚妈、枋桥头妈有五十三庄的组织，原是七十二庄组成的西港妈，现在已增加到九十几庄。鹿港同安寮十二庄请妈祖迎神活动，联合境内十二部落十五座角头庙宇，出动神轿、阵头互相交陪助阵，迎请鹿港天后宫进香妈和鹿港新祖宫同安妈，接受广大信徒的虔诚膜拜。而彰化南瑶宫所发展出来的 10 个妈祖会，信徒甚至分布 350 个左右的村庄，涵盖台湾中部 4 县市，跨越 21 乡镇，组织规模最为庞大。

这些跨越各村庄乡镇县市的妈祖庙，不但具有整合、聚积信众百姓的作用，也具有整合区域不同族群或地方姓氏的作用，它们所组成庞大的进香团，一方面扩大了妈祖祭典仪式的规模，壮大宗教信仰的声势，另一方面，透过请迎妈祖一起巡绕辖境进香、刈火、会香、参香、看戏、过炉、吃会等庙会活动，建构成绵密的妈祖信仰网络，强化了信仰的深度与广度。

2001 年 7 月，台中大甲镇澜宫还联合了台北松山慈佑宫、宜兰南方澳南天宫、台中万和宫和乐成宫、嘉义新港奉天宫、西螺福兴宫、台南大天后宫、广东澳门天宫等十七座庙宇，组成"妈祖联谊会"，在 2006 年到大陆湄洲妈祖祖庙进香，以广泛联系两岸妈祖宫庙，共同弘扬妈祖文化。这种跨庙际、跨两岸的妈祖联谊会，不但能扩展妈祖宗教信仰的势力范围，更可以促进彼此的共同体念或合作意识，达到将妈祖文化创意产业推向国际舞台的终极目的。

（三）妈祖文化宗教信仰扩大社会服务层面

台湾庙宇的空间，不只是作为信众祭拜、祈福的场所而已，同时也是神祇服务世人的地方。妈祖信仰是台湾民间普遍且重要的宗教信仰，她慈悲救助的精神随时抚慰、庇佑百姓，成为民众心灵最佳的指引师。台湾妈祖庙宇的圣事服务，就是以妈祖的超自然力，在各种祈祷、许愿、祭祀、普度、消灾、解厄、补运、斋醮与法会等活动中，通过庙里的乩童、道士、法师、效劳生等服务人员，帮助信众问神、祭解、收惊、解签诗，或是年节时提供信众拜斗、安太岁、点光明灯、卜龟、给神做契子等仪式和心灵服务。这些都是妈祖展现指点迷津与灵力，化解信众各种心灵或生存困境，让他们求取现实生活的利益和心境的安宁和谐。

此外，台湾有不少的妈祖庙已由传统的管理人方式，改为管理委员会或财团法人的组织形态，成立文教或社会福利基金会，并依能力陆续兴建图书馆（读书室）、医院（如北港妈祖医院），或提供空间给托儿所、幼儿园、老人活动中心等活动休憩服务；还有从事赈灾（施米粮、棉被、衣物）、济贫（贫民补助金、清寒奖学金）以及协助乡里造桥铺路等造福百姓的工作，具有深厚的人文意义和社会服务功能。

三、妈祖文化与创意产业探究

(一)广大信众、世界遗产的荣誉,是妈祖文化传播和创意产业发展的最大利基

宗教是能满足人们精神需求、心灵寄托的信仰;文化是一种历史不断累积而成的社会价值与社群认同。这些虽是属于较高精神层次,但却与世俗的现实经济有密切的关系。以台湾举办三月二十三日妈祖诞辰或九月九日妈祖升天成仙日的宗教庆典活动规模来看,从动员的人力、物力上看,已不单仅局限在心灵和精神的宗教活动,也包含社会、文化、艺术、经济、政治等层面。

庙宇不是事业生产单位,神祇予以信众心灵安慰,信众捐助香油钱回馈感恩,这是庙宇平日维持运作的经费主要来源。所以,如果庙宇香火鼎盛,不仅信众捐助的香油较多,而且神祇越灵验,吸引前来朝拜的外地信众自然就更多,消费力带动地方经济热络发展。台湾早年妈祖庙旁小吃店、摊贩依此为生者不少。

时至今日,庙宇活动的庆典规模越来越大,信众捐助的香油钱虽多,却不足以支付庙宇项目繁多的巨大开销。以台湾新港奉天宫为例,信众每年捐的香油钱虽有七、八千万元,但每当大甲镇澜宫妈祖绕境期间,为了提供香客免费的食宿服务,所需的费用动辄百、千万,所以香油钱和每年庞大的开销相比,其实只是杯水车薪。因此台湾的各大宫庙了解除了需要节流外,也注意到了:庞大进香客的消费力除了可以带动四周地方经济繁荣之外,随之而来的商业投资更蕴藏了丰富的经济内涵。尤其妈祖信仰在台湾影响力如此的深远广阔,已在政治、社会、文化、艺术、教育、医疗等方面具有多元的发展,因此在现代世界潮流讲究经济的趋势下,妈祖宗教信仰可以转化发展为文化产业,为国家、社会、庙宇创造可观的财富与众多的就业机会。

近年来,如台湾的苗栗白沙屯拱天宫、大甲镇澜宫、新港奉天宫、台南鹿耳门天后宫和天津天后宫等,都有举办妈祖文化创意竞赛或国际观光旅游节的活动,这就是充分运用妈祖文化有特定而稳固的信众基础,将宗教文化与创意产业紧密联结,不仅可以挹注庙宇经费,让它具有前瞻性、永续发展,而且妈祖文化创意产业的热潮也可以同时将妈祖文化更发扬光大,达到共造双赢的高经济效益。例如,2008年大甲妈祖国际观光文化节,带动了500万的参观人潮,创造将近30亿元的经济产值,既成功地吸引海外信众与潜在观光客参与妈祖庆典的目标,也缔造了地方产业、政府、民众三赢的局面。

妈祖文化发展至今已有一千多年历史,至今还香火鼎盛。而台湾一千四百万虔诚的信众对妈祖文化的宏扬已跨越国际范围,每年周期性举行的妈祖绕境进香活动,都能吸引百万信众自主性参与。妈祖观光国际文化节已成为世界三大宗教盛事之一,而全世界遍及五大洲、20余国家建有5000多座的妈祖庙,共二亿多人信仰妈祖文化所形成雄厚的基础,是传播、营销妈祖文创产业市场的最大利基。

(二)以深耕文化,作为文化创意产业的核心价值

所谓"文化创意产业",就是:源自文化积累或创意,透过精致的商业设计,运用新颖进步的科技技术,结合文化与艺术,以创造财富或就业机会,促进整体生活质量提升的行业。要发展文化创意产业,首先必须有广博深入的文化资源作为核心价值,换言之,就是要有雄厚的文化资源为基础,才能在文化创意产业中呈现"独特性"。

以中国内地来说,早期因是无神论者,对宗教活动并不积极,其后"文化大革命"期间,又大肆破坏妈祖的宫庙、遗迹,原始珍贵的文物荡然无存,妈祖文化根基很弱;所幸近年来当局体会到:发展妈祖文化创意产业,除可促进两岸友好交流、提高全球知名度外,还有诸多有形无形惊人的经济效益,因此开始致力推动妈祖文化与宣传。例如作为中国最早的妈祖宫庙、最早以皇会名义庆祝妈祖诞辰的天津天后宫,每两年就举办国际妈祖文化旅游节,藉由热闹的民俗活动,带动、激励周边及外埠地区经济的繁荣发展,成为大陆北方妈祖文化信仰中心。至于福建湄洲岛的莆田,由于是妈祖文化的起源地,拥有妈祖出生地这一得天独厚的地理优势,近年来重修湄洲的妈祖祖庙或贤良港的妈祖祖祠,对台湾信众或海外华人都具有相当大的吸引力,因为追本溯源是中国人不忘本的理念。而且从1988年开始,大陆规划将"妈祖圣地"湄洲岛建设成国际旅游度假胜地和世界妈祖文化中心,世界妈祖信俗博物馆、湄洲妈祖源流馆、妈祖金像、天妃故里遗址公园、天妃歌舞剧院等文化建设如火如荼地展开,透过地理景观的重建或历史文化的保存,加上拥有优越的旅游资源和滨海风光,开辟成以妈祖文化为主题的"妈祖文化产业园区",这种厚植妈祖文化资源以发展文化创意产业的企图心,是值得鼓励、赞颂的壮举!

台湾地区虽然没有如此的地利优势,所奉祀的妈祖也大多由大陆分灵而来,但迁徙移民的历史环境,却是台湾妈祖文化资源最大的特质。由于民众对妈祖热络的崇仰依赖,台湾妈祖庙宇如雨后春笋般兴建,各宫庙除了拥有丰富且多元的妈祖历史与文化外,也各以不同表达的方式呈现特色,这对主体性创意产业的建构有很大的帮助,尤其是各大宫庙举办热闹的绕境进香活动,使妈祖文化在台湾地区更发扬光大,而且民众对妈祖的宗教信仰,也已提升到多元的文化意境层面。例如从2000年起,大甲镇澜宫成立妈祖文化研习营,开始将文化与宗教活动、观光资源相结合,提升地方节庆格局,扩展为国际性文化节庆,把文化的深度和广度引介到庞大的宗教活动中,更陆续举办文化、艺术表演竞赛,推出与妈祖相关的文化创意产品,并且带动其他宫庙一同掀起妈祖文化创意产业的热潮。

妈祖文化发展至今已有一千多年历史,也是两岸共有的文化资产。台海两岸经长时期不同的时空发展,在文化资源上各自拥有特色,若能彼此友好交流、取长补短,一同合作致力于妈祖文化资源之保护、活化、再利用,必能创造出具有历史文化特色的创新产业。例如,妈祖文化资源包括庙宇、文物、古迹、民俗、礼仪、艺术、建筑、戏剧、舞蹈、音乐等基本重要元素,两岸除在相同的文化资源上加以深耕外,还可以就各自历史发展的轨迹里呈现的独特性,透过结合交流,发展观光休闲产业(自然生态景观旅游、

宗教历史文化参观旅游)、庙会文化产业(各地区庙会文化交流、观摩考察、民俗活动、产业活动推广、进香交流)、文化创意产业(文物馆、博物馆,教育、学术研讨、文化服务如表演、出版、座谈研讨、导览,文化产品如书本、书志、多媒体数字产品、计算机软件、唱片、电影、录像带等声光娱乐之制作出版)等产业群体,使彼此利益互补,共同缔造庞大的经济效益。

(三)以感动心灵,作为文化创意产业商品的指针

妈祖文化是以妈祖慈悲和仁爱为特质,她的内涵就是关怀生命、济世助人的精神。在淳朴的农业时代,妈祖端坐在庙宇倾听来自各地的信众祈愿、接受他们虔诚的朝拜;当时代潮流转入以知识经济挂帅的工商业社会,人们内心沉重的压力、繁多的困扰却尤胜于往昔,因此对妈祖慈爱救难、庇佑平安的需求就更为殷切。

妈祖文化奠基于心灵的宗教信仰,以此根基发展出来的宗教文化创意产业,主要在于提供人们精神支柱及情感上的依据,这是一种精神的终极关怀,目的是达到内心的安宁和谐。这也就是为何台湾妈祖绕境进香,总是出现人山人海盛况的原因。在这种宗教文化生活的亲身体验中,通过寻找自我心灵的活动,让人们对生命经验有不一样的诠释与理解,从虔诚的宗教信仰中带来心境的宁静与安详,精神上也有了可以安身立命的依靠。

参加宗教文化体验活动的成员,并不一定都是信徒,还有为数不少的国内外观光客。在热闹的庙会活动过程中,是企业团体从信众的角度思考,提供具有独特性、与众不同的文化资源和创新服务的最好时机,在服务中达到宣传产品的效果,为企业注入无可限量的商机。如医药业、电信通讯业、金融业、物流货运业、食品业……,推出产品的策略以消费顾客重视产品所能提供的心理感受,及其所带来的情感共鸣与文化体验的服务为导向,通过活动将顾客吸引过来。同理,当在结合其他产业群体创造产品的时候,充分掌握信众的心理与需求,是企业体能持续永存、创造庞大商机的不二法门。

宗教文化创意商品在台湾相当受到人们的喜爱。它是透过新形象的包装设计与新制程的开发,成为具有创意特色、象征意义的宗教文化商品,如祭拜用的符咒、签诗、筊杯、祈福语、神像公仔等,但却也有人认为将神圣的宗教文物作为世俗的商品贩卖,是亵渎神明的不可取的行为。

这是一个宗教文化是否响应现代社会多元性时的认知差异。宗教是每个人在内心深处一种无可名状的体验与感知,是内在最深沉的自我对话,但是宗教还是必须回归人世间,以世俗的眼光看待,甚至诚实地面对宗教的生存问题。在现实生活中,宗教可以被视为在结构市场中互相竞逐追随者的"宗教企业体",它最主要的目的,是在创造、维持及供给"宗教",满足个人或是群体的心灵需求。因此宗教市场论就如同商业经济学一样,包含了通货市场及潜在的消费者,而宗教企业体必须符合市场的需求,生产宗教商品,以提供给宗教消费者做选择。换句话说,宗教团体作为一个"生产者",在不断追求发展优势、致力于汇聚成员、网络资源、政府资助,以及其他与制度接轨的根本要件的同时,事实上正可被视为宗教团体理性回应宗教环境中的机会及限制。

当然,宗教企业体所竞逐的宗教市场,并非单纯以营利为目的,而是在预设超自然存在的前提下,仍以终极意义的信仰及实践系统作为它召唤群众的价值。台湾宗教信仰自由,神祇多元,在竞争日趋激烈的宗教市场下,已经不能依靠信众的香油钱或捐助,而必须将宗教作为召唤人们终极救赎的超经验思维,转换成人们所熟悉的社会实践,台湾的妈祖庙办医院、成立文教基金会等,就是将其维生多样化,这是宗教响应现代多元化社会的一种方式。而且,若换个宏观的角度来看待台湾神明的公仔化,不过是宗教团体为因应现代社会的多元性"跨足"文化创意产业的一个现象,因此无须过度诠释,或予以污名化。

更何况,成功的神明公仔设计有它积极的象征意涵。台湾妈祖公仔的造型是慈眉善目、平易近人的形象,虽然卡通化的公仔体态微胖,但它让拥有者感受到的是妈祖如母亲般的慈爱,深值信任与依赖。而透过诙谐逗趣的造型设计,将庄严肃穆、距离遥远的人神关系拉近到一种平行的友善关系。所以说,神明公仔——作为传统宗教的一种新的"文化创新"形式,与其批评它浅薄了宗教的神圣内涵,还不如说,它将位居社会边陲的宗教文化活泼化,与广泛盛行的消费文化有了新的联系,让在世俗化的社会中广泛不理解、或者不相信宗教民俗的社会大众,有了一个亲近传统宗教文化的机会,让宗教有个亲和力的起始,这何尝不是另一种宏扬妈祖文化的方式。

台湾神明公仔的创意产业兴盛,从大甲镇澜宫、新港奉天宫、鹿耳门圣母庙等各大宫庙纷纷推出神明公仔。据统计,创意神明公仔的商品市场高达五百亿,可见庞大的经济产值,而它所带动的其他产业链以及就业机会更不容小觑。

台湾妈祖的文化创意产业商品种类繁多,除了上述的神明公仔外,还有祭拜用的符咒、进香旗、签诗、筊杯、祈福语、Q版神明图像等等,都引起众多消费者的购买收藏。仔细探究消费者的动机,可以发现其内心深处正是在琐碎无趣或压力庞大的日常生活中,试图创造出某种美梦成真的自我实现预言,而这些文化创意商品正好象征着激励生活斗志的各种良方,或许是功成名就、金榜题名,或许是永保平安、健康长寿,既可以疏解现实生活压力,更可救赎困顿的心灵。搜集越多,人生恍若有更多的加油打气,这对人生而言是一种正向的鼓励。

卡通化造型的商品,可以扩大流行层面。妈祖文化是理性的宗教,信众们发自内心对自己道德潜能的纯真信仰,其目的在于达到对完善美好的追求。所以宗教世俗化是为了发扬扩大影响的层面与深度,宗教理性化是要回归心灵的澄静、和平,文化创意商品未必是亵渎,更可能增强其神圣性、认同力。总之,生产妈祖文化创意产业商品,必须以妈祖文化特有的资源为核心,让民众对文化产品或服务获得愉悦的感受,撼动心灵的美学素质,通过设计其细节、形象、意境和故事,以彰显社会核心价值和情感,而心灵的感动与升华,是产品创意的动力。

(四)以新颖、超凡的巧思创意,传承文化、创新发展

妈祖文化历史悠久,内涵丰富,博大精深的文化资源除了需要维护外,也要注意断层危机与过程中的错误迷失。历史文化需要传承,这是一种香火延续的精神理念,将历史文化扩及到文化经济的潜力,需要年长者提供经验睿智,年轻的新生代参与投入,以其活力激发创意,为文化资源注入新动能,有了丰富文化资源,文化创意构思才能源源不断。所以传承的意义,就是让传统民间活动注入活水,扩大参与就是播下文化创意产业的种子。在现今五光十色充斥、道德价值错乱的时代,妈祖文化无私利人的情操,和谐助人的胸怀是社会安定进步的基石。所以扭转年轻人对宗教文化的排斥,除了达到薪火相传的目的外,也能创造更多就业机会。

妈祖文化在发展的过程中,始终都是与社会变迁的时代背景环环相扣的。21世纪是知识与创新的时代,文化的进步发展不能停留固守而不动,所谓的创新并非完全扬弃传统,而是将旧有文化做再生改造,这种去芜存菁的文化内容,发自内心的创作,就容易隽永深远,进而大幅提升文化竞争力。创新的意念是一种独特创造力的能量,它能激活固旧使其活泼化,产生新鲜、奇特的感觉与效果。创意产品能拉近信众或群众的心灵凝聚力,是经济创造、就业、城市持续发展、产业创新、技术变革的驱动力,而如此的产业才能维持它未来在地区性,甚至增强在国家或全球性市场上良好的竞争力。

例如,台湾每年妈祖绕境的庙会活动,都会有曲艺、武术等民俗传统技艺阵头的表演。而这些早期都是由村庄子弟利用农余闲暇聚集学习,迎妈祖时就出阵表演,带动热闹的节庆气氛。但时代变迁已至忙碌的工商业社会,没有空闲时间练习,而且对年轻人来说,这些传统、过时的曲艺、武术根本没有吸引力,出阵表演又需请假遭扣薪水,这些都影响了他们的学习意愿,于是老成凋谢、后继无人,传统曲艺、武术只好走向解散或消失的命运。

然而,迎神赛会等节庆活动之所以热闹,除了信徒、香客、祭祀人员之外,曲艺、武术在神轿驾前的表演——扮仙、对曲、排场、做戏、打拳、舞狮等,带来喧天的锣鼓声,才真正让迎神祭拜热闹起来。作为一种文化形式的曲艺与武术,若不注入新鲜血液,就失去文化传承的意义。因此要活化妈祖传统文化,就须配合时代的脉动,除了运用卓越的思维、加上无限而独特的创意,将妈祖传统文化资源予以转化、再生,提供消费者新的体验以及对历史文化的新认知,才能将这充满人文、艺术、民俗、信仰的兴味传播开来,扩大延伸妈祖文化的深度与长度,达到既传承又创新的境界。

台湾是一个以经济为主体、自由多元的社会,在发展妈祖文化创意产业上展现积极的态度。从2000年大甲镇澜宫首先成立大甲妈祖文化研习营开始,每年三月妈祖的节庆,都举行包含七大主轴的活动。如组成红孩儿直排轮进香团、引进大专院校团队竞演或国外表演团队、妈祖平安手机、进香网络播放、发行妈祖个人邮票、和日本鸟取县文化交流、妈祖手表、妈祖銮轿卫星定位追踪、替代役报马仔、纺织时尚周、与内地媒体举办制作"妈祖之光"、妈祖卡通、网络游戏、公仔等创意产品及活动、亚洲龙狮锦标赛、红孩儿导览解说营等,2009年更以"万象奔腾迎妈祖"为主题,推出万人崇BIKE、马拉松国际路跑、糕饼嘉年华、新娘造型创意比赛、创意妈祖时装秀、妈祖巡饰创意精品刺绣等等。

从大甲镇澜宫举办妈祖国际文化节的活动中,可以分析出几个特点:一是妈祖文化节庆所举行的活动包含七大主轴——信仰、武艺、戏曲、产业、艺术、观光旅游、学术等,这些不同面向的活动内容都有所本,而且传统时尚兼具,项目多元,内涵丰富。二是注入创意式的主题,使每年的内容推陈出新,并给予多元性的诠释,呈现精致、进步、活泼、变化的特质,让人体验到宗教人文风貌与地方民俗艺术活力。号召年青一代加入绕境活动,激活创意,发挥创新的思考与技术性的改革,不但使有意愿参与进香活动的各界团体越来越多,对于进香队伍年龄层逐渐老化的现象也有正面作用。另外,让年轻人担任解说导览,具有文化教育功能;让妈祖与宫庙历史文化薪火代代相承,将多元族群文化的内涵融入妈祖宗教活动中,对整体民间信仰文化产生正面帮助的效果。三是活动结合在地文化元素,与地方产业或相关企业密切合作,发行创意产业商品,创造庞大商机,增加就业机会。四是配合时代潮流,倡导环保理念。如万人崇 BIKE 活动,鼓励参与民众挑战自我,以实际行动用双脚为台湾土地"骑"福,既合乎节能减碳的环保原则,又有运动休闲的理念,尤其宣传口号"崇 BIKE"、"骑"福平安、妈祖巡"饰"等,利用谐音特色而蕴藏深意,极具创造性与特殊性,除了充分显示民众对妈祖的信仰、尊敬与爱戴外,创意的活动吸引大批人潮,也增添无限热闹与乐趣。

台湾其他各宫庙继大甲镇澜宫之后,也逐渐在深具传统文化色彩的庆典活动中加入创意活动,如鹿耳门天后宫"郁金香密码三部曲"、嘉义朝天宫、苗栗白沙屯拱天宫等,都有妈祖文化节的创意活动,这股蔚为创意的风潮,是经济创造、就业、城市持续发展、产业创新、技术变革及增强地方城市和国家竞争力的一股经济驱动力。

内地在妈祖文化创意产业上的发展虽起步较晚,但成效也很可观。像天津天后宫自 2001 年起已成功举办三届妈祖文化旅游节,都以传播妈祖文化、扩大两岸交流、提升旅游品牌为主要目标,创意的活动既呈现天津市的风华,也带动当地经济的繁荣。另外,妈祖文化重镇莆田湄洲岛除规划大量硬件设施的建设外,也努力打造创意、动漫、文化、教育、娱乐等多元态业为一体的国家级创意产业集群,以加快福州经济发展方式的转变,创造可观的经济产值。这些以新颖的创意构思,结合传统文化,开创新视野、新商机的创新思维,能强化活动的价值性,对促进妈祖文化的传播与发展具有伟大的成效。

(五)以精致美学的设计,结合高科技创发产品,并得政府大力提倡支持

"设计",使价值最大化。处于知识经济时代,需要积极运用新观念、新思维,提出原创性的设计思考,以精致美学创意技巧设计其细节、形象、意境和故事,通过科技信息,使产品呈现新的风貌。也就是以创意整合生活产业之核心知识,作为推动各种产业朝向美学经济发展的驱动力,整合科技与人文,以消费者心理、社会意义及永续发展三种层面之交锋、探索设计造福人类生活的思维,提供具有深度体验及高质美感的产品。设计不再只是功能与形式上的突破,还有对于消费者的意义。因为透过设计感官体验及情感需求的交锋,让设计师能重新思考材质、色彩、造型、表现方式与功能等元素的运用,开发更人性化的想象空间,重视消费者内心渴望及五感体验,真正贴近消费者最关切的问题,才能产生撼动心灵、具有高格调艺术美学的精致产品,以适合社会不同族群,使产品除了商业价值外,还能彰显设计的社会及人文价值,赋予产品一个新的时代意义。

　　而因应绿能时代的潮流,设计创新须协助环境永续发展,让设计与环境、生态之交锋,使设计在产业与科技的材料及制程上更具环境友善性,切实改善产业对生态的破坏性,进而提升环境负载力,以保永续经营发展。此外,产品虽然精耕细作,但品牌的定位是产品的核心价值所在。没有特色的品牌,产品价值自然受限,商品价格就无法提升。对妈祖文化创意产业的发展,可扩充其独特的文化特性和艺术魅力,形成妈祖文化品牌的动力和活力,升华人类文化价值观,提高生活品味,这样的自创品牌才有市场的竞争力。

　　至于在发展妈祖文化创意产业的方法上,须利用高科技工业的技术,如运用信息科技、因特网、硬设备等技术及版权管理机制,将信息数字科技与传统文化结合,发展数字内容产业。数字内容与传统内容的主要不同,在于互动性的增加。让传统在经营上产生改变,创造新的营运模式及所衍生之新市场,带动数字知识的生产、流通及服务链发展,如数字游戏、计算机动画、数字学习、数字影音应用、数字出版典藏等等。另外,妈祖文化导览系统、动感电影院等休闲娱乐设备、多媒体主题园区、动画电影场景主题园区、博物展览馆、环境生态休闲服务等创意生活产业,都可以用高科技的数字方式,使传统文化注入创新的能量资源,既增进国民生活质量与品味,也提升全球竞争力。

　　然而,发展妈祖文化创意产业需要政府强力主导支持,从文化发扬、社会安定、国家发展的高度重视妈祖文化创意产业,引导妈祖文化的传承与创新,并制订具有前瞻性的文化创意产业策略,从资金、法规、土地、税收等方面,营造妈祖文化创意产业一个良好的发展环境,提供宽广的发展领域和空间,并发挥政府职能,有效地使用现代先进的经营管理理念与积极服务、协助的手段,整合资源、引进项目、架设文化创意产业平台、培育设计、创意人才等等,结合产官学界的创意价值,让妈祖文化创意产业成为经济发展腾跃的资本,营销全世界。

四、结 论

　　妈祖文化从北宋沿海地区开始,发展到现在广至全世界20多个国家和地区,都有虔诚的信仰大众,也因应各地自然地理、人情风俗、历史背景等人文环境的不同,使妈祖文化呈现鲜明的地域性特征,而各地妈祖文化的多样性,也丰富了中华妈祖文化的资源。

　　当今知识经济的时代,强调的是全球化的趋势,妈祖文化创意产业的理念就是藉由民众对妈祖文化稳固的认同,透过创意的方式,与妈祖文化结合与活用,由创意产业、地方、国家、继而遍及全世界的运转化,创造出妈祖文化创意产业多元的发展方向。运用具有震撼力的妈祖文化品牌,是此产业延续发展的主要条件。再加入年青一代新颖的玩物思维,符合心灵美学的创意设计,配合新信息科技的应用,将文化产品、科技、创意人力资源、市场、信息共融,形成合作紧密的产业链,创造就业机会,促进经济成长,为国家带来新的潜能与庞大商机。

妈祖文化是两岸共同拥有的文化资源。台湾地区在发展妈祖文化创意产业上的优势和长处是管理、人才和多元的创意基础,而内地发展妈祖文化创意产业最大的强项,是拥有广大的妈祖文化硬件建设,两岸应互取所长,绾合人文及经济,共同开拓创意新领域,一起将软、硬实力都极致发挥,那么"妈祖文化创意产业"成为独领国际文创产业风骚的愿景是可以乐观实现的。

作者:廖芮茵,台湾台中科技大学应用中文系教授

网络传播学视野下的海峡两岸
妈祖网站对比研究

林庆扬

妈祖已经成为海内外华人共同景仰的海上女神,以"立德、行善、大爱"为核心的妈祖精神体现了中华民族的传统美德,是中华文化的重要组成部分。据不完全统计,目前世界上有妈祖信众近二亿多,妈祖庙近五千多座,分布在中国内地、台港澳以及世界二十多个国家和地区;单是台湾就有妈祖信众一千六百多万人,占台湾人口的三分之二。莆田湄洲妈祖祖庙是世界各地妈祖庙之源,自 2000 年以来,每年都有十万人次以上的台湾民众前往湄洲谒祖进香,迄今湄洲岛接待台湾信众超过一百五十万人次。① 海峡两岸除了修缮扩建妈祖宫庙外,一些政府机构和妈祖宫庙还分别开设了妈祖网站,截至 2009 年 11 月,台湾大甲镇澜宫网的点击量达到 170 多万次。由此可见,当下有相当多的人通过网站来了解妈祖宫庙,了解妈祖或祭拜祈福的。② 因此,在互联网时代,充分利用网络来传播妈祖文化,弘扬妈祖精神,具有非常重大的现实意义和深远的历史意义。而从网络传播学角度对海峡两岸的主要妈祖网站进行对比分析,并就有关问题提出建议,又将对办好这些网站起到积极的作用。

一、四个网站的基本情况

妈祖网站主要有四个,这四个分别是"天下妈祖网(http://www.mazuworld.com)"、"湄州妈祖祖庙网(http://www.mz-mazu.org.cn/)"、"台湾大甲镇澜宫网(http://www.dajiamazu.org.tw/)"和"台湾鹿港天后宫网(http://www.lugangmazu.org/)"。以下简称"天下网"、"祖庙网"、"镇澜宫网"、"天后宫网"。

"天下网"是由中华妈祖文化交流协会与福建电子音像出版社联合主办的,2008

---

① 《中国新闻网》,《妈祖信仰编织两岸割不断的民族情》。http://www.chinanews.com.cn/,2009 – 05 – 15.

② 《大甲镇澜宫网站》。www.dajiamazu.org.tw.

年9月18日开通。它以"用妈祖文化弘扬妈祖精神、用妈祖精神传播妈祖文化"为宗旨,运用现代传媒技术,通过文字、图片、视频等多种形式,反映妈祖文化在全球传播的情况及其丰富的内涵,联系全球两亿多妈祖信众,共同致力于人类和谐家园的打造。①该网的栏目有"新闻动态"、"天下宫庙"、"妈祖文化"、"宝岛烛香"、"视频"、"在线出版"、"平安论坛",还有"海西文学"、"健康频道"。其中,"天下宫庙"、"妈祖文化"、"宝岛烛香"较有特色,特别是"天下宫庙"栏目,展示了内地、台湾、澳门地区以及新加坡、马来西亚等地妈祖庙照片。该网站视频内容比较丰富,新闻更新非常及时,并与台湾的大甲镇澜宫祖庙网站和北港朝天宫祖庙网站以及湄洲祖庙网站建立了链接。

"祖庙网"由湄州妈祖祖庙董事会开办,网页上没有显示设立的时间和访问量,但从"香客留言"栏目上看到最早的留言是2005年9月,据此推定应该是2005年开通的。栏目有"联谊交流"、"妈祖文化"、"圣地短波"、"建设发展"、"慈善之光"、"功德芳名"、"旅游指南"、"在线视频"和"香客留言"。比较有特色的栏目是"妈祖文化"和"香客留言"。最有特色的是"点光明灯"。

"镇澜宫网"建于2007年,有五个一级栏目和多个二级栏目(详见表2),这些栏目是了解民俗文化的好去处。截至2009年11月止,访问量已达170多万次。

"天后宫网"在台湾众多妈祖庙中地位极高。因该庙所供奉的妈祖神像是清康熙二十二年(1683)由福建水师提督靖海侯施琅从莆田湄洲天后宫恭迎到台湾的,是全台湾唯一由湄洲而来的神像,素有"祖神"之称,因此天后宫亦称"祖庙"。由于香火鼎盛,神像久受香烟熏染,面容由原来的粉红色变成黑色,故被信徒们称为"乌面妈"。"天后宫网"由天后宫管委会于2005年建立,点击率不详。层次结构也是三级,设有"妈祖信仰"、"建筑艺术"、"虚拟导览"、"鹿港风情"、"香客大楼"等栏目,妈祖信仰栏目里的"褒封年表"独具特色。

四个网站的相关信息见表1。

表1 四个网站有关信息一览表

网站名称	开办时间	访问量	语种	首页栏目数	特色栏目	备注
祖庙网	2002或2003	近4800 从2003年10月起	中文简体	10	香客留言	点光明灯
天下网	2008	未知	中文简体	10	天下宫庙等	
镇澜宫网	2007	170多万	中(繁)、英、日	6	宗教艺术	
天后宫网	2005	未知	中(繁/简)英、日	5	妈祖信仰	

注:各网站访问量来自2009年11月16日网站页面显示或电话访问。

---

① 陈建平:《天下妈祖网亮相》,《福建日报》2008年8月6日。

二、四个网站的对比分析

（一）首页

"镇澜宫网"首页采用"门"形版式。页面左侧是竖排的"镇澜宫"三个大字以及自上而下排列的 7 个栏目,宫名和 7 个栏目均为英汉对照。页面右侧自上而下分别是"妈祖联谊会"、"大甲妈社会福利基金会"、"台中银行妈祖卡"和"乙丑年绕境进香专区"栏目。妈祖金像居中,暗红色背景上金色妈祖座像耀眼夺目。这两种中国传统经典颜色的搭配,体现了隆重、喜气和高贵,大俗中见大雅,给人留下深刻印象。妈祖金像的背景图案是宫庙的建筑,突出了该庙的身份符号,配上闽南语演唱的《大甲妈》背景音乐,特色鲜明。

"天后宫网"页设计别具匠心。一打开网页,在音乐声中,该庙门口街景的画面从里向外迎面而来,接着是一尊仪态端庄、若有所思的"乌面妈",极具视觉冲击力。两幅画面颜色一深一浅,形成鲜明对照,令人过目难忘。该网站也提供中、英、日 3 种文字版本,中文版又分简体和繁体,足见网站拥有者、设计者之细心。天后宫网站首页右侧是妈祖像,背景是牌坊,颜色也是一深一浅,搭配得当。除此以外,页面上只有宫庙名和上述 4 种文字标识,整个页面非常简洁大方,色彩淡雅悦目。背景音乐带有强劲的鼓点,充满活力,这也是该网站的一大特色。

此外,上述两个网站域名都使用妈祖的拼音全称。如 dajiamazu，luganmazu，这样易懂易记。

"天下网"一开始是一幅横轴在音乐声中徐徐展开,湄洲祖庙建筑群、妈祖像和张克辉题写的"天下妈祖"四个字次第出现。接着,长轴缓缓卷起,转入首页。首页版式采用水平＋格子式布局,显示各栏目名称及主要内容。"天下网"栏目众多,内容丰富,图文并茂。但是,由于把二级栏目的标题、主要内容和图片都放到首页上,再加上一些与主题无关的栏目,如"海西文学"、"健康频道"以及"婚姻注册服务"栏目,使得整个页面显得有些拥挤杂乱。页面各栏目名称的字体、字号也不一致,让人眼花缭乱。

彭兰指出,"网页是形式和内容的结合体。网页设计应该充分考虑受众是在电子显示器这样一种载体上阅读的心理习惯,对于多数网民来说,简洁的界面是他们的偏好"①。她认为"版面的设计应体现对比、统一、平衡、节奏、动感的原则"②。另外,"天下网"背景音乐太短,而且与网站主题不甚吻合。其实,这些年创作了不少赞颂妈祖的歌曲和音乐,其中也许有更合适的。

"祖庙网"首页采用"T"型版式,整个页面是一幅长轴,上端是祖庙的屋顶和妈祖半身像,下边是横向排列的各栏目标题,接着是文字部分。左栏占约四分之一的篇幅,

① 彭兰:《网络传播概论》,北京,中国人民大学出版社 2009 年版,第 48 页。
② 彭兰:《网络传播概论》,北京,中国人民大学出版社 2009 年版,第 55 页。

自上而下为"祈福平台、点光明灯"等,右栏则是逐行排列的最新消息。左右栏比例适当,约为1∶3。但是,页面上端横框过于狭窄,只显示祖庙屋顶和妈祖半身像,这样的屋顶在闽台两地的宫庙建筑中比比皆是,不具典型性,不能充分展示祖庙建筑的特征和妈祖像的气势,无法给浏览者留下深刻印象,因而不仅不能给到过祖庙的人一种亲切感,反而会给没来过这里的人一种失落感。没有背景音乐又使它缺少了一种能够调动浏览者情绪、加深印象的因素;此外,栏目重复,首页上就出现了两个"香客留言"栏目。

网站的首页就像杂志的封面,承担着树立网站形象和吸引浏览者的重任,应该让人"一见钟情"。"首页的设计应该体现实用性和审美性的统一。实用性,既指网页内容易于阅读,又指编辑意图能得到充分表达;审美性则表现为文字、色彩、图像、动画等多种手段运用后产生的综合美感。这种美感不仅能更好地烘托内容,也在潜移默化中培养着网站的亲和力。"①美国心理学家 B. F. 斯金纳(B. F. Skinner)认为一个有创造性的和谐的版面设计,就是要在版面上安排一个强有力的视觉冲击中心(Center of Visual Impact,CVI),即一个平面中首先吸引视线的地方。② 上面提及的两个台湾妈祖网站版面上都有这样一个视觉冲击中心,但内地的两个网站都缺少这个中心。"天下网"首页内容过多,得用滚动条一直往下拉,才能看完整个页面。若首页只显示一级栏目名称和主要图片,页面就会简洁得多,因为这毕竟不是综合性新闻网站。"祖庙网"的首页则像是一本书的目录页。通过对比,可以看出,台湾的两个妈祖网站在首页的设计方面做得比较成功。

(二)内容

网站的内容是由网站的功能决定的。网站功能是网站的建设者通过网站要达到的目的。为便于比较,笔者把4个网站的各级栏目名称列表如下:

表 2　各网站首页以及二级栏目名称一览表(黑体部分为一级栏目名称)

祖庙网	天下网	镇澜宫网	天后宫网
最新更新	**新闻动态**	**最新消息**	**妈祖信仰**
新闻报道	妈祖新闻、国内新闻、国际新闻、图片新闻、视频新闻、热点专题	大甲妈祖、建庙沿革、董监事会、庙殿巡礼、祖庙风采、绕境进香、会员专区、义工招募、交通位置	妈祖传奇、妈祖神话、褒封年表
联谊交流	天下宫庙	朝拜妈祖	建筑艺术
消息报道	庙宇介绍、庙宇风采、文化活动信息	与"最新消息"相同	建筑沿革、建筑特色、神像艺术
妈祖文化	妈祖文化	宗教艺术	虚拟导览

---

① 彭兰:《网络传播概论》,北京,中国人民大学出版社 2009 年版,第 50 页。
② 彭兰:《网络传播概论》,北京,中国人民大学出版社 2009 年版,第 56 页。

祖庙网	天下网	镇澜宫网	天后宫网
诗咏、音乐、慈孝洞、妈祖生地考、图展	协会简介、协会动态、中华妈祖杂志、妈祖故事、文化研究、祭祀大典	相招来看、神明故事、人物戏剧、灵禽祥兽、草木含情、吉祥图案、匾额、对联、附录、学习记录	该宫的 11 个建筑
圣地短波	宝岛烛香	文化大楼	鹿港风情
与"最新更新"相同	有关台湾各地妈祖祭祀活动的报道	成立由来、场地租用、文艺馆、华年广场、演艺厅、展示厅、图书馆、文物馆、会议厅	进香之旅交通指南
建设发展	视频	互动专区	香客大楼
祖庙简介等	海峡两岸妈祖活动的视频	未开通	乡土广场、艺文馆、文物馆、薪传剧场、宾馆
慈善之光	在线出版	艺文商品	
几篇图文报道	中华妈祖杂志及与妈祖有关的书籍文章	未开通	
功德芳名	平安论坛		
空白	热门乃标签、大型活动、义工之家		
旅游指南	海西文学		
旅游线路、交通、宾馆			
在线视频	健康频道		
空白			
香客留言			

就一级栏目数量而言,"祖庙网"10 个,"天下网"10 个,"镇澜宫网"6 个,"天后宫网"5 个。从表面上看,大陆两个网站的一级栏目比台湾的两个网站多,但"祖庙网"首页的 10 栏目中,有 3 个栏目(最新更新、联谊交流、圣地短波)的内容基本上是一样的,还有 2 个栏目(功德芳名、在线视频)里面没有任何内容,实际上只有 6 个栏目。"天下网"如果去掉"海西文学"和"健康频道",只有 8 个栏目。"镇澜宫网"也有这个问题,该网的"最新消息"和"祭拜妈祖"两个栏目的内容重复。"互动专区"和"艺文商品"尚未开通,不过,该网的二级栏目内容相当丰富,达 10 个之多。"天下网"有 8 个一级栏目,在数量上是第一,但两个与主题不相关的栏目的出现,破坏了它的专业性和权威性。

就栏目内容而言,台湾的两个妈祖网站,具有以下几大特点:

第一,立足本宫,兼顾其他。无论是"镇澜宫网"还是"天后宫网",都对自己宫庙的历史沿革和特色活动进行了详尽的介绍,在此基础上增加了相关内容。如"镇澜宫网"在"建筑艺术"栏目下提供了许多丰富的中国文化内容;"天后宫网""妈祖信仰"栏目下的"褒封大事年表"也别具特色,这恐怕与他们对自己网站的明确定位不无关系。

第二，信息公开。展示董事会或管委会的组织机构和人员名单照片，显示了其管理的规范化和透明化。

第三，多语种版本。不仅方便访客，而且有助于对外传播妈祖文化，正如杜俊飞指出的那样"全球化与开放性相伴同为网络系统的基本特征"，"网络传播从一开始就迈入了全球传播之旅，而且正逐步向全球传播的纵深处发展"。① 提供多语种版本，体现了网站建设者的战略眼光。随着妈祖信俗成功列入联合国非物质文化遗产目录，相信会有更多的外国机构和个人知道妈祖、关注妈祖并想进一步了解妈祖（美国之音就已经对湄洲妈祖祭拜大典做过多次现场报道，美国，日本等国的学者已经出版了妈祖研究的专著）。因此，妈祖网站提供多语种文本是很有必要的。

大陆两个妈祖网站除了具有上述提及的特色外，也存在以下值得商榷的地方：

第一，有些栏目，不符主题。"天下网"里除了有"海西文学"、"健康频道"外，还有"婚姻登记服务"；"新闻动态"栏目里，除了妈祖新闻外，还有国内新闻、国际新闻，好像妈祖网站是个筐，什么都可以往里装。"祖庙网"的"功德芳名"和"在线视频"栏目里面没有任何内容。"妈祖文化"的子栏目"妈祖音乐"只有歌词没有音频。"祖庙网"链接的是几个政府网站，这无可非议，但既没有与台湾的主要妈祖网链接，也没有与"天下妈祖网"链接，就令人费解。

第二，有些栏目，内容不足。如"天下网"的"天下宫庙"栏目，应该继续收集并展示世界各地的妈祖庙照片，并配上文字说明，形成一个网上祖庙大观园，这样与栏目的名称就更相符了。"妈祖文化"栏目里的"妈祖研究"内容过于单薄。按照中华妈祖文化交流协会的自我介绍，该协会是"以促进交流为目的，以繁荣学术为载体"，并"积极深入地推动妈祖文化的遗产保护、资源整合、学术研究、联谊交流、慈善活动、项目建设等各项工作，为海内外妈祖文化机构和人员开展学术研究、进行联谊交流、弘扬妈祖文化、增进理解共识提供了重要平台"。既然如此，就应该充实妈祖文化研究的内容，增加有关妈祖研究机构、研究专家及其研究成果的材料，比如莆田学院的妈祖文化研究中心及其妈祖研究资料就是很有价值的材料。这样才能承担起这个重任，也才能与mazuworld 这个域名相配。

三、思考与讨论

网站传播是网络中最为普遍、最主要的传播形式，其传播效果与网站自身的规划和设计直接相关。网站的规划，包括网站功能的规划、网站内容的规划和网站表现形式的规划。② 这些规划应该是建立在对受众需求的真正了解之上的。

法国哲学家、社会学家 Jacques Ellul 教授在《宣传——观念的形成》一书中指出：

---

① 杜俊飞：《网络传播概论》，福州，福建人民出版社 2004 年版，第 72—73 页。
② 彭兰：《网络传播学》，北京，中国人民大学出版社 2009 年版，第 106 页。

"要使宣传取得成功,就必须使之符合个人对宣传的需要……宣传对象绝对是无辜的受害者。正是他自己激发了宣传这一心理行动,他不仅引导自己接近宣传,甚至还从宣传中得到满足。"① 每个妈祖网要在互联网这个平台上以什么身份传播什么信息,以什么形式传播,这些都是需要认真考量和规划的。"天下网"虽然有自己的定位,却设置了两个与主题无关的栏目;湄洲祖庙虽然开设了网站,但三个栏目的内容都一样,这说明光有定位还不够,还要认真落实并根据实际情况适时加以调整。

网民的需求可以表现为功能需求和心理需求两个层面。前者主要为信息、交流、娱乐、生活、工作和学习方面的需求,或者按照美国传播学者卡茨、格里维奇、赫斯等人的划分有:认知的需求、情感的需求、个人整合的需求、社会整合的需求、舒解压力的需求。② 传播学家 E. 卡茨将受众与媒介的接触行为概括成一个"社会因素＋心理因素→媒介期待→媒介接触→需求满足"的连锁过程,并在此基础上提出了"使用与满足的传播模式"③。网站要满足受众的需要,就得对他们的需要有真正的了解,单靠主办方根据经验揣摩受众的需要还不够,还得加上问卷调查、访谈等才有可能了解。

传媒界流行一句话:"内容为王。"在大众传播中,任何传播媒介都不过是一种传播的工具和手段,而传播的内容才是传播的实质和灵魂。④ 网站内容的规划首先要考虑网站的定位、特色等各方面因素,网站内容是靠栏目组织起来的。一个网站通常应该包括核心栏目、特色栏目、互动栏目、自我推介栏目等几大类。⑤ 传播妈祖文化是妈祖网站的共同核心,特色栏目的打造就成为重中之重。互动性是网络传播的一个显著特征,网站应该加强与网民的沟通与交流。对网民善意的邮件应该尽可能及时回复,而不是拒收或不理。"Communication"源自拉丁语的 Communictus 和 communis,其原意为"分享"、"共有",从其词源可以看出该词的语义比汉语中的"传播"要丰富,它在词义上更强调交互、双向的含义,更加强调传者和受者的同等地位和相互作用。用户不仅是网站信息资源的消费者,同时也是网络信息资源的生产者和提供者。网络传播双方的互动可以是一种"多元动态的互动"⑥,它不仅指受众与网站管理者之间的互动,还指受众与受众之间的互动。因此,妈祖网站就应该在新闻栏目开辟读者评论,从中可以了解受众的反馈;还可以开辟一些网络社区,如"义工之家"等,以促进网络群体的形成。彭兰认为狭义的网络群体是指由持续的直接的交往联系起来的具有共同利益的人群集。他们在活动中形成群体认同(group identity)或群体归属感,使他们具有共同

① Jacques Ellul,《Propaganda The Formation of Men's Attitudes, Translated From France by Konrad Kellen And Jean Lerner》,New York：Vintage Books,A Division of Random House,1965. 英文原文为:For propaganda to succeed , it must correspond to a need for propaganda on the individual's part... The propagandee is by no means just an innocent victim. He provokes the psychological action of propaganda, and not merely leads himself to it, but even derives satisfaction from it.

② 彭兰:《网络传播学》,北京,中国人民大学出版社 2009 年版,第 301—302 页。

③ 赵志立:《网络传播理论与实践前沿》,成都,四川大学出版社 2007 年版,第 46 页。

④ 赵志立:《网络传播理论与实践前沿》,成都,四川大学出版社 2007 年版,第 298 页。

⑤ 彭兰:《网络传播学》,北京,中国人民大学出版社 2009 年版,第 107 页。

⑥ 杜俊飞:《网络传播概论》,福州,福建人民出版社 2004 年版,第 75—76 页。

的价值目标和行为规范。① 妈祖义工这个网络群体的形成对社会和个人都是有益的，他们既是妈祖文化的传播者，更是妈祖精神的实践者。开辟这类网上社区，就是为这些网络群体提供一个相聚的平台。台湾的妈祖网在这方面是领先一步了。内地的两个网站也已经行动了，这是令人欣慰的。

四、结　语

大众传媒是宣传工具，妈祖网站也不例外。Ellul 指出"宣传从严格意义上说是一种社会学现象，先有潜在的宣传对象，然后才有宣传者"，他认为现代人对宣传有一种发自内心的"下意识的渴望"②。妈祖网站提供的信息应该满足受众的渴望，使他们从"使用中得到满足"。妈祖信仰已经成为维系两岸血肉亲情的纽带和增进两岸民族情感的桥梁，在海峡两岸交流中发挥着积极的作用，这一跨越国界的大众信仰已经把许多不同党派、不同政治信仰的人汇聚到一起，形成了一股无可比拟、无法阻挡的力量。如何充分发挥这一力量的作用，增强海内外华人的文化认同，促进祖国和平统一大业和中华民族的伟大复兴，是值得认真考虑的问题，在这方面妈祖网站可以起到其他机构无法替代的作用。尤其是在妈祖信俗成功申报世界非物质文化遗产的今天，妈祖文化更是值得海峡两岸妈祖宫庙和社会各界大张旗鼓地宣传与弘扬。正如 Ellul 所说的那样："宣传没有创造任何东西，但是，宣传的效果确实是无可否认的。宣传成功或失败的奥秘在于宣传有没有满足宣传对象个体潜在的需要。"③

作者：林庆扬，福建莆田学院外语系副教授

---

① 彭兰：《网络传播学》，北京，中国人民大学出版社 2009 年版，第 75—82 页。

② Jacques Ellul, Propaganda The Formation of Men's Attitudes, Translated From France by Konrad Kellen And Jean Lerner, New York: Vintage Books, A Division of Random House, 1965, p121. 英文原文为：It is strictly sociological phenomenon, in the sense that it has its roots and reasons in the need of the group that will sustain it.

③ 同上，第 138 页。英文原文为：It(Propaganda) creates nothing .... And yet, the effectiveness of propaganda is undeniable. The secret of propaganda success or failure is this; Has it or has it not satisfied the unconscious need of the individual whom it addressed?

封片卡上的人类非物质文化遗产
——妈祖信俗

程元郎 邱 盛

封片卡是现代人传递信息的重要载体,是邮政的主营业务之一,也是集邮者重要的收藏品。2009 年 9 月 30 日"妈祖信俗"成为中国首个信俗类世界非物质文化遗产,也是莆田市第一个世界级遗产。十几年来,笔者在收集和研究妈祖邮品时,竟发现在品种繁多的封片卡中有诸多反映以崇奉和颂扬妈祖的立德、行善、大爱精神为核心,以妈祖宫庙为主要活动场所,以庙会、习俗和传说等为表现形式的民俗文化。本文试通过妈祖信俗封片卡,在整理分类的基础上,以祭祀仪式、民间习俗和故事传说三大系列为内容,揭示妈祖信俗封片卡弘扬妈祖文化方面的作用,以更好地促进集邮文化和妈祖文化的良性结合。

一、妈祖信俗封片卡类别

(一)妈祖信俗信封品种

妈祖信俗信封按发行性质和印制单位可分为邮资信封、免资信封、无邮资的邮制信封、非邮制信封;按发行目的又分为纪念信封、特种信封、专用信封、集邮信封等……①本文着重介绍以下四种信封。

1. 妈祖信俗邮资信封

邮资信封是国家或地区邮政主管部门发行,印有邮资已付标志的信封。

妈祖信俗邮资信封多以妈祖雕像、庙宇为邮资图。图 1 为国家邮政局发行的《海上女神妈祖》普通邮资信封。因邮资调整和发行单位体制改革需要,所以《海上女神妈祖》普通邮资信封有 80 分和 120 分两种邮资图;有国家邮政局和中国邮政集团公司两个单位。据不完全统计,《海上女神妈祖》普通邮资信封发行总量已超过 200 多万枚,它为传播妈祖文化起到了不可估量的作用。

---

① 孙少颖、刘佳维:《中国集邮大辞典》,中国大百科全书出版社 2009 年版,第 205—218 页。

有的邮资图虽不含妈祖信息,但其附图带有极其丰富的妈祖信俗信息。图2为国家邮政局2002年发行的《福建旅游风情》普通邮资信封中的4枚妈祖信俗邮资信封,该封邮资图为水仙花,其中有4枚附图分别印有莆田湄洲岛、妈祖像、妈祖祭典和港里天后祖祠牌坊。

妈祖信俗邮资信封因为国家或地区邮政主管部门发行且印有邮资图,所以其封上的妈祖图文信息都是集邮的有效信息,是编组邮集的极好素材,为广大集邮爱好者所青睐。

图1　海上女神妈祖邮资信封

2. 妈祖信俗首日封

妈祖信俗首日封是妈祖邮票发行首日,贴该种妈祖邮票并盖有当日邮政日戳或妈祖首日纪念邮戳的信封。妈祖信俗首日封一般都在首日封上印有与妈祖信俗相关的图文信息。在邮政通信过程中自然形成的妈祖信俗首日封为妈祖信俗首日实寄封。图3为1992年10月4日中国邮政《妈祖》邮票发行时印制的妈祖信俗首日实寄封。图4为1975年7月31日香港地区邮政在发行《香港节日》邮票时印制的妈祖信俗空白首日封(无邮寄)。妈祖信俗首日封其上加盖的妈祖邮戳是妈祖邮集的重要素材。首日封因印制精美,不但广大集邮爱好者喜爱,而且许多妈祖信众也竞相收藏。

图2　妈祖信俗邮资信封

图3　妈祖信俗首日实寄封

3. 妈祖信俗纪念封

妈祖信俗纪念封是在信封正面印有纪念妈祖信俗图文信息,贴现行邮票,盖纪念妈祖邮戳或纪念妈祖图章。有的妈祖信俗纪念封背面还印有关于纪念妈祖信俗内容的说明文字。图5是1987年10月31日(农历九月初九)妈祖升天1000周年纪念日莆田市荔城邮趣会印制的纪念封。该枚纪念封的正面贴丁卯年生肖邮票,印有湄洲天后宫妈祖神像图、"妈祖千年祭纪念封"名称和纪念封编号,盖"湄洲"邮戳和"妈祖千年祭"纪念图章,其背面还印有"妈祖千年祭"纪念封的文字说明。这枚由民间组织印制的妈祖信俗纪念封,因年代较早、设计独特、信息量多、印量偏少(仅500枚),因而备受国内外市场关注,新加坡《椰林邮语》专门介绍了这枚纪念封及其上的说明文字,是

图 4　妈祖信俗空白首日封

一枚可遇不可求的妈祖信俗纪念封。为了纪念妈祖信俗系列活动,许多组织、团体和单位都印制了为数不少的妈祖纪念封,有的还进行编号,形成各自的系列。

图 5　妈祖信俗纪念封

4. 妈祖信俗签名封

妈祖信俗签名封是举办妈祖重大活动的参与者亲笔签名的信封。信封上贴现行邮票(或印有邮资符志),加盖当地当日邮戳,配有相关的文字图案。图 6 是 2011 年 6 月 10 至 11 日,笔者参加"第三届海峡论坛妈祖文化学术研讨会"亲自制作的签名封。因有海峡两岸的许多知名人士参加研讨会,所以此枚妈祖签名封具有一定的史料价值。

(二)妈祖信俗明信片品种

妈祖信俗明信片包括邮资明信片和无邮资明信片两大类。按发行目的和邮运方式分,有普通明信片、纪念明信片、专用明信片等。本文着重介绍以下 3 种明信片。

图6　妈祖信俗签名封

1. 妈祖信俗邮资明信片

　　邮资明信片是国家(或地区)邮政主管部门发行,印有邮资已付图案,不用信封套寄的卡片。妈祖信俗邮资明信片多以妈祖画像为邮资图,有的还在片的正面或背面印有妈祖信俗图文信息。

　　图7是我国邮电部于1999年发行的风光邮资片[FP9(10—4)],其邮资图和背面图案均为湄洲妈祖像。图8也是我国邮电部于1987年发行的《中葡关于澳门问题的联合声明正式签署》纪念邮资片[JP.10.(2—1)],其附图为澳门的"妈祖阁"。2000年4月27日(农历三月二十三)是妈祖诞辰1040周年,国家邮政局发行《妈祖传说》特种邮资片(TP13)一套6枚。邮资图采用近代刊印的《林氏族谱》中的妈祖像(图9)。邮资片图案是从现存福建省莆田市仙游白塔村枫塘宫清代工笔画四轴48图中精选出来的,古香古色,极富古韵,这在我国邮资明信片图案中是不多见的(图10)。6枚邮资明信片其中有一枚面值为1元(图11),这在新中国发行的邮资明信片中尚属首例,它主要是考虑到港、澳、台妈祖信众多,符合资费标准的邮资明信片能更方便人们寄往港、澳、台地区。图12是由国家邮政局于2000年发行的《历代妈祖像》[2000闽(PG)0168(8—1)]小本广告邮资明信片中的第一枚。8枚邮资明信片形象地展示了历代朝廷自宋代宣和五年(1123)始,由"夫人"而"妃"以至"天后"、"天上圣母"的封爵这一历史轨迹。

　　根据国际集邮联(FIP)邮展规则规定,邮资明信片上的图文内容,都可以作为专题集邮的素材编组邮集。故此,妈祖信俗邮资明信片一直都是广大集邮爱好者关注的重要邮品。

图7　妈祖信俗纪念邮资片

图8　妈祖信俗风光邮资片

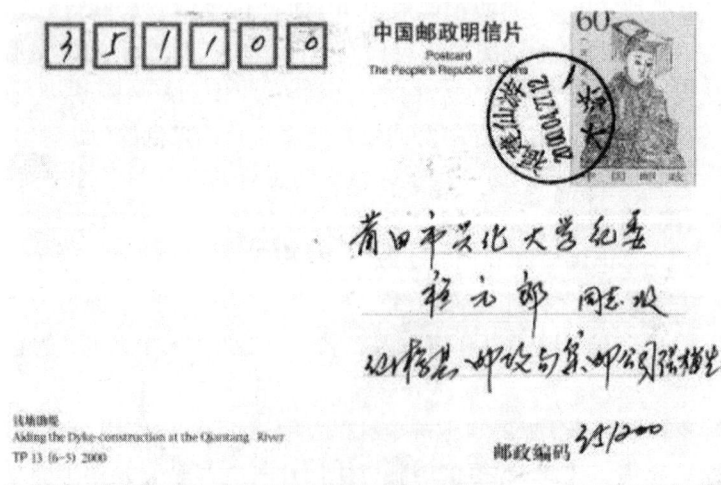

图9　妈祖信俗特种邮资片

图 10　妈祖信俗特种邮资片

图 11　妈祖信俗特种邮资片

图 12　妈祖信俗广告邮资片

2. 妈祖信俗极限明信片

妈祖信俗极限明信片是将妈祖邮票贴在画面与妈祖邮票图案相似的明信片上,并盖上与妈祖邮票图案有关地点邮戳的明信片。[①] 图 13 是用我国邮电部 1992 年 10 月 4

————————————

① 何大仁、赵文义、严亿北:《基础集邮学教程》,人民邮电出版社 1992 年版,第 227 页。

日发行的妈祖邮票(1992—12T)制作的妈祖信俗极限明信片。因为这是世界上首枚妈祖像极限明信片,所以弥足珍贵。

图 13　妈祖极限明信片

3. 妈祖信俗邮制明信片

印有国家(地区)邮政铭记的妈祖信俗明信片,又称妈祖信俗邮政明信片、官片。图 14 是台湾地区邮政印制的"鹿港天后宫"明信片。明信片正下面印有鹿港天后宫(创建于明朝永历元年,系台湾唯一奉祀湄洲妈祖庙开基圣母神像的宫庙,庙中陈列有珍贵史料及宗教文物)中英文注释。明信片背面印有鹿港天后宫景光。邮制明信片画面设计的灵活性和印制数量的宽松性,为弘扬妈祖信俗提供了丰富的载体来源。

(三)妈祖信俗邮资信卡

邮资信卡是邮政部门发行、对折式信文在里面、三边封粘不用套寄的通信卡。信卡综合了明信片和邮简的特点,外形似双明信片,使用方法似邮简。[1] 邮资信卡又分为普通邮资信卡、管道邮资信卡、航空邮资信卡、纪念邮资信卡、贺年邮资信卡、专用邮资信卡 6 类。本文着重介绍妈祖贺年邮资信卡。

贺年邮资信卡是邮政主管部门印制发行的专供用户寄递祝贺新年的邮资信卡。

---

[1]　孙少颖、刘佳维:《中国集邮大辞典》,中国大百科全书出版社 2009 年版,第 205—218 页。

图 14　妈祖信俗邮制明信片

贺年邮资信卡的邮资图和折叠后背面图画的设计,具有突出年节喜庆气氛,色彩鲜艳明快的特点。妈祖体育文化是属于体育范畴的非物质文化遗产的一个重要部分,它蕴藏着妈祖文化特有的精神价值,是妈祖文化的一个重要表现形式。图 15 为国家邮政局发行的 2010 年贺年邮资信卡,该套 5 枚邮资信卡的背面图案分别是舞龙颂妈祖、妈祖健身舞、妈祖车鼓队、妈祖健身功和妈祖健身操。这组由莆田学院体育系老师自编自导,学生表演的"妈祖颂"健身系列项目,有利于激发大学生传承非物质文化遗产的热情,并进一步发挥光大。①

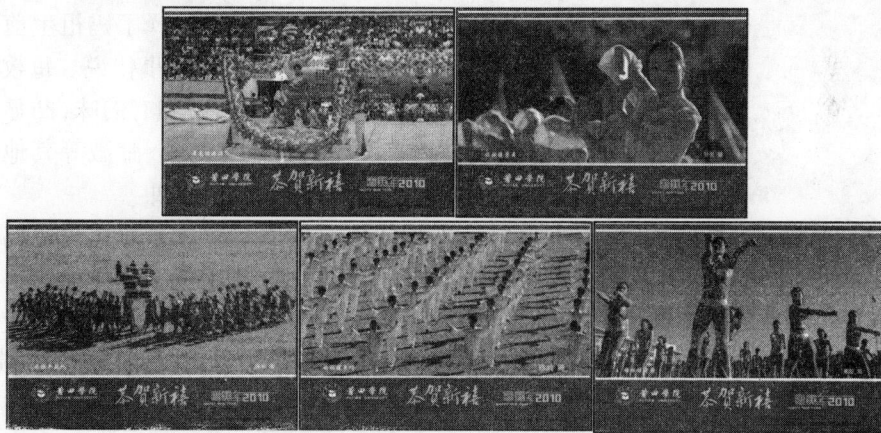

图 15　妈祖信俗贺年邮资信卡

---

① 黄瑞国:《妈祖健身舞功操》,辽宁大学出版社 2010 年版,第 1—2 页。

二、妈祖信俗封片卡的三大特征

(一)"大方寸"封片卡凸显妈祖大爱

"周游方寸缩九州,纵横史地此中收。"准确地说,诗句中的"方寸"主要指"国家名片"——邮票。因受"方寸"限制,许多很好的题材无法搬上此地;即使上了邮票,往往也要借助放大镜来欣赏其上的图文。应该说,在展示画面的功效上,"方寸"之地确实存在一定的缺憾。而邮品中的封片卡却不像邮票及邮戳那样"小气",与之相比,无论是信封、明信片还是信卡,都显得十分的"阔气","大方寸"能较好地表现各种不同题材的主题。近些年,许多邮政企业利用"封片卡",把许多故事、风光等不同题材的内容,编制成小本广告邮资明信片(似连环画册),印制成主题系列封,使"大方寸"之功效得到淋漓尽致的表现,激发了广大收藏者的兴趣,有些好品种还供不应求。妈祖信俗由祭祀仪式、民间习俗和故事传说三大系列组成。用"封片卡"来展示妈祖信俗确有独到之处。国家邮政局于 2010 年发行了《妈祖·典故·传说》(10 - 350304 - 11 - 0001 - 009)小本广告邮资明信片。10 枚"大方寸"分别以"天妃降临"、"窥井得符"、"化草救商"、"挂席泛槎"、"救父寻兄"、"祷雨济民"、"铁马渡江"、"恳请治病"、"广州救太监"(图16)、"湄屿飞升"为题,演绎了妈祖生前神通广大、救苦救难、博爱无垠的故事传说。每枚邮资明信片图文并茂,古色古香,别有韵味,凸显了妈祖女神特有的魅力。而用邮票、邮戳等其他邮品来展示则达不到如此纯真的效果。

应该承认,目前许多邮政企业在开发妈祖信俗封片卡时,没能充分利用这一载体的优势设计出更多的好作品。主要表现有:一是有些设计人员缺乏对妈祖文化的全面了解,精品意识淡薄,图文信息重复、单调、乏味。二是过分追求商品的经济价值,不能根据收藏者的期望设计出适合不同层次消费群需求的封片卡。为了更好地发挥"大方寸"封片卡在弘扬妈祖文化中的作用,第一,要加大宣传力度,提高对开发封片卡重要性的认识。要充分认识传播妈祖文化是中华民族的大事。开发封片卡可进一步发掘其内涵,拓展其外延,更好地为祖国和平统一作贡献,努力把妈

图 16 妈祖信俗广告邮资片

祖文化融入到世界性文化中去,充分发挥其作为"传播友谊使者"的积极作用,增进与世界各国人民的友谊。第二,要增加封片卡的文化附加值。旅游商品作为旅游目的地信物,必须具有纪念价值和收藏价值,而这些价值又源于旅游商品所具有的地方特色和能够表现旅游地的典型文化特征。只有这样的旅游商品,才能激起游客强烈的购买欲望。① 妈祖信俗封片卡作为广大收藏者(主要是旅游者)的地信物,必须从内在的文化价值创新入手,根据市场需求,合理定位价格,针对性地开发出让广大收藏者青睐的妈祖信俗封片卡。

(二)多品种封片卡彰显妈祖功德

《中华人民共和国邮政法》规定:纪念邮票和特种邮票发行计划由邮政企业根据市场需要提出,报国务院邮政管理部门审定。所以妈祖邮票的发行不但要遵循有关法规,而且还要受到选题、设计、印刷等诸多因素的制约。② 另外,中国邮政主管部门对邮戳的规格标准、刻制和使用也都有统一的规定和严格的管理制度。为不断适应我国改革发展的需要,除了纪念邮资封片等极少数品种外,绝大多数封片卡的印制、设计和印量等均完全取决于市场的需要。特别是近些年,一些不适于现代邮政品种的封片卡已被淘汰,应运而生的是许多不断创新的品种。篇幅所限,本文介绍的只是众多封片卡中的代表作。据不完全统计,①信封已发展到六十多种,图17是妈祖诞辰1050周年时启用的妈祖信俗邮资机组合邮戳实寄封新品种。②明信片发展到25种,图18是国家邮政局2007年发行的"幸运邮天下"普通邮资片新品种,这枚小型幸运卡中,有介绍莆田市区文献路步行街古建筑文峰宫(妈祖宫)的图文。图19是国家邮政局2009年发行的"映日荷花"普通邮资片门票(湄洲妈祖祖庙风景区——妈祖文化园)新品种。片中富涵妈祖信俗图文信息,被赞为是传播妈祖文化邮资片的点睛之作。③邮资信卡发展到了十多种。在笔者收藏的众多封片卡中,虽然妈祖信俗封片卡只占其中的一些品种,但随着妈祖文化的不断深入发展,相信妈祖信仰也将伴随着邮政企业的进一步深化改革而开发出更多新品种的封片卡而远播海内外。

(三)封片卡为集邮和妈祖文化的良性结合提供载体

妈祖文化是依托一定的载体而得到体现的,通过封片卡展示妈祖信俗信息可谓是极佳的选择。在传承妈祖文化方面,因为妈祖文化兼容有儒释道思想文化,体现了"三教合一"的思想,所以世界各地许多虔诚的妈祖信徒以及一些信仰佛教、道教及儒教的信徒都热衷于收集妈祖邮品。他们不但自己收藏,而且还赠予同伴。妈祖精神的亲和力和认同感,使妈祖文化能通过一枚枚封片卡,在妈祖信徒和宗教界中更好地起到彰显妈祖功德和大爱的作用。另一方面,她又促进了集邮文化活动的开展。目前,有专门研究妈祖信俗封片卡的群众组织。他们或开展妈祖信俗封片卡鉴赏,或举办妈祖信

① 郑才木、余建辉:《妈祖文化旅游研究》,人民出版社2011年版,第217页。
② 程元郎、邱盛:《世界妈祖邮票的调查与思考》,《莆田学院学报》2009年第16期。

图 17 妈祖信俗邮资机组合邮戳实寄封

图 18 妈祖信俗小型普通邮资片

图 19 湄洲妈祖祖庙风景区——妈祖文化园门票

俗封片卡交换和拍卖,或组织妈祖信俗封片卡学术研讨会,或举行妈祖集邮展览。这里应特别提及的是,近几年兴起的,以收集妈祖集邮素材(主要是指精彩纷呈的封片卡)为主、兼集其他非集邮素材而组编成的妈祖开放类邮集,因不受任何框框的制约,以体现新题材、新思路、新方式、新邮品、新面目,编排开放、自由、独特而受到广大集邮者的钟爱和关注。①

作者:程元郎,莆田学院妈祖文化研究中心副研究员

① 程元郎:《试论集邮文化与妈祖文化的结合》,《莆田学院学报》2007 年第 14 期。

妈祖文化调适传播刍议①

曾 伟 林 震

当下妈祖文化传播与交流热络,伴随交流机制的创新,正走向更全方位、更深层次的传播新格局。本文试图以跨文化传播的视角,分析妈祖文化调适传播中所显现的整合路径,并尝试提出基于这一路径的因应之策。

一、理论与现实的悖论:机制困局的学理追问

本文拟首先耙梳诸学者提出的众多跨文化传播理论,分析本文可资借鉴的理论资源,进而提出妈祖文化调适传播整合路径。

(一)什么是调适

在讨论经由诸多跨文化传播理论提炼出的调适传播前,有必要引入作为跨文化传播理论建构之基的"陌生人"概念。

1."陌生人"概念

跨文化传播指的是有着不同文化背景的人们之间发生的信息传播和文化交往活动。我们很容易将"不同文化背景的人们"简单地区分为塞姆纳所说的"内集团"与"外集团",事实上即便"内集团"成员间也处于一种跨文化传播的互动状态,人们的每一次交流过程都伴随着跨文化传播的过程。

在此基础之上,我们就会发现跨文化传播对于平等对话、和谐认同的意义,因为只有当跨文化传播中的每一个人在每一次交流中都感受到了平等与和谐,这种状态才能从理想变为一种现实的存在。正是在对伴随着陌生人间的相互传播而来的冲突的关注中,跨文化传播理论树立起了其建构"平等对话、和谐认同"理念的最高目标。

1908 年,德国社会学家西美尔(George Simmel)提出了"陌生人"的概念,用以指那

① 本文为福建省高校服务海西建设重点项目子项目《闽台妈祖信俗传播模式研究》(MZO920)阶段性研究成果之一。

些不完全被社会系统的其他成员接受的人,并且认为不同文化群体的人彼此之间是陌生人,预示出跨文化传播的核心是个人与陌生人的交往关系。西美尔显然是将"陌生人"作为一个动态的概念来加以考察的,以"彼此都是陌生人"的眼光来关照传播和社会,为跨文化传播设定了平等的基调。但同时,西美尔的研究也使人看到了跨文化传播中存在的具体障碍,并提示我们陌生人之间的沟通、协调是通向和谐认同的基础。

在1959年出版的世界上第一本跨文化传播著作《无声的语言》中,霍尔以他感受到的不和谐将西美尔的陌生人理论进一步具体化,进而形成了跨文化传播的学科领域,且使这门学科在建立之初就以人与人之间的"平等"、"和谐"为其终极观照对象。

2. 基于"陌生人"概念的调适

正因为"彼此都是陌生人",暗含了"你—我"的平等关系,而基于这一平等关系的调适也就成为人类各种活动中的一种普遍存在,因而文化群体的传播及其个体的实践也就成为人类社会调适的主题之一。这是我们探讨妈祖文化在导引跨文化情形下个体及群体交往过程中所呈现出的跨文化适应的基本预设。雅克·德莫尔宫(Jacques Demorgon)举出两个例子来确认调适之于人类从生物学到社会学的重要性。[1]

例一,"开放与封闭":生物学认为,不同生物种类个体间具有不可衍生性。可是,截肢外科却不断打破了"免疫系统深度封闭"这一概念。心理学则从关闭到开放设立了多个递进"层次":敌视、隔离、冷漠、同情、友好、爱慕、知己。

例二,"维持与改变",生物学里用它来描述体温的改变与衡定,或是眼球瞳孔感光度的增强与缩微。在心理学里,它被用来描述个体变化的缓慢进程与突变。社会学里,它却反映着传统与现代、保守与创新,最终的结果并不是简单的摒弃或保留,而是改变某些成分,保留某些成分,以适应今天的需要。

调适研究关注如何"合适地理解与思考",富朗索瓦·于连(Francois Julien)在其中西跨文化传播研究中也力图阐明调适问题,并举了一个例子。而人类社会存在各种事物、人群及环境的差异,西方文化会因此建立起一系列二元对立的观念,而传统的中国或印度,则会由"阴—阳"衍生出多个变数。于连认为,人类应该非常注重调适的创造方式,因为,这是人类用人性建立类同与差异的捷径。

诚如列维·斯特劳斯(Levi Strauss)所言,文化究其本质即是人性。而文化即传播,那么,在人类以传播建立类同与差异的进程中,调适这一创造方式发挥了怎样的作用? 调适与传播又是怎样构连到了一起的呢?

过去、现在、将来一脉相承,都离不开人类的政治、经济、宗教、信息等各种传播活动及领域,而正是这些实践性活动导致了各种社会形态的更新。这些社会形态并没有随着历史演进而消失,而是以深层文化潮流的形式共存于当今。[2] 在这个进程之中,不

---

[1] 雅克·德莫尔宫:《世界跨文化调试传播的建构》,单波等主编《新闻传播学的跨文化转向》,上海交通大学出版社2011年版,第342页。

[2] 雅克·德莫尔宫:《世界跨文化调试传播的建构》,单波等主编《新闻传播学的跨文化转向》,上海交通大学出版社2011年版,第340页。

断出现多种适应形式和相应的传播问题,深入了解这些适应——调适的事实极其重要,这是调适传播产生的最为重要的实践基础。

皮亚杰(Jean Piaget)于1976年曾从两个方向阐述了调适问题:自身调整和协调外界。自身调整,即将自身思维加以至少是局部的调整,以适应世界及环境等的客观要求;协调外界,即将自身思维投放于世,以求其与环境吻合协调。在这两者间也同样存在把握分寸和尺度、对应不同环境、求得协调平衡等问题,皮亚杰把这样一种平衡的创造称为"智慧"。① 调适在人类各种活动中普遍存在,人们面对不同环境会作出不同的调适。因此,调适这一创造方式推动了人类传播与交流活动的平衡发展,调适传播是人类在其历史进程中获取的经验,它不是幻想而是事实,它体现了人类的智慧。在跨文化场域普遍存在的调适传播正是在其与现实的观照中凸显其意义与价值的。

(二)调适传播理论的建构

行文至此,我们不能不触及跨文化传播和对话所不得不面对的一个两难处境。对话者如果抱持自我文化中心主义,则无法很好地进行跨文化交流,但对话者又不能在没有文化中心的状态下实现跨文化交流。正是文化间性(interculturality)这一概念,有助于解决这个悖论。在某种程度上,我们的文化观念是有界性的,它得以识别我们自己的文化精神。没有了这种文化精神,跨文化对话就变得虚无。对话和文化间性未必就意味着一个人放弃自己的文化观点。同时,具有某种文化精神与中心也未必意味着就是民族中心主义。莫尔指出,"(我们可以)有个中心,同时不把我们自己的中心看做是绝对的中心"②。文化间性意味着任何某种文化都不会是全人类的文化,正如迪兹所指出的那样,真诚的对话"需要接受一个人的文化只是一种文化,亦即承认其社会历史的相对性"③。"承认不同文化和哲学体系在思考、表达、提问和提供答案的能力上是平等的。"④承认文化差异的合理性可以形成开放意识和意愿,从而接受他者的德行和能力在本质上是平等的。文化间性寻求不同文化间的相互尊重、平等相待、和平共处,赏识文化的多元性、多样性、差异性,这为跨文化传播提供了空间,也为对话与交流中的调适提供了空间。更为重要之处,在于文化间性向主体间性的转换。任何文化都是在与他文化的互动中发展的,都脱离不了文化的主体间性关系。唯有在主体间性观照之下的不同文化背景的人,才能在跨文化传播中平等地注视对方并被对方注视;唯有通过跨文化传播,才能达成不同文化体系之间的和谐对话,并在这种对话中求同存异,相互从对方文化中吸取思想性精华,从而达到本土文化的意义增值与其文化中人生活方式的多样化。具体而言,即是在日常生活、文化心理、文化适应与融合三个维度

---

① Piaget Jean, *Logique et connaissance scientifique*, 1976, Paris:Gallimard.

② Mall R. A., *Intercultural philosophy*, 2000, Lanham, MD:Rowan & Littlefield, p. 18.

③ Deetz S., The place of cultural differences in decisions:Rethinking communication in the multi-cultural context, *International Journal of Communication*, 2008, 18, 95 – 102, p. 97.

④ Mall R. A., *Intercultural philosophy*, 2000, Lanham, MD:Rowan & Littlefield, p. 19.

发散出的跨文化传播的和谐对话的理念。① 联合国教科文组织的相关文件将非物质文化遗产归纳为"口头传统(包括作为文化载体的语言);传统表演艺术;民俗活动、礼仪、节庆;有关自然界和宇宙的民间传统知识及实践;传统手工艺技能"五大门类,但在民众生活当中,这些门类既不能以纯粹的形式存在,也不能单独地存在,否则就会被异化,其本质性的意义和功能就被抽取掉了。这是仿效既有的文化分类的模式来对待特质的作为生活方式存在的民间文化的结果。要避免这一结果,我们就应当回到妈祖文化在日常生活、文化心理、文化适应与融合三个维度上的融合。

传播之于文化适应至关重要,它为每个个体提供了能够认识他们所处的新环境的基本方法。而从"陌生人"到"世界公民",显然应该是跨文化传播的意义所在,它既涉及个人生活的微观层面,又指向社会、国家、民族和全球化这样宏大的主题。作为动态概念的"陌生人",本质上预示着"彼此都是陌生人",它被扩展为来自于不同群体的不为我们所了解的人,从而把现实生活中的每个人都置于跨文化交流的场域之中。可见,"陌生人"如何与同处一个社会文化系统的其他社会成员之间进行沟通和交往,如何经由跨文化适应建立跨文化身份,并在这一过程中获得对两种文化的另类见解的能力,激发出共同文化体验,关涉在主体间性观照之下的跨文化调适传播。

基于以上理论架构,本文试图以跨文化调适传播的视角,探讨妈祖文化调适传播——一种文化过渡到另一种文化的中间过程——文化间性并进而转换为主体间性的过程,在这个过程中形成了新规范,实现了最终融合。在此基础上,提纯在主体间性观照之下促成妈祖文化中人和谐共存的调适传播整合路径。

二、破解机制困局的路径依赖及其可能

调适传播过去往往不被人关注,今天也可能难以被正确理解,但是将来必须建立。② 本文以调适传播的视角考察妈祖文化及其文化中人,清除覆盖于妈祖文化传播表层的历史迷思,期能得出比较妥贴的结论。

(一)调适传播整合路径的可能性

妈祖文化从东南沿海散播到世界各地,产生出不同形态与内涵,构成了嬗变的关系。这一转变过程由民众集体参与,并受到来自社会各方力量的制约。从传出地到传入地,"本土化"的义项之一是保持传出地的"本乡"基因。在地化是把外来文化实施了当地化的策略,使之成为地道的当地文化,因而在地化实际上是一种文化的协调、

---

① 单波、薛晓峰:《西方跨文化传播研究中的和谐理念》,《国外社会科学》2008 年第 6 期。
② 雅克·德莫尔宫:《世界跨文化调适传播的建构》,单波等主编《新闻传播学的跨文化转向》,上海交通大学出版社 2011 年版,第 345 页。

重构。① 考察妈祖文化传播的历史和现状,我们看到,一旦妈祖信众所赖以生存的主要经济形式发生变化,就会导致妈祖职能的转变,乃至"角色"转换;妈祖圣诞日与升天日同样会随着其信仰的传播而在接受地发生变化,而变动的原因大多是出于当地人们的生产与生活方面的方便;妈祖信仰作为一种文化,当它在传播出去后必然要发生变异,并与当地信仰文化相结合,形成一种当地人可以认同的神明。这样的神明对当地民众才具有强烈的亲和力,从而在当地民众中承传不衰。②

自公元 10 世纪末妈祖信仰诞生的一千多年来,妈祖的形象经历了从福建"乡土之神"、"公务之神"直至"全国海商之神"的变化③,她的封号也从"夫人"、"妃"(宋代)、"天妃"直至最高的"天后"(清代),成为担负重托的"海峡和平女神"。经过千年演化,妈祖文化已经成为一种颇具影响力的民俗道德文化现象。妈祖文化凝聚着中华民族的优秀传统,是中华文化的有机组成部分。对妈祖的尊重和崇拜,反映了中华民族性格中真善美的特性,体现了对人性的终极关怀,其所蕴含的人文关怀与普世情怀乃人性追求之终极目标。只有这样,跨文化传播才能真正体现为人的目的,从而体现由其内在文化特点而自然衍生出来的整合与构建社会共同体的功能。在此基础上,搭建起整个妈祖文化体系主干的横轴——饱满的社区公共空间与民间团体格局,纵轴——坚定的身份意识与文化认同理念的功能。

以妈祖祭典和进香过程为例,妈祖祖庙已经成为人类学家所说的"寓意丰富的纽带象征,它们将领袖与被领导者、高贵者与低贱者维系在一起,共同生活于这个世界之中"。在祭典过程中,人们等级之间、社会地位之间的差异消失了,他们之间的相互依赖、相互认同的关系凸显了。不仅"显示了自己的团结",而且在"建立一种绵绵不断,一种永恒"。毋庸置疑,这种绵绵不绝预示着妈祖文化传播在物理空间与文化空间上的延伸,这种永恒是具有妈祖文化属性的文化中人以及跨文化生存者将自身文化身份与妈祖文化这一意义体系所标示的文化属性相融合的结果。不同文化背景的妈祖文化中人因之具备了寻找文化相似性并建立文化共识的可能性,跨文化传播也因之具备了整合与构建社会共同体的功能。

妈祖文化随着中国人移居东南亚而流行于华侨社会,在海外华侨中被当成一种具体的"民族传统精神文化"。从家乡带来的妈祖神像成为海外华侨的精神寄托,妈祖信仰成为海外华侨反对民族压迫、不忘祖根、思念家乡、维系海外华侨社团的感情纽带。

旅居海外的妈祖子民在侨居国建妈祖庙、传播妈祖文化、践行妈祖精神、弘扬妈祖文化,与所在国居民友好相处,共创美好家园,也同样彰显着妈祖文化传播的价值。

① 汪毅夫:《妈祖信仰研究的几个问题》,莆田学院妈祖文化研究中心主编《第三届海峡论坛妈祖学术研讨会论文汇编》,2011 年,第 1—2 页。
② 王荣国:《海神妈祖信仰在沿海一带传播中的变异》。http://www.researchgate.net/publication/32236088_.
③ 李伯重:《"乡土之神"、"公务之神"与"海上之神"——简论妈祖形象的演变》,《中国社会经济史研究》1997 年第 2 期。

妈祖文化也因而成为海外华侨华人的精神支柱之一,成为其向心力和凝聚力的象征,在团结广大华侨华人共同奋斗、促进华侨社会的形成与发展,密切华侨华人与祖籍国联系、加速我国社会主义现代化建设进程中发挥了重要作用。作为中华民族共有的精神家园和全球华人文化认同的标志之一,妈祖文化天然地体现着海洋生态和谐,体现着海洋和谐文化特征,体现着人民性。其核心是以人为本,崇尚尊重人、关爱人、激励人,一切以人为中心,其根本在于对人的尊严、价值、追求的认同、关怀与保障。在新加坡华侨中流传着这样一句话,"若无阿婆庙,既无会馆,亦即无各种公益事业"。以妈祖宫庙为代表的妈祖文化团体弘扬了妈祖文化"护国"、"庇民"、"慈善"、"奉献"的精神内核,调动群众热心参与尊老爱幼、奖教助学、扶贫济困、修桥铺路、抢险救灾等各项慈善公益事业,以关怀社会百姓为己任,"取之于民、用之于民",将妈祖文化最重要的社会功能以实际行动展现出来,而妈祖文化中人也在妈祖文化浸濡下承继了妈祖立德、行善、大爱的精神。妈祖文化因弘扬这种精神而在维护家庭和睦、社会融合等方面发挥了独特作用,其整合与构建社会共同体的功能得到了一定程度的发挥。

(二)突围:以两岸妈祖文化调适传播为例

妈祖文化在调适传播中得到了进一步的发展。传播之初,其神祇功能比较单一,主要是航海保护。但随着历史的发展,随着信仰范围的不断延伸与扩大,其神祇功能也由原来的航海保护,扩展至江河护航、助漕、助战、消灾、解厄、赐福、送子、祈雨等等,妈祖最终因为其发展过程中的调适而被整合成为了一位集多种神职于一身、亦文亦武、有祈必应的万能女神,进而也很自然地成为承载两岸割舍不断的亲情的最佳载体。正所谓"官不通民通,民通以妈祖为先",的确,妈祖文化不仅是紧紧维系两岸血肉亲情的一根纽带,而且也是打破两岸几十年政治坚冰的开路先锋,而随着民间条条"妈祖航线"的开通,两岸真正意义上的"三通"终于得以实现。妈祖文化作为两岸草根民众共同的文化纽带,对两岸文化的融合起了加热催化的作用。

台湾妈祖信仰文化传播的社会整合功能最突出的特点是:在传播中整合,在整合中传播。随着社会的变迁和妈祖文化多元化的传播,其社会功能亦在不断演进中。从康熙廿二年(1683)到光绪廿一年(1895),二百多年来,两地的妈祖信众保持着密切的交流。大陆移民带来了妈祖信俗和文化,每逢妈祖诞辰(农历3月23日),台湾信众都会组成进香团赴湄洲祖庙谒祖进香。19世纪下半叶后,台湾的械斗逐渐减少,其中一个很重要的原因就是妈祖信仰在台湾的扩大。尊奉妈祖为共同神明的形成,可视为台湾社会消除移垦原籍的地域观念的一个重要里程碑。妈祖信仰伴随着台湾民众移民开发史,深深地根植于台湾民众的心中。台湾中央研究院林美容提出,妈祖信仰在民间组织的操作下,具有整合民间社会的作用,一个妈祖信仰圈即为一个民间社会组织形式。其信仰圈理论在妈祖研究中独树一帜、颇有见地。台湾著名学者李亦园认为:"妈祖的崇拜过程,是群体社会生活中所产生的一种共同感情,也是一种象征性的社群感情。"施文炳更进一步指出:妈祖信仰在台湾既是"社群意识整合的一种力量",又是

"人群生活得以维持和谐、美满、团结的重要的精神依据"①。妈祖信仰作为增进台湾民众内部团结的催化剂,已有不少例证。过去,台湾民众汇聚在妈祖旗帜下,共同演绎了一幕幕抵抗殖民统治的可歌可泣的感人事迹。如今,妈祖再次充当和平团结的使者,成为推动台湾民众、社会走向和睦与团结的精神力量。如在 1997 年湄洲妈祖金身巡台期间,已有六十多年不相往来的旗山天后宫和广济天后宫,两宫董事因妈祖巡游活动重新坐在一起,携手共襄接驾盛事,从而尽释前嫌,实现和解。② 还是这次巡安,又把不同身份、不同党派的人聚合在一起,各市、县的行政长官、议长、军警、"立法委员"等都纷纷加入朝拜行列,争当祭拜仪式的主祭和陪祭。为此,我们还有理由相信,在妈祖精神的感召下,台湾民众和社会必将越来越团结、越来越稳定。③ 在台湾同胞的心中,妈祖不仅是他们的保护神,而且由于世代相承和文化传统的积淀,妈祖文化逐渐成了台湾社会团结的共同象征。对于这一进程的历史反思,使我们意识到人们在不断采取各种方式调适与整合自己的行为,意识到在不同背景之下妈祖文化的调适传播。

因此,今后的妈祖文化传播中,应当进一步着眼于妈祖文化的祖地文化属性,厚植福建祖地文化根基,养成互补双赢的共生型思维,增进台湾同胞对妈祖文化的认同感和归属感,增进情谊,促进和解,加强互信,强化两岸共同家园、两岸血脉相连的命运共同体意识;从两岸历史上的家族交流、地方戏剧中妈祖形象的异同和妈祖文献以及妈祖文化旅游业互动等方面,提炼出两岸妈祖文化调适传播的核心,作为新形势下建立健全两岸妈祖文化传播机制的整合路径,建构相对全面、系统、有效的妈祖文化调适传播整合模式。

(三)前景:建设湄洲岛妈祖信俗生态保护区

妈祖文化萌发于莆田,盛极于台湾,其在民族认同、情感认同、和谐社会的构建等方面发挥着积极作用。从人类文化发展的视角看,弘扬妈祖文化不仅关乎民族文化的建设,同样也是一个关乎人类文化多样性发展的重要问题;既是建设具有民族特色现代文化的基础,也是对人类文化的丰富和贡献。妈祖文化一直在两岸间保持着最为活跃的互动与交流,这些互动与交流无不传载着两岸的文化关怀和诉求,成为闽台文化同根同缘的鲜活见证。本文探讨的是妈祖文化调适传播整合路径,如何使这一路径进一步发挥提升两岸妈祖文化交流层次的作用?作者拟提出建设湄洲岛妈祖信俗生态保护区的建议,旨在使妈祖文化的调适传播进一步呈现本源、夯实基础、面向世界、良性发展,而妈祖文化在其发源地的蓬勃发展,也必将为妈祖文化调适传播整合模式的构建提供极佳参照。

所有的民间信仰背后都有一定的社会依据,存在着民众的某种文化诉求,它使得

① 施文炳:《妈祖信仰在台湾》,林文豪《海内外学人论妈祖》,北京,中国社会科学出版社 1992 年版,第 243 页。
② 彭文宇、蔡国耀:《海外交流》,《莆仙文化丛书》,福州,福建人民出版社 2003 年版,第 49 页。
③ 陈启庆:《福建妈祖信仰的新特点及对台湾的影响》,《莆田学院学报》2005 年第 3 期。

人们的日常生活充满意义。妈祖文化作为两岸文化交流的核心之一,是历史留给我们的宝贵精神财富,其信仰及民俗事项可以在我们的现实生活中找到存在的痕迹,有的甚至在日常生活中保持着相当旺盛的生命力,这就向我们提出了一个重要问题,就是要保护这些信仰及民俗事项的生态环境,而这个生态环境,包括政治的、经济的、文化的各种历史条件,也包括人的思想、价值观、需求等等,而这一切又都是在动态中发生着急剧的变化。并且,其非常重要的特点就在于发生和构成中的混杂性、现实存在的共生性以及和民众生活的不可分割的关系。保护不好,就是对于对象的解构,也就意味着妈祖信俗完整性的破坏。积极推进湄洲岛妈祖信俗生态保护区建设,可以进一步整合湄洲妈祖文化旅游节等已有资源,展示民俗文化独特魅力;可以拓展交流领域,积极推进两岸相关人士入岛开展遗产保护、资源整合、学术交流、联谊活动等,推进地方戏剧、文学艺术、书画诗词、工艺美术、民间民俗等全方位的交流;可以扩大民间交流,充分展示祖地文化魅力,增强台湾同胞对"根"、"祖"、"脉"的认同,为两岸政界、商界、学界提供高层交流平台,争取创办"妈祖文化学院",推动"妈祖学"的形成。① 这无疑将对妈祖文化的发展、两岸交流、海内外联谊起到核心作用,从而逐步夯实两岸乃至中外妈祖文化交流与发展的民众民俗基础,推进妈祖文化交流的多功能、可持续良性发展。

在妈祖信俗生态保护区建设中,尤其应当把握好以下原则:

1. 真正全面地体现民众的主体性原则

在保护区规划的制定及项目实施过程中,应全面地彻底体现以人为本、以民为本的精神。妈祖文化生态保护区的核心是生活在保护区内的广大民众,动力来自于民众,目的也是为了民众,一切从民众的长远和根本的文化利益出发,只有这样,文化生态保护的目的才能达到,文化生态的保护才能持恒。

2. 保持妈祖文化整体性的原则

如前所述,为了操作的便利,对非物质文化遗产的保护往往把结构性的对象、把民众的整体性的生活方式,分解开来,分门别类,逐个地加以保护,既没有考虑它们作为文化生命体的历史发展过程和在现实中的未来发展趋势,也没有认真关注这些表现形式及其与生态环境的密切联系,尤其是没有把这些表现形式的主体(广大民众)的情感和欲求等放在保护的中心地位。于是,这些表现形式一经解构式地处理,便会萎缩,失去它的灵魂和本真性,成为无本之木、无源之水。

3. 完整准确地保持妈祖文化优秀传统的价值观并使之得以与时俱进地传承和延续的原则

在经过长期的漠视传统、批判传统和否定传统的声浪中,我们民族传承下来的优良的观念、习俗、为人之道等,一直受到贬损,结果是在一部分人的心目中,一切过去的都是陈旧的、落后的、封建的、有害的,这在一定程度上也影响了我们的民族自尊心和自豪感。保护文化遗产首先是要正确对待文化遗产中所存续的价值观,没有了尊重和

① 翁卫平:《浅谈"妈祖信俗"申遗成功后的保护》,《中华妈祖》2011年第4期。

珍爱,也就没有了保护的内在动因。力避把保护和彰显具体的文化表现形式作为要务,而忽视根本,不在培固文化遗产的正确价值观方面下大力气。舍本而逐末,道路是不可能走远的,保护区的建设也无法真正持续发展。

4. 政府部门正确适当地参与的原则

文化生态保护是一个系统工程,牵涉广泛,其目的在于创造一个有利于文化健康发展而又可持续发展的生态环境。文化生态保护区的建立,乃至于整个物质文化遗产以及非物质文化遗产的保护工作,都是以政府为主导的。公共政策和行政部门的哪怕是出于保护的善意而做出的不适当的参与和干预,都会对文化生态产生负面的影响。在一些地方,民众的生活方式被当作旅游的资源加以推销,庄重的仪式、礼俗成为日复一日的表演,寄寓其中的民众情感自然就会逐渐淡化,这些非物质文化遗产的功能发生了根本的转变,虽然在形式上仍然保持着原来的面貌,但被抽掉了情感和灵魂,被空洞化了,被异化了。在妈祖信俗生态保护区建设中,一定要避免出现类似的情况。

文化认同是国家或地区建立互信的基础,文化与思想观念上的认同常常具有先导性作用。两岸民众共同体认的妈祖文化是维系两岸中国人的一条精神纽带,是推进湄洲岛妈祖信俗生态保护区建设的基础。湄洲岛妈祖信俗生态保护区应促进海峡两岸在保护妈祖文化遗产,继承和创新具有区域特点、大众喜闻乐见的新的艺术形式等方面加强合作。在弘扬妈祖文化的旗帜下,对妈祖文化表现形式进行大胆创新,努力创造丰富多彩、各具特色的妈祖文化产品和艺术样式,保持妈祖文化的多样性与活力,拓展妈祖文化调适传播整合路径,营造"平等对话、和谐认同"的氛围,力求在开展双向交流时既弘扬传统文化,又符合年青一代的审美观念,赢得更多的文化认同,把"寄希望于台湾人民"的工作落实到"寄希望于台湾青少年"之中,促进两岸同胞的交流与往来,消弭隔阂、增进互信、累积共识,推动两地文化等产业的发展,为海峡两岸的平等对话、和谐认同奠定基础。

作者:曾伟,莆田学院外事外联办副主任、副研究员
林震,莆田学院管理学院副教授

妈祖文化创意与亚太市场开拓

袁书琪　官品佳

亚洲太平洋地区,是人类文明繁荣的新的集聚区,也是世界文化创意和文化产业
发展最有希望的地区,亚太地区集聚的巨大人口和经济圈,也使本地区成为文化创意
产业最为广阔的新兴市场。文化创意产业带来的经济效益已在欧美等国家显现,约翰
·霍金斯说:"创意经济现在每天创造220亿美元的产值,并以5%的速度递增,在一些
国家增长得更快,美国为14%,英国为12%。2004年,七大工业国中半数的工作人员
从事创意产业,而且它的增长速度比传统服务业快两倍,比制造业快4倍。"①

当前,在海峡两岸,在全球华人世界,有关妈祖信俗的活动、论坛层出不穷。在亚
太,在以中华文明为核心的东方文化圈,文化创意的产业活动和学术研讨也方兴未艾。
但确实鲜见人们将妈祖文化—文化创意—亚太市场这个概念链完整地加以研讨,从中
发现文化创业的新视角、新商机、新素养。

文化资本是文化产业的根基、是社会发展的内力、是和谐亚太的认同,无论从中华
文明新崛起、两岸和谐新境界、亚太成为全球发展新重心来看,都有其现实价值和战略
意义。而妈祖文化作为两岸认同的根基,早已取得共识,但作为中华文明的重要组成
部分和亚太精神支柱的基石之一,则远未有足够的认识。

一、妈祖文化内涵的普世价值

妈祖文化的内涵究竟是什么,社会各界见仁见智。凡是文化,均需从其完整的结
构上去认识其含义。妈祖文化的自然基底是海陆环境,由此衍生历久弥新的人—海关
系,通过妈祖这一女英雄折射出以林氏宗亲为代表的中华民族不畏艰险、放眼世界的
海洋胸怀和陆海相依的农商并重。内外和睦的制度习俗,妈祖救人于水深不是为了海
禁而是迈向海外,崇尚妈祖不是畏海乞海而是耕海航海,向海祈福谋生。在妈祖精神
的感召下,中华民族绝非限于保守禁锢的内陆文明,也非狭隘贪婪的岛国文化,而是海

---

① 〔美〕理查德·弗罗里达著,方海萍、魏清江译:《创意经济》,中国人民大学出版社2006年版,第2期。

陆沟通、中外博爱、积极和谐的大文明,与西方新教中的某些积极因素不谋而合。这种大视野、大作为、大爱的精神文明,正是妈祖文化经久不衰、四海咸宜、与时俱进的根本内涵,因此而具有光彩的普世价值。妈祖文化内涵构成如图1所示。

这种普世价值,通过海上丝路和郑和航线远播印度洋、波斯湾、地中海,实现东方海洋文明与西方海洋文明的交融,引来了伊斯兰教、基督教文化的精英。福州、泉州、湄洲有幸依妈祖而成为中华优秀传统文化与西方优秀传统文化的交流口岸。妈祖文化创意古已有之,其普世价值已引领以闽商为代表的世界海商流派与世界诸大商系的文化产业和文化创意引领产业的发展与交融。妈祖文化圈覆盖着全世界的炎黄子孙,是沟通情感,促进团结协作的桥梁和纽带。妈祖文化对振奋民族精神、增强民族凝聚力、加强民族自尊心和自信心有重大意义。[1] 2004年,第一个全国性妈祖文化社团——中华妈祖文化交流会落户湄洲祖庙,已有海内外170多家妈祖文化研究机构正式申请入会。[2] 据福建莆田湄洲妈祖祖庙统计:近十多年,到湄洲岛朝拜妈祖的台胞每年都有10多万人次。[3]

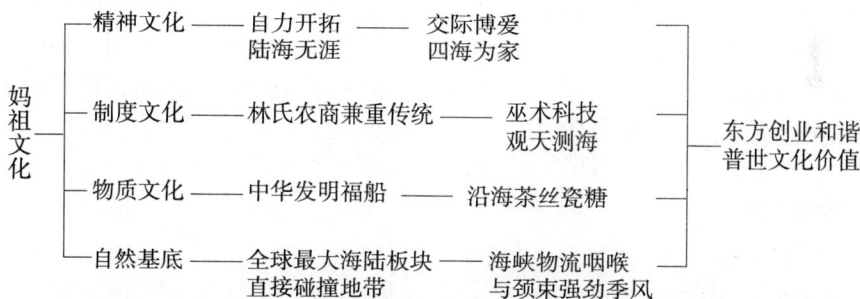

图1　妈祖文化内涵的普世价值观

二、妈祖文化外延的经世功德

妈祖文化之所以是中华优秀传统文化迈向海外世界的杰出代表,正因为该文化流系的创始人林默本人是林氏始祖比干的后裔。从中原向南到中国唯一直面蓝水海洋的环海峡地区,林氏迁徙的足迹承载着比干文化的迁播弘扬。比干之心深受中华民族的敬仰,中华比干财神引领的是爱财守道的商业文明,妈祖传承这一文明,促成了可持续发展的全球闽商文化。包括妈祖宗族在内的衣冠南渡的中原士民,借助海峡西岸几乎100%的森林覆盖率的山地和少见的并行不悖、垂直海岸、深入山地的河流,在妈祖故里海湾、河口、海岛打造大批木质福船,发明了水密舱,练就了一大批耕海牧渔的优

---

① 罗春荣:《妈祖文化研究》,天津,天津古籍出版社2006年版。
② 黄秀琳、林剑华:《妈祖文化在福建旅游业中的价值》,《莆田学院学报》2005年第4期。
③ 林金榜:《从千年文化积淀到再创"祖"之辉煌——在纪念妈祖诞辰1048周年座谈会上的讲话》,《天下妈祖网》2009年4月10日。

秀船长,为近现代船政文化、海丝文化(广义含郑和航海)奠定了根基。

妈祖创立的海上救助制度、身后妈祖分香的精神支柱,庇佑着历代大批华裔漂洋过海,形成了为驻在国作出了巨大贡献的海外华人文化,其中不乏妈祖所属的林氏子孙。与以妈祖为代表的东方海洋和谐文明形成鲜明对比的西方海洋霸权文化历来觊觎全球十几处海路咽喉之一的台湾海峡,战事在所难免。海禁及其反动倭寇,也导致沿海的旷日持久的征战,早期西方侵略者在妈祖庙里向明朝军队投降,东方倭寇被戚家军等歼灭,直至近代马江抗法、沿海抗日、炮击金门驱赶美舰等等,妈祖都是海战文化和正义决胜的见证。

妈祖信仰与21世纪的时代精神更加合拍,具有凝聚感情、道德重构、充当社会转型的催化剂、区域和平的黏合剂等多种功能,可补儒家文化的不足,应该成为建构亚太的重要精神资源。[①] 妈祖文化的普世价值深入内陆,所谓有水就有妈祖信仰,汀州妈祖庙镇守客家母亲河,沟通赣、闽、粤千里客家长廊,见证世界客属的形成。妈祖信仰的普世大爱价值,以及妈祖美丽的女神形象,形成了妈祖、临水夫人、观世音菩萨、螺女等信众普遍的女神同庙共享香火的奇特宗教现象,其和睦感人之深,影响环东南亚一些融佛、道、伊斯兰、基督教于一炉的综合宗教的形成,一派世界大同景象。妈祖文化外延的经世功德文化链如图2所示。丰富的文化链接,充分体现了妈祖文化从历史到现代再到未来经久不息的经世功德。

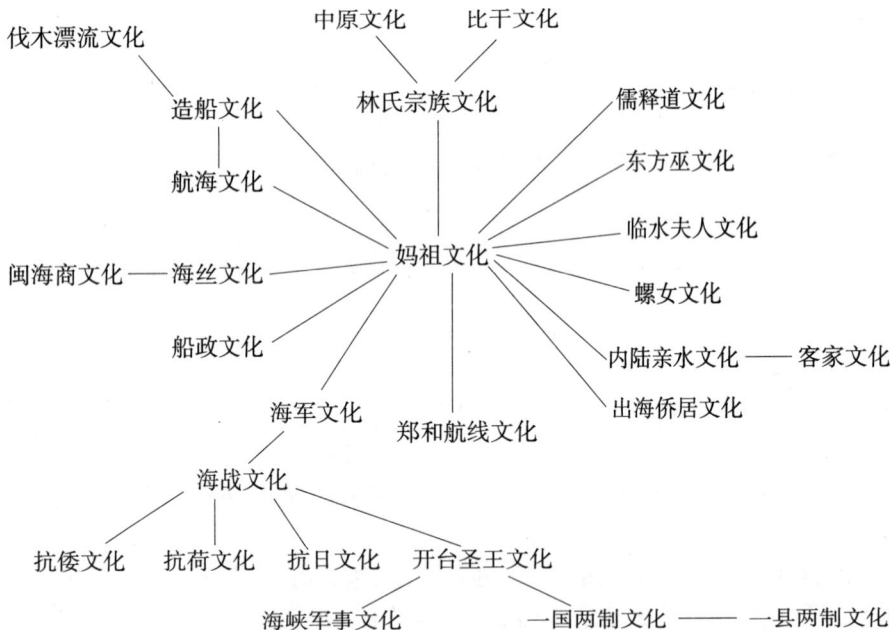

图2　妈祖文化外延的经世功德大观

---

① 谢重光:《妈祖文化:建构东亚共同体的重要精神资源》,《中共福建省委党校学报》2004年第2期。

三、妈祖文化创意与亚太市场开拓

（一）妈祖文化创意的构成与亚太市场开拓

妈祖文化创意并不限于文化产业化,作为弥足珍贵的文化资本,可以产业化,也可以事业化,追求经济、社会、生态三大效益。妈祖文化创意产出有两种功用(如图3所示),一是形成狭义的文化产业产品,如新闻传媒、出版、演艺、影视、动画游戏、休闲旅游和宗教朝圣等行业的产品;二是形成各行各业的文化资本,通过行业文化的培育提升各行各业的产业次位和品牌品位。

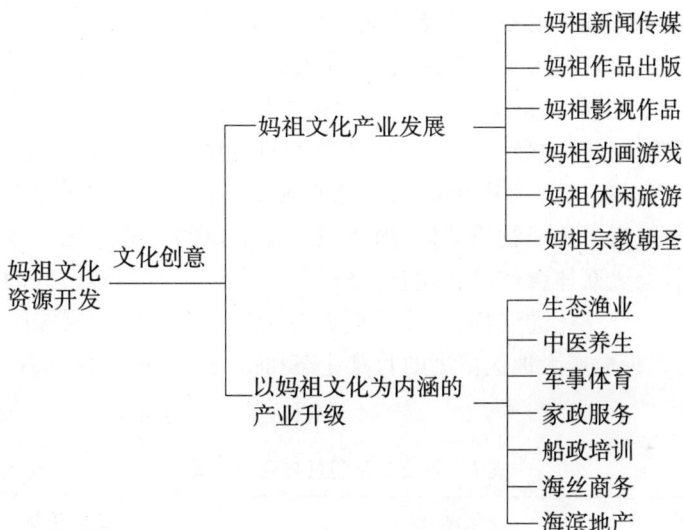

图3　妈祖文化创意的构成

针对现代亚太市场需求,仅仅开发专门的妈祖文化狭义产品是不够的,以妈祖文化为内涵的各行各业的产业升级,则可以吸引亚太市场的关注、消费和投资。例如,有妈祖文化背景的生态渔业,发扬多年妈祖弘扬的中华传统文化中的生态理念,以妈祖运用天文、气象、水文科技为榜样,开发优质珍贵品种的生态海水养殖业态。有妈祖文化背景的家政服务,传承妈祖博爱精神和湄洲女为代表的贤惠、科学理家传统,发展高品位的家政服务业态。有妈祖文化背景的海丝商务,弘扬闽商海商精神,继承海丝、郑和航行的商业风尚,传承妈祖和谐、开放的理念,发展各种商务中介产业,通过全球华商网络走向世界。即便是狭义的妈祖文化产品,传媒、作品、演艺、旅游等,突出妈祖文化的核心价值观,可以赢得价值观相近的亚太地区受众和客户的青睐。

（二）妈祖文化创意的提升与亚太市场开拓

要让妈祖文化从地方信仰、宗教活动中解脱提升,以其普世价值吸引亚太市场。

例如,妈祖文化产生于造船文化与航海文化历史悠久的海峡西岸,又反过来促进了海上丝绸之路和郑和航线的航行,为海上的经济、文化、政治、宗教和外交的和谐发展注入了人文普世核心价值。这样进行妈祖文化创意,就可以将历史上的东洋、南洋、西洋沟通起来,通过跨国申报海上丝路世界遗产、妈祖文化世界遗产、郑和航线世界遗产,让亚太各国了解妈祖,并通过妈祖更正确地理解崛起中的中国和中华文化。

又如,妈祖文化的"诸教合一"功德,可以通过同庙共祀比干、儒释道诸神等方式,共同开发诸教传奇文化,实现诸教经典比较和教义交融,可以吸引东南亚诸教和谐的广大受众,也可以吸引儒释道共尊的东亚受众。通过海洋女神比较,还可以同西方文化沟通,突破西方视中华文明限大陆文明的误区。

(三)妈祖文化创意的物化与亚太市场开拓

妈祖精神和价值观要落实到物质层面,使人们可视、可闻、可触摸,从而加深体验。中医药理论指导下的养生,加上妈祖大爱文化,可以形成治病救人或"治未病"的优质服务,对亚太地区有很强的吸引力。妈祖品牌下的美食文化,融入妈祖故里的湄洲女餐饮服务品格,可以打造亚太市场喜闻乐见的餐饮连锁业态。妈祖精神鼓舞下的海上、海滨体育产业,通过福船物质载体,融入妈祖见证过的海战文化,可以形成亚太市场欢迎的各种社会大众体育产品和业态。海上丝路沿线大量沉睡海底的沉船宝藏,是妈祖文化引领下海洋文化的证物,是今后世界各国收藏业的巨大资源库,以妈祖和谐精神为引导,可以形成亚太地区巨大的收藏业态和市场。妈祖文化创意及其亚太市场的举例如表1。

表1 妈祖文化创意与亚太市场

妈祖文化	文化创意	亚太市场
海商文化	妈祖见证海上丝路商贸展会	亚太各国商界、游客
航海文化	妈祖海洋文化体育赛会	亚太沿海各国体育界、游客
海洋生态宜居文化	妈祖故里国家度假区会所房产	亚太房地产界、高端房客
信仰文化	妈祖主题护身符	亚太各国信众、亲子、家族、友人
海战文化	妈祖见证海战动画游戏	亚太有殖民地史国家、青少年
耕海文化	妈祖故里优质水产育苗	亚太各国渔业界、美食客
宗教文化	妈祖祈福金身巡游	亚太各国华人社区、有华人的城市
历史文化	妈祖见证郑和航海文化讲坛	郑和船队到过的亚太各国
演艺文化	妈祖主题演艺	亚太各国艺术节
影视文化	妈祖主题影视	亚太各国影视市场
收藏文化	妈祖见证的海底寻宝	亚太各国收藏市场

妈祖文化是亚太地区最重要、最具价值的传统文化资源,有着巨大的创意开发利用空间,对亚太经济的发展有着非凡的意义。如何有效地利用妈祖文化这宝贵资源,

发挥出其应有的效益,创意文化产业无疑是一个是很好的发展方向。把握住创意文化产业的特性意味着以此为最坚实的基础,在深入了解创意文化产业特性的基础上,进行广泛深入的研究,开拓亚太市场,促进亚太经济和谐稳定发展。①

作者:袁书琪,福建师范大学地理科学学院教授、博导
官品佳,福建师范大学地理科学学院

---

① 周伟民:《参与"妈祖文化与21世纪东亚文明"国际研讨会有感》,《妈祖研究学报》2004年第1期。

论妈祖文化资源产业化开发的方向

——以妈祖文化创意产业为例

孟建煌　颜珊珊

前　言

妈祖文化是莆田市最重要、最富价值的传统文化资源。近些年来,我国的妈祖文化创意产业发展形势喜人,然而,相对于西方发达国家已达如日中天的文化创意产业,莆田市的妈祖文化创意产业须奋起直追,可大有作为。妈祖文化创意产业在莆田市崛起乃至积极主动融入海峡西岸经济区建设大局中,占据战略性地位。妈祖文化产业要做大做强,就需进一步挖掘妈祖文化产业开发的理想模式与策略——文化创意产业。因此,对妈祖文化创意产业的研究,可服务于地方经济,提升特色文化资源的经济效益与社会效益,作用重大。

一、"妈祖信俗"成功申遗后的妈祖文化资源开发方向探索

妈祖是中国历代官民共敬、最富影响力的航海保护女神。2009 年 10 月,"妈祖信俗"申遗成功。这是我国首个信俗类世界级文化遗产,也是莆田市首个入选世界级遗产名录的遗产。①

妈祖信俗申遗成功后,莆田市抓住有利时机,积极筹划以妈祖信俗为龙头,整合妈祖文化旅游、南少林文化旅游、九仙祈梦文化旅游、工艺美术文化旅游四大旅游资源,提升"妈祖名片"知名度,扩大妈祖品牌效应,增强妈祖的世界影响力,构筑妈祖文化旅游圈。② 妈祖文化是莆田市最具特色与影响力的城市名片。妈祖信仰,源远流长,起讫

---

① 《妈祖信俗成功申报世界非物质文化遗产》。http://www.fj.xinhuanet.com/ news/mzxs/mzxs. html.
② 《妈祖信俗申遗成功为旅游业跨越发展提供重大机遇》。http://www.putian.gov.cn/a/20091015/00039. html.

宋代,已逾千年。目前,全世界有二亿多妈祖信众,每年亲来湄洲岛朝圣者逾十万人次。[①] 据资料报道:1987年,莆田市举行"千年妈祖祭"活动,吸引了近十万台湾妈祖信徒前来参加。2000年,台中大甲镇澜宫组织两千多人的大型朝圣团赴湄洲进香,成为迄今为止,人数最多、最受关注的台胞到大陆交流活动。[②] 从以上数据可略窥出妈祖文化的强大影响力与非凡的号召力。那怎样把妈祖的影响力和号召力转化为经济发展力?可行途径之一是把妈祖文化发展为创意文化产业。因此,莆田市应抓住有利机遇或主动创造机会,科学遵照创意文化产业发展规律,力促妈祖创意文化产业的发展和壮大。

妈祖文化蕴涵了丰富无穷的物质文化遗产,又包含了博大精深的精神文化遗产,前者如妈祖楹联、碑刻、壁画、雕塑、祭具以及庙宇建筑等等;后者诸如神话传说、故事、文学作品、祭典仪式、民俗风情等等。[③] 妈祖文化创意产业应充分利用自身丰富的物质文化遗产与精神文化遗产,为莆田市经济腾飞、社会发展添砖加瓦,尽应尽之责。"海西建设势如虹,妈祖产业新跨越"。妈祖文化在全面建设海峡西岸经济区作用不容忽视,充分重视和利用文化创意产业,吸收国内外发展的成功经验,发展妈祖文化创意产业,进一步深化妈祖文化资源开发与利用的深度与广度,为促进莆田市乃至福建省的经济结构优化升级和经济的可持续发展开辟崭新的空间与广阔的前景。[④]

妈祖文化创意产业的宗旨主要在于准许各个宫庙结合创意人、产业、政府等群体,以高品质的民间信仰服务和文化服务获得创意产业的附加价值,进一步增进宫庙与民间的经济活动力。[⑤] 面对全球化和数位化的时代,如何运用创意这一新颖形式来呈现和维护再利用传统妈祖文化资源,即为本论文所研究方向。

二、妈祖文化产业化开发方向与文化创意产业

对莆田市而言,开发妈祖文化并使之走向文化创意产业道路,具有得天独厚的优势,最主要体现在莆田市走产业化道路历史较早,基础设施较为完善。可以说,在产业化方向上,莆田市的妈祖文化开发已具有一定的发展基础。然而,莆田市要进一步开发妈祖文化资源,使妈祖文化更好地走向文化创意产业,需要做好以下两点:一是把妈祖文化转变为商品;二是把商品做成文化。发展文化创意产业,就是在加强文化创意

① 陈淑媛、黄育聪:《创意文化产业:妈祖文化资源开发与利用的方向》,《莆田学院学报》2007年第4期。

② 俞黎媛、彭文宇:《妈祖文化的精神内核和海峡西岸经济区建设》,《莆田学院学报》2007年第1期。

③ 俞黎媛、彭文宇:《妈祖文化的精神内核和海峡西岸经济区建设》,《莆田学院学报》2007年第1期。

④ 陈淑媛、黄育聪:《创意文化产业:妈祖文化资源开发与利用的方向》,《莆田学院学报》2007年第4期。

⑤ 蔡泰山:《文化创意产业与民众生活互动机制之探索》,《海峡两岸妈祖文化学术研讨会论文集》,北京,中国文史出版社2010年版,第120—143页。

向传统产业的渗透和增加传统产业文化内涵的同时,加强文化创意的商品化以及产业化,以市场机制推动文化创意产业的发展,并进而满足公众渐趋增长的精神文化消费需求。现今,莆田市在文化产品的开发方面,注重走精品路线;在文化研究上,以彰显妈祖文化中心地位为己任。如举办"纪念妈祖邮票展"、发行"妈祖金质纪念章"和《妈祖颂》等录音带宣传品,多次举办全国和国际性的"妈祖文化研讨会",出版多部妈祖研究专著。湄洲岛已成功举办多次妈祖文化旅游节,以突出和平的主题、深厚的文化内涵、鲜明的地方特色、丰富的活动内容,吸引海内外众多妈祖宫庙和信徒前来参加。①

对于文化创意产业来说,当务之急就是要做好创新工作。一旦有创意策划,加之市场运作,二者结合,就可把各类资源转化为经济资源和经济优势,为城市发展带来建设资金。目前,莆田市要发展妈祖文化创意产业,应把各种资源尽可能有效地转化为经济资源,形成规模效应,从而吸引现代大众眼球,让妈祖文化产业的终端——各种产业化商品能从更宽渠道进入大众欣赏视野、消费范围,促进妈祖文化创意产业进一步壮大发展,迫切需要全行业同仁群策群力,共同开发消费市场。

(一)制定产业规划,形成整体合力

在现有的社会条件和社会观念下,要使创新意识转化为创思作为,除要大力提倡和鼓励个体的创思意识之外,更要从整个社会制度上来支持新文化的发展。妈祖文化创意产业的经营者与从业者应具备高度的创新意识和一定的创思行为,政府管理部门应从制度保障上为妈祖文化创意产业发展保驾护航。在此方面,已为莆田市妈祖文化创意产业发展提供可资借鉴的成功范本的有特色文化街、文化街庙会这一形式与"印象"系列山水实景演出、动漫影视城另一形式。就前者而言,可以天津文化街、天津文化街庙会与西塘古镇为例。天津古文化街的自身定位为一处中外游客体验中国民俗的浓缩地,在此可见几乎所有的天津本土文化。作为一条商业街,它却能成功吸引到游客前来参观其独特殊的建筑风格,欣赏其经典的文化特色,购买种类繁多的民间工艺品,品尝津门美味小吃。同理可推,莆田市湄洲祖庙旁也可建设妈祖文化一条街。妈祖文化街建议布局于湄洲岛码头到祖庙门口道路两侧,以便游客在进主要景区途中亦可观光、购物,减轻旅途劳累。妈祖文化街的建筑风格应富有海岛特色,街内摆设饰品应充分挖掘莆田市"工艺美术之乡"的丰富资源。沿街可点缀些休闲场所、小吃街,让游客在观光、购物之余,品尝兴化风味小吃,领略莆仙风土人情,使其旅途一举多得。近些年份,伴随着庙会文化的再度复兴,古文化街庙会重焕发出蓬勃生机。莆田市应在每年春节、元宵等传统节假日或妈祖诞辰、妈祖羽化升天日等特定日期举办"妈祖庙会",继续坚持以节庆、展览、纪念活动为载体,精心组织国家级"湄洲妈祖文化旅游节"等重大节庆活动,重点打造"天下妈祖回娘家"和"妈祖巡安兴化"两个特色活动,使之成为妈祖庙会、妈祖文化旅游节的显著品牌,做大做强妈祖文化创意产业。本形式的另一范本西塘古镇,号称"最具水乡魅力影视基地"。1998 年至今,西塘已成功举办多

---

① 俞黎媛、彭文宇:《妈祖文化的精神内核和海峡西岸经济区建设》,《莆田学院学报》2007 年第 1 期。

届旅游文化节。文化节集文化、观光、购物、经贸洽谈、庙会和商品展销为一体,尽显西塘魅力。期间,有古镇建筑与人居论坛、平川灯会、风情摄影展、文化庙会活动等,使广大游客真正从全方位、多角度、多层次体验西塘原汁原味的江南文化和精神品位。经典古镇与现代元素的融合及文化的经典内涵和现代元素的融合是文化创意产业发展的必经之路。同样地,在妈祖祖祠所在地——莆田市北岸经济开发区港里村,可整合妈祖文化资源与自身古建筑资源,抓住"妈祖信俗"成功申遗的有利时机,争创莆田市乃至福建省历史文化名村,以服务于莆田市整体发展规划。港里村应立足于沿海渔村的独特区域风格,强化渔村特色,保留原汁原味的渔村气息,构筑独特魅力。

就本范本的另一形式而言,莆田市应深挖自身丰富的妈祖文化资源,筹建"妈祖文化影视城"并拍摄山海实景演出剧,推广妈祖品牌,为"港城崛起"服务。众所周知,曾有多部影视片在湄洲岛取景拍摄,故莆田市可积极规划"妈祖影视城"的筹建工作。在西方国家,旅游业、影视业等文化产业作为极具发展潜力的朝阳产业,其地位已被政府决策层提升为国民经济中的支柱产业。本世纪以来,随着国家层面对文化产业发展的扶持和重视,中国影视业发展前景也一片看好,影视产业基地如雨后春笋般涌现。但与国外成功的影视基地发展和经营模式相比,我国影视业仍处于起步摸索阶段。可喜的是,福建省政府重点指出,为把福建建设成为创新型省份的一个重要途径就是加快创意产业发展,这为莆田市发展妈祖文化创意产业提供了有利的外围环境。近年,海峡两岸关系持续升温,经济、文化、社会各领域交流日益频繁,2011年海峡论坛在妈祖的故乡——莆田市举行,加之莆田市有与台湾海峡隔海相望,与台中市直线距离最近等地理优势,在莆田市创建闽台影视文化产业基地有极大的可行性。其主要优势有如下三点:其一为莆田市是妈祖信仰的发源地,对台湾数量可观的信徒有强大的吸引力,两岸民间交流日趋频繁,如若积极引导,加以整合利用,将会是极佳的文化资源。其二为作为天下妈祖信徒朝拜圣地的湄洲岛,历史文化古迹众多,有完好而丰富的宫庙建筑群,加之莆田市有广化寺、玄妙观三清殿、南少林寺遗址等星罗遍布的古建筑以及极具闽中建筑风格的莆田工艺美术城,"莆田二十四景"与"仙游四大名胜"蜚声省内外,如若积极引导,加以整合利用,将会是极佳的自然资源。其三为莆田市人文资源、智力优势、人脉资源非常突出。莆田市内有莆田学院等高等院校为妈祖影视城的筹建输送人才,提供智力保障;莆田市号称"海滨邹鲁、文献名邦",国内外文化界均活跃着莆田籍人才;另外,莆田市还有"中国的犹太人"之称的莆商,提供可观的资金支持,为妈祖文化创意产业发展提供强大后盾。如若积极引导,加以整合利用,将会是极佳的社会资源。此类有利条件,皆为莆田市创建集影视拍摄、文化创意产业、旅游休闲观光、科研教学、人才培训为一体的妈祖影视城提供可靠保障。依据现有条件,莆田市应以"闽台影视文化产业"为基本定位,立足福建、面向海峡两岸、辐射全国,创建集主题公园、影视基地和人才培训为一体的首个涉台影视文化产业项目。针对此项目,莆田市应充分整合湄洲岛、工艺美术城、古代宫庙、自然景观等现有资源,通过影视基地创建,树立品牌效应,吸引影视资源和旅游资源。例如,莆田市也可积极筹划拍摄"印象妈祖"系列山海实景演出剧。以莆田市浓厚的历史人文底蕴和秀丽的自然风光为创作源泉,深入挖掘莆田本地的古老民间传说、神话，将妈祖人文历史中最具代表性元素得以重现，并借助于高科技手段再造"妈祖"，将妈祖品牌推至一个更高的发展平台。同时，借助闽台影视公司、文化及旅游部门的合作，建立起具有广阔市场前景的影视文化产业基地，有利于加强和促进海峡两岸影视业和旅游业深度合作，对加强海峡两岸文化交流，意义非凡。

在加强妈祖品牌创建，筹建妈祖动漫影视城方面，妈祖文化创意产业群可积极壮大产业链，提升规模效应。妈祖文化动漫影视城应加强与电视等媒体联系，进行动漫产业化开发，推进电影戏、妈祖广场舞等产业娱乐形式下乡，运用多种终端成品，拓宽市场渠道。首先，借助电视媒体与传统妈祖文化资源的联手，使古老妈祖文化资源渐渐为观众所熟识。例如，妈祖戏每周固定时间段在莆田综合电视台播放，中央电视台"心连心"艺术团来湄洲岛慰问演出，中央电视台来莆拍摄《走进中国》之"妈祖"特辑等等。其次，借助报纸、杂志等传媒手段进行产业化开发。例如，在民俗类的核心期刊上刊登优秀作品，使之产生经济效益。据悉，《湄洲日报》、《莆田晚报》、《莆田侨乡时报》上所刊发的相关戏曲类文章，都有固定的读者群。妈祖文化创意产业也可借鉴此种做法。再次，开发妈祖文化景观戏剧、妈祖广场舞表演等模式。如可在湄洲岛等本地优秀旅游景点进行妈祖戏、妈祖祭典仪式、妈祖广场舞、妈祖文化编钟音乐会表演，让观众亲身体验妈祖文化；可研发妈祖文化电子书、电子杂志乡土特色教材等，使妈祖文化创意产业的社会效益、文化效益与经济效益兼而得之。妈祖文化创意产业还可借鉴杭州动漫产业开发模式等先行经验，与高科技公司、传媒公司合作，制作妈祖戏动漫电影，开发妈祖戏"3D游戏"市场，拍摄妈祖祭典仪式影视片。莆田市可整合全市资源筹建妈祖动漫主题公园，将妈祖传统文化与现代动漫科技有机结合，力争把妈祖动漫主题公园建设为具有国际水平的集观光、娱乐、科技、教育、旅游于一体的主题公园。

（二）加大对妈祖文化创意产业的投入，通过政策引导，使之走上规范的产业化道路

加强政府管理引导，使妈祖文化创意产业市场有序竞争，良性发展。建议湄洲岛祖庙与北岸天后祖祠各自准确定位，共同发展。湄洲岛可定位为"妈祖圣岛、度假天堂"，"天下妈祖，祖在湄洲"；北岸港里村可定位为"天后祖祠、历史文化名村"。湄洲岛祖庙可侧重于对妈祖"神"的弘扬，加大对妈祖羽化升天及相关神奇传说的包装、宣传；北岸港里村可侧重于对妈祖"人"的宣扬，注重对青年妈祖的塑造、传颂。通过对妈祖"人""神"不同层面的宣扬，既可向外界展示一个鲜活可亲的妈祖形象，也可使湄洲岛与北岸实现互惠互利，提升妈祖文化合力。构建天下妈祖是一家的和谐理念。这之中，本文试以莆田市北岸经济开发区筹建妈祖城为例，试阐述下如何通过政策引导，使妈祖文化产业走上规范的产业化道路。

目前，妈祖文化已形成较具规模的产业化形式。在产业建构的过程中，莆田市委、莆田市政府从长远战略角度着眼，提出了筹建妈祖城，务必把妈祖文化做成一项综合性的文化产业。"计划中把整个城区分为7个功能区，即综合服务区、滨海度假区、文化古迹风貌区、渔港游艇码头区、生态休闲区、紫霄洞风景区和居民迁建区。"①此项目把这一区域内现有的港里妈祖祖祠、抗倭古城、宋代古码头、紫霄洞风景区等融入妈祖城总体规划中,较为有效地保护和利用了景区内的文化资源。其中,综合服务区为核心区,具有商贸、餐饮、购物、娱乐等多种功能;文化古迹风貌区以港里妈祖祖祠地和抗倭古城墙为主;滨海度假区则利用连绵的小山丘,以低层高级别墅式建筑为主,局部点缀小高层为辅。具体来讲,妈祖故里保护核心区规划结构可具体分为"四区",即核心功能保护区、特色民居生活体验区、民俗活动展示区及滨海休闲景观区四个功能区。在核心功能保护区规划方面,以故居路为界,以天后祖祠、妈祖故居、妈祖塑像、受符井等文物古迹为核心,建设旅游服务中心、接待中心等相关服务设施。在特色民居生活体验区规划方面,通过民居改造、环境整治、街巷空间整理,形成富有兴化地方特色的民居群落,为开发特色民居生活体验、休闲度假、农家乐等项目提供平台。在民俗活动展示区规划方面,以展示"妈祖回娘家"、"妈祖海祭"、兴化地方特色戏曲歌舞表演为主,该区同时也是妈祖故里旅游区的主要集散空间。在滨海休闲景观区规划方面,沿妈祖城内海融合千年古码头、黄螺山等人文和自然景观因素,辅以休闲娱乐设施、绿化植被,形成滨海休闲景观区。以妈祖城为中心,包括湄洲岛在内的祖庙、祖祠、妈祖阁、妈祖城共同组成了莆田市完整的妈祖文化设施体系。妈祖城将与湄洲岛国家级旅游度假区浑然一体,形成以妈祖文化旅游为重点,以生态旅游、滨海旅游为配套的国际知名旅游目的地和富有特色的自然文化旅游胜地。北岸开发区将以妈祖城总体规划为契机,与湄洲岛度假区携手形成整体的妈祖旅游资源路线,共同为我市妈祖文化创意产业尽应尽之力。

(三)加强妈祖文化创意产业终端产品生产,培育消费市场

做大做强莆田市的妈祖文化创意产业,应积极运用多种终端成品,拓宽市场渠道,与产业化工厂合作,尽可能打开妈祖文化创意产业受众面,进而打开妈祖文化创意产业市场,壮大妈祖文化创意产业链。仅就妈祖食品产业链来讲,可将妈祖信俗宴菜制作技艺讲授宴菜制作过程拍摄成科普光盘,使食品业与影视业同时获益。妈祖海祭供品,又称"妈祖宴菜",是国家级饮食三大专利之一,由"用珍馐美味弘扬传统文化"的莆田名厨王文基于1987年"妈祖千年祭"活动举办期间发明创造。"妈祖宴菜"将妈祖故事传说巧妙转化为宴席珍馐,游客可从宴菜中管窥妈祖信仰的历史性、民俗性、时代性及妈祖的生平、羽化后的信仰特点,既是旅游途中视觉、味觉的饕餮大宴,又弘扬了妈祖文化。构思独特,原料深具莆田特色,制作精巧,热菜、冷菜合理搭配,形制美观。宴菜菜名高贵脱俗,色香味、意形养俱全,寓意深刻、内涵厚重,不仅是妈祖文化一项至关重要的内容,还是海洋文化一个重要特征。② 据悉,经在妈祖神像前卜杯,由妈祖钦

① 陈淑媛、黄育聪:《创意文化产业:妈祖文化资源开发与利用的方向》,《莆田学院学报》2007年第4期。

② 金文亨:《王文基与妈祖宴菜》,《莆田侨乡时报》2010年2月25日。

定的最后十二道妈祖宴菜的排序为:丹凤朝阳、湄岛秋菊、万灵朝圣、窥井得符、一帆风顺、妈祖寿面、龙王点兵、发财有余、喜庆花篮、群仙迎驾、妈赐寿桃、全家福。这十二道宴菜深含典故,富有寓意,可将妈祖文化资源巧妙转化为终端产品,培育消费市场,壮大妈祖文化产业。十二道妈祖宴菜凝聚着广大信徒对妈祖的崇敬之情,寓含着民众对事业家庭的美好祝愿。例如,"万灵朝圣"这道菜的典故为:每逢农历三月二十三日妈祖诞辰这天,海峡两岸信徒都到湄洲朝拜妈祖,体验妈祖的强大感召力与凝聚力。万灵朝圣有两个关键处,即鸭子与假山。鸭子象征海峡两岸进香朝拜的信徒。假山富有妈祖神像所在地的含意。"妈祖寿面"这道菜的典故为:八卦形状富含驱邪保平安之意,同时也喻指海峡两岸同胞希望仰仗妈祖光芒,利用"一国两制"来统一中国。"湄岛秋菊"这道菜的寓意为:如意、团圆。妈祖生前特别喜爱菊花,中国人也以菊花寄托如意团圆的美好心愿。由于历史原因,海峡两岸人为隔离,民众祝愿在妈祖的庇佑下,中华民族早享团圆的欢乐。"全家福"这道菜的寓意为:幸福、团圆。在上世纪海峡两岸开放探亲之际,台胞纷纷前来大陆寻根谒祖,分离多年的两岸同胞倍感幸福团圆。

三、妈祖文化创意产业发展策略

(一)把各类资源尽可能地高效转化为经济资源

众所周知,把各类资源充分转化为经济资源和经济优势,为城市发展带来足够的建设资金,是至关重要的。莆田市在以往的崛起发展过程中常面临棘手的资金短缺问题。以莆田市的妈祖文化创意产业为例,目前开发建设妈祖城,最大的困难是资金问题。面对此情况,如何迅速吸引到资金?靠的即是创意策划和市场运作。而这,就需要挖掘和调动莆田各方的文化资源与社会资源。首先,应尽量使文化资源和社会资源有效转化为经济资源。现今,莆田市湄洲岛已有初具规模的配套基础设施与妈祖显性形象,但就总体情况而言,莆田市文化氛围并不浓厚,妈祖作为莆田城市名片的知名度有待提高,妈祖形象在外地的宣传力度有待加强。其次,应尽量使莆商资源有效转化为可用的经济资源。莆田市应瞄准在外莆商优势,大力实施"民资回归"工程。民资回归,重在项目。为优化莆田市的投资环境,市委市政府应落实和完善促进民营经济发展的各项政策措施,让民营企业在税收、用地、劳保等方面与国有、外资企业享有平等待遇,充分调动莆田人的智力优势和资本优势,使之转化为经济发展优势,为推动莆田经济大跨步发展服务。群起的投资平台,大量回归的莆商,有力抬升了"莆田经济板块",为妈祖文化创意产业的发展注入勃勃生机。可喜的是,莆商回归产生的磁吸效应与模范作用已凸显出来,妈祖阁、妈祖文化研究院等妈祖文化基础设施相继落成。在莆田市产业集群发展中和妈祖文化创意产业发展中,政府与莆商共唱先行曲,唱响了莆田市的发展后劲。妈祖文化创意产业的号角,已吹响!① 再次,妈祖文化创意产业需

① 陈建平:《从老乡外出到莆商回归》,《中华妈祖》2009年第2期。

有效整合会展业、文化街、工艺品产业、生态旅游业等产业群,博采众长,将相关产业纳入妈祖文化创意产业这一体系内,进行有机重组整合,力促妈祖文化创意产业的长足发展。例如,妈祖文化创意产业可与文化街、博物馆相结合,使游客从博物馆里获取妈祖文化相关知识,从文化街里获取特色妈祖工艺品。这其实就是把工艺品业、博物馆业、文化街等因素进行有机融合,全力筹建妈祖缘博物馆、世界妈祖信俗博物馆、湄洲妈祖源流馆等系列工程,争取列入国家级文化项目,使之成为与泉州闽台缘博物馆齐名的两岸交流合作新平台。目前,莆田市应加大对妈祖文化相关资料收集、整理力度,挖掘妈祖传奇故事及民俗风情,不断深化对妈祖文化内涵的研究。着手建立妈祖信俗非物质文化遗产数据库、图书馆。争取申报设立妈祖文化生态保护试验区,推进纯金妈祖塑像、天妃故里、世界妈祖庙缩微景观公园等文化工程。设立运作妈祖信俗非物质文化遗产保护中心,配备专业人员负责对妈祖信俗相关资料典籍的整理、遗产普查、活动的记录、档案的保管、保护设施的制定,为筹建"妈祖信俗源流馆"系列工程奠定坚实基础。综上,妈祖文化创意产业可通过创意文化产业集群开发多类资源,使之有效转化为经济资源。①

（二）重视产业链相关环节的协调配合和有序发展

任何一种产业,都必须有完整的形态,妈祖文化创意产业也不例外。任一产业都有其产业链,这一产业链的每一环节都能带来价值的增加,这个链条就是价值链。从创意产业的特性来讲,可大略分为:内容创造——生产制作——媒体推动——通过传播到消费者手中。只有完备产业链,才能降低企业成本,促进妈祖文化创意产业得以良性发展。在探索妈祖文化创意产业的发展过程中,要注意创意文化产业凭借多种盈利模式以获取巨大经济效益的特性。② 妈祖文化创意产业要实现利润最大化,就需最大限度调动各环节的价值链,把利润最大限度挖掘出来。面对此需求,妈祖文化创意产业当务之急应做好以下两环节:内容创造与传播。首先,内容创造要以新颖的形式及诉求抓住消费者的口袋,刺激其消费欲,以独具匠心的方式多材料、多角度地表现出妈祖故里丰富的妈祖物质资源与文化资源。妈祖文化产业群现有的内容创造形式比较简单,基本是流水线大生产的复制品,没有一定独创性、观赏性和可观的收藏价值、升值空间。妈祖文化产业群终端产品的开发与销售尚未形成一定规模的产业形态。其次,在传播途径上,可开拓不同地域,多种渠道,使妈祖文化产业的受众面和传播土壤尽可能深广。在此方面,可借鉴有成功文化传播经验的韩国文化部的做法。据资料记载,2002年韩剧《冬季恋歌》在全亚洲刮起一股强劲韩流,剧中明星大红,连带着韩国商品也大卖,韩国文化部抓住时机,趁这股"韩流"积极推动政策,借着文化产值推广

① 陈淑媛、黄育聪:《创意文化产业:妈祖文化资源开发与利用的方向》,《莆田学院学报》2007年第4期。

② 陈淑媛、黄育聪:《创意文化产业:妈祖文化资源开发与利用的方向》,《莆田学院学报》2007年第4期。

韩国形象。该剧在全亚洲万人空巷,就连剧组拍摄地,也成为热门旅游景点。韩剧创造的经济效益甚为可观,光这部《冬季恋歌》就占了韩国 2005 年 GDP 的千分之一。时至今日,该剧在中国观众中仍有口皆碑,中国青少年中有数量可观的受其影响的"哈韩族"。[①]

四、结束语

近些年来,文化创意产业是第三产业中炙手可热的朝阳产业。伴随着社会的日渐发展,文化对经济的作用渐为凸显,经济文化"二合一"一体化日益引起公众的重视,尤其是区域文化风格对经济的作用更引人注目。从一定意义上讲,文化是发展经济的智力保障和精神支柱。具有独特性的区域文化风格可对该地经济发展起推波助澜作用。文化产业是海峡西岸经济区科学产业的重要分支。妈祖文化在全面建设海峡西岸经济区起重要作用,充分重视和利用文化创意产业,作用卓著。

妈祖文化创意产业化的启动运行,需要全社会集思广益、多方努力共同推动。产业化、市场化是妈祖文化创意产业的必由之路。我们期待着,妈祖文化创意产业早日步入良性循环的轨道,并发展成为地方经济的一个新的经济增长点,并在文化创意产业体制的不断调整、改革、完善中,走向新的辉煌。

作者:孟建煌,莆田学院中文系教授
        颜珊珊,厦门大学文学院研究生

---

① 蔡泰山:《文化创意产业的时代意义与创思作为之研究》,《昆山妈祖文化学术论坛论文汇编》,昆山妈祖文化学术论坛论文编委会,2010 年版,第 1—15 页。

莆田妈祖文化旅游地产发展条件及思路研究

陈淑媛

　　莆田是世人敬仰的海上和平女神妈祖的故乡,湄洲岛是妈祖文化的发祥地、妈祖祖庙所在地,于1988年6月被宣布为福建省对外开放旅游经济区,1992年10月湄洲岛被国务院批准为国家旅游度假区。妈祖文化以崇奉和颂扬妈祖的立德、行善、大爱精神为核心,以朝圣旅游为主要产品的妈祖文化旅游发展迅速(见表1),影响深远。2006年湄州妈祖祭典被列入中国第一批国家非物质文化遗产的代表作名录,与陕西省黄陵县的黄帝陵祭典、山东省曲阜市的祭孔大典并列为中华三大祭。2009年9月30日,妈祖信俗被列入人类非物质文化遗产代表作名录,这是中国首个信俗类世界遗产,标志着妈祖文化正式成为全人类的认同文化遗产,必将推动妈祖文化旅游产业跨越发展。

　　妈祖文化源远流长,自宋至今,妈祖信仰已逾千年,今天妈祖信仰已经形成了独立的"妈祖文化"体系,吸引着海内外各界人士的广泛关注并对其进行全方位多角度的研究。妈祖文化研究最为海内外学者重视的主要集中在:①史料的收集与整理,这方面的资料很多;②社会凝聚力、两岸文化的纽带功能。关于妈祖文化的开发利用的研究,主要集中在旅游方面。目前对妈祖文化旅游地产的研究较少。"文化旅游地产"是具有鲜明文化特色和文化主题的旅游地产形态,在满足人们对地产功能和环境需求的基础上,进一步满足人们精神需求的一种地产形态。笔者探讨的莆田妈祖文化旅游地产是以妈祖文化为主题,以湄洲岛妈祖祖庙、妈祖故里为核心的湄洲湾、平海湾、兴华湾、南日岛等旅游地产,包括旅游景点地产、旅游商务地产、旅游度假地产和旅游住宅地产四类。发展妈祖文化旅游地产可以延伸妈祖文化旅游产业链,提高妈祖文化旅游附加值,助推莆田相对滞后开发的沿海经济实现跨越式发展,此课题研究具有重要的研究理论和现实意义。

　　笔者采用实地调查和SWOT分析法,对莆田发展妈祖文化旅游地产的内部优势和弱势、外部机遇和挑战进行了分析,从文化创意的角度研究妈祖文化旅游地产,提出了莆田发展妈祖文化旅游地产的思路,为莆田妈祖文化旅游的跨越发展提供决策参考。

表 1　2004—2009 年湄洲岛游客人次/旅游收入/人均消费额①

	2004 年	2005 年	2006 年	2007 年	2008 年	2009 年
游客人次(万人)	63.0	80.0	100.0	110.8	119.0	130.1
年增长率(%)	—	20.6	23.9	10.8	7.4	9.3
旅游收入(千万元)	14.0	16.8	19.3	36.8	46.0	59.8
年增长率(%)	—	15.1	15.0	28.7	25.0	30.0
人均消费额(元)	222.2	257.5	239.0	332.1	386.6	459.6

一、莆田妈祖文化旅游地产发展的内部因素分析

莆田发展妈祖文化旅游地产有其突出的优势——地处海峡西岸经济区沿海中部、妈祖文化发源地、东部经济发达地区的低谷地带,拥有妈祖文化、自然生态环境、客源和政策优势。因经济基础相对滞后导致的基础设施配套不完善、生态环境意识不强、发展临港工业可能带来环境污染等因素可能制约妈祖文化旅游地产的发展。

(一)优势(Strengths)分析

1. 妈祖文化的发源地优势

莆田,妈祖文化的发祥地,发展妈祖文化旅游地产,拥有得天独厚的文化优势和客源市场优势。

从宗教文化心理的角度看,妈祖是善良、智慧和正义的化身,能帮助脆弱的信众达成心中的愿望。妈祖信仰以一种特殊的文化传承方式,激励人们积极向善,抚慰着转型期社会带来的种种不安心理,为试图寻找和平、安详的人们构建心灵家园;从中华优良传统文化的角度看,妈祖文化的立德、行善、大爱精神及其体现的和平文化与构建和谐社会的时代要求和谐共振,引领了社会发展的方向和人生价值的取向,成为海内外华人强有力的精神纽带;从海洋文明的特性看,妈祖文化的多元兼容、敢为人先、团结拼搏、激情奋发、和谐共处、共享利益、诚信合作等特性,为人们塑造性格、提高素质、激活创思、激发潜能起到积极的促进作用,也成为莆田、福建乃至中国海洋经济发展的助推器。当地产文化随着人们对居住软环境提出更高要求应运而生时,妈祖文化的丰富内涵可以内化为旅游地产的文化。

莆田湄洲岛上的"天后宫"是世界上 20 多个国家和地区近 5000 座妈祖分灵庙的祖庙,全球妈祖信众超过 2 亿人,台湾同胞中 80% 祖籍福建、70% 信奉妈祖,被誉为东方的"麦加",每年妈祖的诞辰日和羽化升天日,湄洲岛都会吸引数十万包括台港澳在

---

① 资料来自湄洲岛管委会。

内的信众来谒祖朝拜;福建是全国著名的侨乡,华侨华人有810万人,港澳同胞80多万,台胞1400多万。其中莆田海外侨胞77.96万,港澳同胞4.8万(2006年莆田外侨办统计数据),台湾同胞近10万(包括第二代)。这些海外侨胞、港澳台同胞特别是台湾同胞大部分信奉妈祖;遍布全国的50万莆商、莆田市内的市民也大部分是妈祖信徒;中国内地沿海的妈祖信徒随着中国沿海高铁的开通,均有可能成为莆田妈祖文化旅游地产的消费群体。同时这些妈祖信众思想活跃,经济实力越来越强,市场的购买力在增强。

2. 自然环境的生态优势

莆田地处海峡西岸经济区沿海中部。建国后,位于对台战备的前沿阵地,经济发展一度被国家边缘化,一直处于中国东部经济发达地区的低谷地带,保留了相对原始独特的自然生态环境。地属亚热带海洋性季风气候,阳光充足、空气清新、温湿度适宜;终年林木常青,鲜花争艳,四季佳果飘香,生物多样性良好;海水清澈,海洋生物丰富,盛产鲍鱼等美味海产品;以湄洲岛、妈祖城为中心的湄洲湾、平海湾、兴化湾和南日岛等岛屿的许多滨海有广阔柔软的沙滩、砂质海岸,发展旅游地产的空间广阔,是莆田发展妈祖文化旅游地产的极为有利的自然环境元素。2007年湄洲岛正式被批准成立生态道德教育基地,成为中国第一个海岛生态文明建设示范基地,妈祖文化旅游地产具有良好的发展空间。

3. 客源市场的后发优势

对于文化旅游休闲来说,"落后"是一种优势。目前莆田妈祖文化旅游地产还没有实质性的运作,为莆田妈祖文化旅游地产发展借鉴国内外经验提供了可能。莆田壶山兰水独特的滨海风光和妈祖文化等等人文景观,十二五规划提出建设滨海宜居城市的目标,打造荔林水乡、滨海风光,建设人居环境和妈祖创意文化环境俱佳的生态环保家园,是完全有可能的。在福建九地市里,莆田是继厦门之后最能体现城乡一体化的城市。以宜居城市为背景、以妈祖信俗申请世遗成功为契机、以世界妈祖朝圣中心为目标的妈祖文化旅游地产(景点型、休闲度假型、商务型、住宅型)的消费群体庞大,上文提到的妈祖信徒和向往莆田侨乡和沿海经济发达地区的内陆省市的居民等均有可能成为莆田妈祖文化旅游地产的消费群体。

4. 政策环境的扶持优势

国家和福建省政府先后出台了一系列"惠莆"政策,使莆田的可持续发展有了制度保障。首先,国家战略层面上的政策优势。2009年5月14日,国务院正式颁布《关于支持福建省加快建设海峡西岸经济区的若干意见》,其中海峡西岸经济区四大战略定位之一是将海西建成"中国重要的自然和文化旅游中心";其次,福建省委省政府围绕国务院的战略部署,提出"打造国际知名的旅游目的地,以滨海旅游、生态旅游、红色旅游和文化旅游为重点,进一步整合旅游资源,促进风景名胜资源保护好永续利用";第三,莆田市对国务院和福建省政府的旅游发展目标进行细化:充分重视湄洲岛和妈祖城的开发建设,及时出台相应的政策措施;提出了"妈祖城"近、中、远期阶段性发展目标并正有序推进;有条不紊的进行滨海旅游的规划,整合湄洲岛、秀屿区、北岸的区域旅游资源与经济;"十二五"规划提出建设宜居城市发展战略。政府的充分关注与积极参与将促进妈祖文化旅游地产的更好发展。

(二)弱势(Weaknesses)分析

这里所说的弱势,更准确地讲是莆田发展旅游地产应该注意加强和注意克服的问题。莆田,1983 年经国务院批准建立地级市,下辖城厢区、涵江区、仙游县、荔城区、秀屿区。人口 306.97 万人(2010 年年底),陆域面积 4119 平方公里,海域面积 1.1 万平方公里,海岸线总长 534.5 公里。长期以来,莆田以农业立市,人多地少,经济基础薄弱,经济发达地区主要集中于南北洋,沿海经济相对落后;城乡建设、旅游发展缺乏系统性、前瞻性的规划,规划的约束力和执行力不足;城市文化外显性不足;旅游配套设施不够完善;面临旅游地产发展与工业发展的矛盾。

1. 旅游服务的层次较低,开发力度不强

要发展旅游地产,科学的产业模式非常重要,要在构建节约型和谐社会和保证旅游房地产行业健康、具有可持续发展这个基本准则的基础上,要少盖房,盖好房,保护环境、美化山河,打造具有中国特色的旅游地产创新模式,才能更好地利用旅游消费拉动社会经济发展。

在政府的牵头下,湄洲岛已经形成了以妈祖祖庙建筑群和妈祖文化广场为代表的古典建筑群落。表明当地旅游景点地产初具规模。商务、休闲类的旅游地产开发不足,与国家级旅游度假区相配套的星级宾馆仅有 2 家,旅游商务地产,旅游度假地产等深度旅游地产的开发明显不足。妈祖城建设开发可以弥补湄洲岛旅游商业、度假地产开发不足的欠缺,受金融危机的影响,建设步伐放缓,制约了当地旅游业的发展。

2. 生态环境的保护面临旅游地产发展与工业发展的矛盾

莆田湄洲湾拥有"中国少有、世界不多"的深水良港,从国家的全局出发发展重工业是大势所趋。莆田大力实施"以港兴市、工业强市"战略,大力发展临港工业,湄洲湾沿岸引进了湄洲湾火电厂、罗屿 25 万、30 万吨干散货码头、东吴港区 10 万吨多用途泊位、林浆纸一体化、国投石门澳产业园等大型工业项目,这些项目显然会对以湄洲岛为中心的妈祖文化旅游地产发展带来不利的影响,即使实施循环经济的发展策略,有些污水废气也未必能得到很好的净化,如造纸工厂的废水至今世界上还没有很好的净化工艺,而且造纸工业耗水量大,将来这些项目的大规模实施,旅游地产的发展将会受到很大的影响。湄洲湾港口工业的发展能否选好项目对发展妈祖文化旅游地产是一个重大考验。

3. 所依托城市的经济基础薄弱,旅游投入不足

长期以来,莆田农业为主的经济结构和农业劳动力为主的人力资源状况使得当地的经济基础薄弱,经济体量小,2009 年全市 GDP 仅 692 亿元(仅为当年厦门市的 2/5,福州市的 2/7),2009 年底人均 GDP 仅 216427 元。莆田经济基础薄弱直接影响了旅游的投入。发展旅游的基础设施和上层设施跟不上,直接影响着旅游景区游客的人次、逗留时间、重游愿望,进而影响旅游地产开发。

二、莆田发展妈祖文化旅游地产的外部因素分析

改革开放三十多年,中国经济快速发展,先富的群体已经具备了外出旅游度假的主客观条件;近年国家推行"带薪休假制度"、重视基础设施建设,特别是对铁路和港口建设的高度重视;海峡两岸关系的改善,妈祖文化旅游地产发展的软硬环境正在形成,但也存在着政策风险和周边地区的竞争压力。

(一)机遇(Opportunities)

1. 旅游地产迎来黄金阶段

2007 年国家旅游局统计资料公布:国内旅游基本上接近总人口 1∶1 的出行人次,达到 14 亿人次。除观光游览、探亲访友所占的比重分别为 44.9% 和 23.5%,居第一、二位以外,休闲度假占 18.5%,位居第三。2007 年 12 月 7 日国务院常务会议通过《职工带薪年休假条例》,决定取消"五一黄金周"并推行"带薪休假制度"。随着人民生活水平的提高,人们对休闲度假的需求日益增长,并成为不可阻挡的消费趋势。将"黄金周"改为机动灵活的休闲度假消费的"带薪休假"制度,将对国民经济增长产生巨大的拉动作用。国际成功的经验表明,当旅游需求由观光旅游转化为度假旅游时,对度假房产的购买需求必然产生。因此,休闲度假时代的到来,必将对旅游房地产发展产生巨大的推动作用。

旅游度假房产的主要消费对象是社会中产阶层。根据汇丰银行和上海复旦大学最近公布的一项调查表明,10 年之内,中国内地年收入达到 7500 美元至 2.5 万美元的中产阶层将激增 1 亿人。从世界发达国家所走过的里程来看,经过了前 20 年时间的发展,全世界目前购买度假房产和度假权益的消费者数量已经超过了 2000 万个家庭。按这样的发展速度,未来 10 年中国将有 500—1000 万个家庭步入度假市场,如果按每个家庭投资 10 万元人民币购买度假房产来计算,将产生 5000—10000 亿的市场空间。①

2. 交通条件的改善将有效刺激妈祖文化旅游地产消费需求

近年,海西经济带建设得到国家的高度重视,铁路和港口等基础设施快速建设,旅游交通条件迅速改善。莆田市位于海西中福建经济最活跃的东南沿海中部,地处"南北三角('珠三角'和'长三角')"和"东西两岸(台湾和内陆地区)"的连接点上,北依省会福州,南接泉州并与厦门相近,东临台湾海峡,是福建省距台湾最近的地方之一,拥有湄洲湾、兴化湾和平海湾三大港湾。福厦铁路已经开通,厦深铁路、向莆铁路将陆续建成。铁路动车使得上海到莆田的时间不足 7 小时,将来广州到莆田的时间也将不足 6 小时。即将建成的向莆铁路和湄永高速公路,将使内陆各省市到莆田的距离比到厦门的距离还要短。福厦高速秀屿支线已通车、三条疏港大道也陆续建成、机场的建

---

① 资料来自莆田市、福州市、厦门市政府工作报告和和莆田市统计局。

设方案在论证中等。这些交通设施建成后,莆田交通运输将出现种类多样、布局网络化、便捷舒适化,成为海西经济带的交通输纽。

便利的交通、独具特色的妈祖文化信仰,对福建及临近的"长三角"和"珠三角"游客产生了很强的吸引力。特别是海峡两岸三通的实现,台湾妈祖信徒来莆田的机会也越来越多,妈祖文化旅游地产的市场必然被放大。

(二)挑战(Threats)

1. 旅游地产的概念与政策的不明晰

中国旅游地产尚处于初期发展阶段,对旅游地产概念的解读存在多种误区,一些不法开发商假借旅游地产之名变相进行房地产开发,严重危害了旅游地产的健康发展;其次,相关法律尚未健全。例如产权、时权酒店开发和销售问题为代表,产权界定、资产托管、保险体系、交换系统、销售系统、金融服务等方面的法律问题亟待解决;最后,开发商对旅游地产的认识并不全面。许多地区在进行旅游地产的开发时,没能把握好自然景观开发、古迹保护、地区文化塑造与现代房地产之间的契合方式和角度,导致劣质、低档旅游地产项目的盲目投资和重复建设情况不断出现。这些问题对旅游地产的发展都是致命伤。莆田未来发展妈祖旅游地产如何避免这些误区,对地方政府同样是一个考验。

2. 区域竞争加剧,妈祖旅游地产优势有待加强

如果从开发旅游地产角度来说,福建区域内就存在着如厦门、武夷山等同样富于生态资源的开发地区。即使湄洲岛以开发海滨型旅游地产为主要发展方向,也将面临厦门、漳州的直接挑战。而从目前的开发程度来说,厦门的知名度与配套系统已经比较完善。到目前为止,台湾香客到莆田湄洲朝拜妈祖,大部分还是先以包船直航模式抵达厦门,而后从厦门到莆田湄洲,朝拜完妈祖之后立即返回厦门等地。这再次证明了在区域竞争中,妈祖旅游地产的开发面临着巨大的挑战。

三、莆田发展妈祖文化旅游地产的思路

莆田拥有发展妈祖文化旅游地产的四大优势:妈祖文化源头优势、临海且滞后开发的较原始自然环境生态优势、客源市场优势和政策环境优势,妈祖文化旅游地产发展前景看好。但基于莆田妈祖文化旅游地产开发层次低的现实及其原因,莆田发展妈祖文化旅游地产必须发挥创意性思维,即发挥创意产业的创新性和高附加值的优势,从品牌的定位与塑造、产品的内容、地域资源的优化整合、产业价值链的延伸与升级、资本运作等方面进行创新,充分利用海西建设的宏观政策优势、妈祖信俗申报世界非物质文化遗产成功和休闲旅游经济发展的有利时机,把创意产业与妈祖文化旅游、房地产业进行有机的融合,突破自身发展的瓶颈和区域竞争的制约,扬长避短走出一条可持续发展的妈祖文化旅游产业化发展之路。

（一）做好规划及资源整合，促进开发

莆田发展妈祖文化旅游地产的自然和人文既有突出的优势，又有诸多不利的方面，应做好规划及资源整合，促进开发。

1. 规划先行

坚持高起点、高标准、高水平制定旅游专项规划和妈祖文化旅游地产专项规划，突出地方特色，发挥旅游资源优势；建立规划长效机制，确保贯彻不打折，落实不走样。湄洲岛国家级旅游度假区拥有源远流长内涵丰富的妈祖文化和保持相对原始的海岛生态环境，受到国内外一些大企业和投资家的热捧，希望在湄洲岛建立度假村，但这与湄洲岛的定位相左而未被接受。早在 1988 湄洲岛的开发论证之初，当地政府与专家们就已达成共识——湄洲岛的建筑应该体现当地自宋代以降沿袭数百年的古典建筑风格。这一点还有待于进一步开发落实。

2. 整体开发

进一步加大妈祖文化旅游资源整体开发力度，尽快形成点、线、龙头带动的旅游景点新布局。有计划有步骤地以项目带动来推进旅游业发展。近期重点是湄洲岛妈祖文化景点、商务、休闲度假等旅游地产，加快旅游公共设施、国际海岛植物园、牛头尾特色渔村等项目建设，打造湄洲岛国际妈祖朝圣中心，营造妈祖文化的生态环境，中期重点建设妈祖城，建设妈祖文化商务、休闲、住宅型旅游地产，扩大湄洲岛国家级旅游度假区的范围；远期建设平海湾沿岸、如意岛的休闲度假旅游地产和南日岛国际生态养生旅游地产。

3. 做大产业

以旅游地产的发展促进旅游产业的转型升级，进一步壮大妈祖文化旅游产业实力，充分发挥旅游产业拉动作用，为全市经济发展作贡献。注重培育壮大妈祖文化旅游龙头企业，深度开发旅游产品，延长旅游产业链，提高旅游经济的整体效益，努力推动旅游业又好又快发展。

（二）尊重和把握历史文脉，打造特色

以建设滨海宜居城市为目标，以妈祖文化为主题，丰富妈祖文化的内涵和文化形态，做好妈祖文化品牌在产业界的延伸与创新，做大妈祖文化旅游地产。借助妈祖信俗成功申报世界文化遗产的机会，打造湄洲岛国际朝圣中心的地位，发展妈祖朝圣旅游；凭借旅游者大部分是观光游客的特点，开发湄洲岛和妈祖城为中心的莆田妈祖文化观光和休闲旅游产品；凭借莆田是"戏曲之乡"、"绘画之乡"、"中国摄影之乡"等国家级称号，丰富妈祖文化的显性作品，利用妈祖文化研究的蓬勃发展和影响面广的特点，开展妈祖文化修学旅游；借助"博爱、平安、和平"的妈祖精神，广受推崇的"妈祖宴"以及莆田人在全国办医院的先进经验，提高医疗水平和服务质量，发展妈祖文化度假养生旅游；结合莆田的"中国木雕之城"、"中国古典工艺家具之都"、"中国银饰之乡"、"中国珠宝玉石首饰特色产业基地"，以莆田工艺美术城为中心，借助当地能工巧匠之手，创新妈祖文化旅游商品，发展妈祖文化购物旅游；活化妈祖文化旅游的形式，提高妈祖文化旅游的体验性和创意性,以海洋、安全与和谐的主题开展妈祖文化生态旅游;还可以将妈祖文化的内涵渗透内化到各个产业,将妈祖文化旅游与其他产业进行整合,如体育旅游、医疗器械工业、医院服务、酒店管理与妈祖文化的深爱生命、慈悲济界的人文关怀内涵的结合;凭借莆田富有的地域特色和独特的资源优势,为人们提供垂钓、餐饮、休闲、海上娱乐、体验淳厚的渔家风情,开发妈祖文化体育公园、妈祖文化产业园、妈祖平安医院、妈祖义务天气预报活动、妈祖读书社等等,以更好地吸引游客到来的兴趣。总之,要使妈祖文化旅游与地产形成良性互动,获得快速发展,做好环海峡妈祖文化旅游圈的文章,形成莆田妈祖文化旅游地产的特色,提高其知名度。

(三)创新融资体制,增加投入

相对于福建省的福州、厦门,莆田市的经济基础薄弱,经济体量小,应创新融资体制,增加投入。莆田发展妈祖文化旅游地产的宏观政策优势明显,应牢牢抓住妈祖信俗的世遗品牌,结合国务院的建设"中国重要的自然和文化旅游中心"和福建省的"打造国际知名旅游目的地"的目标,充分利用国家的优惠政策,并加以融合进行制度创新,为莆田妈祖文化旅游地产的健康发展提供有力的政策支持和财力支持。

1. 创新投融资机制

打破以往单一的政府投资体制,探索建立新型旅游地产投融资平台,培育旅游地产专业投融资机构,建立旅游地产产业投资基金,培育旅游地产资本市场,鼓励通过企业上市、资产重组、联合投资、信托投资、发行债券等形式增加旅游投资,努力形成"政府投入、民间投资、外资进入"多管齐下的投资主体格局。

2. 创新旅游地产招商机制

坚持走市场化路子,不断创新招商方式,由以政府招商为主体逐步转入以市场招商为主体,形成政府推动、企业承办、市场运作的招商引资机制;制定完善旅游地产招商激励政策,加大旅游地产招商力度,通过项目融资推进景区建设,特别是景区道路、人造景点等基础设施及酒店、休闲会所、娱乐场所等配套设施建设。

3. 创新旅游地产主体经营机制

以产权制度改革为核心,采取股份制引进合作主体或授权经营、委托经营、特许经营等方式,实现旅游景区所有权、管理权、经营权分离,通过产权多元化实现投资主体多元化,推进旅游景区经营企业化、运作市场化。

4. 创新旅游竞争机制

放宽市场准入条件,吸引各类投资主体尤其是大企业和战略投资者参与开发建设和经营,形成旅游规划控制一元化、旅游资源开发多元化、旅游地产经营市场化、旅游品牌营销立体化的良性发展格局,努力以强势企业打造高端服务、以高端服务带动提升行业整体水平。

(四)采用多样有效的营销策略,缩短旅游地产的开发周期

莆田的知名度不高,妈祖文化旅游房地产的营销策略应多样化,特别注意国际化、

现代化和创意化,强调莆田交通条件正在得到改善的利好和海西建设的国家宏观政策扶持优势,让人们感受到妈祖文化旅游地产的价值在大幅度提高,提高人们购买莆田妈祖文化旅游地产的偏爱,实现旅游地产和妈祖文化旅游产业链的持续快速发展。如通过报业或电视等媒体组织旅游房地产企业到全国各地去直接推介,打海滨邹鲁文献名邦、妈祖故乡的品牌;让"妈祖故乡"、"世界优良港口"、未来工业发达地区、繁忙商务等品牌让更多人耳熟能详;用时权酒店、酒店型公寓等新的旅游地产模式来吸引更多投资型旅游地产购买者;组建妈祖诚信品牌商务网,为全世界2亿多妈祖信徒提供一个莆田名优产品的庞大交易平台,让更多的人了解莆田,热爱莆田,向往莆田;争取国家的优惠政策以规避国家对房地产业调控的利空消息。总而言之,妈祖文化旅游地产的营销策略应多样化,特别注意国际化、现代化和创意化。

(五)尊重并保护敏感的生态体系,提高旅游地产的环境品质

莆田同时拥有发展工业最好的深水港和发展旅游的妈祖文化和临海且较原始的自然生态环境,莆田存在着旅游业与其他行业发展特别是工业发展的矛盾、旅游业发展自身的环境污染、区域开发过程的水土保持和旅游业开发过程中各方利益的问题都可能威胁到旅游地产的发展。旅游地产的卖点在于依托优美高质量的自然环境,区域内发展环境生态友好型的产业是关键。如利用沿海风大、阳光充足的特点大力发展风能发电、太阳能等新能源,使之与华东电网联网,形成一个多元化的产业体系,为地方经济的发展提供充足的能源;湄洲湾是一个不可多得的深水良港,发展重工业是必然趋势,这就要严把环境影响评价、废物利用关。对一些可能对区域环境造成严重污染的工业项目要坚决淘汰;综合采用多种手段防止流域内的水土流失,尤其是当地沙滩资源;使参与旅游地产开发的各方要有整体性整合视野,以减少对整个行业利益的损害。应遵循循环经济的发展原则,处理好旅游业发展自身的环境问题、发展工业和旅游业的关系问题,生态环境若得不到重视,妈祖文化旅游房地产的发展就可能是一句空话。

(六)借助"产学研官"的互动平台,提高产品开发的性价比

莆田学院作为地方唯一的本科院校,是拥有妈祖文化研究所、旅游管理、城市规划、环境工程、土木工程和管理、生物技术、水产养殖等多学科的综合型院校,有一批拥有相对雄厚的理论基础和专业素养的高学历、高职称的教师队伍,对当地的情况熟悉,对旅游地产也有一定的研究。旅游地产的开发离不开具有前瞻性的高起点的规划,政府牵头聘请国际知名规划设计单位与莆田学院合作,凭借"产学研官"的优势互补,保证规划的高标准和低成本,提高产品开发的性价比。从长远看"产学研官"互动还可以提高莆田地方经济发展的综合实力,间接促进妈祖文化旅游地产的发展。这种做法在世界经济发达地区已经有许多成功的先例。

作者:陈淑媛,莆田学院管理学院旅游系副教授

档案与文博机构在妈祖信俗非物质文化遗产工作中的合作

——来自宁波实践的思考①

陈祖芬

2009 年,"妈祖信俗"申报世界人类非物质文化遗产获得成功,妈祖信俗非物质文化遗产保护与传承工作被提上重要议事日程。妈祖信俗非物质文化遗产保护的目的是保护世界文化的多样性,传承妈祖文化。档案与文博机构是非物质文化遗产工作的两支重要力量。本文将从宁波庆安会馆及妈祖信众在妈祖信俗非物质文化遗产工作中的实践经验研究档案机构和文博机构的合作问题。

一、宁波的实践探索及其启示

妈祖信仰在宁波传播甚早、影响甚广。关于妈祖的早期文献中,廖鹏飞的《圣墩祖庙重建顺济庙记》中所提"顺济"即与宁波有关。丁伯桂也曾记载:宣和壬寅,给事路公允迪,载书使高丽,中流震风,八舟沉溺,独公所乘,神降于樯,获安济。明年奏于朝,锡庙额曰"顺济"。② 路允迪出使高丽的港口就在明州(今宁波)。蒋维锬先生也认为,"绍兴二十六年(1156)高宗以郊典封神为灵惠夫人,指的就是杭州钱塘江畔的艮山洞,是则该庙应是外省最早的分灵庙"③。宁波历史上曾出现过八座天后宫。"南宋以后,先后建有六座天后宫,东渡路的天妃宫为母庙;别庙在甬东的三个,三江口靠近南北海商公所和长春门外各一个,加上镇海、大嵩的两个别庙共有八座。"④黄浙苏先生总结说:"宁波是官方首次对妈祖褒扬倡导的重要之地,是妈祖由民间区域性的海神晋升为

---

① 国家社会科学基金项目(11CTQ031)"妈祖信俗非物质文化遗产档案研究"阶段性研究成果。
② (宋)丁伯桂:《艮山顺济圣妃庙记》,潜说友《咸淳临安志》卷七十三,南宋绍定三年,第 15—16 页。
③ 蒋维锬:《宁波妈祖庙的渊源》,《妈祖研究文集》,福州,海风出版社 2006 年版,第 154—155 页。
④ 陈焕文:《妈祖信仰及其在宁波的影响》,《宁波师院学报》1993 年第 1 期。

全国性海神的转折点。"①宁波的妈祖信众均以此为荣。

近年来,宁波在妈祖信俗非物质文化遗产传承中作出了很多有益的实践探索。其一,宁波天后宫保护卓有成效。在宁波三江口东岸,有一座甬埠北洋船商于清咸丰三年(1853)捐资建成的庆安会馆,又名"甬东天后宫"。它既是祭祀天后妈祖的庙堂,又是行业聚会的场所,是"宫馆合一"的典范;在其附近还有清道光六年(1826)由南号舶商建造的安澜会馆,这两处会馆都是全国重点文物保护单位,常年致力于妈祖信俗非物质文化遗产传承工作。庆安会馆也是迄今第一家有关妈祖文化和信仰的专题陈列博物馆。② 其二,宁波的妈祖民俗文化活动丰富多彩。庆安会馆和安澜会馆每年都要举办各类妈祖祭祀活动。2001年12月,以这两会馆为依托的浙东海事民俗博物馆正式对外开放,馆内有大型壁画《天后圣迹图》、连环半景画《明州与妈祖》,设有妈祖祭祀实景、《妈祖与中国红》等陈列展览。③ 2010年春节,庆安会馆还举办了妈祖信仰剪纸展览④,实质性地推动了妈祖信俗非物质文化遗产的传承与发展。宁波象山县石浦镇东门岛渔民曾举行了2003年农历六月二十三日的"谢洋妈祖赛会"和2007年农历三月二十三日的"妈祖诞辰开洋典礼",这两次活动是民俗活动的创造性大荟萃。除祭祀、民间文化艺术表演、演戏外,还有踩街、妈祖金身上船绕石浦港、东门岛巡游一周和妈祖坐像沿东门沿港路、石浦渔港路巡游,其间鱼灯、马灯、抬阁、龙灯、船鼓等民间表演队都参加表演。其规模、形式、影响前所未有。⑤ 其三,妈祖文化研究也逐渐深入。2009年12月12日,宁波市文化广电新闻出版局与上海社会科学院妈祖文化研究中心合作举办了"海峡两岸妈祖文化学术研讨会",以促进海峡两岸妈祖文化认同与学术交流,增强浙东妈祖文化研究力度。⑥ 庆安会馆馆长黄浙苏就是宁波妈祖文化研究方面的专家。

从以上三方面看,宁波在妈祖信俗非物质文化遗产保护实践中已有了不少富有特色的实践经验:一是与会馆的成功合作是主体上的较大创新,为探索非物质文化遗产保护的合作机制提供了借鉴;二是在文物保护单位举办妈祖文化专题展览,将物质文化遗产与非物质文化遗产相结合,从形式上吸引普通民众;三是与海洋文化的完美结合,从内容上充分体现了妈祖"海神"精髓。

宁波的成功实践分别依托天后宫、民间信众、研究机构进行,文博机构起到了至关重要的作用,这与宁波市的文博事业较为发达有关,一个宁波市仅博物馆、纪念馆就有

① 黄浙苏:《论妈祖信仰对宁波海上丝绸之路发展的作用》,第三届中国·天津妈祖文化旅游节组委会《中华妈祖文化学术论坛论文集》,2006年,第129—132页。

② 刘云:《宁波的妈祖信仰》。http://www.ningbobang.cn/Article/ShowArticle.asp? ArticleID=4260.

③ 鲍贤伦:《宁波天后宫暨浙东海事民俗博物馆开放》,《浙江文物年鉴(2001)》,第76页。

④ 中国宁波网:《宁波2010年春节文化活动安排就绪》。http://www.cnnb.com.cn/nbzfxwfbh/system/2010/02/09/006419637.shtml.

⑤ 王陈辉:《开洋节谢洋节》。http://xs.cnnb.com.cn/gb/nbxs/node5/node11/node706/userobject1ai92527.html.

⑥ 陈朝霞:《海峡两岸妈祖文化学术研讨会在宁波举行》。http://news.cnnb.com.cn/system/2009/12/13/006356719.shtml.

56 座。① 在博物馆进行的陈列与展览中,展品中除了大量的文物,也包括档案,这主要是指文字记录形式的展品,这些展品以实物、档案和资料为载体向人们推介和传播妈祖信俗非物质文化遗产。档案机构与文博机构的社会功能有诸多相似,前者重在"积累、保存历史文化遗产,传播科学文化知识、信息,维护历史真实面貌,宣传、教育"②等;后者重在"研究、教育、欣赏"(《国际博物馆协会章程》,1989,海牙),但实际上它们的工作各有侧重,各具特点。就妈祖信俗非物质文化遗产工作而言,档案机构应当尽可能以各种记录形式存留完整的妈祖文化历史真实,而文博机构则应当尽可能地以各种极具震撼的实物存留妈祖文化史上珍贵文物。它们应当有着诸多合作的空间。因此,笔者认为,宁波的实践中关于合作机制的思路可以进一步拓展,宁波妈祖民俗活动的非物质文化遗产建档方面还大有可为。国内外非物质文化遗产相关立法已赋予了档案机构(主要指各妈祖宫庙承担档案管理职能的办公部门、有关档案室、各地档案馆)的建档责任,文博机构(本文指文物部门及博物馆)传播与展示的责任。联合国教科文组织在 1989 年通过的《保护民间创作建议案》中就要求各会员国应建立国家档案机构、博物馆贮存和展示民间文化。我国国务院办公厅关于加强我国非物质文化遗产保护工作的意见(国办发〔2005〕18 号)中明确规定:"要运用文字、录音、录像、数字化多媒体等各种方式,对非物质文化遗产进行真实、系统和全面的记录,建立档案和数据库","各级图书馆、文化馆、博物馆、科技馆等公共文化机构要积极开展对非物质文化遗产的传播和展示"。可见,档案和文博机构需要在非物质文化遗产工作中精诚合作已经成为业内共识,它们可以在妈祖信俗非物质文化遗产工作中形成合力,这种理念还可以推广到全国。

二、收藏合作③

收藏是档案机构和文博机构的共同职能,它们的藏品又都具有原始性,在妈祖信俗非物质文化遗产工作中,它们共同承担着维护历史真实,保护非物质文化遗产的工作。档案机构和文博机构在收藏职能上各具优势。受宁波实践的启示,可以首先实现收藏合作。

档案的优势在于:文字记录的档案之间具有有机联系,通过它们可以较为完整地记录妈祖文化活动历史。档案机构保存档案的基本原则之一就是强调档案之间的有机联系,这正好弥补了文物无法完整描述历史的欠缺。关于妈祖的历史档案现存已经不多,莆田学院图书馆妈祖文化资料库中收录的档案类文献记录共 215 条。除了中国第一历史档案馆所存 100 余件外,其他均散存于各地妈祖宫庙或地方档案馆、纪念馆、

---

① 《宁波文化遗产保护网·博物馆》。http://www.nbwb.net/NewsList.asp?NodeCode=0005.
② 朱玉媛:《档案学基础》,武汉大学出版社 1994 年版,第 230 页。
③ 档案界通称"保存",文博界通称"收藏",此处从保护非物质文化遗产的角度通称"收藏"。

博物馆等。以宁波为例,宁波的《甬东天后宫碑铭》公元1884年之碑文现拓片至今尚存,写于光绪十年正月,由赐同进士出身知州衔江西建昌县知县鄞董沛撰文,既属于文物,又属于石刻档案,可谓庆安会馆的镇馆之宝;《元天历二年九月壬申祭庆元天妃庙文》可推测妈祖在元代漕运中的地位、乾隆六十年的《天后宫地基争讼案碑记》中可以管窥天后宫之兴衰。方志历来是档案机构和文博机构的馆藏对象。民国二十二年(1933),张传保修,陈训正、马瀛辑纂的《民国鄞县通志》卷十的舆地志中的庙社部分就专门修录了宁波天妃庙的情况,这是藏品的极好补充。关于妈祖的现代档案则相当丰富,以各地妈祖宫、馆、庙或其董事会办公部门的档案机构所藏为主。

当前,反映妈祖信俗非物质文化遗产及其相关工作的档案从内容上主要可分为三大类:一是节庆活动类。近年来,各地大型的妈祖文化节庆活动很多,例如:妈祖诞辰日周年庆典、妈祖升天日祭典、妈祖金身绕境巡安活动、妈祖文化旅游节、天下妈祖回娘家、新春祈福文化节、各类妈祖民俗活动、海内外妈祖文化交流活动等。在这些活动中形成的活动发文、邀请函、接待工作安排、祝词、贺词、讲话稿、嘉宾名单、报到表、活动记录、祭祀程序、祭祀图形、祭文样本等都体现了各级各类组织及妈祖信众为妈祖信俗非物质文化遗产传承所作的努力。二是文化宣传类。妈祖文化是中国海洋文化的典型代表,其信众遍布世界各地,妈祖祖庙在妈祖信俗非物质文化遗产宣传方面也留下了大量具有长久保存价值的历史记录,例如:妈祖文化简介、宣传标语、芳名录、新闻发布、网站建设、书画展、雕刻、楹联、匾额、诗赋、征文的样本或原稿、文艺活动、体育比赛中的宣传材料、品牌策划与组织、文明建设材料、学术论文、图书出版原始材料等。三是文物保护类。在文物保护中形成的工作计划、汇报、总结,文物清单、神像图、碑林、碑记、碑帖,文物资料汇编、各类申报档案(全国重点文物保护单位申报及建设材料、申报非物质文化遗产材料)等也需要以档案的形式收集、保存和管理。四是口述档案。由于妈祖信俗非物质文化遗产的无形性、活态性、民族性、濒危性,采取田野调查的方法收集妈祖民俗文化资料就显得相当重要。包括宁波在内的各地妈祖信俗非物质文化遗产工作在档案收存方面都相对薄弱,应当适当采取措施。

文博机构保存的文物都是当时历史的遗存,历史现场感很强,这正好弥补了档案在现场感方面的差距。从文博机构看,妈祖信俗非物质文化遗产可以依托具有特殊意义的物质遗产加以展现。较为常见的载体就是文物,包括可移动文物和不可移动文物。庆安会馆2001年6月就被国务院公布确定为全国重点文物保护单位,属于不可移动文化遗产,它同时是天后宫、浙东海事民俗博物馆,其中也藏有不少可移动文化遗产,如大量的船模、连环画、图片、工艺品等,前文已有介绍。妈祖信俗非物质文化遗产相关的文物是保护的重点。在妈祖的故乡福建莆田,与妈祖相关的有5处省级文物保护单位,近20处市级文物保护单位,200多件妈祖文物,以木雕、祭器为主,其中不乏精品。如:一级文物《设色星图轴》、二级文物《南宋木雕夫人像》、《硬木漆金透雕桌灯》等。① 一桌一椅,一像一雕,这些文物的真实存在都极易使观众"睹物思人",大量展品

---

① 《莆田晚报》:《我市部分妈祖文物解读》。http://www.ptwbs.net/article/show.php? itemid=8779.

营造出的历史氛围,可能瞬间就能将观众带入历史,并会引发很多相关思考,文物的欣赏、研究、教育功能已经得以实现。目前,各地妈祖文物展在海内外都有了一定的影响,莆田的妈祖文物还曾赴台展出,反响很大。

三、展览合作

档案机构与文博机构的开放程度不同,工作重点不完全一致,但都有通过举办展览提供利用的职责,这是档案机构和文博机构相互的最佳切入点。我国《档案法》规定:"国家档案馆保管的档案,一般应当自形成之日起满三十年向社会开放。经济、科学、技术、文化等类档案向社会开放的期限,可以少于三十年,涉及国家安全或者重大利益以及其他到期不宜开放的档案向社会开放的期限,可以多于三十年。"因此,并不是所有档案都可以向所有人开放,但由于有关妈祖信俗非物质文化遗产方面的档案属于文化类,在档案馆中,经开放鉴定,不满三十年是可以开放的,而存放在妈祖宫庙的档案机构中包含董事会管理活动的真实记录的档案通常是不对外开放的,工作人员认为值得开放的部分往往会通过举办展览的形式向公众开放。博物馆开放属于其日常工作的主要部分。《博物馆管理办法》明确规定:无正当理由,国有博物馆全年开放时间不少于 10 个月,非国有博物馆全年开放时间不少于 8 个月。陈列品没有过多的限制,只是特别珍贵的展品可能以复制品的形式展出,但要明示。宁波庆安会馆、天后宫充满海洋文化特色的妈祖信俗非物质文化遗产展览给予人们诸多启示。在宁波实践的基础上,结合海内外曾经举办过的妈祖文物、民俗、贡品、衣食、图片展经验,可以探寻档案机构与文博机构合作的新思路。在组织间达成共识的前提下,可建立人员合作、展品合作及技术合作等。

人员合作是指通过组织合作进而达到档案专业人员与文博专业人员的合作,激发其专业优势的发挥,运用头脑风暴探讨最佳布展方案,提高展览质量。主要在于组织协调,本文不作重点阐述。展品合作主要是指藏品的取长补短,互相补充,涉及业务管理。档案史料为展览提供宏观的历史脉络支撑和文字记录支撑,博物馆的文物原本是"物质文化遗产",但由于它关乎妈祖信俗,承载着人类智慧与技艺,因此,它们是非物质文化遗产的载体,展览中展现的是它们所体现的文化精神。清代妈祖档案史料较为丰富,中国第一历史档案馆中存有大量与妈祖相关的奏折、题本、上谕、记注等等,同时,清代也存留不少妈祖文物。如果能将二者相结合同时展出,效果会相当好。例如:中国第一历史档案馆藏有清雍正四年二月初八日(1726 年 3 月 9 日)内阁抄录礼部尚书赖都等为天后效灵请御书匾额事的题本①,此后,清雍正皇帝御笔匾额御书"神昭海表",经蓝廷珍招工摹字作匾,分送莆田妈祖祖庙所在地、厦门和台湾三地制作悬挂。

---

① 中国第一历史档案馆、湄洲妈祖祖庙董事会:《清代妈祖档案史料汇编》,北京,中国档案出版社 2003 年版,第 6—7 页。

后来,福建水师提督蓝廷珍还撰有《谢恩疏文》①,在妈祖文化史中,这显然是有密切联系的三件事,又具有典型意义,如果布展时把 1726 年的题本原件、"神昭海表" 匾额的缩小仿制件、图书《天妃显圣录》中的《谢恩疏文》三者有机地组合起来,并加以气氛渲染,就能在观众心里留下深刻的印象。

技术合作是提升展览人本性、现代性的重要支撑。博物馆长期的布展经验可为展览提供技术支撑。庆安会馆的连环半景画、妈祖祭祀实景都运用了现代布展技术。这对于小型档案机构而言是比较困难的。为了让公众参观展览时体验到身临其境之感。利用现代科技营造与妈祖主题相关的氛围十分重要。档案机构要尽可能运用文字、录音、录像、数字化多媒体等各种方式,通过田野调查建立妈祖信俗档案,博物馆则要利用现代多媒体技术创设跨越时间的妈祖文化情境。妈祖信俗非物质文化遗产展览可以利用大量的档案文献、照片和实物,结合实景式渲染,借鉴宁波浙东海事民俗展览经验凸现妈祖与海洋文化的关系,以独特的视角、新颖的方式,将护国庇民,救助海难,漕运保泰,使洋护航的海峡和平女神呈现给观众,在零距离亲近妈祖信俗非物质文化遗产的同时,得到一种精神的洗礼与教育。目前数字博物馆建设中多媒体技术、虚拟技术的不少成果可供借鉴,因此,在传统展览的基础上,还可以探索建立妈祖信俗非物质文化遗产数字展厅,建立虚拟实景漫游模型,体现信息时代的理念,突破时空限制,实现文化资源整合与共享,满足全球妈祖信众和热爱妈祖文化的人们的需求。

作者:陈祖芬,莆田学院汉语言文学系副教授

---

① 蓝廷珍:《谢恩疏文》,《天妃显圣录·历代褒封致祭诏诰》,雍正四年(1726)。http://172.18.1.68/mazu/mzwhdetail.asp? id=2524.